Wirtschaftsgeschichte als Kulturgeschichte

Hartmut Berghoff ist Professor für Wirtschafts- und Sozialgeschichte an der Universität Göttingen und Mitherausgeber der Zeitschrift für Unternehmensgeschichte.
Jakob Vogel, Dr. phil., ist wissenschaftlicher Assistent am Frankreich-Zentrum der Technischen Universität Berlin.

Hartmut Berghoff und Jakob Vogel (Hg.)

Wirtschaftsgeschichte als Kulturgeschichte

Dimensionen eines Perspektivenwechsels

Campus Verlag
Frankfurt/New York

Gedruckt mit Unterstützung der *Fritz Thyssen Stiftung* und der Wissenschaftsförderung der Sparkassen Finanzgruppe e. V.

Bibliografische Informationen der Deutschen Bibliothek
Die Deutsche Bibliothek verzeichnet diese Publikation in der Deutschen Nationalbibliografie. Detaillierte bibliografische Daten sind im Internet über http://dnb.ddb.de abrufbar.
ISBN 3-593-37596-6

Satz: Horst Brühmann, Frankfurt/Main
Druck und Bindung: KM-Druck, Groß-Umstadt
Gedruckt auf säurefreiem und chlorfrei gebleichtem Papier.
Printed in Germany

Inhalt

Wissen und Experten

Leitbilder und Visionen

Abkürzungsverzeichnis

AfS	Archiv für Sozialgeschichte
AER	American Economic Review
AHR	American Historical Review
ASA	Allgemeines Statistisches Archiv
BH	Business History
Bull.	Bulletin
C	Column
EcHR	Economic History Review
Econ.	Economic, Economy
Gesch.	Geschichte
GG	Geschichte und Gesellschaft
GWU	Geschichte in Wissenschaft und Unterricht
Hist.	History, Historical
J.	Journal
Jb.	Jahrbuch
JbWg	Jahrbuch für Wirtschaftsgeschichte
P&P	Past and Present
Rev.	Review
SH	Social History
VSWG	Vierteljahrschrift für Sozial- und Wirtschaftsgeschichte
Zs.	Zeitschrift
ZUG	Zeitschrift für Unternehmensgeschichte

Wirtschaftsgeschichte als Kulturgeschichte

Ansätze zur Bergung transdisziplinärer Synergiepotentiale

Hartmut Berghoff und Jakob Vogel

1. »Dialogue of the deaf«?

Nur wenige Felder der Geschichtswissenschaft haben sich in den vergangenen Jahrzehnten inhaltlich wie methodisch so weit auseinander entwickelt wie die Wirtschaftsgeschichte und die Kulturgeschichte.[1] Seit dem Methodenstreit zwischen der *Wiener Grenznutzenschule* um Carl Menger und der *Historischen Schule* der Nationalökonomie, insbesondere Gustav Schmoller, hat sich die Mainstream-Ökonomie zu einer abstrakt-theoretischen Wissenschaft entwickelt, die mit deduktiven Methoden allgemein gültige Gesetze sucht und mit stark idealisierten Modellen operiert. Der Einsatz mathematischer Methoden erfordert axiomatische Prämissen, das heißt eine »Versuchsanordnung« mit strikten Regelmäßigkeiten, die in der empirischen Realität nur selten anzutreffen sind. Für die Perfektionierung ihrer Methodik zahlte sie einen hohen Preis, nämlich den Verlust der zeitlichen Dimension. Knut Borchardt hat kürzlich zutreffend den Fortschritt der Wirtschaftswissenschaften im 20. Jahrhundert als voranschreitende Mathematisierung bei einer gleichzeitigen »radikalen Einschränkung der Fragestellungen« bezeichnet.[2]

Der abstrakte Reduktionismus führte zu einer gewissen Hilflosigkeit gegenüber der komplexen Interaktion ökonomischer, sozialer, kultureller und politischer Faktoren. In sich schlüssige Modelle definieren die nicht operationalisierbaren Einflussgrößen als exogen heraus und stellen sie bestenfalls noch als Residuen an den Rand der Betrachtung. Mit dem realitätsfremden Kunstgriff der »Ceteris-paribus-Klausel« werden einzelne Variablen isoliert, und es wird so getan, als sei die gesamte Welt außerhalb dieses Konstrukts keinen Veränderungen unterworfen.[3]

Das Unbehagen am Auseinanderklaffen von Empirie und Theorie wächst inzwischen auch innerhalb der Ökonomie selbst. Robert Solow, Nobelpreisträger (1987) und Nestor der neoklassischen Wachstumstheorie, spricht nicht ohne Bedauern vom Scheitern des Versuchs, die Ökonomie in eine axiomatisch arbeitende Naturwissenschaft zu verwandeln: »Unfortunately, however, economics is a social science. [...] all narrowly economic activity is embedded in a web of social institutions, customs, beliefs, and attitudes. Concrete outcomes are indubitably affected by these background factors, some of which change slowly and gradually, others erratically. [...] To get right down to it, I suspect that the attempt to construct economics as an axiomatically based hard science is doomed to fail.«[4] Joachim Starbatty geht noch schärfer mit seinen Kollegen ins Gericht, denen er »beeindruckendes technisches Niveau, was mathematische Fertigkeiten angeht«, zugleich aber auch eine Flucht in die Scheinwelten wirklichkeitsfremder Modellkonstrukte (»Nirwana Approach«) bescheinigt. »Man hat das Gefühl, als ob man Weise in ihrem Elfenbeinturm anträfe, die einige Perlen ihres Glasperlenspiels polieren und ihm einige neue hinzufügen.«[5]

Aus dieser Entwicklung ergaben sich drei Konsequenzen für die Wirtschaftsgeschichte. Erstens etablierte sich mit der *Cliometrie* ein stark an den mathematisierten Wirtschaftswissenschaften orientierter Zweig des Faches. Im Interesse der Anschlussfähigkeit und der Gewinnung »robuster Daten« konzentriert sich die *Cliometrie* auf die Anwendung und Überprüfung hypothetischer, abstrakter Modelle, wobei der Einsatz statistischer Verfahren und das Erreichen von formaler Eleganz und Stringenz oftmals Vorrang vor breiten Kontextualisierungen und multikausalen Erklärungsansätzen besitzen.[6]

Zweitens gibt es auch eine starke Strömung innerhalb der Wirtschaftsgeschichte, die der Wirtschaftswissenschaft und häufig allen theoretisch fundierten Ansätzen bewusst den Rücken kehrt und mit positivistischem Eifer Einzelprobleme empirischen Detailuntersuchungen unterzieht, die aber aufgrund ihrer mangelnden Anschlussfähigkeit weder von der Ökonomie noch von der Geschichtswissenschaft rezipiert werden. Es handelt sich zwar um quellengesättigte Arbeiten mit hohem Informationsgehalt. Allerdings verstärken sie eher die doppelte Marginalisierung des Faches durch die beiden großen angrenzenden Disziplinen, als diese abzubauen.

Drittens hat es sich in einem einflussreichen Teil der Wirtschaftsgeschichte eingebürgert, gerade in Gesamtdarstellungen, »Kultur« quasi als Residualkategorie einzuführen, wenn man mit den vermeintlichen »hard facts« an die Grenzen der Erklärungskraft stößt. Dabei wird ein holistischer Kulturbegriff verwandt, der nicht selten mit der unreflektierten Reproduktion nationaler

Stereotypen verbunden ist. Der pauschale Verweis auf den »japanischen Wirtschaftsstil«, die »polnische Ökonomie«, die »Dutch« oder auch »British disease« und die spanische »hidalgo mentality« sind Eingeständnisse fehlender Kompetenz, nicht aber kulturwissenschaftlich erweiterte ökonomische Analysen nationaler Wettbewerbsfähigkeit. So führt etwa das einflussreiche Buch Martin Wieners in die Irre, das den »Niedergang Großbritanniens« als führende Industrienation auf den vermeintlich antiindustriellen britischen Nationalcharakter und die daraus resultierende Vernachlässigung des sekundären Sektors durch Investoren, Politiker und andere Absolventen der Elitehochschulen zurückzuführen versucht.[7] Ähnlich holzschnittartig kontrastiert Alfred Chandler den vermeintlich rückständigen »personal capitalism« Großbritanniens, der stark auf das Modell des Familienunternehmens zugeschnitten sei, mit dem amerikanischen »managerial capitalism«, der effiziente Mammutkonzerne hervorgebracht habe, und dem deutschen »cooperative capitalism«, der sich durch einen großen Einfluss des Staates sowie durch konkurrenzvermeidende Strukturen auszeichne.[8]

Die Enthistorisierung der Ökonomie hat ihre Entsprechung in der Entökonomisierung der neueren Kulturgeschichte gefunden. Die Historiographie hat sich mit dem »cultural turn«[9] zahlreiche neuartige Themenfelder erschlossen, deren Bandbreite von der Diskurs-, Mentalitäts-, Gedächtnis- und Erfahrungsgeschichte bis zur Geschichte des Körpers, des Wahnsinns und der metaphorischen Repräsentationen, von der *Alltags-* und *Geschlechtergeschichte* bis zur *Historischen Anthropologie* reicht. Diese kulturgeschichtlichen Strömungen betonen die lange vernachlässigten subjektiven und symbolischen, anthropologischen und alltäglichen Dimensionen historischer Prozesse, blenden jedoch die wirtschaftlich-materiellen Grundlagen und Folgen der kulturellen Wahrnehmungs- und Deutungsmuster zunehmend aus.[10] An die Stelle des streng utilitaristischen Prinzips der Ökonomie, das eine Verhaltenssteuerung durch das Bestreben der Nutzenmaximierung individueller Akteure unter konstant gedachten Nebenbedingungen postuliert, tritt das Prinzip des »Eigen-Sinns«, einer auf traditionellen, symbolischen oder sonstigen kulturellen Deutungssystemen beruhenden, gerade nicht streng rationalen Handlungslogik.[11]

Methodisch stehen in den neueren kulturgeschichtlichen Arbeiten hermeneutische Verfahren der Analyse von Texten, Bildern und symbolischen Praktiken im Vordergrund, die weniger von Wahlhandlungen des Individuums als vielmehr von kulturell genormten kollektiven Handlungsmustern oder Diskursen berichten. Insofern überrascht das Desinteresse vieler Kulturhistoriker an ökonomischen Tatbeständen keineswegs. Es liegt ganz auf dieser Linie, dass im jüngst erschienenen *Kompendium Kulturgeschichte* die Wirtschaft weder unter den »Themen« noch den »Schlüsselwörtern« zu finden ist.[12] Eine ähnliche Leerstelle findet sich im *Kompass der Geschichtswissenschaft*, der in das gesamte Fach einzuführen vorgibt.[13] Gab es in der Zwischenkriegszeit etwa in Köln ein »Institut für Wirtschafts- und Kulturgeschichte«, wäre eine solche Denomination zu Beginn des 21. Jahrhunderts kaum vorstellbar.[14]

Während sich die historische Forschung traditionell von prägenden Gegenwartserfahrungen stimulieren ließ und aktuelle Fragen als Folien für die Befragung der Vergangenheit benutzte, blendet die neuere Kulturgeschichte wesentliche Menschheitsprobleme an der Wende vom 20. zum 21. Jahrhundert weitgehend aus. Die immer weiter vordringende Ökonomisierung tendenziell aller Lebensbereiche bleibt ebenso außerhalb ihres Forschungsinteresses wie der dynamisch voranschreitende Globalisierungsprozess.[15] Die Geschichtswissenschaft verschließt sich auf diese Weise existentiellen Gegenwarts- und Zukunftsfragen, wie sie etwa die Gefährdung der natürlichen Grundlagen des Lebens durch technologische bzw. ökologische Katastrophen, aber auch die ungewissen Folgen von Biotechnik- und Informationsrevolution, die nationalen und internationalen Schuldenkrisen, die Überforderung der sozialen Sicherungssysteme in den westlichen Ländern sowie das Dauerproblem der wirtschaftlichen Ungleichheit darstellen. Dass historisches Wissen in diesen aktuellen Debatten kaum nachgefragt wird, mag auch mit der Dominanz des kulturgeschichtlichen Paradigmas zusammenhängen.

Was sind die Ursachen der Entmaterialisierung der Geschichtsbetrachtung in der neueren Kulturgeschichte? Zunächst ist mit dem Scheitern des realsozialistischen Experiments die Diskreditierung des *Historischen Materialismus* eingetreten. Faszinierte die scheinbar universelle Erklärungskraft ökonomischer Strukturen ganze Generationen orthodoxer und unorthodoxer Marxisten sowie linksliberaler Historiker, hat die simplifizierende Denkfigur von Basis und Überbau an Plausibilität verloren. Dasselbe gilt für andere Großthesen, wie sie etwa Max Weber mit seinem Konzept der abendländischen Rationalität anbot. Zudem manifestierte sich mit den Zweifeln am Erfolg des westlichen Modernisierungsprojekts vielfach ein Unbehagen an der Kälte und Abstraktheit sowie dem zuweilen naiven modernisierungstheoretischen Optimismus der Struktur- und Prozessanalyse der älteren Wirtschafts- und Sozialgeschichte. Im Zeitalter postmoderner Skepsis und Unübersichtlichkeit sind große Meistererzählungen und erklärungsmächtige Megatheorien unmöglich geworden, was die Vorliebe für historiographische Miniaturen und exemplarische Fallstudien erklärt. Das Interesse verschob sich zum individuellen Erfahrungsraum, zur subjektiven Perzeption historischer Ereignisse und deren Aneignung unter dem Einfluss vorhandener Prägungen und Werthaltungen. Habitus und Ideologien, Erziehungsstile und Befindlichkeiten, nicht aber Turbinen und Konjunkturen, Eisenbahnen und technologische Innovationen scheinen die Geschichte zu bewegen.

Hinzu kam, dass sich die Kulturgeschichte in der Forschungslandschaft mit einer pointierten, zuweilen »kulturkämpferischen« Antithese gegen die klassische Sozialgeschichtsschreibung positionierte,[16] die ihrerseits in den 1970er Jahren mit gleicher Verve gegen die konventionelle Politikgeschichte angetreten war. Obwohl die Einforderung der Beschäftigung mit den vernachlässigten privaten, subjektiven, sprachlichen, symbolischen und anthropologischen Dimensionen des historischen Prozesses inhaltlich gerechtfertigt war und ist, gehört es doch auch zu den generationellen Profilierungs- und Ablösungsstrategien in der Wissenschaft, dass sich jüngere Forscher zu »Innovatoren« stilisieren und dabei die Leistungen der vorhergegangenen Generation abwerten oder gar verwerfen. So endete die Debatte oftmals in einer Art »Glaubenskrieg«, in dem sich beide Seiten unversöhnlich gegenüberzustehen schienen.[17]

Die Auseinanderentwicklung der Wirtschafts- und Kulturgeschichte hat eine Vielzahl von Gründen. Zentrifugalkräfte erwachsen auch aus der institutionellen Zuordnung zu unterschiedlichen akademischen Disziplinen. Um sich in der jeweiligen Umwelt zu behaupten und die Nähe zum fachlichen Mainstream der Wirtschafts- bzw. Geschichtswissenschaft nicht zu verlieren, sind methodische Anpassungsleistungen gefragt. Da wissenschaftlicher Fortschritt nur um den Preis der Spezialisierung zu haben ist, erscheint es immer schwieriger, den integrativen Auftrag eines Brückenfaches wie der Wirtschaftsgeschichte zu erfüllen. Umso notwendiger wird ein Perspektivenwechsel, will man den Spagat zwischen zwei akademischen Fachkulturen bewältigen, die sich rasant auseinander entwickelt und teilweise bis zur völligen Sprachlosigkeit voneinander entfremdet haben.

Eine solche kulturwissenschaftlich informierte bzw. erweiterte Wirtschaftsgeschichte gibt sich nicht auf, sondern erkennt die Orientierungs- und Einbettungsleistung der Kultur für ökonomisches Handeln an. Jedes Wirtschaftssystem und alles ökonomische Handeln basiert auf Sinnkonstruktionen und produziert zugleich selber Sinn, wirkt also kulturschaffend. Insofern ist eine Wirtschaftsgeschichte ohne Kulturgeschichte defizitär. Umgekehrt würde eine Kulturgeschichte ohne Sinn für die Wirtschaft eine sträfliche inhaltliche Verkürzung bedeuten, so wie die Ausblendung ökonomischer Theorieangebote zu einer unerwünschten Verengung der Methodendiskussion führt.

2. Wirtschaftliches Handeln im Visier der Kulturwissenschaften

Tatsächlich sind trotz der insgesamt wenig ermutigenden Ausgangslage Gegentendenzen zu den beschriebenen, insgesamt dominanten Zentrifugalkräften nicht zu übersehen.[18] Dies liegt nicht zuletzt daran, dass auch die »neuere Kulturgeschichte« nie eine uniforme Bewegung war. Selbst grundlegende methodische Bezüge blieben stets umstritten. Diskursgeschichtliche Ansätze konkurrieren mit praxeologischen Zugängen, der »linguistic turn« mit der »dichten Beschreibung«, Arbeiten zur symbolischen »Repräsentation« mit mentalitätsgeschichtlichen Studien. Die Bestimmung eines kulturgeschichtlichen »Paradigmas« erscheint daher unmöglich. Eher sind allgemeine Tendenzen zu identifizieren, etwa das Interesse an der »Mikrogeschichte« sowie die vordringliche Beschäftigung mit sprachlichen und bildlichen Deutungsmustern, symbolischen Handlungen oder »hybriden« Identitäten.[19]

Aus der Fülle der kulturgeschichtlichen Forschungen lassen sich mindestens sieben, einander teilweise überschneidende Richtungen identifizieren, welche die kulturellen Dimensionen des Wirtschaftens auf unterschiedliche Weise in den Blick nahmen und nehmen:

1. Bereits in der frühen französischen *Annales*-Schule spielten wirtschaftliche Themen, zum Teil noch mit einem klassisch marxistischen Ansatz, eine große Rolle.[20] Diese Tendenz kennzeichnete zunächst auch die von ihr beeinflusste *Historische Anthropologie* in Deutschland. Zentrale Impulse erhielt die Forschung vor allem durch die Diskussionen um die »Proto-Industrialisierung«. Ausgehend von der Frage nach der Bedeutung der frühneuzeitlichen Verlagswirtschaft und des ländlichen Gewerbes für die Industrialisierung des 18. und frühen 19. Jahrhunderts ging es dabei zunächst um eine Kritik an den klassischen Thesen über die Ursachen der »Industriellen Revolution«. Unter dem Einfluss der *Annales*-Tradition entwickelte sich die *Historische Anthropologie* in der Folgezeit zunehmend zu einem umfassenderen Forschungsgebiet, das allgemein die »kulturelle Prägung und Konkretisierung, Umsetzung

und Generierung von Strukturen und Handlungszusammenhängen« durch die historischen Akteure in den Blick zu nehmen versucht.[21]

Besonderes Kennzeichen der *Historischen Anthropologie* ist ihre starke mikrogeschichtliche Ausrichtung, wie sie sich unter anderem in Hans Medicks Studie über das württembergische Dorf Laichingen manifestiert.[22] Medicks Arbeit verdeutlicht gleichzeitig die allmähliche Abkehr von den wirtschaftsnahen Themen und die Hinwendung zur Analyse von kulturellen Zeichen- und Bedeutungssystemen, entwickelt sie sich doch von einer Untersuchung der protoindustriellen Erwerbs- und Produktionsverhältnisse zu einer Analyse der dörflichen Kleidung und Trachten, die als Marker für die sozialen Unterschiede zwischen den Dorfbewohnern verstanden werden.

2. Ein weiteres Feld kulturhistorischer Forschung bildet die Untersuchung der Selbstdefinitionen und Weltwahrnehmungen der ökonomischen Akteure, wie sie unter anderem die Arbeiten von Edward P. Thompson über die »moralische Ökonomie« der englischen Unterschichten präsentierten. Am Beispiel der Brotunruhen demonstrierte Thompson deren Verständnis vom »Markt« als einem sozialen Ort mit einem speziellen Wertkodex, der sich etwa im öffentlichen Verkauf der Ware zu einem »fairen«, das heißt aus kollektiven Gerechtigkeitsvorstellungen ableitbaren Preis erweist.

Vergleichbare Fragen hat in jüngerer Zeit die amerikanische Forschung zur sogenannten »Marktrevolution« des frühen und mittleren 19. Jahrhunderts aufgenommen. Ihre Studien widmen sich neben der sozialen Ideen- und Mentalitätsgeschichte des Kapitalismus, wie sie sich in den Vorstellungen und Weltbildern von Industriellen und Konsumenten äußert, auch der verstärkten kulturellen Integration des amerikanischen Marktes, etwa durch die Verbesserung der Transport- und Kommunikationsbeziehungen. Hierzulande ist diese Forschungsrichtung bislang allerdings noch kaum in empirischen Arbeiten umgesetzt worden.[23]

3. Weit stärker als die Debatte um die Entstehungsbedingungen des Kapitalismus beeinflusste Thompson jene Forschungen, die sich mit den Arbeits- und Lebenserfahrungen von Arbeitern und anderen Angehörigen unterbürgerlicher Schichten im 19. und 20. Jahrhundert befassten und aus der später die sogenannte *Alltagsgeschichte* hervorging.[24] Für das 19. Jahrhundert hat in diesem Zusammenhang die historische Protestforschung die kulturellen Dimensionen des Protestverhaltens der einfachen Bevölkerung bei Arbeitskonflikten in den Vordergrund gerückt.[25] So zeigt etwa Michael Spehr in seiner Untersuchung des »Maschinensturms« am Beginn der Industrialisierung, dass sich dieser kaum aus einer rückwärtsgewandten Technikfeindlichkeit der Arbeiter

speiste, sondern zumeist nur gegen ausländische Konkurrenz oder die besondere Profitsucht lokaler Unternehmer wandte.[26] Der Widerstand gegen technische Neuerungen erweist sich damit als ein Übergangsphänomen auf der Schwelle zwischen ständischem Denken und moderner gewerkschaftlicher oder politischer Interessensvertretung.

In der *Alltagsgeschichte*, die sich mit den Lebens- und Arbeitserfahrungen von Arbeitern vor allem im 20. Jahrhundert beschäftigt,[27] wurde stets das komplexe Wechselspiel herausgestrichen, das innerhalb und außerhalb des Arbeitsprozesses zwischen der staatlichen bzw. betrieblichen Kontrolle auf der einen und den Interessen und Strategien der Arbeiter auf der anderen Seite bestand.[28] Alf Lüdtke hat in diesem Zusammenhang den Begriff vom »Eigen-Sinn« der unterbürgerlichen Schichten geprägt, der auch in anderen Bereichen der kulturgeschichtlichen Forschung großen Einfluss gewann. Lüdtke zufolge lässt sich das Verhalten von Arbeitern etwa in der Zeit des Nationalsozialismus weder als bedingungslose Anpassung an die Zumutungen »von oben« noch als bewusster »Widerstand« interpretieren. Vielmehr spiegelt diese ihr Interesse wider, die sich eröffnenden Freiräume auch jenseits einer politischen Betätigung auszunutzen.[29]

4. Die Sozial- und Kulturgeschichte der Arbeit spielt eine große Rolle auch in jenen Studien, die sich mit der Stellung von Frauen im Wirtschaftsprozess befassen. Als Teil der geschlechtergeschichtlichen Forschung nahmen diese Studien zunächst vor allem die ungleichen Erwerbschancen von Männern und Frauen in den Blick, später auch allgemeiner die Rahmenbedingungen der weiblichen Erwerbsarbeit, die nicht ohne Berücksichtigung der in der Gesellschaft kursierenden Geschlechterbilder zu verstehen sind.[30] Vorstellungen über eine quasi ›natürliche‹ Hausfrauen- und Mutterrolle der weiblichen Arbeitskräfte beeinflussten etwa die Regelungen, die nach 1945 in der Bundesrepublik Deutschland zur Arbeitszeit von Frauen getroffen wurden.[31]

Daneben wird auf die besondere Rolle verwiesen, die Frauen als »Konsumexpertinnen« im Laufe der Geschichte bei der Verbreitung und dem Wandel neuer Konsummuster zugeschrieben wurde.[32] Bilder und Stereotypen eines geschlechtsspezifischen Konsums unterstützten in vielen Feldern, etwa in der Mode oder im Bereich der Körperpflege, die Entwicklung von neuen Produkten und Märkten und beeinflussten tiefgehend die Entwicklung hin zur modernen Konsumgesellschaft. Die Geschichte des Arbeitsmarkts, der Trennung von Haus- und Familienarbeit, aber auch der gesellschaftlichen Eigentums-, Angebots-, Nachfrage-, Produktions- und Konsumverhältnisse kann daher nicht mehr ohne Rekurs auf geschlechtergeschichtliche Fragestellungen geschrieben werden, so dass das Thema »Geschlecht und Ökonomie« längst Eingang in die »moderne Wirtschaftsgeschichte« gefunden hat.[33]

5. Das wichtigste Feld, in dem sich in der jüngeren Vergangenheit wirtschafts- und kulturgeschichtliche Fragestellungen in fruchtbarer Weise verbunden haben, ist die Konsumgeschichte.[34] Eine wesentliche Ursache für ihren Boom in den letzten zehn Jahren liegt nicht zuletzt darin, dass in diesem Bereich die Interdependenz zwischen Wirtschaft und Kultur nicht zu übersehen ist. So bleibt die moderne Konsumgesellschaft nicht nur auf effiziente Systeme der Massenproduktion und -distribution angewiesen, sondern auch auf konsumbejahende Mentalitäten und Deutungsmuster. In ähnlicher Weise erscheint es geradezu unmöglich, die Geschichte der Wirtschaftswerbung zu schreiben, ohne die Konturen des Wertewandels oder ihre ikonographische Form zu berücksichtigen. Zu zentralen Themen der Forschung wurden in diesem Sinne die Entwicklung der modernen Vertriebswege und Werbemethoden, etwa durch die Entstehung von Warenhäusern und Supermärkten, die Bedeutung der sozialen Unterschiede für die Entwicklung von Konsummustern und -praktiken wie auch die Beziehungen zwischen Geschmacksbildung, Wareninszenierung und technischer Rationalisierung.[35] Im engen Zusammenhang mit der Konsumgeschichte steht die moderne Produktgeschichte, die nach kulturellen Prägungen und Implikationen bestimmter Produkttypen fragt, nach ihrer semantischen Aufladung und Bewertung, nach Ästhetik und Qualität, nach Aneignungsformen und Nutzungsstilen.[36]

6. Wichtige Impulse für eine Verknüpfung wirtschafts- und kulturgeschichtlicher Fragestellungen gingen darüber hinaus stets von anthropologischen und volkskundlichen Arbeiten aus, die sich mit genuin ökonomischen Themen befassen, wie dem Markt und seinen spezifischen Ausprägungen vom »Flohmarkt« bis zur orientalischen »bazaar economy«, den regionalen Konsumgewohnheiten, der Fabrik oder dem Warenhaus.[37] Solche Themen gehören seit langem zu den selbstverständlichen Arbeitsfeldern der Anthropologie, die sich nicht mehr nur anhand vermeintlich »vormoderner« Gesellschaften mit jenen Phänomenen befasst, denen – wie etwa dem von Marcel Mauss beschriebenen Prinzip von Gabe und Gegengabe – auch in unseren heutigen entwickelten Gesellschaften eine wichtige wirtschaftliche Bedeutung zukommt.[38] Ihre vergleichende Perspektive, die starke empirische Ausrichtung und der Blick auf die konkreten Praktiken des Wirtschaftens erscheinen dabei als die wesentlichen Vorzüge dieser in vielen Bereichen von der Wirtschaftsgeschichte bislang kaum ausgeschöpften Ansätze. Dabei machen sie

deutlich, dass auch die Untersuchung gegenwärtiger Wirtschaftsbeziehungen nicht ohne den Blick auf die mit ihnen verbundenen Bilder, Symbole und Rituale auskommt, da ökonomische Systeme und Institutionen selbst in vielfältiger Weise auf sprachliche Deutungsmuster und andere Elemente der Sinnstiftung angewiesen sind.[39]

7. Schließlich deutet sich an, dass auch das Konzept der *world history* bzw. Global-, Welt- oder Universalgeschichte die oben skizzierten Tendenzen zur Wiederannäherung von Wirtschafts- und Kulturgeschichte verstärken könnte. Die *world history* verabschiedet sich von der Vorstellung geschlossener und gegeneinander abgrenzbarer Räume und zumeist nationalstaatlich definierter Gesellschaften und ersetzt National- durch Interaktionsgeschichten. Dabei verweist sie auf die Beschränkungen althergebrachter disziplinärer Zugriffe und die Fruchtbarkeit auch in dieser Hinsicht grenzüberschreitender Zugänge. Dieser von der Gegenwartserfahrung der Globalisierung getragene Ansatz, der bislang jedoch noch sehr heterogen ist und dessen Konturen in vielem vage geblieben sind, mag durchaus das Potential zu einem neuen geschichtswissenschaftlichen Leitparadigma besitzen. Die bisherigen Arbeiten lassen auf jeden Fall erkennen, dass es bei der Erforschung transnationaler Prozesse keine Alternative zur integrativen Analyse kultureller und wirtschaftlicher Phänomene gibt.[40]

3. Die Wiederentdeckung der Kultur durch die moderne Ökonomie

Auf der anderen Seite ist auch eine vorsichtige Tendenz zur Wiederannäherung der Wirtschaftgeschichte an die Kulturgeschichte nicht zu übersehen. Der bemerkenswerte Wandel des britischen Wirtschaftshistorikers Donald McCloskey, eines vehementen Verfechters cliometrischer Methoden,[41] zur Exponentin diskursanalytischer Ansätze[42] mag symbolträchtig sein, macht aber allein sicher noch keinen Trend aus. Typischer sind vielmehr die neuen Ansätze in den Wirtschaftswissenschaften, die Siegenthaler wohl vorerst noch etwas zu euphorisch als »kulturalistische Wende« der Ökonomie bezeichnet. »Vielleicht treiben Ökonomie und Geschichte aufeinander zu, ohne dies auch überall zur Kenntnis zu nehmen [...].«[43] Im einzelnen sind mindestens sechs Entwicklungstrends in der modernen Ökonomie zu unterscheiden, die wichtige Synergiepotentiale für wirtschafts- und kulturhistorische Fragestellungen liefern.

1. Die *Neue Institutionenökonomie*[44] thematisiert explizit die historischen Rahmenbedingungen ökonomischer Prozesse. Sie fragt nach den Regeln und Normen von Märkten. Wer formuliert und überwacht sie? Was kostet es, Regelverstöße zu sanktionieren? Wann und weshalb ändern sich die institutionellen Arrangements einer Gesellschaft? Welche Konsequenzen hat etwa der Übergang von kollektiven zu individuellen Verfügungsrechten? Bevorzugte Themen der *Institutionenökonomie* sind die Auflösung von Feudalismus und Zunftwesen, die Durchsetzung kapitalistischer Eigentumsordnungen und die Genese kostensenkender Institutionen wie Börsen oder Aktiengesellschaften. Dabei operiert sie mit einem sehr weiten Institutionenbegriff, der alle Arten von Regelsystemen umschließt und grob zwischen »formgebundenen« oder auch »externen Institutionen« (positives Recht, Überwachungsinstanzen) auf der einen Seite und »formlosen« oder »internen Institutionen« (Konventionen, ethische Normen, Gebräuche etc.) auf der anderen unterscheidet.[45] Die Bedeutung kultureller Faktoren für das Wirtschaftsgeschehen wird damit grundsätzlich anerkannt. In den bislang vorliegenden wirtschaftshistorischen Studien mit institutionalistischer Ausrichtung stehen aber zumeist nur rechtliche und politische Institutionen im Vordergrund.[46]

Infolge der Öffnung der *Institutionenökonomie* gegenüber der Kognitionstheorie rücken die »mental models«, das heißt die internen Interpretationsmuster der Individuen in Bezug auf die Umwelt, in den Vordergrund und ergänzen die Strukturierungsleistung formaler und informeller Institutionen. Wahlhandlungen sind daher nicht länger Ergebnis der Applikation simpler Optimierungsregeln, sondern auf die Erreichung kulturell geprägter Ziele ausgerichtet und von bestimmten Vorstellungen über Ziel-Mittel-Relationen abhängig.[47] Damit erhält der Rationalitätsbegriff eine grundlegende Neuausrichtung, denn er wird selbst als kulturelles Konstrukt entlarvt. Die klassische Auffassung ökonomischer Rationalität sei aufgrund ihrer weiten Verbreitung in modernen westlichen Gesellschaften zwar durchaus wirkungsmächtig, aber an sich »nicht rationaler als die magischen Glaubensvorstellungen traditioneller Gesellschaften«.[48]

2. Die hauptsächlich mit Erklärungsmodellen der Biologie arbeitende *Evolutionsökonomie* befasst sich ebenfalls mit dem Wandel ökonomischer Systeme und fragt nach der Veränderung von Steuer- und Rückkopplungsmechanismen.[49] Sie definiert die Ökonomie wieder als Sozialwissenschaft und befasst sich unter anderem mit Wissen, Lernprozessen, Normen und Selbst-

bindungen. Sie beschreibt das Handlungswissen von Wirtschaftsakteuren als unvollkommen und widerspricht damit der neoklassischen Optimierungsrationalität. Entscheidungen fallen unter Restriktionen, die Ausdruck kulturell und institutionell determinierter, historisch geprägter kognitiver Muster sind. Sie schaffen und sind zugleich selbst Ergebnis von »Pfadabhängigkeiten«, die ökonomischen Abläufen eine sich selbst verstärkende, oft irreversible Dynamik verleihen können. In bewusster Abgrenzung von holistischen Verkürzungen wird der Begriff »Kultur« auf »komplexe kognitive Schemata bezogen, die historische Wurzeln besitzen und über Sozialisationsprozesse übertragen werden«.[50] Empirisch gehaltvolle, mit evolutionsökonomischen Ansätzen operierende wirtschaftshistorische Studien sind aber bislang noch selten. Zudem werden sinnstiftende Wertesysteme – im Gegensatz zu technischen Innovationen – bei den Analysen makroökonomischer Umbrüche bislang eher vernachlässigt, besitzen aber im betriebswirtschaftlich orientierten Zweig der *Evolutionsökonomie* eine große Bedeutung.[51]

3. Mit dem Vordringen des »Rational-choice«-Paradigmas in Sphären jenseits marktvermittelter Transaktionen hat die Ökonomie ihren Gegenstandsbereich erheblich erweitert und ihre entscheidungstheoretische Logik auf die Analyse des Liebes- und Familienlebens (»Neue Haushaltsökonomie«), des politischen Prozesses (»public choice«), des Rechts, der Organisationen und anderer Kollektive (»collective« bzw. »social choice«) übertragen.[52] Dabei blieb sie lange mechanistischen, rein individuellen Entscheidungskalkülen und dem neoklassischen Rationalitätsbegriff verhaftet. Präferenzen wurden als stabil gedacht, deren Entstehung und Wandelbarkeit vernachlässigt. Deshalb blieben diese Ansätze trotz gemeinsamer Gegenstandsbereiche für Historiker zunächst wenig anschlussfähig.

Das veränderte sich jedoch mit der »psychologischen Wende« der Ökonomie, die sich gerade aus der Kritik und der Weiterentwicklung der handlungstheoretischen Grundlagen des »Rational-choice«-Paradigmas ergab. An die Stelle des mit stabilen, glasklaren Präferenzen und vollständigen Informationen ausgestatteten, eigennützig und gewinnmaximierend handelnden *Homo oeconomicus* trat ein differenziert und zuweilen unberechenbar agierender Mensch, in dessen Kosten-Nutzen-Abwägungen Emotionen, subjektive Wahrnehmungen, kulturelle Konstrukte wie das Geschlecht und alle möglichen Fehler, Wissenslücken und Täuschungen eingehen.[53] Diese Handlungstheorie einer nur noch »bounded rationality« hebt sich zugleich deutlich von dem vielen sozialhistorischen Arbeiten zumindest implizit zugrunde liegenden Bild des *Homo sociologicus* ab, der vor allem sozialen Normen und Rollenverpflichtungen folgt. Die psychologisch fundierten Handlungstheorien erlauben es jedoch in letzter Konsequenz nicht mehr, Individuum und Gesellschaft voneinander zu isolieren. Vielmehr erfordert jede Analyse kollektiver Handlungen die systematische Analyse der handelnden und deutenden Individuen. Verhaltensökonomische Analysen von Finanzmärkten (»behavioral finance«) erklären Kursschwankungen nicht mehr allein mit rationalen Erwartungen oder gar realwirtschaftlichen Veränderungen, sondern stellen eine »Theorie der nervösen Frösche« auf, die den Herdentrieb, die Sehnsüchte, die Dummheit und die schlechten Nerven der Marktakteure einbezieht.[54] Daher lässt sich an den Märkten ein übertriebenes Auf und Ab beobachten, das jeder vordergründigen Rationalität entbehrt. So genannte »Marktanomalien« entpuppen sich als Normalitäten.

Die Ökonomie beginnt sich damit für genuin kulturelle Faktoren zu öffnen: Wahrnehmungsweisen, Gefühle, Gewohnheiten, Ängste, Deutungen und Werte einzelner und kollektiver Akteure, die letztlich nur kontextgebunden zu verstehen sind. Eine in diesem Sinn erweiterte Rationalität ist ihrer Eindeutigkeit und Vorhersagbarkeit verlustig gegangen, hat dafür aber an Realitätsnähe gewonnen. Dadurch bieten sich vielfältige Anschlussmöglichkeiten zur *Alltagsgeschichte* (»Eigen-Sinn«) und einer den »linguistic turn« reflektierenden Kultur- bzw. Sozialgeschichte.[55] Die Ökonomie vermochte durch ihre »psychologische Wende« jedenfalls zukunftsweisende Arbeitsfelder zu besetzen, wie etwa das Thema der nicht intendierten Folgen individuellen Handelns oder der Eigenlogik von Regeln und Institutionen.

4. Fragen nach spezifischen »Wirtschaftsstilen« bestimmter Ethnien, Konfessionen, Nationen und sozialer Gruppen gehörten zu den klassischen Erkenntnisinteressen der *Historischen Schule*, die aber sowohl im Mainstream der Ökonomie als auch in dem der Kulturgeschichte der Gegenwart keine herausragende Rolle spielen. Gleichwohl zeichnet sich momentan eine Wiederentdeckung der *Historischen Schule* und ein wiedererwachendes Interesse an Wirtschaftsstilen ab.[56] Michael Storper und Robert Salais erfassen beispielsweise mit dem Konzept der »frameworks of economic action« Faktoren wie Konventionen, soziale Praktiken, Institutionen und kulturellen Prägungen, wodurch die Unterscheidung zwischen ökonomischen und nichtökonomischen Dimensionen hinfällig wird.[57]

Im Zusammenhang mit den Erfahrungen der Transformationsökonomien Osteuropas stellte sich unvermeidlich die Frage nach der Prägekraft langlebiger kultureller Traditionen, denn offensichtlich ist die Installierung marktwirtschaftlicher Anreizsysteme allein nicht ausreichend, um kapitalistische

Volkswirtschaften westlichen Musters zu erzeugen. Eher etwas hilflos als substantiell unterfüttert behauptet David Landes am Ende seiner Gesamtdarstellung der modernen Wirtschaftsgeschichte: »If we learn anything from the history of economic development, it is that culture makes all the difference.«[58]

Die Vorstellung Gustav Schmollers, der die Nationalökonomie sehr breit als eine »Wissenschaft vom Denken, Fühlen und Handeln«[59] definierte, bietet einen Ansatzpunkt zur Analyse kulturell geprägter, eher träger Handlungsmuster in einer Welt rasanten strukturellen Wandels. Für die historische Forschung sind Max Webers klassische Thesen etwa zur Kapitalismusgenese aufgrund ihrer Reichweite auch noch heute eine große Herausforderung. Wenngleich der von ihm postulierte Zusammenhang von protestantischer Ethik und dem »Geist des Kapitalismus« oder der Durchsetzung der »okzidentalen Rationalität« in ihrem breiten Erklärungsanspruch nicht mehr dem weiterentwickelten, methodisch ausgefeilten Instrumentarium der neuen Kulturgeschichte entspricht, haben seine Thesen nichts von ihrer Faszination eingebüßt. Wenn Werner Sombart den Aufstieg eines »neuen Menschentyps« als Voraussetzung für die Genese des Industriekapitalismus benennt und konstatiert, dass »das Alltagsleben [...] aus einer ganz und gar neuen Geisteshaltung heraus«[60] betrieben worden sei, formuliert er ein Forschungsprogramm, das bis heute weder von der Mentalitäts-, Alltags- oder auch Wirtschaftsgeschichte eingelöst wurde.

In einer vielbeachteten Studie über IBM-Niederlassungen in 40 Nationen unternahm Geert Hofstede den Versuch, Fragen nationaler und unternehmensspezifischer Wirtschaftsstile miteinander zu verbinden. Dabei beschränkte er sich auf fünf Kulturbereiche, die maßgeblich in Familien, Schulen und der politisch-öffentlichen Sphäre ausgeprägt werden, aber für Unternehmen von großer Bedeutung sind: 1. die Distanz zwischen Vorgesetzten und Untergebenen, 2. die Bedeutung individueller bzw. kollektiver Verhaltensmuster, 3. das Sicherheitsbedürfnis, 4. der Stellenwert von Emotionalität und Empathie bzw. von Aggressivität und Härte sowie 5. schließlich die Vorherrschaft kurz- bzw. langfristiger Zeithorizonte.[61]

5. Über den Umweg der Soziologie findet auch die Tatsache der Einbettung aller ökonomischer Prozesse in eine komplexe soziokulturelle Umwelt wieder Eingang in die Wirtschaftsgeschichte. Unmittelbar daran schließen sich die kaum noch zu überblickenden Publikationen zu den Themenkomplexen Human- bzw. Sozialkapital an.[62] Der von Peter Berger unter Rekurs auf Max Weber entwickelte *Economic-Culture*-Ansatz weist anhand unter-

schiedlichster Beispiele die Interdependenzen von ökonomischem Handeln und kulturellen Prägungen aus. »Economic Institutions do not exist in a vacuum but rather in a context of social and political structures, cultural patterns, and indeed structures of consciousness (values, ideas, belief systems).«[63] Ganz analog dazu und mit großem Echo argumentiert Mark Granovetter, der die soziokulturelle »Einbettung« allen ökonomischen Handelns betont.[64] Der Institutionenökonom Oliver Williamson lehnt sich an diesen Ansatz an, wenn er jüngst die Bedeutung von Traditionen, Normen, Religion und Sitten für die Ausgestaltung ökonomischer Institutionen herausstellt.[65]

Francis Fukuyama lenkt den Blick auf die kulturspezifischen Bedingungen für die Entwicklung von Vertrauen, das für ihn die Schlüsselkategorie für die Erklärung der unterschiedlichen Pfade der wirtschaftlichen Entwicklung darstellt. Vertrauen sei im Wesentlichen eine Funktion der Fähigkeit einer Gesellschaft zur Erzeugung familienübergreifender Soziabilität. Diese Fähigkeit erklärt er durch ethnisch-religiöse Prädispositionen.[66] Avner Greif beschreibt am Beispiel von genuesischen und maghrebinischen Kaufleuten des Mittelalters, dass kollektivistischen und individualistischen Gesellschaften unterschiedliche Entwicklungspfade offenstehen.[67]

6. Die Unternehmenskulturforschung verdankt ihren Aufschwung im wesentlichen zwei Ursachen. Zum einen verbreitete sich angesichts der Krise der westlichen Wirtschaft in den 1970er Jahren und der überlegenen Performance Japans in den 1980er Jahren die Auffassung, dass dieser Unterschied auf kulturspezifische Formen des Managements zurückzuführen sei. Zum anderen wurde es für westliche Unternehmen immer schwieriger, Mitarbeiter zu motivieren und an sich zu binden. In Überflussgesellschaften verloren rein monetäre Anreize wie Prämien und Lohnerhöhungen ihre Wirksamkeit. Daher erschienen nach 1980 zahlreiche publikumswirksame Untersuchungen zur »corporate culture« amerikanischer und japanischer Firmen, die einen direkten Zusammenhang von Effizienz und leistungsfördernder Unternehmenskultur konstatierten.[68]

Die betriebswirtschaftliche Unternehmenskulturforschung erlebt seit den 1980er Jahren einen Boom, da sie die Mobilisierung brachliegender Produktivitätsreserven verspricht. Ihre Grundprämisse ist die Interpretation des Unternehmens als »Miniaturgesellschaft« oder auch »Deutungsgemeinschaft«, die wie alle menschlichen Gemeinschaften über historisch gewachsene Regelsysteme, spezifische Normen sowie gemeinsame Wahrnehmungsmuster und Routinen verfügt. Diese werden durch Symbole und Rituale erzeugt, tradiert und verfestigt. Es geht dabei immer um unternehmensspezifische Leitbilder sowie die Konstruktion von Identität und Gemeinsamkeit im (teilweise konflikthaften) Zusammenspiel von Unternehmensleitung und Belegschaft. Die Unternehmenskultur erzeuge so gemeinsame Deutungsmuster, welche die Abstimmung der betrieblichen Subsysteme unterstützen, die Formulierung der strategischen Unternehmensziele prägen und deren Umsetzung in entsprechende Handlungsmuster beeinflussen.

In der modernen Ökonomie, mithin auch in der neueren Wirtschaftsgeschichte sind damit eine ganze Reihe von viel versprechenden Anknüpfungspunkten vorhanden, auf die eine kulturgeschichtlich inspirierte wirtschaftshistorische Forschung aufbauen kann. Umso notwendiger ist es für den gewünschten Perspektivenwechsel, diese Ansätze aufzunehmen und auszubauen, aber auch sie noch stärker mit den aktuellen Fragestellungen und Methoden der Kulturgeschichte zu konfrontieren.

4. Synergien und Brückenschläge

Die Beiträge dieses Buches sind aus einer im Februar 2003 in Göttingen mit Unterstützung der *Thyssen-Stiftung* durchgeführten Tagung hervorgegangen.[69] Dabei sollte einerseits die grundsätzliche Bedeutung kulturgeschichtlicher Fragestellungen in der Wirtschaftsgeschichte vor Augen geführt, andererseits die Relevanz des Ökonomischen für die Kulturgeschichte unterstrichen werden. Das Ziel war und ist, einen längst überfälligen Dialog über die Disziplingrenzen hinweg in Gang zu setzen, nicht aber sich gegenseitig zu vereinnahmen oder Unterschiede einzuebnen. Wirtschafts- und Kulturgeschichte besitzen ihre eigenen Ausrichtungen sowohl in methodischer als auch in thematischer Hinsicht. Gleichwohl existieren ganz unverkennbar Überschneidungen und gegenseitige Lernpotentiale, die es auszuloten gilt. Wirtschafts- und Kulturhistoriker sowie Angehörige angrenzender Disziplinen sind daher zum gegenseitigen Austausch, aber auch zur Formulierung kontroverser Standpunkte aufgerufen. Der vorliegende Band soll in diesem Sinne einen Anstoß zu einer überfälligen Debatte liefern, die angesichts der brennenden wirtschaftspolitischen Zukunftsfragen eine weiterreichende Bedeutung besitzt.

In dieser Perspektive befasst sich der erste Abschnitt des Bandes mit grundsätzlichen Überlegungen zur kultur- und wirtschaftswissenschaftlichen Methodologie sowie den daraus erwachsenden Folgerungen für die historische und wirtschaftshistorische Arbeit. Vertreter beider Disziplinen stellen die aktuellen Entwicklungen ihrer Fächer vor und diskutieren Unterschiede, Gemeinsamkeiten und Synergiepotentiale gegenüber dem jeweils anderen Fachgebiet. Im Zentrum steht dabei die Frage, welche Rolle handlungstheoretische Modelle bei der Erfassung und Interpretation menschlicher Interaktionen besitzen können.

Christoph Conrad blickt auf die Bedeutung des Wirtschaftens in der *new cultural history*. Trotz ihres in keiner Weise einheitlichen Kulturkonzepts hat sich diese in mancher Hinsicht zum extremen Gegenpol einer eher rationalistischen, abstrakt mechanistischen Ökonomie entwickelt. Auch wenn sich grundlegende epistemologische Unterschiede zwischen Kultur- und Wirtschaftswissenschaften nicht einfach aus der Welt schaffen lassen, sieht Conrad mit Blick auf einige zentrale Studien doch die Chance für eine Kulturgeschichte des Ökonomischen, die einerseits als Praxisgeschichte das Wirtschaften als Handlungssystem, wie auch andererseits als Diskursgeschichte die Ökonomie als Wissenssystem ernst nimmt.

Jakob Tanner thematisiert die Bedeutung der Kultur aus Sicht neuerer ökonomischer Handlungstheorien. Diese haben sich im Zeichen der psychologischen Wende von der überkommenen Modellvorstellung des klassischen *Homo oeconomicus* und kruden Rationalitätsannahmen verabschiedet und entwerfen ein differenzierteres Menschenbild, das in vielfacher Hinsicht auch für die Geschichtswissenschaften und insbesondere kulturhistorische Arbeiten anschlussfähig ist.

Birger Priddat stellt die Bedeutung der Vorarbeiten der *Historischen Schule* für die neusten Entwicklungen der Wirtschaftswissenschaften von der institutionellen bis zur evolutorischen Ökonomie dar. Allerdings haben sich diese Ansätze nicht einer genuin historischen Methode verschrieben. Denn während die *Historische Schule* einen ethisch-essentialistischen Grundzug besaß, können und wollen die Institutionen- und die Evolutionsökonomie eher Wandel innerhalb vorhandener Institutionenordnungen erklären, weniger deren grundlegende Rekonfiguration. Letztere kann durch Neuinterpretationen bestehender oder durch die Schaffung völlig neuer Institutionen implementiert werden, was einer genuin historischen Analyse bedarf, zu der die genannten ökonomischen Ansätze bislang nicht in der Lage sind.

Der zweite Abschnitt widmet sich dem für das Verständnis der Wirtschaft zentralen Thema der Marktgesellschaft und der Kultur von Märkten. Entgegen der blutleeren Vorstellung der neoklassischen Ökonomie vom Markt als

Ort, an dem perfekt informierte, rational handelnde Akteure aufeinander treffen und an dem der Preismechanismus Diskrepanzen von Angebot und Nachfrage in Gleichgewichtszustände überführt, erweist sich der empirisch beobachtbare Markt als ein soziokulturell, aber auch politisch und vor allem rechtlich eingebettetes Phänomen. Marktgesellschaften sind in oft langwierigen historischen Prozessen entstanden. Marktkonforme Handlungsmuster mussten erst erlernt und akzeptiert, symbolisch vermittelt und habitualisiert werden.[70] Dass es sich dabei keineswegs um einen linearen Entwicklungspfad handelt, lässt sich in den Durchsetzungsphasen moderner Marktgesellschaften anhand der Widerstandskräfte gegen den »cash nexus« als strukturbestimmenden Mechanismus sozialer Austauschbeziehungen demonstrieren. Ständische Prinzipien, korporative Regularien und religiös bzw. moralisch eingebundene Konzepte ökonomischen Handelns erwiesen sich als überaus hartnäckig.[71]

Georg Elwert befasst sich aus ethnologisch-wirtschaftsanthropologischer Sicht mit dem Phänomen der »Einbettung« wirtschaftlicher Transaktionen durch soziokulturelle Normen und Institutionen. Da Arbeit, Investitionen und Handel stets zukunftsgerichtet sind, die Zukunft aber im Dunkeln liegt, müssen die daraus erwachsenden Risiken begrenzt werden. Das gilt umso mehr, wenn der Rechtsstaat nicht oder nur unvollkommen funktioniert und die Informationsdefizite hoch sind. Anhand verschiedener afrikanischer Ethnien analysiert Elwert nicht nur die unterschiedlichen Mechanismen der Einbettung, die von Prestigezuteilung bis zu reziproker Gabenökonomie[72] reichen. Vielmehr kann er auch die in der wirtschaftshistorischen Literatur häufig zu findende scharfe Gegenüberstellung der vormodernen und der modernen Wirtschaft relativieren.

Hartmut Berghoff verfolgt eine ähnliche Fragestellung anhand des Industrialisierungs- und Globalisierungsprozesses des 19. Jahrhunderts. Er betrachtet dabei die »Generierung von Vertrauenskapital«, einer Schlüsselgröße für das Funktionieren von Märkten, die diese aber nicht selbst erzeugen können. Der Beitrag stellt die unterschiedlichen sozialwissenschaftlichen Theorien des Vertrauens vor und skizziert die einzelnen Formen, mit denen in der Umbruchsituation des 19. Jahrhunderts versucht wurde, Vertrauen im wirtschaftlichen Geschehen zu generieren und zu erhalten. Die Bandbreite der Ansätze reichte vom Ausbau des nationalen und internationalen Rechts bis zur Fundierung von Markttransaktionen durch verwandtschaftliche, regionale, ethnische und religiöse Formen der Vergemeinschaftung, von ökonomischen und sozialen Netzwerken bis zu kommerziellen Vertrauenswächtern, die als Expertensysteme Unsicherheit reduzieren und den Aufbau von Vertrauenskapital erleichtern.

Malte Zierenberg knüpft direkt an die Einbettungs- und Vertrauensthematik an, indem er den Sonderfall eines Marktes ohne rechtliche Stabilisatoren untersucht, nämlich den Berliner Schwarzmarkt im Zweiten Weltkrieg und während der unmittelbaren Nachkriegszeit. Der Bildung dieses für die Marktteilnehmer mit großen Risiken verbundenen Marktes geht die Aufkündigung einer Tauschbeziehung zwischen Bürger und Staat voraus, da eine hinreichende Versorgung auf legalen Wegen nicht mehr gewährleistet war und deshalb die Autorität der Obrigkeit verfiel. Neben der Gefahr der Strafverfolgung sahen sich die Akteure des Schwarzmarktes auch derjenigen der Übervorteilung in flüchtigen, nicht einklagbaren Markttransaktionen gegenüber. Als Mechanismen zur Reduktion dieser Risiken benennt Zierenberg den Aufbau von Klientel- und Vertrautheitsnetzwerken, die Etablierung von räumlichen und zeitlichen Marktkonstanten sowie die Ausbildung informeller Marktregeln und Kodierungssysteme.

Uwe Spiekermann rückt am Beispiel des deutschen Lebensmittelmarktes im 20. Jahrhundert die Frage nach den Rationalitäten wirtschaftlichen Handelns in den Mittelpunkt. Gerade der Lebensmittelkonsum ist in besonders starkem Maße an kulturelle und anthropologische Rationalitäten gebunden, die nur unter hohen persönlichen und gesellschaftlichen Kosten missachtet werden können. Daher stieß die Erziehung der Verbraucher zu »richtiger« Ernährung, wie sie wissenschaftliche und lebensreformerische Konzepte definierten, immer wieder an die Grenzen tradierter, regional hochdifferenzierter Verzehrmuster. Kurzfristige Nutzenerwartungen, Genuss und Geschmack begrenzten die Erfolgsaussichten von Ansätzen zur Rationalisierung und Optimierung der Konsummuster, die vor allem der Staat aus gesundheits- und wirtschaftspolitischen Erwägungen immer wieder propagierte.

Der dritte Abschnitt widmet sich dem interkulturellen Vergleich und fragt nach der Existenz und Relevanz unterschiedlicher Wirtschafts-, Arbeits- und Unternehmenskulturen. Inwieweit schlagen spezifische nationale Bildungs- und Ausbildungssysteme auf die Wettbewerbsfähigkeit der jeweiligen Volkswirtschaften durch? Inwieweit präformieren Glaubensinhalte religiöser Herkunft,[73] ideologische Überzeugungen und lebensweltliche Prägungen Praktiken wirtschaftlichen Handelns? Damit werden jene Faktoren problematisiert, deren Rolle für den Wirtschaftsprozess noch jüngst von einer quantitativ ausgerichteten ökonomischen Sozialwissenschaft besonders betont wurden.[74]

Wie sehr sind aber die vermeintlichen Produktionsregime (»social systems of production« bzw. »varieties of capitalism«), wie sie der »organisierte Kapitalismus« deutscher Spielart oder die »Japan AG« darstellen, tatsächlich von kulturellen Eigenarten der jeweiligen Länder geprägt?[75] Inwiefern und wie lange hielten kulturelle regionale Besonderheiten nationalen und globalen Uniformierungstendenzen des Marktes stand?

Alle drei Beiträge warnen vor einer holistischen Verkürzung und der bis heute weit verbreiteten Argumentation mit nationalen Stereotypen. *Sebastian Conrad* setzt sich dabei mit der einflussreichen »Konfuzianismusthese« auseinander, nach der das rasante Wachstum der japanischen Wirtschaft im letzten Drittel des 20. Jahrhunderts auf einer spezifischen, durch den Konfuzianismus geprägten Arbeitsethik beruhe. Tatsächlich, so Conrad, handele es sich bei dieser These um die »Erfindung einer Tradition«. Da sich Japan im Zuge der Industrialisierung am Ende des 19. Jahrhunderts stark an den westeuropäischen Vorbildern orientierte, wurde es wichtig, die Modernisierung des Landes nicht als bloße »Verwestlichung« erscheinen zu lassen, sondern vielmehr einen indigenen Weg in die Industriegesellschaft zu konstruieren. Die Konfuzianismusthese beruht auf der Fiktion einer kulturellen Autonomie Japans, während sich de facto die japanischen Arbeitsbeziehungen in engem Austausch mit der westlichen Welt veränderten. Für das Verständnis dieser Prozesse sei das Konzept des »nationalen Wirtschaftsstils« unbrauchbar, da es die Sicht auf die wechselseitigen Kulturtransfers verstelle.

Friedrich Wilhelm Graf untersucht den Zusammenhang zwischen religiösen Weltbildern und ökonomischem Habitus. Dabei betont er die ordnungsstrukturierenden und kontingenzreduzierenden Leistungen religiöser Deutungssysteme. Indem sie verbindliche Normen und Verhaltensmuster etablieren, prägen sie die Lebensführung der Gläubigen entscheidend. Daher sind sie auch unzweifelhaft von ökonomischer Relevanz, da sie Kooperationschancen erhöhen und gemeinsame »Geschäftsgrundlagen« schaffen. Allerdings warnt Graf vor einer Überschätzung von Globaltheorien wie der Weberschen Protestantismusthese. Die ökonomische Konnotierung von Protestantismus, Katholizismus und Judentum habe sich als Teil eines Diskurses herausgebildet, der von interkonfessioneller Konkurrenz, ja Feindschaft, bestimmt gewesen sei. Zudem lasse sich die Ausgangsfrage auch im Sinne der modernen »Religionsökonomie« umdrehen und untersuchen, inwiefern der ökonomische Habitus einer Gesellschaft Ausgangspunkt für die Wahl ihrer religiöser Weltbilder sein kann.

Thomas Welskopp problematisiert in seinem Beitrag zunächst die Prämissen der bisherigen Unternehmenskulturforschung. Ihre Gefahren sieht er in einem zugleich holistischen wie auch verkürzten Kulturbegriff, der einer »Top-down Perspektive« des Managements sowie einer harmonistischen Sicht der Arbeitsbeziehungen verpflichtet sei und eine unbegrenzte Gestaltbarkeit betrieblicher Lebenswelten voraussetze. Diesem Ansatz stellt er das Konzept einer »integralen Unternehmensgeschichte« gegenüber, das die Außen- und Binnenperspektive miteinander verbindet, das Unternehmen mikropolitisch-praxeologisch als soziales Praxis- und Handlungsfeld definiert und kommunikative Strukturen sowie Anreiz- und Überwachungsmechanismen *(corporate governance)* thematisiert. Eine so verstandene Unternehmensgeschichte sperre sich gegen simplifizierende nationale Stereotype und ermögliche ein kulturell sensibles Aufspüren von Variationen der jeweiligen Kulturtypen, die eben nicht allein politisch determiniert sein müssen, sondern maßgeblich von den Bedingungen der Branchen, Produktgruppen und Regionen geprägt werden.

Das in den Wirtschaftswissenschaften und in der Soziologie seit einiger Zeit viel diskutierte Thema der Bedeutung von »Wissen« im wirtschaftlichen Prozess[76] steht im Mittelpunkt des vierten Abschnitts. Tatsächlich spielen »Wissen« und »Expertentum« nicht zuletzt dank der rasanten Entwicklung der Informationstechnologien und der modernen Natur- und Technikwissenschaften eine zentrale Rolle im heutigen Wirtschaftsleben. Welchen Einfluss besaß jedoch in der Vergangenheit der Wandel der Wissensordnung auf das wirtschaftliche Handeln? Diese Frage ist in der technik- und wirtschaftsgeschichtlichen Forschung meist unter dem Stichwort der »Innovation« und des »wissenschaftlichen« bzw. »technischen Fortschritts« behandelt worden.[77] Inwiefern aber prägte beispielsweise nichtformalisiertes »practical knowledge«[78] das Handeln und die Kommunikation der wirtschaftlichen Akteure? Wie beeinflussten kulturelle Prägungen, aber auch soziale und politische Konstellationen die Entstehung, die Umsetzung und den Gebrauch von Wissen in der »industriellen« bzw. »postindustriellen Gesellschaft«? Wie entwickelten und veränderten sich durch den Wandel der Wissensordnung jene Vorstellungen und Bilder, in denen die Zeitgenossen das Phänomen »Wirtschaft« betrachteten? Und in welcher Weise gelang es einzelnen Persönlichkeiten oder Professionen, sich in der Öffentlichkeit als »wirtschaftliche Experten« und »Spezialisten« eines Wirtschaftszweiges zu etablieren?

Jakob Vogel unterstreicht in diesem Zusammenhang den Beitrag, den eine solche »Wissensgeschichte« der Wirtschaft in der aktuellen Debatte um die so genannte Wissensgesellschaft leisten könnte. Eine wesentliche Aufgabe sieht er in der Kritik an dem Bild einer quasi linearen »Verwissenschaftlichung«, das seit der Aufklärung von wissenschaftlichen Eliten zur eigenen Selbstlegitimation propagiert wurde. An der Entwicklung von Bergbau und Salzwesen im späten 18. und im 19. Jahrhundert zeigt er, wie wenig der konkrete technologische Prozess jedoch mit der klassischen Erfolgsgeschichte dieser Eliten zu tun haben musste. Aufgrund ihrer spezifischen »Wissenskultur« konnten sie tatsächlich eher zu einem Hemmschuh der technologischen Innovation werden, während sie gleichzeitig aber auf der politischen und gesellschaftlichen Ebene die Auffassungen über Form und Grenzen einzelner »Wirtschaftssektoren« oder Industriezweige bestimmten.

Adam Tooze demonstriert, wie die seit Anfang des 20. Jahrhunderts entstehende Wirtschaftsstatistik ein metaphorisches Bild der »Volkswirtschaft« entwarf, das mehr und mehr das öffentliche Verständnis des Wirtschaftsprozesses prägte, obgleich es von Anfang an sehr unterschiedlichen Interessen und Gedanken verpflichtet war. Fragen der Zähltechnik und Darstellung der Ergebnisse, von Einheiten und Tabellen erweisen sich als Versuche, ein »Geschehen« in Bilder zu fassen, die wiederum bestimmten sozialen und kulturellen Vorstellungen, etwa dem nationalsozialistischen Führerkult oder dem technokratischen Leitbild des Planers und Statistikers, entsprachen. Aus seiner Perspektive als Volkswirt und Wirtschaftshistoriker betont Tooze gleichzeitig die Grenzen einer kulturgeschichtlichen Betrachtung der Wirtschaftsstatistik und warnt davor, ihren für Ökonomen wesentlichen »Gebrauchscharakter« zu unterschätzen.

Rainer Gries wendet sich einer weiteren Gruppe von Experten zu, die in der Wirtschaft des 20. Jahrhunderts einen enormen Aufstieg erlebten: den Werbe- bzw. Marketingfachleuten. Am biographischen Beispiel des »Motivforschers« Ernest W. Dichter analysiert er die Legitimationsstrategien, mit denen sich dieser in der amerikanischen Öffentlichkeit der Nachkriegszeit als »Guru« einer neuen, psychoanalytisch geschulten »Wissenschaft« präsentierte. Eine zentrale Rolle spielten neben der Personalisierung des Produkts, dessen »Seele« der Motivforscher untersuchte, auch die Selbststilisierung zum »Sozialforscher« einer Gesellschaft freier Individuen, deren Ziel die weltumspannende Demokratie des Konsums sei. Trotz seines betont unkonventionellen Auftretens erscheint Dichter damit, so Gries, als Prototyp jener »modernen Expertenkultur«, die ihre wesentliche Aufgabe bei der »Verwissenschaftlichung des Sozialen«[79] in einer möglichst »rationalen« Befriedigung von »Bedürfnissen« der Konsumenten betrachteten.

Da Ansichten über die zukünftige Entwicklung des Marktes und der Gesellschaft Kaufentscheidungen oder Investitionen, aber auch wirtschaftspolitische Weichenstellungen entscheidend beeinflussen, widmet sich der fünfte Abschnitt den »Leitbildern und Visionen«, die das Handeln der wirtschaftlichen Akteure prägten. Anders als bei Max Webers Globalthese von der Entwicklung eines »protestantischen Kapitalismus« gilt es genauer nach den spezifischen kulturellen Prägungen zu fragen, die den einzelnen ökonomischen Utopien oder Ordnungsvorstellungen der Vergangenheit zugrunde lagen. In welcher Form und mit welchen Bildern repräsentierten sie die ideale Wirtschaft? Wie gelang es ihnen, sich ihrerseits auf dem »Markt« der Gesellschaftsentwürfe gegen konkurrierende Modelle durchzusetzen? Welche professionellen Interessen wurden in ihnen transparent, und welchen Einfluss besaßen sie auf das wirtschaftliche Geschehen?

Thomas Großbölting analysiert in diesem Sinne die komplexen Ordnungsvorstellungen, die den deutschen Industrie- und Gewerbeausstellungen des 19. Jahrhunderts zugrunde lagen. Diese äußerten sich nicht nur in Festreden oder in den aus ihrem Anlass erschienenen Publikationen, die den wirtschaftlichen und technologischen Fortschritt der Industrialisierung feierten. Vielmehr manifestierte sich auch in den verliehenen Preisen und Ehrendiplomen oder in der Anordnung der ausgestellten Objekte ein spezifisches Wertesystem der wirtschaftlichen Errungenschaften. Selbst die Inszenierung der Einweihungsfeiern wie auch das Ausstellungsdekor erweisen sich unter dem Blick des Kulturhistorikers als »Bedeutungsträger«, in denen sich die Gedankenwelt der Zeitgenossen über die wirtschaftliche, soziale und kulturelle Ordnung der industriellen Gesellschaft widerspiegelt.

Frank Trentmann stellt demgegenüber vor allem die Konfliktgeschichte der wirtschaftlichen Leitbilder in den Vordergrund. Am Beispiel der Auseinandersetzung über die englische Freihandels- und Zollpolitik um die Wende vom 19. zum 20. Jahrhunderts demonstriert er die Versuche, die komplexen Argumente zu einer vergleichsweise abstrakten Frage der Wirtschaftspolitik und ihrer Ideologien »griffig« in Parolen und Bilder zu fassen, um auf diese Weise den politischen Kampf bis in Karikaturen und Postkarten hinein zu beeinflussen. Dabei unterstreicht Trentmann die spezifische Eigendynamik, die ein solcher »Diskurs« entwickeln konnte, indem er den Gegner zwang, mit vergleichbaren Motiven und Methoden auf die populären Schlagworte und Spottbilder zu antworten.

Dirk van Laak betrachtet in seinem Beitrag Ingenieure und Technokraten des 20. Jahrhunderts als eine »Deutungsgemeinschaft«, die das aus dem

18. Jahrhundert stammende Bild einer ordnenden, vorausschauend planenden »Hand« des Staates in ihre Vorstellungen einer idealen Infrastruktur einbrachten. Die nach dem Ersten Weltkrieg aufkommenden technokratischen Phantasien huldigten der Idee einer maschinellen Effizienz, die weit über die wirtschaftliche Sphäre hinaus in die Gesellschaft hineinreichen und alle »irrationalen« politischen Einflüsse ausschalten würde. Auch im Weltmaßstab sollten technologische Großprojekte die westlich verstandene »Modernisierung« vorantreiben. Allerdings lassen sich charakteristische Differenzen in der Schwerpunktsetzung der einzelnen Expertengruppen feststellen, die weitgehend die professionellen Besonderheiten der einzelnen Berufsgruppen reflektierten.

Martina Heßler fragt abschließend, in welcher Weise die verschiedenen Konsumvisionen des 20. Jahrhunderts das Handeln und die Entscheidungen von Unternehmen, Politikern und Konsumenten beeinflussten. Mit der massenhaften Herstellung von technischen Konsumgütern entstand auch ein umfassender Diskurs über deren zukünftige Verwendung, der nicht nur ihren Gebrauchswert thematisierte, sondern die neuen Produkte zugleich auch in ein breiteres Tableau einer utopischen Konsumgesellschaft einbettete. Wie Heßler betont, wirkte der von der Industrie und Werbung alimentierte Diskurs nicht nur in eine Richtung, sondern beeinflusste seinerseits die Vorstellungswelt der wirtschaftlichen Entscheider, die ihre Investitionen teilweise nach den Vorhersagen der Experten ausrichteten. Wie etwa das Beispiel der DDR demonstriert, konnten Konsumvisionen jedoch auch zu hohe Erwartungen wecken und daran scheitern, so dass sie letztlich in ihrer wirtschaftlichen Wirkung als außerordentlich ambivalent zu bewerten sind.

Der mit diesem Band unternommene Versuch, den in unseren Augen notwendigen Perspektivenwechsel in der Wirtschafts-, aber auch in der Kulturgeschichte anzuregen und zu unterstützen, hat nicht eine idealisierte »Zukunftsvision« in Form eines neuen Paradigmas »Wirtschaftsgeschichte als Kulturgeschichte« zum Ziel. Das würde weder der Vielfalt der Themen noch derjenigen der methodischen Zugänge entsprechen. Aber die Neugierde der Wirtschaftshistoriker auf die neue Kulturgeschichte und die der Kulturhistoriker auf die Wirtschaftsgeschichte zu wecken und die Synergiepotentiale aufzuzeigen, ist ein Anliegen, das die Mühen des interdisziplinären Austausches rechtfertigt. Inwiefern sich der dauerhafte Ertrag dieses Unternehmens einstellt, wird sich wie stets auf dem umkämpften »Markt« der wissenschaftlichen Ansätze erst nach einiger Zeit erweisen.

Anmerkungen

1 Vgl. die Debatte der *Vierteljahrschrift für Sozial- und Wirtschaftsgeschichte* (*VSWG* 82, 1995) über den Standort des Faches Wirtschafts- und Sozialgeschichte. Siehe auch Richard Tilly, Einige Bemerkungen zur theoretischen Basis der modernen Wirtschaftsgeschichte, in: *JbWg* 1994/1, S. 131–149; Toni Pierenkemper, Gebunden an zwei Kulturen. Zum Standort der modernen Wirtschaftsgeschichte im Spektrum der Wissenschaften, in: *JbWg* 1995/2, S. 163–176; Dieter Ziegler, Die Zukunft der Wirtschaftsgeschichte. Versäumnisse und Chancen, in: *GG* 23, 1997, S. 405–422; und Hansjörg Siegenthaler, Geschichte und Ökonomie nach der kulturalistischen Wende, in: *GG* 25, 1999, S. 276–301.

2 Knut Borchardt, Anerkennung und Versagen. Ein Jahrhundert wechselnder Einschätzungen von Rolle und Leistung der Volkswirtschaftslehre in Deutschland, in: Reinhard Spree (Hg.), *Geschichte der deutschen Wirtschaft im 20. Jahrhundert*, München 2001, S. 200–222, hier S. 219.

3 André Habisch, Artikel »Sozialkapital«, in: Wilhelm Korff u. a. (Hg.), *Handbuch der Wirtschaftsethik*, Bd. 4, Gütersloh 1999, S. 472–509, hier besonders S. 473. Allgemein: Geoffrey M. Hodgson, *How Economics Forgot History. The Problem of Historical Specifity in Social Science*, London 2001; und Thomas Eger (Hg.), *Kulturelle Prägungen wirtschaftlicher Institutionen und wirtschaftspolitischer Reformen*, Berlin 2002.

4 Robert Solow, Economic History and Economics, in: *AER* 75, 1985, S. 328. Mit Maurice Allais beklagte ein weiterer Nobelpreisträger die methodische Einseitigkeit, hochgradige Spezialisierung und Theoretisierung des Faches: »Dennoch ist es von äußerster Bedeutung, die Bemühungen um eine Synthese aufrechtzuerhalten. Fortschritt in jedem der Einzelbereiche setzt einen breitangelegten Gesamtüberblick voraus.« Maurice Allais, Richtig ist die Empirie, in: *Wirtschaftswoche* 42, 4. 11. 1988, S. 121 f.

5 Joachim Starbatty, Theorie ohne Geschichte? Zur Rolle der Vergangenheit in der Nationalökonomie, in: *GWU* 43, 1992, S. 78–94, hier S. 79. Vgl. auch Tony Lawson, *Economics and Reality*, London 1997; und Hodgson, *How Economics Forgot History*.

6 Vgl. Rolf H. Dumke, Clio's Climacteric? Betrachtungen über Stand und Entwicklungstendenzen der cliometrischen Wirtschaftsgeschichte, in: *VSWG* 73, 1986, S. 457–487. Breiter angelegt und kritischer: Naomi R. Lamoreaux, Economic History and the Cliometric Revolution, in: Anthony Molho/Gordon S. Wood (Hg.), *Imagined Histories: American Historians Interpret the Past*, Princeton 1998, S. 59–84.

7 Martin Wiener, *English Culture and the Decline of the Industrial Spirit, 1850–1990*, Cambridge 1991. Vgl. auch Allan Sked, *Britain's Decline. Problems and Perspectives*, Oxford 1987. Kritisch: Hartmut Berghoff, *Englische Unternehmer 1870–1914. Eine Kollektivbiographie führender Wirtschaftsbürger in Birmingham, Bristol und Manchester*, Göttingen 1991, S. 22–33.

8 Alfred D. Chandler, *Scale and Scope. The Dynamics of Industrial Capitalism*, Cambridge/Mass. 1990. Zu Deutschland jetzt Werner Abelshauser, *Kulturkampf – der deutsche Weg in die Neue Wirtschaft und die amerikanische Herausforderung*, Berlin 2003.

9 Vgl. unter anderem Christoph Conrad/Martina Kessel (Hg.), *Geschichte schreiben in der Postmoderne. Beiträge zu einer aktuellen Diskussion*, Stuttgart 1994; dies. (Hg.), *Kultur*

und Geschichte. Neue Einblicke in eine alte Beziehung, Stuttgart 1998; Thomas Mergel/Thomas Welskopp (Hg.), *Geschichte zwischen Kultur und Gesellschaft. Beiträge zur Kulturdebatte*, München 1997; Reinhard Sieder, Sozialgeschichte auf dem Weg zu einer historischen Kulturwissenschaft, in: *GG* 20, 1994, S. 445–468; Ute Daniel, »Kultur« und »Gesellschaft«. Überlegungen zum Gegenstandsbereich der Sozialgeschichte, in: *GG* 19, 1993, S. 69–99; dies., Clio unter Kulturschock. Zu den aktuellen Debatten der Geschichtswissenschaft, in: *GWU* 48, 1997, S. 195–218 und S. 259–278; dies., *Kompendium Kulturgeschichte. Theorien, Praxis, Schlüsselwörter*, Frankfurt am Main 2001; und Richard Biernacki, Method and Metaphor after the New Cultural History, in: Victoria E. Bonnell/Lynn Hunt (Hg.), *Beyond the Cultural Turn. New Directions in the Study of Society and Culture*, Berkeley 1999, S. 62–92.

10 Diese Entwicklung offenbart nicht zuletzt der Blick in die jüngeren Jahrgänge der beiden Zeitschriften *Historische Anthropologie* und *WerkstattGeschichte*, in denen sich die neueren kulturgeschichtlichen Strömungen stark niederschlagen.

11 Alf Lüdtke, *Eigen-Sinn. Fabrikalltag, Arbeitererfahrungen und Politik vom Kaiserreich bis in den Faschismus*, Hamburg 1993.

12 Daniel, *Kompendium Kulturgeschichte*. Vgl. auch die Beiträge in Wolfgang Hardtwig/Hans-Ulrich Wehler (Hg.), *Kulturgeschichte heute*, Göttingen 1996.

13 Joachim Eibach/Günther Lottes (Hg.), *Kompass der Geschichtswissenschaft. Ein Handbuch*, Göttingen 2002.

14 Vgl. Friedrich-Wilhelm Henning, Bruno Kuske (1876–1964), in: ders. (Hg.), *Kölner Volkswirte und Sozialwissenschaftler*, Köln 1988, S. 69–95. Für diesen Hinweis danken wir Ralf Banken.

15 Auch die in jüngster Zeit im Aufschwung befindliche Kolonialgeschichte hat ökonomischen Fragen bislang nur wenig Platz eingeräumt. Vgl. aber: Sebastian Conrad/Shalini Randeria (Hg.), *Jenseits des Eurozentrismus. Postkoloniale Perspektiven in den Geschichts- und Kulturwissenschaften*, Frankfurt am Main 2002.

16 Vgl. etwa Alf Lüdtke, *Alltagsgeschichte. Zur Rekonstruktion historischer Erfahrungen und Lebensweisen*, Frankfurt am Main 1989. Als Überblick: Jürgen Kocka, *Sozialgeschichte in Deutschland seit 1945. Aufstieg – Krise – Perspektiven*, Bonn 2002.

17 So etwa, wenn Hans-Ulrich Wehler als Nestor der *Historischen Sozialwissenschaft* der Kulturgeschichte vorwirft, der »postmodernen Beliebigkeit« zu verfallen und »allein dem Glasperlenspiel reichlich abstrakter epistemologischer Überlegungen ohne spürbare Bodenhaftung zu folgen«. Hans-Ulrich Wehler, Ein Kursbuch der Beliebigkeit. Eine neue Kulturgeschichte lässt viele Blumen blühen – aber die schönsten leider nicht, in: *Die Zeit*, 26. 6. 2001, S. 37 f.

18 Vgl. Peter Temin, Is It Kosher to Talk About Culture?, in: *J. of Econ. Hist.* 57, 1997, S. 267–287; Clemens Wischermann, Vom Gedächtnis und den Institutionen. Ein Plädoyer für die Einheit von Kultur und Wirtschaft, in: Eckhart Schremmer (Hg.), *Wirtschafts- und Sozialgeschichte. Gegenstand und Methode*, Stuttgart 1998, S. 21–33; und Siegenthaler, *Geschichte und Ökonomie*.

19 Aus der Fülle der »theoretischen« Literatur zur neueren Kulturgeschichte siehe etwa: Bonnell/Hunt (Hg.), *Beyond the Cultural Turn*; Conrad/Kessel, *Geschichte schreiben*; dies., *Kultur und Geschichte*; Daniel, *Kompendium*; Rebekka Habermas/Nils Minkmar

(Hg.), *Das Schwein des Häuptlings. Sechs Aufsätze zur Historischen Anthropologie*, Berlin 1992; Hardtwig/Wehler, *Kulturgeschichte*; Mergel/Welskopp, *Geschichte*; Lüdtke, *Alltagsgeschichte*; und Peter Schöttler, Wer hat Angst vor dem »linguistic turn«?, in: *GG* 23, 1997, S. 134–151.

20 Vgl. unter anderem: Marc Bloch, *Esquisse d'une histoire monétaire de l'Europe*, Paris 1954; Fernand Braudel, *Die Dynamik des Kapitalismus*, 2. A., Stuttgart 1991; und ders., *Das Mittelmeer und die mediterrane Welt in der Epoche Philipps II.*, 3 Bde, Frankfurt am Main 1990.

21 Hans Medick, »Missionare im Ruderboot«? Ethnologische Erkenntnisweisen als Herausforderung an die Sozialgeschichte, in: *GG* 10, 1984, S. 295–319; Gert Dressel, *Historische Anthropologie. Eine Einführung*, Wien 1996; Habermas/Minkmar, *Schwein des Häuptlings*; Ulrich Raulff (Hg.), *Mentalitäten-Geschichte. Zur historischen Rekonstruktion geistiger Prozesse*, 2. A., Berlin 1989; Peter Schöttler, Zur Geschichte der *Annales*-Rezeption in Deutschland (West), in: Matthias Middell/Stehen Sammler (Hg.), *Alles Gewordene hat Geschichte. Die Schule der Annales in ihren Texten*, Leipzig 1994, S. 40–60; und Hans Süssmuth (Hg.), *Historische Anthropologie. Der Mensch in der Geschichte*, Göttingen 1984.

22 Hans Medick, *Weben und Überleben in Laichingen 1650-1900. Lokalgeschichte als allgemeine Geschichte*, Göttingen 1996.

23 Vgl. Paul Nolte, Der Markt und seine Kultur – ein neues Paradigma der amerikanischen Geschichte?, in: *HZ* 264, 1997, S. 329–360. In der deutschsprachigen Literatur zur Konsumgeschichte wurden bislang die umfassenden Diskussionen der amerikanischen Forschung über die Ideen- und Mentalitätsgeschichte des Kapitalismus nur wenig aufgenommen.

24 Vgl. Wolfgang Kaschuba, *Lebenswelt und Kultur der unterbürgerlichen Schichten im 19. und 20. Jahrhundert*, München 1990; und Lüdtke, *Alltagsgeschichte.*

25 Vgl. Helmut Berding (Hg.), *Soziale Unruhen in Deutschland während der Französischen Revolution*, Göttingen 1988; und Christina von Hodenberg, *Aufstand der Weber. Die Revolte von 1844 und ihr Aufstieg zum Mythos*, Bonn 1997.

26 Michael Spehr, *Maschinensturm. Protest und Widerstand gegen technische Neuerungen am Anfang der Industrialisierung*, Münster 2000.

27 Vgl. Lüdtke, *Alltagsgeschichte*, sowie etwa die von Lutz Niethammer und Alexander von Plato herausgegebene Reihe *Lebensgeschichte und Sozialkultur im Ruhrgebiet. 1930 bis 1960*, Berlin 1983–85.

28 Vgl. auch Gunther Mai, Die Ökonomie der Zeit. Unternehmerische Rationalisierungsstrategien und industrielle Arbeitsbeziehungen, in: *GG* 23, 1997, S. 311–327.

29 Lüdtke, *Eigen-Sinn.*

30 Vgl. Karin Hausen (Hg.), *Geschlechterhierarchie und Arbeitsteilung. Zur Geschichte ungleicher Erwerbschancen von Männern und Frauen*, Göttingen 1993; und Gunilla-Friederike Budde (Hg.), *Frauen arbeiten. Weibliche Erwerbstätigkeit in Ost- und Westdeutschland nach 1945*, Göttingen 1997.

31 Christine von Oertzen, *Teilzeitarbeit und die Lust am Zuverdienen*, Göttingen 1999.

32 Vgl. hierzu die Beiträge im Abschnitt »Die Ungleichheit der Geschlechter vor dem Konsum« in: Hannes Siegrist u. a. (Hg.), *Europäische Konsumgeschichte. Zur Gesellschafts-*

und Kulturgeschichte des Konsums (18. bis 20. Jahrhundert, Frankfurt am Main 1997, S. 395–545; und Luisa Passerini, Frauen, Massenkonsum und Massenkultur, in: Françoise Thebaud (Hg.), *Geschichte der Frauen. 20. Jahrhundert*, Frankfurt am Main 1992, S. 355–374.

33 Karin Hausen, Geschlecht und Ökonomie, in: Gerold Ambrosius u. a. (Hg.), *Moderne Wirtschaftsgeschichte. Eine Einführung für Historiker und Ökonomen*, München 1996 S. 89–103.

34 Vgl. unter anderem: John Brewer/Roy Porter (Hg.), *Consumption and the World of Goods*, London 1993; Daniel Roche, *Histoire des choses banales. Naissance de la consommation. XVII*[e]*–XIX*[e] *siècle*, Paris 1997; Siegrist u. a., *Europäische Konsumgeschichte*; Hartmut Berghoff (Hg.), *Konsumpolitik. Die Regulierung des privaten Verbrauchs im 20. Jahrhundert*, Göttingen 1999; Martin Daunton/Matthew Hilton (Hg.), *The Politics of Consumption. Material Culture and Citizenship in Europe and America*, Oxford 2001; und Hartmut Berghoff, From Privilege to Commodity: Modern Tourism and the Rise of the Consumer Society, in: ders. u. a. (Hg.), *The Making of Modern Tourism. The Cultural History of the British Experience, 1600–2000*, Houndsmill 2002, S. 159–179.

35 Vgl. Detlef Briesen, *Warenhaus, Massenkonsum und Sozialmoral. Zur Geschichte der Konsumkritik im 20. Jahrhundert*, Frankfurt am Main 2001; Ingeborg Cleve, *Geschmack, Kunst und Konsum. Kulturpolitik als Wirtschaftspolitik in Frankreich und Württemberg (1805–1845)*, Göttingen 1996; Helmut Frei, *Tempel des Kauflust. Eine Geschichte der Warenhauskultur*, Leipzig 1997; Michael Wildt, *Am Beginn der ›Konsumgesellschaft‹. Mangelerfahrung, Lebenshaltung, Wohlstandshoffnung in Westdeutschland in den fünfziger Jahren*, Hamburg 1994; und Martina Heßler, *»Mrs. Modern Woman«. Zur Sozial- und Kulturgeschichte der Haushaltstechnisierung*, Frankfurt am Main 2001.

36 Allgemein: Jean Baudrillard, *Das System der Dinge*, Frankfurt am Main 1991; und David Sabean, Die Produktion von Sinn beim Konsum der Dinge, in: Wolfgang Ruppert (Hg.), *Fahrrad, Auto, Kühlschrank: Zur Kulturgeschichte der Alltagsdinge*, Frankfurt am Main 1993. Konkrete Fallstudien bieten Adrian Forty, *Objects of Desire. Design and Society since 1750*, 2. A., London 1986; Leora Auslander, *Taste and Power. Furnishing Modern France*, Berkeley 1996; Birgit Pelzer/Reinhold Reith, *Margarine. Die Karriere der Kunstbutter*, Berlin 2001; Roman Rossfeld (Hg.), *Genuss und Nüchternheit. Geschichte des Kaffees in der Schweiz vom 18. Jahrhundert bis zur Gegenwart*, Baden 2002; und Alessandro Stanzani (Hg.), *La qualité des produits en France (XVIII*[e]*–XX*[e] *siècles)*, Paris 2003.

37 Vgl. Clifford Geertz, The Bazaar Economy: Information and Search in Peasant Marketing, in: *AER* 26, 1978, S. 28–32; ders., Suq: the Bazaar Economy in Sefrou, in: ders. u. a., *Meaning and Order in Moruccean Society. Three Essays in Cultural Analysis*, Cambridge 1979, S. 123–264; Hervé Sciardet, *Les marchands de l'aube. Ethnographie et théorie du commerce aux Puces de Saint-Ouen*, Paris 2003; Craig Muldrew, Interpreting the Market. The Ethics of Credit and Community Relations in Early Modern England, in: *SH* 18, 1993, S. 163–183; Irene Götz, Erzählungen als Indikatoren für Unternehmenskultur. Zur Ethnographie innerbetrieblicher Kommunikation in einem mittelständischen Unternehmen, in: Clemens Wischermann u. a. (Hg.), *Unternehmenskommunikation im*

19. und 20. Jahrhundert, Dortmund 2000, S. 227–242; Ira Spieker, *Ein Dorf und sein Laden. Warenangebot, Konsumgewohnheiten und soziale Beziehungen um die Jahrhundertwende*, Münster 2000; und Sibylle Brändli, *Der Supermarkt im Kopf. Konsumkultur und Wohlstand in der Schweiz nach 1945*, Wien 2000.

38 Vgl. Marcel Mauss, Die Gabe. Form und Funktion des Austauschs in archaischen Gesellschaften, in: ders., *Soziologie und Anthropologie*, Bd. 2, Frankfurt am Main 1989, S. 9–144. Zur Übertragung auf die heutigen Gesellschaften David Cheal, *The Gift Economy*, London 1988. Allgemein zur Bedeutung wirtschaftlicher Themen in der modernen Anthropologie bzw. Ethnologie Georg Elwert, Die Verflechtung von Produktionen: Nachgedanken zur Wirtschaftsanthropologie, in: Ernst W. Müller (Hg.), *Ethnologie als Sozialwissenschaft*, Köln 1984, S. 379–402; Maurice Godelier, *Ökonomische Anthropologie*, Hamburg 1973; Karl Heinz Kohl, *Ethnologie – die Wissenschaft vom kulturellen Fremden. Eine Einführung*, München 1993; Edward Le Clair/Harold Schneider (Hg.), *Economic Anthropology. Readings in Theory and Analysis*, New York 1968; und Susana Narotzky, *New Directions in Economic Anthropology*, London 1997.

39 Vgl. zum Beispiel Christel Köhle-Hezinger (Hg.), *Der neuen Welt ein neuer Rock. Studien zu Kleidung, Körper und Mode an Beispielen aus Württemberg*, Stuttgart 1993; und Reinhold Reith/Torsten Meyer (Hg.), *»Luxus und Konsum« – eine historische Annäherung*, Münster 2003.

40 Zur Konzeption unter anderem Bruce Mazlish/Ralph Buultjens (Hg.), *Conceptualizing Global History*, Boulder 1993; und Michael Geyer/Charles Bright, World History in a Global Age, in: *AHR* 100, 1995, S. 1034–1060. Zur empirischen Umsetzung siehe zum Beispiel Jürgen Osterhammel, Asien. Geschichte im eurasischen Zusammenhang, in: Anette Völker-Rasor (Hg.), *Frühe Neuzeit*, München 2000, S. 429–444; ders./Niels P. Petersson, *Geschichte der Globalisierung. Dimensionen, Prozesse, Epochen*, München 2003; Friedrich Edelmayer u. a. (Hg.), *Globalgeschichte 1450–1620. Anfänge und Perspektiven*, Wien 2002; Martin H. Geyer/Johannes Paulmann, (Hg.), *The Mechanics of Internationalism. Culture, Society, and Politics from the 1840s to the First World War*, Oxford 2001; und Philippe Norel, *L' invention du marché. Une histoire économique de la mondialisation*, Paris 2004. Die *World History Association* gibt seit 1991 das *World History Journal* heraus.

41 Vgl. Donald N. McCloskey, *Economic Maturity and Entrepreneurial Decline: British Iron and Steel 1870–1913*, Cambridge/Mass. 1973.

42 Vgl. Deirdre N. McCloskey, *The Rhetoric of Economics*, 2. A. (1. A. 1985), Madison 1998. Siehe auch Warren Samuels (Hg.), *Economics as Discourse*, Boston 1990.

43 Siegenthaler, Geschichte und Ökonomie, S. 276 und 301. Etwas zurückhaltender Lamoreaux, Economic History, S. 76. Einen Überblick über das Themenspektrum bietet Eger (Hg.), *Kulturelle Prägungen.*

44 Vgl. Douglass C. North, *Institutionen, institutioneller Wandel und Wirtschaftsleistung*, Tübingen 1992; Rudolf Richter, Sichtweisen und Fragestellungen der Neuen Institutionenökonomik, in: *Zs. für Wirtschafts- und Sozialwissenschaften* 110, 1990, S. 571–591; ders., *Institutionen ökonomisch analysiert. Zur jüngeren Entwicklung auf dem Gebiet der Wirtschaftstheorie*, Tübingen 1994; ders./Eirik Furubotn, *Neue Institutionenökonomie. Eine Einführung und kritische Würdigung*, Tübingen 1996; Horst Feldmann, *Eine*

institutionalistische Revolution? Zur dogmenhistorischen Bedeutung der modernen Institutionenökonomik, Berlin 1995; Wolfgang Kasper/Manfred Streit, *Institutional Order and Public Policy*, London 1998; und Matthias Erlei u. a., *Neue Institutionenökonomik*, Stuttgart 1999. Zur Unternehmensgeschichte vgl. das Sonderheft der *BH* 39, 4, 1997 zum Thema »Institutions and the Evolution of Modern Business«; Anne Nieberding/Clemens Wischermann, Unternehmensgeschichte im institutionellen Paradigma, in: *ZUG* 43, 1998, S. 35–48; und Hartmut Berghoff, Transaktionskosten: Generalschlüssel zum Verständnis langfristiger Unternehmensentwicklung? Zum Verhältnis von Neuer Institutionenökonomie und moderner Unternehmensgeschichte, in: *JbWg* 1999/2, S. 159–176.

45 Vgl. North, *Institutionen*, S. 4; und Daniel Kiwit/Stefan Voigt, Überlegungen zum institutionellen Wandel unter Berücksichtigung des Verhältnisses interner und externer Institutionen, in: *Ordo* 46, 1995, S. 117–147.

46 Vgl. zum Beispiel Douglass C. North, *Theorie des institutionellen Wandels. Eine neuere Sicht der Wirtschaftsgeschichte*, Tübingen 1988; und Oliver Volckart, Die Wirtschaftsordnung der Ständegesellschaft, in: *Scripta Mercaturae* 32, 1998, S. 44–84.

47 Vgl. Arthur Denzau/Douglass C. North, Shared Mental Models: Ideologies and Institutions, in: *Kyklos* 47, 1994, S. 3–31.

48 Jens Beckert, Von Fröschen, Unternehmensstrategien und anderen Totems. Die soziologische Herausforderung der ökonomischen Institutionentheorie, in: Andrea Maurer/Michael Schmid (Hg.), *Neuer Institutionalismus. Zur soziologischen Erklärung von Organisation, Moral und Vertrauen*, Frankfurt am Main 2002, S. 133–147, hier S. 139. Vgl. auch Christoph Deutschmann, *Die Verheißung des absoluten Reichtums. Zur religiösen Natur des Kapitalismus*, Frankfurt am Main 1999, der ebenfalls die »Rationalitätsmythen« des Kapitalismus beschreibt.

49 Vgl. Richard Nelson, Recent Evolutionary Theorizing about Economic Change, in: *J. of Econ. Literature* 33, 1995, S. 48–90; ders./Sidney Winter, *An Evolutionary Theory of Economic Change*, Cambridge/Mass. 1982; und Carsten Pillath-Herrmann, *Grundriss der Evolutionsökonomik*, Teil 1, München 2002.

50 Ders., *Grundriss der Evolutionsökonomik*, Teil 2, nur im Internet veröffentlicht unter www.evolutionaryeconomics.net, S. 707 f., abgefragt am 3. 3. 2003.

51 Vgl. Richard N. Langlois/Paul L. Robertson, *Firms, Markets and Economic Change. A Dynamic Theory of Business Institutions*, London 1995.

52 Zu nennen sind etwa Gary S. Becker, *A Treatise on the Family*, Cambridge 1981; ders., *Der ökonomische Ansatz zur Erklärung menschlichen Verhaltens*, Tübingen 1983; Michael-Burkard Piorkowsky, Haushalten in einer Welt knapper werdender Ressourcen, in: Irmintraut Richarz (Hg.), *Haushalten in Geschichte und Gegenwart*, Göttingen 1994, S. 181–188; und Martin Abraham, Die Rolle von Vertrag, Macht und sozialer Einbettung bei wirtschaftlichen Transaktionen, in: *Kölner Zs. für Soziologie und Sozialpsychologie* 53, 2001, S. 28–50. Allgemein Julian Nida-Rümelin, Das rational choice-Paradigma: Extensionen und Revisionen, in: ders. (Hg.), *Praktische Rationalität. Grundlagenprobleme und ethische Anwendungen des rational choice-Paradigmas*, Berlin 1994, S. 3–29.

53 Vgl. Arthur Lupia u. a. (Hg.), *Elements of Reason. Cognition, Choice, and the Bounds of*

Rationality, Cambridge 2000; Denzau/North, Mental Models; Stephen Cullenberg u. a. (Hg.), *Postmodernism, Economics and Knowledge*, London 2001; und Daniel Kahneman/Amos Tversky, Prospect Theory: An Analysis of Decision under Risk, in: *Econometrica* 47, 1979, S. 263–291.

54 Zur Theorie der rationalen Erwartungen Thomas J. Sargent/Robert Lucas (Hg.), *Rational Expectations and Econometric Practice*, Minnesota 1981. Allgemein zu »behavioral economics«: Matthew Rabin, A Perspective on Psychology and Economics, in: *European Econ. Rev.* 46, 2002, S. 657–685.

55 Vgl. Lüdtke, *Eigen-Sinn*; Axel Lubinski u. a. (Hg.), *Historie und Eigen-Sinn. Festschrift für Jan Peters zum 65. Geburtstag*, Weimar 1997; Lynn Hunt, Psychologie, Ethnologie und »linguistic turn« in der Geschichtswissenschaft, in: Hans-Jürgen Goertz (Hg.), *Geschichte. Ein Grundkurs*, Reinbek 1998, S. 672–678; und Richard Evans, *Fakten und Fiktionen. Über die Grundlagen historischer Erkenntnis*, Frankfurt am Main 1998.

56 So allgemein die Einschätzung von Borchardt, Anerkennung und Versagen. Konkret: Bertram Schefold, *Wirtschaftsstile*, Bd. 1, Frankfurt am Main 1994; Alexander Ludwig, *Der spanische Wirtschaftsstil*, Frankfurt am Main 1988; S. Gordon Redding, *The Spirit of Chinese Capitalism*, Berlin 1993, Abelshauser, *Kulturkampf*; und die Beiträge in Rainer Klump (Hg.), *Wirtschaftskultur, Wirtschaftsstil und Wirtschaftsordnung. Methoden und Ergebnisse der Wirtschaftskulturforschung*, Marburg 1996. Große Beachtung finden Peter A. Hall/David Soskice (Hg.), *Varieties of Capitalism. The Institutional Foundations of Comparative Advantage*, Oxford 2001, die unter anderem die Bedeutung von »shared understandings«, »common expectations« und »common knowledge« (S. 13) betonen.

57 Diese Faktoren untersuchen sie auf den folgenden Feldern: 1. Die Mobilisierung von Ressourcen, 2. die Organisation von Produktionssystemen und Faktormärkten, 3. Muster der Entscheidungsfindung und 4. Formen der Gewinnerzielung und -verwendung. Vgl. Michael Storper/Robert Salais, *Worlds of Production. The Action Framework of the Economy*, Cambridge/Mass. 1997.

58 David Landes, *The Wealth and Poverty of Nations. Why some are so rich and some are so poor*, London 1998, S. 516. Die von Landes angeführten kulturgeschichtlichen Erklärungen fallen häufig stereotyp und oberflächlich aus, etwa wenn er den Niedergang Spaniens im 17. Jahrhundert pauschal auf die »hidalgo mentality« (S. 173) zurückführt.

59 Gustav Schmoller, Die Schriften von Carl Menger und Wilhelm Dilthey zur Methodologie der Staats- und Social-Wissenschaften, in: ders., *Zur Literaturgeschichte der Staats- und Sozialwissenschaften*, Leipzig 1888, S. 281.

60 Werner Sombart, *Der moderne Kapitalismus*. Bd. 3: *Das Wirtschaftsleben im Zeitalter des Hochkapitalismus*, München 1927, S. 26 f.

61 Vgl. Geert Hofstede, *Culture's Consequences. International Differences in Work-Related Values*, London 1980; und ders., *Cultures and Organizations. Software of the Mind*, 2. A., London 1997.

62 Ein knapper Überblick mit weiteren Literaturhinweisen Habisch, Sozialkapital.

63 Peter L. Berger, *The Capitalist Revolution. Fifty Propositions about Prosperity, Equality, and Liberty*, New York 1986, S. 24. Vgl. auch Beckert, Von Fröschen, und die dort zitierte Literatur.

64 Mark Granovetter, Economic Action and Social Structure. The Problem of Embeddedness, in: *American J. of Sociology* 91, 1985, S. 481–510. Vgl. daneben Ekkehart Schlicht, *On Custom in the Economy*, Oxford 1998.

65 Vgl. Oliver E. Williamson, The New Institutional Economics: Taking Stock, Looking Ahead, in: *J. of Econ. Literature* 38, 2000, S. 595–613.

66 Vgl. Francis Fukuyama, *Trust. The Social Virtues of Prosperity*, New York 1995.

67 Vgl. Avner Greif, Cultural Beliefs and the Organization of Society: A Historical and Theoretical Reflection On Collectivist and Individualist Societies, in: *J. of Political Econ.* 102, 1994, S. 912–950.

68 Vgl. Hartmut Berghoff, *Moderne Unternehmensgeschichte. Eine themen- und theorieorientierte Einführung*, Paderborn 2004, S. 147–172; und Herbert Matis, Unternehmenskultur und Geschichte, in: Wilfried Feldenkirchen u. a. (Hg.), *Wirtschaft, Gesellschaft, Unternehmen. Festschrift für Hans Pohl zum 60. Geburtstag*, Stuttgart 1995, S. 1039–1047.

69 Wir danken ausdrücklich allen Mitarbeitern des Göttinger Instituts für Wirtschafts- und Sozialgeschichte für ihre tatkräftige Unterstützung bei der Organisation, Durchführung und Nachbereitung der Tagung. Einen besonderen Dank schulden wir auch den verschiedenen Kommentatoren und Teilnehmern der Veranstaltung, die durch ihre Beiträge und die angeregte Diskussion einen wesentlichen Anteil für die inhaltliche Gestaltung dieses Bandes geleistet haben.

70 Vgl. Karl Polanyi, *The Great Transformation*, Boston 1957 (1944); Paul Nolte, Der Durchbruch der amerikanischen Marktgesellschaft. Wirtschaft, Politik und Kultur in der frühen Republik (1790–1850), in: *HZ* 259, 1994, S. 695–716; und ders., Der Markt und seine Kultur.

71 Vgl. den klassischen Aufsatz von Edward P. Thompson, The Moral Economy of the English Crowd in the Eighteenth Century, in: *P&P* 50, 1971, S. 76–131. Vgl. auch Manfred Gailus/Heinrich Volkmann (Hg.), *Der Kampf um das tägliche Brot. Nahrungsmangel, Versorgungspolitik und Protest 1770–1990*, Opladen 1994; Belinda Davis, Geschlecht und Konsum. Rolle und Bild der Konsumentin in den Verbraucherprotesten des Ersten Weltkrieges, in: *AfS* 38, 1998, S. 119–139; und Adrian Randall/Andrew Charlesworth (Hg.), *Moral Economy and Popular Protest: Crowds, Conflict, and Authority*, London 2000.

72 Vgl. dazu auch Bernhard Lamm, *Schenkende Wirtschaft. Nichtmarktlicher Güterverkehr und seine soziale Funktion*, Frankfurt am Main 1960; und Valentin Groebner, *Gefährliche Geschenke. Ritual, Politik und die Sprache der Korruption in der Eidgenossenschaft im späten Mittelalter und am Beginn der Neuzeit*, Konstanz 2000.

73 Vgl. Friedrich Wilhelm Graf, Die Religion als bestimmende Kraft der Lebensführung, in: *Handbuch der Wirtschaftsethik*, Bd. 1: *Verhältnisbestimmung von Wirtschaft und Ethik*, hg. im Auftrag der Görres-Gesellschaft von Wilhelm Korff u. a., Gütersloh 1999, S. 567–596.

74 Vgl. Robert Bruno/Rachel M. McCleary, Religion and Economic Growth Across Countries, in: *American Sociological Review* 68, 2003, S. 760–781.

75 Vgl. Werner Abelshauser, Umbruch und Persistenz: Das deutsche Produktionssystem in historischer Perspektive, in: *GG* 27, 2001, S. 503–523.

76 Vgl. unter anderem Fritz Machlup, *Knowledge: Its Creation, Distribution, and Economic Significance*, 2 Bde, Princeton 1980; und Nico Stehr, *Arbeit, Eigentum und Wissen. Zur Theorie von Wissensgesellschaften*, Frankfurt am Main 1994.

77 Vgl. etwa David Landes, *The Unbound Prometheus. Technological Change and Industrial Development in Western Europe from 1750 to the Present*, Cambridge 1969; Ulrich Troitzsch, Technik und Gesellschaft in Deutschland im 18. Jahrhundert. Forschungsstand und Forschungsdefizite, in: ders. (Hg,), *Technologischer Wandel im 18. Jahrhundert*, Wolfenbüttel 1981, S. 9–38; Hartmut Berghoff, »Dem Ziele der Menschheit entgegen«. Verheißungen der Technik um 1900, in: Ute Frevert (Hg.), *Das neue Jahrhundert. Europäische Zeitdiagnosen und Zukunftsentwürfe um 1900*, Göttingen 2000, S. 47–78; und Johannes Abele u. a. (Hg.), *Innovationskulturen und Fortschrittserwartungen im geteilten Deutschland*, Köln 2001.

78 Vgl. unter anderem Matthias Heymann/Ulrich Wengenroth, Die Bedeutung von »tacit knowledge« bei der Gestaltung von Technik, in: Ulrich Beck/Wolfgang Bonß (Hg.), *Die Modernisierung der Moderne*, Frankfurt am Main 2001, S. 106–121; Fritz Böhle u. a., Grenzen wissenschaftlich-technischer Rationalität und »anderes Wissen«, in: Ulrich Beck/Wolfgang Bonß (Hg.), *Die Modernisierung der Moderne*, Frankfurt am Main 2001, S. 96–105; Jacqueline Senker, Tacit Knowledge and Models of Innovation, in: *Industrial and Corporate Change* 4, 1995, S. 425–447; und Stephen Turner, *The Social Theory of Practices. Tradition, Tacit Knowledge and Presuppositions*, Cambridge 1994.

79 Lutz Raphael, Die Verwissenschaftlichung des Sozialen als methodische und konzeptionelle Herausforderung für eine Sozialgeschichte des 20. Jahrhunderts, in: *GG* 22, 1996, S. 165–193.

»How much, schatzi?«

Vom Ort des Wirtschaftens in der *new cultural history*

Christoph Conrad

Mit Hans C. Artmanns (fast) klassischer Frage[1] lässt sich ein Thema spielerisch erschließen, das die Grenzen eines Artikels oder die Kompetenz des Autors leicht überschreiten könnte. Denn die Suche nach dem Ort des Ökonomischen in der *new cultural history* – die Frage nach deren Verhältnis oder Nichtverhältnis – ist durch den Mangel an anerkannten Beispielstudien und gleichzeitig durch die Fülle von diffusen Bezügen und Erwartungen gekennzeichnet.

Wenn man für einen Moment die Kategorien »Wirtschaft« und »Kultur« unbefragt und ungeteilt stehen lässt, dann könnte die Ökonomie mit der Frage »How much, schatzi?« gerichtet an die Kulturwissenschaft meinen: Wie hältst du es mit Preisen, Kosten, Produktionsfaktoren, mit der Allokation von knappen Mitteln? Aber sie könnte mit dieser Frage auch meinen: Wie weit bist du (Kultur) dir bewusst, dass hinter vielen deiner Begriffe nicht nur auf der metaphorischen Ebene, sondern im materiellen Sinne ökonomische Vorgänge versteckt sind? Verbergen sich nicht hinter »symbolischem« oder »sozialem« Kapital Humankapital und seine Akkumulation, liegen hinter »kulturellem Transfer« nicht Import- und Exportmärkte? Richtet ›die‹ Kulturgeschichte dieselbe Frage umgekehrt an ›die‹ Wirtschaftswissenschaft, könnte damit gemeint sein: Wieviel Kultur kannst du vertragen? Einen wie großen Raum kann die Ökonomie spannungsreichen Kategorien wie Deutung und Bedeutung, Normen und Praktiken, Hybridität und Subversion zugestehen, ohne ihren Allgemeinheitsanspruch aufzugeben? Die Kulturwissenschaft könnte mit »How much, schatzi?« nebenbei auch meinen: Für welchen Preis verkaufst du dich, Ökonomie? Unter welchen Umständen verwandelt sich akademische Wissensproduktion in instrumentelle und instrumentalisierbare Beratungsexpertise? Aber solche Fragen stellt nicht die Kulturgeschichte, sondern eher eine unorthodoxe Wirtschaftshistorikerin wie Deirdre McCloskey.[2]

Doch bleibt eine solche direkte Begegnung von Ökonomie und Kultur imaginär, die beiden antworten nicht auf die gegenseitigen Fragen.[3] Dieser Beitrag geht deshalb indirekt, über mehrere Etappen, der Frage nach dem möglichen Ort des Wirtschaftens in der *new cultural history* nach. Zunächst werden unterschiedliche Begriffe von ›Kultur‹ und damit kulturwissenschaftliche Zugänge identifiziert; dann werden Seitenblicke auf die dem Paar Wirtschaft/Kultur vergleichbaren Beziehungen von Wirtschaft und Soziologie sowie von Naturwissenschaft und Wissenschaftsgeschichte geworfen. Dabei wird gefragt, was aus solchen analogen Debatten zwischen einem ›harten‹, internalistischen und einem interpretativen, externalistischen Denkstil gelernt werden kann. Nach diesen konzeptuellen und wissenschaftshistorischen Überlegungen sollen schließlich an Beispielen aus dem 17. bis 20. Jahrhundert exemplarische, weiterführende Ansätze zur kulturhistorischen Rekonstruktion und Einbettung wirtschaftlichen Verhaltens vorgestellt werden.

1. Begriffsbestimmungen: Kultur und Kulturgeschichte

Homonyme sind bekanntlich Feinde der Klarheit; der Begriff ›Kultur‹ zeigt dies in üppiger Vielfalt. Fast ist man geneigt, seine gegenwärtige Beliebtheit auf das überdehnte, Gegensätze vereinende Bedeutungsspektrum zurückzuführen. Gerade im Verhältnis von Sozial- und Kulturwissenschaftlern einerseits und neueren Richtungen der Wirtschaftswissenschaften, wie zum Beispiel dem Neoinstitutionalismus, andererseits kann die bloße Übereinstimmung des Wortes eher zur Verständnisfalle als zum Ausgangspunkt für einen Dialog werden. Deshalb sollen für die hier anschließende Diskussion die zahlreichen Nuancen der gängigen Kulturbegriffe auf nur zwei grundsätzlich verschiedene Arten reduziert werden: zum einen auf ›Kultur‹ als Ganzheit (und damit Objekt der Wissenschaft), zum anderen auf ›Kultur‹ als Prozesse der Sinnkonstruktion (und damit als Herangehensweise von Beobachtern).

Im ersten Fall handelt es sich um einen Kulturbegriff, der eine ideelle (oft ethnische, religiöse oder nationale) Ganzheit von Werten, Normen und Artefakten umfasst. Ein solches holistisches, auf Kulturen oder Zivilisationen als Einheiten und sogar Akteure abzielendes Konzept ist innerhalb der Kulturwissenschaften kaum noch aktuell. Man sieht hierin die ›Kultur‹ vor dem *cultural turn* und kritisiert ihre unfruchtbare Essentialisierung. Der Erfolg des Buchtitels *Clash of Civilizations* (deutsch: *Kampf der Kulturen*) des amerikanischen Politologen Samuel P. Huntington[4] hat diese Allergie noch verstärkt. Innerhalb der Wirtschaftswissenschaften, aber auch im Management oder in der Politikwissenschaft ist der ganzheitliche Kulturbegriff dagegen außerordentlich beliebt. In David Landes' Buch über den »rise of the west« wird er als Letzterklärung angeboten (»Culture makes all the difference«).[5] Auch für die vergleichende Betrachtung des wirtschaftlichen Erfolges (und neuerdings der Stagnation) Japans oder anderer asiatischer Länder ist oft auf einen solchen Kulturbegriff rekurriert worden.[6]

Allgemeiner formuliert: Die Feststellung, dass es *Varieties of Capitalism*[7] gibt, hat bei der Suche nach Erklärungen, die auf einem ähnlich hohen Aggregationsniveau angesiedelt sind, die Aufmerksamkeit nicht nur für die Rolle von Staat, Recht und Wirtschaftspolitik, sondern auch von mentalen und normativen Unterschieden geweckt. Indem man die Gefüge von Konventionen und Institutionen, in die ökonomisches Handeln eingebettet ist, als »Wirtschaftskulturen« bezeichnet und ihren Wettbewerb in Huntingtonscher Manier als »Kulturkampf« apostrophiert, wird eher eine Suchrichtung bezeichnet als bereits eine differenzierte Antwort gegeben.[8] Zweifellos liegt in dieser Art zu fragen eine produktive Herausforderung. Denn der Kontakt zwischen verschiedenen, als Einheiten wahrgenommenen Zivilisationen stellt historisch den entscheidenden Auslöser für die Entwicklung eines Begriffs der eigenen Kultur und für die Herausbildung ganzer Wissenschaften für die anderen Kulturen dar.[9] »Eine Kultur ist demnach die Form der Bearbeitung des Problems, dass es auch andere Kulturen gibt. Sie ist eine Distinktionsformel, die ohne einen vorausliegenden Kulturkontakt leer wäre.«[10]

Auf der anderen Seite steht ein weniger leicht zu identifizierendes Konzept von ›Kultur‹ in der neueren Kulturgeschichte, den *cultural studies* und den vom Poststrukturalismus und Konstruktivismus beeinflussten Humanwissenschaften. Ihre Pointe liegt darin, dass sie sich nicht durch ›Kultur‹ (wie auch immer definiert) als gemeinsamen Untersuchungsgegenstand, sondern durch ›kulturalistische‹ Perspektiven auf eine Vielfalt von Objekten und Phänomenen – von der Nationenbildung bis zur Langeweile, von der Konsumgesellschaft bis zur Männlichkeit – auszeichnen. Der Blickwinkel verschiebt sich dadurch: Nicht nur die Suche nach kulturellen Faktoren oder Voraussetzungen steht im Mittelpunkt, sondern auch die Frage, welchen Beitrag eine Beobachtungsweise leistet, die die Dinge durch eine ›kulturelle Brille‹ sieht. Dennoch ist natürlich die Auswahl der Forschungsgegenstände und Anwendungsbereiche des ›kulturalistischen‹ Blicks von Bedeutung.[11] Auch sie unterscheidet diese Art von Studien, die die Produktion von Bedeutung und die Konstituierung von Identität als Prozesse nachzuvollziehen suchen, von der klassischen Sozialgeschichte.[12] Und es ist vielleicht diese Abgrenzung – zunächst der Sozial- gegenüber der Wirtschaftsgeschichte, dann der Kultur- gegenüber der Sozialgeschichte –, die die Evakuierung des Ökonomischen durch die neueren Tendenzen der Geschichtsschreibung erklärt.

Beide Kulturbegriffe (Holismus und Prozess) sind nicht vollständig zu trennen. Der für die *new cultural history* eminent einflussreiche Anthropologe Clifford Geertz wird etwa für seine Tendenz kritisiert, Kultur zu einem ganzheitlichen System zu stilisieren. In der Tat ist es auffallend, dass eine ganze Reihe seiner Artikel – zum Beispiel über »common sense«, Kunst, Ideologie, Religion – diese Phänomene jeweils als ein »cultural system« zu analysieren suchen.[13] Allerdings ist er durch seine methodologischen Impulse (Stichwort »dichte Beschreibung«) und seine Wirkung gerade auf die *Historische Anthropologie* und Alltagsgeschichte hierzulande doch weit stärker dem zweiten Lager zuzuordnen.

Während die – zweifellos schematische – Unterscheidung zwischen Kultur als ganzheitlichem Gegenstand und Kultur als prozessualer Betrachtungsweise eine Außengrenze markiert, gilt es innerhalb der Ansätze der zweiten Gruppe, also derer, die den *cultural turn* vollzogen haben, weiter zu differenzieren. Gemeinsam ist dieser prozessualen Perspektive in der Sicht der Systemtheorie Niklas Luhmanns, dass sie im Kern auf Kultur als »Kommunikation über Kultur« und damit auf Beobachtung zweiter Ordnung hinausläuft.[14] Nach dem Kriterium der Forschungspraxis sowie der Darstellungs- und Erklärungsweisen lassen sich bei den Arbeiten aus der neuen Kulturgeschichte wiederum zwei Richtungen unterscheiden. Zum einen diejenigen, bei denen Diskurse im Zentrum des Interesses stehen, auf die sich der Einfluss Michel Foucaults oder der des *linguistic turn* am stärksten ausgewirkt hat. Beispiele dafür finden sich in der erneuerten Ideen- und Institutionengeschichte, der Genderforschung, dem *new historicism* in der Literaturwissenschaft oder auch den postkolonialen Ansätzen. Sie teilen – bei allen methodischen Unterschieden und Debatten – die Überzeugung, dass Sprache und andere Zeichensysteme selbst real sind und Realitäten schaffen. Gemeinsam ist ihnen auch der Foucaultsche Impuls, den modernen Subjektbegriff des autonomen Akteurs selbst zu dezentrieren und zu verflüssigen.

Zum anderen sind diejenigen Forschungsrichtungen zu nennen, die ihren Fokus auf Alltagshandeln, Praktiken und Mikrokonstellationen richten. Ob nun – wie im Falle Pierre Bourdieus – als Reaktion auf den seinerzeit vorherrschenden Strukturalismus in Ethnologie und Linguistik oder – wie im Falle der italienisch-französischen Mikrogeschichte oder der bundesdeutschen Alltagsgeschichte – als Abwendung von der an gesellschaftlichen Großgruppen und kollektiven Prozessen interessierten Sozialgeschichte: auf jeden Fall haben sie zu einer Dezentrierung des Denkens über Gesellschaften geführt. Das Konzept der *agency* und die Aufmerksamkeit für die »eigensinnigen« Praktiken von Arbeitern und Arbeiterinnen, Mediennutzern oder Konsumentinnen haben zwar individuellen Akteuren und konkreter Subjektivität einen weit höheren Rang eingeräumt als die diskurszentrierten Ansätze, aber auch hier bleibt die Relativierung und Kontextualisierung des modernen Individuums ein wichtiger Impuls.

Ebenso wie aus den divergierenden Kulturkonzepten ergeben sich auch aus der Verwendung des Begriffs Ökonomie auf Seiten der Kulturwissenschaften eher Möglichkeiten zum Missverstehen als zum Dialog. Trotz der oft nur noch in theoretischen Schwundstufen vorkommenden »politischen Ökonomie«[15] ist an die produktiveren Vermittlungen von spätmarxistischen und kulturwissenschaftlichen Ansätzen zu erinnern. Eine hierzulande kaum rezipierte, vor allem angloamerikanische Antwort auf die in diesem Beitrag gestellte Frage speist sich aus einer längeren Tradition des »kulturellen Marxismus« und ihrer Weiterentwicklung. So ist eine subtilere Behandlung der Vermittlungen zwischen ökonomischer Sphäre und literarischen oder theatralen Repräsentationen zum Beispiel dem *new historicism* eigen – der seine Herkunft aus einer Überbautheorie (bzw. ihrer Erschöpfung) nicht verschwiegen hat.[16] Ebenfalls anregend und einflussreich ist der Ansatz von Frederic Jameson, der *cultural turn* und Postmoderne als Ausdruck zeitgenössischer gesellschaftlicher Tendenzen wissensoziologisch zurückbindet an jüngste Formveränderungen des Spätkapitalismus.[17] Ähnlich wie Jean Baudrillard würde er die Trennung von Wirtschaft und Kultur als überholtes Denken charakterisieren, das die entscheidende Transformation des modernen Kapitalismus, gewissermaßen seine ›Kulturalisierung‹, durch den Übergang von der Güter- zur Zeichenproduktion verkennt.[18] Jameson hat früh auf den Zusammenhang zwischen der Deregulierung und Globalisierung von Finanzmärkten einerseits und den kulturellen Ausdrucksformen der Postmoderne, zum Beispiel in der Architektur, andererseits hingewiesen.[19] Dabei sieht er den Zusammenhang nicht bloß als Beziehung von Basis und Überbau, sondern auch im Sinne von Einwirkungen postmoderner Ideen oder Ästhetiken auf ökonomische Prozesse.

2. Zwei Kulturen – Analogien und Brücken

Die Kluft zwischen Wirtschaftswissenschaftlern und Geisteswissenschaftlern scheint erheblich.[20] Ihre gegenseitige Fremdheit schlägt sich in den Fragestellungen, den herangezogenen Daten und Methoden, den theoretischen Bezugspunkten und der Sprache nieder. Man kann – mit Ludwik Fleck – von verschiedenen »Denkkollektiven« mit ihren jeweils eigenen »Denkstilen« sprechen. Diese Wissenssysteme und ihre Eigenlogiken spiegeln damit den Grad der Ausdifferenzierung ihrer beiden vornehmlichen Gegenstandsbereiche innerhalb moderner Gesellschaften wider. Es wäre kurzsichtig, diese Realität von Differenzierung oder ihren intellektuellen Ertrag zu ignorieren und stattdessen einer Kulturalisierung von allem und jedem das Wort zu reden. Allerdings nimmt sich die Gefahr des übertriebenen ›Kulturalismus‹ angesichts des breiten Vordringens ökonomistischer, auf *rational choice* aufbauender Erklärungsmodelle in allen Sozialwissenschaften eher harmlos aus.

Die Trennung zwischen Wirtschaft und Kultur lässt sich aber leicht übertreiben. Um sie besser einordnen zu können und eventuell überbrücken zu helfen, sei kurz auf die klassische Gegenüberstellung der »zwei Kulturen« – der naturwissenschaftlichen und der literarisch-humanistischen – eingegangen. Ebenso wie die essentialisierende Rede von »Zivilisationen« ist diese Typisierung von verschiedenen Seiten nuanciert oder zurückgewiesen worden; der Biologe Hubert Markl etwa sprach vom »Snow von gestern« und übernahm damit das Verdikt eines Literaturwissenschaftlers (Harald Weinrich).[21] Eine dritte Kultur zu betonen (Wolf Lepenies), erweitert den Blick für bisher unübliche Dialog- und Kooperationsmöglichkeiten.[22] Ob der Gegensatz zwischen naturwissenschaftlichem und literarisch-künstlerischem Denken tatsächlich kleiner geworden ist, als Charles P. Snow dies 1959 glaubte, kann zwar bezweifelt werden. Jedoch ist die Kontrastierung zum einen einer komplexeren Sicht auf die Fragmentierung der Einzeldisziplinen insgesamt gewichen. Zum anderen werden die vielfach bestehenden inter- und transdisziplinären Austauschbeziehungen deutlicher wahrgenommen. So haben sich zwischen den Sozial- und Kulturwissenschaften auf der einen Seite und den Naturwissenschaften auf der anderen Seite heute eine Reihe von Subdisziplinen, hybriden Feldern und gemeinsame Problematiken entwickelt; man wird hier an die Kognitionswissenschaften, an die Frage künstlicher Intelligenz, die Soziobiologie oder die Debatte über Biopolitik und Ethik denken. Darüber hinaus haben aber die besonderen Anstrengungen zur Historisierung, sozialen und kulturellen Kontextualisierung naturwissenschaftlichen Wissens nicht nur zu der erstaunlichen Blüte einer neuen Wissenschaftsgeschichte geführt,[23] sondern es kam auch zu erbitterten Auseinandersetzungen, ja zu »science wars« zwischen Beobachteten (Naturwissenschaftlern) und Beobachtern (Soziologen und Wissenschaftshistorikern).[24] Aus dieser Konfrontation zwischen Natur- und Kulturwissenschaften lässt sich einiges lernen, auch wenn die Unterschiede zwischen wirtschaftswissenschaftlichen und kulturhistorischen Ansätzen nicht ebenso tief greifend erscheinen. Zum einen stellt diese Front die paradigmatische Auseinandersetzung zwischen einem historisierenden und kulturalistischen Ansatz einerseits und einem ›harten‹ Wissenschaftsverständnis andererseits dar. Empfindlichkeiten rühren auch daher, dass im Dialog die Kernidentität des Faches zum Thema wird. Zum anderen können historische und damit auch kulturhistorische Annäherungen an wirtschaftliches Verhalten nur ähnlich weit in das ›andere‹ Wissensfeld eindringen, wenn sie die Kategorien, Wissensformen und *frames* der Akteure ebenso fachkundig wie distanziert entschlüsseln. Schließlich ähneln die Naturwissenschaften der Ökonomie darin, dass auch sie vor den Toren der Geschichtswissenschaft stehen und ihren Paradigmen Einlass verschaffen wollen.[25]

Auch für das Untersuchungsdesign und die Darstellung kann von den Erfahrungen der neueren Wissenschaftsgeschichte gelernt werden. Besonders fruchtbar scheint eine Unterscheidung von Lorraine Daston zu sein, die man so übersetzen könnte: a) Wirtschaft *in der Kultur* (*economy/economics in context*), b) Wirtschaft *als Kultur* (*economy/economics as culture*).[26] Die Verdoppelung der Begriffe zeigt an, dass es eine Kulturgeschichte des Ökonomischen eben gleichzeitig mit Wirtschaften als Handlungssystem und Ökonomie als Wissenssystem zu tun hat, während die neuere Wissenschaftsgeschichte eine Historisierung der Natur selbst eher anderen Teildisziplinen überlässt (der Umweltgeschichte oder der *Historischen Anthropologie*).[27]

Angesichts der Kluft zwischen ihnen brauchen auch die Wirtschafts- und Kulturwissenschaften, um ins Gespräch zu kommen, Disziplinen, die eine Brückenfunktion ausüben können, die vermitteln und übersetzen. Auch müssen sie sich um die Identifikation ›gemeinsamer Rätsel‹, also von Problemstellungen bemühen, denen gegenüber einzelne Disziplinen für sich genommen nicht mehr lösungsfähig sind. Die Brückenfunktion zwischen Ökonomie und historischen Kulturwissenschaften hat in den Jahrzehnten um 1900 die Soziologie (insbesondere mit Max Weber und Georg Simmel) geleistet, allerdings war die Unterscheidung weniger scharf ausgebildet und wurde von einer historisch interessierten Wirtschaftswissenschaft selbst überschritten (Werner Sombart, Joseph Schumpeter).[28] In den 1950er bis 1970er Jahren waren es

Wirtschaftsgeschichte und *new economic history* (mit Walt W. Rostow, Alexander Gerschenkron, Fernand Braudel, Robert Fogel, Douglass C. North usw.), die einige Verbindungen zwischen den ökonomischen und historischen Disziplinen offen gehalten und starken Einfluss auf die im Wachstum begriffene Sozialgeschichte ausgeübt haben.[29] Und dies in einer Periode, als die Formalisierung, Mathematisierung und der ›Neoklassizismus‹ der Wirtschaftswissenschaften sie immer stärker dem Ideal der Naturwissenschaften annäherte. Dagegen wirkte die Forderung Karl Polanyis nach der »Einbettung« der Marktwirtschaft in ihren sozialen und kulturellen Kontext eher innerhalb der Sozialwissenschaften – und dies mit erheblicher Verzögerung.[30] In jüngster Zeit scheinen es wieder Soziologen (aber auch Ethnologen oder Politikwissenschaftler) zu sein, die die Terraingewinne ökonomischer Ansätze, den ›Imperialismus‹ ihres Akteurmodells, begrenzen und sogar umgekehrte Invasionen in die Kernbereiche des Ökonomischen unternehmen. Man kann hier an Namen wie Harrison C. White, Mark Granovetter, Pierre Bourdieu sowie an die Ausbildung einer eigenen *Economic Sociology* denken. Im deutschsprachigen Bereich hat etwa Jens Beckert in einer theoriegeschichtlichen Studie die »Grenzen des Marktes« – und damit die Einflüsse anderer (kultureller, sozialer und kognitiver) Faktoren – in drei zur Erzielung von Effizienz zentralen Handlungssituationen abgesteckt: bei Kooperation, Handeln bei Ungewissheit und Innovation.[31]

Es ist unverkennbar, dass die Neuorientierungen der historischen Disziplinen, die man in der Kürze unter den Schlagworten ›Postmoderne‹ und ›*cultural turn*‹ zusammenfassen kann, den Dialog von Historikern und Wirtschaftswissenschaftlern schwieriger gemacht haben,[32] zum Teil das Interesse für ökonomische ebenso wie für sozialstrukturelle Themen zum Versiegen gebracht hat. Diese Diagnose ist in einem kritischen Ton etwa von Jürgen Kocka und Hans-Ulrich Wehler vorgetragen worden.[33] Eine Durchsicht der zahlreichen Einführungen, Handbücher und Sammelbände der neuen Kulturwissenschaft bestätigt den Befund der Wirtschaftsferne. Ihre Inhaltsverzeichnisse nennen die Wirtschaft nicht, außer bei Konsum und massenkulturellen Produkten kommen sie nicht einmal in die Nähe ökonomischer Prozesse – und selbst dann interessieren andere Aspekte.[34] Die kritische Diagnose ergibt aber nur Sinn, wenn sie in einen umfassenderen Rahmen der Wandlungen in allen großen Disziplinen eingebettet ist. Die Kulturalisierung der akademischen Disziplinen hat die Wirtschaftswissenschaft anscheinend am wenigsten von allen berührt. Während Teile der Politikwissenschaft und der Soziologie in ihr noch immer ein Modell der Wissenschaftlichkeit sehen und diesem nacheifern, haben sich weite Bereiche der Literatur- und Medienwissenschaften, der Geschichte, Ethnologie und Philosophie den postmodernen Herausforderungen weit geöffnet.[35] In diesen Disziplinen ist es dadurch zu einem Pendelausschlag gekommen, der das Gegenteil der szientifischen (formalistischen, strukturalistischen und quantitativen) Orientierung der Nachkriegsjahrzehnte darstellt.

Die Gründe für diese Distanz sind zweifellos außerhalb des akademischen Bereichs zu suchen, in den intellektuellen und politisch-mentalen Verschiebungen der letzten Jahrzehnte: im Verblassen des Marxismus, im Wandel politisch-sozialen Engagements, im Aufstieg neuer, identitärer statt sozioökonomischer Konfliktlinien in modernen Gesellschaften, in der Allgegenwart medialer und digitalisierter Wirklichkeiten. All das hat deutlich vor »der Wende« und dem Fall des Realsozialismus in Osteuropa begonnen,[36] aber diese Ereignisse und ihre Folgen, das heißt die Entstehung von Transformationsgesellschaften in Osteuropa, haben die Rückkehr zu alten Gewissheiten gänzlich verhindert.

3. Kulturwissenschaftliche Arbeiten zu Ökonomie und Wirtschaftsgeschichte

Die folgenden Beispiele zu dem Verhältnis von kulturwissenschaftlicher Forschung im weiteren Sinne zur Sphäre des Ökonomischen beziehen sich vor allem auf die Periode vom 17. bis 20. Jahrhundert, auf Westeuropa und auf marktförmiges Wirtschaften. Damit werden zweifellos viele chronologische und geographische Gebiete vernachlässigt, in denen die Beziehungen zwischen Wirtschaftsgeschichte und kulturhistorischen Ansätzen bereits weiter entwickelt und konzeptuell reicher ausformuliert sind. Aber es ist nicht ohne Reiz, sich dort in die Debatte zu begeben, wo sich ›Kultur‹ und ›Wirtschaft‹ am stärksten ausdifferenziert haben – also in der westlichen Moderne. Ebenso wenig werden hier umgekehrt die Exkursionen von Ökonomen in Gebiete berücksichtigt, die man gemeinhin eher den Kulturwissenschaften zuordnet, also die gesamten Bereiche der *cultural economics*[37], zum Beispiel die Studien über Kunsthandel und »Kulturindustrie«, oder Arbeiten über den Austausch von Gaben und Geschenken.

Schon Georg Simmel stellte in der Einleitung zu seiner *Philosophie des Geldes* das Verhältnis seines Ansatzes zur Wirtschaftswissenschaft als ein komplementäres und nicht kompetitives dar. »Wenn es eine Philosophie des Geldes geben soll, so kann sie nur diesseits und jenseits der ökonomischen Wissenschaft vom Gelde liegen«: einerseits in den Voraussetzungen für die Gültigkeit und Akzeptanz dieses Mediums, anderseits in den »Wirkungen auf die innere Welt: auf das Lebensgefühl der Individuen, auf die Verkettung ihrer Schicksale, auf die allgemeine Kultur«. Noch deutlicher bestätigt er den Eigenwert der Disziplinen: »Keine Zeile dieser Untersuchungen ist nationalökonomisch gemeint. Das will besagen, dass die Erscheinungen von Wertung und Kauf, von Tausch und Tauschmittel, von Produktionsformen und Vermögenswerten, die die Nationalökonomie von einem Standpunkte aus betrachtet, hier von einem anderen aus betrachtet werden.«[38]

Nach der oben skizzierten Differenzierung der Vorgehensweisen der neuen Kulturgeschichte in primär diskurstheoretische einerseits und primär praxeologische oder historisch-anthropologische anderseits lassen sich die Beispielstudien ebenfalls grob ordnen. Dem ersten Typus entsprechen Arbeiten, die die Diskurse und Wissensformen der ökonomischen Akteure und Wissenschaften untersuchen, etwa die Einflüsse politischer und literarischer Ideen auf ihre Werke, die Zirkulation von Ideen, die Bedeutung von Metaphern für die Plausibilität der Ergebnisse und die Rolle von Statistiken, Formeln und Grafiken bei der Quantifizierung der Welt. Ein frühes Beispiel stellt Michel Foucaults Buch über *Die Ordnung der Dinge* dar, und zwar die Kapitel, die der Ökonomie des 17. und 18. Jahrhunderts gewidmet sind und die erkenntnistheoretische Umwälzung parallel zu der der Sprachwissenschaft und Naturgeschichte analysieren.[39] Pierre Bourdieu hat der Einleitung zu seinen Abhandlungen über das »ökonomische Feld« ein Bonmot von Henri Bergson vorangestellt, das – wie Niklas Luhmann vielleicht gesagt hätte – die »Unwahrscheinlichkeit« einer Theorie universeller ökonomischer Rationalität erfasst: »Es braucht Jahrhunderte der Kultur, um einen Utilitaristen wie Stuart Mill hervorzubringen.«[40] Eine *Diskursgeschichte*, wie sie die neuere *intellectual history* verfolgt, erlaubt also – ähnlich wie die Forschungen zur Kontextualisierung moderner Wissenschaften und ihrer Praktiken, Repräsentationen und Rhetoriken – die Rekonstruktion der kulturellen, universitär-disziplinären und forschungspraktischen Durchdringung des ökonomischen Denkens mit dem Paradigma der rationalen Wahl.[41]

In jüngster Zeit sind zu den genannten Aspekten besonders im englischen Sprachraum eine Reihe grundlegender Monographien entstanden, die die herkömmliche Ideengeschichte der Wirtschaftswissenschaften entscheidend erneuert und unser Bild von der Herkunft zeitgenössischer ökonomischer

Theorie wirkungsvoll kontextualisiert haben.[42] In diesen Arbeiten ist der Einfluss der konstruktivistischen Wissenschaftsgeschichte ebenso spürbar wie der der *intellectual history* nach dem *linguistic turn.*[43] Dort, wo ihre Argumentation sich am weitesten von der klassischen Ideengeschichte entfernt und die neuen Begriffe, Klassifikationen, Methoden und grafischen bzw. mathematischen Repräsentationen als realitätsschaffend, das heißt als wirkungsmächtige Faktoren bei der Gestaltung und Separierung ›ökonomischer‹ Tatbestände begreift,[44] verliert auch die heuristische Unterscheidung zwischen diskursiven und praxeologischen Ansätzen der Kulturgeschichte ihren Wert.[45] An einem so zentralen Begriff wie dem des Interesses oder sogar des Eigeninteresses lässt sich in konkreten Fallstudien die konstitutive Rolle von Kultur exemplarisch zeigen.[46] Sie blenden dann über zu einer *Wirkungsgeschichte* der Ökonomisierung und Monetarisierung moderner Gesellschaften, die einen noch weiteren, die Subjektkonstruktionen, private und öffentliche Normen, Weltsichten sowie politischen Weichenstellungen einschließenden Rahmen bieten würde. Daran lässt sich analysieren, ob und inwieweit die idealtypischen Formen des Kalküls und seiner Entmoralisierung tatsächlich in individuelle Handlungsweisen und ihre gesellschaftliche Prägung ›überspringen‹.[47]

So wichtig diese Ansätze und so beeindruckend diese Arbeiten sind, so wenig entlassen sie aus der Pflicht, Orte zu bestimmen, in denen konkretes Wirtschaften (und nicht ökonomische Theoriebildung) zum Gegenstand kulturhistorischer Arbeiten geworden ist und werden kann. Eine *Praxisgeschichte* ist gefragt, die sich nicht von den Diskursen und Wissenshorizonten der zeitgenössischen Akteure und Beobachter abkoppelt. Diese Erwartung richtet sich an Autoren und Autorinnen, die aus der *Historischen Anthropologie*, der Kultursoziologie oder der Sozialgeschichte kommen und auf ganz verschiedene Arten die Diskussion um die *new cultural history* mitbestimmt haben. Den vier folgenden Fallbeispielen ist gemeinsam, dass die ihnen zugrunde liegenden Forschungen wirtschaftliches Handeln nicht nur gesellschaftlich kontextualisiert, sondern auch in seiner jeweiligen Deutung und Bedeutung rekonstruiert haben.

Geschäfte unter Freunden und Verwandten

Die erste Fallstudie ist einem der exemplarischen Werke der italienischen *microstoria* entnommen. In ihm sind die ›Biographie‹ eines Pfarrers und Exorzisten am Ende des 17. Jahrhunderts, das prosopografische Röntgenbild eines Dorfes in der Umgebung von Turin und die Nachzeichnung alltäglicher verwandtschaftlicher, dörflicher oder aristokratische »Strategien« des Überlebens, der Anpassung und des Machtgewinns in einer zutiefst krisenhaften politischen Situation und angesichts des wachsendes Gewichts eines modernen Territorialstaats entfaltet worden.[48] Wie auch einige andere Initiatoren der Mikrogeschichte (Carlo Poni, Edoardo Grendi) kommt der Autor Giovanni Levi aus der Wirtschaftsgeschichte; diese Wurzel der vor allem in Deutschland und Frankreich intensiv rezipierten Forschungsrichtung ist oft hinter der kultur-, kunst- und religionsgeschichtlichen Orientierung der international bekanntesten Figur Carlo Ginzburg verborgen geblieben. Levis Thema ist die Unsicherheit oder genauer das Fällen von Entscheidungen unter Bedingungen extremer Ungewissheit und unter wechselnden Rahmenbedingungen. Er weiß, dass Ökonomen, die mit Begriffen wie »bounded rationality« arbeiten, an ähnlichen Problemen interessiert sind, und stellt einleitend den Bezug zu dieser Literatur her.[49] Aber es geht ihm um mehr, nämlich darum, zu zeigen, »in welchem Maße die wirtschaftliche Realität von der sozialen Welt abhängt«.[50]

Basierend auf einer aufwändigen Rekonstruktion kleinster, in den Notariatsakten und Katastern dokumentierter Transaktionen der Bewohner des Dorfes kommt Levi zu einem verblüffenden Ergebnis: Zwischen ca. 1670 und 1700 ist die Varianz der Grundstückspreise – bei gleicher Qualität des Bodens – bei Käufen, in denen ein Fremder involviert ist, am geringsten und bei Käufen, die unter Verwandten getätigt werden, am höchsten. Die Geschäfte unter Nachbarn sind preislich tendenziell ähnlich breit gestreut wie die unter Verwandten. Zudem ist der erzielte Durchschnittspreis in derselben Reihenfolge gestaffelt: am niedrigsten bei Fremden und Nachbarn, am höchsten bei Verwandten (mit praktischem Verzicht auf die niedrigste Preisstufe, die bei den anderen erheblich besetzt ist). An einzelnen Familien kann Levi zeigen, dass die nicht marktgängigen Preise in der Verwandtschaft Teil eines kontinuierlichen Flusses von Transaktionen und Gaben sind, zum Beispiel zwischen dem Schwiegersohn und einer kranken Schwiegermutter, zwischen einem reichen und armen Hof ›unter Brüdern‹ usw. Die Reziprozitätsverhältnisse in den weit über Kernfamilie und Haushalt hinausgehenden und oft neben Verwandten auch Nachbarn einschließenden Unterstützungsnetzen geben das unsichtbare Drehbuch dieses Immobilienmarktes vor. Levi zieht zwei Schlussfolgerungen, die für historische Annäherungen an wirtschaftliches Handeln entscheidend sind: Zum einen stellt die individualisierte Abbildung der Transaktionen in den Quellen ein irreführendes Bild vor; zum anderen sind die einzelnen Kauf- oder Verkaufsentscheidungen eingebettet in ein überindividuelles Netzwerk von materiellen und immateriellen Beziehungen, von Verpflichtung, Ehre, Reziprozität und Eigeninteresse in zeitlich langgestreckter, über Generationen reichender Ausdehnung. »Kultur« ist dabei für Levi eher der mentale und normative Rahmen, also eher das Statische, während sein Ansatz auf die Dynamik, die nur mikrosozial beobachtbaren, miteinander verketteten Praktiken und Strategien abzielt. Man kann hier daran erinnern, dass ein für Levi paradigmatischer Historiker wie E. P. Thompson sich eher dafür interessiert hat, solche Weltbilder und Haltungen, die – in seinem Falle – kollektiven Aktionen zugrunde lagen, als »moralische Ökonomie« zu rekonstruieren.[51]

Ähnlich wie bei seiner Analyse der Haushalte, die in weite Verwandtschafts- und Solidaritätsnetze eingebettet sind, liegt der Clou von Levis Rekonstruktion darin, die Atomisierung der individuellen Transaktionen und Akteure als Illusion zu entlarven. Selbst ein so banaler Akt wie der Kauf eines Stück Vieh oder eines kleinen Stücks Gartenland ist nur im Netz sozialer, familialer und symbolischer Determinanten erklärbar. Die Mikroanalyse lässt so eine verdeckte kollektive Realität wieder erstehen, die die Atomisierung der zivilrechtlichen Kategorien und dadurch der Quellen verborgen hat. Levi zeigt dadurch eindrücklich, wie voraussetzungsvoll der individuelle ökonomische Akteur in der sozialen Praxis ebenso wie in deren bürokratischer Repräsentation war, bevor er zum Kern der liberalen Wirtschaftstheorie wurde.

Wert-Schöpfung im Vergleich

Die zweite Fallstudie richtet den Blick auf die Produktion, genauer die Textilindustrie im 19. Jahrhundert. Richard Biernacki hat in einer groß angelegten Vergleichsstudie zwischen England und Deutschland vom 17. bis 19. Jahrhundert, deren Methodik und Ergebnisse breit diskutiert wurden, das Verständnis der Arbeiter von ihrer Arbeit, ihrer Produktivität und dem geschaffenen Wert thematisiert.[52] Indem er Webereien in den beiden Ländern verglichen hat, die zur gleichen Zeit gegründet wurden und mit gleichartiger Technologie arbeiteten, hat Biernacki einen klassischen analytischen Vergleich aufgebaut. In allen Fällen basierte die Entlohnung auf dem Akkord. Die Berechnungsweise der Stücklöhne war den Arbeitern bekannt; sie wurde als Plakat in den Fabrikräumen ausgehängt. Worin sich allerdings die britische und die deutsche Textilproduktion grundsätzlich unterschied, war das Prinzip, unter dem die Verausgabung der Arbeitskraft gemessen und von den Akteuren, sowohl Unternehmern wie Arbeitern, verstanden wurde. In Großbritannien, so hat Biernacki herausgefunden, maß sich die Bezahlung an dem Produkt selbst (seiner Webdichte), in Deutschland dagegen an der aufgewendeten Arbeitszeit für ein bestimmtes Quantum Tuch. Auf der englischen Seite sahen sich die Arbeiter mehr als unabhängige Produzenten, die ihr Arbeitsergebnis verkauften; auf der anderen, deutschen Seite lief alles darauf hinaus, die abstrakte, zeitliche Verausgabung von Arbeitskraft als Essenz der Lohnarbeiterexistenz zu begreifen. Biernacki entwickelt nun eine aufwendige Analyse der Konstellationen, die zu diesem Unterschied führen, und verfolgt die Korrelate und Auswirkungen, die sich aus ihm ergaben. Er behandelt dabei so verschiedene Felder wie Fabrikorganisation, Lohnformen und Strafen, Protestverhalten und Arbeiterbewusstsein bis hin zu theoretischen Positionen der Arbeiterbewegung. Nicht zuletzt das Ergebnis, dass das spezifisch deutsche Verständnis der Wertschöpfung seinen Ausdruck in der Marxschen Analyse der »Arbeitskraft« gefunden hat und diese Theorie dadurch wesentlich größere Plausibilität als Theorie des Ausbeutungsprozesses bei der deutschen Arbeiterbewegung gefunden hat, gehört zu den vielen Früchten dieser Studie.

Weit davon entfernt, sie bloß im ›Überbau‹ dieser elementaren Verhältnisse von Produktivität, Wert und Lohn zu verorten, sucht Biernacki Kultur als »structuring principle of national differences in factory practice« zu bestimmen. Kulturelle Faktoren sind für ihn ebenso wie andere, zeitlich weit zurückreichende Bedingungen konstitutiv für die spezifische Entwicklung des Kapitalismus in den beiden Ländern. Kultur wird so nicht nur als »symbolic order«, die außerhalb des materialen Arbeitsprozesses steht und nur der interpretierenden Lektüre zugänglich ist, gesehen, sondern vielmehr als Teil von Praxis verstanden, die derselben Analyse unterzogen werden kann.[53]

Geschlechterordnung in der Konsumgesellschaft

Die Verbindung von Frauen mit Konsum und besonders mit Luxus gehört zu den kulturellen Stereotypen bereits der frühen Neuzeit. Eine Reihe von neueren kulturhistorischen Arbeiten haben die Kategorie *gender* als Schlüssel benutzt, um zu verstehen, wie die speziell für Frauen, aber auch für Männer entwickelten Leitbilder, Praktiken und Güter das Funktionieren der Konsumgesellschaft im 20. Jahrhundert erst ermöglichten.

Die Alltäglichkeit des Einkaufens, die Einführung des Supermarktes und der Wandel der kollektiven Leitbilder in der Schweiz nach 1945 sind für Sibylle Brändli Anlässe, an denen sie nachzeichnet, wie der neue Massenmarkt soziokulturell vorbereitet und begleitet wurde.[54] Die Hausfrau als hilfsbedürftiges Objekt von Beratung, Lenkung und Werbung auf der einen Seite und als eigensinnige und aktive Herrin der Nachfrage auf der anderen Seite zeigt für sie die Ambivalenz eines Modells des entfesselten Wirtschaftswachstums bei normativer und politischer Einhegung. Wie Brändli ebenfalls betont, stellt die Zwischenkriegszeit ein wichtiges Vorspiel für die Verallgemeinerung solcher Modelle in den Boomjahren der Nachkriegszeit dar.

Durch die Fokussierung auf *gender* rückt auch die Verbindung zwischen Wirtschaft als Praxis und Ökonomie als Wissen in den Vordergrund. Bereits in den 1930er Jahren haben die Untersuchungen von Markt- und Werbeforschern, vor allem die der Nürnberger Gesellschaft für Konsumforschung (GfK), vor Augen geführt, wie stark die Kaufentscheidungen zugunsten bestimmter Produktgruppen, die sexuelle Konnotation von Waren und die symbolischen Präferenzen nicht nur von Faktoren wie Alters-, Stadt/Land- oder Berufsgruppenunterschieden, sondern insbesondere von der Geschlechtszugehörigkeit geprägt wurden.[55] Nicht einen abstrakten Massenmarkt, sondern die Bedeutung von Lebensstilen und sozialen Distinktionen heben die Marktforscher hervor. In Untersuchungen über Rauchwaren, Medikamente oder Armbanduhren kommen sie zu dem Schluss, dass die klassischen ökonomischen Annahmen einer universellen Nutzenfunktion und Bedürfnisanthropologie geschlechtsspezifisch korrigiert werden müssen.

Der Wissenstransfer von der angewandten, kommerziellen Konsumforschung in die Wirtschaftswissenschaften findet allerdings erst in den 1950er und 1960er Jahren statt. Ohne Zweifel sind andere und frühere Konstrukteure von Gender-Identitäten im Konsum zu nennen, etwa die Werbung, die Sozialreform oder die Hausfrauen- bzw. Konsumentenverbände, aber erst im akademischen Wissen wird der Zirkel von *economy* zu *economics* geschlossen. 1954 veröffentlichte der Wirtschaftswissenschaftler Karl Christian Behrens in einer wichtigen Fachzeitschrift einen Artikel mit dem Titel »Die Verbraucherin als Marktpartei«. Schon der redaktionelle Aufmacher fasst das Leitmotiv des Beitrags so zusammen: »Die hausfrauliche Tätigkeit wird als wirtschaftliche Leistung bisher fast in allen theoretischen und praktischen Betrachtungen zu wenig beachtet.« Neben den Geldbetrag, »den der Vater (zusammen mit anderen Verdienern) ins Haus bringt (Nominaleinkommen)«, stellt Behrens die »hausfrauliche Leistung, welche die Mutter dem väterlichen Einkommen hinzufügt: beide Leistungen zusammen bilden das Konsumenteneinkommen (Realeinkommen). Mit diesem Konsumenteneinkommen wirtschaftet die Hausfrau.«[56]

Behrens kann die Übersetzungsarbeit innerhalb des diffusen Feldes des Marketing leisten, da er Hochschullehrer und Leiter des Seminars für Markt- und Verbrauchsforschung an der Freien Universität Berlin ist und somit für die Verbindung von angewandter und akademischer Forschung steht.[57] Sehr plastisch arbeitet er heraus, dass preisbewußtes Einkaufen eine kostspielige Angelegenheit ist. Ihm zufolge stand die Hausfrau vor der Alternative: »Entweder billige Ware oder Freizeit«. Um die Preistransparenz und den Zugang zu günstigen Einkaufsmöglichkeiten zu erhöhen, macht er verschiedene Vorschläge zur »Stärkung der Marktposition«, darunter neutrale Beratungsstellen zum Beispiel durch Verbrauchervereinigungen wie in den USA oder den *Deutschen Hausfrauenbund*. Des weiteren fordert Behrens eine »Sortenbeschränkung«, also eine Beschränkung und Standardisierung des Warenangebots. Pikanterweise nennt er als Beispiele für erfolgreiche, da billigere Einheitsprodukte die NS-Ikonen Volksempfänger und Volkswagen.

Der Fachdiskurs schlägt damit den Bogen zur Hausfrau als »consumer-citizen« und markiert so die Schnittstelle, an der sich die zeitgenössischen Auffassungen vom politischen und *›öffentlichen‹* Charakter des ›privaten‹ Konsums verdichten.[58] Erica Carter hat in einer von Michel Foucault inspirierten Studie[59] nachgezeichnet, wie Frauen in der westdeutschen Nachkriegsgesellschaft diese »öffentliche Rolle als Konsum-Bürgerinnen« für die Rekonstruktion der nationalen Identität erfüllten. Sie verfolgt die Stilisierung von Leitbildern, Verhaltenserwartungen und Anreizen in Werbung, Marketing, Film, Städtebau und politischem Diskurs und findet die Ambivalenz von Entfesselung und Gängelung des Konsums auf der Ebene der Volkswirtschaft und Wiederaufbaugesellschaft.

Der Fokus auf *gender* wird so historisch und analytisch verdoppelt: Er ist nicht nur eine wesentliche theoretische Kategorie der erneuerten Kulturwissenschaft, sondern er findet sich bereits in der Praxis und der Wissensproduktion zeitgenössischer Werbepsychologen, Marketingexperten und Wirtschaftswissenschaftler. Die methodische Pointe in den genannten Studien zur Konsumgeschichte liegt darin, dass sie sich nicht erst damit aufhalten müssen, Annahmen über neutrale und universelle Akteure zu korrigieren, sondern dass sie beim »doing gender« der zeitgenössischen Akteure beginnen können. Die Kulturgeschichte der Konsumgesellschaft stößt so bis in die Bilder-Werkstätten vor, in denen die Geschlechterordnung des Wirtschaftens den jeweiligen kommerziellen, medialen oder politischen Interessen gemäß zugleich abgebildet, gelenkt und dynamisiert wird.

Häuslebauen oder die Konstruktion des liberalen Subjekts

Die vierte Miniatur nimmt das Thema des Immobilienhandels wieder auf, wobei Grund und Boden nun – am Ende des 20. Jahrhunderts – nicht mehr als Produktionsmittel, sondern (mitsamt Bebauung) als langlebiges Konsumgut fungiert. Den Traum vom eigenen Haus oder zumindest von Wohneigentum hegen Deutsche heutzutage ebenso wie Franzosen oder Briten. Allerdings konnte er in den drei Ländern nur in sehr unterschiedlichem Maße verwirklicht werden: Während die Wohneigentumsquote 1997 in Westdeutschland kaum 42 Prozent betrug, erreichte sie in Frankreich 54 und in Großbritannien 68 Prozent.[60] Pierre Bourdieu und seine Mitarbeiter haben den ganzen Prozess des Erwerbs eines Eigenheimes (das heißt hier eines Fertighauses in Siedlungsprojekten in der *banlieue* von Paris) durch Familien der Facharbeiter- und unteren Angestelltenschichten im Einzelnen beobachtet und diese Fallstudien für eine theoretische Kritik des vorherrschenden ökonomischen Denkens genutzt. Ihre Absicht dabei war, an konkreten Beispielen die gesellschaftlichen Vor- und Rahmenbedingungen oder, wie Bourdieu formuliert, die »sozialen Strukturen« der Wirtschaft in den Vordergrund zu rücken.[61] Im Einzelnen wird untersucht, wie die Präferenzen gesellschaftlich entstehen und verbreitet werden, durch die »Eigentumssinn«, das »Haus im Grünen«, »sein eigener Herr sein« als Ziele überhaupt erst verständlich werden: Wie werden diese Vorstellungen plausibel und begehrenswert für soziale Schichten am Rande des Kleinbürgertums, deren Einkommen und Kapitalausstattung ihnen solche Investitionen eigentlich nicht erlauben? Staatliche Programme der Vermögensbildung werden ebenso untersucht wie die Bilder und Leitmotive der Werbung oder die individuellen Verkaufsgespräche und Kreditverhandlungen. Die beschriebenen Einzelschicksale machen deutlich, wie das Wunschbild durch Überschuldung, überlange Anfahrtszeiten zur Arbeit und soziale Isolation in einen Albtraum umschlagen kann.[62] Im hier interessierenden Zusammenhang einer Kulturgeschichte der Wirtschaft liegt die Pointe aber nicht darin, die gesellschaftliche Konditionierung der Präferenzbildung nachzuzeichnen – das würde jeder Ökonom zugestehen –, sondern darin, das wirtschaftliche Akteursmodell selbst als Endergebnis gesellschaftlicher und kultureller Zurichtung verstehbar zu machen.

Die Kernfamilie als kleines Unternehmen, das in einem Geflecht von gesellschaftlichen, politischen und kommerziellen Interessen sein Glück machen soll – dieses Bild könnte man mit einem Ausdruck von Michel Foucault als die Gouvernementalität des heutigen Liberalismus bezeichnen. In dieser unternehmerischen Einheit herrschen auch neue Geschlechterverhältnisse: nicht mehr der Alleinernährer plus Hausfrau; nur das Paar, das zwei Einkommen mobilisieren kann, ist zur Vermögensbildung überhaupt fähig. Wie Bourdieu nicht müde wurde zu betonen, ist das moderne Wirtschaftssubjekt – ebenso wie der politisch entscheidungsfähige Bürger oder der zu abstrakter Bildung und meritokratischem Leistungsvergleich disponierte Schüler – ein enorm voraussetzungsvoller Sozialtypus. Er bedarf einer ganzen Reihe von Kompetenzen und Ressourcen, die in der Bevölkerung höchst ungleich verteilt sind. Das liberale Subjekt ist in dieser Sicht alles andere als die Vorbedingung wirtschaftlichen Handelns, sondern vielmehr ein historisches Produkt, das sich nur dank massiver staatlicher, kultureller, sozialer und familiärer Konditionierungen durchsetzen kann. Bekanntlich hat Bourdieu diese kollektive Prägung jedes Individuums im Konzept des Habitus gefasst, der nach seiner Einschätzung viele Annahmen heutiger Ökonomen besser erklären kann als der von ihnen vertretene methodische Individualismus.[63]

Spiegelbildlich zu dieser Relativierung von Geltungsansprüchen findet sich in Bourdieus Werk ein kontinuierlicher Gebrauch von Begriffen aus der Sprache der Ökonomie zur Beschreibung sozialer und kultureller Phänomene: Konzepte wie das der drei »Kapitalsorten« (des ökonomischen, sozialen und kulturellen Kapitals) oder das der kulturellen »Produktion« zeugen davon. Die Absicht, die beiden Bereiche füreinander durchlässig zu machen, um den einen mit Hilfe des anderen besser denken zu können, steht hier Pate. Zweifellos scheint darin aber auch ein Rest marxistischen Denkens durch – offenbar keine schlechte Voraussetzung, um die Verknüpfung zwischen Sozialstruktur, Kultur und ökonomischen Prozessen als intellektuelle Herausforderung lebendig zu erhalten.

4. Resümee. Den *Homo oeconomicus* historisieren?

Die verschiedenen hier vorgestellten Ansätze, die möglicherweise zu leichtfertig unter der Flagge der Kulturgeschichte vereinigt worden sind, geben einem die Mittel an die Hand, einer Historisierung des idealen Subjekts aller Debatten um die moderne Wirtschaft, des allseitig rationalen Akteurs oder des »rational fool« (Amartya Sen), in Angriff zu nehmen.[64] Für die Frage nach der historischen Entstehung dieser Kategorie und ihres erstaunlichen Siegeszugs ist ihr Idealtypus relevanter als die in den jüngsten theoretischen Diskussionen eingeführten Modifikationen und Verfeinerungen in Richtung *bounded rationality*.[65] Neben den diskursgeschichtlichen Arbeiten sind es besonders die praxiszentrierten Einzelstudien, die eine historische Kontextualisierung, wenn nicht sogar Subversion dieses Modells erlauben. So zeigt Giovanni Levi den kollektiven Hintergrund individueller Akte, kann Richard Biernacki die tief in gesellschaftliche und kulturelle Praxen verankerte Bedeutung von Produktionsregimen erhellen, haben Sibylle Brändli und Erica Carter mit ihren Analysen der in die Figur der Konsumentin eingeschriebenen Vorbedingungen und politischen Überhöhungen des Massenkonsums das Verständnis des Nachkriegsbooms verändert oder hat Pierre Bourdieu das vorgeblich autonome Subjekt neoliberaler Wirtschaftspolitik durch eine Ethnologie alltäglicher Wahlentscheidungen in seiner ganzen – sozialen, politischen und ideologischen – Determiniertheit rekonstruieren können. Alle diese Forschungen haben die Herausforderung angenommen, in den Kern des wirtschaftlichen Handelns, in das eigentlich Ökonomische vorzudringen.

Solche und andere Beispiele zeigen, dass sowohl die *Diskursgeschichte* als auch die *Praxis-* und die *Wirkungsgeschichte* des Wirtschaftens in der Moderne wesentliche Impulse von der *new cultural history* empfangen haben. Ihre Rückwirkung auf die von Handbüchern und Einführungen repräsentierte öffentliche Darstellung der historischen Kulturwissenschaften ist bislang kaum sichtbar. Der tatsächliche Forschungsstand scheint meines Erachtens aber die Diagnose zu korrigieren, dass ›kulturalistische‹ Ansätze die harte Wirklichkeit der Wirtschaft ignorieren.

Die zu überbrückende Kluft, die anfangs skizziert wurde, sollte deshalb weder über- noch unterschätzt werden. Sie rührt an das jeweilige, tief verankerte Selbstverständnis der historischen Kulturwissenschaften einerseits und das der Wirtschaftswissenschaften andererseits. An diesen Stellen ist ein »Streit der Fakultäten« nicht fern. Deren Selbstverständnis ist allerdings nicht unveränderlich. Vielmehr lassen sich allein in der zweiten Hälfte des 20. Jahrhunderts sowohl abgrenzende Verhärtung als auch integrierende Permeabilität aufzeigen. Anderseits wird die Kluft durch ambivalente Begriffe eher verborgen als überbrückt. Es scheint kaum fruchtbar zu sein, sich en bloc auf einen essentialistischen Kultur-Begriff zu beziehen, der sich zum Verständnis zeitgenössischer kultureller Transfer- und Aneignungsprozesse, von *mé-*

tissage und kollektiver Identitätsbildung, von Fremd- und Selbstbeobachtung als wenig tauglich erwiesen hat. Umgekehrt würde es wie eine Stuckfassade an einem Stahlbetonbau aussehen, wenn man die Kulturalisierung und Historisierung des Wirtschaftens nur in den ›weichen‹ und kaum strittigen Phänomenen – also etwa der Werbung, der Mode, der Konsumstile oder der Propagierung von »Unternehmenskulturen« – voranzutreiben suchte.

Überwiegend kommen diejenigen, die heute mit kulturellen Perspektiven auf die Wirtschaft experimentieren, aus der Sozial-, Wirtschafts- und Unternehmensgeschichte[66] oder verschiedenen Richtungen der Soziologie und Ethnologie. Insbesondere an der Debatte um die Entwicklung und »Einbettung« von Märkten haben sich Historiker in jüngster Zeit aktiv beteiligt.[67] Aber auch die Interaktion zwischen Markthandeln mit Politik, Medien und Lebensstilen ist insbesondere im Bereich des Konsums und des Konsumentinnenaktivismus analysiert worden.[68] Alle diese als Beispiele herangezogenen Ansätze und Autoren würden sich nicht unbedingt unter einem ›kulturalistischen‹ Feldzeichen einreihen wollen, zu verschieden sind ihre fachliche und theoretische Herkunft oder ihr Erklärungsanspruch. Dennoch werden in solchen konkreten Studien die Anschlussmöglichkeiten und das Erklärungspotential der kulturwissenschaftlichen Annäherungen an Wirtschaft deutlich, wobei ihr ganzes innovatives Potential erst noch auszuschöpfen ist. Eine optimistische Antwort auf die Ausgangsfrage »How much, schatzi?« könnte also lauten: »More than you think.«

Anmerkungen

1 Hans Carl Artmann, *How much, schatzi?*, Frankfurt am Main 1971.

2 Deirdre McCloskey, *If You're So Smart: The Narrative of Economic Expertise*, Chicago 1990.

3 Selbst in der Welt von Artmanns Erzählung muß der Leser erfahren, dass es zu manchem Akt kommt, aber nicht zu diesem Sprechakt: »Nur eines konnte er nicht – und er würde das niemals lernen: einer frau aus dem volke, einer arbeitertochter wie du und ich, ins auge zu blicken und zu fragen *how much, schatzi?*« Artmann, *How much*, 2. A. 1975, S. 26.

4 Samuel P. Huntington, *Der Kampf der Kulturen. Die Neugestaltung der Weltpolitik im 21. Jahrhundert*, Hamburg 1997.

5 David Landes, *Wohlstand und Armut der Nationen. Warum die einen reich und die anderen arm sind*, Berlin 1999.

6 Peter Temin, Is it Kosher to Talk about Culture?, in: *J. of Econ. Hist.* 57, 1997, S. 267–287. »I will argue that the particular form of social capital I call Anglo-Saxon culture was uniquely suited to the progress of industrialization over the past two centuries.«

7 Peter A. Hall/David W. Soskice (Hg.), *Varieties of Capitalism: the Institutional Foundations of Comparative Advantage*, Oxford 2001 – eine Aufsatzsammlung, die eher auf die politisch-institutionelle Rahmung von Volkswirtschaften abzielt.

8 Werner Abelshauser, *Kulturkampf? Der deutsche Weg in die Neue Wirtschaft und die amerikanische Herausforderung*, Berlin 2003, bes. S. 4 f. und 8 f.

9 Jürgen Osterhammel, *Geschichtswissenschaft jenseits des Nationalstaats*, Göttingen 2001.

10 Dirk Baecker, *Wozu Kultur?* Berlin 2000, S. 17.

11 An den Themenlisten einiger programmatischer Einführungen fällt das Fehlen der Wirtschaft deshalb besonders auf – ein Fehlen, das, wie unten gezeigt wird, nicht dem tatsächlichen Forschungsstand entspricht. Vgl. unter anderem Richard van Dülmen, *Historische Anthropologie: Entwicklung, Probleme, Aufgaben*, Köln 2000; Ute Daniel, *Kompendium Kulturgeschichte*, Frankfurt am Main 2001; und Ansgar Nünning/Vera Nünning (Hg.), *Konzepte der Kulturwissenschaften*, Stuttgart 2003.

12 Christoph Conrad/Martina Kessel, Geschichte ohne Zentrum, in: dies. (Hg.), *Geschichte schreiben in der Postmoderne*, Stuttgart 1994, S. 9–36, hier S. 12 ff.; und dies., Blickwechsel: Moderne, Kultur, Geschichte, in: dies. (Hg.), *Kultur & Geschichte*, Stuttgart 1998, S. 9–40, hier S. 10 f. und 14 f.

13 Dagegen kommt »economy« noch nicht einmal im Index der beiden Sammelbände vor! Clifford Geertz, *The Interpretation of Cultures*, New York 1973; und ders., *Local Knowledge. Further Essays in Interpretive Anthropology*, New York 1983.

14 Niklas Luhmann, Kultur als historischer Begriff, in: ders., *Gesellschaftsstruktur und Semantik*, Bd. 4, Frankfurt am Main 1995, S. 31-54, hier S. 47 ff. In diesem Sinne formuliert Dirk Baecker (*Wozu Kultur?*, S. 9), dass es darum gehe, »eine Kultur nicht etwa als Summe der Werte darzustellen, mit denen eine Gesellschaft ausgestattet ist, sondern als eine mitlaufende Beobachtung, die zu jedem Wert den möglichen Gegenwert bereithält.« Erstaunlicherweise schenkt Baecker der Beziehung zwischen diesem Kulturbegriff und der Ökonomie keine Beachtung, nur sein eigenes Arbeitsfeld Unternehmensorganisation wird kurz gestreift (S. 87 f.). Vgl. aber ders. (Hg.), *Kapitalismus als Religion*, Berlin 2003.

15 Es sind vor allem zwei Verwendungsweisen, die nicht selten anzutreffen sind: *»Ökonomie«* als psychoanalytischer Begriff für das Zusammenspiel von Begehren, Trieben und ihren Regulierungen sowie *»politische Ökonomie«* (vor allem im Gebrauch der *cultural studies*) als kritisch und radikal gemeinter Hinweis auf den Zusammenhang von Staat und Kapitalismus, die Verbindung von politischer und ökonomischer Herrschaft und ihrer Durchdringung von »Kulturindustrie« und Medien; vgl. als nur ein Beispiel für die Oberflächlichkeit des Theoretisierens und Beschreibens: Richard Maxwell (Hg.), *Culture Works. The Political Economy of Culture*, Minneapolis 2001. Zur Begriffsgeschichte und -verwendung allgemein: Alfred Bürgin/Thomas Maissen, Zum Begriff der politischen Ökonomie heute, in: *GG* 25, 1999, S. 177–200.

16 Stephen Greenblatt, Grundzüge einer Poetik der Kultur, in: ders., *Schmutzige Riten*,

Berlin 1991, S. 107–122; Moritz Baßler (Hg.), *New Historicism. Literaturgeschichte als Poetik der Kultur,* Frankfurt am Main 1995; als Beispiel vgl. Stefan Andriopoulos, The Invisible Hand. Supernatural Agency in Political Economy and the Gothic Novel, in: *English Literary Hist.* 66, 1999, S. 739–758.

17 Frederic Jameson, *The Cultural Turn. Selected Writings on the Postmodern, 1983–1998*, London 1998.

18 Vgl. Jean Baudrillard, *La société de consommation*, Paris 1970, insbesondere das Kapitel: L'autopsie de l'homo oeconomicus, S. 93–105; und ders., *Pour une critique de l'économie politique du signe*, Paris 1972.

19 Jameson, *Cultural Turn*, S. 143 f.: »Thus any comprehensive new theory of finance capitalism will need to reach out into the expanded realm of cultural production to map its effects: indeed mass cultural production and consumption themselves – at one with globalization and the new information technology – are as profoundly economic as the other productive areas of late capitalism, and as fully integrated into the latter's generalized commodity system.«

20 Carlo Cipolla stellte deshalb seine Einführung in die Wirtschaftsgeschichte unter den Titel *Between Two Cultures,* New York 1991.

21 Hubert Markl, Schnee von gestern. Die Legende von den »zwei Kulturen«, in: *Der Spiegel*, Nr. 32, 5. 8. 2002.

22 Wolf Lepenies, *Die drei Kulturen. Soziologie zwischen Literatur und Wissenschaft*, München 1985.

23 Vgl. Otto Gerhard Oexle (Hg.), *Naturwissenschaft, Geisteswissenschaft, Kulturwissenschaft: Einheit – Gegensatz – Komplementarität?*, Göttingen 1998; Bruno Latour, *La science en action. Introduction à la sociologie des sciences,* 2. A., Paris 1995; und Michael Hagner (Hg.), *Ansichten der Wissenschaftsgeschichte*, Frankfurt am Main 2001.

24 Den spektakulärsten Angriff führten Alan Sokal/Jean Bricmont, *Eleganter Unsinn. Wie die Denker der Postmoderne die Wissenschaften mißbrauchen,* München 1999.

25 Die Einladung des Neurobiologen Wolf Singer zum Eröffnungsvortrag des Historikertages 2000 war ein Zeichen für die sich (nach vorne) verschiebenden Grenzen von Autorität und Plausibilität eines naturwissenschaftlichen Ansatzes, hier am Beispiel eines der Paradethemen der kulturellen Wende: der Erinnerung; ders., Wahrnehmen, Erinnern, Vergessen. Über Nutzen und Nachteil der Hirnforschung für die Geschichtswissenschaft, in: *FAZ* vom 28. 9. 2000, S. 10.

26 Lorraine Daston, Die Kultur der wissenschaftlichen Objektivität, in: Oexle, *Naturwissenschaft*, S. 9–34, hier S. 17 und passim.

27 Hartmut Böhme u. a., *Orientierung Kulturwissenschaft*, Reinbek 2000, nennt als meines Wissens einzige Einführung in die Kulturwissenschaften das Arbeitsfeld »Kulturgeschichte der Natur« (S. 118 ff.).

28 Vgl. Gangolf Hübinger, Kapitalismus und Kulturgeschichte, in: Rüdiger vom Bruch u. a. (Hg.), *Kultur und Kulturwissenschaften um 1900,* Stuttgart 1989, S. 25–44.

29 Ein wesentliches, allerdings auch maximalistisches Kriterium für »Brückenbauer« müsste sein, dass sie auf beiden Seiten des Grabens wahrgenommen werden. Inwieweit dies im Einzelfall tatsächlich gelang, wäre zu verifizieren.

30 Karl Polanyi, *The Great Transformation. Politische und ökonomische Ursprünge von*

Gesellschaften und Wirtschaftssystemen [Original 1944], 4. A., Frankfurt am Main 1994; zur Rezeption Georg Elwert, Ausdehnung der Käuflichkeit und Einbettung der Wirtschaft. Markt und Moraloekonomie, in: Klaus Heinemann (Hg.), *Soziologie wirtschaftlichen Handelns* (= *KZfSS* Sonderheft 28), Opladen 1987, S. 300–321.

31 Vgl. Neil J. Smelser/Richard Swedberg (Hg.), *The Handbook of Economic Sociology*, Princeton 1994; und Jens Beckert, *Grenzen des Marktes. Die sozialen Grundlagen wirtschaftlicher Effizienz*, Frankfurt am Main 1997.

32 Hansjörg Siegenthaler, Geschichte und Ökonomie nach der kulturalistischen Wende, in: *GG* 25, 1999, S. 276–301, betont dennoch die Chancen für neue Brückenschläge.

33 Jürgen Kocka, *Sozialgeschichte in Deutschland seit 1945. Aufstieg – Krise – Perspektiven*, Bonn 2002, S. 29; ders., Losses, Gains and Opportunities: Social History Today, in: *JSH* 37, 2003, S. 21-28; und Hans-Ulrich Wehler, *Historisches Denken am Ende des 20. Jahrhunderts*, Göttingen 2001, S. 72–74.

34 Siehe Anm. 11 und 12; Ausnahmen bilden einige Hinweise in der 2. Auflage von Klaus P. Hansen, *Kultur und Kulturwissenschaft*, Tübingen 2000, S. 383 ff. (allerdings mit Bezug auf Marketing und Management) sowie die Berücksichtigung der Wirtschaftswissenschaften bei Klaus E. Müller (Hg.), *Phänomen Kultur. Perspektiven und Aufgaben der Kulturwissenschaften*, Bielefeld 2003.

35 Dies zeigt der interessante Vergleich von Wirtschaftswissenschaft, Anglistik, Philosophie und Politologie zwischen 1945 und 1995 in den USA: Thomas Bender/Carl E. Schorske (Hg.), *American Academic Culture in Transformation. Fifty Years, Four Disciplines*, Princeton 1997.

36 In Beziehung zum Wandel politischer Weltsichten und Themen vor allem der Linken wird der *cultural turn* gesetzt von Larry Ray/Andrew Sayer (Hg.), *Culture and Economy after the Cultural Turn*, London 1999.

37 Vgl. Ruth Towse (Hg.), *Cultural Economics: The Arts, the Heritage and the Media Industries*, 2 Bde, Aldershot 1997. Das *J. of Cultural Econ.* erscheint 2004 im 28. Jahrgang.

38 Georg Simmel, *Philosophie des Geldes*, 2. A., Leipzig 1907, S. 6 f.

39 Michel Foucault, *Les mots et les choses. Une archéologie des sciences humaines*, Paris 1966, Kapitel VI (Echanger) und Kapitel VIII (Travail, vie, langage).

40 »Il faut des siècles de culture pour produire un utilitaire comme Stuart Mill«, in: Pierre Bourdieu, *Les structures sociales de l'économie*, Paris 2000, S. 9.

41 Pierre Demeulenaere, *Homo œconomicus. Enquête sur la constitution d'un paradigme*, Paris 1996.

42 Vgl. Emma Rothschild, *Economic Sentiments: Adam Smith, Condorcet, and the Enlightenment*, Cambridge/Mass. 2001. Nicht wenige grundlegende englische Forschungen beschäftigen sich mit dem deutschen ökonomischen Denken: Keith Tribe, *Governing Economy: The Reformation of German Economic Discourse, 1750–1840*, Cambridge 1988; ders., *Strategies of Economic Order: German Economic Discourse 1750–1950*, Cambridge 1995; und Adam Tooze, *Statistics and the German State, 1900–1945. The Making of Modern Economic Knowledge*, Cambridge 2001. Zuletzt die Monographie über die Historische Schule von Erik Grimmer-Solem, *The Rise of Historical Economics and Social Reform in Germany 1864–1894*, Oxford 2003.

43 Das Centre for History and Economics am King's College Cambridge widmet sich sol-

chen Fragen ebenso wie die Methodology & History of Economics Group an der University of Amsterdam, wo die Verbindung zur Epistemologie der Naturwissenschaften explizit hergestellt wird. Vgl. Mary Morgan/Margaret Morrison (Hg), *Models as Mediators: Perspectives on Natural and Social Sciences*, Cambridge 1999.

44 Die Arbeiten von Donald (jetzt Deirdre) N. McCloskey waren hier ebenso provokant wie augenöffnend, vor allem *The Rhetoric of Economics,* Madison 1985.

45 Anregend dazu die aktuellen Studien von Ökonomen und Soziologen zu »Facts and Figures: Economic Representations and Practices«, in: *Ökonomie und Gesellschaft.* Jb. 16, hg. von Herbert Kalthoff u. a., Marburg 2000.

46 Frank Trentmann, Political Culture and Political Economy: Interest, Ideology, and Free Trade, in: *Rev. of International Political Econ.* 5, 1998, S. 217–251; vgl. seinen Beitrag in diesem Band.

47 Pierre-Michel Menger, *Portrait de l'artiste en travailleur. Métamorphoses du capitalisme*, Paris 2002; Viviana A. Zelizer, *Pricing the Priceless Child. The Changing Social Value of Children,* Princeton 1985; und dies., *The Social Meaning of Money,* New York 1995.

48 Giovanni Levi, *Das immaterielle Erbe. Eine bäuerliche Welt an der Schwelle zur Moderne* [ital. Original 1985] Berlin 1985; hier zitiert nach der französischen Ausgabe: *Le pouvoir au village. Histoire d'un exorciste dans le Piémont du XVII*[e] *siècle,* Paris 1989.

49 Levi, *Le pouvoir,* S. 14. Der Dialog mit der modernen Wirtschaftswissenschaft bestimmt auch seine Arbeiten über den Konsum in der frühen Neuzeit. Programmatisch: Giovanni Levi, Comportements, ressources, procès: avant la ›révolution‹ de la consommation, in: Jacques Revel (Hg.), *Jeux d'échelles. La micro-analyse à l'expérience*, Paris 1996, S. 186–207.

50 Levi, *Le pouvoir,* S. 15 f.

51 Edward P. Thompson, Die ›sittliche Ökonomie‹ der englischen Unterschichten im 18. Jahrhundert, in: Detlev Puls (Hg.), *Wahrnehmungsformen und Protestverhalten*, Frankfurt am Main 1979, S. 13–80.

52 Richard Biernacki, *The Fabrication of Labor: Germany and Britain, 1640–1914*, Berkeley 1995.

53 Biernacki, *Fabrication of Labor*, S. 2 und 91; er hat inzwischen seine theoretische Position weiter zugespitzt und distanziert sich von großen Teilen der neuen Kulturgeschichte, die ihm zufolge ›Kultur‹ als vorgefundene Realität missverstehen. Vgl. ders., Method and Metaphor after the New Cultural History, in: Victoria E. Bonnell/Lynn Hunt (Hg.), *Beyond the Cultural Turn. New Directions in the Study of Society and Culture*, Berkeley 1999, S. 62–92.

54 Sibylle Brändli, *Der Supermarkt im Kopf. Konsumkultur und Wohlstand in der Schweiz nach 1945,* Wien 2000.

55 Christoph Conrad, Observer les consommateurs. Études de marché et histoire de la consommation en Allemagne, des années 1930 aux années 1960, in: *Le Mouvement Social* 206, 2004, S. 17–39.

56 Karl Christian Behrens, Die Verbraucherin als Marktpartei, in: *Der Volkswirt* 8, 1954, Nr. 44, S. 13–15.

57 Behrens stand darüber hinaus dem akademischen Umkreis von Ludwig Erhard nahe; vgl. seinen Beitrag in der Festschrift zu dessen 60. Geburtstag: ders., Vom Verbraucher,

in: Erwin von Beckerath u. a. (Hg.), *Wirtschaftsfragen der freien Welt*, Frankfurt am Main 1957, S. 209–223.

58 Monika Bernold/Andrea Ellmeier, Konsum, Politik und Geschlecht. Zur ›Feminisierung‹ der Öffentlichkeit, in: Hannes Siegrist u. a. (Hg.), *Europäische Konsumgeschichte*, Frankfurt am Main 1997, S. 441-466. Vgl. neuerdings die grundlegenden Monographien zu den USA: Lizabeth Cohen, *A Consumers' Republic. The Politics of Mass Consumption in Postwar America*, New York 2003; und zu Großbritannien: Matthew Hilton, *Consumerism in 20th-Century Britain*, Cambridge 2003.

59 Erica Carter, *How German Is She? Postwar West German Reconstruction and the Consuming Woman*, Ann Arbor 1997.

60 Margareta Steinrücke/Franz Schultheis, Vorwort, in: Pierre Bourdieu u. a., *Der Einzige und sein Eigenheim*, Hamburg 1998, S. 7–16, hier S. 7.

61 Die erstmals 1990 in den *Actes de la Recherche en Sciences Sociales* erschienenen Einzelstudien wurden zunächst ins Deutsche übersetzt (Bourdieu, *Der Einzige*), bevor sie – um theoretische Texte erweitert – in einem Band zusammengefasst wurden: Pierre Bourdieu, *Les structures sociales de l'économie*, Paris 2000.

62 Die empathische Nachzeichnung solcher Einzelschicksale findet sich auch in einem umfassenderen Rahmen in dem Gemeinschaftswerk über das »Elend der Welt«: Pierre Bourdieu, *La misère du monde*, Paris 1993 (deutsch Konstanz 1997).

63 Pierre Bourdieu, Das ökonomische Feld, in: ders., *Der Einzige*, S. 162–204.

64 Amartya K. Sen, Rational Fools: A Critique of he Behavioral Foundations of Economic Theory, in: *Philosophy and Public Affairs* 6, 1977, S. 317–344; und Demeulenaere, *Homo oeconomicus*.

65 Vgl. den Beitrag von Jakob Tanner in diesem Band.

66 Vgl. etwa Jan-Otmar Hesse u. a. (Hg.), *Kulturalismus, Neue Institutionenökonomik oder Theorienvielfalt. Eine Zwischenbilanz der Unternehmensgeschichte*, Essen 2002.

67 Vgl. Thomas L. Haskell/Richard F. Teichgraeber III (Hg.), *The Culture of the Market. Historical Essays*, Cambridge 1994; als Überblick Paul Nolte, Der Markt und seine Kultur – ein neues Paradigma der amerikanischen Geschichte, in: *HZ* 264, 1997, S. 329–360; aus anthropologischer Sicht James G. Carrier (Hg.), *Meanings of the Market: the Free Market in Western Culture*, Oxford 1997; vgl. die Sektion »Der Markt als historische Institution« (Leitung: Werner Plumpe) in: Andreas Ranft/Markus Meumann (Hg.), *Traditionen – Visionen. 44. Deutscher Historikertag in Halle an der Saale 2002*, München 2003, S. 22–26. Vgl. auch die Beiträge von Georg Elwert und Hartmut Berghoff in diesem Band.

68 Zuletzt Mark Bevir/Frank Trentmann (Hg.), *Markets in Historical Contexts. Ideas and Politics in the Modern World*, Cambridge 2004. Vgl. die Titel in Anm. 58; anregend ist Richard Ohmann, *Selling Culture. Magazines, Markets, and Class at the Turn of the Century*, London 1996.

Die ökonomische Handlungstheorie vor der »kulturalistischen Wende«?

Perspektiven und Probleme einer interdisziplinären Diskussion[1]

Jakob Tanner

Die Wirtschaftswissenschaften haben sich auf formalisierte Modelle spezialisiert. Ihre theoretische Produktivität führen sie darauf zurück, dass sie von kulturellen Faktoren und historischen Kontexten abstrahieren und ein zeitloses Menschenbild zugrunde legen. Damit setzen sie sich in einen schroffen Gegensatz zu den Kulturwissenschaften, welche die menschliche »Natur« nicht als anthropologische Konstante, sondern als Resultat eines geschichtlichen Prozesses sehen, im Verlaufe dessen Menschen nicht nur ihre kognitiven Fähigkeiten, Körpertechniken, Selbstbilder und Interaktionsformen verändert haben, sondern technische Artefakte und Mediensysteme schufen, welche die *condition humaine* grundlegend transformiert haben. Wo die einen also einer transhistorischen Modellierung menschlichen Handelns und einem homogenen Rationalitätstyp das Wort reden, diagnostizieren die anderen tief greifende Diskontinuitäten und sprechen von der Emergenz menschlicher Eigenschaften und neuer Formen der Handlungsrationalität. Während im einen Fall die verwirrende Vielfalt der Geschichte informationstheoretisch als »Lärm« behandelt wird, aus dem einige grundlegende und unveränderliche Muster herausgefiltert werden sollen, geht es im andern Fall gerade darum, die Vielfalt der Kultur, die Kontingenz der historischen Entwicklung und die Selbsterschaffung menschlicher Sozietäten durch die kommunikative Konstruktion gesellschaftlicher Wirklichkeit hervorzuheben.

Wenn die Konstellation so dargestellt wird, erweist sich die im Titel gestellte Frage als Fehlschlag. Die Erwartung einer »kulturalistischen Wende« in der Ökonomie wäre dann eine *Fata morgana*, die am Horizont jener Wissenschaftsdisziplinen erscheint, für die Kultur immer schon ubiquitär war und die sich eine ahistorische, von kulturellen Faktoren abstrahierende Wissenschaft vom menschlichen Handeln weder vorstellen können noch wollen. Nun ist es, wie eine große Zahl von Forschungsarbeiten aus der Geschichtswissenschaft, der Anthropologie, der politischen Philosophie, der Soziologie und den Literaturwissenschaften zeigt, leicht möglich, über die Abhängigkeit wirtschaftlichen Handelns von kulturellen Voraussetzungen nachzudenken und zu interessanten Ergebnissen über das Funktionieren von Märkten und des Geldes, die Rolle des Vertrauens in wirtschaftlichen Transaktionen und die Kultur von Unternehmen zu gelangen. Doch wenn aus sozialwissenschaftlicher und speziell aus historischer Perspektive Kultur als unentbehrlicher Erklärungsfaktor für die Analyse ökonomischer Interaktion betrachtet wird, so heißt das nicht *a forteriori*, dass das die Ökonomen auch so sehen. Es gibt keinen »Zeitgeist«, der eine solche transdisziplinäre Konvergenz im Zeichen der Kultur gewährleisten und gleichsam automatisch zur Synchronisierung der Argumente und Vorstellungen in verschiedenen Wissenschaftsdisziplinen beitragen würde.

Doch auch in den Wirtschaftswissenschaften ist inzwischen einiges in Bewegung gekommen. Dieser Aufsatz befasst sich vorwiegend mit theoretischen Innovationen in dieser Disziplin.[2] Dabei wird eine Einschränkung gemacht: Die Ausführungen konzentrieren sich auf die seit den 1970er Jahren deutlich dominierende Richtung der *rational choice*, die mikroökonomisch fundiert und einem methodologischen Individualismus verpflichtet ist, das heißt, die nach den Verhaltensdeterminanten von Individuen fragt und mithin die Ökonomie als eine – keineswegs auf die Marktsphäre beschränkte – Handlungswissenschaft begreift.[3] Dieser Ansatz steht quer zu kulturwissenschaftlichen Forschungszugängen.[4] Es kann deshalb nicht darum gehen, nach dem Auftauchen eines bestimmten Begriffs – eben jenes der Kultur – im ökonomischen Diskurs zu fragen. Angesichts der Erklärungsdefizite von Modellen, die kulturelle Faktoren eskamotiert haben, beginnen nämlich Ökonomen Überlegungen in eine Richtung anzustellen, die sich in kulturtheoretische Begriffe übersetzen lassen. Es gilt also zu fragen, welche – disziplinär durchaus eigensinnigen – Begriffe, Argumentationsmuster und diskursiven Regelmäßigkeiten innerhalb der Wirtschaftswissenschaften als semantische Äquivalente fungieren zu dem, was wir aus historischer oder kulturwissenschaftlicher Sicht als »Kultur« bezeichnen.[5]

Das kann zum Beispiel anhand Robert H. Franks einflussreicher Studie *Passions within Reason* aus dem Jahre 1988 verdeutlicht werden.[6] Der Autor kritisiert hier unter anderem mit Hilfe spieltheoretischer Annahmen die Eigennutz-Maxime der Mainstream-Ökonomie. Zurückgehend auf Überlegungen, die bereits in den 1970er Jahren formuliert wurden, betont Frank die strategische Rolle von Emotionen im Entscheidungsverhalten und entwickelt eine *theory of unopportunistic behavior*, die im Appendix des Buches in Übereinstimmung mit dem Haupttrend der Zunft mathematisch ausgedrückt und in einem *commitment-model* formalisiert wird.[7] Dieses Buch hat so einprägsame Kapiteltitel wie »Prediciting cooperation«, »Becoming Moral«, »Fairness«, »Love« und »Human Decency«. Explizit von »Kultur« ist nur an wenigen Stellen die Rede, so zum Beispiel im Unterkapitel »Cultural Pressures«, wo einleitend bemerkt wird, reiner Altruismus und andere Formen selbstaufopfernden Verhaltens seien vielleicht gar nicht biologisch determiniert, sondern Resultat kultureller Konditionierung.[8] Obwohl sich das Hauptinteresse Franks auf »the nobler strands of human nature« richtet, die er gegen die Annahme »that people are fundamentally selfish«[9] verteidigt, das heißt, obwohl er also »bloß« ein Menschenbild gegen ein komplexeres, jedoch ebenfalls universalisierbares austauschen möchte, ist dieses letztere aufgrund des Einbezugs der Gefühle so stark mit sozialer Interaktion beschäftigt, dass es durch und durch mit »Kultur« kontaminiert ist.

Doch um welche Definition von Kultur handelt es sich hierbei? Und inwieweit erweist sich diese als anschlussfähig an kulturwissenschaftliche Diskussionen? Um diese Fragen zu analysieren, werden in einem *ersten Teil* anhand paradigmatischer Fälle die wichtigsten theoretischen und methodologischen Differenzen zwischen ökonomischen und kulturwissenschaftlichen (und hier insbesondere historischen) Ansätzen dargestellt. In einem *zweiten Teil* werden – ausgehend von einer Kritik des traditionellen *Rational-choice*-Ansatzes – neuere Entwicklungen in den Wirtschaftswissenschaften diskutiert und es wird gezeigt, was das Neue an der nicht mehr am Kostenbegriff orientierten Theorie der *bounded rationality* ist. Abschließend wird nochmals auf die im ersten Kapitel entwickelte Problemstellung eingegangen und versucht, die Frage nach der Vereinbarkeit ökonomischer Handlungsmodelle mit historischen Theorien der *agency* zu beantworten.

1. *Furor mathematicus* der Ökonomie

Bereits seit der »marginalen Revolution« der 1870er Jahre überließ sich die Ökonomie einem *furor mathematicus* und versuchte auf der Suche nach invarianten Gesetzen menschlichen Handelns von kulturellen Umständen ökonomischen Handelns nach Möglichkeit zu abstrahieren. Was an Determinanten übrig blieb, ließ sich in eine mathematische Sprache übersetzen. Die rigorose

Formalisierung ökonomischer Erklärung stand im Bann der Naturwissenschaften und insbesondere der Physik, die mit ihrem Bestreben, Naturgesetze mathematisch zu fassen, das Leitbild darstellte. Die *hard-science economics* formierte sich im Bemühen, mit dieser »harten Disziplin« gleichzuziehen. Trotz dieser Anstrengung blieben die professionellen Mathematiker innerhalb der Wirtschaftswissenschaften allerdings noch für lange Zeit randständig. Erst seit den 1940er Jahren beschleunigte sich die Transformation der Ökonomie in ein mathematisches Unternehmen[10] und in den 1950er Jahren gelang schließlich »der mathematische (nicht empirische) Beweis der Existenz und Stabilität eines ökonomischen Gleichgewichts«.[11]

Damals gab es zwar auch Anzeichen einer Konvergenz: Innerhalb der Ökonomie wurde seit dem 19. Jahrhundert eine Kritik an mathematisch ausgetüftelten Gleichgewichtsmodellen und an weltabgewandter Modellschreinerei formuliert, die nach dem Zweiten Weltkrieg zunehmend an Resonanz gewann.[12] Sozialhistoriker wie Hans-Ulrich Wehler, welche die Geschichtswissenschaft neu als »Historische Sozialwissenschaft« definierten, gingen in den 1970er Jahren davon aus, dass die »westliche Ökonomie« irreversibel in den Strudel einer »Historisierung der Sozialwissenschaften« geraten sei, womit »die Tage der *›oeconomia pura‹* gezählt zu sein (scheinen)«.[13] Umgekehrt zeigte sich die Sozialgeschichte offen für serielle Verfahren und quantitative Methoden. Doch die Anhänger formaler Modelle, die seit den 1950er Jahren unter dem Label *Cliometrics* firmierten, blieben marginal. Das galt auch für die Wirtschaftsgeschichte, die sich, sofern sie überhaupt ein eigenes Profil zu entwickeln vermochte, in starkem Ausmaß darum bemühte, die spezifischen historischen Kontexte sowie die kulturellen Voraussetzungen ökonomischer Transformationsprozesse aufzuzeigen.[14] Die Annäherungstendenzen blieben unter diesen Bedingungen schwach.

Diese wechselvolle Geschichte braucht hier nicht dargestellt zu werden. Das Problem, um das es geht, lässt sich allerdings gut aufzeigen anhand des Vergleichs von zwei nachhaltig wirkenden Untersuchungen, die beide 1944 erschienen. Das eine Buch wurde von John von Neumann und Oskar Morgenstern verfasst; es erschien in Princeton unter dem Titel *Theory of Games and Economic Behavior* und schuf die Grundlagen der Spieltheorie als einer distinkten Disziplin.[15] Das andere stammt aus der Feder von Karl Polanyi. Es trägt die Überschrift *The Great Transformation* und entwickelt eine historische Theorie des Übergangs von einer traditionalen »eingebetteten« zu einer modernen Marktgesellschaft.[16] Die Verfasser beider Bücher sind nicht Ökonomen im strengen Sinne; von ihren Werken ging jedoch ein starker Einfluss aus: zum einen auf die Wirtschaftswissenschaften, zum andern auf die Wirtschafts- und Sozialgeschichte. Beide Bücher haben eine Gemeinsamkeit: Sie halten sich nicht an einen spezifischen Bereich bzw. an das soziale Subsystem »Wirtschaft«, sondern wollen zum Verständnis der ganzen Gesellschaft beitragen. Dieser gemeinsame Nenner trägt allerdings nicht weit; die Divergenzen zwischen den beiden Zugangsweisen sind wichtiger. An ihnen kann die angesprochene Kluft zwischen historischen und ökonomischen Ansätzen aufgezeigt werden.

2. Nutzenkonzept und Spieltheorie

Die Zielsetzung von Neumanns und Morgensterns war es, die gesellschaftliche Wirklichkeit, insbesondere die Wirtschaft, mittels mathematischer Formeln und Gleichungen zu modellieren. Die beiden Autoren trieben bereits in der Zwischenkriegszeit die Schwerpunktverlagerung von Glücksspielen (deren formale Analyse bis ins 17. Jahrhundert zurückreicht) hin zu den »Gesellschaftsspielen« voran.[17] Heute spricht man von »strategischen Spielen« und stellt damit die Tatsache in den Vordergrund, dass es um Interaktion zwischen Individuen geht. Die Spieltheorie verabschiedete sich also von der Vorstellung des Individuums als einer nutzenmaximierenden Monade, die in der Ökonomie vorherrschte (und die die spieltheoretische Innovation noch um Jahrzehnte überdauern sollte). In den Interaktionsbeziehungen und Entscheidungssituationen, die von Neumann und Morgenstern untersuchten, stellt sich immerzu das Problem der Unsicherheit bzw. der Ungewissheit, denn wenn mehrere Akteure im Spiel sind, fehlt es an sicherem Wissen über das, was die andern zu tun beabsichtigen. Das Wissen, dass mein Handeln davon abhängt, was andere über mein Handeln annehmen, führt in komplexe Erwartungskaskaden hinein, die nach dem Schema aufgebaut sind: »Ich weiß, dass du weißt, dass ich weiß, dass du weißt ...« Es ist diese »Angst des Tormanns beim Elfmeter«, welche die strategische Interaktion prägt und die Menschen mit dem Risiko einer Fehleinschätzung konfrontiert.[18] In solchen spieltheoretischen Konstellationen gibt es keine eindimensionale optimale Strategie mehr, sondern es können sich mehrere Gleichgewichte einstellen, je nach dem Grad der Kooperation, zu dem die Spieler befähigt – oder eben unfähig – sind. Wenn man sagt, der *Homo oeconomicus* sei in der Spieltheorie durch einen *Homo reciprocans* substituiert worden, so stimmt dies im Hinblick auf die

Abkehr von der Nutzenmaximierungslogik einzelner und die Hinwendung zu Interaktionen zwischen mehreren Akteuren.[19]

Von Neumann und Morgenstern verabschiedeten sich allerdings mit ihrem »theoretischen Wurf« noch keineswegs von der Nutzenmaximierungshypothese. Die beiden Autoren interessieren sich nicht für andere Motive wie Fairness, Wille zur Kooperation, bedingten und reinen Altruismus etc., sondern gingen von strikt nutzenmaximierenden Akteuren aus; ihr Ziel war es »to find an exact description of the endeavour of the individual to obtain a maximum of utility«.[20] Die am Spiel partizipierenden Individuen sehen sich allerdings mit dem Paradox konfrontiert, dass sie ihren eigenen Nutzen steigern könnten, wenn sie andern vertrauen würden. Die Frage lautet, wie in einer Welt, in der jeder sich selbst der Nächste ist, Kooperationsformen realisiert werden können, die zwar den Nachteil haben, dass sie in entscheidenden Phasen den Verzicht auf eigennütziges Verhalten bedingen, aber mit dem großen Vorteil verbunden sind, dass am Schluss des Spiels alle weit besser dastehen, als wenn sie nicht kooperiert hätten. Auch unter dem Aspekt individueller Nutzenmaximierung bedingt der beste Part also möglicherweise Kooperation. In der Sprache der Spieltheorie: Die Auszahlungen auf der *Pay-off*-Matrix sind für alle Beteiligten höher, wenn sie sich nicht bei jedem Schritt eigennützig verhalten, sondern sich gegenseitig vertrauen und das Risiko vergleichsweise großer Nutzeneinbußen in Kauf nehmen, um so zu einem für alle vorteilhaften Gleichgewicht zu gelangen. Das »Gefangenendilemma«, der »›Beißknochen‹ der Spieltheorie«[21] (auf dem man endlos herumkauen kann), zeigt diese Kluft zwischen einer rein iterativen Nutzenmaximierung durch jeden einzelnen Akteur und einem Zustand des Spiels, das durch die befristete, in Vertrauen gegründete, jedoch durchaus eigennützige Kooperation der Spieler zustande kam, beispielhaft auf.[22]

Die paradoxe Handlungslogik, die hier beschrieben wird, wurde nun erstmals in der Studie von von Neumann und Morgenstern in einem formalen Modell ausgedrückt. Obwohl Spieltheorien überhaupt keine Spezialität der Wirtschaftswissenschaften waren (und sind), brachten die beiden Autoren diese beiden Bereiche doch in eine enge Verbindung, die im Wesentlichen aus der formalen Schlichtheit und Eleganz des ökonomischen Handlungsmodells im Zeichen von *rational choice* resultierte: »We wish to find the mathematically complete principles which define rational behavior for the participants in a social economy.«[23] Auf diese Weise sollten »the foundations of economics and of the main mechanism of social organization« zum Vorschein gebracht werden.[24] Die Option für eine forcierte Mathematisierung aller Probleme wurzelt also in der Annahme, dass die Vielfalt kultureller und sozialer Epiphänomene die Einsicht in Grundmuster und Basismechanismen, die transhistorisch und kulturindifferent funktionieren, verbaut. Die Autoren sind einer ökonomischen Bewegungsphysik verpflichtet, was sich auch darin zeigt, dass sie die Mathematisierung der Physik als historisches Vorbild nehmen. Nur dadurch, dass die Probleme vereinfacht werden, können sie überhaupt »richtig« gestellt werden, lautet das Argument. Nur über die formale Bearbeitung solcher einfachen, aber »manageable problems« konnte einst (im 17. Jahrhundert) die Physik als wahrhaft wissenschaftliches Unternehmen begonnen werden. Denselben »standard of modesty« fordern die beiden Autoren nun auch von den Ökonomen. Sie denunzieren dabei jene Protagonisten der Disziplin, die sich dauernd zwar »brennenden«, aber eben überkomplexen Problemen zuwenden und damit nichts als Konfusion verbreiten, angefangen bei falschen Fragestellungen bis hin zu gut gemeinten Empfehlungen, die aber einer wissenschaftlichen Fundierung entbehren. Das rationale Gegenprogramm besteht darin, so von Neumann und Morgenstern, »to know as much as possible about the behavior of the individual and of the simplest forms of exchange«.[25]

Wenn nun auf der Basis spieltheoretischer Annahmen von einer – von der traditionellen Nutzentheorie favorisierten – *Robinson-Crusoe economy* abgerückt und eine Analyse in Angriff genommen wird, die mehr als einen nutzenmaximierenden Akteur in Betracht zieht und damit eine soziale Welt strategischer Interaktion untersucht, dann ergibt sich ein qualitativ neues Phänomen: das der Unsicherheit, die aus strategischem Handeln zwingend hervorgeht, weil es nicht möglich ist, in die Köpfe anderer hineinzusehen und ihre Entscheidungen bzw. Verhaltensweisen mit absoluter Sicherheit zu antizipieren. Gerade dieses Nichtwissen kann nun Akteure zu einem Verhalten veranlassen, das über eine *self-fulfilling prophecy* zu einem Resultat führt, das für alle am Spiel Beteiligten suboptimal ist. Damit stellt sich das Problem einer Nicht-Kongruenz zwischen individuellen Zielen und kollektiven Ergebnissen; es lässt sich auch von einem Auseinanderdriften zwischen individueller und kollektiver Rationalität sprechen. Wird das Analysesetting auf drei oder mehr Akteure ausgeweitet, so stellt sich nochmals ein völlig anderes Problem, nämlich jenes der Allianzbildung. In dieser kooperativen Theorie tritt der Begriff der Strategie hinter jenen der Koalition zurück;[26] mathematisch geht es nun darum, das »free play of coalitions« zu modellieren.[27] Mit den beiden Schritten von einem zu zwei und anschließend zu drei Akteuren kompliziert sich die mathematische Analyse nicht nur quantitativ, sondern auch qualitativ-konzeptionell. Dem formalen Durchdeklinieren solcher idealtypischer Situationen sind die über 600 Seiten des Buches gewidmet. Das Argument, dieser Analysetyp habe die Ökonomie schlechterdings auf Abwege geführt, ist wenig einleuchtend. Spieltheoretischen Überlegungen verdanken wir wesentliche Einsichten in die Paradoxa menschlicher Handlungslogik. Dennoch hatten die Formalisierung der Problemstellungen und die zunehmende Mathematisierung aber auch ihren Preis, von dem gleich nochmals die Rede sein wird.

3. »Große Transformation« und ökonomische Rationalität

Wird Karl Polanyis Grundlagenwerk als Kontrastbeispiel verwendet und auf von Neumann und Morgenstern bezogen, so zeigen sich zwei Hauptunterschiede. Der *eine* besteht in der historischen Kontextualisierung und der kulturgeschichtlichen Argumentation, beim *anderen* geht es um das Verhältnis einer Mikro- zu einer Makroperspektive. Wenn Polanyi betont, dass seine Untersuchung »kein Geschichtswerk« sei, geht er von einer sehr eingeschränkten und ereignisgeschichtlichen Definition aus. Wir haben heute keine Probleme damit, seine Absicht, die Zielrichtung gesellschaftlichen Wandels »auf der Grundlage der von Menschen geschaffenen Formen« zu klären, als genuin historisches Anliegen zu begreifen.[28] Polanyis Projekt, die »Große Transformation« von einer Gesellschaft, in der »die wirtschaftliche Tätigkeit des Menschen in der Regel in seine Sozialbeziehungen eingebettet ist«[29], zu einer modernen Marktwirtschaft darzustellen, arbeitet mit Interpretamenten, die kulturgeschichtlich fundiert sind. Die »Idee eines selbstregulierten Marktes« stellt für Polanyi eine »krasse Utopie« dar, welche grundlegend ambivalent ist: Zum einen enthält sie das Versprechen auf Wirtschaftswachstum und materiellen Reichtum, zum andern stellt sie einen Angriff auf »die menschliche und natürliche Substanz der Gesellschaft« dar. Der Autor beschreibt, wie die westeuropäischen Gesellschaften im 18. Jahrhundert in die »Teufelsmühle« einer wirtschaftsliberalistischen Umwandlung gerieten, in der die »Behausung« der »Verbesserung« geopfert und das soziale Netzwerk traditionaler Gemeinschaften zerstört wurde.[30]

Dies war kein gleichsam »automatischer« Vorgang. Polanyi zeigt vielmehr, dass der Markt »das Resultat einer bewussten und oft gewaltsamen Intervention von Seiten der Regierung« war, »die der Gesellschaft die Marktorganisation aus nichtökonomischen Gründen aufzwang«. Aus dem »Zusammenbruch der traditionellen Ordnung« resultierte eine Gesellschaft, die sich auf neue und radikale Weise mit der Wertfrage konfrontiert sieht; für Polanyi war es klar, dass nach dem Faschismus und der nationalsozialistischen Katastrophe wiederum um die Werte des Friedens und der Freiheit gekämpft werden muss, die in der Vergangenheit den Zielen »Gewinn und Wohlstand« untergeordnet wurden.[31] Dieses Plädoyer für die Freiheit darf allerdings – und damit wird der andere Hauptunterschied angesprochen – nicht darüber hinwegtäuschen, dass Polanyi von einem methodologischen Individualismus nichts hielt und gegen die »radikale Illusion« anschrieb, »dass es in der menschlichen Gesellschaft nichts gebe, das nicht vom Willen des einzelnen abzuleiten wäre, und daher nicht wieder durch ihren Willen abgeschafft werden könnte«. Dass »die Gesellschaft als Ganzes [...] unsichtbar« blieb, ist aus dieser Sicht ein ideologischer Reflex einer freien Marktwirtschaft, die das Individuum absolut setzt, die sozialen Zwänge, die zwischen Menschen herrschen, zum Verschwinden bringt und damit folgerichtig die theoretische Argumentationsfigur des *Homo oeconomicus* hervortreibt, für die sich Polanyi selbstverständlich nicht zu begeistern vermochte.[32]

Vergleichend und zusammengefasst lässt sich festhalten: Von Neumann und Morgenstern zielen darauf ab, auf der Grundlage eines spieltheoretisch reflektierten methodologischen Individualismus das Erkenntnispotential sparsamer Theorien auszuschöpfen und mittels des »mathematical way of reasoning« unter der bunten Gemengelage historisch konkreter Gesellschaftsformationen die elementaren Muster ökonomischen Handelns sowie die basalen Mechanismen sozialer Interaktion zu identifizieren. Demgegenüber geht es Polanyi darum, eine historisch gehaltvolle Theorie gesellschaftlicher Transformationsprozesse zu entwickeln, die zunächst eine Beschreibung und Erklärung des marktwirtschaftlichen Industrialisierungsprozesses in westlichen Gesellschaften ermöglichen, darüber hinaus jedoch generalisierende Einsichten in die Dynamik soziokultureller und sozioökonomischen Wandels freilegen soll. Ausgehend von dieser Entgegensetzung von historischen und wirtschaftswissenschaftlichen Ansätzen – die nicht deckungsgleich ist mit der Dichotomie ideographische versus nomologische Verfahrensweisen – zeigt sich, wie tief der Hiatus war, in den die interdisziplinären Verständigungsansätze zwischen mathematisch fundierter Ökonomie und historisch kontextualisierender Wirtschaftsgeschichte immer wieder abstürzten.

4. Der *Homo oeconomicus* in der Wirtschaftswissenschaft

Um den theoretischen Umbau des *Homo oeconomicus* nachvollziehen zu können, ist es nötig, die Grundstruktur ökonomischer Argumentation und die Erklärungsansprüche der Ökonomie kurz vorzustellen. Die traditionellen Konzepte einer *substantive economic rationality* gingen vom Menschenbild eines eigennützigen und nutzenmaximierenden Individuums aus. Man hat auch schon von einer »Gottvater-Rationalität« gesprochen, denn die Akteure müssten, um nach diesem totalrationalen *optimization mode* handeln zu können, gottähnlich sein: ubiquitär und allwissend. Über alle Informationen verfügend, wäre es ihnen in dieser Position möglich, alle Handlungsalternativen zu überblicken, sie im Hinblick auf Kosten und Konsequenzen gegeneinander abzuwägen und so zu einer transparenten und rationalen Entscheidung im emphatischen Sinne zu gelangen. Damit wäre der Leibnizsche Traum eines universellen Allzweckproblemlösungsalgorithmus erfüllt. Dass Ökonomen eine Zeit lang fest an dieses omnipotente Modell geglaubt haben, entsprang allerdings nicht, wie oft vermutet, Blindheit oder Verbissenheit, sondern einem nominalistischen Theorieverständnis, das – gemessen an den soziogenetischen Realabstraktionsmodellen, mit denen die Geschichtswissenschaft immer wieder ohne nachhaltigen Erfolg ihr Glück versucht hat – durchaus interessant ist. Solche Modelle streben nicht danach, die Komplexität der untersuchten Wirklichkeit nachzubilden, sondern umgekehrt – im Sinne von Ockhams *razor* – auf alle Universalien bzw. Variablen zu verzichten, die für die theoretische Modellierung der zu erklärenden Phänomene nicht unbedingt nötig sind.[33] So gelangt man zu eleganten, sparsamen Theorien, die für formale Bearbeitung zugänglich sind.

Um die Anwendung eines solchen Theorieverständnisses auf die Ökonomie verstehen zu können, sind vier Annahmen bzw. Einsichten wichtig. Erstens rekurriert der ökonomische Ansatz in seiner klassischen Ausprägung auf einen methodologischen Individualismus.[34] Dieser hat mit einem ontologischen Konzept des Individuums nichts zu tun. Das lässt sich wissenschaftstheoretisch mit der Unterscheidung zwischen *Explanans* und *Explanandum* zeigen. Ein ontologischer Individualismus betrachtet nicht nur das Explanans, sondern auch das Explanandum, das heißt die zu erklärenden Vorgänge und Phänomene, aus einer reinen Subjektperspektive, was zu absurden Ergebnissen führt – auch politisch! Ein methodologischer Individualismus unterscheidet sich von einer solchen Engführung in doppelter Hinsicht: Zum einen postuliert er einen Primat des Individuums ausschließlich hinsichtlich des *Explanans*. Was das *Explanandum* betrifft, so fasst er zum anderen durchaus kollektive Problemlagen und genuin soziale Tatsachen ins Auge.[35]

Zweitens entschärft der ökonomische Ansatz die Frage, ob Menschen wirklich so rational handeln würden, wie das die Theorie unterstellt, mit einer *As-if*-Prämisse: Akteure werden modelliert, »als ob« sie vollkommen rational handeln würden. Es wird also, mit anderen Worten, mit dem ökonomischen Interpretationsansatz nicht versucht, die Handlungsrationalität auf eine den Individuen inhärente Präferenz für rationale Strategien zu erklären, sondern es geht darum, eine rationale Analyse von – sei es aufgrund von Preisdaten oder Laborbefunden – empirisch objektivierbaren Vorgängen zu entwerfen. Der Mensch mit seinen komplexen und ihm selber häufig nicht bewussten Entscheidungsprozessen kann eine *black box* bleiben. Der ökonomische Ansatz »unterstellt nicht, dass die Entscheidungsträger sich notwendigerweise ihrer Maximierungsbemühungen bewusst sind«,[36] er interessiert sich allein dafür, was diese Entscheidungsträger tun und wie sie sich äußern. Wer unbedingt ein Haus wollte, beinahe eines gekauft hätte und es dann doch nicht tat, ist im entsprechenden Marktsegment nicht präsent; wer »eigentlich« kein eigenes Heim wollte, aber dann aus irgendwelchen Gründen doch eines erstand, interveniert hingegen in den Preisbildungsmechanismus. Es geht also nicht um die unbewussten und auch widersprüchlichen Wünsche und Motivationen, die Menschen antreiben (und welche die Ökonomie ohne weiteres anerkennen kann), sondern um die offenbarten Präferenzen *(revealed preferences)*.

Drittens konzipiert die Ökonomie das Marktsystem dynamisch. Anbieter und Nachfrager geraten nicht nur aufgrund der Knappheit der Ressourcen in ein Konkurrenzverhältnis, sondern auch die Verhaltensmodelle, mittels deren sie mit dem Problem umgehen, stehen unter Selektionsdruck. Suboptimal handelnde Akteure werden langfristig aus dem Markt herausgedrängt und scheiden damit aus dem Spiel aus. In der Konzeption der Ökonomie, die »eine breite Skala menschlichen Verhaltens integrativ [zu] erfassen«[37] versucht, setzen sich rationale Lösungen also auch dann durch, wenn eine genügende Anzahl, eine kritische Masse von Individuen den *optimization mode* beherrscht.

Viertens ist das ökonomische Erklärungsmodell tautologisch geschlossen, da der Nutzen immer auf Kosten und *vice versa* verweist. Dies sei – so Gary S. Becker in seiner wegleitenden Studie über den »ökonomischen Ansatz zur

Erklärung menschlichen Verhaltens« – bei sparsamen Theorien unvermeidlich und die Frage, auf die es ankomme, sei die, ob diese Schließung im Hinblick auf die Erklärung von Sachverhalten produktiv gemacht werden könne.[38]

5. Konstruktion und Krise des ökonomischen Ansatzes

Die Konstruktion der mikroökonomischen Handlungstheorie, die den Kern des *Rational-choice*-Modells ausmacht, geht von einigen grundlegenden Problemstellungen und einer einfachen Problemstrukturierung aus. 1932 lieferte Lionel Robbins in einem Essay »On the Nature and Significance of Economic Science« jene Definition, die sich heute weitgehend durchgesetzt hat: »Economics is the science which studies human behaviour as the relationship between ends and scarce means which have alternative uses.«[39] Handeln im Sinne des ökonomischen Ansatzes bringt somit Knappheit (an Zeit, an Ressourcen) ins Spiel. Menschen müssen sich entscheiden, Wahlhandeln findet im Horizont alternativer Möglichkeiten statt und ist optionales Handeln. Ökonomie impliziert damit notwendigerweise eine Entscheidungstheorie und setzt zentral beim Kostenbegriff an, mit dem das rationale Kalkül der Akteure modelliert wird. Kosten sind immer Opportunitätskosten, das heißt, »die Verwendung verfügbarer Ressourcen in dieser oder jener Weise ist kostspielig deshalb, weil und insofern die beanspruchten Ressourcen auch in anderer Verwendung Nutzen stiften könnten, jetzt und – vor allem – in der Zukunft.« Das Räsonieren in *opportunity costs* stellt damit eine »ganz spezifische Form von Rationalität«[40] dar, hält sie doch permanent das Wissen um den Sachverhalt präsent, dass jede Wahl andere Gelegenheiten ausschließt, die auch etwas gebracht hätten und für die, wenn sie voraussehbar mehr bringen würden, sich der Akteur wohl entschlossen hätte.

Um das Wahlverhalten unter Knappheitsbedingungen analysieren zu können, splittet der ökonomische Ansatz nun das komplexe Verhalten von Menschen in einen Wunschgenerator und einen Budgetadministrator.[41] »Wunsch« bezieht sich auf individuelle Wahlpräferenzen, »Budget« auf die damit korrespondierenden Knappheitsbedingungen. Dabei interessieren, wie gezeigt, auf der »Wunsch«-Seite nur die offenbarten Präferenzen, die in einer Nutzenfunktion als eine Schar oder ein System von ordinal geordneten Indifferenzkurven dargestellt werden können. Der Budget-Aspekt bezieht sich auf die

Restriktionen bzw. die »Bilanzgerade«. Die Wahlentscheidungen bzw. Kaufhandlungen sind dann ablesbar am Tangentialpunkt, in dem sich die beiden Kurven (eine Indifferenzkurve und die Linie, in der sich die Budgetrestriktion ausdrückt) berühren.[42] Die Ökonomie setzt nun in ihrem Analysemodell die Präferenzen als konstant und konzentriert ihre Erklärung auf die Veränderung der relativen Preise, welche sich auf das Zusammenspiel von Indifferenzkurven und Budgetrestriktionen und damit auf die konkreten Kaufentscheide auswirken. In einer gemäßigteren Variante wird gesagt, dass sich die Präferenzen zumindest langsamer ändern würden als die Struktur der relativen Preise; weil die Ökonomie über keine Instrumente verfüge, um verhaltensrelevanten ästhetischen Wandel und Geschmackveränderungen zu analysieren, würden diese – im Sinne einer *Ceteris-paribus*-Klausel – als relativ konstant angenommen.

Das Vorhandensein von Präferenzen weist aber wiederum zurück auf die Fülle von Möglichkeiten, die sich Menschen auftun und angesichts deren sie sich nach Maßgabe bestimmter Kriterien entscheiden müssen. Die Tatsache, dass aus ökonomischer Sicht die vorhandenen Mittel in den meisten Fällen nur knapp sind im Hinblick auf konkurrierende Vorhaben und rivalisierende Zwecke, kann zu weiterführenden Überlegungen Anlass gegeben. Die Feststellung der Ökonomen, dass es unmöglich sei, alle Wünsche gleichzeitig zu realisieren, wird von Biervert und Wieland so kommentiert: »Hier ist der alteuropäische Topos vom infiniten Charakter des menschlichen Begehrens und der Pleonexie in positiver Weise zum Ausgangspunkt der ökonomischen Theorie gemacht, der nur noch die Aufgabe zukommt, die Regeln zu bestimmen, wie die knappen Mittel vernünftig auf die infiniten Zwecke verteilt werden können.«[43] Dies ist nun eine sehr allgemein gefasste Konstruktion der Knappheit, mit der ein allgemeiner Erklärungsanspruch der Ökonomie verbunden ist, der nicht auf die Wirtschaft beschränkt ist.

Gary S. Becker stellt fest, eine Definition, die Ökonomie »durch den Bezug auf knappe Mittel und konkurrierende Ziele« definiert, sei »von allen die allgemeinste« und keineswegs auf den »Marktbereich« beschränkt.[44] Über das Handeln in monetären Tauschsystemen hinaus geht es auch um die Erklärung von Nicht-Markt-Phänomenen, wo ebenfalls Knappheit und Wahlzwang herrschen und sich Opportunitätskosten einstellen. In der Politik, auf dem Heiratsmarkt, in der Stadtentwicklung, im Familienkontext, in der Medizin, im Gesundheitswesen ganz allgemein, im Bildungssystem und auch in der wissenschaftlichen Forschung müssen angesichts von verschiedenen Formen der Knappheit Wahlentscheidungen getroffen werden. Um ökonomisch argumentieren zu können, wird in diesen Bereichen, in denen es keine Preise gibt, die Existenz sogenannter »Schattenpreise« unterstellt. Gary S. Becker schreibt, diese »›Schatten‹-Preise des Nicht-Marktbereiches« würden »die Opportunitätskosten des Einsatzes knapper Ressourcen« ebenso gut zum Ausdruck bringen wie Marktpreise. Deswegen sei es möglich, »für die Reaktion auf ›Schattenpreise‹ die gleichen Voraussagen wie für die Reaktion auf Marktpreise«zu machen.[45] Mit dieser Expansionsstrategie brachen nun Ökonomen in verschiedene Forschungsfelder ein, die bisher andern Disziplinen vorbehalten waren. Es war der Ökonom Kenneth E. Boulding, der 1969 in einem Aufsatz über »Ökonomie als eine Moralwissenschaft« den »Versuch der Ökonomie, alle anderen sozialwissenschaftlichen Disziplinen zu vereinnahmen«, als »ökonomischen Imperialismus« apostrophierte.[46] Der weitgesteckte Anspruch, der mit *rational choice* verfolgt wird, erlaubt es umgekehrt nicht mehr, »das ökonomische Interesse« umstandslos mit einem »Profit in Geldform« gleichzusetzen, wie Pierre Bourdieu dies tut.[47]

Erkenntnistheoretisch entspringt die Erwartung, dass Verhalten am besten mit einer Rationalitätshypothese beschrieben und prognostiziert werden kann, einem Theorieverständnis, in dem »wahr« und »falsch« keine sinnvollen Aussagen sein können. Aufgrund seiner tautologischen Schließung lässt sich das *Rational-choice*-Theorem nicht nach einem Wahrheitskriterium, sondern nur noch nach jenem Nützlichkeitsmaßstab beurteilen, auf dem es selber basiert: Ökonomen handeln, »als ob« ihre Analyse rational sei. Solange man mit der Annahme eines idealen *Homo oeconomicus* im Vergleich zu dem, was andere Fachdisziplinen zu bieten hatten, brauchbare und weiterführende Resultate erzielen konnte, sah man keinen Grund, vom bewährten Prinzip abzurücken. Zugespitzt heißt das, dass eine Theorie, die aus philosophischer oder historischer Sicht leicht zu kritisieren, jedoch einfach und elegant ist, brauchbare Resultate liefern kann.

Nachdem der ökonomische Ansatz also für längere Zeit im Erklären ökonomischer und sozialer Sachverhalte einen kompetitiven Vorteil aufwies, hat er allerdings inzwischen an Plausibilität eingebüßt. Unter dem Druck konkurrierender Erklärungsansätze setzten sich Ökonomen – durchaus voraussehbar – daran, das Modell des *Homo oeconomicus* neu zu durchdenken bzw. empirisch-experimentell zu testen. Dabei konnten sie an Überlegungen anknüpfen, die schon im Zuge des mikroökonomisch-handlungstheoretischen Booms der 1970er Jahre formuliert wurden. Nachdem sich seit einem Jahrzehnt die Irritationen und Zweifel über die Validität des *Homo oeconomicus* traditioneller (neoklassischer) Ausprägung verstärkt hatten, fanden innovative »Abweichler« immer bessere Resonanzbedingungen vor, was für einige einen veritablen Karriereschub bedeutete; so katapultierten sich insbesondere experimentelle Ökonomen, die den Vertretern der reinen Lehre seit den 80er Jahren mit zunächst noch unbotmäßigen Überlegungen am Zeug geflickt hatten, im Verlaufe der 90er Jahre in eine Pole-Position innerhalb der Wirtschaftswissenschaften.[48] Die Verleihung des Nobelpreises 2002 an Vernon L. Smith[49] und Daniel Kahneman[50] zeugt von dieser Wertschätzung für ehedem deviante Forschungsansätze, die nun alle Chancen haben, den *mainstream* herauszufordern. Dabei sind vor allem Spieltheorie und experimentelle Ökonomie wichtig. Basierend auf spieltheoretischen Verhaltensexperimenten hält zum Beispiel der Aufsatz »›Economic Man‹ in Cross-cultural Perspective«, für den 17 Ökonomen und Anthropologinnen zeichnen, fest, »that the canonical selfishness-based model fails in all of the societies studied«.[51] Und die beiden experimentellen Ökonomen Ernst Fehr und Urs Fischbacher konstatieren in einem Aufsatz »Why Social Preferences Matter«, »that fundamental issues in economics cannot be understood on the basis of the self-interest model«. Die beiden Autoren geben dafür einen Grund an, der keineswegs bei den Kulturwissenschaften Zuflucht sucht, sondern Ökonomie auf sich selbst anwendet: »People differ not only in their tastes for chocolate and bananas but also along a more fundamental dimension. They differ with regard to their inclination to behave in a selfish or reciprocal manner, and this does have important economic consequences.«[52] Es gibt nicht nur vergleichsweise stabile Präferenzen für Güter, sondern auch ebenso Präferenzen für Präferenzen. Die Vorstellung, alle Menschen hätten eine Präferenz für Nutzenmaximierung, wird damit obsolet, womit sich neue Pfade ökonomischer Modellbildung und empirischer Forschung eröffnen.

6. *Bounded rationality*, Transfer- und Informationsbeschaffungskosten

Diese Versuche einer Neufundierung der Ökonomie können auf Ansätzen aufbauen, die schon in den 1950er Jahren insbesondere von Herbert A. Simon formuliert wurden und die unter dem Namen *bounded rationality* bekannt wurden. Simon analysierte »die Bedeutung der begrenzten Rationalität für das Funktionieren sozialer und politischer Institutionen«[53] und warf damit einige Fragen auf, die in der Folge nicht mehr aus der Diskussion verschwanden. Das

Problem bei diesen Ansätzen war allerdings, dass »der Begriff der Rationalität häufig unklar, zweideutig und konfus ist«.[54] Es ist deshalb nötig, zwischen zwei Konzepten von *bounded rationality* zu unterscheiden. Das erste konzentriert sich auf kognitive Faktoren, identifiziert Kostenfaktoren, die auf (vor allem hinsichtlich der verfügbaren Informationen) unvollkommenen Märkten unvermeidlich auftreten und kann aufgrund dieses erweiterten Kostenkonzepts an einer Optimierungshypothese festhalten. Das zweite fokussiert auf die motivationale Ebene und verzichtet auf den Begriff der »Optimierung«. Es muss sogar darauf verzichten, weil auf diese Weise nicht nur der gemeinsame Nenner für kalkulierte Optimierungsprozesse abhanden kommt, sondern weil mit der einheitlichen »Rechnungsgröße« auch das Konstrukt des nutzenoptimierenden Individuums hinfällig wird. Damit öffnet sich die Theorie der *bounded rationality* kulturwissenschaftlichen Fragestellungen weit mehr als die erste Variante.

Zunächst zur ersten Variante: Simon rückte von der für das ökonomische Handlungsmodell grundlegenden Optimierungsprämisse nicht ab. Er strebt das an, was man als *Costly-bounded-rationality*-Modell bezeichnen könnte. Hier wird versucht, die Kosten der Informationsbeschaffung und die Transaktionskosten systematisch zu berücksichtigen, wobei zwischen externen und internen Faktoren unterschieden wird. Generell haben Akteure nur sehr beschränkte Informationen zur Verfügung; im alltäglichen Handeln entwickeln sie deshalb sogenannte »Stoppregeln« *(stopping rules)*, die dazu führen, dass nach einigen Versuchen, preiswertere bzw. günstigere Alternativen ausfindig zu machen, die Suche eingestellt und auf der Basis des vorhandenen Wissens entschieden wird.[55]

Soziale Normen und politische Institutionen erscheinen aus dieser Perspektive als gesellschaftlich generierte Artefakte praktischer Vernunft, die sich außerhalb des Menschen befinden und auf seine Informationsbeschaffungsstrategien einwirken. Als wichtigsten internen (das heißt im Körper/Geist-Wesen Mensch wirkenden) Faktor identifizierte Simon den engen Zusammenhang zwischen Kognition und Emotion. Aufmerksamkeit und Fähigkeit zur Informationsaufnahme hängen offenbar von Gefühlsbewegungen ab. Emotionen steuern die Übergänge zwischen »kühlem« oder »heißem« Erkennen und haben Intensivierungen oder Blockierungen der Informationsbeschaffung zur Folge.[56] Autoren, die diese Überlegungen weiterentwickelten, sprechen heute von einer »affektiven Ladung« *(affective charge)* von (erinnertem) Wissen. »Heiße Kognition« ist dadurch charakterisiert, dass nicht nur Tatsachen, sondern mit ihnen auch Gefühle »gespeichert« werden. Die Interpretation aktueller Ereignisse erfolgt dann in einer Art von *online-processing* mit Informations-Emotions-Komplexen aus der Vergangenheit, die mit dem aktuellen Gefühlzustand interagieren und den Erwerb neuer Information steuern.[57]

Das, was wir »Erfahrung« nennen, lässt sich also nicht verstehen ohne die emotionalen Prägungen, welche integral zur Individualität eines Menschen gehören und die Spezifik der mentalen Dispositionen und der erlernten Reaktionsschemata ausmachen. Hier soll nochmals Robert H. Frank erwähnt werden, der mit seinem Titel »Emotions within Reason« genau diese symbiotische Beziehung begrifflich auf den Punkt bringt und von daher nach der Bedeutung von Gefühlsregungen in sozialen Interaktionsmustern fragt, was wiederum zu spieltheoretischen Überlegungen Anlass gibt.[58] Andere Autorinnen betonen den zentralen Impact der öffentlichen Stimmung auf Form und Effizienz der Informationsbearbeitung. Die medienvermittelte *public mood* wirkt gleichsam als »Filter«, durch den die verfügbaren Informationen aufgenommen und interpretiert werden.[59] Grundsätzlich ist diese Analyse, die sich auf die Faktoren konzentriert, die Information bzw. Wissen beschränken und mit einer bestimmten emotionalen Wertladung versehen, integrierbar in ein Modell, in dem Menschen nach der *subjective expected utility* handeln, wodurch ihr Handeln nach wie vor einer Optimierungslogik bzw. einer eingeschränkten Optimierung zu unterliegen scheint.

Eine Abkehr von einem solchen Optimierungsmodell bereiten Douglass C. North und Arthur C. Denzau vor, indem sie sich für die Rolle von geteilten mentalen Modellen *(shared mental models)* von Menschen interessieren.[60] Wenn sich Menschen auf der Grundlage von Mythen, Dogmen, Ideologien und ›halbbackenen‹ Theorien entscheiden, so stellt sich die Frage nach den Interpretationsregeln, nach denen Menschen die Umwelt, in der sie leben, klassifizieren, sortieren und sich somit ihre »soziale Wirklichkeit« zurechtlegen. Individuen mit einem gemeinsamen Kulturverständnis und Erfahrungshintergrund verfügen – obwohl ihre geistige und emotionale Welt nie zur Deckung kommen kann und auch bei hochgradig vergesellschafteten Menschen gleichsam eine »Resteinsamkeit« verbleibt – über ausreichend konvergente mentale Modelle, Ideologien und Institutionen, um Unsicherheit abzubauen und um kollektive *agency* zu entfalten. Diese mentalen Modelle (Konstruktionen, mittels deren die Menschen der Welt Sinn abgewinnen), Ideologien (die aus solchen Konstruktionen resultieren) und Institutionen (die in einer Gesellschaft zur Strukturierung überpersönlicher Austauschbeziehungen entwickelt werden) entwickeln sich ko-evolutiv. Eine so angelegte Analyse ist nun in der Lage, die *black box* der Rationalitätsannahme, die den *Rational-choice*-Ansätzen zugrunde liegt, aufzubrechen. Der Wandel von Präferenzen kann nun als zentrales Moment kultureller Lernprozesse analysiert werden, die auf Kommunikation basieren.

North und Denzau geben ihrer Untersuchung eine spieltheoretische Öffnung, indem sie die Veränderung mentaler Modelle als eine Abfolge und Koexistenz von punktuellen Gleichgewichten *(punctuated equilibria)* beschreiben wollen, was einer chaostheoretischen Konzeptualisierung entspricht. Die Tradierung dieser *shared mental models* macht den Kern des gemeinsamen kulturellen Erbes bzw. Gedächtnisses aus, das intergenerationell weitergegeben wird. Damit wird die Untersuchung des Entscheidungsverhaltens von einer überzeitlich-transkulturellen Optimierungsprämisse abgelöst und historisch kontextualisiert. Wenn das »Wahlmenu«, nach dem Entscheidungen getroffen werden, in spezifischen Kontexten und Kommunikationsprozessen erlernt ist, kann von einer historischen Ökologie des Wahlverhaltens gesprochen werden. Der Wandel von mentalen Modellen, Ideologien und Institutionen erweist sich damit als pfadabhängig, wobei der Pfad »historisch bestimmt und suboptimal« ist.[61] Die Invarianzhypothese der neoklassischen Ökonomie, wonach alle Leute alle Informationen gleich interpretieren, wird damit aufgegeben. Die Frage, inwieweit die interpretationsleitenden mentalen Modelle zwischen Menschen geteilt werden, so dass Kommunikation erleichtert und Lernprozesse unterstützt werden, muss nun in konkreten Kontexten untersucht werden. Dass eine solche Theorie genuin empirisch und historisch konzipiert werden muss, versteht sich.

7. Die Abkehr von der Optimierungsmaxime und der Entscheidungstheorie

Kompatibel mit einem solchermaßen kulturalistisch aufgeweichten institutionenökonomischen Ansatz ist ein neuer Theorietyp, der sich mit Entscheidungsanomalien befasst und der das Optimierungspostulat, das in der *costly bounded rationality* noch weiterwirkte – fallen lässt. Damit gelangt man zu einer *truely bounded rationality*, für die Gerd Gigerenzer und Reinhard Selten plädieren. Für die beiden Autoren ist *bounded rationality* eine »Adaptive Toolbox«.[62] Sie betonen, das Modell limitierter Rationalität sei weder mit Irrationalität noch mit Optimierung gleichzusetzen.[63] Auch auf der Grundlage sehr beschränkten Wissens könnten Menschen zu soliden, robusten und angemessenen Handlungsweisen gelangen, indem sie Faustregeln, Heuristiken oder *short cuts* benutzen. Einfache Such-, Stopp- und Entscheidungsregeln, die in ihrem Funktionieren stark von emotionalen Zuständen abhängig sind, ermöglichen es handelnden Individuen, die Informationsstruktur der Umgebung zu nutzen und so zu schnellen und einfachen Lösungen auch für hyperkomplexe Probleme zu gelangen.[64] Dies heißt nichts anderes, als dass ein Großteil menschlichen Verhaltens »automatisiert« in dem Sinne ist, als es nicht Resultat kalkulierender Vorsätzlichkeit, reflektierter Wahl und bewusster Entscheidung ist. Diese Handlungsroutinen können zwar durch Wahlhandeln modifiziert und unterbrochen werden; während ihrer Ausführung sind sie allerdings überhaupt nicht auf Entscheidungen angewiesen. Eine klare Unterscheidung zwischen begrenzter Rationalität und »automatischer« Routine ist damit nicht mehr zu leisten.

Selbst menschliches Denken basiert – so stellt Reinhard Selten fest – auf Routinen. Wir können entscheiden, woran wir denken, aber nicht, wie es mit uns denkt. Während die Resultate unseres Denkens bewusst werden, sind die Prozeduren des Denkens weithin unbewusst und einer Introspektion nicht einmal zugänglich.[65] Dieser Befund deckt sich mit neurobiologischen Forschungen Antonio R. Damasios (und anderer), die mit der »Vorstellung einer Kognition, die ohne Selbst auskommt«, arbeiten.[66] Das ökonomische Prinzip der Kostenminimierung bzw. Nutzenmaximierung ist im Modell einer beschränkten Rationalität einem Entscheidungsverhalten gewichen, das als ökologisch bezeichnet werden kann, weil es die heuristisch regulierten Interaktionen von Individuum und Umgebung ins Zentrum stellt und die Welt, in der Menschen leben, als eine komplexe Gemengelage von sinnlich wahrnehmbarer Informationen deutet, in der sich Menschen aufgrund ihrer Erfahrungen intuitiv, ja geradezu »traumwandlerisch« verhalten können. Die Orientierung in der Lebenswelt wird so mit einer »Phänomenologie der Wahrnehmung« in Verbindung gebracht. Menschen sind in diesem Modell immer situierte, standortabhängige Wesen, die ein implizites Wissen ihrer (physischen und psychischen) Fähigkeiten haben, die *tacit skills* beherrschen und die mit Hilfe dieses Repertoires an Möglichkeiten ganz einfache, aber auch ganz schwierige Situationen meistern oder zu meistern versuchen.

Diese Fähigkeit, auf das Wesentliche zu achten, die situationsadäquat richtige Information herauszufiltern und sie in ein Handeln oder Nichthandeln zu übersetzen, das durchaus als »rational« beschrieben werden kann, setzt nun aber ein neues Erklärungsmodell voraus. Dieses erschließt zwei neue und innovative Argumentationspfade: *Erstens* entzieht sich das Rationalitätsverständnis, das mit dem Insistieren auf einer *truely bounded rationality* möglich wird, einer utilitaristischen Verkürzung. Eine Kritik, die sich traditionellerweise gegen den *Rational-choice*-Ansatz richtet, bezieht sich auf den unreflektierten Utilitarismus, der diesem Ansatz eigen ist. Das, was Menschen im Leben bewegt, wird hier voraussetzungslos durch die Brille einer eindimensionalen Nutzenkonzeption hindurch wahrgenommen. Die Neufassung beschränkter Rationalität setzt dies nicht mehr voraus. Auch wenn Menschen routinierte Akteure sind und auch wenn ihnen sehr wenig klar ist, wie ihr Handeln und Denken funktioniert, können sie sich selbstverständlich Ziele vorstellen, auf die sie ihre physischen Möglichkeiten und ihre kognitiven Fähigkeiten ausrichten. Diese Orientierungen entziehen sich in der Regel einer utilitaristischen Interpretation. *Zweitens* erhalten in diesem Analysekonzept Bilder und Analogien einen wichtigen Stellenwert. Wenn es nicht mehr um ein analytisches Entscheidungsverhalten geht, das auf *reasoning* basiert, kommen mimetische Verfahren ins Spiel. Intuitives Verhalten ist in vielem Mimesis; im Kern geht es um das Feststellen von Ähnlichkeiten, das heißt, es werden gleichsam erinnerte Bilder mit Mustern in der Umwelt verglichen und diese Abstimmungsprozesse ermöglichen die Orientierung. Man spricht in diesem Zusammenhang auch von *pattern recognition* und *template matching*. Dies mag – im Vergleich zum Ergründen – oberflächlich sein; nichtsdestotrotz sind solche außerhalb der bewussten Reflexion ablaufenden Vorgänge grundlegend und vor allem effizient.[67]

Einem solchen Ansatz sind zahlreiche Autoren verpflichtet, wenn auch mit unterschiedlichen Anknüpfungspunkten, Akzentsetzungen, Begrifflichkeiten und Forschungsinteressen. So zeigt Amartya Sen, dass Menschen häufig *rational fools* in dem Sinne sind, als sie sich auf ihre Gefühle und ihre Gewohnheiten verlassen, für die sie keine rationalen Gründe vorbringen können, mit denen sie jedoch in alltäglichen Entscheidungsprozessen auf die Länge ganz gut fahren.[68] Die beiden Nobelpreisträger Vernon L. Smith und Daniel Kahneman steuerten ebenfalls grundlegende Einsichten zu einer Handlungstheorie jenseits der Rationalitäts- und Optimierungsprämisse bei. Kahneman entwickelte zusammen mit Amos Tversky den *Heuristic & biases*-Ansatz sowie die Prospekt-Theorie. Abkürzungen und Vereinfachungen werden hier nicht mehr als Verzerrungen der (und damit als Mangel an) Rationalität interpretiert, sondern es wird davon ausgegangen, dass auf diese Weise überhaupt erst angemessene Entscheidungen innerhalb nützlicher Frist zustande kommen können.[69] Diesem »Handeln nach Faustregeln« liegt eine Risikoaversion und ein ausgeprägtes Sensorium für relative Veränderungen zugrunde. Smith teilt diese Annahmen, stellt jedoch die Frage, ob die beiden oben erwähnten Formen beschränkter Rationalität sich nicht auch ergänzen können. In seiner Antwortstrategie entwickelte er eine »Zwei-Welten«-Theorie, die es ermöglicht, das Zusammenspiel zwischen verschiedenen Rationalitätsmodellen zu untersuchen: »Wir leben zum einen in einer Welt des persönlichen Austauschs, der durch Sanktionen und Reziprozität gesteuert wird und der durch ein hohes Niveau an bewusster Kooperation geprägt ist; zum andern agieren wir in einer zweiten Welt des unpersönlichen Austauschs über Märkte, die durch sich immer weiter entwickelnde kulturelle Regeln geformt werden.«[70]

Resümee: Chancen und Grenzen des fachübergreifenden Dialogs

Diese Ausführungen zeigten, dass in der Wirtschaftswissenschaft mittlerweile Modelle entwickelt werden, die hochgradig anschlussfähig sind für eine Geschichtsschreibung, die sich für handelnde Menschen interessiert.[71] Hansjörg Siegenthaler stellt fest, damit seien die Voraussetzungen für den »Abbau massiver Sprachbarrieren« und die Freisetzung von »Synergiepotentialen« gegeben. Schon seit den 1980er Jahren hatte sich das Unbehagen gegenüber sozialhistorischen Ansätzen, die gesellschaftliche Prozesse mittels einer menschenleeren Makromechanik zu erklären versuchten, soweit verdichtet, dass sich eine »mikro- oder handlungstheoretische Wende [...] in der Geschichtswissenschaft [...] anbahnte«.[72] Alltags- und Geschlechtergeschichte sowie weitere Ansätze entdeckten den handelnden Menschen in seiner konkreten sozialen Situation neu und interessierten sich für das differente Handeln von Frauen und Männern im Sinne eines *doing gender*. Aus dieser Sicht war es zwingend, den Begriff der »Kultur« an die Handlungsrepertoires für die pragmatische Orientierung in komplex strukturierten, modernen Gesellschaften zurückzubinden. Der Begriff der Praxis, der jenem des Handelns entgegengesetzt wurde, ermöglichte es, die Macht der Tradition gegenüber dem willkürlichen Wollen zu betonen. Und diskurs- und psychoanalytische, sprachtheoretische sowie semiologische Ansätze erteilten dem naiven Glauben an ein seiner selbst mächtiges, autonomes Individuum eine gut begründete Absage, ohne indessen das Interesse am konkreten Menschen – dem Körper, den Sinnen, den Emotionen, den kognitiven Kapazitäten des immer schon soziokulturell modellierten und damit wandelbaren *Homo sapiens* – zu verlieren.

Beginnen kann der Dialog zwischen Geschichte und Ökonomie da, wo zwei Voraussetzungen erfüllt sind. *Einerseits* gilt es zu vermeiden, das handelnde Subjekt in semiotischen Systemen oder diskursiven Dispositiven zu eskamotieren. *Andererseits* muss von einem aus prägenden Traditionen herausgelösten, allein rational und in Kostenkategorien kalkulierenden Akteur Abstand genommen werden. Im Feld dazwischen haben viele Autoren geforscht. Marshall Sahlins Analyse der *Stone Age Economics*,[73] Alexander Tschajanows *Lehre von der bäuerlichen Wirtschaft*[74] und Giovanni Levis Studie einer »bäuerlichen Welt an der Schwelle zur Moderne«, die auf dem Konzept einer »selektiven Rationalität« aufbaut,[75] sind hier ebenso zu nennen wie Victor Turners Konzept einer »vergleichenden Symbologie«, die rituelle Symbole als Faktoren sozialen Handelns, als positive Kraft in einem Handlungsfeld interpretiert,[76] oder Gadi Algazis Definition von »Kultur als how to do what«, das heißt als »Repertoires für das Handeln«.[77] Von der Volkskunde her kommend, hat der Sozialhistoriker Rudolf Braun solche Ansätze bereits in den 1960er Jahren vertreten.[78] In einem solchen praxeologischen Geschichtsverständnis, das etwa an Michel de Certeaus »Kunst des Handelns« anschließen kann, wird deutlich, dass Bedeutungen sich nicht nur wandeln, sondern in strategischen Interaktionen auch heterogen sind. Es bedarf keines »gemeinsamen Sinnhorizonts«, um Menschen in Handlungszusammenhänge zu integrieren oder miteinander »ins Geschäft« zu bringen.

Ein solcher Ansatz versucht vielmehr das Ensemble der Praktiken auf neue Weise mit dem Feld von kulturellen Differenzen zu vermitteln. Der Gebrauch (von Worten, von Dingen) verändert deren Bedeutung, jedoch nicht willkürlich und voluntaristisch, sondern innerhalb eines Rasters, das sich dem subjektiven Wollen nie vollständig erschließt, so dass sich Sinn systematisch (s)einer Beherrschung entzieht. Zu erwähnen ist dann auch Pierre Bourdieu mit seinem praxeologischen Projekt, dem das Konzept des Habitus zugrunde liegt. Bourdieu nimmt an, dass die symbolische Ökonomie von Gütern gesellschaftliche Inszenierung ermöglicht, aber auch Selbsttäuschung und »kollektive Verkennung« impliziert. Diese »Ökonomie der Dinge, die keinen Preis haben«, kann in ihrer gesellschaftlichen Wirkungsweise gerade nicht innerhalb des Horizonts eines intentionalen Bewusstseins erschlossen werden – und diese Prämisse wird gerade durch die *truely bounded rationality* stark gemacht.[79] Von anderen theoretischen Prämissen geht Hansjörg Siegenthaler mit seiner Theorie konjunktureller Wechsellagen aus, die es ermöglicht, Regelvertrauen, Lernprozesse und Kommunikationsmodi auf spezifische historische Kontexte hin zu modellieren.[80] Auch wenn diese Ansätze nicht ohne weiteres kompatibel sind, erschließen sie doch einen gemeinsamen Fragehorizont, was Grundlage für eine interessante Diskussion sein kann.[81]

Die Hauptschwierigkeiten in diesem Dialog sind zweifach. Sie bestehen zum einen darin, dass kulturhistorische und sozialwissenschaftliche Ansätze, die sich für handelnde Menschen in wirtschaftlichen Zusammenhängen interessieren, an einer Differenzierung des Begriffs der Rationalität arbeiten und dabei verschiedene Formen unterscheiden. Die Unterteilung in vier Rationalitätstypen, denen vier verschiedene Handlungsweisen entsprechen, ist ein Beispiel dafür: Wahlhandlungsrationalität, die sich mit der technisch-instrumentellen und strategischen Vernunft befasst, ist hier nur eine spezifische Form, die von ethischer, ästhetischer und teleologisch-kommunikativer Rationalität abgegrenzt wird.[82] Eine solche Aufspaltung der Rationalität wird von der Ökonomie als problematisch betrachtet, weil damit Theorien weit weniger gut formalisiert werden können, als wenn das monorationale Modell des *Rational-choice*-Paradigmas zugrunde gelegt wird.[83]

Zum andern sind auch jene Ökonomen, die nun den *Homo oeconomicus* in ihrem Forschungsbereich verabschiedet haben, weiterhin einem harten Positivismus verpflichtet, der kulturwissenschaftlich sensibilisierte Forscher und Forscherinnen irritieren kann. Ein übertriebener Optimismus in Bezug auf die Überbrückung theoretischer und konzeptioneller Unterschiede im interdisziplinären Dialog (oder Polylog) zwischen Wirtschafts- und Kulturwissenschaften sollte deshalb nicht aufkommen. Doch Interdisziplinarität zielt nicht auf die Homogenisierung der unterschiedlichen Fächer, sondern auf die Generierung von Anregungspotentialen und Synergieeffekten, die hier in großer Fülle zu finden sind

Anmerkungen

1 Ich danke Margit Osterloh, Ernst Fehr, David Gugerli und Tobias Straumann für die kritische Lektüre der Vortragsversion dieses Aufsatzes.

2 Die Ökonomie ist kein homogenes Feld. Es gibt zwar einige gemeinsame Paradigmen und Theorien sowie ein disziplinäres Selbstverständnis, doch zwischen Mikro- und Makroökonomie, zwischen Nutzentheorie und Spieltheorie, zwischen Neuer Institutionenökonomie und *experimental economics*, zwischen traditioneller Finanzmarkttheorie und *behavioral finance* existieren – gerade im Hinblick auf die Sensibilisierung für kulturelle

Kontexte – beträchtliche Divergenzen.

3 Umgekehrt ist der *Rational-choice*-Ansatz keineswegs auf die Wirtschaftswissenschaften beschränkt, sondern wird in einer ganzen Reihe von Sozial- und teilweise auch Kulturwissenschaften – unter anderem auch in der Geschichtswissenschaft – erprobt, was wiederum eine Auffächerung dieses Ansatzes in Vertrags- und Spieltheorien, in *public choice* oder *social choice*, in *property-rights*-Theorien und Neue Institutionenökonomie zur Folge hatte. Vgl. Gebhard Kirchgässner, *Homo oeconomicus. Das ökonomische Modell individuellen Verhaltens und seine Anwendung in den Wirtschafts- und Sozialwissenschaften*, Tübingen 1991. Bernd Biervert und Josef Wieland halten in einer fundierten Kritik an der Rationalitätsform der Ökonomie fest, die Diskussion, die heute unter dem Stichwort *rational choice* geführt werde, sei von John Stuart Mill und seiner Neudefinition des Gegenstandes der Ökonomie ausgelöst worden. Vgl. Bernd Biervert/Josef Wieland, Gegenstandsbereich und Rationalitätsform der Ökonomie und der Ökonomik, in: ders./ Klaus Held (Hg.), *Sozialphilosophische Grundlagen ökonomischen Handelns*, Frankfurt am Main 1990, S. 9 und 14 f. Zur Bedeutung von *rational choice* in den Sozialwissenschaften vgl. auch Paul B. Hill, *Rational-Choice-Theorie*, Bielefeld 2002; Zenonas Norkus, *Max Weber und Rational Choice*, Marburg 2001; und Hartmut Esser, *Alltagshandeln und Verstehen: zum Verhältnis von erklärender und verstehender Soziologie am Beispiel von Alfred Schütz und ›rational choice‹*, Tübingen 1991. Interessant sind auch die Studien von Jon Elster, *Making Sense of Marx*, Cambridge 1985; ders., *Nuts and Bolts for the Social Sciences*, Cambridge 1989; ders., *Ulysses and the Sirens: Studies in Rationality and Irrationality*, Cambridge 1979; ders., *Sour Grapes. Studies in the Subversion of Rationality*, Cambridge 1983; und ders. (Hg.), *Rational Choice*, Oxford 1985. Vgl. des weiteren James S. Coleman, A Rational Choice Perspective on Economic Sociology, in: Neil J. Smelser/ Richard Swedberg (Hg.), *The Handbook of Economic Sociology*, Princeton, N J 1994, S. 166–180. Kritisch Jürgen Schmidt, *Die Grenzen der Rational Choice Theorie. Eine kritische theoretische und empirische Studie*, Opladen 2000; *Ökonomie und Gesellschaft*, Jb. Nr. 11: *Markt, Norm und Moral*, Frankfurt am Main 1995; und Donald P. Green/Ian Shapiro, *Pathologies of the Rational Choice Theory. A Critique of Applications in Political Science*, New Haven 1994. Für historische Analysen weiterführend sind Mancur Olson, *Die Logik des kollektiven Handelns*, Tübingen 1985; Amartya Sen, *Collective Choice and Social Welfare,* San Francisco 1970; ders., Rational Fools: A Critique of the Behavioral Foundations of Economic Theory, in: ders., *Choice, Welfare and Measurement*, Oxford 1982, S. 84–106; ders., Internal Consistency of Choice, in: *Econometrica* 61/3, 1993, S. 495–521; und ders., Rationality and Social Choice, in: *AER* 85/1, 1995, S. 1–24.

4 Es gibt in den Wirtschaftswissenschaften durchaus Ansätze, die mit einem expliziten Konzept von Kultur operieren, so zum Beispiel das *Civic-culture*-Theorem und die vergleichenden Analysen von kulturellen Einstellungen gegenüber wirtschaftlichen Fragen: Laura Ann Reese, *The Civic Culture of Local Economic Development*, Thousand Oaks, CA 2002; Geert Hofstede, *Lokales Denken, globales Handeln: interkulturelle Zusammenarbeit und globales Management*, München 2001; ders., *Culture's Consequence: Comparing Values, Behaviours, Institutions and Organizations Across Nations*, Thousand Oaks, CA 2001; ders., *Culture's Consequence: International Differences in Work-Related Values*, Beverly Hills 1980; und Paul du Gay (Hg.), *Cultural Economy: Cultural*

Analysis and Commercial Life, London 2002.

5 Für den Transfer von Ideen und Konzepten aus den Sozialwissenschaften in Richtung Ökonomie spielt die Psychologie die Haupt- und Scharnierrolle. Vgl. dazu Ernst Fehr/Gerhard Schwarz (Hg.), *Psychologische Grundlagen der Ökonomie*, Zürich 2002.

6 Robert H. Frank, *Passions Within Reason: The Strategic Role of Emotions*, New York 1988. Vgl. auch ders., *Microeconomics and Behavior*, Boston 2003.

7 Frank, *Passions*, S. 258; Appendix S. 261–269.

8 Ebd., S. 39 ff. Diese Aussage wird dann allerdings weiter unten wieder halb zurückgenommen.

9 Ebd., S. 258 und IX.

10 Roy E. Weintraub, *Toward a History of Game Theory*, Durham 1992, S. 3.

11 Kurt Dopfer, Die Rückkehr des verlorenen Menschen, in: Fehr/Schwarz, *Psychologische Grundlagen*, S. 99–106, hier S. 102.

12 Für das 19. Jahrhundert ist vor allem die Historische Schule der Nationalökonomie zu nennen. Im 20. Jahrhundert gab es eine ganze Reihe von Ökonomen, die sich wirtschaftsgeschichtlichen Fragestellungen zuwandten und bei der Formulierung ihrer Modelle auf mathematische Methoden weitgehend verzichteten. In den 1960er Jahren meldeten sich Ökonomen wie Claudio Napoleoni zu Wort, der 1963 mit dem Argument gegen die Neoklassik ins Feld zog, dass das »heutige ökonomische Denken die Thematik des Surplus« und damit »der Ausbeutung« wieder aufnehmen müsse. Vgl. Claudio Napoleoni, *Grundzüge der modernen ökonomischen Theorien*, Frankfurt am Main 1971, S. 141.

13 Hans-Ulrich Wehler, Geschichte und Ökonomie, in: ders., *Geschichte als Historische Sozialwissenschaft*, Frankfurt am Main 1975, S. 45–84, hier S. 45, und ders. (Hg.), *Geschichte und Ökonomie*, Köln 1973. Über die Frage der Mathematisierung der Sozialwissenschaften entbrannte damals auch in der Geschichte eine Diskussion. Vgl. zum Beispiel Herbert Lüthy, *Die Mathematisierung der Sozialwissenschaften*, Zürich 1970; und Silvio Bianchi (Hg.), *Wieviel Mathematik brauchen die Sozialwissenschaften?*, Bern 1987.

14 Zu nennen sind etwa Joseph Schumpeter und Alexander Gerschenkron.

15 John von Neumann/Oskar Morgenstern, *Theory of Games and Economic Behavior*, Princeton 1953 (1. A. 1944).

16 Karl Polanyi, *The Great Transformation. Politische und ökonomische Ursprünge von Gesellschaft und Wirtschaftssystemen*, Frankfurt am Main 1978 (1. A. 1944).

17 Mary Ann Dimand/Robert W. Dimand, *A History of Game Theory*. Bd. I: *From the Beginnings to 1945*, London 1996, S. 143. Zur Geschichte der Spieltheorie Weintraub, *History*; Joachim Rosenmüller, Artikel »Spieltheorie«, in: *Handwörterbuch der Wirtschaftswissenschaften*, Bd. 7, Stuttgart 1977, S. 177–196.

18 Vgl. Rosenmüller, Spieltheorie; Wolfgang Mag, Artikel »Risiko und Ungewißheit«, in: ebd., Bd. 6, Stuttgart 1981, S. 478–495.

19 Vgl. Armin Falk, Homo Oeconomicus versus Homo Reciprocans: Ansätze für ein neues wirtschaftspolitisches Leitbild, in: *Perspektiven der Wirtschaftspolitik* 4, 2003, S. 141–172.

20 Von Neumann/Morgenstern, *Theory of Games*, S. 1. Für Unternehmer sprechen die Autoren von »maximum of profit«, an anderer Stelle vom »desire to obtain a maximum of utility or satisfaction« (S. 8) und nehmen damit eine wichtige Unterscheidung der 1970er Jahre vorweg.

21 László Mérö, *Optimal entscheiden? Spieltheorie und die Logik unseres Handelns*, Basel 1998, S. 47.

22 Das Gefangenendilemma wurde 1950 von Merrill Flood und Melvin Drescher vorgestellt. 1951 erhielt es von Albert W. Tucker seinen Namen. Seine Anwendung war keineswegs auf die Ökonomie beschränkt, sondern das Spiel absolvierte in Mathematik, Psychologie, Politologie, Philosophie, Anthropologie und – weniger ausgeprägt – in der Geschichtswissenschaft eine beeindruckende Karriere. 1979 veranstaltete der amerikanische Politologe Robert Axelrod einen Wettbewerb zur Formulierung der besten Strategie, aus dem der Sozialpsychologe Anatol Rapoport mit dem Programm »Tit for Tat« als Sieger hervorging. Vgl. zum Beispiel Mérö, *Optimal entscheiden*, S. 47 ff. und 61 f.

23 Von Neumann/Morgenstern, *Theory of Games*, S. 31.

24 Ebd., S. 46.

25 Ebd., S. 7. In einer Anmerkung fügen die Autoren an, diese einfache Versuchsanlage sei möglicherweise gar nicht so irrelevant, wie es scheinen mag, seien doch viele Märkte vom Austausch weniger Akteure geprägt. Entgegen der Neoklassik, die komplette Gleichungssysteme von der Physik in die Ökonomie zu importieren versuchte, gehen Von Neumann/Morgenstern, S. 45, allerdings davon aus, »that the emphasis on mathematical methods seems to be shifted more towards combinatorics and set theory – and away from the algorithm of differential equations which dominate mathematical physics.«

26 Rosenmüller, *Spieltheorie*, S. 186.

27 Ebd., S. 12 ff. Die Spieltheorie vermeidet das Aggregationsproblem. Während Ansätze, die auf dem traditionellen *Homo oeconomicus* aufbauen, vor der Frage stehen, wie die individuellen Präferenzen zu einer Nutzenfunktion aufaddiert werden können, stellt sich diese in der Spieltheorie gar nicht.

28 Polanyi, *Great Transformation*, S. 21.

29 Ebd., S. 75.

30 Ebd., S. 19 und 59 ff.

31 Ebd., S. 330 f. und 337.

32 Ebd., S. 341 und 71 ff.

33 Vgl. zum Beispiel Jürgen Goldstein, *Nominalismus und Moderne. Zur Konstitution neuzeitlicher Subjektivität bei Hans Blumenberg und Wilhelm von Ockham*, Freiburg i. B. 1998; und Pierre-André Huglo, *Approche nominaliste de Saussure*, Paris 2002.

34 Der Begriff »methodologischer Individualismus« wurde – in Absetzung von einem essentialistischen Individualismus, dem zufolge sich gesellschaftliche Phänomene auf Individuen reduzieren lassen – von Schumpeter in seiner Habilitationsschrift geprägt. Vgl. Joseph A. Schumpeter, *Wesen und Hauptinhalt der theoretischen Nationalökonomie*, Leipzig 1908. Eine systematische Auseinandersetzung mit dem Konzept findet sich bei J. W. N. Watkins, The Alleged Inadequacy of Methodological Indiviualism, in: *J. of Philosophy* 55, 1958, S. 331–356; Steven Lukes, Methodological Individualism Reconsider-

ed, in: Alan Ryan (Hg.), *The Philosophy of Social Explanation*, Oxford 1973, S. 119–129; Richard Sturn, *Individualismus und Ökonomik. Modelle, Grenzen, ideengeschichtliche Rückblenden*, Marburg 1997; und Hans Lenk, Der methodologische Individualismus ist (nur?) ein heuristisches Postulat, in: Klaus Eichner/Werner Habermehl (Hg.), *Probleme der Erklärung sozialen Verhaltens*, Meisenheim 1977, S. 34–45.

35 Der immer wieder zitierte Ausspruch der damaligen britischen Premierministerin Margaret Thatcher lautete: »There is no such thing like society, there are only individuals« (zitiert nach Sturn, *Individualismus*, S. 353).

36 Gary S. Becker, *Der ökonomische Ansatz zur Erklärung menschlichen Verhaltens*, Tübingen 1983, S. 6. Vgl. auch Richard B. McKenzie/Gordon Tullock, *The New World of Economics: Explorations into the Human Experience*, Homewood. IL 1978.

37 Becker, *Der ökonomische Ansatz*, S. 3.

38 Ebd., S. 6. Eine problemorientierte Darstellung bei Biervert/Wieland, Gegenstandsbereich, S. 20f.

39 Lionel Robbins, *An Essay on the Nature and Significance of Economic Science*, London 1932, S. 16.

40 Hansjörg Siegenthaler, Geschichte und Ökonomie nach der kulturalistischen Wende, in: *GG* 25, 1999, S. 276–301, hier S. 283.

41 Nach einer Formulierung von Reinhard Selten, What Is Bounded Rationality, in: Gerd Gigerenzer/Reinhard Selten (Hg.), *Bounded Rationality. The Adaptive Toolbox*, Cambridge, MA 2001, S. 13–36, hier S. 29.

42 In diesem Punkt ist die Grenzrate der Substitution identisch mit der Steigung der Bilanzgeraden.

43 Biervert/Wieland, Gegenstandsbereich, S. 18. Die »Unterstellung prinzipiell grenzenloser Bedürfnisse« (ebd.) wird von allen Theorien kritisiert, die entweder vom normativen Menschenbild eines sich in seinem Begehren und seinen Begierden selber kontrollierenden Individuums ausgehen oder einen *Basic-needs*-Ansatz verfolgen, der es (theoretisch) ermöglicht, die Ressourcenallokation nach planmäßigen Vorgaben und damit unter Umgehung dieses ökonomischen Ansatzes zu bestimmen.

44 Becker, *Der ökonomische Ansatz*, S. 2.

45 Ebd., S. 5.

46 Kenneth E. Boulding, Ökonomie als Moralwissenschaft, in: Winfried Vogt (Hg.), *Seminar: Politische Ökonomie. Zur Kritik der herrschenden Nationalökonomie*, Frankfurt am Main 1973, S. 103-125 (zuerst 1969), hier S. 118.

47 Pierre Bourdieu, *Praktische Vernunft. Zur Theorie des Handelns*, Frankfurt am Main 1998, S. 144ff.

48 Die Analyse von Finanzmärkten ist ein weiterer Bereich, in dem sich angesichts der Schwierigkeiten traditioneller Erklärungsmodelle neue Ansätze durchsetzen. Vgl. zum Beispiel Robert Shiller, *Irrational Exuberance*, Princeton 2000 (deutsch: *Irrationaler Überschwang: Warum eine lange Baisse an der Börse unvermeidlich ist*, Frankfurt am Main 2000).

49 Vernon Lomax Smith, *Bargaining and Market Behavior. Essays in Experimental Economics*, Cambridge 2000.

50 Siehe unter anderem Daniel Kahneman u. a. (Hg.), *Choices, Values, and Frames*, New

York 2000. Der »Dritte im Bunde«, Amos Tversky, ist inzwischen verstorben, sonst wäre der Preis wohl an drei Wissenschaftler gegangen. Tversky war insbesondere Mitherausgeber von: Kahneman u. a. (Hg.), *Judgment Under Uncertainty: Heuristics and Biases*, New York 2001.

51 Joseph Henrich u. a., *›Economic Man‹ In Cross-cultural Perspective: Behavoiral Experiments in 15 Small-Scale Societies*, Ms., S. 1 und 30.

52 Ernst Fehr/Urs Fischbacher, Why Social Preferences Matter – The Impact of Non-Selfish Motives on Competition, Cooperation and Incentives, in: *The Econ. J.* 112, 2002, C. 1–33.

53 Herbert Simon, *Homo rationalis. Die Vernunft im menschlichen Leben*, Frankfurt am Main 1993, S. 9. Siehe auch ders., *Models of Man*, New York 1957; und ders., *Models of Bounded Rationality*, 2 Bde., Cambridge, MA 1982. Wichtig für die Entwicklung dieses Ansatzes waren auch Frank H. Knights, *Risk, Uncertainty and Profit*, Boston 1921; später Armen A. Alchian, Uncertainty, Evolution and Economic Theory, in: *J. of Political Econ.* 58, 1950, S. 211–221; und George A. Akerlof, The Market for ›Lemons‹: Qualitative Uncertainty and the Market Mechanism, in: *Quarterly J. of Econ.* 84, 1970, S. 488–500. Zu einem Überblick Mag, *Risiko und Ungewißheit.*

54 Arthur Lupia u. a., Beyond Rationality: Reason and the Study of Politics, in: dies. (Hg.), *Elements of Reason. Cognition, Choice, and the Bounds of Rationality*, Cambridge 2000, S. 1–20, hier S. 3.

55 Hier müßte nun weiter nach Information und Wissen differenziert werden. Vgl. dazu zum Beispiel Nico Stehr, *Arbeit, Eigentum und Wissen. Zur Theorie von Wissensgesellschaften*, Frankfurt am Main 1994, S. 201 ff.

56 Simon, *Homo rationalis*, S. 39.

57 Milton Lodge/Charles Taber, Three Steps toward a Theory of Motivated Political Reasoning, in: Lupia u. a., *Elements of Reason*, S. 183–213.

58 Frank, *Passions.*

59 Wendy Rahn, Affect as Information. The Role of Public Mood in Political Reasoning, in: Lupia u. a., *Elements of Reason*, S. 130–150.

60 North formuliert in seiner grundlegenden Studie »Institutionen, institutioneller Wandel und Wirtschaftsleistung« eine konzise Kritik an der klassischen Fassung des Modells des rationalen, eigennützig handelnden, auf sein Selbstinteresse bedachten Akteurs. Dieses Modell, so North, habe die Wirtschaftsgeschichte »in die Irre geführt« und für zentrale Fragen »blind gemacht«; sie sei »fundamental hinderlich«. Vgl. Douglass C. North, *Institutionen, institutioneller Wandel und Wirtschaftsleistung*, Tübingen 1992 (1. A. 1990), S. 9, 130 und 30. Der Transaktionskostenansatz ist grundsätzlich in ein Optimierungsmodell ökonomischen Handelns integrierbar, während dies für neuere Arbeiten nicht mehr gilt. Interessant wäre auch ein Vergleich zwischen Norths Argumentation und dem *Economic-Culture*-Ansatz, wie er von Peter L. Berger, *The Capitalist Revolution. Fifty Propositions about Prosperity, Equality, and Liberty*, New York 1986, vorgeschlagen wird.

61 Daraus folgt auch, daß die Effizienz von Marktmechanismen häufig überschätzt wird. Neue, auf Resultate der experimentellen Ökonomie gestützte Untersuchungen zeigen denn auch, daß die Annahme der Neoklassik, der zufolge Konsumenten ihre Präferen-

zen kennen und die Marktpreise die ›wahre‹ Zahlungsbereitschaft sowie die relativen Knappheiten reflektieren, nicht gut begründet ist. Märkte sollten also – dies die Schlußfolgerung – nicht so sehr mit ihrer Effizienz als mit der Wahlfreiheit der Konsumenten legitimiert werden. Vgl. George Loewenstein, Reflektieren Marktpreise ›wahre‹ Werte? in: Fehr/Schwarz, *Psychologische Grundlagen*, S. 27–31.

62 Gigerenzer/Selten, *Bounded Rationality*.

63 Letzteres in Absetzung zu Lupia u. a., Beyond Rationality, S. 10, die betonen, die anschwellende Literatur zum Thema weise unter anderem deshalb Mängel auf, weil hier häufig davon ausgegangen werde, es liege hier ein »nicht-maximierendes« Verhalten vor. Vgl. auch Wolfgang Kloske, *Ökonomische Analyse von Entscheidungsanomalien*, Frankfurt am Main 1994.

64 Gigerenzer/Selten, Rethinking Rationality, in: dies. (Hg.), *Bounded Rationality*, S. 1–12, hier S. 7 ff.

65 Selten, What Is Bounded Rationality, in: Gigerenzer/Selten (Hg.), *Bounded Rationality*, S. 13–36; hier S. 14 ff.

66 Antonio R. Damasio, *Descartes' Irrtum. Fühlen, Denken und das menschliche Gehirn*, München 1997, S. 144.

67 Selten, Bounded Rationality, S. 29.

68 Sen, *Choice*.

69 Kahneman u. a, *Judgment* (erstmals 1982). Vgl. auch Gary Klein, The Fiction of Optimization, in: Gigerenzer/Selten, *Bounded Rationality*, S. 103–121.

70 Vernon Smith, Handeln in zwei Welten. Interaktion auf Märkten und im persönlichen Austausch, in: Fehr/ Schwarz, *Psychologische Grundlagen*, S. 70 f. Dieses Zwei-Welten-Modell hat starke Anklänge an die System-Lebenswelt-Unterscheidung, die Jürgen Habermas im Anschluß an Überlegungen von Alfred Schütz vorgeschlagen hat.

71 Zum Postulat einer Vermittlung von Struktur und Handeln vgl. vor allem Andreas Reckwitz, *Die Transformation der Kulturtheorien. Zur Entwicklung eines Theorieprogramms*, Weilerswist 2000.

72 Siegenthaler, Geschichte und Ökonomie, S. 277.

73 Marshall Sahlins, *Stone Age Economics*, Chicago 1972.

74 Alexander Tschajanow, *Die Lehre von der bäuerlichen Wirtschaft. Versuch einer Theorie der Familienwirtschaft im Landbau*, Berlin 1923.

75 Levi Giovanni, *Das immaterielle Erbe. Eine bäuerliche Welt an der Schwelle zur Moderne*, Berlin 1986.

76 Victor Turner, Das Liminale und das Liminoide in Spiel, »Fluß« und Ritual, in: ders., *Vom Ritual zum Theater. Der Ernst des menschlichen Spiels*, Frankfurt am Main 1995, S. 28–94 (zuerst 1982).

77 Gadi Algazi, Kulturkult und die Rekonstruktion von Handlungsrepertoires, in: *L'homme. Zs. für feministische Wissenschaft* 11, 2000, S. 105–119.

78 Rudolf Braun, *Sozialer und kultureller Wandel in einem ländlichen Industriegebiet (Zürcher Oberland) unter Einwirkung des Maschinen- und Fabrikwesens im 19. und 20. Jahrhundert*, Zürich 1999; und ders. *Industrialisierung und Volksleben: die Veränderungen der Lebensformen in einem ländlichen Industriegebiet vor 1800 (Zürcher Oberland)*, Zürich 1960.

79 Bourdieu, *Praktische Vernunft.*

80 Hansjörg Siegenthaler, *Regelvertrauen, Prosperität und Krisen. Die Ungleichmäßigkeit wirtschaftlicher und sozialer Entwicklung als Ergebnis individuellen Handelns und sozialen Lernens*, Tübingen 1993; und ders., Learning and its Rationality in a Context of Fundamental Uncertainty, in: *J. of Institutional and Theoretical Econ.* 153/4, 1997, S. 748–761.

81 Eine interessante Vermittlungsposition, die historische Kontextualisierung mit ökonomischer Theoriebildung verbindet, findet sich bei Oliver E. Williamson, *Die ökonomischen Institutionen des Kapitalismus. Unternehmen, Märkte, Kooperationen*, Tübingen 1990.

82 Biervert/Wieland, Gegenstandsbereich, S. 11 f.

83 Peter Schulz, Rationality as a Condition for Intercultural Understanding, in: *Studies in Communication Sciences* 1/1, 2001, S. 81–100.

Historische Methode und moderne Ökonomie

Über das Methodische in der *Historischen Schule* und das Historische in der *Neuen Institutionenökonomie*

Birger P. Priddat

Wenn wirtschaftstheoretische Arbeiten in jüngerer Zeit Eingang in die Geschichtswissenschaft fanden, wurde dabei vor allem auf zwei theoretische Schulen zurückgegriffen: Einen großen Einfluss besitzt zum einen die von Douglass C. North maßgeblich geprägte *Neuere Institutionenökonomie*, die zumal in der Wirtschaftsgeschichte in den letzten Jahren geradezu enthusiastisch aufgenommen worden ist. Sie tritt mit dem Schlachtruf »History matters« auf und betont die zentrale Rolle institutioneller Rahmenbedingungen ökonomischer Prozesse, die sie auf diese Weise wieder als historisch eingebettet beschreibt.[1] Zum anderen gehört die *Historische Schule* der Nationalökonomie des 19. und frühen 20. Jahrhunderts noch immer zu den Klassikern einer historisch argumentierenden und von Historikern rezipierten Ökonomie. Sie nimmt in den Wirtschaftswissenschaften, die sie in Deutschland bis weit in das 20. Jahrhundert hinein dominiert hatte, heute jedoch bestenfalls nur noch eine Randstellung ein und wird vielfach als Grund für die Rückständigkeit der deutschen Ökonomie angeführt. Für Historiker und Kulturwissenschaftler ist die *Historische Schule* aber deshalb so spannend, da sie nicht nur die zeitliche Dimension des ökonomischen Geschehens betont, sondern auch den Faktor Kultur ernst nimmt. Aus diesem Grund erlebt die *Historische Schule* seit der kulturalistischen Wende der Geisteswissenschaften eine Art Renaissance und ist auch für die Fragestellungen des vorliegenden Bandes von eminenter Bedeutung.[2]

Der folgende Beitrag hinterfragt das zentrale Selbstverständnis der *Historischen* und der *Institutionalistischen Schule*, nämlich den Anspruch, über eine genuin historische Methode zu verfügen. Der erste Teil untersucht die *Historische Schule* des 19. Jahrhunderts am Beispiel ihres zentralen Exponenten Gustav Schmoller, wobei ihr oft übersehener ethisch-essentialistischer Grundzug herausgearbeitet wird. Der zweite Abschnitt befasst sich anhand der zentralen Werke von Douglass North mit dem Geschichtsbild der *Neuen Institutionenökonomie*, das sich bei genauerem Hinsehen als deterministisch und innerhalb bestimmter institutioneller Rahmenbedingungen auch als statisch und mechanistisch erweist. Der dritte Teil zeigt schließlich, dass fundamentaler historischer Wandel, etwa die Durchbrechung von Pfadabhängigkeiten, bei North nur einen sehr kleinen Raum einnimmt und von ihm auch nicht erklärungsscharf beschrieben werden kann.

Der deutschen Nationalökonomie war sehr früh, vor allem in der Abteilung der angewandten Volkswirtschaft oder Volkswirtschaftspolitik, eine moderate bis stärker ausgeprägte Staatsorientierung eigen.[3] Darin unterschied sie sich bereits von anderen Theorieentwicklungen in Europa, vor allem aber durch ihre ›geschichtliche Methode‹, die Wilhelm Roscher in den 1840er Jahren aufbrachte und die in zwei aufeinanderfolgenden ›*Historischen Schulen*‹ die Theorienlandschaft beherrschte.[4]

Die erste *Historische Schule*, der unter anderem Roscher, Hildebrand und Knies angehörten, zeichnete sich eher durch eine kulturvergleichende Methode aus, die in anderen Ländern andere Sitten, auch des Ökonomischen, notierte. Erst Gustav von Schmoller insistierte auf einer – dann so genannten ›jüngeren‹ – *Historischen Schule*, die sich ›ethisch-historisch‹ verstand. Schmollers Konzept ist eine frühe institutionenökonomische Konzeption.[5]

Wir haben es in der deutschen Ökonomie des 19. Jahrhunderts mit einem dreifaltigen Gesetzesbegriff zu tun, der unterschiedlichen Epochen unterschiedliche Problemlagen bescherte: 1. mit dem basalen Marktgesetz, das als Konkurrenzgleichgewicht von Angebot und Nachfrage von allen Ökonomen mehr oder minder akzeptiert schien; 2. mit dem zyklischen Entwicklungsgesetz der Geschichte, das wir nur bei Roscher finden, das aber die historische Methode der Nationalökonomie begründete (und das bei Hildebrand und Knies, wenn auch modifiziert im Sinne allgemeiner Entwicklungsgesetze ohne zyklischen Modus, erarbeitet werden soll);[6] 3. mit der Anforderung eines Einklangs von Sittlichkeit und Ökonomie. Dies wurde dann problematisch, wenn man einerseits eine historische Methode verfolgte, andererseits aber die Sittlichkeit als eine scheinbar objektive Referenz in Anspruch nahm, der man sich nur nähern müsse, da man bereits wissen könne, was sie sei.

Dieser dritte Objektivismus verwehrte es der *Historischen Schule*, nachdem sie den Entwicklungsdeterminismus Roschers abgelegt hatte, die Wirtschaft als einen endogen evolutionären Prozess anzusehen, bestand sie doch – mehr oder minder – darauf, die Wirtschaft an eine imaginäre Institution der Sittlichkeit anzupassen. Märkte können nicht sich selbst überlassen bleiben;

sie brauchen sittliche, das heißt institutionelle Gerüste, die dann vom Staat eingerichtet werden, wenn die bürgerliche Gesellschaft sie nicht selbst auszubilden versteht. Übrig blieb, so zumindest bei Schmoller, eine Institutionengeschichte: Wenn man die Marktbewegungen als selbständige ansieht, kann die Reform der Gesellschaft, ihre soziale Modernisierung im Kontext der Industrialisierung, nur durch ein institutionelles »Rearrangement« bewirkt werden. Dazu gehört auch die von Friedrich List vorgeschlagene Wirtschaftspolitik als Industrialisierungs- und Entwicklungspolitik. List und Schmoller sind – jedenfalls für den deutschen Kontext – die beiden großen unterschiedlichen Programmatiker des 19. Jahrhunderts.[7] Es geht nicht um ›sociale Reform‹ der Wirtschaft bzw. ihrer Märkte, sondern um die Reform dessen, was einzig als reformierbar erscheint, nämlich die ihrer Institutionen. Dazu gehören die alten Institutionen: der Staat, seine Interventionsrechte, seine Finanz- und Budgetrechte, aber auch neu zu schaffende Institutionen: soziale Versicherung, Tarifinstitutionen und andere Verhandlungssysteme etc. In diesem Sinne haben die Analysen, die Schmoller als Institutionenökonomen reaktualisieren, Recht, aber sie interpretieren Schmoller in Hinblick auf eine methodische Konzeption, die er selber nicht vertreten hat.

Anhand der Differenz der Schmollerschen Intention und seinem Resultat, das sich anscheinend besser mit einer Theorie institutioneller Wahl erklären lässt als mit einer historischen Analytik der Wirtschaftsprozesse, lässt sich die Angemessenheit der Northschen Institutionenökonomik für wirtschaftsgeschichtliche Prozesse prüfen. Die Möglichkeit, mit der modernen Institutionenökonomie geschichtliche Prozesse zu untersuchen, ergibt sich aus der Phasenverschiebung zwischen aktuell sich änderndem Markt und den sich nur langsam ändernden Institutionen. Märkte sind dynamische, gegenwartsreagible Interaktionsinstanzen. Institutionen hingegen bewahren Regeln, sind vergangenheitsbezogen und strukturkonservativ: Sie halten die Erwartbarkeit von Handlungen anderer invariant. So lagern die Institutionen Mentalitäten, Attitüden und Erwartungen ein, die das Markthandeln überlagern, oft determinieren. Was Douglass C. North neuerdings als besondere Qualität der Institutionen »shared mental models« nennt,[8] sind in Schmollers Terminologie sittliche Normen, auf die die Wirtschaft Rücksicht nehmen muss. Die informelle Sittlichkeit wird als Regel sichtbar gemacht, als Institution legalisiert und damit für die Handlungserwartungen rationalisiert. Die »sociale Reform« ist dann nichts anderes als der Prozess der Anpassung der formellen Institutionen an die sowieso geltenden informellen Institutionen (Werte) bzw. an das, was Schmoller »Sittlichkeit« nennt.

›Historisch‹ ist daran methodisch die Überlegung, die Wirtschaft als eine Mischung aus Markt und Institutionen zu deuten, in der die spezifischen Ausprägungen der Institutionen, ihre Charakteristik, eine besondere Epoche markieren, die durch Spannungen oder Spannungsauflösung von informellen und formellen Institutionen gekennzeichnet ist. »Sociale Reform« ist dann ein Name für den *institutional change*, der als Anpassung der formellen an die informellen Institutionen in Richtung auf eine historisch-epochale Passung verläuft.[9] Bei Schmoller orientiert sich dieser Prozess an der Gerechtigkeitstopik: Die dynamische Marktwirtschaft zeitigt eine positive Entwicklung – hier denkt Schmoller ganz smithianisch in Kategorien des Einkommenswachstums –, aber die Institutionen müssen ›mitwachsen‹, das heißt, sie müssen auf dem in der Industrialisierung erreichbaren Niveau die Gerechtigkeitsregeln neu bestimmen. In dem Sinne, in dem die Institutionen der Wirtschaftsgesellschaft neu arrangiert werden müssen – »sociale Reform« –, muss Geschichte gemacht werden.

Stärker noch als andere deutsche Ökonomen seiner Zeit insistiert Schmoller auf den unterschiedlichen Anpassungsgeschwindigkeiten der verschiedenen sozialen Schichten und Klassen innerhalb der neuen, beschleunigt wachsenden Industriewirtschaft, die erst allmählich durch »allgemeine Bildung« auch der unteren Stände angeglichen werden können. Erst »geistige Hebung« mache sie »fähig für die Eingliederung in die Geld- und Kreditwirtschaft«, wo sie doch zum größten Teil gerade einer agrarisch-naturalwirtschaftlichen Lebenswelt entrissen sind.[10] Zwei Grundlinien durchziehen Schmollers gesamte Konzeption: die Teilnahme des Arbeiterstandes an der ökonomischen und der kulturellen Entwicklung; dafür gilt es, durch Lohnerhöhung und parallelen »sittlichen Fortschritt« die »dauerhafte Besserung unserer socialen Zustände« zu erreichen.[11] Schmoller redet – ganz im Stil der Zeit – mit sittlichem Pathos vom »grossen Ideal«; doch folgen dem immer praktische Ideen und institutionelle Regelungsvorschläge.

Diese Konzeption hat allerdings dort ihr Kardinalproblem, wo Schmoller meint angeben zu können, was sittlich angemessen ist. Die Historizität des Verhältnisses von Markt und Institutionen (wozu auch der Staat und seine Rechtsmacht gehören) wird dort um die geschichtliche Analyse betrogen, wo die Sittlichkeit – eine unspezifische oder Generalmetapher für alle institutionellen Regelungen gerechter Art – als essentialistische Kategorie fehlgedeutet wird. Immer dort, wo der Autor Schmoller weiß, was sittlich ist, hängt die Qualität der Verhältnisbestimmung von Markt und Institutionen von der Meinung des Autors und seiner Kollegen ab. Es fehlt eine geschichtliche Analyse der Sittlichkeit, um in Schmollers Semantik zu bleiben, das heißt ein Bewusstsein davon, dass der Autor irren kann und die informellen Erwartungen der Bevölkerung andere sein mögen, als der preußische Staatsschriftsteller vermutet.

Schmoller war sich dieser Problematik insofern bewusst, als er statistische und wirtschaftshistorische Detailforschung favorisierte, das heißt eine um Sozialforschung erweiterte Ökonomie, die die sittlichen Tatsachen und ihre Änderungen feststellen sollte. Was ihm und der historischen Schule als Empirismus und Historismus vorgeworfen wurde, war eine klare methodische Entscheidung gewesen. Es bleibt dann als größtes Lob für Schmoller und die ältere *Historische Schule*, dass ihre historische Methode auf die Themen ihrer Zeit beschränkt war: eine Zeitgeistökonomik, die allerdings darauf verweisen darf, dass die anderen Ökonomien ebenfalls diesem Verdikt unterlagen, obwohl sie Methoden entwickelten, die ihre Zeitbedingtheit ableugneten. Die Einbildung, abstrakte Methoden zu besitzen, die zeitintransigent seien, ist selber wiederum eine historische Einbildung, die nur in bestimmten Epochen vorherrscht.

Schmollers Selbstbezeichnung als ›historisch-ethischer‹ Ökonom ist signifikant und zeigt zugleich das Problem. Seine Marktheorie ist mehr oder minder ›klassisch‹, und die Reform der Wirtschaft ist eine Reform ihrer Institutionen. Darin erweist sich seine Methode als historische, da sie den Wandel der Wirtschaftsgesellschaft als Wandel des ›institutional setting‹ beschreibt. Die Kriterien für das ›social design‹ des Institutionenwandels sind jedoch ›ethische‹.[12] Es kommt auf die Qualität der Normen bzw. der ›ethischen‹ Kriterien an, die von Schmoller und seinen Mitstreitern nicht ihrerseits als historische, das heißt als geschichtlichen Änderungen unterworfene analysiert werden. So bekommt das Schmollersche Programm eine Spannung zwischen ›klassischer‹ Markttheorie (inklusive Wachstumstheorie), institutioneller Varianz und ethischer Invarianz. So unverhältnismäßig der Vergleich sein mag: Die englische Ökonomie, die sich mit einer utilitaristischen Philosophie und Ethik konfrontiert sah, bekam damit die Chance, ethische Kriterien als neu zu definierende aufzufassen (zum Beispiel bei Mill, Sidgewick). So war es in der aufgeklärteren Variante der englischen Ökonomie möglich, institutionelle Reform auf der Basis varianter ethischer Kriterien zu betreiben, frei von staatspaternalistischen Vorstellungen kollektiver Normbestände.

Das ist keine Kritik an Schmoller, sondern nur ein Hinweis auf seine konstitutionellen Bedingungen, in diesem Fall auf staatsrechtsnormative Bedingungen, die Gemeinnutz vor Eigennutz stellten. Das gab Schmoller andererseits einen viel schärferen Blick für die Bedingungen institutioneller Stabilität und Änderungsmöglichkeiten, als es in der englischen Ökonomik möglich war. Dafür wurde Schmoller auch zu Recht bewundert. Man darf allerdings nicht übersehen, dass Schmollers ›socialer‹ Blick ein staatssozialer Blick war, der eine Idee ethischer Vernunft besaß, die er den Wirtschaftssubjekten individuell nicht zutraute und die er ihnen also verordnen musste.[13] Wir haben es mit einer Staatsethik zu tun, die paternalistisch-meritorische Güter produziert.[14] Schmollers ›ethisch-historische Methode‹ ist gerade in ihrer ethischen Komponente nicht historisch, sondern essentialistisch ausgelegt.

Diese Erkenntnis zwingt jedoch nicht dazu, die historische Methode ad acta zu legen, wie Norths *institutional economics* zeigen. Die Northsche Variante der Institutionenökonomie[15] beansprucht ja ebenfalls, geschichtliche Änderungen ökonomisch analysieren zu können. Allerdings wird der nächste Abschnitt zeigen, dass sie, systematisch betrachtet, kein modernes Pendant zu einer historischen Methode darstellt, sondern etwas völlig anderes: eine *theory of institutional choice*.

Geschichtlichkeit in der *Neuen Institutionenökonomie*

In der modernen Ökonomie hat die von Douglass North entworfene Institutionenökonomie nicht nur deshalb Furore gemacht, weil sie sich von der Konzeption des neoklassischen *mainstream* absetzt, sondern auch deshalb, weil sie sich als moderne geschichtliche Ökonomik versteht. North hat eine klare Theoriekonzeption: Für ihn sind Institutionen »die Spielregeln einer Gesellschaft«,[16] woraus folgt, dass Institutionen definiert sind als Bindungen (Regeln), denen die Menschen sich selbst (freiwillig) unterwerfen.[17] Der Grund für den Verpflichtungscharakter lautet: »Institutionen reduzieren Unsicherheit, indem sie eine stabile Struktur für menschliche Interaktionen einrichten.«[18] »Institutionen definieren und begrenzen die Menge der Wahlmöglichkeiten der Individuen«,[19] und zwar *formal* durch rechtliche oder politische Normen bzw. Vorgaben und *informell* durch Konventionen oder Verhaltensstandards.[20] Soweit lässt sich die Struktur der Institutionen der Northschen Theorie als ein »structure-induced equilibrium«[21] darstellen. Was aber ist daran ›historisch‹? Obwohl Institutionen durch ihre relativ stabile Struktur definiert sind, ändern auch sie sich im Laufe der Zeit. Genauer formuliert ändern sie die Wahlmöglichkeiten der Individuen, und zwar durch zwei Umstände: 1. durch ihre Fähigkeit, den Bereich der Wahlmöglichkeiten auszuweiten, und 2. durch ihr Vermögen, neue Anreizmechanismen zu etablieren.[22]

Formale Regeln – als Ergebnisse politischer und juridischer Entscheidungen – können somit zwar unmittelbare Änderungen herbeiführen, das heißt neue Institutionen errichten oder Gesetze erlassen. »Informale Regeln bzw. Verhaltensbegrenzungen *(informal constraints)* dagegen – in Sitten, Traditionen und Benehmen inkorporiert – sind sehr viel weniger zugänglich für bedachte politische Erwägungen. Diese kulturellen Notwendigkeiten stellen nicht nur die Kontinuität her, die die Vergangenheit mit der Gegenwart und der Zukunft konnotiert, sondern beschaffen uns den Schlüssel zur Erklärung *des Pfades der geschichtlichen Änderung.*«[23] Damit ist Norths Hauptthema benannt: die Untersuchung der divergenten »Pfade des geschichtlichen Wandels«. Warum, so lautet seine forschungsleitende Frage, haben die Gesellschaften, die doch aus ähnlichen Ursprüngen entstanden sind, so unterschiedliche Entwicklungslinien eingeschlagen?[24] Warum haben sie, so können wir uns auf unser Thema fokussieren, eine *andere Geschichte?* Warum divergieren die Entwicklungen der verschiedenen Gesellschaften und konvergieren nicht, wie es eine ökonomische Betrachtungsweise nahelegen würde, nachdem die ineffizienteren Institutionen ausselektiert wurden?[25] Norths Antwort lautet: »Institutionen [...] determinieren die Möglichkeiten *(opportunities)* in einer Gesellschaft.«[26] Indem Institutionen die Handlungs- bzw. Wahlmöglichkeiten einer Gesellschaft determinieren, determinieren sie nicht nur die durch die Institutionen ermöglichten Handlungsspielräume: den »Pfad des ökonomischen Wandels« *(path of economic change)*, sondern auch die institutionellen Änderungsmöglichkeiten: den »Pfad des institutionellen Wandels« *(path of institutional change)*. Nur bei ›revolutionären‹ Ereignissen der Geschichte können Pfade abgebrochen bzw. geändert werden.[27] Im Normalfall der Geschichte bleiben die Handlungsmöglichkeiten beider Arten und ihre Änderungen von ihrem Anfang geprägt.

»Der resultierende Pfad des institutionellen Wandels bildet sich (1) aus dem Rückkopplungsprozess, durch den die Menschen die Änderungen im Möglichkeitsraum *(opportunity set)* wahrnehmen und auf sie reagieren, und (2) aus dem pfadabhängigen Charakter dieses Anpassungsprozesses.«[28] North geht dabei davon aus, dass die Institutionen zum einen überhaupt und erstmalig (Handlungs-)Möglichkeiten offerieren, die vorher nicht bestanden, dass aber zum anderen die im eingeschlagenen geschichtlichen Pfad präsenten »historisch abgeleiteten Notwendigkeiten den Grad der möglichen Reaktionen auf wahrgenommene neue Möglichkeiten bzw. Gelegenheiten begrenzen«.[29] Dieser Auffassung nach definieren die Institutionen einen historischen Möglichkeitsraum ökonomischen Handelns, dessen Grenzen wegen der hohen Transaktionskosten des Wechsels einmal etablierter institutioneller Arrangements über längere Zeiträume nicht überschritten werden – ein *Epochen-Theorem*: Während die gewöhnlichen oder Markthandlungen ihre Wahlereignisse in der Zeit stetig und stetig neu vollziehen, strukturieren die institutionellen Handlungen die Zeit der Geschichte, auf deren ›Pfad‹, wie North formuliert, die gewöhnlichen oder Markthandlungen realisiert werden.[30]

Diese Redeweise dient dazu, die Wechselwirkung zwischen beiden Handlungsrationalitäten als *diachron* bzw. als zeitliche Asymmetrie hervorzuheben. Institutionelle Entscheidungen definieren für eine gewisse Zeit einen stabilen Handlungsraum, der die gewöhnliche Handlungsrationalität – die reversible Substitution von Alternativen – aussetzt. Indem dagegen Institutionen gewisse irreversible Epochen der Handlungsdetermination einrichten, strukturieren sie den gesamten Handlungsraum neu, das heißt, sie ›machen Geschichte‹, indem sie durch bestimmte Vergangenheitsentscheidungen die zukünftige Ereignishaftigkeit gesellschaftlichen Handelns strukturieren. Jede zukünftige Gegenwartsentscheidung wird – über die zeitstabile institutionelle Regelbindung – durch eine Vergangenheitsentscheidung begrenzt. Wir können es auch so formulieren, dass die Institutionen »eine gewisse Kontinuität des geschichtlichen ›Erfahrungsraumes‹ [generieren], durch die sich die erwartete Zukunft an die erinnerte Vergangenheit ankoppeln lässt«.[31] Während die gewöhnlichen oder Markthandlungen ständig in neuen Situationen neue Entscheidungen treffen müssen, konservieren die Institutionen (zweiter Ordnung) bestimmte Vergangenheitsentscheidungen in eine unbestimmte Zukunft hinein.

Wenn wir dies anerkennen könnten, wäre das geschichtliche Moment der Ökonomie bestimmbar: nämlich als ein Moment des Ausblendens von Veränderung durch ein institutionell organisiertes Festhalten an in der Vergangenheit erprobten und bewährten Handlungsmöglichkeiten. North definiert Institutionen als Handlungsregeln, die – über die Zeit invariant – so etwas wie Handlungsgesetzmäßigkeiten strukturieren. Popper hatte die Unvorhersagbarkeit des künftigen Verlaufs menschlicher Geschichte hervorgehoben.[32] Die Idee, Geschichte als gesetzesartigen Prozess zu definieren, scheitere am Problem der Kontingenz und am Problem der Komplexität.[33] North argumentiert *within the institutions*, als Ökonom: Es gelten ökonomische Strukturen und Mechanismen, wesentlich transaktionskosten- und anreizgesteuert. Da er die Prozesse *within the institutions* jedoch nicht als Geschichte, sondern als Dynamik darlegt (wir müssen jetzt spezifizieren: als Dynamik nach ökonomischen Gesetzeshaftigkeiten, die ihren eigenen Regeln folgen), entwickelt North auch eine gesetzeshafte Geschichtskonzeption. Geschichte, um an unsere Analyse zu erinnern, ist Geschichte des *institutional change*, nicht der Geltung und Persistenz von Institutionen.

Die Thematisierung moderner Institutionenökonomik als *theory of institutional change* ist insofern geschichtsmethodenfähig, als sie den Wandel von Einstellungen und Geltungen zum Kriterium von Geschichtsanfälligkeit von Institutionen macht. Die Prozesse des *change of institutions* sind die eigentlichen Geschichtsprozesse. North spricht vom »path of institutional change«. Institutionen entlasten die Individuen von der normativ geforderten ständigen rationalen Wahl von Alternativen, indem sie bestimmte, einmalig gewählte Handlungssituationen über die Zeit festschreiben. »Nicht das, was Menschen denken, sondern das, was man ihnen zu denken erspart, ist offenbar das Maß zivilisatorischen Fortschritts. Der Philosoph Whitehead hat das schon vor Jahrzehnten klar gesehen: ›*Civilization advances in proportion to the number of operations its people can do without thinking about them*‹.«[34]

Wir können – wenn wir Norths ›Pfad des historischen Wandels‹ folgen – innerhalb eines einmal historisch entstandenen institutionellen Nexus möglicherweise die Grenzen seines Operationsbereichs beschreiben, nicht aber ›Gesetzmäßigkeiten‹ konstruieren, nach denen die Änderung des institutionellen Pfades selbst verlaufen muss. Denn wir müssen anerkennen, dass ›Geschichte‹ ein komplexes Phänomen ist, das sich aus konstellativen Ereignishaftigkeiten zusammensetzt. ›Konstellative Ereignishaftigkeit‹, das heißt ein Nexus von Zwecken, Ursachen und Zufällen, bildet das, was Paul Ricœur Geschichte nennt.[35] Genau genommen können wir, wie zuvor erörtert, nicht einmal »the overall direction in the long run« beschreiben, wie North es für seine Institutionentheorie annimmt.[36] Zwar konstruiert die Institution einen anhaltenden Handlungsstabilitätsraum, der in die Zeit der Geschichte hineinragt, aber in modernen Gesellschaften sind die traditionalen sittlichen Handlungskoordinationsmuster *(informal constraints)* teilweise aufgelöst, was auch bei den Institutionen neue Instabilitäten bewirkt.[37] Was North für die Wirtschafts- und Zivilisationsgeschichte rekonstruiert, muss für die moderne Moderne nicht mehr gelten. *Möglicherweise ist seine Auffassung von Geschichte und Stabilisation selber historisch!*

Norths Theorie ist eher für die Komparation von formalen und informalen Regeln bzw. Institutionen zu gebrauchen. Wenn die formalen Institutionen nicht dem »culturally derived norms of behaviour« der »informal constraints« hinreichend entsprechen, erodieren die formalen Institutionen.[38] Ihre Stabilität gewännen sie erst aus der Koinzidenz beider institutionaler Formen. Wenn North aber implizit unterstellt, dass die informellen Regelstrukturen, Normen und Verhaltenskonformitäten kulturelle Invarianzen darstellen, ist die Erörterung des Problems des »Wertewandels« in modernen Gesellschaften an ihm vorbeigegangen. North erweist sich als Vertreter einer *traditionalistischen Geschichtskonzeption*, die Ordnungsgewährleistung neu einführt. Dass Institutionen dafür selber variant und selbstregulierend sein müssen, ist für ihn ein nebensächlicher Aspekt.

Institutioneller versus historischer Wandel

Da die Institutionenökonomik Norths als *theory of institutional change* auftritt, ist die normativ gewünschte Stabilität nicht identisch mit zeitlicher Invarianz. Ihre vermeintliche Änderbarkeit aber markiert nicht den historischen Charakter der Institutionen, sondern ihre Änderbarkeit auf einem Pfad, den sie in ihren Änderungen beibehält. Das ist – wie schon angemerkt – eine Epochen-Theorie der Geschichte. Die Epoche ist nicht die Epoche einer Institution, sondern eines Rahmens, eines geschichtlichen Pfades der Institutionenmöglichkeiten, der bestimmte *institutional arrangements* zulässt, andere ausschließt. Auf diese Ausschließung kommt es North entscheidend an.

Es gibt Entfaltungen von Pfadmöglichkeiten oder -potentialen: Änderungen innerhalb dieses Rahmens *(changes within institutions)*, durchaus als Institutionenentwicklungen. Aber es gibt keinen abrupten Umschlag von Pfad A auf Pfad B. North kennt diese Fälle natürlich historisch: als Revolutionen. Sie sind selten, keine typischen Charakteristika von *institutional change*. Stabilität, so North, allein gewährleistet aber keine Effizienz. »Stabilität ist eine notwendige Bedingung für komplexe menschliche Interaktion, aber keine hinreichende Bedingung für Effizienz. Effizienz würde beides umfassen: Stabilitätsbedingungen und Institutionen, die für Organisationen Anreize bieten, produktiver zu werden.«[39] Institutioneller Wandel kann nach diesem Modell im Prinzip nur als Variation und Modifikation eines historisch einmal angelegten, ihn orientierenden Pfades verstanden werden. Damit wird klar, dass North eine – wenn auch spezifische – Theorie der Geschichte vorlegt, die schwache evolutionstheoretische Züge hat. Sie arbeitet mit Bifurkationspunkten, an denen bestimmte Pfade des institutionalen Wandels entschieden werden. Auf solchen Pfaden werden geschichtlich lange Epochen entfaltet, bis neue Verzweigungen entstehen. Solche epochenstabilen Institutionen gewährleisten lang anhaltende Ordnungsrahmen für Marktdynamiken. Das dynamische, schnelle und schnell sich ändernde Moment der Geschichte, die moderne, kapitalistische Marktwirtschaft, destabilisiert die Gesellschaften dann nicht, wenn die institutionalen Kräfte die Invarianz und Stabilität gewährleisten.

Norths Institutionenökonomik ist eine Ordnungstheorie, allerdings nicht im Gewande der *constitutional economics* Buchanans oder ihrer deutschen Variante, wie sie Walter Eucken und andere Vertreter der Freiburger Schule vertraten, sondern eine Konzeption, die den Kapitalismus *institutionally stringed and framed* sieht: mit einem Netz von Institutionen durchzogen, die sichern, dass er seine wohlfahrtsgenerierende Funktion einhält. Die Northsche *institutional economics* ist allerdings skeptisch bezüglich der Smithschen Vision der Selbstregulation der Märkte. Genauer gesagt erfordert das von Smith entworfene Schema der Selbstorganisation der Märkte durch Konkurrenz ein spezifisches Level institutioneller Rahmung (Judikative, Militär, Infrastruktur), das durch angemessenen *institutional change* immer wieder hergestellt werden muss.

Der *institutional change* hilft, die Pfadstabilität aufrechtzuerhalten. Die Institutionen ändern sich nicht, um den Kapitalismus abzuschaffen, sondern um ihn zu erhalten: Sie ändern sich, indem sie sich anderen Bedingungen anpassen, um funktional die Marktdynamik stabil zu gewährleisten. Die Geschichtlichkeit der Institutionenänderung ist bei North nur ein Anpassungsprozess zur Aufrechterhaltung der Stabilität des Pfades der institutionellen Änderungen. Alle Änderungen, die sich natürlich in der Zeit vollziehen (die marktlichen ständig, die institutionellen langsamer), sind für ihn Änderungen innerhalb der Geschichte des Kapitalismus, keine Änderungen seiner Geschichte. Insofern hat North keine neue historische Methode in die Ökonomie eingeführt, sondern nur eine Relationierung von Zeit- bzw. Geschwindigkeitsdifferenzen zwischen marktlicher und institutioneller Dynamik.

Norths Theorie des institutionellen Wandels ist eine Theorie institutioneller Dynamik. Geschichte nennt North im strengen Sinne nur die Epoche, das heißt den Pfad, der die institutionelle Entwicklung bestimmt. North unterscheidet, wenn man genauer analysiert, damit zwei geschichtliche Methoden, die er erstens auf die Phase der Geltung eines institutionellen Pfades (I) und zweitens die Phase des Wechsels eines solchen Pfades (II) verlegt.

Die Phase der Geltung eines institutionellen Pfades (I), durch seine Invarianz gekennzeichnet, ist der stabile Rahmen, innerhalb dessen sich die marktliche Dynamik in allen ihren Konkurrenzformen abspielen kann: *path of economic change – change within institutions*: Alle Bewegungen, die sich innerhalb des invariant konzipierten Institutionenrahmens abspielen, gehören nicht zur Geschichte: sie sind Änderungen in der Zeit, aber im selben Sinnkontext: in derselben *ideology*. Die Phase des Wechsels eines solchen Pfades (II) – *path of institutional change* bzw. *change of institutions* – bringt eine doppelte Dynamik ins Spiel. Bewegungen dieser Art sind geschichtliche Bewegungen, geschichtliche Änderungen oder, allgemein und kurz: Geschichte. Sie sind, in den neueren Konzeptionen Norths, zugleich Änderungen des *shared mental model*. Das ist das entscheidende Moment: *shared mental models* sind nicht nur funktionale Strukturen, sondern zugleich auch Sinnstrukturen: *coherences of belief*.[40]

Wir können es auch so formulieren, dass sich innerhalb institutioneller Rahmen und ihrer Pfade keine geschichtlichen, sondern strukturelle Bewegungen vollziehen, die durchaus gesetzeshaft beschrieben werden können. Deshalb findet die Ökonomie (als kausales Handlungsgeschehen bzw. -muster) ihren Anwendungsbereich innerhalb des Institutionenpfades. Nur der Wechsel des institutionellen Pfades bedarf einer anderen Struktur, die als Wechsel der Pfade nur ungenau beschrieben ist: Das ist Geschichte, die aber keine Struktur hat, wie es eine Gesetzestheorie der Geschichte vorschriebe, sondern narrativer Art ist, das heißt »an der Sinngebung eines geschichtlichen Geschehens« mitwirkt.[41] Gesetzesförmigkeit der Geschichte legt North in den Rahmen, den der institutionelle Pfad ausformt, genauer: in die ökonomische Institutionenerklärung, die die gewöhnlichen Kausalitätsmechanismen ökonomischer Theorie in Anschlag bringt. Doch was hier gesetzeshaft auftritt, ist nicht Geschichte, sondern Ökonomie.

Die Geschichte taucht nicht als gesetzesförmige, aber auch nicht als *narratio* auf, sondern als eine Übergangserzählung, die strukturelle wie narrative Komponenten enthält. Hier reichen die Transaktionskosten/Incentive-Kausalitäten der ökonomischen Strukturerklärung nicht mehr aus. North hat die Institutionen, die er vordem allein transaktionskostentheoretisch begründete, neuerdings kommunikations- und kognitionstheoretisch begründet: über *ideologies* und *shared mental models*.[42] Hier bekommen sie formell Sinnstrukturen zugeschrieben: *shared mental models* sind semantische Strukturen von Übereinstimmung: Alle interpretieren/verstehen die Institution bzw. ihre Regel (auch mit gleichen Nutzenfunktionszuschreibungen).

Institutional change, die zentrale und meines Erachtens einzige Geschichtstopik bei North, ist identisch mit Prozessen der Änderung des *shared mental models*, das heißt mit Änderungen der Interpretation der Situation bzw. des Verstehens der Situation. Fassen wir diese Analyse in ein Schema (Abb. 1), das uns erlaubt, den Ort präzise zu lokalisieren, den North als Geschichte bezeichnet.

	Kausalität	Sinn
Change within institutions	A Ökonomie	C Hermeneutik
Change of institutions	B Evolution	D *shared mental models* Geschichte

Abb. 1 Institutioneller und historischer Wandel nach North

Dabei sind zwei Ebenen unterschieden: *change within institutions* und *change of institutions*. Innerhalb der Institutionen haben wir es mit klaren ökonomischen Kausalbeziehungen, wesentlich *Incentive*-Mustern und Transaktionskostensenkungen, zu tun (A). Zugleich aber gibt es bei North eine zweite Ebene, auf der die *shared mental models* ihre Interpretationsleistungen einbringen (C). Die Leistungen der *shared mental models* sind nicht nur funktionalistisch, sondern ebenso auf Sinnverstehen ausgerichtet. Nur dann sind die Mitglieder überzeugt, wenn sie verstehen, warum. Diese zweite Ebene ist nicht funktionalistisch vereinnahmbar. Denn wenn die Institutionenakteure Interpretationen vornehmen, sind sie kommunikativ variant: Sie bilden nicht immer ein *shared mental model*, sondern tragen ebenso zu seiner Erosion bei. Das aber hat einschneidende Bedeutung für die Anwendung ökonomischer Kausalmuster. Wenn die Akteure die institutionelle Lage neu interpretieren, gelten die ökonomischen Kausalmuster, also die *incentives* und Transaktionskostenkalküle, nur noch bedingt bzw. ändern sich auch.

Institutionen können einseitig funktionalistisch-kausalistisch oder auch funktionalistisch-hermeneutisch interpretiert werden. Beide Aspekte arbeiten komplementär. Die Tatsache, dass Akteure trotz unklarer *incentives* die Regel der Institution weiter befolgen, hängt dann mit der Sinndimension zusammen, die das Befolgen einer Regel für sinnvoller hält als die Maximierung eines Nutzens.[43] Man erfasst dann aber die jeweils ausgelassenen Aspekte nicht, das heißt, man ist nicht in der Lage, die Institution vollständig zu beschreiben. Die *bounded rationality*, die die Institutionenökonomen als Handlungstheorie für ihre Akteure eingeführt haben, erweist sich jetzt als *bounded institutionality*.[44]

Das gilt auch für den *change of institutions*, der funktionalistisch-kausalistisch zum Teil hervorragend bei den Evolutionsökonomen beschrieben ist, aber insofern ebenso unvollständig (B). Auch hier entsteht eine evolutionsökonomisch noch nicht bearbeitete Differenz zwischen evolutiver Reaktion und sinnhafter Uminterpretationen – zum Beispiel durch Kommunikationen, die andere Bilder oder *mental models* liefern, als die üblichen Muster erwarten ließen. Die Sinndimension bringt die Kommunikationsdimension ins Spiel, das heißt die Sinnänderungsdimension.[45] Ohne eine Mindest-Komplementarität zwischen kausaler und hermeneutisch-sinnhafter Institutionenerklärung bleiben die *institutional economics* in der Gefahr, einseitig und erklärungsunscharf zu werden.

Der *change of institutions* wird bei North erst dann zur Geschichte (D), wenn der Sinn wechselt, das heißt wenn die Akteure verstehen, dass sie sich in einem geänderten Kontext bewegen, den sie verstehen. Erst dann sind sie in der Lage, ihre eigene Akteursgeschichte neu zu erzählen; erst dann sind sie geschichtliche Wesen. Erst dann werden die *institutional economics* geschichtsmethodisch. Es wird deutlich, dass North nur einen Hinweis gibt auf eine historische Methode, ohne sie zu liefern. Er ist ein Exeget einer dynamischen Theorie der Institutionen, keiner historischen Methode.

Anmerkungen

1 Vgl. zum Beispiel Clemens Wischermann, Der Property-Rights-Ansatz und die »neue« Wirtschaftsgeschichte, in: *GG* 19, 1993, S. 239–258; Jan-Otmar Hesse u. a. (Hg.), *Kulturalismus, Neue Institutionenökonomik oder Theorievielfalt. Eine Zwischenbilanz der Unternehmensgeschichte*, Essen 2002; Clemens Wischermann/Karl-Peter Ellerbrock (Hg.), *Die Wirtschaftsgeschichte vor der Herausforderung durch die Neue Institutionenökonomie*, Dortmund 2003; und Hartmut Berghoff, *Moderne Unternehmensgeschichte. Eine themen- und theorieorientierte Einführung*, Paderborn 2004. Zur Einführung in die Neue Institutionenökonomie Rudolf Richter/Eirik G. Furubotn, *Neue Institutionenökonomie. Eine Einführung und kritische Würdigung*, 2. A., Tübingen 1999; Horst Feldmann, *Ord-*

nungstheoretische Aspekte der Institutionenökonomik, Berlin 1999; und Mathias Erlei u. a., *Neue Institutionen-Ökonomik*, Stuttgart 1999.

2 Vgl. zum Beispiel Friedrich Lenger, *Werner Sombart. 1863–1941. Eine Biographie*, Tübingen 1994 u. Agnès Labrousse/Jean-Daniel Weisz, *Institutional Economics in France and Germany. German Ordoliberalism versus the French Regulation School*, Berlin 2001. Einführend zur Historischen Schule Gerhard Kolb, *Geschichte der Volkswirtschaftslehre. Dogmenhistorische Positionen ökonomischen Denkens*, München 1997, S. 99–117; und Heinz Rieter, Historische Schulen, in: Otmar Issing (Hg.), *Geschichte der Nationalökonomie*, 4. A., München 2002, S. 131–168.

3 Allein das Wort »Nationalökonomie« ist eine Erfindung des ersten Jahrzehnts des 19. Jahrhunderts, das in Konkurrenz zur »Volkswirtschaftslehre« stand und als Übersetzung von »Political Economy« diente. Vgl. dazu Birger P. Priddat, *Produktive Kraft, sittliche Ordnung und geistige Macht. Denkstile der deutschen Nationalökonomie im 18. und 19. Jahrhundert*, Marburg 1998, Kapitel 5, 8 und 17. Aber auch: Oliver Volckart, *Wettbewerb und Wettbewerbsbeschränkung in Politik und Wirtschaft. Deutschland in Mittelalter und Früher Neuzeit*, Marburg 2002, Kapitel 3.

4 Vgl. Birger P. Priddat, *Produktive Kraft*, Kapitel 12, 14 und Fin. Aber auch Heino Heinrich Nau, Von der historischen Nationalökonomie zur Wirtschaftswissenschaft. Neuere Forschungsliteratur zur Geschichte der deutschsprachigen Ökonomie, in: *Neue Politische Literatur* 42, 1997, S. 70–99.

5 Michael Küssner, *Gustav Schmollers Institutionenlehre im Licht der Northschen Theorie des institutionellen Wandels*, Diss. Köln 1995, interpretiert Schmoller von North her neu. Vgl. auch Birger P. Priddat, *Die andere Ökonomie. Eine neue Einschätzung von Gustav Schmollers Versuch einer ›ethisch-historischen‹ Nationalökonomie*, Marburg 1995; Jürgen Backhaus (Hg.), *Gustav Schmoller und die Probleme von heute*, Berlin 1993; Rudolf Richter, Bridging Old and New Institutional Economics: Gustav Schmoller, the Leader of the Younger German Historical School, seen with Neoinstitutionalist Eyes, in: *J. of Institutional and Theoretical Econ.* 152, 1996, S. 567–592; und Helge Peukert, *Das Handlungsparadigma in der Nationalökonomie*, Marburg 1998, Kapitel 3.

6 Vgl. Priddat, *Produktive Kraft*, Kapitel 11, 12 und 14.

7 Vgl. zu List ebd., Kapitel 10; zu Schmoller ders., *Die andere Ökonomie.*

8 Arthur T. Denzau/Douglass C. North, Shared Mental Models: Ideologies and Institutions, in: *Kyklos* 47, 1994, S. 3–31.

9 ›Socialreform‹ ist ein Zentraltopos der historischen Schulen der Nationalökonomie. Es ist die ins Politische übersetzte Entwicklungskonzeption der Wirtschaftsauffassung. Wirtschaft entwickelt sich, entfaltet ihre eigene Geschichtlichkeit, aber diffus und schief verteilt, so dass die Sozialökonomen, wie sich die ethisch-historischen Nationalökonomen dann auch nennen ließen, mit Hilfe von Gerechtigkeitstopoi soziale Rearrangements vorschlugen; das heißt, Sozialpolitik wurde verstanden als *institutional design.*

10 Gustav Schmoller, Geschichte der Lohntheorien, in: *Schmollers Jb.* 38, 1914, I, H. 3, S. 1–28 und II, H. 4, S. 1–32, hier S. 30.

11 Ebd., II, S. 30.

12 Vgl. dazu Priddat, *Die andere Ökonomie.*

13 Zu den Hegelschen Implikationen Priddat, *Produktive Kraft*, Kapitel 6; und ders., *Hegel als Ökonom*, Berlin 1990.

14 Vgl. dazu genauer: ders., *Die andere Ökonomie*, Kapitel 2.

15 Vgl. Douglass C. North, *Theorie des institutionellen Wandels*, Tübingen 1988, sowie ders., *Institutions, Institutional Change and Economic Performance*, Cambridge 1990.

16 Ebd., S. 3 (alle Übersetzungen hier und im Folgenden von mir, B. P.). Die Spielregeln beziehen sich auf alle Formen menschlicher Interaktionen: politische, soziale und ökonomische. An Institutionen listet North auf: Konventionen, Sitten, Verhaltensnormen, positives und Gewohnheitsrecht, Verträge etc. (ebd., S. 4). Kritisch dazu: Margaret Levy, A Logic of Institutional Change, in: Karen Schweers Cook/Margaret Levy (Hg.), *The Limits of Rationality*, Chicago 1990.

17 North, *Institutional Change*, S. 2.

18 Ebd, S. 4. Vgl. dort auch S. 1. »Institutions exist to deduce the uncertainties involved in human interaction« (ebd., S. 23).

19 Ebd., S. 2.

20 Vgl. Douglas C. North, Institutions, in: *J. of Econ. Perspectives* 5, H. 1, 1991, S. 97–118, hier S. 97; und ders., *Institutional Change*, Kapitel 14.

21 Levy, *Limits*, S. 404, Fn. 3, zitiert Kenneth A. Shepsle, der die »relative durability of institutions« ein »structure-induced equilibrium« nennt.

22 North, *Institutional Change*, S. 4.

23 Ebd., S. 4 (Kursivstellung B. P.).

24 Vgl. Norths Erklärungsbemühungen zur neuzeitlichen Entwicklung in England und den Niederlanden im Kontrast zu Spanien in: ders., Institutions, S. 110f.

25 So die Behauptung von ders., *Institutional Change*, S. 5.

26 Ebd., S. 5.

27 Ebd., S. 4.

28 Ebd. North beschreibt – ohne es so zu nennen – den ›pfadabhängigen Prozeß des institutionellen Wandels‹ als ein nichtlineares (bzw. ›chaotisches‹) System mit sensitiver Abhängigkeit von den Anfangsbedingungen. Die »sensitive Abhängigkeit von den Anfangsbedingungen [ist] eine systemimmanente Leistung […], die aus der nichtlinearen Interaktion der Komponenten hervorgeht. Insofern stellt sie ein Selbstorganisationsphänomen dar.« Uwe an der Heiden, Selbstorganisation in dynamischen Systemen, in: Wolfgang Krohn/Günter Küppers (Hg.), *Emergenz: Die Entstehung von Ordnung, Organisation und Bedeutung*, Frankfurt am Main 1992, S. 57–85, hier S. 82. Vgl. auch Sunny Y. Auyang, *Foundations of Complex-system Theories in Economics, Evolutionary Biology, and Statistical Physics*, Cambridge 1998, S. 320ff.

29 North, *Institutional Change*, S. 6.

30 Vgl. auch ebd., S. 131, wo zwischen einer neoklassischen Beschreibung der »allocation of resources at a moment of time« und einer historischen Beschreibung des »change over time« unterschieden wird, wobei die Institutionen Träger des »change over time« seien, im Gegensatz zu der »frictionless world« der neoklassischen Allokation.

31 Josef Meran, *Theorien der Geschichtswissenschaft*, Göttingen 1985, S. 133.

32 Vgl. ebd., S. 131.

33 Ebd., S. 130ff. Vgl. auch Auyang, *Foundations*, S. 328ff.; und Carsten Herrmann-Pillath, *Evolutionsökonomik*, München 2002.

34 Norbert Bolz, Im Blindflug über das globale Dorf, in: *Essener Unikate*. Berichte aus Forschung und Lehre, Universität Essen 2002, S. 43–49, hier S. 45. Vgl. auch Meran, *Theorien*, S. 131ff.

35 Paul Ricœur, *Zufall und Vernunft in der Geschichte*, Tübingen 1985, S. 15. Vgl. auch die evolutionstheoretische Ausdeutung bei Carsten Herrmann-Pillath, Singularität der Geschichte als Problem der Theoriebildung: Zufall und Notwendigkeit in der Ökonomik, in: ders., *Evolution von Wirtschaft und Kultur*, Marburg 2000, S. 112–135.

36 North, *Institutional Change*, S. 104.

37 Für eine institutionenökonomische Interpretation der deutschen Wirtschaftsgeschichte vgl. Volckart, *Wettbewerb*.

38 North, *Institutional Change*, S. 140, wie überhaupt Kapitel 14.

39 Douglass C. North, A Transaction Cost Approach to the Historical Development of Polities and Economies, in: *J. of Institutional and Theoretical Econ.* 141, 1985, S. 661–676, hier S. 666.

40 Die North ab 1994 als ›shared mental models‹ bezeichnet. Denzau/North, Mental Models.

41 Meran, *Theorien*, S. 159.

42 Wenn man die Frage der Geschichtlichkeit des Verhältnisses von Markt und Institutionen auch nach der Seite der Institutionen öffnen und eruieren könnte, welche Institutionen angemessen sind, dann würde die historische Methode auch heute wieder Resonanz bekommen können. Norths Analytik der Institutionen als *incentiv*-steuernde Regelsysteme bleibt zu abstrakt (North ist sich in den neueren Arbeiten dieser Problematik bewußt, insbesondere in der Höherschätzung der informellen Institutionen. Küssner, *Institutionenlehre*, Kapitel V, interpretiert die jüngeren Arbeiten Norths als Annäherung an Schmollers Konzeption. Die Angemessenheit von Institutionen läßt sich nicht allein durch *institutional choice* darlegen, sondern durch Untersuchung der Erwartungshorizonte von Institutionen, zum Beispiel welche Gerechtigkeitssemantik sie bedienen und handlungswirksam werden lassen. In diesem Sinne sind Institutionen zwar Regelsysteme, die den Marktauftritt kollektiv ordinieren – eine Institution als »shared mental model« ist eine kollektive Interpretation eines Handlungsnexus –, aber sie enthalten überschüssigen Sinn, der sich nicht auf ihre *incentive-structure* herunterbrechen läßt, sondern Orientierungen erzeugt, die Reduktion von Komplexität erwirken sollen. Institutionen enthalten immer auch Ideen, die sie zu verwirklichen versprechen, denen man vertraut, ohne daß sie *stante pede* realisiert werden. Sie enthalten ein transzendentales Moment an Ordnung in der Unordnung, als die die Individuen den Markt erleben. Ihr ›social capital‹ läßt die Mitglieder der Institutionen sich auch dann an ihnen orientieren, wenn die effektiven Nutzenerwägungen nicht nahelegen, das institutionelle Verhalten beizubehalten. Das erklärt zum Teil die Trägheit von Institutionen, ihre Resistenz gegen Wandel. In diesem Sinne kommt es nicht nur darauf an – gegen die reine *Incentive*-Strukturierung von Institutionen –, daß die Institutionen den erwarteten Nutzen realisieren, sondern auch darauf, ob sie, bei akuter Nichterfüllung, ein Vertrauenskapital haben, das die Individuen dennoch weiter die institutionelle Regel einhalten läßt. Ohne

eine Theorie der Kommunikation der Geltung der Institutionen – genauer der Aufrechterhaltung der Stabilität – läßt sich schwerlich ihre Existenz bzw. Persistenz erklären.

43 Man kann dann sagen, daß ›Sinn‹ hier nur ein anderer Name für ›Nutzen‹ sei. Aber es ist ja anders erklärt. Akteure erkennen in Institutionen noch dann einen Sinn, wenn sie den Nutzen nicht mehr sehen. Möglicherweise ist die Vermeidung von Unsicherheit größer als die sichtbare Kalkulation von Nutzen bzw. die Vermeidung von Unsicherheit ist der größere Nutzen. Das aber sind nominalistische Transfers, die die Differenz zwischen Sinn und Nutzen nicht beheben. Sinn kann noch dann gelten, wenn der Nutzen bereits interpretiert werden muß.

44 ›Bounded rationality‹ ist die von der Institutionenökonomik verwendete pragmatisch eingeschränktere Rationalitätskonzeption. Die Akteure haben begrenzte Informationen über ihre Wahlmöglichkeiten. Sie optimieren ihre Wahl nur noch in dem Kenntnisbereich, den sie haben, im eingeschränkteren Rahmen (›frame‹). Weil kein vollständiges Wissen mehr angenommen werden kann, kann auch keine Maximierung erfolgen.

45 Vgl. Birger P. Priddat, ›Communication of the Constraints on Action‹. Kenneth J. Arrow über Kommunikation, in: *Zs. für Nationalökonomik und Statistik* 220, 2000, S. 453–470. Vgl. auch Dirk Baecker, *Wozu Kultur?* Berlin 2001.

Sanktionen, Ehre und Gabenökonomie

Kulturelle Mechanismen der Einbettung von Märkten[1]

Georg Elwert

In Krisen erkennt man, dass Wirtschaft auf mehreren Ebenen des Vertrauens bedarf. Arbeit, aber auch Handel und Investitionen beruhen immer auf zukunftsgerichteten Handlungen, die in mehr oder minder starkem Maße der Gewissheit über die Zukunft bedürfen. Erst die gesellschaftliche Einbettung des Marktes kann diese Gewissheit schaffen. Unter einer Einbettung *wirtschaftlichen* Handelns verstehen wir daher einen normativen Rahmen, der Vorhersehbarkeitsräume durch Schließung wie durch Eröffnung von Handlungsmöglichkeiten schafft. Einerseits werden bestimmte Möglichkeiten des Wirtschaftens ausgeschlossen und andererseits wird die Langfristigkeit von Zulieferung und Absatz sowie die Stabilität von Verträgen und normativer Rahmenbedingungen garantiert. In einer Marktwirtschaft kann es zur Einbettung gehören, dass Gewalt oder Richterkorruption ausgeschlossen werden, damit sozial Schwächere die Vertragseinhaltung erzwingen können. Auch Vertrauen in Wirtschaftspartner kann Ausdruck von Einbettung, der sozialen Produktion von Vorhersehbarkeit sein.

Das Konzept der »Einbettung« von Märkten entstammt der Wirtschaftsgeschichte. Karl Polanyi benutzte diesen Begriff, um mit ihm der Vorstellung des klassischen Liberalismus von der selbstregulierenden Autonomie des Marktes zu widersprechen. Waren Märkte in der Vormoderne in vielfacher Weise durch politische Herrschaft, religiöse Gebote und soziale Normen reguliert, hatte die klassische Ökonomie in einem radikalen Bruch mit bisherigen ökonomischen Lehrmeinungen eine neue Gesellschaft postuliert, die sich ganz der Logik des Marktmechanismus unterzuordnen habe. »It means no less than the running of society as an adjunct to the market.«[2] Polanyis Verdienst ist es, das Scheitern dieses Konzepts der klassischen Ökonomie im 19. und 20. Jahrhundert nachgewiesen und die Grenzen der Entbettung der Ökonomie aufgezeigt zu haben. Dabei betonte er vor allem die Kontrolle der

Wirtschaft durch die politische Macht. Karl Polanyi erwartete mit der Durchsetzung des Kapitalismus das Ende der Einbettung.[3] Tatsächlich verschwanden in den reichsten Ländern in der zweiten Hälfte des 20. Jahrhunderts immer wieder wichtige Elemente der Einbettung, die den Markt regulierten. Gleichzeitig kam es daneben aber eben auch zu einem Wiederaufbau von Einbettung.

Wirtschaftssoziologie[4] und -anthropologie[5] haben, hiervon ausgehend, den Begriff der Einbettung vor allem auf Phänomene jenseits der politischen Regulierung angewandt, nämlich auf soziokulturelle Formen der Normen- und Grenzsetzung für wirtschaftliches Handeln. Auch die Ökonomie hat sich seit kurzem in Gestalt der *Neuen Institutionenökonomie* dieser Thematik angenommen.[6] Von Einbettung sprechen verschiedene Autoren, wenn die Voraussetzungen für das dauerhafte Funktionieren von Interaktionen und Institutionen nicht durch diese selbst gewährleistet sind, sondern Strukturen nötig sind, die – selbst von anderer Gestalt – Abweichungen von den Normen beobachten und sanktionieren und damit zugleich Grenzen der eingebetteten Institution oder Interaktionsform definieren.

Investive Wirtschaft ist in Bezug auf die Stabilität der Einbettung besonders sensibel. Die meisten Leser assoziieren damit lediglich die westliche Industriewirtschaft. Aber das Phänomen ist viel weiter verbreitet. Dies wird beispielsweise in Westafrika nicht nur am Darniederliegen der einheimischen Industrien angesichts von Korruption und Gewalt deutlich, sondern bereits an der Situation der Landwirtschaft. Wenn ein Bauer eine Pflanzung anlegt, braucht er langfristige Sicherheit. Die staatliche Enteignung bäuerlicher Ölpalm-Pflanzungen 1960–1972 ließ die meisten Angehörigen des westafrikanischen Stammes der Ayizo in Bénin vor neuen Investitionen zurückschrecken.[7] Erst fünf Jahre nach der Liberalisierung von 1989/90 begann man wieder, größere Pflanzungen anzulegen. Vor diesem Hintergrund überrascht es nicht, dass Baumpflanzungen eher politisch mächtigen Investoren oder der Entwicklungshilfe ökonomisch potenter Staaten überlassen werden.

1. Vorindustrielle gesellschaftliche Einbettung der Wirtschaft

Ein verbreitetes Klischee suggeriert, die vorindustrielle sei von der modernen Wirtschaft durch eine »tiefe Kluft« getrennt, nämlich durch diejenige zwischen sozial eingebundenen und entfesselten Märkten.[8] In Industriegesellschaften sei zum Beispiel die Arbeit auf den Nationalstaat bezogen kodifiziert, während sie in jenen fernen Gesellschaften »in einem breiten lebensweltlichen Zusammenhang eingebettet« sei.[9] Man kann gegen diese Kontrastierung einwenden, dass die Autoren der Selbststilisierung in den Texten der nationalstaatlichen Juristen und Politiker aufgesessen sind. Die moralökonomische Bedeutung der Ausgestaltung der Arbeitsverhältnisse auf der Ebene der Teams[10] und die Rolle der Arbeit außerhalb des Marktes – etwa innerhalb der Familie – sind ihnen entgangen. Dadurch erscheint Arbeit in Industriegesellschaften rigider und rechtsförmiger organisiert und in fernen Gesellschaften exotischer zu sein, als sie es tatsächlich ist. Hier soll jedoch nur eine Seite des Klischees in Frage gestellt werden: Die Vorstellung von der »breiten lebensweltlichen Einbettung« des vormodernen Arbeitens, bei dem Wirtschaft und Arbeit »von der Familie oder religiösen Aktivitäten noch nicht rigide unterschieden“ sei.[11]

Bei den Ayizo in Westafrika zumindest sind verschiedene Arbeiten und die Rechte an den Produkten dieser Arbeit scharf geschieden und durch deutlich getrennte Formen gesichert. Viel Arbeit wird für Verwandte, Freunde und Schwäger geleistet. Hier handelt es sich nicht um eine diffuse Solidarität, sondern um Leistungen, die für spezifische Personen erbracht und in der Menge genau bemessen werden – wie das Schwenden (Urbarmachen) eines bestimmten Feldes oder das Füllen eines Speichers mit dem Grundnahrungsmittel Mais.[12] Nicht jeder Mensch, zu dem ein Band der Sympathie besteht, kann Leistungen erwarten, sondern nur derjenige, mit dem eine institutionalisierte Freundschaft besteht. Je nach der Beziehung zwischen Leistendem und Empfänger sind unterschiedliche Sozialorganisationen (zum Beispiel die Verwandtschaftslinie väterlicherseits oder eine Gesellschaft zur gegenseitigen Hilfe mit ihren gewählten Führern) Instanzen zur Durchsetzung versprochener oder rechtens anzufordernder Leistungen.

Die Vielfalt und hohe Regeldichte der Verpflichtungen sehen wir an einem heute nur noch wenig bedeutenden Wirtschaftszweig: der Jagd. In Gebieten, die zu den Verwandtschaftslinien des Dorfes gehören, durfte man jagen. Die individuelle Jagd vor allem der jungen Männer ging überwiegend auf große Nagetiere: Bis in die 1980er Jahre musste der Jäger davon Haut, Kopf und einen Hinterlauf an seinen Vater oder, wenn dieser tot war, an dessen ältesten Bruder abgeben. Dieser verteilte die Stücke an die nahen matrilinearen Verwandten, behielt aber die Haut mit der Fettschicht. Das Rückrat mit dem Fleisch daran wurde der Mutter, oder wenn diese tot war, der ältesten Schwester gegeben. Dem Jäger blieb also nur ein Rest von wenig mehr als der Hälfte der Beute.

Antilopen und andere größere Tiere wurden bis in die 1970er Jahre kollektiv von jüngeren Männern auf Treibjagden zur Strecke gebracht. Spurensucher und Treiber erhielten die vier untersten Rippen des Wildbrets, der Jäger erhielt den Kopf, einen Hinterlauf, das Rückenfleisch und die Haut. Die übrigen Läufe gingen an die Mitjäger. Den Hals erhielt der Jäger oder Spurensucher, der das Tier lokalisierte. Der Rest des Rumpfes ging an die anderen Leute im Dorfviertel und je nachdem, ob man in einem Wald der Ahnen oder in einem Wald der Wassergottheit jagte, auch an den Dorfchef oder an den Priester der Lokalgottheit. Wenn jemand nicht den Regeln entsprechend abgab, konnte er wegen Diebstahls vor die Ältesten der Verwandtschaftslinien zitiert werden. Den Informanten war allerdings kein solcher Fall bekannt. Zumindest hatte sich niemand erwischen lassen, da die Schande der öffentlichen Beratung der Schuld ausgereicht hätte, um ihn aus dem Dorf zu treiben.

Quantitativ gesehen fußt die meiste Arbeit im ländlichen Raum auf zwei Langfristrechten: dem Eigentum am Boden und der Ehe. Der größte Teil der Ayizo-Bauern kann auf eigenem Land wirtschaften. Solange es sich nicht um Pflanzungen handelt, die die Begehrlichkeit mächtiger staatlicher Akteure wecken, ist die Sicherheit des Bodens gegeben. Durch diese Sicherheit sind auch andere Transaktionen, wie das Verleihen des Landes, möglich. Wegen der langen Brachezeiten kommt fast jeder Bauer gelegentlich in die Lage, Boden leihen zu müssen. Wer – zum Beispiel für Zeremonien – viel Bargeld braucht, verpfändet Land.

Die Ehe ist ein nicht minder wichtiges, eigentumsähnliches Langfristrecht. Sie erscheint als ein wechselseitiger Arbeitsvertrag. Die Heiraten werden von ökonomischen Entscheidungen dominiert, die sich nicht nur auf die Paare selbst, sondern auch auf die Verwandten väterlicherseits, die patrilineare Verwandtschaftslinie *(lineage)*, auswirken. Die Männer und ihre Verwandtschaftlinien zahlen als eine Art Pfand einen Brautpreis an die Frau und ihre Verwandtschaftslinie. Selbst Schönheitskriterien verweisen auf ökonomische Relevanz: Breite Schultern gelten bei Männern *und* Frauen als schön. Auf die naive Nachfrage, ob das wirklich auch für Frauen gelte, erhielt ich zur Antwort, dass breite Schultern ja auch zeigten, dass sie gut Kinder auf dem Rükken tragen könnten.

Das Ehepaar bildet ganz anders als in Europa keine Gütergemeinschaft. Die Partner schulden einander klar festgelegte Dienstleistungen und Abgaben. Für die Grundnahrungsmittel muss der Mann sorgen, für das Kochen und die Zutaten die Frau. Ob sie etwa das Wasser von der Quelle zu holen oder er eine Zisterne zu bauen hat, wird vor der Eheschließung ausgehandelt. Die Frau kann die Arbeitskraft ihres Mannes für das Schwenden eines Gartenfeldes beanspruchen, bei der Ernte hingegen muss sie ihm helfen. Viele Dinge, die in Europa oder Nordamerika zur Ökonomie der Ehe dazugehören, werden hier durch den Markt reguliert. Wenn die Frau zum Beispiel gekochte Nahrung auf dem Markt verkauft, muss der Mann für diese Speisen zahlen. Gäbe sie ihm etwas kostenlos, würde dies wie eine öffentliche Aufforderung zum Beischlaf wirken. Wenn die Frau Händlerin ist, erhält sie seine Feldfrüchte nicht kostenlos, sondern muss sie kaufen. Dabei genießt sie allerdings ein Vorkaufsrecht.

2. Einbettung durch Prestige

Zu einer gesellschaftlich eingebetteten Arbeit gehört auch die Zuweisung von Prestige. Diese Zuweisung von Reputation ist – wie oft übersehen wird – ein sozialer Prozess, der zu den grundlegenden Elementen jeder menschlichen Gemeinschaft gehört. Prestige kann aber nur dort erworben werden, wo dies gesellschaftlich institutionalisiert ist. Bei den Fon, einer Gesellschaft von Sklavenjägern und -haltern, die die Ayizo vor der Kolonialzeit beherrschten, hatte Feldarbeit ein geringes Ansehen. Dagegen ist die Arbeit im bäuerlichen Kontext der Ayizo, die die Wertordnung der Fon schon lange explizit abgelehnt hatten, eine der zentralen Quellen von Prestige. Dies gilt sowohl für Arbeit auf dem eigenen Feld oder zum Bau des eigenen Hauses als auch für Arbeit zugunsten anderer. Auch diejenigen Ayizo, die als Lohnarbeiter wirken oder einen Freundschaftsdienst leisten, können Prestige erwerben, wenn sie ihre Arbeit schnell verrichten und diese qualitativ hochwertig ist. Bis in die 1970er Jahre war für junge Männer daher der Prestigeerwerb eine wichtigere Motivation zu Höchstleistungen auf dem Feld als der monetäre Gewinn. Bei Frauen galt noch bis zum Anfang der 1990er Jahre, dass das Gebären und Aufziehen von Kindern – nicht nur aus ihrer Sicht eine Ehre schaffende Arbeit – im Falle eines Zeitkonflikts Vorrang vor dem Handel haben musste.

Prestige erringt auch, wer sich beim Tanzen – einer auf den ersten Blick der Arbeit fernen Tätigkeit – durch Kraft und Geschwindigkeit der Bewegungen als überlegen erweist. Zum Tanz gehören auch Phasen des Wettbewerbs: Die Musik wird lauter und schneller, zwei Tänzer werden ermuntert, in die Mitte des Kreises zu springen und durch die Kraft und die Geschwindigkeit ihrer Bewegungen einander auszustechen. Besonders viel Beifall kann erhalten, wer durch die Geschwindigkeit seiner Bewegungen den Trommelrhythmus der Musiker anspornt. Diese Konkurrenz ist der Arbeit sehr nah, da die Motorik des Tanzens mit der des Hackens und Stechens fast identisch ist. Beim Tanz kann sich nur profilieren, wer dank regelmäßiger Feldarbeit trainiert ist. Aus diesem Grund hatten die in diesen Wettbewerben offenbar benachteiligten Oberschüler des Dorfes Ayou mehrfach gegen zu athletische Tänze Stellung bezogen.[13]

Bei der Prestigezuweisung wird Arbeitsleistung in Bezug zur alterstypischen Fähigkeit gesetzt. Ein über hundertjähriger Mann, der jeden Tag in der Saison zur Feldarbeit ging, hatte Grund, stolz zu sein. Seine Söhne und Enkel hatten das beetgroße Feld ganz in der Nähe des Hauses für ihn angelegt. Während er – wie es sich gehört – seine Arbeit nicht lobte, zeigten sie unverhohlen ihre Wertschätzung für den Alten und sein Arbeiten. Wenn ein alter Mann hinfällig ist, kann er nicht arbeiten; er gilt als krank oder ermattet. Dieser Zustand bietet zwar keine Chance zum Erwerb von Prestige, ist aber auch nicht schändlich. Personen europäischer Lebensart, welche von Ayizo beobachtet werden, erregen bisweilen ihr Erstaunen durch Nichtarbeit: Rentner und Arbeitslose, die ihre Subsidien verzehren, Hausfrauen, die sich nicht um Kinder sorgen müssen und dennoch nicht Händlerinnen werden. Ich wurde gefragt, ob in Europa solches Verhalten für die Betreffenden nicht schändlich sei. Tatsächlich kann uns diese Perspektive zu Fragen anregen. Ist das geringe Einkommen von Arbeitslosen und Rentnern deren einziges großes Problem? Schafft nicht der Ausschluss von der Chance, durch Arbeit Prestige zu erwerben, ein ebenso großes Problem? Bieten Einfachdienste, die im Niedriglohnsektor geschaffen werden sollen, Prestigechancen?

3. Einbettung ohne Rechtsstaat

In den armen sogenannten »Entwicklungsländern« wird nahezu selbstverständlich erwartet, dass sich die politischen Herrscher selbst bedienen und dass das Recht der Masse der Bevölkerung kaum Nutzen bringt. Die Projekte der technischen Zusammenarbeit in der sogenannten Dritten Welt stärken einen Staatstyp, der, in Anlehnung an den Begriff der Kommandowirtschaft, aufgrund des Willkürelementes als »Kommandostaat« bezeichnet werden kann. Seine wichtigsten Parameter lassen sich wie folgt zusammenfassen:

1. *Das Primat der präsenten Autorität.* Gesetze und persönliche Macht koexistieren. Es gibt keine Gewaltenteilung. Die präsente Autorität hat Vorrang.
2. *Eine umgekehrte normative Hierarchie.* Während im Rechtsstaat die Verfassung über den Gesetzen steht und diese über den Verordnungen, steht im Kommandostaat die präsente Autorität über den Verordnungen und diese wiederum über den Gesetzen und der häufig unbekannten Verfassung.
3. *Die Flüchtigkeit der Gesetze und Verordnungen.* Gesetze und Verordnungen gelten nur so lange, wie derjenige, der sie erließ, an der Macht ist.
4. *Die potentielle Illegalität jeden Handelns und das Prinzip der Genehmigung.* Jede Handlung, welche nicht explizit autorisiert wurde, ist potentiell illegal. Korruption kann diese Illegalität aufheben.
5. *Blockade als Machtstrategie.* Wer andere blockiert, zeigt, dass er Macht hat. Dies gilt besonders im inneradministrativen Kampf.
6. *Eine begrenzte, aber wirksame Präsenz von Befehlsketten.* Politiker und Beamte können in Befehlsketten eingebunden sein. Politische, administrative und richterliche Ämter werden dabei nicht unterschieden.
7. *Sektorielle und regionale Arbeitsteilung.* Das formelle Recht definiert die Arbeitsteilung zwischen Behörden nach Sektoren und territorialen Grenzen für legales und korruptionsbezogenes Handeln.
8. *Willkür als Ausweis von Stärke und Fassade.* Willkür gilt als der überzeugendste Nachweis von Macht. Sie muss demonstriert werden.
9. *Die Erzeugung von Vagheit.* Schriftliche Normen sind durch Vagheit und Widersprüchlichkeit gekennzeichnet. Dies erzeugt Raum für Willkür.

Im Kommandostaat steht damit die präsente Autorität über dem Gesetz. Alles, was nicht erlaubt ist, ist potentiell illegal. In einem solchen System gedeihen Korruption und Klientelismus. Das Wirtschaftsleben wird von Machtstrukturen überformt – es handelt sich um eine voluntaristische und nicht legale Marktregulierung. Der Wettbewerb orientiert sich nicht an Qualität oder Preis, sondern an den Verbindungen zur Macht und daraus resultierenden Blockademöglichkeiten. Der Kommandostaat erscheint nach außen oft als übertriebenes Beharren auf bürokratischen Regeln, als Bürokratismus. Tatsächlich ist dies aber nur eine Fassade. Das tatsächliche Ziel ist es, das Gegenüber zu blockieren und ihm hohe Zeitkosten abzunötigen.[14] Wer siebzig Unterschriften von Beamten für die Bezahlung einer einzigen Rechnung einholen muss, wird als Unternehmer nicht umhin können, einen der Beamten zu bestechen, damit er Autonomie über seine Zeit wiedergewinnt.

Zum Kommandostaat gehört auch das Phänomen der Schattenwirtschaft.[15] Tatsächlich findet ein wesentlicher Teil des produktiven Gewerbes in der sogenannten Dritten Welt im informellen Sektor statt.[16] Dieser Wirtschaftssektor wird von manchen Beobachtern romantisch verklärt: Glauben wir dort nicht ein hohes Maß an Findigkeit einerseits und aktiver Solidarität andererseits zu verspüren? Diese Beobachtungen mögen zutreffen, jedoch kann die Findigkeit des Einzelnen in der Schattenwirtschaft nur wenig Früchte tragen. Unternehmen, die nicht registriert sind, können von den Banken im formellen Sektor keine Kredite erhalten. Unternehmen, die offiziell nicht existent sind, können sich nicht gegen Diskriminierung oder Erpressung durch real existierende Beamte wehren. Die Solidarität im informellen Sektor, welche sich auch darin zeigt, dass durch exuberante Feste mit großem Aufwand Beziehungsnetze geknüpft werden, ist daher aus unserer Sicht ein Surrogat für Institutionen der sozialen Sicherung mit staatlicher Garantie.

Je größer die informelle Wirtschaft, desto drängender wird das Problem der Vertragstreue. Wo keine staatliche Rechtsinstanz über den Markt wacht, muss die Vertragseinhaltung auf anderem Weg erzwungen werden. Hierzu bieten sich illegale Gewaltspezialisten an – dieses Phänomen nennt man Mafia.[17] Da Informalität der Wirtschaft bisweilen als Arbeitslosigkeit getarnt erscheint, kann der Eindruck entstehen, hohe Arbeitslosigkeit fördere *per se* Gewalt. Tatsächlich liegt die Verbindung in den für illegales Wirtschaften erforderlichen Erzwingungsstrukturen. Märkte gegen Konkurrenten zu sichern oder Leistungen einzutreiben, erfordert unter diesen Bedingungen Gewalt.

Können informelle Märkte auf Institutionalisierung verzichten? Der Begriff der Informalität legt dies nahe. Märkte, die der institutionellen Absicherung durch den Staat entbehren, sind prekär. Müssen sie nicht in besonderem Maße kulturelle Prägungen zeigen? Das verblüffende Ergebnis des Vergleichs sind die Gemeinsamkeiten. Unter den Bedingungen der Unsicherheit zeigen sich nämlich besonders deutlich die Funktionsbedingungen von Märkten.[18]

Bei der Entstehung informeller oder illegaler Märkte kommt es zum Aufbau von Institutionen (Arbeitsvermittlung, Leistungsbewertung, Standardisierungen, Marktinformation, Gesundheit, Kapitaltransfer, Geldanlagen). In Migrationsprozessen werden daher manche Institutionen der Aufnahmegesellschaft »parasitär« genutzt, andere importiert, vor Ort neu geschaffen oder adaptiert. Relativ rasch entsteht eine arbeitsteilige Struktur. Die einzelnen Netzwerke bauen sich jeweils eigene Institutionen auf oder teilen sich die Kosten. Eine Schlüsselfunktion kommt dabei jenen Institutionen zu, die die Vertragseinhaltung erzwingen können. Auch hier findet sich eine »parasitäre« Nutzung bestehender Institutionen, zum Beispiel durch bestochene Polizisten, die als Ordnungsfaktor dienen. Häufiger ist aber die Kontrolle durch Institutionsaufbau im Ursprungsland bzw. die Schaffung illegaler Erzwingungsinstanzen – einer »Mafia«. Hinter dem, was als Volatilität der illegalen Märkte erscheint, verbirgt sich eine bemerkenswerte Lernfähigkeit.

Dies zeigt wiederum das Beispiel der Ayizo in Westafrika. Eine zunehmende Zahl junger Ayizo strömt in die städtische Wirtschaft. Die *De-facto*-Hauptstadt Bénins, Cotonou, erlebt daher derzeit einen ungewöhnlichen Boom. Ökonomen schätzen das jährliche Wachstum der örtlichen Wirtschaft auf 10 bis 20 Prozent, können diese Zahlen aber nicht veröffentlichen, denn andernfalls wäre das nützliche Image der Armut gefährdet, das besonders günstige Entwicklungshilfe legitimiert. Für die in die Stadt strömenden Arbeitskräfte bedeutet dies, dass kein politisches Interesse besteht, ihre Arbeitsverträge zu offizialisieren, so dass sie in den informellen bzw. informell gehaltenen Sektor der Wirtschaft gedrängt werden. Sie arbeiten dabei relativ selten als Selbständige in der handwerklichen Produktion oder im Handel, sondern meistens im Rahmen abhängiger Erwerbsarbeit mit Zeitlohn, Stücklohn oder knebelnden Provisionsverträgen. Diese kann kontraktuelle und monetäre Formen annehmen. Ein sozialrechtlicher Schutz fehlt dabei fast durchgängig.

Dieser Umstand wird jedoch durch ein ganzes Bündel von Maßnahmen kompensiert, etwa die Bildung von Netzwerken: Man sucht Arbeit bei Leuten, die Bekannten, Verwandten, Verwandten von Bekannten oder Bekannten von Verwandten verpflichtet sind. Die Risiken werden durch weitgehend autonom zu erledigende Aufgaben begrenzt. Was auf den ersten Blick wie eine große Autoreparaturwerkstatt aussieht, entpuppt sich als ein Netz von Unternehmern und Subunternehmern. Die einen schrauben, die anderen schweißen, wieder andere stanzen aus Altmaterial Blechteile und Dichtungen, wieder ein anderer lackiert und beschäftigt seinerseits Polierer. Alle werden je nach Arbeitsfortschritt und Materialbedarf bezahlt. So kann aus Schrottteilen etwas entstehen, was wie ein Neuwagen aussieht. Alle Arbeitenden sind untereinander durch mündliche Arbeitsaufträge und Werkverträge verbunden. Wer den ursprünglichen Auftrag einbringen konnte, wer Geld für Materialkosten vorschießen kann (bisweilen der Kunde) oder wer den Strom produzieren oder »besorgen« kann, ließe sich am ehesten als Unternehmer, aber nicht als »Arbeitgeber« im europäischen Sinn ansprechen.

Besonders wichtig ist die Doppelung der Marktverträge durch andere soziale Beziehungen, vor allem durch die »Zeremonien«. Seit den 1950er Jahren steigt nach allen Berichten der Aufwand für die sogenannten traditionellen Zeremonien – Heiraten, Taufen, religiöse Initiationen und insbesondere Beerdigungen. Durch reiche Bewirtung der Gäste und durch Gaben an die Veranstalter werden reziproke Verpflichtungen geschaffen. Selbst Bauern haben beim Tod eines Elternteils meist mehrere hundert Personen zu bewirten. Wer es in der Stadt zu etwas bringen oder seinen Status bewahren will, muss die Bewirtung von bis zu mehreren tausend Gästen anstreben. Ausschlagen kann man eine Einladung kaum. Ungeladene Gäste heben das Prestige des Gastgebers. Abweisen könnte er sie nie. In der einheimischen Sozialkritik werden diese Zeremonien als Verschwendung kritisiert.[19] Wer es aber wagt, sich ihnen zu entziehen, spürt bei der nächsten Krise eines Vertrages die Konsequenzen: Die erwartete Unterstützung bleibt aus. Wo das soziale Sicherungssystem leidet, erfordert die Beziehungsarbeit Investitionen. Das ganze Bündel von Arrangements und Strategien zur sozialen Sicherung wirkt bei den Ayizo recht effektiv.

Der steigende Aufwand zur sozialen Absicherung kann sogar unmittelbare, weltweite ökonomische Konsequenzen entfalten, wie sich anhand des internationalen Goldmarktes aufzeigen lässt. Die hohe symbolische Bedeutung des Goldes insbesondere in Indien und im Mittleren Osten führte in den achtziger und neunziger Jahren des letzten Jahrhunderts dazu, dass die Nachfrage der Entwicklungsländer nach Schmuckgold erstmals diejenige der Industrieländer überstieg. Aufgrund der herausgehobenen Bedeutung des Goldes für die Mitgift der Bräute wurde Indien sogar zum weltweit größten Goldimporteur. Fluktuationen des Heiratsverhaltens, das sich in Indien stark an astrologischen Konstellationen orientiert, beeinflussen damit unmittelbar die Konjunkturen des globalen Goldmarktes, auch wenn sie in erster Linie der Sicherung der lokalen Marktverträge dienen.[20]

4. Institutionen in illegalen Märkten

Genaueres über die Machtstrukturen der informellen Wirtschaft Westafrikas wissen wir dank einer Studie über die *Zongo* genannten Stadtviertel der Haussa in Wagadugu.[21] Hinter einer Rhetorik der ethnischen Gemeinschaft besteht hier eine rigide Unterordnung unter den sich König *(sarki)* nennenden Repräsentanten, der die Haussa gegenüber der Staatsmacht vertritt. Er schützt neu ankommende Arbeitskräfte gegen die Willkür der Polizei, weist ihnen Wohnung und Unterstützung für die erste Zeit zu, diktiert aber auch die eher niedrigen Löhne. Die ihm unterstehenden Gangs werden von allen Vertragspartnern gefürchtet. Das Prinzip dieser Gangs hat sich in Nigeria im Laufe der letzten beiden Jahrzehnte generalisiert und erweitert. Als anheuerbare *area boys* stehen sie dem, der sich ihre Dienste leisten kann, zur Vertragsdurchsetzung, aber auch zur Sicherung regionaler Monopolstellungen zur Verfügung. Die eingewanderten Lohnarbeiter fürchten und bewundern sie. Ihren Status möchten sie erlangen. Wenn die *area boys* von politischen Unternehmern für Schlägereien rekrutiert werden, schließen sich unbezahlt auch andere Wanderarbeiter an, um so in die Gruppen einsteigen zu können.

Ein Informant aus Bénin berichtete mir vor kurzem dagegen, dass in der italienischen Region Campania ein Fünftel der neuankommenden Erntearbeiter um ihren ersten Wochenlohn betrogen werden. Der Arbeitgeber jage sie mit der Waffe in der Hand davon. Alle die, die aus seinem Land mehrfach nach Italien zur Arbeit einreisen, würden daher jetzt die Campania meiden. Auch dieses Verhalten hat seine klare Logik, denn wo das im Arbeitsvertrag liegende Versprechen gebrochen wird, können keine dauerhaften Arbeitsmärkte entstehen. Illegale Arbeitsmärkte benötigen daher, genauso wie legale, dauerhafte Institutionen, die den Verträgen einen Rahmen geben und sie stabilisieren. In Phasen des Überangebots an Arbeitskräften möchten die Arbeitnehmer eine ruinöse Konkurrenz und damit Lohnsenkungen verhindern. In Phasen des Mangels möchten dagegen die Arbeitgeber das Risiko einer »Erpressung« von Lohnsteigerung durch wechselwillige Arbeitnehmer reduzieren. Ganz besonders wichtig sind daher Institutionen, welche die Einhaltung der vereinbarten Arbeitsverträge garantieren.

Bei länger existierenden illegalen Märkten finden wir deshalb Prozesse der inneren Differenzierung genauso wie Prozesse der Monopolisierung. Hierzu gehört insbesondere, dass einzelne Funktionen Spezialisten übertragen werden. All diese Phänomene, welche die wirtschaftsanthropologische und -soziologische Theorie vorhersagt, finden sich auch auf illegalen Arbeitsmärkten:

Es existiert eine funktionale Spezialisierung mit professionellen Arbeitsvermittlern, die Institution von ›weisen Männern‹, welche im Streitfall begutachten, ob eine Arbeitsleistung von Qualität war oder nicht, Spezialisten für den Geldtransfer und nicht zuletzt zahlreiche institutionelle Regelungen für die Vertragserzwingung.[22] Subjektiv erscheint der Aufbau dieser Institutionen freilich nur selten als marktbezogen. In der Situation der drohenden Isolation wird eine Integration in ein Netz anderer Menschen der gleichen Kategorie gesucht.[23] Gerade wenn man diskriminiert wird, können Begegnungen im gleichen Migrantenmilieu Selbstbewusstsein verleihen, denn hier erhält man wertvolle Tips von Menschen, welche vergleichbare Probleme schon früher zu bewältigen hatten. Auch religiöse Gruppen vermitteln in ähnlicher Weise durch ihre Rituale und ihre oft rigiden, den Alltag strukturierenden Meidungsnormen Halt und Heilung.

Die harmloseste Form einer Vertragserzwingung ist demgegenüber die Schaffung oder Festigung von Reziprozitätsverpflichtungen. Dieser Mechanismus zeigt sich auch bei illegalen Arbeitsmigranten in Deutschland. So hütet die Arbeitsvermittlerin einer Migrantin zum Beispiel deren Kinder während ihrer Abwesenheit oder beaufsichtigt die Reparatur des Hauses.[24] Häufig dient auch die Festigung von Verwandtschafts- und Schwägerschaftsbanden der Organisation des Arbeitsmarktes: Man arbeitet bei nach Deutschland ausgewanderten Verwandten und kann diese bei Vertragsverletzung durch die im Heimatdorf verbliebenen Verwandten unter Druck setzen.

Je höher die Anforderungen an die Qualität der Arbeit und je höher die vom Arbeitnehmer in der Hand gehaltenen Werte sind, desto größer ist jedoch die Versuchung, sich einer solchen Kontrolle zu entziehen. Dies lässt sich etwa an den von Kristóf Gosztony untersuchten vietnamesischen Zigarettenhändlern detailreich beobachten.[25] Die illegalen Transportspezialisten, welche die Ware über die Oder bringen, und ihre Mitarbeiter – darunter auch deutsche Beamte in Nebentätigkeit – müssen ihre Präzisionsarbeit gut erledigen: Die Ware darf nicht nass werden, und sie muss auf die Minute genau zum richtigen Zeitpunkt am verabredeten, verborgenen Ort sein. Die Versuchung zur Unterschlagung ist angesichts der transportierten Werte erheblich. Nicht nur wegen der erstrebten Monopolisierung der illegalen Zigarettenmärkte oder der Sicherung von Einflusszonen, sondern auch wegen der Durchsetzung der Autorität der Arbeitgeber gegenüber den aus Vietnam importierten Arbeitskräften sind daher illegale bewaffnete ›Ordnungsspezialisten‹ erforderlich (die Staatsanwaltschaft spricht von »Vietnamesenmafia«). Nach Ansicht dieser ebenfalls von den Arbeitgebern nach Deutschland angeforderten Spezialkräfte können sie ihre Aufgabe am besten durch spektakuläre Bluttaten erledigen. Sie setzen auf einen Abschreckungseffekt. Finden Gewalttaten innerhalb eines ›Ausländermilieus‹ statt, schenken die Strafverfolgungsbehörden diesen weniger Beachtung. Dies ist eine günstige Voraussetzung für den Aufbau von Mafiaorganisationen innerhalb der illegalen Märkte, doch finden sich in anderen ethnisch spezialisierten Marktsegmenten ähnliche Erzwingungsinstitutionen, auch wenn man dort eher die Form unauffälligerer oder nichtöffentlicher Sanktionen wählt.

5. Chancen zur Selbstveränderung

Firmen, die sehr lange »leben«, fallen auf. Jede über den Moment hinaus bestehende soziale Struktur muss aber, um bestehen zu können, sowohl Kontinuität als auch Wandel organisieren. Beide Aufgaben widersprechen sich gelegentlich.[26] Um dies deutlicher zu sehen, ist es hilfreich, Abstand von *unserer* Gesellschaft zu nehmen und auch bäuerliche Dorfgemeinschaften, Verwandtschaftslinien von Nomaden und andere nicht-industriegesellschaftliche soziale Einheiten zu betrachten. Diese Gruppen und Ethnien erscheinen uns als »wilde Stämme«, tatsächlich aber sind es in hohem Maße geordnete Gebilde, die sich unter schwierigen Umweltbedingungen behaupten konnten.

In mancher Hinsicht sind diese Ethnien modernen Firmen ähnlich: Sie müssen sich in einer widrigen Umwelt mit Kriegen und Naturkatastrophen halten, ohne dass sie eine höhere Einheit vor dem Totalverlust schützt. Wer sich gegen Konkurrenz auf dem Markt behaupten und Konjunkturkrisen überleben will, hat ähnliche Probleme zu bewältigen. Ethnien haben eine Sozialordnung, von der nur wenig formal festgelegt ist und von der sich das meiste informell als »Selbstverständlichkeit« und Routine zeigt. Sie müssen sich immer wieder neuen Überlebensbedingungen anpassen und dürfen gleichzeitig ihre Regeln nicht so weit verändern, dass das interne Verstehen zum Problem wird. Strukturen in Firmen und Ethnien haben damit vielfältige Gemeinsamkeiten, die uns einiges über die unbewussten Verlaufsformen sozialen Handelns lehren. Mit diesem Perspektivwechsel betrachten wir beide als abgrenzbare Einheiten, die sich reproduzieren, sich selbst organisieren müssen und mit ihren Nachbarn in Austausch und Konkurrenz stehen. Wenn sich eine Ethnie nicht wandelt, sich nicht neuen Bedingungen anpasst oder den Nachbarn neue Bedingungen aufzwingt, dann verliert sie in der Konkurrenz und zerfällt. Bei einer Firma ist das nicht anders. Wer auf einem Konkurrenzmarkt bestehen will, muss sich verändern.

Diese Veränderungen, die für das Ganze, das »System«, notwendig sind, sind aber bei den Einzelnen eher unerwünscht. Wo viel verändert wird, werden Routinen gestört und schwindet die Vorhersehbarkeit.[27] Wenn Fundamentalisten Veränderungen verteufeln, können sie oft ein hartes Argument aufführen: Manche Veränderungen bedrohen die Reproduktion. Wenn durch neue Regeln für Ehe und Sexualität die Zuordnung und die Zahl künftiger Kinder zur Frage wird, wird der Fortbestand der Ethnie gefährdet, genauso wie durch eine Reorganisation der Firma die einzelnen Teile unter Umständen nicht mehr einander zuarbeiten können. Wenn sich Sprache oder Spielregeln so sehr verändern, kann Wissen über Irrwege und Gefahren nicht mitgeteilt werden. Die kollektive Intelligenz, die sich im Lauf der Zeit akkumuliert, wird zu einem Teil unbenutzbar. Für komplexe Einheiten wie für Ethnien oder Großfirmen gilt, dass den Akteuren nie alle zukünftigen Entwicklungsmöglichkeiten aus eigenem Erleben bekannt sind. Was vorher bedacht werden sollte, kann zum größeren Teil nur erfasst werden, wenn vergangene Erfahrung einbezogen wird. Die zum Handeln gezwungenen Jungen müssen mit den erfahrungsreichen Alten kommunizieren. Die innere ›Anschlussfähigkeit‹ kommt so auf die Tagesordnung.

In jeder Sozialordnung wird mit relativ viel Aufwand Kontinuität sichergestellt, was meist unbewusst geschieht. Rituale, Höflichkeitsregeln, die Verteilung von bestimmten Tätigkeiten auf bestimmte Räume und Zeiten, Mitgliedschaft in Gruppen bilden informelle Muster. Weil solche Muster den Akteuren selbstverständlich erscheinen, halten sie sich auch über Krisen hinweg. Durch die formale Struktur der Firma – in Verträge und Befehlshierarchien gegossen – wird diese Ordnung noch einmal überprägt. Durch die große Bedeutung der formalen Struktur für ihre Außenbeziehungen sind Firmen aber leichter als ethnische Gruppen der Gefahr der Erstarrung ausgesetzt. Man kann von einem angeborenen Konservatismus der formalen Organisation sprechen. Diesen können wir dort sehen, wo kein Wettbewerbsmarkt besteht, sondern sich ein Unternehmen auf die treue Auftragserteilung eines großzügigen Kunden – zum Beispiel des Staates – verlassen kann. Dort, wo Firmen auf umkämpften Märkten operieren, überleben sie bezeichnenderweise nur selten länger als vier Generationen. Im Vergleich zu Ethnien erscheinen sie weniger anpassungsfähig, da sie auf Branchentradition programmiert sind und zudem kaum Reservepotentiale haben, um Krisen zu überstehen: Gerade weil sie rigide sind, bleiben sie kurzlebig.

Jede soziale Gruppe muss daher den Widerspruch zwischen strukturell angezeigter Beharrung und von außen erzwungener Veränderung auflösen. Um die interne Anschlussfähigkeit zu sichern, bezieht sich Gesellschaft auf sich selbst: Man kontrolliert, ob Neues auch noch dem vorgestellten Modell ähnlich ist. Um mit den Anderen mithalten zu können oder sie zu überrunden, haben ethnische Gruppen ihre jeweils unterschiedlichen Formen der Selbstveränderung. Dazu gehören der Ideenimport durch Nachahmung, Wanderungen in die Fremde oder Integration von Einwanderern. Im Verhalten wie in den Produkten werden Varianten und Neuschöpfungen erprobt und dann für die vorhersehbare Zukunft ins Inventar übernommen.

Durch solche Mechanismen wird auch Fremdes zu Eigenem gemacht (nostrifiziert). Was auf der Ebene des Patenterwerbs noch recht einfach erscheint, ist jedoch auf der Ebene von Verhalten oder Sprache weitaus komplexer und erfordert hohen Aufwand. Damit zum Beispiel eine neue Form der Begrüßung, eine neue Speise oder ein neues Wort zum Bestand des »Unsrigen« kommen – nostrifiziert werden –, müssen sie eine hohe emotionale Aufmerksamkeit erfahren. Oft wird behauptet, es gebe ein unbemerktes »Einschleichen«. Dies funktioniert nicht, da gerade bei geringer Aufmerksamkeit unsere routinisierten Kontrollmechanismen arbeiten, die Abweichungen unbewusst aussondern. Innovationen müssen zunächst aus dem Alltag heraustreten. Besonders nachhaltig ist ihre Einführung, wenn sie Soziabilität vermitteln, wenn klar ist, dass sie von einem »Wir« gewollt werden. An der Einführung neuer Speisen sieht man das deutlich: Wenn sie bei einem großen Familienfest genossen werden, können sie nostrifiziert werden.[28]

Die Programme von Innovation und Konservatismus können jeweils an diese Erfordernisse des Änderungszwangs und die der Reproduktion anknüpfen. Beide haben eine hohe Plausibilität. Dass Variabilität und Selbststabilisierung zusammenwirken müssen, liegt auf der Hand. Sie müssen zugleich – was nicht so offensichtlich ist – deutlich getrennt sein. Die Programmteile, die auf Selbstveränderung zielen, und diejenigen, die das Bestehende bewahren und reproduzieren sollen, müssen institutionell getrennt sein, sonst gelingen weder Veränderung noch Reproduktion. Dies gilt für alle sich selbst organisierenden sozialen Strukturen, für Firmen wie für Ethnien.

6. Die Unwahrscheinlichkeit realistischer Informationen

Dass in Großunternehmen Informationen zirkulieren und dies sogar mit Geldaufwand organisiert wird, erscheint uns banal. Da überraschen die Klagen von Mitarbeitern einer Siemens-Abteilung, die an der Studie einer mit ethnologischen Ansätzen *(storytelling)* arbeitenden Unternehmensberatung teilnahmen. Sie gaben unter anderem zu Protokoll: Es herrsche eine »Lügenkultur«, Kommunikation bleibe folgenlos, es gebe »kommunikative Barrieren« , »der Linke« wisse »nicht, was der Rechte macht«, Information werde »geschönt«, es werde »das Blaue vom Himmel herunter gelogen« und die Höheren wollten eine realistische Kommunikation »gar nicht hören«.[29]

Wer als neugieriger Beobachter eine dörfliche Gesellschaft erforscht hat, ist darüber nicht so erstaunt. Denn anders als es das Vorurteil vom »Dorftratsch« will, sind Menschen, die sich nah sind, übereinander in vielen Bereichen sehr schlecht informiert. Verbergen und Diskretion gehören zu unseren unbewussten Routinen. Das Leiden des Nachbarn vom nächsten Hof ist häufig unbekannt. Nur in der Ferne lebenden Heilern vertraut er sich an. Gerade weil man voneinander nur Bruchstücke weiß, können phantastische Informationen leicht zu einer Hexerei-Anklage zusammengefügt werden. Partielle Information, plausible Interpretationen und imaginierte Möglichkeiten, durch rasches Handeln den Lauf der Dinge zu verändern, können eine gewaltsame Dynamik entfalten. In Schwarzafrika etwa haben im Zuge der Modernisierung die Hexerei-Anklagen in fast allen Gegenden zugenommen.

Diskretion, Prestigesuche und die Beschönigung von Information stellen sich der Selbstinformation entgegen. Das Bedürfnis nach Prestige und die Vorliebe, durch die Überbringung guter Botschaften für Befriedigung zu sorgen, wirken stärker als langfristige Organisationsziele, die eine realistische Selbstinformation erfordern. Die Beschönigung erfüllt zwei Funktionen: Einerseits kann ein Gespräch für beide Seiten eine emotionale Befriedigung bringen, wenn wir über angenehme Überraschungen berichten. Andererseits ist es immer gefahrloser, jemandem Ansehen zu verschaffen als Schande. Indem Berichte geschönt werden, können soziale Beziehungen stabilisiert und erhalten werden. Ein an sich neutraler Mechanismus, das Überhöhen, kann diese Effekte verstärken: Eine Information wird deutlicher, indem man sie überhöht und die Differenz zu der erwarteten Information verstärkt.

Bei fernen Gesellschaften fällt uns dies besonders leicht auf. Ein afrikanischer Heiler, der Symptome eines Aids-Kranken therapierte, berichtete über eine symptomatische Besserung in nicht recht klaren Worten. Der Zuhörer, der für die Weitergabe der Nachricht eine klare Äußerung formulieren wollte, machte aus der Zweideutigkeit eine eindeutige Botschaft: »Heilerfolg!« Kaum einer in den weiteren Informationsketten, die sich an diese erhoffte und doch überraschende Nachricht anschlossen, mochte sich mit einem Heiler anlegen, denn man könnte ihn selbst auch einmal brauchen. Sein Prestige zu mehren, ist daher die bessere Lösung. Letzte Zweifel wurden erstickt, da man bedachte, dass der Heiler seine Finanzkraft in Macht umwandeln könnte. So wurde er zum Wunderheiler.

Ist es so unähnlich, was uns Frenzel, Müller und Sottong aus ihren Gesprächen mit Siemens-Mitarbeitern berichten? »Selbst wenn nur ein Teil einer Hierarchie-Ebene geschönte […] Berichte nach oben weitergibt, wird der Grad der Verfälschung nach oben immer größer. Denn die nächste Ebene wird, wenn zwei ›abweichende Berichte‹ zu einem Sachverhalt vorliegen […] ein wahrer und ein ›geschönter‹, in aller Regel den ›geschönten‹ zur Grundlage seines wiederum eigenen Berichts an die nächst höhere Ebene machen. […] ›Ganz oben‹ kommen dann notgedrungen verfälschte Darstellungen von Sachverhalten an. Für den einzelnen wiederum ist die Relation für das eigene Verhalten (er hat entweder die Wahrheit gesagt oder die Fakten lediglich ein wenig geschönt) und der […] Kluft zwischen offiziell veröffentlichten Daten und ›Realität‹ nicht mehr nachvollziehbar.«[30]

Realistische Informationen weiterzugeben, ist insofern keine Selbstverständlichkeit, sondern eher eine unbezahlte Arbeit, die wir meiden, wenn sie nicht unmittelbar durch Zuwendung oder Prestige belohnt wird. Die Weitergabe von Informationen, die nur anderen nützen und deren Verbreitung uns selbst sogar ungelegen sein könnte, ist Teil einer uns meist nicht bewussten Ökonomie ohne Geld: der »Gabenökonomie« *(gift economy)*. Diese geldlose Wirtschaft ist an moralischen Normen und an Gewinn von Ansehen orientiert. Sie wird wegen der Normorientierung auch Moralökonomie genannt.[31] In der Gabenökonomie spielt die Gegenseitigkeit der Leistungen (Reziprozität) eine große Rolle. Selten ist diese Gegenseitigkeit eine unmittelbare Entsprechung. Schranken gegenüber Personen, mit denen wir keinen gabenökonomischen Austausch haben, wirken als Informationsschranken.[32]

Aus dieser Perspektive folgt, dass Informationen über das Ganze wie über seine Teile – Selbstinformation – innerhalb einer Firma genauso wie innerhalb eines Dorfes keine Selbstverständlichkeit sind. Dies schafft ein Problem. Denn ein System, das über sich selbst nicht informiert ist, kann seine Zukunft nicht gestalten. Jede realistische Information ist potentiell etwas Unangenehmes, da sie das Selbstwertgefühl einer der beiden Seiten und die Befriedigung mindern kann, die man durch die Kommunikation finden könnte. Selbstinformation erfordert daher ein paradoxes Verhalten: Der Austausch realistischer Information soll das Normale werden, obwohl es kurzfristig erst einmal das Unangenehme ist. Mehr noch: Kommunikation muss mit »Fremden« ausgetauscht werden, von denen man keine unmittelbare Gegengabe erwarten kann. Selbstinformation mag also ein Systemziel sein. Ein typisches Alltagsverhalten ist sie nicht. Die spontane Kommunikation ist das Schönen und Verschweigen. Wenn mehr an Wissen, Ratschlägen, Warnungen und Erfahrungen weitergegeben werden soll, muss ein Austausch bestehen, der die Informationsweitergabe belohnt und Lüge, Irrtum oder Verschweigen bestraft. Die Zuweisung von Ansehen für realistische Information (zum Beispiel in der schlichten Form »Seht her, wie ehrlich wir sind!«) ist die wichtigste Münze dieser Wirtschaft. Es muss sogar ehrenvoll sein, auch Schlechtes über sich mitzuteilen. Nur wo mit der Münze Prestige bezahlt wird, kann man erwarten, dass Zahlen veröffentlicht werden, aus denen hervorgeht, wo Probleme liegen. Die Gabenökonomie von Ehrlichkeit und Wahrheit ist ein zerbrechliches Ganzes. Eine einzige Sanktion gegen wirklichkeitsnahes Berichten reicht oft, um sie zu verhindern.

Wenn sich Menschen mit Anderen austauschen, wird diese Tatsache oft unterdrückt. Information ist polyvalent: Sie kann einzelne Leistungen zu produktiven Arbeiten verknüpfen und sie kann Eindrücke vermitteln – unabhängig von der Produktivität. Sie schafft Fassade. Fassade und Struktur hängen in jeder Gesellschaft zusammen, sind aber nicht identisch. Mit der Differenz von Fassade und Struktur gehen die Menschen unterschiedlich um. Man kann der Fassade nach leben, Ästhetik produzieren; man kann Information über die Struktur hinter der Fassade hermetisch abriegeln. Man kann Geheimwissen, Arkanwissen, schaffen oder man kann Information intensivieren, Publizität schaffen. Wo »Öffentlichkeit« eine gesellschaftliche Zielvorstellung ist, hat es sich bewährt, Information zu verdichten. Man versucht mehr über das eigene soziale Netz zu erfahren, lässt sich nicht von der Fassade bluffen und gibt auch mehr Information nach außen, baut Enttäuschungen vor und macht Information über Leistung glaubwürdiger. Dieser systemische Vorteil fällt aber nicht mit dem individuellen Vorteil zusammen. Für das Individuum ist der schöne Schein das näherliegende Ziel.

7. Das informelle Netz unterhalb der formalen Beziehungen: die Gabenökonomie

Selbstinformation setzt funktionierende gabenökonomische Beziehungen voraus. Ein informeller Austausch von Gefälligkeiten, kleinen Konsumgütern und Informationen muss gegeben sein. Gabenökonomie hat ihre eigenen Gesetze: Wer etwas über Informationszusammenbrüche erfahren will, muss dieses System von Gaben und Leistungen genauer betrachten. Die Gabenökonomie ist allgemein eine Wirtschaft, die nicht nur aus direkten Leistungen und Gegenleistungen besteht, sondern auch einen hohen Anteil von indirekten – nur langfristig und mit einer unbestimmten Gewissheit zu erwartenden – Leistungen umfasst.[33] Sie ist ein informelles Geschehen, dessen Regeln wir eher »gefühlsmäßig« erahnen als bewusst formulieren können. Die Erwartung der Gegenseitigkeit von Gaben und Leistungen, das Ziel Ansehen zu erhalten, internalisierte und auch formale Normen motivieren uns zu diesem »Engagement«.

Zu einer Gabenökonomie gehört eine Teilhabe an Leistungen, die in einer Warenökonomie als Trittbrettfahrerei verurteilt würden. Man kann an einem Prestige teilhaben, ohne eigene Leistungen eingebracht zu haben. »*Wir* arbeiten so präzise, dass nichts nachgebessert werden muss«, »bei *uns* wird immer klar gesagt, was Sache ist«. Nicht jeder, der so etwas sagt, hat tatsächlich dazu beigetragen. Es ist eine Eigenart der Gabenökonomie, dass man nicht nur durch Prestige (oder Schande) für eigene Leistungen oder durch Gefälligkeiten im Austausch für eigene Leistungen entlohnt (oder bestraft) wird, sondern auch durch Teilhabe. Wer teilhaben will, muss sich zuordnen. So entstehen kleinere oder größere Wir-Gruppen oder Kollektive.[34]

Bereits bestehende formale Organisationen werden durch diese Alltagsbeziehungen von innen neu gestaltet. Sie »erhalten Leben«, indem sich die Menschen auch durch eigenes Engagement zueinander gabenökonomisch verhalten. Dadurch, dass sich in dieser Form die Menschen auch Ansehen und Zuneigung vermitteln, werden sie zu einem Kollektiv; im alltäglichen Wortsinne entsteht eine Gemeinschaft. So wird die Zusammenarbeit in einer Firma zu einem Spiel auf zwei Ebenen. Die formalen Strukturen von Befehl und Gehorsam, von Kauf und Verkauf, von Arbeitskraft und von Produkten geben nur den groben Rahmen des Produktionsprozesses vor. Zum Arbeitsalltag gehört auch eine Vielzahl von Leistungen, die die Wirtschaftsanthropologie »Reziprozität« nennt. Es handelt sich um Gaben, um »Gefälligkeiten«.

Anordnungen werden oft in die Form von Bitten gekleidet. Eine Dienstleistung, welche anderen die Arbeit erleichtert, erscheint auf dieser Ebene als Gefälligkeit. Das entsprechende Verhalten nennen wir Kollegialität. Durch die Auskleidung der strengen formalen Struktur mit den Tapeten der Moralökonomie wird der Alltag »wärmer«, erscheint menschlicher.

Die häufigste Gabe ist die Weitergabe von Information. Wo die Gabenökonomie nicht aufgebaut wurde oder zerbricht, unterbleibt als erstes die Informationsweitergabe. Die Informationsweitergabe war daher in der DDR im Vergleich zum Westen von weitaus größerer Bedeutung. Wer von anderen wusste, wo es Zugangschancen zu knappen Gütern gab, konnte bessere anbieten. Durch diese Beziehungen wurden die Personen, die Gaben vergaben, Spezialisten für Informationen. Wo jedoch die informelle Kommunikation fehlt, ist auch die Entwicklung unerwünschter Verhaltensmuster möglich. Dies kann man in der Dritten Welt an einem dort besonders exotisch erscheinenden »Stamm« beobachten, an den kleinen Einheiten europäischer Firmen, die dort als Montagetrupps, Repräsentanten oder Berater wirken. Wenn sich die informelle Kommunikation mit der Hauptfirma verdünnt, es keinen Tratsch mehr über das alltägliche Verhalten gibt, der mit der Zentrale verbindet, dann kann das Kollektiv abdriften. Dieser Prozess wird häufig als »Verbuschen« bezeichnet. Ohne die frühere soziale Kontrolle kann sich im fernen Projekt eine eigene Moral ausbilden, welche den Zielen und Werten der alten Kollegen nur noch in Teilen entspricht. Technische Normen werden dann als Pedanterie verlacht, Geliebte als Firmenpersonal rekrutiert oder Korruption und Unterschlagung in selbst definierten Grenzen zum guten Brauch.

Die Doppelung der sozialen Beziehungen in der Wirtschaft ist uns nur selten bewusst. Sie bestimmt aber »das Gefühl, das wir bei der Sache haben«. Nur durch die Kombination von formalrechtlichen Verträgen und gabenökonomischen Beziehungen kann Effizienz erreicht werden. Denn in komplexen Arbeitszusammenhängen gibt es viele »Kleinigkeiten«, unvorhersehbare Ereignisse, die nicht durch Verträge geregelt werden können. Wenn ein Arbeiter sieht, dass an einem anderen Fließband, für das er nicht zuständig ist, etwas danebengeht, ist er nicht verpflichtet, das wahrzunehmen. Er kann aber auch einem Zuständigen einen Hinweis geben. In manchen Industriezweigen sind die möglichen unvorhersehbaren Ereignisse so zahlreich und ihre Konsequenzen so desaströs, dass sie allen Beteiligten als nur umschreibbare, aber reale Gefahr vor Augen stehen.

Sowohl die Vertragsebene als auch die Gabenökonomie haben ihre Formen von Belohnung und Bestrafung. Wenn die Sanktionen durch Vertragsstrafen oder gerichtliche Anordnung ausfallen – etwa durch politische Interventionen in einem Kommandostaat – oder wenn eine »Unkollegialität« nicht durch Schande geahndet wird, verlassen die Menschen allmählich die geregelten Bahnen der Zusammenarbeit. Genauso unangenehm wirkt es, wenn formale Ordnung und die Welt der Gefälligkeiten und der Kollegialität nicht zusammenpassen. Dies ist etwa der Fall, wenn etwas durch eine Geldprämie hervorgehoben wird, auf der anderen Ebene aber als schändlich abgewertet wird; oder wenn für die Zusammenarbeit erforderliche Informationen durch formale Anordnung untersagt werden.

In großen, schwer überschaubaren Unternehmen kann die Steuerung von Austausch über direkte Reziprozität schwierig sein. Hier wird die Erwartung persönlicher Gegenleistungen durch den generellen Prestigegewinn ersetzt, den der einzelne aus der Selbstzuordnung zu einer Gruppe zieht. Die Wirtschaftsanthropologie spricht von »Wir-Gruppen«. In diesen kann ein Austausch stattfinden, bei dem man allen etwas gewährt und von allen etwas erwarten kann, ohne dass es zu einem unmittelbaren Ausgleich der Leistungen kommt. Eine solche »generalisierte Reziprozität« kennt einen Ausgleich der Leistungen nur in der idealisierten Gesamtbilanz. Der Beitrag zu einer generalisierten Reziprozität wird nicht nur durch Prestigezuweisung, sondern auch durch die Selbstachtung gesteuert, die aus internalisierten Normen und Prestigeerwartungen erwächst.

Generalisierte Reziprozität (das heißt Leistungen, die nur erwartet, aber nicht durch harte Sanktionen erzwungen werden können) spielt in unserer Gesellschaft eine wichtige Rolle in regulativen Institutionen. Richter sind in ihren Entscheidungen frei und mit einem hohen Willkürpotential ausgestattet. Nur nachgewiesene Bestechung lässt sich bestrafen. Was den Richter motiviert, ist die Zuweisung gesellschaftlichen Prestiges, die er für sorgfältiges Abwägen als Belohnung erhält. Voraussetzung für die Wirksamkeit dieses Mechanismus ist allerdings funktionierende Kommunikation. Wenn Willkür verborgen bleibt, kann sie auch nicht durch Schande bestraft werden. Von der Öffentlichkeit unbeobachtete Amtsträger oder solche, die sich in ihrer Kommunikation auf hermetisch gegen äußere Kritik abgedichtete Sekten beschränken, haben daher ein größeres Willkürpotential.

8. Langfristrechte und informeller Brauch

Menschen machen ihr Sicherheitsgefühl nicht an einer wissenschaftlichen Kalkulation der Vorhersehbarkeit fest, sondern an bestimmten persönlichen Markierungen. Bei Eroberungen, Vertreibungen, Fusionen und Spaltungen von Staaten treibt sie neben der Sorge um die eigene Unversehrtheit vor allem die Frage um, was aus ihrem Eigentum wird. Eigentum gehört zu einer größeren Gruppe von Rechten, die für die Lebensplanung bestimmend sind. Hierzu können auch eine Sozialversicherung, die Ehe oder Arbeitsplatzgarantien zählen. In wissenschaftlichen Kategorien kann man von »Langfristrechten« sprechen. Betriebsrenten, bestimmte Arbeitsplätze, bestimmte Zusammensetzungen von Arbeitsgruppen oder Naturaldeputate können als Langfristrechte auftreten. Es ist für viele kühle Rechner erstaunlich, wie lange sich etwa im Kohlenbergbau die Deputatskohle hielt. Obwohl andere Heizungen längst wirtschaftlicher waren, erschien vielen Bergleuten die Ablösung ihrer gewohnten »kostenlosen« Fuhren Kohle durch eine Geldzahlung als bedrohlich. Was aus der Sicht der fernen Planer nur ein Schatteneigentum ist, kann für die Betroffenen ein Gut, ein subjektives Recht sein, das sie mit Händen und Klauen verteidigen.

Als in Italien die Ehescheidung per Referendum eingeführt werden sollte, wurde den Frauen dies von politisch aktiven Anwältinnen mit dem Argument schmackhaft gemacht, dass sie persönliche Freiheit plus finanzielle Unabhängigkeit gewinnen könnten. Im agrarischen Süden überzeugte das Argument nicht. Der befürchtete Verlust an Sicherheit brachte dort Frauen in Opposition zum Reformvorhaben. Arbeitern der untergegangenen DDR, die in den 1990er Jahren ihre Arbeitsstelle verloren, wurde oft vorgerechnet, dass sie eigentlich gewonnen hätten. Sie bekämen für ihre Transferzahlungen in DM mehr an Waren, als sie früher für ihren Lohn erstehen konnten. Die meisten dieser Menschen beklagten sich dennoch: Man habe ihnen etwas genommen, von dem sie nie geglaubt hatten, es könne verloren gehen. Der Arbeitsplatz (genauso wie das Wohnrecht in ihrer Mietwohnung oder das gepachtete Wochenendhäuschen) war für sie ein eigentumsähnliches Bestand. Im Falle der Einführung der Ehescheidung wie im Falle der realen Möglichkeit von Entlassung wurde den Menschen eine lebensorientierende Größe genommen. Eine geordnet erscheinende Zukunft öffnete sich bedrohlich.

In Firmen können wir heftige Reaktionen auf den Verlust subjektiver Langfristrechte auch ohne drohende Entlassungen beobachten. Zu einer Gabenökonomie gehören »Deputatsrechte« auf kleine Auszeiten, einen Quadratmeter, den man selbst gestalten kann, auf einen Vorzugsplatz in einer Reihenfolge. Fusionen und Reorganisationen bedrohen dieses Schatteneigentum, sie schaffen Verunsicherung. Als die Leitung in einer Münchner Firma auf die großzügige »Gratis«-Bewirtung mit Weißwürsten bei der Weihnachtsfeier verzichtete und verkündete, dies durch eine Geldprämie auszugleichen, war der Protest so heftig, dass die Maßnahme zurückgenommen werden musste. Zu jeder Gabenökonomie gehört auch ein System von »Währungen«, nach denen im übertragenen Sinne entlohnt wird. Welche Form ein Lob hat, was als Gefälligkeit erwartet wird, kann von Firma zu Firma sehr unterschiedlich sein. Wer hier die falsche Währung wählt und insofern die Form verletzt, kann, ohne es zu wollen, in den Geruch eines Angreifers kommen, der sämtliche Rechte in Frage stellen möchte. Die Nichterfüllung von Erwartungen in der Gabenökonomie schafft existentielle Unsicherheit, Angst und Widerstand.

Schlussbemerkung

Wirtschaftliches Handeln bedarf sozialer Rahmenbedingungen, um sich entfalten zu können. Daher ist etwa allgemein die positive Bedeutung unumstritten, die Rechtsstaatlichkeit oder hohes Bildungsniveau für die wirtschaftliche Entwicklung besitzen. Auch ein mehr oder weniger entwickelter Wohlfahrtsstaat, der wenigstens ein gewisses Maß an Armutsbekämpfung betreibt, wird als wünschenswert angesehen. Meist kreist die Debatte über die Einbettung wirtschaftlichen Handelns aber um die Gestaltungs- und Durchsetzungskraft staatlicher Akteure. Sind also sich stabilisierende Muster wirtschaftlichen Handelns nicht mehr möglich, sobald der Staat versagt? Informelle oder gar illegale Sektoren der Ökonomie erscheinen auf den ersten Blick vergleichsweise entgrenzt. Bei näherer Betrachtung erweist sich ihre Funktionsweise allerdings als wesentlich weniger chaotisch: Auch sie bedürfen der Einbettung in spezifische soziale Bedingungen – mit dem einzigen Unterschied, dass es nicht mehr der Staat ist, der diese Institutionen stabilisiert.

Strategisches Heiratsverhalten oder die Maximierung von Netzwerkbeziehungen sind dabei nicht nur Wege zur sozialen Sicherung, sondern auch Mechanismen zur Absicherung ökonomischer Kontrakte. Darüber hinaus muss informelles sowie illegales wirtschaftliches Handeln in ein System von Gaben eingebettet sein, das Anreize für die Weitergabe realistischer Informationen bietet und so Verzerrungstendenzen, die menschlicher Kommunikation inhärent sind, überwindet. Ein solcher Informationshaushalt ist für informelles ökonomisches Handeln nicht weniger wichtig als für große Unternehmen. Die Währung, die solche Gabenökonomien ermöglicht, ist dabei jedoch meist nichtmonetärer Natur. Viel wichtiger ist die Zuweisung von Prestige, die erst eine generalisierte Reziprozität gewährleistet.

Um Räume langfristiger Vorhersehbarkeit zu schaffen, benötigt die Wirtschaft soziokulturelle Formen der Einbettung. Gewiss: Handel, Arbeit und Investitionen können sich im Marktgeschehen verändern, was unter Konkurrenzdruck sogar teilweise zwingend erscheint, so dass es zur Auflösung von Einbettung kommen kann. Doch dieser Zustand besteht immer nur auf Zeit, denn erst die gesellschaftliche Einbettung des Marktes kann auf Dauer die nötige Zukunftsgewissheit und den normativen Rahmen bieten, der eine Neueröffnung des Handelns erlaubt und Willkür in die Schranken weist.

Anmerkungen

1 Bei diesem Beitrag handelt es sich um das überarbeitete Manuskript des Vortrags auf der Göttinger Tagung »Wirtschaftsgeschichte als Kulturgeschichte«. Ich danke Robert Frank und Karola Elwert-Kretschmer für ihre engagierte Unterstützung.

2 Karl Polanyi, *The Great Transformation. The Political and Economic Origins of Our Time*, Boston 1944. Vgl. auch George Dalton (Hg.), *Primitive, Archaic and Modern Economics: Essays of Karl Polanyi*, New York 1968.

3 Für Polanyi sollte die »archaische Wirtschaft« Dahomeys vom Anfang des 18. Jahrhundert bis zum Ende des 19. Jahrhunderts dieses Modell illustrieren. Vgl. Karl Polanyi/Abraham Rotstein, *Dahomey and the Slave Trade. An Analysis of an Archaic Economy*, Seattle 1966. Die Studie stellt mit den Kriegsherren der Sklavenwirtschaft allerdings eine vollentwickelte Marktwirtschaft dar. Diese Wirtschaft wurde im Inneren durch Korruption kontrolliert und nach außen durch die Konkurrenz der Kriegsherren (*warlords* oder »Könige« genannt), um den internationalen Handel von Sklaven und anderen Gütern durchzusetzen. Vgl. Pierre Verger, *Flux et reflux de la traite des nègres entre le golfe de Bénin et Bahia de todos los santos du dix-septième au dix-neuvième siècle*, Paris 1968; und Georg Elwert, *Wirtschaft und Herrschaft von Dãxome im 18. Jahrhundert*, München 1973. Im 20. Jahrhundert erschien Dahomey (später Bénin genannt) dagegen als ärmer, da nur wenige Unternehmen existierten.

4 Vgl. Mark Granovetter, Economic Action and Social Structure: The Problem of Embeddedness, in: *American J. of Sociology* 91, 1985, S. 481-510; und Gernot Grabher (Hg.), *The Embedded Firm. On the Socioeconomics of Industrial Networks*, London 1993.

5 Georg Elwert, Ausdehnung der Käuflichkeit und Einbettung der Wirtschaft – Markt und

Moralökonomie, in: Klaus Heinemann (Hg.), *Soziologie wirtschaftlichen Handelns*, Opladen 1987, S. 300–321.

6 Vgl. Oliver E. Williamson, The New Institutional Economics: Taking Stock, Looking Ahead, in: *J. of Econ. Literature* 38, 2000, S. 595–613 und die dort zitierte Literatur. Vgl. auch Avner Offer, Between the Gift and the Market: The Economy of Regard, in: *EcHR* 50, 1997, S. 450–476.

7 Vgl. zu den Gun und östlichen Ayizo in Bénin René Sègbènou, *De l'agriculture au commerce. Procès de transformation/destruction de l'économie paysanne dans rurale d'Avrankou*, Bénin 1985; und Michel Ahohounkpanzon, Ausbildung zur Arbeitsmigration. Der Jungbauernverein von Ayou, ein Vorführprojekt in Dahomey/Bénin, in: Thomas Bierschenk/Georg Elwert (Hg.), *Entwicklungshilfe und ihre Folgen*, Frankfurt am Main 1993, S. 157-181.

8 Vgl. hierzu die Kritik von Fernand Braudel, *Sozialgeschichte des 15. bis 18. Jahrhunderts*, Bd. 2: *Der Handel*, München 1986, S. 240–244.

9 Sebastian Conrad u. a., Die Kodifizierung der Arbeit: Individuum, Gesellschaft, Nation, in: Jürgen Kocka/Claus Offe (Hg.), *Geschichte und Zukunft der Arbeit*, Frankfurt am Main 2000, S. 449–475, hier S. 455.

10 Georg Elwert, Selbstveränderung als Programm und Tradition als Ressource, in: Beate Henschtel u. a. (Hg.), *Verborgene Potentiale – was Unternehmen wirklich wert sind*, München 2000, S. 67-94.

11 Vgl. Conrad u. a., Kodifizierung, S. 457.

12 Georg Elwert, Die Elemente der traditionellen Solidarität, in: *Kölner Zs. für Soziologie* 32, 1980, S. 681–704.

13 Ders., Conflicts Inside and Outside the Household: A Westafrican Case Study, in: Joan Smith u. a. (Hg.), *Households and the World Economy*, Beverly Hills 1984, S. 272–296.

14 Vgl. Georg Elwert, The Command State in Africa. State Deficiency, Clientelism and Power-locked Economies, in: Steffen Wippel/Inse Cornelssen (Hg.), *Entwicklungspolitische Perspektiven im Kontext wachsender Komplexität. Festschrift Dieter Weiß*, Bonn 2001, S. 419–452.

15 Dirk Kohnert, *Informalität als Normalität. Zur Verflechtung von Parallelwirtschaft und Gesellschaft in Afrika*, Hamburg 2000.

16 Georg Elwert u. a., Die Suche nach Sicherheit: Kombinierte Produktionsformen im sogenannten informellen Sektor, in: *Zs für Soziologie* 1983, S. 281–296.

17 Vgl. Diego Gambetta, *Die Firma des Paten. Die sizilianische Mafia und ihre Geschäftspraktiken*, München 1994.

18 Die empirische Basis dieses Beitrags sind eigene Interviews und eine Sekundäranalyse teils unveröffentlichter ethnographischer Studien der neunziger Jahre.

19 Siehe Michel Ahohounkpanzon, *Contribution à l'analyse économique des dépenses de funérailles au Bénin: Eclairages théoriques et modélation*, unveröff. Ms. 1999.

20 Vgl. Credit Suisse, Neuer Glanz für Gold, in: *Econ. Research, Econ. Briefings* 13, Oct. 1999, S. 1–16, hier S. 9.

21 Cornelia Becker, *Die Hausa-Gemeinde in Wagadugu/Burkina Faso*, Magisterarbeit, Freie Universität Berlin 2001.

22 Elwert, Ausdehnung der Käuflichkeit.

23 Ders., Probleme der Ausländerintegration – Gesellschaftliche Integration durch Binnenintegration? in: *Kölner Zs. für Soziologie und Sozialpsychologie* 34, 1982, S. 717–731.

24 Eigene Gespräche in Deutschland 2002 mit Arbeitskräften aus Litauen und Polen.

25 Kristóf Gosztony, *Glückspiel und generalisierte Reziprozität. Über den Alltag junger Vietnamesen in Berlin*, Berlin 1993.

26 Georg Elwert, Selbstveränderung als Programm und Tradition als Ressource, in: Beate Hentschel u. a., *Verborgene Potentiale*, S. 67–94.

27 Siehe Gerhard Schulze, Im Wandel geblieben. Sinnroutinen und soziales Kapital, in: ebd., S. 45–66.

28 In einer detaillierten Studie hat Karola Elwert-Kretschmer dies anhand einer westafrikanischen Stadt, Cotonou, demonstriert: Karola Elwert-Kretschmer, Culinary Innovation, Love and the Social Organizitation of Learning in a West African City, in: *Food and Foodway* 9/3–4, 2001, S. 205–233.

29 Karolina Frenzel u. a., *Das Unternehmen im Kopf. Schlüssel zum erfolgreichen Change-Management*, München 2000, passim.

30 Ebd.

31 Vgl. Elwert, Ausdehnung der Käuflichkeit.

32 Allgemein zum Konzept der Gabenökonomie: David Cheal, *The Gift Economy*, London 1988.

33 Vgl. auch Chris Gregory, *Savage Money – The Anthropology and Politics of Commodity Exchange*, Amsterdam 1997.

34 Vgl. zu kleinen und mittelgroßen innovativen Unternehmen in Westdeutschland: Chuanjie Huang, *Alltagsstrukturen im Management. Betrachtet aus wissenschaftssoziologischer und sozialanthropologischer Perspektive*, Frankfurt am Main 1994.

Die Zähmung des entfesselten Prometheus?

Die Generierung von Vertrauenskapital und die Konstruktion des Marktes im Industrialisierungs- und Globalisierungsprozess

Hartmut Berghoff

Das World Economic Forum in Davos stand 2003 nicht ohne Grund unter dem Motto »Building Trust«. Korruption, Bilanzfälschung, maßlose Gehälter und aberwitzige Abfindungen von Topmanagern hatten die Glaubwürdigkeit der unternehmerischen Eliten zutiefst erschüttert. Die Klage über den voranschreitenden Werteverfall in der Wirtschaft war der Anlass gewesen, die Themen Unternehmensethik und *Corporate Governance* auf die Tagesordnung zu setzen und damit die Aufmerksamkeit auch auf die ökonomische Bedeutung von Vertrauen zu lenken. Warum ist Vertrauen auch abgesehen von solchen tagespolitischen Anlässen für Unternehmen so wichtig? Weshalb erging von Davos aus an sie der Aufruf, dem Wiederaufbau von Vertrauenskapital höchste Priorität einzuräumen? Warum sollte sich die Wirtschaftsgeschichte mit diesem Thema befassen?

1. Zur Funktion des Vertrauens. Theoretische Vorüberlegungen

Als Praktiker hatte Robert Bosch schon vor ca. hundert Jahren für sich eine klare Linie gefunden: »Lieber Geld verlieren als Vertrauen. Die Unantastbarkeit meiner Versprechungen, der Glaube an den Wert meiner Ware und an mein Wort standen mir stets höher als ein vorübergehender Gewinn.«[1] Dieses Motto, das den Aufstieg von der Hinterhofwerkstatt zum Großunternehmen begleitete, enthielt bereits wesentliche Elemente einer Definition des Vertrauens, die sich auch in der heutigen sozialwissenschaftlichen Theoriediskussion wiederfinden.[2] Nach Bosch ist Vertrauen Sozialkapital, dessen Bedeutung diejenige von Finanzkapital übersteigt. Die untadelige Reputation und die

Glaubwürdigkeit machten für ihn den »good will« eines Unternehmens aus, seinen über das materielle Vermögen hinausgehenden Wert.

Misstrauen erschwert den Markzugang, ja, man könnte sagen, dass Vertrauen den Markt erst konstitutiert. Bei praktisch jeder ökonomischen Interaktion tritt eine Partei in Vorleistung und ist auf die Bereitschaft des Tauschpartners angewiesen, die Gegenleistung nicht zu verweigern.[3] Wäre letzteres der Regelfall, bräche die Geschäftsbeziehung ab. Grenzenloses Misstrauen verhindert Kooperation, da Absicherungs- und Überwachungskosten prohibitive Höhen erreichen. »Vertrauen ist gut, Kontrolle ist teuer« brachte Martin Fiedler das Problem in Verballhornung Lenins auf den Punkt.[4] Nach Georg Simmel würde die Gesellschaft ohne jeden »Glauben der Menschen aneinander [...] auseinanderfallen«, denn »wie wenige Verhältnisse gründen sich wirklich nur auf das, was der eine beweisbar vom anderen weiß [...]«.[5]

Luhmann definiert Vertrauen als »Mechanismus der Reduktion sozialer Komplexität«. Mit der Komplexität der Gesellschaft wächst die Kontingenz der Zukunft und letztlich die Höhe ihrer Risiken. Die so entstehende Unsicherheit lässt sich weder ertragen noch beherrschen. Vertrauen ist ein Ausweg aus dem Dilemma, denn es setzt sich über fehlende Informationen hinweg und »interpretiert die Welt selektiv«. »Wer Vertrauen erweist, nimmt Zukunft vorweg. Er handelt so, als ob er der Zukunft sicher wäre. Man könnte meinen, er überwinde die Zeit.«[6]

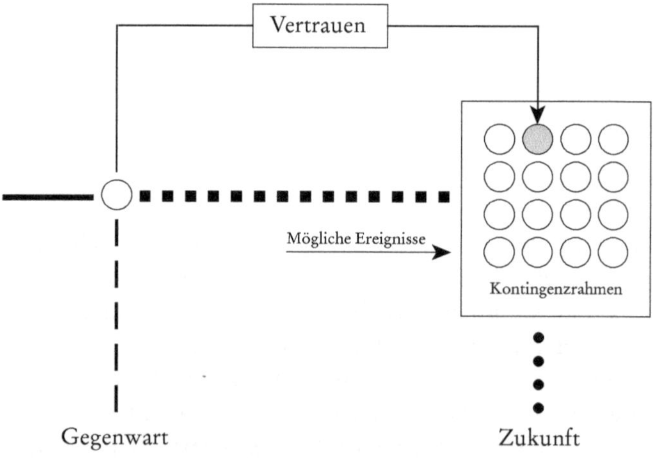

Abb. 1 Vertrauen als Mechanismus der Reduktion von Komplexität

Vertrauen ist ein »Mechanismus zur Stabilisierung unsicherer Erwartungen«.[7] Es sind Erwartungen einer bestimmten Zukunft, die wirtschaftliche und alltägliche Abläufe stabilisieren, obwohl ihr Eintritt keineswegs sicher ist. Denn von der Gegenwart aus betrachtet, ist die Zukunft offen. Der Kontingenzrahmen ist sehr groß, eigentlich löst er sich in völliger Unklarheit auf. Vertrauen überwindet diese Unsicherheit und tut heute so, als ob das Morgen bekannt wäre. Es erlaubt die Überwindung von Interaktionsbarrieren und eröffnet die Chance, durch die Erhöhung der Arbeitsteiligkeit Produktivitätsgewinne zu realisieren.

Francis Fukuyama baut darauf die ebenso faszinierende wie simple These auf, dass die Wettbewerbsfähigkeit einer Nation im Wesentlichen von dem Vertrauensniveau der jeweiligen Gesellschaft abhänge. Dieses vom Markt selbst nicht generierbare Sozialkapital drücke sich in der Fähigkeit zur Selbstorganisation jenseits des Familienverbandes etwa in zivilgesellschaftlichen Vereinigungen aus. Dadurch werde solidarisches Handeln und reibungsarme Kooperation auch ohne staatlichen Zwang möglich.[8]

Im Gegensatz zur Soziologie hat die klassische und neoklassische Ökonomie das Marktgeschehen primär als Austausch quantifizierbarer Produktionsfaktoren modelliert, der vom Preismechanismus der »unsichtbaren Hand« und individuellen Nutzenkalkülen gesteuert wird, auch wenn Adam Smith in seiner *Theory of Moral Sentiments* den Markt noch soziokulturell unterfüttert sah. Dort war er eingebunden in die »natürlichen Gefühle« gegenseitigen Mitgefühls und in die Verbindlichkeit ethischer Grundregeln.[9] Die »invisible hand« wusste jedoch nur noch wenig davon, da die klassische und die neoklassische Ökonomie von vollständig informierten Akteuren ausgingen. Das Problem der Unsicherheit verlor so seinen Schrecken. Der umfassend informierte, vollständig rationale *Homooeconomicus* braucht kein Vertrauen.

In dem Maße, in dem Ökonomen die Prämissen der Neoklassik als »Nirwana-Trugschluss«[10] kritisieren und durch realistischere Annahmen ersetzen, findet auch das Vertrauen mehr Beachtung und wird als Grundlage von Kooperation und Regelhaftigkeit analysiert. Vertrauen geht von der Validität reziproker Verpflichtungen aus und schafft damit die Voraussetzung stabiler Beziehungen auf dem Markt und anderswo. Der Nobelpreisträger Kenneth Arrow hat Vertrauen als »lubricant of a social system« bezeichnet. »It is extremely efficient; it saves a lot of trouble to have a fair degree of reliance on other people's word. Unfortunately this is not a commodity which can be bought very easily. [...] Trust and similar values [...] are examples of what the economist would call ›externalities‹. They [...] have real, practical, economic value; they increase the efficiency of the system [...].«[11]

Die *Neue Institutionenökonomie* befasst sich mit effizienten Anreiz- und Überwachungsstrukturen, die Misstrauen überwinden und mit niedrigen Transaktionskosten Kooperation ermutigen. Vertrauen als ex ante vorhandenes Sozialkapital spielt als Transaktionskosten senkende Nebenbedingung eine gewisse Rolle, steht aber keineswegs im Vordergrund. Vielmehr dominieren institutionelle Arrangements, also Verfügungsrechte, Verträge, Strukturen und Sanktionsmechanismen, die Vertrauen gleichsam herbeiorganisieren.[12]

Die Experimentalökonomie stellt die »Frage, wie Kooperation unter Egoisten entstehen kann, ohne dass eine zentrale Herrschaftsgewalt eingreift« oder ein Mechanismus existiert, der »die Einhaltung eingegangener Verpflichtungen« erzwingt. Als überlegene Strategie erwies sich die Reziprozität, die Win-Win-Konstellationen schuf. »Das Leben ist meistens [...] kein Nullsummenspiel. Im allgemeinen können beide Seiten gut abschneiden oder sie schneiden beide schlecht ab.«[13] In vertrauensvollen Beziehungen sind die Kooperationsgewinne für jeden Spieler höher als die Vorteile, die er als Einzelkämpfer in einer Welt allgemeinen Misstrauens erzielen kann. Vertrauen kann sich also auszahlen. Allerdings richtet ungerechtfertigtes, blindes Vertrauen großen Schaden an. Betrug liegt ja meist nicht zu wenig, sondern zu viel Vertrauen zugrunde. Insofern ist zwischen leichtfertigem und berechtigtem Vertrauen zu unterscheiden.[14]

Ziel dieses Beitrages ist es, zunächst die zentrale Bedeutung der Vertrauensproblematik für die Wirtschaftsgeschichte herauszuarbeiten und anhand der Konstruktion des Marktes im 19. und frühen 20. Jahrhundert Anwendungsfelder für künftig zu erstellende Detailstudien zu skizzieren. Industrialisierung und Globalisierung, deren Dynamik David Landes klassisch mit der Metapher des »entfesselten Prometheus« beschrieben hat,[15] erhöhten die Komplexität und Arbeitsteiligkeit der von ihr erfassten Welt und ließen Leistungen und Gegenleistungen sowohl in räumlicher als auch zeitlicher Hinsicht immer mehr auseinanderfallen. Die Unsicherheiten potenzierten sich, da immer mehr Menschen zu Geschäftspartnern wurden, die einander niemals begegnet waren. Zumeist fehlten ihnen gemeinsame Normensysteme, wie sie das alte Handwerk oder auch die »ehrbare Kaufmannschaft« besessen hatten. Anthony Giddens spricht vom »›Herausheben‹ sozialer Beziehungen aus ortsgebundenen Interaktionszusammenhängen und ihre[r] unbegrenzte Raum-Zeit-Spannen übergreifende[n] Umstrukturierung«.[16] Binnenwanderung und Immigration zerschlugen gewachsene »Face-to-face«-Gemeinschaften. Entfeudalisierung, Industrialisierung und die Durchsetzung marktliberaler Wirtschaftssysteme zerstörten gewachsene Regelsysteme und konfrontierten die Menschen mit neuartigen Risiken. Zwischen Erwartung und Erfahrung tat sich eine zunehmende Kluft auf.

Hatte der vorindustrielle Großhandel gemeinsame Praktiken und Regeln besessen, die eine Standardisierung und Selbstregulierung ihrer Geschäftsabläufe erlaubten, traten nun immer mehr neue Unternehmer in Erscheinung, die weder einen guten Namen zu verlieren hatten noch sich mit den traditionellen Kodizes identifizierten.[17] Die Geschäftswelt zeichnete sich daher durch eine hohe Volatilität aus. Mit der Komplexität der Markttransaktionen wuchsen die Gefahren der Ausbeutung von Vorleistungen. Konkurse, Betrug, Vertragsbrüche und Forderungsausfälle grassierten.

Dieser Beitrag skizziert auf vier Ebenen, wie die Wirtschaft des 19. Jahrhunderts auf die Eskalation der Unsicherheit reagierte. Was geschah zur Wiedergewinnung von Vertrauenskapital? Welche institutionellen Mechanismen nutzten und schufen die Akteure angesichts dieser gewaltigen Herausforderung? Inwieweit gelang es, den »entfesselten Prometheus« zu zähmen und die vom Markt produzierte Unsicherheit einzudämmen?

2. Fünf Typen der Vertrauensgenese

2.1 Recht, Institutionen, Abkommen. Staatliche und supranationale Regeln

Nach Max Weber besaß der mit dem Monopol der physischen Gewalt und dem Fachwissen seiner Verwaltungsstäbe gewappnete Rechtsstaat eine überlegene Lösungskompetenz für die Begleitprobleme des westlichen Modernisierungsprojekts. Die »moderne Verkehrswirtschaft« erfordert, so Weber, »ein prompt und sicher funktionierendes, das heißt: durch die stärkste Zwangsgewalt garantiertes Recht. [...] Die universelle Herrschaft der Marktvergesellschaftung verlangt [...] ein nach rationalen Regeln kalkulierbares Funktionieren des Rechts.«[18] Als Folge setzen sich zweckrationale Ziel-Mittel-Kalküle als generelle Handlungslogik durch. Vertrauen entspringt letztlich der Geltung der Gesetze und dem Wissen, dass ihre Missachtung Sanktionen nach sich zieht. Im ihrem Geltungsbereich definiert die Rechtsordnung ein allgemein gültiges, schriftlich fixiertes Regelwerk wünschenswerter und strafbarer Handlungen. Der Kontingenzrahmen verengt sich, die Berechenbarkeit nimmt zu. Rechtssicherheit schafft Regelvertrauen und verringert Unsicherheit.

Die Verrechtlichung der Gesellschaft machte im 19. Jahrhundert im Zuge der Nationalstaatsbildung erhebliche Fortschritte vor allem durch diverse Rechtskodifikationen und den Ausbau der Judikative und Exekutive. Von besonderer Bedeutung für unsere Thematik erwies sich die Vereinheitlichung des Handels-, Gewerbe- und bürgerlichen Rechts, die in Deutschland 1861/69 bzw. 1900 gelang. Die nationalen Rechtssphären vergrößerten sich durch den Kolonialismus und die Schaffung extraterritorialer Zonen wie Shanghai weit über die Ursprungsländer hinaus. Daneben kam es in Teilen Asiens und Lateinamerikas zur freiwilligen Adaptation europäischer Rechtsnormen.[19]

Auf internationaler Ebene gab es intensive und zumindest teilweise erfolgreiche Ansätze zur Rechtsangleichung. Seit den 1880er Jahren fanden sechs Kongresse zur Vereinheitlichung des Privatrechts statt. Seit 1883 bemühte sich die Staatengemeinschaft zum Schutz des gewerblichen Eigentums um die internationale Wahrung von Patenten und Markenschutzrechten. Es gab konkrete Bestrebungen zur Harmonisierung des Wechsel-, Handels- und Versicherungsrechts. Das Privateigentum als die wohl elementarste Basis kapitalistischen Wirtschaftens war generell gewährleistet, selbst für Ausländer.

Überall bemühte man sich seit ca. 1860 darum, auf die zunehmende Mobilität von Menschen, Waren und Kapital mit einem international gültigen Regelwerk zu reagieren. Madeleine Herren spricht von einem »Jahrhundert des Internationalismus«.[20] 30 regierungsamtliche und 450 nichtgouvernementale Organisationen bildeten ein dicht geknüpftes supranationales Netzwerk. Welttelegraphen- (1865) und Weltpostverein (1875) gaben der globalen Kommunikation eine einheitliches Regelwerk. Für das Transportwesen besaßen das Internationale Eisenbahntransportamt (1890) sowie diverse Seerechtskonventionen eine analoge Bedeutung. Mit der Meterkonvention (1875) begann die Vereinheitlichung von Maßen und Standards. Internationale Handelskammerkongresse und Unternehmerverbände bemühten sich um den Austausch von Informationen und um die Harmonisierung handelsrelevanter Bestimmungen.[21]

Darüber hinaus gab es sehr weit gehende Pläne, die letztlich scheiterten, aber den Geist des Internationalismus widerspiegeln. So lag ein Konzept für eine Art Weltbank vor, die den Zahlungsverkehr erleichtern und die Finanzmärkte regulieren sollte. Ferner war an eine *International Monetary Union* gedacht, die eine einheitliche, goldfundierte Weltwährung emittieren sollte.

Dazu kam es nie. Allerdings entstanden verschiedene Währungsunionen mit regionaler Reichweite. Die Suche nach neuen Mechanismen der Schlichtung internationaler Konflikte gipfelte in den beiden Haager Friedenkonferenzen von 1899 und 1907, denen kein Erfolg vergönnt war. Trotz des Scheiterns solch weitreichender Initiativen machte die Welt gerade bei pragmatischen, für den kommerziellen Alltag entscheidenden Fragen große Schritte in Richtung eines System der *global governance*. Supranationale Regulierungsinstanzen schufen eine weltweite Infrastruktur und reduzierten die Unsicherheit internationaler Transaktionen.[22] In vielen weltwirtschaftlich relevanten Bereichen entstanden zwar gemeinsame Regeln und Institutionen, auf deren Grundlagen sich Regelvertrauen ausbildete. Gleichwohl ließ dieses institutionell fundierte Vertrauen noch sehr viele Leerstellen, so dass es die Risiken der ökonomischen Akteure nicht hinreichend begrenzte und diese auf andere Formen der Stabilisierung von Erwartungen, nämlich auf Mechanismen der Selbstregulation ohne staatliches Eingreifen, angewiesen blieben.

2.2 Verwandtschaft, Abstammung und Konfession als Fundamente ökonomischer Netzwerke

Vielen Zeitgenossen schien es, dass Industrialisierung und Globalisierung vormoderne Gemeinschaftsformen auflösten und in einen reinen Cash-Nexus überführten. Laut Marx und Engels gab es nun »kein anderes Band zwischen Mensch und Mensch [...] als das nackte Interesse, als gefühllose ›bare Zahlung‹«.[23] Für Tönnies waren die Sozialbeziehungen der modernen »Gesellschaft«, in der »jedermann ein Kaufmann ist«, im Wesentlichen instrumentell strukturiert.[24] Tatsächlich aber überlebten traditionelle, gleichwohl keineswegs statische Sozialbeziehungen. Verwandtschaftliche, ethnische, konfessionelle und regionale Solidaritäten dienten regelmäßig dem Versuch, ökonomische Netzwerke soziokulturell zu fundieren und Verbindlichkeiten zu schaffen. Nichtvertragliche Praktiken wie der sprichwörtliche Geschäftsabschluss per Handschlag senkten Transaktionskosten. Hier erbrachte man Vorleistungen aller Art ohne marktübliche Sicherheiten.

Insbesondere in *low-trust environments*, in denen staatliche Rechtsnormen eine geringe Relevanz aufwiesen, waren *shared mental models*, das heißt gemeinsame Werte, Bräuche und Erwartungen, von eminenter Bedeutung. Dasselbe galt für die außermarktlichen Sanktions- und Gratifikationsmechanismen dieser Gruppen wie den Ausschluss aus der Gemeinschaft oder die

Zuteilung von symbolischem Kapital. Gravierende Verstöße gegen die zumeist ungeschriebenen Gesetze der Gemeinschaft hatten fatale Konsequenzen bis hin zum Totalverlust sämtlicher sozialer und privater Unterstützungsleistungen.

Unter solchen Systemen mit spezifischen Fähigkeiten zur Selbstkoordination und Selbstverpflichtung ist an erster Stelle die Verwandtschaft zu nennen.[25] Dieser generationsübergreifende Solidarverband zeichnete sich durch aufgeschobene Reziprozität aus, da Erziehungsinvestitionen und Altersversorgung zeitlich weit auseinander fielen. Die Salden zwischen den Familienmitgliedern konnten lange unausgeglichen sein. Mit der Familienräson gab es ein Konstrukt, das den Saldenausgleich jenseits der eigene Lebenszeit akzeptabel machte und affektive Kräfte mobilisierte. Dabei genoss im Idealfall die Sicherung und Konsolidierung des Gesamtvermögens, insbesondere der Schutz vor dessen Zersplitterung, höchste Priorität. Innerfamiliäre Kredite spielten für die Finanzierung der Industrialisierung eine überragende Rolle. Der Einsatz von Verwandten zur Führung örtlich getrennter Betriebsteile gehörte zu den Grundprinzipien früher multinationaler Unternehmen. Wo Verwandtschaft als potentes nichtmarktliches Bindungsmittel fehlte, ließ sie sich durch eine strategische Heiratspolitik herstellen. In Japan setzten Unternehmerfamilien zu diesem Zweck auch Adoptionen ein.

Nationale und ethnische Faktoren bildeten die Grundlage eng kooperierender Diaspora-Gemeinschaften. Die Erschließung neuer Märkte war im Fernhandel traditionell gleichbedeutend mit der Verlegung des Wohnsitzes einer verwandten Vertrauensperson in die Zielregion.[26] Multinationale Firmen rekrutierten im Ausland häufig Mitarbeiter, die aus ihrem Stammland kamen oder deren Vorfahren zumindest von dort eingewandert waren. Als besonders vertrauenswürdig galten diejenigen, die einen regionalen oder lokalen Bezug zum Heimatstandort des Unternehmens aufwiesen. Auf diese Weise profitierte man von regionalen Identitäten und Reputationseffekten.

Den Erfolg der *ethnic businesses* erklärt jene dichte Vertrauenskultur, die aus der Wechselwirkung von Außendruck und Binnenkohäsion erwuchs. Komparative Vorteile entsprangen der Diskriminierung durch die Außenwelt, die das Bewusstsein der eigenen Identität wachhielt. Im 19. Jahrhundert organisierten Inder den Fernhandel Ost- und Südafrikas. Die Netzwerke der armenischen Kaufleute erstreckten sich vom Nahen Osten bis nach England. Griechische Kaufleute dominierten zeitweilig den Schwarzmeerraum. Europäische Familien operierten in allen Teilen der Welt. Insbesondere jüdische Familien bildeten den Kern einer »kosmopolitischen Bourgeoisie«, deren

Knotenpunkte sich unter anderem in New York, Hamburg, Buenos Aires, London, Liverpool, und Manchester befanden.[27] 1870 gab es in Manchester 420 Firmen ausländischer Kaufleute, die den nichtkolonialen Überseehandel Lancashires abwickelten. Zumeist kooperierten sie eng mit Verwandten im Herkunftsland.[28]

Schließlich unterstützte auch die Religion das Bestreben, feste Bindungen zu schaffen bzw. zu bewahren. Die angelsächsischen Freikirchen dienten vielen ihrer Mitglieder als Rahmen für kommerzielle Transaktionen. Dadurch sank das Betrugsrisiko bei überregionalen Geschäften, denn das Fehlverhalten eines Glaubensbruders wäre in dessen Heimatgemeinde nicht verborgen geblieben. Unter Glaubensbrüdern, so die begründete Hoffnung, herrschte ein Konsens über grundlegende Werte und Geschäftspraktiken oder doch zumindest ein hoher moralischer Druck.

In diesen Netzwerken spielten gruppenspezifische Moralvorstellungen, Symbole und Habitualisierungen eine nicht zu überschätzende Rolle. Der sich mit dem Fernhandel zum Teil überschneidende Wanderhandel benutzte Geheimsprachen und gruppenspezifische Symbolcodes.[29] Ihre Funktion war die Entanonymisierung des Marktes und die Verlagerung von Transaktionen in eine vertraute Sphäre mit nichtmarktlichen Stabilisatoren, die auf älteren kulturellen Bindungskräften beruhten. Allerdings waren diesen Verfahren klare Grenzen gesetzt; zu dynamisch griff das Globalisierungsgeschehen über die Reichweite dieser Systeme hinaus. Mit anderen Worten, diese soziokulturellen Bindungskräfte eigneten sich nicht für alle Arten von Transaktionen, und es gab immer mehr Geschäftspartner, die sich weder qua Verwandtschaft noch Religion oder Abstammung einbinden ließen.

Ein extremer Fall komplexer, vertrauensbasierter ökonomischer Transaktionen ist in letzter Zeit durch die Erforschung der wirtschaftlichen Grundlagen des internationalen Terrorismus bekannt geworden. Durch das sogenannte Hawala-System organisieren die global operierenden Terrorgruppen des frühen 21. Jahrhunderts Überweisungen großer Geldsummen völlig formlos, das heißt ohne jedwede Belege und an allen Banken vorbei, allein auf der Grundlage von ethnischen, regionalen und verwandtschaftlichen Bindungskräften und den damit korrespondierenden Sanktionsmöglichkeiten. Dabei geht es nicht in erster Linie wie bei den Kaufleuten früherer Epochen um die Senkung von Transaktionskosten, sondern um die Tarnung der Transaktionen gegenüber den Großrechnern, mit denen die Sicherheitsbehörden die offiziellen Finanzströme überwachen.[30]

2.3 Vertrauen durch Assoziation und hybride Kooperationsformen zwischen Markt und Hierarchie

Trotz fließender Übergänge empfiehlt es sich, die Instrumentalisierung traditioneller Solidarverbände von jenen Formationen zu unterscheiden, bei denen die ökonomische Funktionalität stärker im Vordergrund stand, ja diese sogar oft der Anlass ihrer Errichtung war. Damit sind zunächst jene Kooperationsformen angesprochen, die momentan Betriebswirte und Industriesoziologen stark beschäftigen, da seit den 1970er Jahren viele Konzerne Fragmentierungsstrategien verfolgen und auf Koalitionen flexibler Akteure setzen.

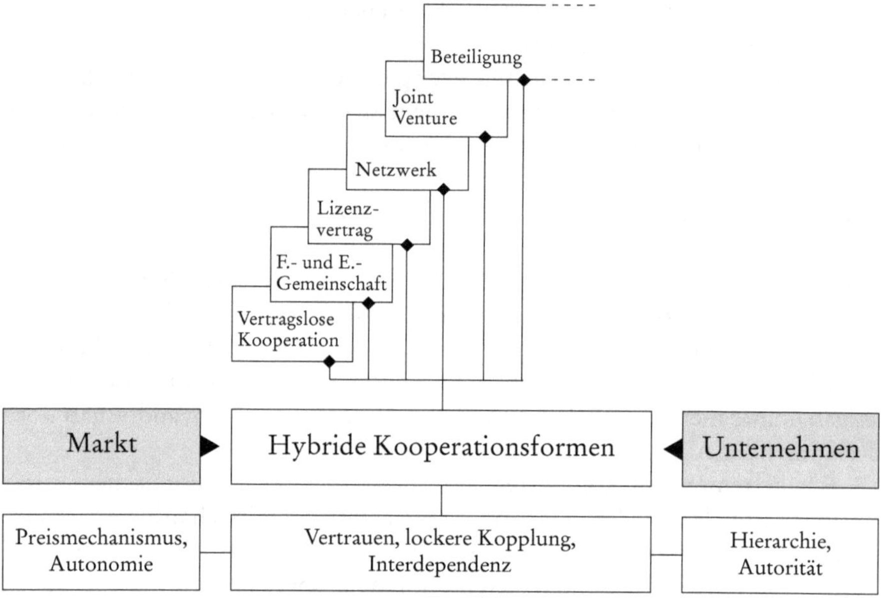

Abb. 2 Kooperationsformen zwischen Markt und Unternehmen

Netzwerke sowie andere Kooperationsformen formal unabhängiger Akteure, die nicht eindeutig dem Markt oder der unternehmensinternen Sphäre zuzuordnen sind (Abb. 2), basieren auf dem Prinzip der lockeren Kopplung. Ohne rigide, verkrustungsanfällige Strukturen entstehen ebenso effiziente wie flexible Interaktionsmuster, in denen Informationen, Risiken und Innovationen geteilt werden. Die »Stärke loser Bindungen«[31] lässt den Preismechanismus zugunsten eingespielter, formloser Abläufe an Bedeutung verlieren. Vieles bleibt in der Schwebe und wird informell geregelt. Dadurch entstehen große Missbrauchspotentiale, so dass solche hybriden Organisationsformen auf wechselseitiges Vertrauens angewiesen sind, das aber nicht unbedingt ex ante vorhanden sein muss, sondern auch im Prozess, das heißt durch Erfahrung und zunehmende Interdependenz, erzeugt wird.

Natürlich können auch in solchen Netzwerken und anderen alternativen Kooperationsformen zwischen Markt und Hierarchie kohäsionsstiftende bzw. -verstärkende Faktoren wie Verwandtschaft, Religion und Ethnie wirksam werden, so dass die Abgrenzung von den älteren Netzwerktypen oft nicht stringent durchzuführen ist. Primär beruht das Vertrauen hier aber auf einer anderen Art des Sozialkapitals, dessen Generierung bewusste Investitionen der Akteure erfordert. Mit Giddens könnte man von Bemühungen um die »Rückbettung« »entbetteter sozialer Beziehungen« sprechen oder von »Verfahren zur Erzeugung fortwährender Vertrauenswürdigkeit« durch »gesichtsabhängige Bindungen«.[32] Dazu zählt der Vorgang, den Clifford Geertz »Klientelisierung« genannt hat. Um die Intransparenz der Basarökonomie zu überwinden, kommt es zu Wiederholungsgeschäften derselben Vertragsparteien, die das Vertrauenskapital nutzen, das aus der Erfahrung früherer und der Aussicht auf künftige Geschäfte erwächst. »Clientelization [...] transforms a diffuse mob into stable collections of familiar antagonists.«[33] Technisch gesprochen, installierte man eine Konstellation, in der die Logik des Mehrperiodenspiels griff. Letztlich unabhängig von kulturellen Bindungen, aber in der Regel eben doch durch sie verstärkt, griffen nun Reziprozitätskalküle, die sich als potente Mechanismen der Vertrauensgenese erwiesen. Reziprozität ist nach Alvin Gouldner »eine Art geschmeidiges Füllmittel, das man in die veränderlichen Risse sozialer Strukturen gießen kann und das gewissermaßen als ein für alle Zwecke verfügbares Bindemittel dienen muss«.[34]

Die Klientelisierung ist keine Besonderheit des Basars, sondern wurde auch von den Unternehmen des 19. Jahrhunderts zur Stabilisierung von Lieferanten- und Kundennetzwerken eingesetzt. Vielfach bleiben Firmen ihren Zulieferern über Jahrzehnte und Generationen hinweg treu. Der Aufbau einer solchen reziproken Vertrauensbeziehung war das Ergebnis langfristiger Lernprozesse. Gerade deshalb gehen die Akteure mit großer Sorgfalt vor, um nicht zu zerstören, was sie mühsam aufgebaut haben.[35]

Häufig waren die Klientelisierung und informelle Netzwerke Übergangsphänomene, die in formelle Zusammenschlüsse wie Vereine oder Assoziationen einmündeten.[36] Eng mit beiden Formen der Vertrauensgenese hängt das bislang wenig untersuchte Phänomen der Geschäftsfreundschaft zusammen, das oft durch die Einbeziehung der Familien und den Austausch von Geschenken abgesichert wurde. Bronislaw Malinowski sprach in dem nur auf den ersten Blick völlig anderen Kontext »primitiver« Ökonomien von einer »chain of reciprocal gifts and counter-gifts, which in the long run balance, benefiting both sides equally«. Es wird einem also auch unter Geschäftsfreunden nichts geschenkt, nicht einmal ein »free lunch«. Vielmehr geht es um die Absicherung ökonomischer Transaktionen durch »mutuality in non-economic matters«.[37]

Im 19. Jahrhundert wurden auch zivilgesellschaftliche Prinzipien immer wichtiger zur Flankierung ökonomischer Beziehungen, denn sie unterstützten die Vertrauensbildung durch Bereitstellung von Foren der Vergemeinschaftung und Modellen der Selbstorganisation. Die aus dem Boden schießenden Vereine, die Casino-, Harmonie- oder Museumsgesellschaften, aber auch Parteien, Parlamente, Ehrenämter und philanthropische Organisationen waren Arenen der Selbstinszenierung, aber auch des Austausches von Informationen und der Anbahnung von Geschäften. Gruppendruck und Reputationseffekte stabilisierten unsichere Erwartungen. Assoziationen, Handelskammern und Verbände verfügten zum Teil zusätzlich über formalisierte Schlichtungs- und Sanktionsmechanismen wie Ehren- oder Schiedsgerichte. »Die Einbettung ökonomischer Transaktionen in fortlaufende soziale Beziehungen, die das Handeln der Interaktionspartner über den Moment des Austausches hinaus aneinander bindet, ist [...] die wesentliche Voraussetzung dafür, dass interpersonelles Vertrauen entsteht, wechselseitige Erwartungen geweckt und Normen geschaffen werden, die sich zu institutionellen Arrangements verdichten.«[38]

Die ungeheure Bedeutung solch vertrauensstiftender Infrastrukturen betonen Robin Pearson und David Richardson, die Investorennetzwerke in der Frühindustrialisierung Englands untersucht haben. Diese Netzwerke funktionierten nur, wenn ihnen gemeinsame soziale, kulturelle oder politische Aktivitäten sowie verwandtschaftliche Verbindungen zugrunde lagen. Hinzu kamen Erfahrungen aus vorangegangenen Geschäftsbeziehungen. Diese Netzwerke tolerierten und überbrückten konfessionelle, regionale und politische Gegensätze, prägten also eine gemeinsame wirtschaftbürgerliche Identität aus. Verwandtschaft und lokalistische Solidaritäten waren insbesondere bei überregional bedeutenden Großinvestitionen, die nicht zum Kerngeschäft der Investoren zählten, überfordert.

Der Rückgriff auf das kollektive Sozialkapital von Assoziationen erleichterte den branchenübergreifenden Transfer spezifischen Wissens, den Ausschluss von Trittbrettfahrern und Betrügern sowie die Zusammenführung von Erfahrung und Kapital. »One invested money in ventures only where one's fellow investors were known personally, and where they were deemed respectable, solid, and trustworthy [...].« Auch hier gab es nichts geschenkt, und die Teilhabe an diesem Sozialkapital erforderte erhebliche Investitionen. Der Baumwollkaufmann Benjamin Braidley wendete 1824 pro Woche 36 Stunden »on matters totally unconnected with my own business« auf, um eine Versicherung zu gründen. Dabei nahmen »social calls, charitable and educational work« einen großen Teil des Zeitbudgets ein.[39] Die Argumentation von Pearson und Richardson Studie läuft darauf hinaus, die klassische liberale, individualistische Interpretation der britischen Industrialisierung in Frage zu stellen und sie durch ein auf kollektives Handeln abhebendes Paradigma zu ersetzen.

Die Funktionalität und Regulierungskraft privater, korporativer Assoziationen illustriert ferner das Beispiel der Berliner Börse. Sie war eine Einrichtung der Korporation der Kaufmannschaft, einer Selbstverwaltungskörperschaft des Berliner Wirtschaftsbürgertums. Die Börsenaufsicht oblag also nicht dem Staat, sondern einer hochgradig miteinander vernetzten Gruppe einflussreicher Bankiers und Kaufleute, die das Gremium der Ältesten besetzten. Eine große Herausforderung für die Berliner Börse bestand darin, dass zwischen 1840 und 1860 Termingeschäfte verboten oder aber rechtlich nicht geschützt waren. Die Börse wollte diese Bestimmungen unterlaufen, hatte also diese Transaktionen ohne Schutz des Gesetzes bzw. sogar unter seinem bewussten Bruch zu organisieren. Sie musste somit das Kunststück fertigbringen, ihre Mitglieder auf die Verbindlichkeit illegaler Terminkontrakte festzulegen. Die Versuchung, verlustreiche Kontrakte mit Hinweis auf die Rechtslage nicht zu bedienen, war sehr groß. Allerdings gelang es auch ohne jeglichen Rechtsschutz, die Durchsetzbarkeit der Termingeschäfte sicherzustellen. Zentral dafür war, so ein Bericht des preußischen Abgeordnetenhauses, das »wechselseitige Vertrauen« der Händler. Im »kaufmännischen Verkehre« wurde der »gerichtliche Schutz« durch »die Begriffe der kaufmännischen Ehre ersetzt« und »die Unterscheidungen des Gesetzes zwischen klagbaren und nichtigen Geschäften ignoriert«.[40] Wer sich seinen nicht einklagbaren Forderungen entzog, wurde »einfach kreditlos gestellt und dadurch vollkommen unschädlich«[41] gemacht. Die *ultimo ratio* bestand im kollektiven Boykott derjenigen, die gegen die informell verabredeten Spielregeln verstießen, was dem Ausschluss vom Börsenhandel gleichkam.[42]

Wie konnte eine solches System über fast zwanzig Jahre hinweg Bestand haben, obwohl doch die Marktteilnehmer alles andere als eine homogene, miteinander verwandte und organisch gewachsene Sozialformation darstellten? Ganz im Gegenteil strömten ambitionierte Bankiers und Unternehmer aus allen Himmelsrichtungen in die aufblühende Stadt. Die Bindemittel Abstammung, Konfession und Verwandtschaft erwiesen sich als unzureichend. Die neuen Vertrauensfundamente erwuchsen in erster Linie aus gemeinsamen Geschäftsinteressen. Die ausgeprägten Überkreuzverflechtungen der kommerziellen Elite Berlins vereinfachten ja nicht nur den Informationsaustausch, sondern wirkten auch in soziokultureller Hinsicht kohäsionsstiftend. Man saß in denselben Aufsichtsräten und Gremien, sah sich regelmäßig und war voneinander abhängig. Weitere wichtige Kristallisationspunkte stellten der Centralausschuss der Preußischen Bank und die Kaufmännische Korporation dar sowie außerhalb der beruflichen Sphäre Klubs wie die »Ressource von 1794« oder die »Börsengesellschaft«. Hinzu kamen private Salons und Soireen. Das in der Berliner Unternehmerschaft früh ausgeprägte karitative Engagement schuf weitere Begegnungs- und Beobachtungsräume.[43]

2.4 Kommerzielle Vertrauenswächter

Schließlich kam es zur Rücküberweisung des Vertrauensproblems an den Markt, auf dem sich kommerzielle Vertrauenswächter etablierten, da vertrauensstiftende Mechanismen bzw. Informationen, die eine Unterscheidung von berechtigtem und blindem Vertrauen erlaubten, zu einer begehrten Ware wurden. Die bislang dargestellten Ebenen der Bildung von Vertrauenskapital, die Ordnungsmacht der Obrigkeit sowie vorgefundene und neu entwickelte soziokulturelle Bindungskräfte ließen offenbar immer noch zu große Lücken, um die mangels Vertrauen auftretenden Interaktionsblockaden zu überwinden. Der Markt erforderte die Kooperation von Menschen, die weder in gemeinsame soziokulturelle bzw. rechtlich-institutionelle Systeme eingebunden waren noch die Möglichkeit besaßen, langfristige Beziehungen zueinander aufzubauen.

Daher kam es auch zur kommerziellen Produktion von Vertrauen. »Trust is […] ›manufactured‹ by individuals, firms and even entire industries […].«[44] Entgegen der in der Theoriediskussion häufig vertretenen Auffassung ist Vertrauen also durchaus käuflich. Obwohl es natürlich keine quantifizierbare Ware darstellt, sondern eher anderen immateriellen Gütern wie Wissen und

Information ähnelt, etablierten sich kommerzielle Anbieter von Vertrauen bzw. vertrauensrelevanten Daten. Das geradezu explosionsartige Wachstum dieser Branchen im 19. Jahrhundert verweist auf die Größe des Bedarfs, der offenbar parallel mit der Komplexität der wirtschaftlichen Verflechtungen anstieg.

Für die Analyse dieses Marktes ist die Risikotheorie Frank Knights hilfreich, die zwischen Unsicherheit im Sinne völliger Kontingenz und dem kalkulierbaren Risiko unterscheidet.[45] Danach gibt es drei Methoden, Unsicherheit in Risiken zu transformieren und die Vertrauensbereitschaft der Akteure zu erhöhen: 1. Die »collection, digestion, and dissemination« relevanter Daten. 2. Die Delegation der Risikoevaluation an Experten, die Spezialisierungs- und Größenvorteile nutzen können. Sie verfügen über »superior judgement or foresight or better information«. Giddens nahm diese Vorstellung auf, als er Expertensysteme als »Einbettungsmechanismen« bezeichnete. Risiken werden an »Systeme technischer Leistungsfähigkeit oder professioneller Sachkenntnis«[46] delegiert. Susan Shapiro bezeichnet sämtliche Systeme zur »Supervision, Regulierung, Bewertung und Zertifizierung« mit dem Ziel der Verminderung von Risiken ökonomischer Transaktionen als »Vertrauenswächter« (»guardians of trust«).[47] 3. Als dritte Möglichkeit nennt Knight spezifische Rechtskonstruktionen wie etwa die Haftungsbeschränkung von Kapitalgesellschaften, durch die das Risiko von den Investoren auf die Gläubiger des Unternehmens verlagert wird. In diese Kategorie fallen aber auch Selbstverpflichtungsregime und das Solidarprinzip von Versicherungen.

An dieser Stelle lässt sich die Geschichte der kommerziellen Vertrauenswächter nur anreißen und ihre Relevanz für den Industrialisierungs- und Globalisierungsprozess anhand von drei Beispielen illustrieren.

1. Wer nicht mehr darauf vertraut, dass ihm die Nachbarn beim Aufbau des abgebrannten Hauses helfen oder ihn Verwandte nach dem Tod der Eltern oder des Ehemannes versorgen, muss eine Feuer- bzw. Lebens*versicherung* abschließen. Wer nicht mehr daran glaubt, die von ihm verursachten Schäden begleichen zu können, braucht eine Haftpflichtversicherung. Die Industrialisierung ließ nicht nur die potentiellen Schäden ansteigen, sondern hebelte auch viele traditionelle Mechanismen des Risikoausgleichs aus.

Die moderne Versicherung entstand trotz diverser Vorläufer erst im 18. Jahrhundert. Sie kombinierte das Prinzip der Gegenseitigkeit mit dem der Wahrscheinlichkeit. Entscheidend für den erfolgreichen Verantwortungsausgleich im Versichertenkollektiv war eine zuverlässige Datengrundlage über Umfang und Häufigkeit der Schäden sowie eine korrekte Kalkulation ihrer

Eintrittswahrscheinlichkeit. Lebensversicherer benötigten eine zuverlässige Sterbetafel und genaue Angaben zum Alter, Gesundheitszustand und Geschlecht ihrer Versicherten. Auf der korrekten Auswertung dieser Daten basiert die Anpassung der Prämien an die zu versichernden Risiken. Viele Versicherungen scheiterten an dieser überaus diffizilen Aufgabe. Trotzdem verbreiteten und differenzierten sich Versicherungen vor allem in der zweiten Hälfte des 19. Jahrhunderts, nicht zuletzt infolge der Akkumulation von Erfahrungswerten und erheblichen Fortschritten der Versicherungsmathematik. Zwischen 1830 und 1910 stieg die Zahl der Policen deutscher Lebensversicherer von ca. 2000 auf fast 11 Millionen. Gegen Ende des Jahrhunderts zogen die Rückversicherer, die den Wagnisausgleich zwischen verschiedenen Gesellschaften und deren Schutz gegen Großschäden sicherstellten, einen weiteren Stützpfeiler in die Architektur der Assekuranz ein. So bedeutend ihr Beitrag zur Stabilisierung unsicherer Erwartungen war, so wenig lassen sich ihre Grenzen übersehen. Die gerade für die Wirtschaft so wichtige Versicherung von Krediten misslang außerhalb der Immobilienwirtschaft, die mit der Hypothek ein effektives Sicherungselement besaß. Zahlreiche Versuche, eine »Versicherung gegen Insolvenzen auf die Beine zu stellen, endeten meist selbst in einer Insolvenz, da [...] Prämien ohne exakte Kalkulationsgrundlage mehr oder minder willkürlich festgelegt wurden«.[48]

2. *Banken* wandeln ebenfalls Unsicherheit in kalkulierbare Risiken um und geben auf dieser Grundlage Versprechen über künftige Zahlungen ab.[49] Sie müssen mit betrügerischen und insolventen Kreditnehmern sowie mit fluktuierenden Kursen von Währungen, Aktien und Anleihen rechnen. Ihre Kernkompetenz liegt im *risk assessment* und *risk management*. Bestimmte Geschäftspraktiken wie die »goldene Bankregel«, die eine Fristenkongruenz des Passiv- und Aktivgeschäftes fordert, oder die systematische Portfoliodiversifizierung begrenzten Liquiditätsrisiken. Manche Risiken wurden durch Zuschläge und zusätzliche Sicherheiten wie Bürgschaften vermindert. Aufgrund solcher Praktiken erarbeiteten sich die Banken das Vertrauen der Kunden und der Öffentlichkeit. Ging es verloren, brachen sie in Paniken wie Kartenhäuser zusammen.

Bei Banken und Versicherungen kommen alle Kategorien Knights zum Tragen. Es handelt sich um Expertensysteme mit spezifischen Rechtskonstruktionen und ausgefeilten Fähigkeiten zur Verarbeitung spezifischer Informationen. Freilich mussten im 19. Jahrhundert noch andere stabilisierende Faktoren hinzutreten, um die dauerhafte Existenz dieser Finanzdienstleister zu sichern. Dazu zählte die Bildung großer Reserven, mit denen sie sich gegen die Wechselfälle des Geschäftslebens zu immunisieren suchten. Schiere Größe spielte daher eine zunehmende Rolle, was den atemberaubenden Konzentrationsprozess der Kreditwirtschaft erklärt. Landesweite Filialnetze erhöhten die Möglichkeit des regionalen Risikoausgleichs. Daneben milderte die Entstehung von Zentralbanken, die Geschäftsbanken in Krisen vor existenzbedrohenden Liquiditätsengpässen bewahrten, das Systemrisiko des Finanzwesens. Hinzu kamen symbolische Mittel der Vertrauensgenese wie die Monumentalarchitektur der großen Finanzinstitutionen, ihre Solidität suggerierenden Firmenzeichen oder die Ausprägung bestimmter habitueller Muster, die den Nimbus von Macht und Korrektheit untermauerten.

3. *Zertifizierungssysteme* wurden gegründet, um Informationsasymmetrien zu überwinden. Die Fachkompetenz von Experten und ihr Berufsethos, nicht selten gepaart mit professionellen Monopolisierungsbestrebungen, machten Spezialwissen allgemein verfügbar und senkten vor allem dort das Betrugsrisiko, wo der Laie überfordert war. Der Erfolg des Professionalisierungsmodells geht auf den wachsenden Bedarf an einer ohne weitere Nachprüfung glaubhaften Unterscheidung von zweifelhafter und vertrauenswürdiger Expertise zurück. Ein staatliches oder berufsständisches Diplom bescheinigte ganz im Sinne der Theorie des *signalling* Kompetenz und schloss alle Nichtdiplomierten aus, die kollektiv der Inkompetenz verdächtigt wurden.[50]

Allerdings verlief die Professionalisierung in dem hier besonders relevanten Bereich des kaufmännischen Prüfungswesens vergleichsweise schleppend. In Großbritannien und den USA setzte sie in der zweiten Hälfte des 19. Jahrhunderts ein, als es notwendig schien, die Bilanzen der großen Aktiengesellschaften überprüfen zu lassen. In Deutschland erfolgte die Bestellung vereidigter Bücherrevisoren durch die Industrie- und Handelskammern erst 1900. Die Einführung der Pflichtprüfung der Bilanzen von Aktiengesellschaften ließ sogar bis zur Weltwirtschaftskrise auf sich warten.[51]

Dagegen schien die Gewährleistung technischer Sicherheit dringlicher zu sein. Immerhin hatte ihr Fehlen ja auch regelmäßig tödliche Konsequenzen, so dass die Notwendigkeit einer unparteilichen Inspektion offenkundig war. Aber auch hier dauerte es relativ lange, bis sich institutionelle Lösungen herauskristallisierten. Erst in den 1870er Jahren gründeten Unternehmer mit den Dampfkessel-Überwachungs-Vereinen (DÜV) Selbsthilfeeinrichtungen für die technische Sicherheit. Um die Sicherheit und Qualität von Schiffen beurteilen zu können, schufen Reeder, Schiffseigner und Versicherer 1867 die Klassifikationsgesellschaft Germanischer Lloyd.

Ein besonders wichtiges, aber von der Forschung weitgehend übersehenes Zertifizierungssystem waren die Kreditauskunfteien. Diese *information brokers* verminderten Risiken des Eigentumsverlustes und Forderungsausfalles, indem sie Daten über die Bonität von Geschäftsleuten sammelten und in Form von *credit reports* verkauften. Für die Klassifizierung der Kreditnehmer waren anfangs auch kulturelle Faktoren wie ihr Lebenswandel wichtig. Der Marktführer Dun besaß 1916 ein fast weltweites Netz von 241 Filialen und Zehntausenden von Korrespondenten und war in der Lage, über nahezu jedes Unternehmen außerhalb Asiens innerhalb von zwei Tagen detaillierte Informationen vorzulegen.[52]

2.5 Vertrauen als Ware. Selbstverpflichtungsregime

Schließlich kann Misstrauen so groß sein, dass kommerzielle Austauschbeziehungen nur durch einseitige Vorleistungen der Anbieter von Waren und Dienstleistungen zu etablieren sind. Das ist typischerweise auf neuen Märkten oder bei neuen Vermarktungsformen der Fall. So geben Unternehmen ihren Kunden Hebel in die Hand, mit denen diese die Einhaltung von Versprechungen durchsetzen können. Der moderne Markenartikel ist eine Antwort auf die Entgrenzung und Anonymisierung der Märkte, also auf den Wegfall der Möglichkeit, eine persönliche Vertrauensbeziehung zwischen Produzenten und Endverbrauchern aufzubauen.

Der Markenführer verband in der Regel seinen eigenen Namen, oft auch sein eigenes Gesicht in Form von Werbefotos, mit einem Produkt. Dadurch riskierte er, seine Reputation im Fall gravierender Qualitätsmängel zu ruinieren. Der Kunde besaß nun nämlich diese empfindliche Sanktionsmöglichkeit und konnte auf andere Marken ausweichen. Daher bemühten sich Markenartikler sehr darum, ihre Qualitätsversprechen tatsächlich einzuhalten und das Vertrauen ihrer Kunden zu sichern. »Trademarks are trustmarks.« In der Terminologie der Neuen Institutionenökonomie liegen ihnen »sich selbst durchsetzende Verträge« zugrunde. Spieltheoretisch gedacht befindet sich der Kunde in einer starken Position, da er in der nächsten Spielrunde Betrüger, die ja durch die Marke auf einem ansonsten anonymen Markt eindeutig identifizierbar sind, wirksam abstrafen kann. Der moderne Markenartikel setzte sich in den 1870er und 1880er Jahren durch, als die wichtigsten Industrieländer Markenschutzgesetze zur Abwehr von Markenpiraten einführten.[53]

Andere vergleichbare Selbstverpflichtungsregime bestanden zum Beispiel im Versandhandel, der dem anfänglichen Misstrauen der Kunden mit der Einräumung eines uneingeschränkten Rückgaberechts entgegentrat. Garantie- und Kulanzreglungen sind weitere einseitige Verpflichtungen, die Vertrauenswürdigkeit signalisieren und die Folgekosten für Vertrauensbrüche allein dem Vertrauensgeber aufbürden. Wie beim Markenartikel versetzt dieser seinen Kunden letztlich in eine Lage, ihn zu erpressen. Anders ausgedrückt, das Machtungleichgewicht der Marktpartner wird durch Selbstverpflichtungen des Stärkeren zugunsten des Schwächeren gemildert, damit sich dieser überhaupt auf die Transaktion einlassen kann. Typischerweise ist der Beginn der Kundenbeziehung der neuralgische Punkt, denn nach einer Reihe von Wiederholungskäufen hat der Kunde genug Erfahrungen akkumuliert, um über die Vertrauenswürdigkeit des Gegenübers zu entscheiden. Selbstverpflichtungsregime erleichtern den Einstieg in die Beziehung, da sie das Risiko der ersten Transaktionen minimieren. Spätere Transaktionen erleichtern sie dadurch, dass sie Such- und Überwachungskosten senken. Markenartikel erfordern nicht mehr bei jedem Kauf eine eingehende Qualitätskontrolle, da die stets gleichbleibende Qualität Teil der Selbstverpflichtung des Herstellers ist und der Kunde gelernt hat, sich bei Wiederholungskäufen darauf zu verlassen und sich weitere Überlegungen zu ersparen. Um dieses hochsensible Gleichgewicht nicht zu zerstören, verwenden zum Beispiel Nahrungs- und Genussmittelhersteller größte Mühe darauf, selbst winzige Geschmacksdifferenzen in unterschiedlichen Chargen identischer Markenartikel auszuschließen.

Resümee

Ohne Vertrauen sind Märkte nicht funktionsfähig, da kooperatives Verhalten zu riskant wäre und die Reibungsverluste der Transaktionen ihre möglichen Gewinne aufzehren würden. Industrialisierung und Globalisierung schufen komplexe, internationale Interdependenzen und Unsicherheiten, die auf der Überwindung der traditionellen Schicksalsergebenheit zugunsten eines anthropozentrischen Konzepts offensiv-risikoorientierten Verhaltens basierten. Seine Durchsetzung war ohne die gleichzeitige Genese von Absicherungsstrategien weder vorstellbar noch praktikabel.[54] Die Entstehung von Regelvertrauen im Zeitalter der Industrialisierung galt lange vor allem als ein Ergebnis nationalstaatlicher und supranationaler Regulierung. Darüber wurde aber das ungemein wichtige, von den ökonomischen Akteuren selbst erzeugte Vertrauenskapital vernachlässigt.

Den dargestellten Mechanismen der Vertrauensgenese gelang es in einem erheblichen Ausmaß, Misstrauen zurückzudrängen und die Bereitschaft der Akteure zu immer komplexeren Transaktionen zu erhöhen. Auf diese Weise erbrachten sie einen großen Beitrag zur Konstituierung und Stabilisierung der arbeitsteiligen Industriegesellschaft. Jedoch wäre es naiv, dem Kapitalismus eine Heldengeschichte zunehmender Stabilität andichten zu wollen. Keiner der geschilderten Mechanismen konnte Unsicherheit, Betrug und Opportunismus oder gar Krisen und exogene Schocks dauerhaft überwinden. Ganz im Gegenteil suggerierten etwa Expertensysteme auch dort Sicherheit, wo sie unmöglich bzw. unbegründet war, und erleichterten Experten den Betrug hinter dem Schutzschild vermeintlicher professioneller Integrität. Alle geschilderten Ansätze gaben zwar in vielen Fällen Anlass zu berechtigtem Vertrauen, ließen aber gleichzeitig Missbrauchspotentiale und Sorglosigkeit wachsen.

Vertrauensbrüche zeitigten in traditionellen Netzwerken zuweilen desaströse Folgen, da keine anderen Absicherungsstrategien existierten. Nicht in allen Familien ging es harmonisch zu, und wiederholt kippten die Vorteile verwandtschaftlich fundierter ökonomischer Beziehungen in gravierende Nachteile um. Ethnische Netzwerke sind nicht nur stabile Arenen mit niedrigen Transaktionskosten, sondern auch Schauplätze von Macht und Ausbeutung. Sie fesseln ihre Mitglieder geradezu und können zum Ausgangspunkt intransparenter, illegaler Praktiken bis hin zum organisierten Verbrechen werden. Zudem tendieren sie zur Herausbildung selbstbezogener Enklaven, die das Misstrauen der Umwelt provozieren.[55]

Auch die Leistungskraft von Expertensystemen darf nicht überschätzt werden. So führte die Ausbreitung der Kreditauskunfteien in den USA nicht zu einer linearen Abnahme der Quote von Forderungsausfällen und Konkursen. Ihre *ratings* basierten ja auf retrospektiven Erfahrungswerten und stellten somit Wahrscheinlichkeitsaussagen dar. Die tatsächliche Bonität von Kreditnehmern entschied sich aber in der jeweiligen Gegenwart und war natürlich hochgradig konjunkturabhängig, so dass man keineswegs eine wirkliche Lösung des Ausgangsproblems konstatieren kann.

Bei der Einführung und Verschärfung der Pflichtprüfung von Bilanzen hoffte der Gesetzgeber im Interesse des Anlegerschutzes, »mechanical objectivity [...] as an alternative to personal trust« einzuführen. Die Wirtschaftsprüfer selbst haben diesen Anspruch als Trivialisierung ihres Berufs abgelehnt, da es keine objektiven Zahlen gebe und ihre Kompetenz nicht in mathematischen Operationen bestehe, sondern in der Interpretationsleistung bei diffizilen Bewertungsfragen. Tatsächlich sind Bewertungs-, nicht Rechenfehler die häufigste Ursache von Fehltestaten. Die Geschichte der Bilanzierungsrichtlinien ist ein Wettlauf zwischen der Verschärfung der Vorschriften und der Verfeinerung der Verschleierungstechniken. Da die Wirtschaftsprüfer sich aber eines großen Vertrauensvorschusses erfreuten, wurden sie immer wieder selbst zu einer Quelle der Instabilität.[56]

Das Dilemma scheint darin zu bestehen, dass die Generierung von Vertrauenskapital einerseits viele Risiken unter Kontrolle brachte, aber andererseits gleichzeitig die Tolerierung neuer Risiken ermutigte, auf die sich niemand ohne den Glauben an die Perfektion des Risikomanagements eingelassen hätte. Peter Bernstein stellte dazu lakonisch fest: »[...] seatbelts encourage drivers to drive more aggressively.«[57] Es handelt sich nicht um einen linearen Fortschritt in Richtung größerer Stabilität, sondern um einen rückgekoppelten Prozess, in dessen Verlauf sich Vertrauen und Risiken gegenseitig hochschaukelten, ohne jemals ein dauerhaftes Equilibrium zu erreichen. Da sich der »entfesselte Prometheus« bislang noch jedem Versuch seiner Zähmung erfolgreich widersetzt hat, wird der Kapitalismus wohl auch weiterhin von seinen Grundproblemen Unsicherheit und Instabilität geplagt werden.

Anmerkungen

1 Zitiert nach Hans Konradin Herdt, *Bosch 1886–1986. Portrait eines Unternehmens*, Stuttgart 1986, S. 17.

2 Vgl. Diego Gambetta (Hg.), *Trust. Making and Breaking Cooperative Relations*, Oxford 1990; Barbara A. Misztal, *Trust in Modern Societies. The Search for the Bases of Social Order*, Cambridge 1996; Martin Hartmann/Claus Offe (Hg.), *Vertrauen. Die Grundlage des sozialen Zusammenhalts*, Frankfurt am Main 2001; und Karen S. Cook (Hg.), *Trust in Society*, New York 2001.

3 James S. Coleman, *Grundlagen der Sozialtheorie*, Bd. 1: *Handlungen und Handlungssysteme*, München 1991, S. 124 ff.; und Robert D. Putnam u. a., *Making Democracy Work. Civic Traditions in Modern Italy*, Princeton 1993, S. 163–167.

4 Erste Ansätze der wirtschaftshistorischen Vertrauensforschung bei Martin Fiedler, Vertrauen ist gut, Kontrolle ist teuer, in: *GG* 27, 2001, S. 576–592; Hartmut Berghoff, Vertrauen als ökonomische Schlüsselvariable. Zur Theorie des Vertrauens und der Geschichte seiner privatwirtschaftlichen Produktion, in: Karl-Peter Ellerbrock/Clemens Wischermann (Hg.), *Die Wirtschaftsgeschichte vor der Herausforderung durch die New Institutional Economics*, Dortmund 2004, S. 58–71; und Sven Reichardt, Soziales Kapital »im Zeitalter materieller Interessen«. Konzeptionelle Überlegungen zum Vertrauen in

der Zivil- und Marktgesellschaft des langen 19. Jahrhunderts (1780–1914), in: *WZB Discussion Paper* Nr. SP IV 03–503, S. 1–20.

5 Georg Simmel, *Philosophie des Geldes*, Frankfurt am Main 1989 (Leipzig 1900), S. 216 f. und 215.

6 Niklas Luhmann, *Vertrauen. Ein Mechanismus der Reduktion sozialer Komplexität*, 3. A., Stuttgart 1989 (Zitate S. 33 und 8).

7 Tanja Ripperger, *Ökonomik des Vertrauens. Analyse eines Organisationsprinzips*, Tübingen 1998, S. 13. Piotr Sztompka, Vertrauen: Die fehlende Ressource in der postkommunistischen Gesellschaft, in: Birgitta Nedelmann (Hg.), *Politische Institutionen im Wandel*, Opladen 1995, S. 254–276, hier S. 256, definiert Vertrauen als eine »Annahme bzw. Wette über das künftige Handeln anderer« in Bezug auf »unsichere Ereignisse«. Zur begrifflichen und konzeptionellen Vielfalt aus historischer Sicht: Ute Frevert, Vertrauen. Eine historische Spurensuche, in: dies. (Hg.), *Vertrauen. Historische Annäherungen*, Göttingen 2003, S. 7–66; aus soziologischer und ökonomischer Perspektive Achim Loose/Jörg Sydow, Vertrauen und Ökonomie in Netzwerkbeziehungen – Strukturationstheoretische Betrachtungen, in: Jörg Sydow/Arnold Windeler (Hg.), *Management interorganisationaler Beziehungen. Vertrauen, Kontrolle und Informationstechnik*, Opladen 1994, S. 160–193.

8 Mit Hilfe einer grobschlächtigen Unterscheidung in *low-trust* und *high-trust societies* entwirft Fukuyama soziokulturell determinierte nationale Wirtschaftsstile. Familiaristische Misstrauenskulturen (Süditalien, Osteuropa) erzeugen Rückständigkeit, während vertrauensbasierte Netzwerkkulturen (Norditalien, Japan, Deutschland) den Fortschritt verkörpern. Francis Fukuyama, *Trust. The Social Virtues and the Creation of Prosperity*, New York 1996.

9 Vgl. Emma Rothschild, *Economic Sentiments: Adam Smith, Condorcet, and the Enlightenment*, Cambridge 2001.

10 Harold Demsetz, Information and Efficiency: Another Viewpoint, in: *J. of Law and Econ.* 12, 1969, S. 1–22.

11 Kenneth J. Arrow, *The Limits of Organization*, New York 1974, S. 23.

12 Vgl. Rudolf Richter/Eirik G. Furubotn, *Neue Institutionenökonomie. Eine Einführung und kritische Würdigung*, 2. A., Tübingen 1999; und Mathias Erlei u. a., *Neue Institutionen-Ökonomik*, Stuttgart 1999.

13 Robert Axelrod, *Die Evolution der Kooperation*, 2. A., München 1987, S. VIII, 10 und 99 f., allgemein ebd., S. 99–127. Entsteht Reziprozität bei Axelrod unabhängig von kulturellen Prägungen durch individuelle Nutzenkalküle, betonen neuere Ansätze der Experimentalökonomie die Bedeutung sozialer Normen. Vgl. Ernst Fehr/Simon Gächter, Fairness and Retaliation, in: *J. of Econ. Perspectives* 14, 2000, S. 159–181; und ders./Urs Fischbacher, Why Social Preferences Matter, in: *Econ. J.* 112, 2002, C 1–33.

14 Innovationsblockaden als Folge zu großen Vertrauens betont Horst Kern, Vertrauensverlust und blindes Vertrauen. Integrationsprobleme im ökonomischen Handeln, in: Stefan Hradil (Hg.), *Differenz und Integration. Die Zukunft moderner Gesellschaften*, Frankfurt am Main 1996, S. 271–282.

15 David S. Landes, *The Unbound Prometheus. Technological Change and Industrial Development in Western Europe from 1750 to the Present*, Cambridge 1969.

16 Anthony Giddens, *Konsequenzen der Moderne*, Frankfurt am Main 1996, S. 33.

17 Richard Tilly, Unternehmermoral und -verhalten im 19. Jahrhundert. Indizien deutscher Bürgerlichkeit, in: Jürgen Kocka (Hg.), *Bürgertum im 19. Jahrhundert*, Bd. 2, München 1988, S. 42–47.

18 Max Weber, *Wirtschaft und Gesellschaft. Grundriß der verstehenden Soziologie*, 5. A., Tübingen 1980 (1. A. 1921/22), S. 198.

19 Vgl. Wolfram Fischer, Die Ausbreitung des europäischen Rechts als Voraussetzung für die Entstehung einer europazentrischen Weltwirtschaft, in: ders., *Expansion, Integration, Globalisierung. Studien zur Geschichte der Weltwirtschaft*, Göttingen 1998, S. 49–59, hier S. 53.

20 Madeleine Herren, Modernisierung, Außenpolitik und Integration im Jahrhundert des Internationalismus, in: *Hist. Mitteilungen* 7, 1994, S. 1–43, hier S. 1.

21 Vgl. August Sartorius von Waltershausen, *Die Entstehung der Weltwirtschaft. Geschichte des zwischenstaatlichen Wirtschaftslebens vom letzten Viertel des 18. Jahrhunderts bis 1914*, Jena 1931, S. 470–480; und Craig N. Murphy, *International Organization and Industrial Change. Global Governance since 1850*, Cambridge 1994, S. 46–81.

22 Vgl. Martin H. Geyer, One Language for the World. The Metric System, International Coinage, Gold Standard, and the Rise of Internationalism, in: ders./Johannes Paulmann (Hg.), *The Mechanics of Internationalism. Culture, Society, and Politics from the 1840s to the First World War*, Cambridge 2001, S. 55–92, hier S. 56 f. und S. 69–82; Ian Clark, *Globalization and Fragmentation. International Relations in the Twentieth Century*, Oxford 1997, S. 33–51; und Murphy, *Organization.*

23 Karl Marx/Friedrich Engels, *Manifest der Kommunistischen Partei*, 16. A. (Original 1848), Leipzig 1985, S. 33.

24 Ferdinand Tönnies, *Gemeinschaft und Gesellschaft. Grundbegriffe der reinen Soziologie*, 3. A., Berlin 1920 (1. A. 1887), S. 43, 38 und 203.

25 Grundlegend Jürgen Kocka, Familie, Unternehmer und Kapitalismus. An Beispielen aus der frühen deutschen Industrialisierung, in: *ZUG* 24, 1979, S. 99–135; Louis Bergeron, Familienstruktur und Industrieunternehmen in Frankreich (18. bis 20. Jahrhundert), in: Neidthard Bulst u. a. (Hg.), *Familie zwischen Tradition und Moderne*, Göttingen 1981, S. 225–245; Leonore Davidoff/Catherine Hall, *Family Fortunes: Men and Women of the English Middle Class, 1780–1850*, London 1987; und Heidi Rosenbaum, Verwandtschaft in historischer Perspektive, in: Michael Wagner/Yvonne Schütze (Hg.), *Verwandtschaft. Sozialwissenschaftliche Beiträge zu einem vernachlässigten Thema*, Stuttgart 1998, S. 17–33. Die Wandel- und Formbarkeit des Systems Verwandtschaft betont Ulrich Pfister, Unternehmerverhalten im 19. Jahrhundert jenseits der Bürgerlichkeit, in: Jan-Otmar Hesse u. a. (Hg.), *Kulturalismus, Neue Institutionenökonomik oder Theorienvielfalt. Eine Zwischenbilanz der Unternehmensgeschichte*, Essen 2002, S. 51–61, hier S. 53–57.

26 Vgl. Stefan Gorißen, Der Preis des Vertrauens. Unsicherheit, Institutionen und Rationalität im vorindustriellen Fernhandel, in: Frevert, *Vertrauen*, S. 90–118.

27 Vgl. Stanley D. Chapman, The International Houses. The Continental Contribution to British Commerce, 1800–1860, in: *J. of European Econ. Hist.* 6, 1977, S. 5–48; Charles A. Jones, *International Business in the Nineteenth Century. The Rise and Fall of a Cosmo-*

politan Bourgeoisie, Brighton 1987; Geoffrey Jones, *Merchants to Multinationals. British Trading Companies in the 19th and 20th Centuries*, Oxford 2000, S. 1–83; und Ioanna Pepelasis Minoglou/Helen Louri, Diaspora Entrepreneurial Networks in the Black Sea and Greece, in: *J. of European Econ. Hist.* 26, 1997, S. 69–104. Vgl. auch Avner Greif, Reputation and Coalitions in Medieval Trade: Evidence on the Maghribi Traders, in: *J. of Econ. Hist.* 49, 1989, S. 857–882.

28 Unter diesen Firmen befanden sich 154 deutsche Häuser und 200 Griechen, Türken, Araber und Armenier. Vgl. Hartmut Berghoff, *Englische Unternehmer 1870–1914. Eine Kollektivbiographie führender Wirtschaftsbürger in Birmingham, Bristol und Manchester*, Göttingen 1991, S. 72 f.

29 Vgl. Wilfried Reininghaus (Hg.), *Wanderhandel in Europa*, Dortmund 1993; und Ulrich Pfister, Vom Kiepenkerl zu Karstadt. Einzelhandel und Warenkultur im 19. und frühen 20. Jahrhundert, in: *VSWG* 87, 2000, S. 38–66, hier S. 42 f.

30 Vgl. Loretta Napoleoni, *Modern Jihad. Tracing the Dollars behind the Terror Networks*, London 2003, S. 123 ff.

31 Vgl. Mark Granovetter, The Strength of Weak Ties, in: *American J. of Sociology* 78, 1973, S. 1360–1380; ders., Economic Action and Social Structure. The Problem of Embeddedness, in: *American J. of Sociology* 91, 1985, S. 481–510; Gunther Teubner, Die vielköpfige Hydra. Netzwerke als kollektive Akteure höherer Ordnung, in: Wolfgang Krohn/Günter Küppers (Hg.), *Emergenz und Selbstorganisation*, 2. A., Frankfurt am Main 1990, S. 189–216; Birgit Mahnkopf, Markt, Hierarchie und soziale Beziehungen. Zur Bedeutung reziproker Beziehungsnetzwerke in modernen Marktgesellschaften, in: Niels Beckenbach/Werner van Treeck (Hg.), *Umbrüche gesellschaftlicher Arbeit*, Göttingen 1994, S. 65–84; Anna Grandori/Guiseppe Soda, Inter-Firm Networks. Antecedents, Mechanisms and Forms, in: *Organization Studies* 16, 1995, S. 183–214; Loose/Sydow, Vertrauen und Ökonomie; Gabi Dei Ottati, Trust, Interlinking Transactions and Credit in the Industrial District, in: *Cambridge J. of Econ.* 18, 1994, S. 529–546; und Harald Wolf, Das Netzwerk als Signatur der Epoche, in: *Arbeit* 9, 2000, S. 95–104.

32 Giddens, *Konsequenzen*, S. 102 und 111.

33 Clifford Geertz, The Bazaar Economy. Information and Search in Peasant Marketing, in: *AER* 68, 1978, S. 28–32, hier S. 30.

34 Alvin W. Gouldner, *Reziprozität und Autonomie. Ausgewählte Aufsätze*, Frankfurt am Main 1984, S. 106.

35 Anschauliche, zumeist aus dem 20. Jahrhundert stammende Beispiele bei Edward Lorenz: Flexible Production Systems and the Social Construction of Trust, in: *Politics & Society* 21, 1993, S. 307–324; und ders., Trust, Contract and Economic Cooperation, in: *Cambridge J. of Econ.* 23, 1999, S. 301–315. Siehe auch Hartmut Berghoff, *Moderne Unternehmensgeschichte. Eine themen- und theorieorientierte Einführung*, Paderborn 2004, S. 172–184.

36 Konkrete Beispiele bei Philipp Sarasin, *Stadt der Bürger. Bürgerliche Macht und städtische Gesellschaft, Basel 1846–1914*, 2. A. Göttingen 1997, S. 102–119.

37 Bronislaw Malinowsky, *Crime and Custom in Savage Society*, London 1932, S. 39 f. Vgl. auch Avner Offer, Between the Gift and the Market: the Economy of Regard, in: *EcHR* 50, 1997, S. 450–476; und Sarasin, *Stadt*, S. 129–135.

38 Mahnkopf, Markt, S. 71.

39 Robin Pearson/David Richardson, Business Networking in the Industrial Revolution, in: *EcHR* 54, 2001, S. 657–679 (Zitate S. 676 und 674). Vgl. auch Hartmut Berghoff/Roland Möller, Tired Pioneers and Dynamic Newcomers? A Comparative Essay on English and German Entrepreneurial History, 1870–1914, in: *EcHR* 67, 1994, S. 262–287, hier S. 278 f.

40 Zitiert nach S. Spangenthal, *Die Geschichte der Berliner Börse*, Berlin 1903, S. 104.

41 Ebd., S. 56.

42 Der Bericht des preußischen Abgeordnetenhauses über die Auswirkungen des Termingeschäftsverbotes kam zu dem bemerkenswerten Schluss, dass die fortlaufende Missachtung des Verbotes die Grundlage für den Aufschwung der Berliner Börse gelegt hat. Daher wurde 1860 die Einklagbarkeit von Termingeschäften wiederhergestellt. Vgl. Hartmut Berghoff, Der Berliner Kapitalmarkt im Aufbruch (1830–1870), in: Hans Pohl (Hg.), *Geschichte des Finanzplatzes Berlin*, Frankfurt am Main 2002, S. 53–102, hier S. 72 ff.

43 Vgl. Hartmut Kaelble, *Berliner Unternehmer während der frühen Industrialisierung. Herkunft, sozialer Status und politischer Einfluß*, Berlin 1972. Die geschäftliche Bedeutung des Sozialkapitals betont auch Morten Reitmayer, *Bankiers im Kaiserreich. Sozialprofil und Habitus der deutschen Hochfinanz*, Göttingen 1999.

44 Lynne G. Zucker, Production of Trust. Institutional Sources of Economic Structure. 1840 to 1920, in: *Research in Organizational Behavior* 8, 1986, S. 64. Vgl. auch Jens Beckert, Vertrauen und die performative Konstruktion von Märkten, in: *Zs. für Soziologie* 31, 2002, S. 27–43; und Berghoff, Vertrauen.

45 Frank H. Knight, *Risk, Uncertainty & Profit*, New York 1921, S. 260 f. und 256.

46 Giddens, *Konsequenzen*, S. 41.

47 Susan P. Shapiro, The Social Control of Impersonal Trust, in: *American J. of Sociology* 93, 1987, S. 623–658, hier S. 635.

48 Peter Borscheid, Kurze Geschichte der Individual- und Sozialversicherung in Deutschland, in: ders./Anette Drees (Hg.), *Versicherungsstatistik Deutschlands, 1750–1985*, St. Katharinen 1988, S. 3–53 (Zitat S. 36), und ders., Die Entstehung der deutschen Lebensversicherungswirtschaft im 19. Jahrhundert. Zum Durchsetzungsprozess einer Basisinnovation, in: *VSWG* 70, 1983, S. 305–330. Allgemein François Ewald, Die Versicherungsgesellschaft, in: *Kritische Justiz* 22, 1989, S. 385–393; und Wolfgang Bonß, *Vom Risiko. Unsicherheit und Ungewißheit in der Moderne*, Hamburg 1995, S. 191–232.

49 Vgl. Dirk Baecker, *Womit handeln Banken? Eine Untersuchung zur Risikoverarbeitung in der Wirtschaft*, Frankfurt am Main 1991.

50 Vgl. W. J. Reader, *Professional Men. The Rise of the Professional Classes in Nineteenth-Century England*, London 1966; und Charles E. McClelland, *The German Experience of Professionalization. Modern Learned Professions and their Organizations from Early Nineteenth Century to the Hitler Era*, Cambridge 1991, S. 3–171. Zur Theorie des *signalling* Michael Spence, Job Market Signalling, in: *Quarterly J. of Econ.* 87, 1973, S. 355–374; und Michael Bacharach/Diego Gambetta, Trust in Signs, in: Cook, *Trust*, S. 148–184.

51 Vgl. Derek Matthews u. a., *The Priesthood of Industry: The Rise of the Professional Accountant in British Management*, Oxford 1998.

52 Mehr Details bei Edward N. Vose, *Seventy-five Years of the Mercantile Agency. R. C. Dun & Co, 1841–1916*, New York 1916; Roy A. Foulke, *The Sinews of American Commerce. Published by Dun & Bradstret, Inc. On the Occasion of its 100th Anniversary 1841–1941*, New York 1941; James D. Norris, *R. G. Dun and Co. 1841–1900. The Development of Credit Reporting in the Nineteenth Century*, Westport, CT 1978; und Margaret J. Miller (Hg.), *Credit Reporting Systems and the International Economy*, Cambridge, MA 2003.

53 Mira Wilkins, The Neglected Intangible Asset: The Influence of the Trade Mark on the Rise of the Modern Corporation, in: *BH* 34, 1992, S. 66–95; und Mark Casson, Brands. Economic Ideology and Consumer Society, in: Geoffrey Jones/Nicholas J. Morgan (Hg.), *Adding Value: Brands and Marketing in Food and Drink*, London 1994, S. 41–58.

54 Ausführlich Bonß, *Risiko*, S. 18 f. und 93–190.

55 Victor Nee/Jimy Sanders, Trust in Ethnic Ties: Social Capital and Immigrants, in: Cook, *Trust*, S. 374–392.

56 Vgl. Theodore M. Porter, *Trust in Numbers. The Pursuit of Objectivity in Science and Public Life*, Princeton 1995, S. 89–113 (Zitat S. 90).

57 Peter L. Bernstein, *Against the Gods. The Remarkable Story of Risk*, New York 1996, S. 335.

Tauschen und Vertrauen

Zur Kulturgeschichte des Schwarzhandels im Berlin der 1940er Jahre

Malte Zierenberg

Für Literatur und Film ist die deutsche Schwarzmarktszenerie der Nachkriegszeit ab 1945 ein verlockendes Sujet. Bereits 1948 sang Marlene Dietrich ihren »Blackmarket-Song« in Billy Wilders Film *A Foreign Affair* und leistete damit ihren eigenen Beitrag zum Bild des Schwarzmarkts als Ort von Unmoral, Verruchtheit und käuflicher Liebe. Siegfried Lenz widmete den Abenteuern eines Schwarzhändlers eine eigene Erzählung, die das illegale Geschäftsleben ihres Protagonisten als Bohème-Existenz in Trümmerzeiten schildert. Und Thomas Pynchons *Die Enden der Parabel* griff das Schwarzmarktmotiv zur Beschreibung des Krieges als »Kult der Märkte« auf.[1] Doch die Schwarzmärkte der Kunst zu überlassen, wäre aus historischer Sicht fahrlässig. Denn die Analyse dieser »alternativen Infrastruktur« (Dirk van Laak) berührt eine Reihe geschichtswissenschaftlicher Forschungskontexte. Am Beispiel des Schwarzmarkts lassen sich mehrere Entwicklungslinien der Kriegs- und Nachkriegszeit studieren: Das betrifft die wirtschaftlichen Rahmenbedingungen im Übergang von der Kriegs- zur Friedenswirtschaft ebenso wie Fragen nach dem Verhältnis von Konsummöglichkeiten und staatlicher Obrigkeit sowie die Veränderungen der sozialen Ordnung einer sich wandelnden Gesellschaft. Zum anderen kann die alltägliche Organisation der Schwarzmärkte, können die räumliche Dimension, der Teilnehmerkreis, die Praktiken der Akteure, die Tauschwaren und nicht zuletzt die zeitgenössischen Deutungen des Schwarzmarktes ins Blickfeld rücken. Zwar gehören Märkte und Marktgesellschaften zum festen Repertoire historischer Forschung. In jüngerer Zeit richtete sich das Augenmerk zudem nicht nur auf deren rein ökonomische Aspekte, sondern auch auf den »Markt und seine Kultur«.[2] Im Gegensatz dazu stehen Schwarzmärkte aber weiterhin im ›illegalen‹ Abseits. Betrachtet man etwa die Forschungslage zu den Schwarzmärkten des Zweiten Weltkriegs und der Nachkriegszeit in Deutschland, so fehlt es an vielem. Eine Wirtschaftsgeschichte des Schwarzhandels unter den Bedingungen von reglementierter Wirtschaft, Rationierungssystem und verdeckter Inflation gibt es bisher genauso wenig wie eine Kulturgeschichte des alltäglichen Lebens kleiner und großer Schwarzhändler und -händlerinnen, ihrer Motive, Praktiken und Deutungsmuster.[3] Doch es spricht eine Reihe von Gründen dafür, dass beide, Wirtschafts- wie Kulturgeschichte, gerade angesichts dieses Themas versuchen sollten, Fragestellungen der »anderen Seite« aufzunehmen und zu integrieren. Eine klassische Wirtschaftsgeschichte würde sich beispielsweise schwer tun mit den Erfahrungsräumen »Erster Weltkrieg« und »Inflationszeit«, die das Handeln von Akteuren sowohl auf staatlicher Seite wie auf der einfacher Marktteilnehmer entscheidend prägten. Das gleiche gilt für den wichtigen Bereich von Kauf- und Tauschpraktiken als Teil eines komplexen, mit vielfachen Bedeutungen aufgeladenen Alltagshandelns, das eigene Sinnstrukturen aufwies und spezifische Formen einer unterschiedlich bewerteten *moral economy* des illegalen Handels ausprägte bzw. auf sie Bezug nahm.[4] Andererseits würde eine Kulturgeschichte im engeren Sinne, die Preisbildungsprozesse oder die Frage nach Transaktionskosten vernachlässigte, zwangsläufig die ökonomische Realität der Märkte ignorieren und deshalb dem Thema nicht gerecht werden.

Eine Geschichte des Schwarzhandels im Berlin der 1940er Jahre darf demnach weder die ökonomische noch die kulturelle Dimension ihres Gegenstandes aus dem Auge verlieren, sollte also Wirtschafts- *und* Kulturgeschichte, im besten Falle »Wirtschafts- als Kulturgeschichte« sein.[5] Die Antwort auf diesen Befund kann nur in einer Synthese und einem wohlabgewogenen, aber undogmatischen Eklektizismus bei der Wahl von Theorieansätzen geringerer »Reichweite« liegen, die einen heuristischen Mehrwert für die Analyse versprechen. In Bezug auf das Projekt einer Kulturgeschichte der Berliner Schwarzmärkte, die das eine tun will, ohne das andere zu lassen, kann dies zum Beispiel seinen Ausdruck im Plädoyer für einen ethnologisch geschulten Blick auf die Vergangenheit bedeuten, weil gerade ethnologischen Studien die enge Verschränkung von kulturellen und ökonomischen Praktiken vertraut ist. Eine Kulturgeschichte des Schwarzmarkts kann davon nur profitieren. Denn der schwarze Handel auf offener Straße, der für das 20. Jahrhundert anachronistisch anmutet, legt es nahe, diesen Teil der »deutsche[n] Vergangenheit nicht als vertraute Vorgeschichte zu betrachten, sondern [ihn] methodisch zuerst einmal als [...] fremden Gegenstand zu konzeptualisieren«,[6] wie es Hans-Ulrich Wehler in seiner Würdigung der Kulturanthropologie formuliert hat. Gefordert ist damit eine *historische* Wendung des Blicks auf das kulturell Fremde.[7] Das ist freilich nicht neu und bedeutet auch keine methodische Revolution; eher schon eine forschungspragmatisch-habituelle Entscheidung, die den Blick für das widerstrebend Unmoderne an den »modernen Zeiten« zu schärfen vermag, worauf gerade eine sich als »Neuere Geschichte« oder »Zeitgeschichte« verstehende Historiographie angewiesen ist, die wenigstens die Neigung zur Teleologie immer wieder verspürt.[8] Diese Entscheidung erscheint geradezu unausweichlich, wenn man sich dem Themenkomplex »Tauschen und Vertrauen« und damit zwei grundlegenden Phänomenen menschlicher Interaktion zuwendet, die transkulturell auffindbar und doch zugleich spezifisch historisierbar sind.

Dabei kann die soziale Praxis »Tauschen« als Paradebeispiel für einen Untersuchungsgegenstand gelten, an dem sich neben anderen Ebenen (politischen, rechtlichen) vor allem ökonomische und kulturelle Aspekte analysieren lassen. Man muss kein Anhänger von Marcel Mauss' These des »totalen sozialen Phänomens« Tausch sein, um den wenigstens hybriden Charakter von Tauschhandlungen anzuerkennen: Wer tauscht, verfolgt in der Regel ökonomische Ziele und tut dies immer schon in kulturellen Kontexten, die zugleich Bedingung wie Folge seines Handelns sind.[9]

Die Berliner Schwarzmärkte der 1940er Jahre – so die hier zugrunde liegende Ausgangsthese – können beschrieben werden, indem sich das Untersuchungsinteresse auf die für sie spezifische Form einer alltäglichen Tauschkultur richtet. Diese Tauschkultur wird dabei als ein komplexes Beziehungsgeflecht aus Motivlagen, Deutungsmustern und Praktiken verstanden, das im Kontext sich wandelnder »äußerer Umstände« (Versorgungslagen, Stadträume, Bekämpfungspolitiken, neue Teilnehmer) unterschiedliche Formen annahm.[10] Den Kern dieser Varianten einer Tauschkultur bildeten die Praktiken von kleinen und großen »Schiebern« und »Schieberinnen«, die sich sowohl aus kulturwissenschaftlich-ethnologischer, handlungstheoretisch-soziologischer oder aus institutionenökonomischer Perspektive erschließen lassen. Diese forschungspragmatische Brückenfunktion kommt auch bei der Analyse eines zentralen Problems des Schwarzmarktes zum Tragen: der Vertrauensbildung respektive Vertrauensstabilisierung zwischen den Akteuren und in Systeme. Vertrauen, so die Alltagssprache, kann man »gewinnen« oder »erwerben«. Hier scheint die eingangs in Bezug auf den Tausch erwähnte Verklammerung von Kultur und Ökonomie wieder auf, die auch für das Vertrauensproblem charakteristisch ist. Erst wer vertraut, tauscht auch, könnte man sagen. Oder, präziser: Tauschen setzt Vertrauen voraus, bildet aber gleichzeitig immer auch den Ausgangspunkt für den zirkulären Austauschprozess der

Vertrauensbildung und -stabilisierung, der auf einer erbrachten Vorleistung (Informationsüberziehung) des Vertrauenden basiert. Andersherum gilt die Gleichung genauso: Denn bleiben (wie wenig explizit auch immer) verabredete Tauschleistungen aus, leidet das Vertrauensverhältnis und kann zuletzt in sein Gegenteil, in Misstrauen, umschlagen.[11]

Eine Untersuchung der Tauschkultur auf den Berliner Schwarzmärkten eröffnet deshalb nicht die Chance zu einer »Wirtschaftsgeschichte als Kulturgeschichte«, sondern ist auf diesen Ansatz geradezu angewiesen. Ethnologische, soziologische und ökonomische Theorieangebote überschneiden sich in diesem Zusammenhang beträchtlich: Der Problemkomplex Tauschen und Vertrauen ist ein Element in Geertz' deskriptiv entwickeltem Konzept der *bazaar economy*, bei Luhmanns systemtheoretischen Überlegungen und in Ansätzen der *Neuen Institutionenökonomie* (NIÖ). Allen gemein ist die Beschreibung von Vertrauen als Strategie zur Überwindung von Unsicherheit bzw. Komplexität.[12] Das gilt auch auf der Ebene von Interpretationsleistungen, die durch einen reduzierten »Weltentwurf« Komplexität überhaupt erst in »strukturierte Möglichkeiten eigenen Erlebens und Verhaltens« umwandeln.[13]

Wenn Hartmut Berghoff in seinem Beitrag zu dem vorliegenden Band für das 19. Jahrhundert eine »Eskalation der Unsicherheit« feststellt, so können die Schwarzmärkte der 1940er Jahre als Orte *permanenter* Unsicherheit beschrieben werden, denen viele gewachsene und institutionalisierte Mechanismen der Vertrauensbildung und -sicherung (staatliche Aufsicht, Vertragssicherheit, Standardisierungen etc.) fehlten und die so den Eindruck anachronistischer Zustände eines anscheinend regellosen Wirtschaftens hervorriefen.

Der Beitrag geht dem Vertrauensproblem als Kern einer Kulturgeschichte des Tauschens auf drei Ebenen nach: 1. Der Vertrauenskrise der (Versorgungs-)Politik, die als eine Voraussetzung der Marktbildung verstanden wird und die sich mit der Terminologie der NIÖ als Konfliktlage zwischen externen und internen Institutionen fassen lässt. 2. Daneben geht es um die Prozesse von Vertrauensbildung und -stabilisierung auf der Mikro- oder *Encounter*-Ebene zwischen den Akteuren, die die Ausbildung spezifischer Organisationsformen des Marktes (Segmentierung, Professionalisierung) begleiteten. 3. Eine wichtige Funktion fällt schließlich den diskursiven Selbstbeschreibungen der Misstrauens-/Unsicherheitsgesellschaft der »Schwarzmarktzeit« (Paul Erker) zu, die sich in der Rede über »den Schieber« widerspiegelt. Diese drei Aspekte (Marktbildungsprozess, Organisationsformen der Märkte und

Selbstbeschreibung der Schwarzmarktgesellschaft), die für ein Verständnis des komplexen historischen Phänomens wichtig sind, lassen sich gewinnbringend nur mit der erwähnten Verschränkung theoretischer Ansätze untersuchen.

1. Entstehung und Wandel der Berliner Schwarzmärkte in Kriegs- und Nachkriegszeit

Die historische Forschung hat, von wenigen Ausnahmen abgesehen, einen weiten Bogen um die illegalen Märkte der Kriegs- und Nachkriegszeit gemacht. Ein Grund dafür mögen die Schwierigkeiten sein, die der Schwarzhandel dem Historiker als ökonomisches Phänomen bereitet. Diese beginnen bereits mit dem Versuch einer adäquaten Definition, die auch von den Wirtschaftswissenschaften nicht immer eindeutig geleistet wird. Versteht man Schwarzhandel beispielsweise bloß als »Waren*verkauf* unter Umgehung polizeilicher oder gesetzlicher Vorschriften«, der seine »Blütezeit [...] bei Warenverknappung, zum Beispiel durch Bewirtschaftung und Kontingentierung (Kriegs- und Nachkriegszeiten) sowie für manche Produkte in Ländern mit Zentralverwaltungswirtschaft«[14] erlebt, klammert man den umfangreichen Tausch- und Kompensationshandel aus und reduziert das Phänomen auf den rein monetären Schwarzhandel. Die angeführte Definition hat auch in der historischen Forschung Verwendung gefunden und damit eher Verwirrung gestiftet, als Klarheit zu schaffen.[15] Denn das, was nicht zuletzt in den Berichten der Zeitgenossen als »Schwarzmarkt« bezeichnet wird, beschränkte sich keinesfalls auf Transaktionen von Waren gegen Geld, sondern war ein überaus komplexes Tauschgeschehen. Dabei wurden in vielen Fällen Waren gegen Waren getauscht, und der Abnehmer musste immer auch als zukünftiger Anbieter kalkulieren, wollte er schließlich nach einer Reihe von Tauschgeschäften die ersehnte Ware erhalten.[16] Die Berliner Schwarzmärkte erfüllten nicht allein das Kriterium der Illegalität, sondern bildeten überdies Orte einer den Alltag zunehmend bestimmenden Tauschkultur, die sich auf mehreren Ebenen manifestierte: Sie reorganisierte die Raum- und Zeiterfahrung der Berlinerinnen und Berliner, trug dazu bei, andere Konsumpraktiken einzuüben, bildete neue personale Netzwerke und schuf mehrere Teilöffentlichkeiten.[17] Ein so verstandener Schwarzmarktbegriff, der sowohl die Illegalität als auch das massenweise (teil-)öffentliche Auftreten von Tauschhandlungen einschließt, vermag den Periodisierungsraum der gesamten 40er Jahre einzufangen. Ein großer Teil der Forschung konzentriert sich hingegen auf den Schwarzmarkt als Nachkriegsphänomen und wiederholt damit den Eindruck faszinierter Zeitgenossen, in deren Erinnerung die Schwarzmarktplätze vor allem eine Nachkriegserscheinung sind.[18]

Unberücksichtigt bleibt bei solchen Betrachtungen in der Regel die 1939 unmittelbar zu Beginn des Krieges erlassene »Kriegswirtschaftsverordnung«. Diese sollte eine Schutzfunktion erfüllen, indem sie jene Tatbestände unter Strafe stellte, die das Versorgungssystem des Staates gefährdeten.[19] In Erwartung zunehmender Schwarzhandelsaktivitäten an der »Heimatfront« setzte die nationalsozialistische Führung auf ausgeweitete Repressionsinstrumente, um einer Destabilisierung im Innern begegnen zu können. Schwarzhandelspraktiken tauchten mithin nicht erst nach dem Ende des Krieges auf, sondern nahmen ihren Anfang als Umgehungen der Rationierungsvorschriften schon im ersten Kriegsjahr. Legt man die wenigen Forschungsergebnisse zu den vor den NS-Sondergerichten verhandelten sogenannten »Kriegswirtschaftsverbrechen« zugrunde, dann lassen sich vor allem zwei Einschnitte in der Entwicklung der Lebensmittelversorgung ausmachen, die sich auf die Entwicklung der Schwarzhandelsvergehen auswirkten: die drastische reichsweite Kürzung der Fleischzuteilungen im Jahr 1941 und der Beginn der schweren Luftangriffe auf deutsche Großstädte im Sommer 1943.[20] Mit beiden Ereignissen verschlechterten sich die Versorgungsbedingungen zusehends, stieg der Anreiz, über das zugewiesene Maß hinaus Waren (vor allem Lebensmittel) zu »besorgen«. Die Entstehung des Schwarzhandels hängt also sowohl mit der Etablierung einer staatlichen Strafverfolgungspolitik zusammen, die neue Marktnormen durchzusetzen versuchte, als auch mit Fragen der allgemeinen (kriegsbedingten) Versorgungslage, da beide souveräne Konsumentenentscheidungen einschränkten und die Bildung illegaler Märkte voran trieben.[21]

Den offensichtlichsten Wandel der Berliner Schwarzmarktlandschaft zwischen 1939 und etwa 1952 markiert der Übergang von Tauschpraktiken auf der *Encounter*-Ebene zwischen Bekannten, Familienmitgliedern oder Kollegen zum Marktgeschehen auf der Ebene einer Versammlungsöffentlichkeit.[22] Insbesondere die (in einem Alltagsverständnis von Öffentlichkeit) öffentlichen Marktplätze der Nachkriegszeit (Reichstag, Alexanderplatz, Potsdamer Platz, Brunnenstraße etc.) wurden zum Thema erbitterter Diskussionen um die Grenzen von Moral und Unmoral, von Geschlechterrollen, den richtigen Umgang mit Fremden und Marktvorstellungen. Allerdings wurde der illegale Handel in Berlin bereits während des Krieges – spätestens ab Oktober 1944 – zu einem Straßenphänomen.[23]

Dieser Prozess der Schwarzmarktbildung in Berlin lässt sich institutionenökonomisch fassen als Neuetablierung interner Institutionen, die von einer wachsenden Zahl von Berlinerinnen und Berlinern als Reaktion auf veränderte Bedingungen der Möglichkeit zur Befriedigung ihrer Konsumwünsche angenommen wurden.[24] Denn »wenn [solche Anspruchsniveaus des Satisfizierens] unterschritten werden, beginnen die Individuen unter Umständen mit einer Suche nach alternativen Handlungsmöglichkeiten, die von den routinemäßig gewählten Handlungen abweichen«.[25] Entschied sich zum Beispiel eine Berlinerin zum Schwarzmarktgeschäft, widersetzte sie sich auf jeden Fall einer externen Institution, dem Gesetz. In den meisten Fällen suspendierte sie auch das internalisierte moralische Gebot (interne Institution), dem gemäß eine Gesetzesübertretung nicht akzeptabel war. Gleichzeitig musste sie mit Sanktionen sowohl rechtlicher wie gesellschaftlicher Natur rechnen (Strafverfolgung/Verurteilung bzw. Reputationsverlust). »Von der Wahrscheinlichkeit, dass ein Verstoß geahndet wird sowie der Höhe der in diesem Fall zu zahlenden Strafe hängt es ab, ob sich der Tausch bestimmter Güter dennoch lohnt«, fasst Voigt die Sicht der NIÖ zusammen.[26] Warum, so bleibt zu fragen, entschied sich eine wachsende Zahl von Berlinerinnen und Berlinern für die Suspendierung internalisierter Moralvorstellungen und widersetzte sich damit zugleich Verboten, die massive Strafandrohungen beinhalteten?[27]

Kaum etwas anderes beschäftigte die Menschen an der »Heimatfront« so sehr wie die Entwicklung der Versorgungssituation. Ein Blick in die Lageberichte des Sicherheitsdienstes der SS, des »Meinungsforschungsinstituts der Diktatur« (Heinz Boberach), vermittelt sofort einen Eindruck von der Brisanz des Themas.[28] Wie Boberach bemerkt: »Als wesentlicher Faktor für die Stimmung wurde die Unzufriedenheit über die Versorgung mit Lebensmitteln und Verbrauchsgütern in bald schon monoton wirkenden Berichten immer wieder dargestellt«.[29]

Bereits Ende 1940 meldete der Bericht des SD, dass »in Bezug auf die Fleischversorgung und die Zuteilung von Schlachtfetten [...] in den letzten Wochen in nahezu allen Gebieten des Reiches erhebliche Schwierigkeiten aufgetreten [seien], die sich auch in stimmungsmäßiger Hinsicht sehr nachteilig auswirkten«. Schon jetzt war von einer »sehr kritisch[en] Beurteilung der Versorgungslage [innerhalb] der Bevölkerung«[30] die Rede. Doch noch bezogen sich die laut werdenden Klagen vor allem auf einzelne Ausfälle oder Verteilungsungerechtigkeiten. So hält der Bericht vom 3. April 1941 fest: »In den Meldungen wird hervorgehoben, dass gewisse nicht besonders lebensnotwendige Lebens- und Genussmittel kaum oder nur nach sehr langem Anstehen zu haben seien, dass jedoch die zeitweilige Verknappung auch nur einer einzigen wichtigen Ware in den betroffenen Gebieten das Vertrauen [sic!] in die Versorgungslage in Mitleidenschaft ziehe.«[31]

Im Mai 1941 wussten die Berichte des SD zu vermelden, es »seien jetzt bereits vereinzelt Stimmen zu verzeichnen, die beim Vergleich mit den Fleischrationen des Weltkriegs besagten, dass es nunmehr ›genau wie damals‹ sei«.[32] Man möge doch »lieber die Feinde hungern lassen«, hieß es. Und weiter: »Wie neue Meldungen *aus dem gesamten Reichsgebiet* besagen, hat die [Kürzung der Fleischration] allgemein eine gewisse Missstimmung, zum Teil aber auch Besorgnis in Teilen der Bevölkerung im Hinblick auf die Gesamternährungslage aufkommen lassen. [...] Wenn auch diese Kürzung nur für die Sommermonate in Aussicht gestellt sei, was allerdings vielfach angezweifelt werde, und durch die größere Gemüsezufuhr eine Ausweichmöglichkeit gegeben sei, so werde jedoch darauf hingewiesen, dass es zur Herstellung kräftiger Gemüsespeisen an einer dementsprechenden Fettzuteilung mangele«.[33]

Die logische Folge dieser Entwicklung bildete das Auftreten illegalen Warentausches, über den der SD bereits Ende 1941 berichtete: »Die scharfen Worte des Führers gegen eventuelle Versuche gewisser Kreise, die innere Front zu stören, fanden starke Beachtung. [...] Die vom Führer angekündigten rücksichtslosen Maßnahmen gegen irgendwie geartete Störungsversuche der inneren Front fanden bei dem größten Teil der Bevölkerung großen Anklang und haben gleichzeitig die Hoffnung geweckt, dass nunmehr mit rücksichtsloser Schärfe gegen den immer mehr um sich greifenden Tausch- und Schleichhandel wie auch gegen jede Übertretung der Kriegswirtschaftsbestimmungen vorgegangen werde.«[34]

Das Entstehen des Schwarzhandels war ein Krisensymptom. In gleichem Maße, wie das Konsumniveau im Kriegsverlauf – unregelmäßig, aber im Ganzen stetig – abnahm, vermehrten sich auch die negativen Stimmungen.[35] »In mehreren Meldungen wurde zum Ausdruck gebracht, dass die Bekanntgabe der ›einschneidenden‹ Lebensmittelkürzungen auf einen großen Teil der Bevölkerung geradezu ›niederschmetternd‹ gewirkt habe, und zwar in einem Ausmaße wie kaum ein anderes Ereignis während des Krieges«, hieß es etwa im SD-Bericht vom 23. März 1942. Den eintretenden Vertrauensverlust aufzufangen, gelang der nationalsozialistischen Propaganda immer weniger: »Die Volksgenossen wollen sich zahlreicher früherer Veröffentlichungen entsinnen, die sämtlich auf der Linie gelegen hätten, dass die Ernährungslage in Deutschland in diesem Krieg unbedingt und für alle Fälle gesichert sei.«[36]

Die fortschreitende Vertrauenskrise bewirkte eine verstärkte Bereitschaft zu illegalem Verhalten: Mit dem Misstrauen in die Kompetenz staatlichen Handelns einher ging der Auflösungsprozess allgemein akzeptierter Rechtsgewalt durch den Staat: »Trotz der verschärften Strafandrohung [...] nimmt nach den Meldungen der Tauschhandel in der letzten Zeit ständig zu. [...] Die Bereitschaft zahlreicher Volksgenossen, bei jeder sich bietenden Gelegenheit Tauschgeschäfte einzugehen, sei ganz allgemein festzustellen.« Zugleich aber werde »die Bekämpfung des Tauschhandels« insgesamt »als unzureichend empfunden«.[37] Den Prozess zunehmender Geringschätzung des Rechts in Folge der sich verschlimmernden Versorgungslage fasste ein Bericht vom Januar 1944 zusammen: »Während in den ersten Kriegsjahren noch der Tausch- und Schleichhandel in jeder Form bei den meisten Volksgenossen verpönt war und häufig als Sabotage an der Versorgung des deutschen Volkes abgelehnt wurde, ist die Bevölkerung allmählich immer mehr dazu übergegangen, alle erdenklichen Mittel und Wege zur Umgehung der Kriegswirtschaftsbestimmungen im Kleinen zu benutzen, ohne sich dabei in den meisten Fällen einer Strafwürdigkeit bewusst zu werden.«[38] Es setzte sich verstärkt die Meinung durch, »dass der kleine ›Gefälligkeitsverkehr‹ [...] nicht bestraft werden sollte«.[39]

Was die Berliner Situation betraf, so bestätigt sich insbesondere der erwähnte Einschnitt, den der Sommer 1941 markierte. David Clay Large stellt fest, dass »die Eröffnung einer neuen Front gegen Russland [...] einen einschneidenden Wendepunkt« bedeutete. »Die Verhältnisse, unter denen die Menschen ihr tägliches Leben organisieren mussten, waren schon vor Beginn der Operation Barbarossa schwieriger geworden; jetzt verschlechterten sie sich in rasantem Tempo.«[40] Gerade Großstädte wie Berlin litten besonders unter den – häufig wegen Transportproblemen auftretenden – Verschlechterungen der Versorgungslage der letzten Kriegsjahre. Auch wenn der von Corni und Gies formulierte Befund zutrifft, wonach »im Vergleich zum Ersten Weltkrieg [...] die vom Nationalsozialismus betriebene Agrarpolitik zweifellos sehr viel erfolgreicher [war], so dass nicht behauptet werden kann, zu den entscheidenden Ursachen für den Zusammenbruch des Hitlerregimes gehöre auch eine Ernährungskatastrophe«[41], wird man die zunehmende Bereitschaft von Berlinerinnen und Berlinern, den Schritt in die Illegalität des Schwarzhandels zu tun, doch als Ausdruck einer Vertrauenskrise der nationalsozialistischen Versorgungspolitik beschreiben können. Die enge Verschränkung zwischen Tausch- und Vertrauensleistung wird hier – auf der Ebene der Marktbildung als Aushandlungsprozess zwischen staatlichen Akteuren und Marktteilnehmern – besonders deutlich: Der unausgesprochene Tauschvertrag zwischen Bürger und Politik, der rechtskonformes Verhalten im Gegenzug für ausreichende Möglichkeiten des Satisfizierens von Konsumansprüchen vorsah, wurde von immer mehr Berlinerinnen und Berlinern aufgekündigt, nachdem diese Möglichkeiten zurückgingen. Dieser Vertrauensentzug auf Systemebene hatte Konsequenzen bis in die Zeit nach dem Mai 1945. Die vier Besatzungsmächte, die ihre Berlin-Politik mühsam in der Alliierten Kommandantur abzustimmen suchten, erbten das Problem nach Kriegsende. Als letztlich wirkungsvoll im Kampf gegen den illegalen Handel erwiesen sich weder Legalisierungsbemühungen (wie die sogenannten offiziellen »Tauschmärkte«) noch die Fortführung der Strafverfolgungsmaßnahmen, sondern einzig wirtschaftspolitische Entscheidungen, die eine gesteigerte Produktion von Konsumgütern und damit die Bildung von Vertrauen in funktionierende Wirtschaftssysteme wieder ermöglichten.[42]

Doch jenseits der Krise des Versorgungssystems auf einer abstrakteren politischen Ebene bildete auf einzelne Marktteilnehmer gerichtetes, persönliches Vertrauen für kleine und große »Schieberinnen« und »Schieber« ein ganz handfestes Alltagsproblem. Wem konnte man vertrauen? Wen konnte man zum Tauschpartner wählen, ohne befürchten zu müssen, dass die ausgesuchte Person einen entweder »übers Ohr hauen« oder »verpfeifen« würde? Und wie stellte man das fest? Unabhängig von den Motiven der Akteure (Versorgung/Überlebenssicherung der eigenen Person/Familie, Wunsch nach ein »bisschen Luxus«, Abenteuerlust, Gewinnstreben usw.) und dem Professionalisierungsgrad ihres Handelns (vom Gelegenheitshändler bis zum »Profi-Schieber«) standen alle Schwarzhändler vor dem Problem, in der Interaktion auf der *Encounter*-Ebene Strategien der Vertrauensbildung, -überprüfung und -pflege zu entwickeln oder auch Vertrauenswürdigkeit vorzutäuschen, um die gewünschten Transaktionserfolge realisieren zu können.

2. Marktformen und das Vertrauensproblem auf der *Encounter*-Ebene

»To a foreign eye«, so Clifford Geertz, »a mid-Eastern bazaar […] is a tumbling chaos.«[43] Das gleiche gilt für den Berliner Schwarzmarkt; und nicht nur aus heutiger Sicht: Auch den Zeitgenossen fiel die Orientierung auf den Märkten nicht leicht. Die »beschränkte Rationalität« der Akteure und opportunistisches Verhalten, das wegen des Fehlens wirksamer externer Sanktionsmechanismen zum Alltag gehörte, machten die Berliner Schwarzmärkte zu einem Paradebeispiel für einen unüberschaubaren Ort, der permanent Unsicherheit produzierte.[44] Um die damit als gesteigertes Problem auftretenden Transaktionskosten minimieren zu können, bestand die Möglichkeit der Schließung impliziter Verträge, die aber wiederum das Vertrauensproblem virulent machten. Denn insbesondere auf den großen öffentlichen Märkten der letzten Kriegsmonate und der Nachkriegszeit war die Herstellung von Vertrauen über das, was Giddens als »facework commitments« bezeichnet hat, war die Kontrolle von Vertrauensleistungen über den Faktor »soziale Einbindung«, der Reputationsverlust als Sanktionsform ermöglicht, so gut wie ausgeschlossen.[45] Erst die Wiederholung – und damit das Eingehen eines größeren Risikos beim ersten Tauschvorgang – von *bargaining* und Tauschabschlüssen sicherte einigermaßen die Tauschbeziehungen zwischen (zwei) Partnern und schuf die Grundlage für den längerfristigen Ausgleich von singulären Vorteilsnahmen der einen oder der anderen Seite.[46]

Die Unsicherheit eines nur beschränkt informierten Akteurs kann gerade für den unübersichtlichen Schwarzmarkt als gegeben vorausgesetzt werden. »Regelrationalität«, das heißt die Ausbildung verhaltenslenkender, Unsicherheit verringernder Regeln, wird zu einem der Kernprobleme des Handelnden auf den illegalen Märkten, das verglichen mit der Unsicherheit auf legalen Märkten und auch im Vergleich mit der Zuteilungswirtschaft der Kriegs- und Nachkriegszeit potenzierte Bedeutung gewinnt.[47]

Doch bei aller Unübersichtlichkeit und Instabilität der illegalen Märkte wiesen sie doch wenigstens partiell bzw. temporär ein erstaunliches Organisationsniveau auf, das dem legaler (Wochen-)Märkte und dem von Geertz beschriebenen Basar frappierend ähnelte. Über die damit gegebenen Formen von Konstanz wurde ein übersichtlicheres, Vertrauensbildung und damit positive Transaktionsbedingungen förderndes Umfeld kreiert. Theoretische Vorarbeiten zur Beschreibung von Märkten finden sich neben der »bazaar economy« in der *Economic Anthropology*, etwa in Stuart Plattners Arbeiten zu »markets and marketplaces«.[48] Märkte sind demnach mehr als bloß Plätze, auf denen getauscht wird. Sie sind vielmehr Orte vielfältiger Interaktion. Sie funktionieren nach ausdifferenzierten Regeln und bilden Schnittstellen gesellschaftlicher Kommunikation. Neben den Markt als Phänomen, das auf unterschiedliche räumliche und zeitliche Infrastrukturen verweist, tritt der Markt als soziales Ereignis, das einen vertrauten Raum für Anbieter wie Käufer schafft. Traditionelle Wochenmärkte sind das Produkt räumlich und zeitlich situierbarer Gewohnheiten des Handelns. Sie weisen eine institutionalisierte

Ordnung auf. Dazu gehören die Definition von Marktanfang und -ende, Bestimmungen, die die Marktgrenzen sowie die legal zu handelnden Waren und vieles mehr festlegen. Kenntlich werden Märkte, indem sie sich durch formelle wie informelle Zeichen ausweisen, seien es Marktglocken, Banner oder Rituale, wie etwa das Trinken und Feiern nach Marktende. Klientelbildung, feste Lieferanten- und Abnehmerbeziehungen gehören ebenso dazu wie Standardisierungen und feste Sprachregelungen bzw. spezifische Codes. Aus diesem Katalog von Marktorganisationsformen und Akteursstrategien seien hier fünf Aspekte herausgegriffen, die auch auf den Berliner Schwarzmärkten funktionierten.

1. Eine grundsätzliche Voraussetzung für die Möglichkeit vertrauensvollen Wirtschaftens auf Märkten sind *Formen der Vertrautheit*. Die erfolgreichste Strategie der Marktteilnehmer beim Versuch der Reduktion von Unsicherheit bzw. Komplexität bildeten dementsprechend Tauschbeziehungen und -netzwerke, die an bereits bestehende Vertrautheitsverhältnisse anknüpften oder diese fortentwickelten.[49] Insbesondere während des Krieges bildete diese Strategie die Basis des Schwarzhandels. Tauschgeschäfte mit Verwandten, Bekannten, Freunden, Liebhabern oder Kollegen in Wohnungen, am Arbeitsplatz oder in Kneipen gehörten zum Berliner Kriegsalltag. Bei dieser Praxis setzten die Teilnehmer darauf, »dass das Vertraute bleiben, das Bewährte sich wiederholen, die bekannte Welt sich in die Zukunft hinein fortsetzen«, mit anderen Worten, dass die bereits in der Vergangenheit erprobte Verlässlichkeit beispielsweise eines Kollegen in Bezug auf Verschwiegenheit sich auch in der Zukunft wiederholen würde.[50] Umgekehrt konnten auf einer gewissen Vertrautheitsgrundlage begonnene Tauschbeziehungen Katalysatoren eines weitergehenden Freundschafts- oder auch Liebesverhältnisses werden. Nicht selten bildeten materielle Interessen der Partner einerseits und freundschaftliche oder sexuelle Interessen andererseits eine im Nachhinein nicht zu entwirrende Motivgemengelage. Doch auch über feste Rollenverteilungen vorher festgelegte soziale Beziehungen konnten durch den Tauschhandel eine andere Qualität bekommen: Wenn beispielsweise Lehrer anfingen, mit ihren Schülern zu tauschen und damit wenigstens für einen Moment ihre Rolle als Respektsperson aufgaben und zu einem gleichberechtigten Tauschpartner wurden, stellte das die Lehrer-Schüler-Beziehung auf völlig neue Grundlagen.[51]

2. Vertrautheit spielte nicht nur auf der interpersonalen Ebene eine wichtige Rolle beim Versuch der Überwindung von Unsicherheit, sondern auch beim individuellen *Prozess des Erfahrenerwerdens* bzw. *der Routinisierung*. Zwar gehört eine Form von Ungeschicklichkeitsschilderungen fast schon

zu den Topoi der Schwarzmarktbeschreibungen von Teilnehmern, aber an die Seite dieser Darstellungen gesellen sich Berichte über einen allmählichen Lern- und Anpassungsprozess, der als »Schule des Marktes« (Lutz Niethammer) bezeichnet werden kann. Dazu gehörte zunächst, dass man die erste Teilnahmefurcht überwand. Dann folgten in der Regel schrittweise (enttäuschende) Tauschversuche, die den Teilnehmer bei der Wiederholung vorsichtiger und langfristig erfolgreicher werden ließen.[52] Vertrautheit meinte in diesem Zusammenhang also, sich mit den geltenden Regeln und Umständen vertraut zu machen.

3. Zwei in diesem Zusammenhang wichtige Grundbedingungen erfüllten die Berliner Schwarzmärkte allemal: Sie waren *zeitlich und räumlich situierbar*. Ein potentieller Marktteilnehmer konnte mit an Sicherheit grenzender Wahrscheinlichkeit davon ausgehen, dass er tagsüber etwa am Alexanderplatz, an den Bahnhöfen Zoo und Friedrichstraße und an mehreren S-Bahnhöfen, am Potsdamer Platz, in der Brunnenstraße, am Brandenburger Tor oder am Reichstagsgebäude (um nur die größten zu nennen) einen Markt zum Tauschen finden würde. Die Verteilung dieser Marktplätze richtete sich zum Teil nach Kriterien, die auch für legale Wochenmärkte gelten. Wichtig waren Infrastrukturbedingungen (etwa der Anschluss an U- und S-Bahnen) und der Platzcharakter als solcher. Auf der räumlichen Ebene können zudem weitere Organisationsniveaus ausgemacht werden: Denn mit der Verteilung der Märkte ging auch eine Spezialisierung bzw. Segmentierung einher, die einzelne Plätze zu Schwerpunkten bestimmter Warensortimente machte. Ein Marktteilnehmer konnte deshalb – Ortskenntnisse vorausgesetzt – gezielt vorgehen. War er an Uhren oder Devisen interessiert, würde sich ein Gang zum Alexanderplatz oder zum Reichstag auf jeden Fall mehr lohnen als etwa in eine der Seitenstraßen der Brunnenstraße, wo überwiegend Lebensmittel gehandelt wurden. Diese Spezialisierung konnte noch weiter gehen. Thomas Scholze hat darauf hingewiesen, dass »in einer Charlottenburger Straße [...] nur mit dem Eigelbpulver, das auf Kinderkarten bezogen werden konnte, gehandelt oder getauscht [wurde]«.[53] Auch was die zeitliche Ordnung anging, folgten die Märkte bestimmten Regeln. Sonn- und Feiertage bildeten hier allerdings bisweilen eher die perfekte Umkehrung »normaler« Märkte. Gerade an diesen Tagen blühte der Handel; zum einen weil mit geringeren Kontrollen durch die Mitarbeiter des Gewerbeaußendienstes zu rechnen war, zum anderen weil Feiertage eine besondere Nachfrage nach entsprechenden Waren des elastischen Bedarfs bewirkten – vom bescheidenen »Festessen« bis zum Weihnachtsbaum(-ersatz).[54] Zudem unterlagen die Märkte den gleichen saiso-

nalen Einflüssen wie ihre legalen Pendants (erhöhte Kohlennachfrage im Winter etc.).

4. Eine wichtige Ausgleichsstrategie zur Verminderung von Transaktionskosten bildete der – eng mit dem Vertrautheits- und Vertrauensproblem zusammenhängende – Versuch der *Klientelbildung*. »Wir hatten längst schon unsere Stammkundschaft«, berichtet nicht ohne Stolz eine Schwarzhändlerin über die vergeblichen Versuche der Berliner Polizei, ihren Handel durch das Abreißen entsprechender Werbezettel zu unterbinden.[55] Die Etablierung langfristiger Tauschbeziehungen, feste Abnehmer bzw. Lieferanten waren das Ziel jedes regelmäßigen Marktteilnehmers. Denn »clientelization reduces search to manageable proportions, transforms a diffuse, anonymous mob into a reasonably stable collection of familiar antagonists«.[56] Erst durch Klientelbildung wird darüber hinaus eine Strategie des *intensive search* möglich, die an die Stelle des ressourcenaufwendigeren *extensive search* treten kann und damit das Problem hoher Informationskosten einzuschränken hilft. Auf den Berliner Schwarzmärkten – ähnlich wie auf dem Basar von Geertz – bildeten verlässliche Informationen eine schwer zu beschaffende Mangelware. Damit lagen sie zwischen Formen des vormodernen zeremoniellen Tauschs mit festgeschriebenen Tauschpartnern und modernen Märkten, die über ein ausdifferenziertes Informationssystem verfügen (nicht zuletzt über Werbung als Medium der Produktinformationsübermittlung): »The search for information – laborious, uncertain, complex, and irregular – is the central experience of life in the bazaar, an enfolding reality its institutions at once create and respond to.«[57] Rees hat die Vorzüge einer Strategie des »intensive search« auf Märkten mit schwach entwickelten Warenstandards zusammengefasst: »A buyer can search at the extensive margin by getting a quotation from one more seller. He can search at the intensive margin by getting additional information concerning an information already received. Where the goods and services sold are highly stadardized, the extensive margin is the more important; when there is a great variation in quality, the intensive margin moves to the forefront.«[58] Gerade an diesem Beispiel lassen sich gravierende Unterschiede der Zugangsvoraussetzungen zu den illegalen Märkten aufzeigen. Nur wer über die notwendigen Ressourcen und den entsprechenden Organisationsgrad seiner Schwarzmarktunternehmung verfügte, war überhaupt in der Lage, Preisvergleiche im Sinne der *extensive search*-Strategie durchzuführen, bedeutete es doch für die Menge der »Kleinschieber«, die kein Telefon hatten, häufig schon genug Aufwand innerhalb Berlins von A nach B und damit an verlässliche Angaben über Vergleichspreise zu kommen, die wiederum nur für eine be-

grenzte Zeit gültig bleiben konnten.[59] An relevante Daten in größerem Umfang kamen deshalb nur diejenigen Akteure, die der Schwarzhandel von Berufs wegen interessierte: professionelle »Schieber« und Polizisten.[60] Infolge der individuell anfallenden Suchkosten hatte das »Gesetz des einheitlichen Preises« für den Großteil der Berlinerinnen und Berliner nur einen begrenzten Wert. Man wird in diesem Zusammenhang eher von einer situativen Ökonomie einzelner Akteure sprechen können.[61]

5. Zu den Absicherungspraktiken, die Bestandteile der Berliner Tauschkultur bildeten, gehörten schließlich *feste Tauschabläufe, -regeln und -codes*, die eine eigene Schwarzmarktetikette prägten. Von der Verhandlungseröffnung, über die alternierenden Gebote, das Verbot, unter den Wert eines einmal gemachten Gebots zu gehen, die Zahlungsverpflichtung und das Missbilligen einer plötzlichen Unterbrechung laufender Verhandlungen glichen diese Regeln ziemlich genau den von Geertz beschriebenen Basar-Konventionen.[62] Der Vorgang des *bargaining* erfüllte damit nicht nur seinen ökonomischen (Aushandlungs-)Zweck, sondern bedeutete dem jeweiligen Gegenüber zugleich auch, dass der/die andere sich an die ungeschriebenen Regeln des Handelns hielt. »The relationships that clientelization (the search for vis-à-vis) produces, bargaining (the search for terms) actualizes. Bargaining's function is to provide men who [...] have managed to develop enough confidence [sic!] to imagine trading with one another, with a workable means of doing so.«[63] Die Formel von der »personal confrontation between intimate antagonists«[64] trifft ziemlich genau den Doppelcharakter einzelner Tauschhandlungen, die auf der einen Seite gewinnorientiert waren und auf der anderen Seite diesen Gewinn nur um den »Preis« persönlicher Einlassung auf den Partner erzielen konnten.

Doch dürfen die hier aufgeführten Ähnlichkeiten zwischen legalen und illegalen Märkten nicht über die Besonderheiten der Schwarzmärkte hinwegtäuschen. Nicht zuletzt wegen ihrer – bei allen Ausgleichsbemühungen – unsicheren Handelsgrundlage blieben sie für viele Teilnehmer relativ risikoreiche Orte für Tauschgeschäfte. Das spiegelt sich auch in den Beschreibungen der Märkte wider. In den Bewertungen der Zeitgenossen tauchen einerseits Begriffe wie »Unmoral«, »Verelendung«, »Not«, »Gewalt« und »Gewinnlertum« andererseits solche wie »schillernd«, »bunt« oder »abenteuerlich« auf. Der zeitgenössische Diskurs bildet in diesem Zusammenhang als Selbstbeschreibung der Berliner Schwarzmarktgesellschaft den Versuch, das prekäre Phänomen einzufangen und insbesondere Standards einer »moralischen Ökonomie« neu zu bestimmen. Im Mittelpunkt steht dabei zumeist die ominöse Figur des »Schiebers«.

3. Moralische Sicherheit – der Schieberdiskurs

Die Erfahrung von Unsicherheit und die Virulenz des Vertrauensproblems fanden ihren Niederschlag nicht zuletzt in der Rede über den Schwarzmarkt und sein »Personal«.[65] Als gutes Beispiel für eine weit verbreitete Diskursstrategie kann der unter der Überschrift »Geheimsekte der Schwarzhändler« im Januar 1947 veröffentlichte Artikel im Berliner *Telegraf* dienen.[66] Nach einigen Ausführungen zur angeblich erfolgreichen Bekämpfungsarbeit der Polizei folgen Schilderungen von Schieberpraktiken: »Die Großhändler und Hintermänner des Schwarzen Marktes wirken in einem geheimnisvollen Dunkel weiter. Der ›schwärzeste‹ Teil des schwarzen Gewerbes ist schwerer zu erblicken als eine Verschwörung [...] – und alle Teilnehmer an solchen Geschäften bilden [...] eine Art Geheimsekte, in deren Sitten und Gebräuche ein Außenstehender nur schwer eindringen kann. – Die großen Schieber sitzen zum Beispiel als harmlose Bürger getarnt in Berliner Lokalen und tätigen dort ihre Abschlüsse. Und während sie über Strümpfe, Schuhe, Anzugstoffe, Zigaretten oder Speck halblaut verhandeln, tragen sie nicht ein Stück von diesen schönen Dingen bei sich – nichts, was gegen sie spräche und womit man sie überführen könnte.«[67] Von diesen Ausführungen durch einen Absatz getrennt wendet sich der Verfasser dem Schwarzhandel als »Erscheinung der allgemeinen wirtschaftlichen Not« zu, das »in allen deutschen Großstädten zu Hause« sei: »Dass das ›modernste‹ aller Gewerbe in Berlin bereits die Zeit seiner höchsten Blüte hinter sich hat, zeigt die Umsatzschrumpfung im Lebensmittelhandel auf der Strasse. Außer Brot wird hier nur noch wenig an Essbarem angeboten ... Die Preise für ›Unter-der-Hand-Lebensmittel‹ zeigten 1946 eine fallende Tendenz, stiegen allerdings zu Weihnachten wieder an.« Das dritte Marktsegment schließlich wird über die Ware »Schnaps« definiert und »jene schäbig gekleideten und verhärmt aussehenden Gestalten, die das Gros der Helfer und Kleinhändler des Schwarzen Marktes bilden«. Diese sähen »in diesem fragwürdigen und neuartigen Nachkriegsgewerbe ihr letztes Heil. [...] Diesen Menschen einen anderen Ausweg aus ihrer Not zu zeigen – das wäre eines der wirksamsten Mittel zur weiteren Eindämmung des Schwarzhandels.«

Kein Zweifel: Diese unterschiedlichen Segmente und Teilnehmer spielten auf den Berliner Märkten eine Rolle. Auffällig ist aber, dass dem aus der »wirtschaftlichen Not« geborenen »Lebensmittelhandel« keine Akteure zugeordnet werden. Mit technischen Begriffen (»Umsatzschrumpfung«, »fallende Tendenz«) werden dem Leser in diesem Abschnitt – einer Informationsspalte im Wirtschaftsteil einer Zeitung nicht unähnlich – relevante Marktinformationen vermittelt. Durch den Rekurs auf die »allgemeine Not« erscheint das Ganze überdies in einem moralisch relativ einwandfreien Licht. Der Hinweis darauf, dass auch »auf der Straße« andere Waren an die Stelle von Lebensmitteln getreten seien, schließt – leicht verschämt – mit drei Auslassungspunkten. Es liegt nahe, hinter dieser namen- und gesichtslos bleibenden Gruppe die verschwiegene Gemeinschaft von Autor und Leserschaft zu vermuten, die sich in zwei Richtungen abzugrenzen sucht: einerseits gegenüber »verhärmt aussehenden Gestalten«, denen man einen »Ausweg aus ihrer Not« zeigen müsse, andererseits gegenüber den »grossen Schiebern«. Diese »tarnen« sich als »harmlose Bürger« (zu denen der Verfasser wohl eigentlich eher seine Leser und sich selbst rechnet), und verhandeln »halblaut« in Berliner Lokalen. Es gehört – glaubt man dem Artikel – zu ihren Fähigkeiten, dass sie Zugriff auf alle Waren haben, die zum Sehnsuchtsrepertoire der Zeit gehören, dass sie diese nicht in die Hand zu nehmen und auf den Markt zu tragen brauchen und dass sie schließlich unüberführbar sind. Die Abgrenzungsleistung gegenüber den »Großhändlern« des Schwarzmarkts funktioniert dabei sowohl über unterschiedliche Verhaltenskodizes (»Sitten und Gebräuche, [in die] ein Außenstehender [sic!] nur schwer eindringen kann«) als auch über eine räumliche Unterscheidung: Die »großen Schieber« wickeln ihre Geschäfte zum Schluss »in einem geheimnisvollen Dunkel«, in »irgendeiner Wohnung« ab, von wo die Ware »diskret abgeholt wird«. Gerade deshalb ist die Täuschung durch »als harmlose Bürger getarnte« Schieber, die die Dreistigkeit besitzen, ihre Geschäfte in »Berliner Lokalen« zu betreiben, aus der Sicht des eigentlich »harmlosen Bürgers« so perfide. Letztlich trifft der Begriff »harmlos« den Kern der Sache. Denn Harmlosigkeit erweist sich insofern als sprechender Ausdruck, als damit eine Praxis bezeichnet werden kann, die nicht unbedingt bis ins Letzte rechtschaffen und moralisch einwandfrei, aber im Grunde doch nicht schwerwiegend – eben »harmlos« – ist. Die Umgangssprache hält für diese Konnotation den Begriff des »harmlosen Vergehens« bereit, der auch hier mitschwingt.

Folgt man dieser Interpretation, dann kann ein wesentlicher Teil des Schieberdiskurses der Berliner »Schwarzmarktzeit« als Selbstbeschreibungsversuch einer verunsicherten Gesellschaft gelten, die mit der diskursiven Produktion einer Figur, die permanent Vertrauen missbraucht und auf diese Art immer »gewinnt«, die Möglichkeit einer eindeutigen moralischen Bewertung erreicht. Dieser Diskurs stellte mithin Deutungsangebote bereit, die eine Einordnung des Phänomens über komplexitätsreduzierende Typisierungen ermöglichten.[68] Die Omnipräsenz der Schieberfigur in allen Medien verweist auf den hohen Grad der Verunsicherung in diesem Zusammenhang. Hierin drückt sich auch die Empörung einer Gruppe immer schon Getäuschter aus. Die allgemeine Vertrauenskrise wird damit in einem paradoxen Sinne zugleich umfassender (jeder kann möglicherweise ein Vertrauen missbrauchender Schieber sein) und fassbarer. Denn die abstrakte Ubiquität der Figur ermöglicht durch die Rückbindung an konkrete Erfahrungen oder mediale Aufbereitungen eindeutige moralische Zuschreibungen, die häufig zugleich die eigene »kriminelle« Praxis als Bagatellfall erscheinen lassen.[69] Dieses Ausblenden von Zwischenstufen der unmoralischen Partizipation an den dunklen Geschäften fiel auch aufmerksamen zeitgenössischen Beobachtern auf. So interpretierte ein Feuilletonist des *Telegraf* nur wenige Wochen später in einer Besprechung des Films *Razzia* den undifferenzierten Umgang mit Schwarzmarktklischees als »krasse Schwarz-Weiß-Zeichnung«, die zudem Gefahr laufe, in der Form eines »kriminalistischen Reißers« das Abenteuerliche am Schwarzhandel für Jugendliche zu heroisieren: »gewissenlosen oder gestrauchelten Kriminellen steht die unberührte Moral der gutbürgerlichen – ach so sauber von allem Schmutz gebliebene – Welt der Kriminalen und deren Familienleben gegenüber. [...] Hoffentlich sitzen die Jungens mit der richtigen Einstellung im Parkett, so dass sie sich nicht aus Versehen das Falsche absehen.«[70]

Zusammenfassung

Eine Geschichte der Berliner Schwarzmärkte der 1940er Jahre, die ihrem Thema gerecht werden will, darf weder ökonomische noch kulturelle Aspekte ihres Gegenstandes aus dem Auge verlieren; sie sollte im Gegenteil den Markt als Verschränkung beider Sphären begreifen. Diese Verschränkung lässt sich insbesondere mit Hilfe des Zusammenhangs zwischen Tausch- und Vertrauensleistungen beschreiben. Dafür ist es sinnvoll, Theorieangebote unterschiedlicher Provenienz einzubeziehen. So kann der Prozess der Schwarzmarktbildung in der Sprache der NIÖ als Aufkündigung einer Tauschbeziehung zwischen Bürger und Staat verstanden werden, die sich als Konfliktlage zwischen externen und internen Institutionen manifestiert. Das Motiv bildeten vor allem die zunehmenden Schwierigkeiten der Versorgungspolitik, das von den Bürgern als Konsumenten erwartete Niveau des Satisfizierens zu erreichen. Das damit beschriebene Vertrauensproblem erstreckte sich darüber hinaus aber auch auf Tauschbeziehungen auf der *Encounter*-Ebene. Ausgleichstrategien der Akteure und Organisationsformen der Berliner Schwarzmärkte, die im Abgleich mit den Strukturbeschreibungen legaler (Wochen-)Märkte durch die Ethnologie bestimmbar werden, erleichterten Vertrauensbildung und damit auch die Senkung von Transaktionskosten. Beispiele für diese kompensierenden Techniken sind Vertrautheitsnetzwerke und Klientelbildung, die Etablierung von räumlichen und zeitlichen Marktkonstanten, Lernprozesse sowie die Ausbildung von Marktcodes. Auf die trotz aller Ausgleichsbemühungen prekären Handelsbedingungen reagierte die Berliner Schwarzmarktgesellschaft zudem auf der Diskursebene, insbesondere indem sie den komplexitätsreduzierenden Typus des Schiebers als entlastende Figur entwarf, die eindeutige moralische Abgrenzungen ermöglichte und damit den Umgang mit dem heiklen Schwarzmarktthema erleichterte.

Anmerkungen

1 Siegfried Lenz, Lehmanns Erzählungen oder So schön war mein Markt. Aus den Bekenntnissen eines Schwarzhändlers, in: ders., *Die Erzählungen 1959–1964*, München 1986, S. 313; und Thomas Pynchon, *Die Enden der Parabel*, 9. A., Reinbek 2002, S. 172.

2 Vgl. Paul Nolte, Der Markt und seine Kultur – ein neues Paradigma der amerikanischen Geschichte?, in: *HZ* 264, 1997, S. 329–360.

3 Willi A. Boelcke, *Der Schwarz-Markt 1945–1948. Vom Überleben nach dem Kriege*, Braunschweig 1986; Paul Erker, *Ernährungskrise und Nachkriegsgesellschaft 1943–1953. Bauern und Arbeiterschaft in Bayern*, Stuttgart 1990; Michael Wildt, *Der Traum vom Sattwerden. Hunger und Protest, Schwarzmarkt und Selbsthilfe*, Hamburg 1986; ders., Hunger, Schwarzmarkt und Rationen, in: *Improvisierter Neubeginn. Hamburg 1943–1953*, Hamburg 1989, S. 46–55; ders., *Am Beginn der »Konsumgesellschaft«. Mangelerfahrung, Lebenshaltung, Wohlstandhoffnung in Westdeutschland in den fünfziger Jahren*, 2. A., Hamburg 1995; Alexander Link, *Schrottelzeit. Nachkriegsalltag in Mainz*, Mainz 1990; und Rainer Gries, *Die Rationen-Gesellschaft. Versorgungskampf und Vergleichsmentalität: Leipzig, München und Köln nach dem Kriege*, Münster 1991. Vgl. zu Berlin: Jörg Roesler, The Black Market in Post-war Berlin and the Methods Used to Counteract it, in: *German Hist.* 7, 1989, S. 92–107. Kurz nach dem Zweiten Weltkrieg erlebte die Schwarzmarktforschung eine regelrechte Konjunktur. Vgl. Karl Kromer, *Schwarzmarkt, Tausch- und Schleichhandel*, Schloß Bleckede a. d. Elbe 1947; Ludwig Aderbauer, *Der Schwarze Markt als Folge der Geldunordnung*, Diss. München 1948; Heinrich Bay, *Eine Untersuchung über den Schwarzen Markt und dessen Auswirkungen auf die deutsche Volkswirtschaft*, Diss. München 1948; und Paul Werner Meyer, *Über das Phänomen des*

deutschen Schwarzen Marktes, Diss. Nürnberg 1949. Vgl. daneben Hilde Thurnwald, *Gegenwartsprobleme Berliner Familien*, Berlin 1948; und Karl Bader, *Soziologie der deutschen Nachkriegskriminalität*, Tübingen 1949, mit einer Fülle weiterführender Literatur. Bader behandelt den Schwarzmarkt nicht als eigenen Gegenstand, verweist aber immer wieder etwa im Zusammenhang mit »Frauenkriminalität«, Amtsvergehen oder Hehlerei auf seine Bedeutung.

4 Vgl. zu E. P. Thompsons Konzept der »moral economy« dessen Beiträge: The Moral Economy of the English Crowd in the Eighteenth Century; und The Moral Economy Reviewed, in: ders., *Customs in Common*, London 1991, S. 185–258 bzw. S. 259–351. Einen kritischen Kommentar geben John Bohstedt, Moralische Ökonomie und historischer Kontext, in: Manfred Gailus/Heinrich Volkmann (Hg.), *Der Kampf um das tägliche Brot. Nahrungsmittel, Versorgungspolitik und Protest 1790–1990*, Opladen 1994, S. 27–51; und Manfred Gailus/Thomas Lindenberger, Zwanzig Jahre »moralische Ökonomie«. Ein sozialhistorisches Konzept ist volljährig geworden, in: *GG* 20, 1994, S. 469–477.

5 Wenn im Titel gleichwohl von einer »Kulturgeschichte« die Rede ist, dann, weil der Begriff – bei aller Ungenauigkeit, die das beinhaltet – (noch) offener ist.

6 Hans-Ulrich Wehler, Kulturanthropologie – Rivalin der Sozialisationsforschung, in: ders., *Die Herausforderung der Kulturgeschichte*, München 1998, S. 136–214, hier S. 138. Vgl. ferner Thomas Sokoll, Kulturanthropologie und Historische Sozialwissenschaft, in: Thomas Mergel/Thomas Welskopp (Hg.), *Geschichte zwischen Kultur und Gesellschaft. Beiträge zur Theoriedebatte*, München 1997, S. 233–272; sowie den Kommentar von Wehler, ebd., S. 359.

7 Vgl. zum Selbstverständnis der Ethnologie als Wissenschaft vom kulturell Fremden Karl-Heinz Kohl, *Ethnologie – die Wissenschaft vom kulturell Fremden. Eine Einführung*, 2. A., München 2000.

8 Der hier vorgestellte Entwurf kann eine Scharnierfunktion wahrnehmen, indem er einerseits den Bogen in die Bewirtschaftungszeit des Krieges zurückschlägt und andererseits an die Forschungen zu den sich entwickelnden Wohlstandsgesellschaften der fünfziger Jahre anknüpft. Vgl. Axel Schildt/Arnold Sywottek (Hg.), *Modernisierung im Wiederaufbau. Die westdeutsche Gesellschaft der 50er Jahre*, Bonn 1998. Hier vor allem Arnold Sywottek, Zwei Wege in die »Konsumgesellschaft“, in: ebd., S. 269–274; Michael Wildt, Privater Konsum in Westdeutschland in den 50er Jahren, in: ebd., S. 275–289; Jörg Roesler, Privater Konsum in Ostdeutschland 1950–1960, in: ebd., S. 290–315; und die Zusammenfassung der Diskussion bei Paul Erker, Zeitgeschichte als Sozialgeschichte, in: *GG* 19, 1993, S. 202–238, besonders S. 217 ff. Das gilt auch für die bisher ungeschriebene Geschichte der Jugendkultur zur Schwarzmarktzeit. Vgl. Kaspar Maase, ›Lässig‹ kontra ›zackig‹ – Nachkriegsjugend und Männlichkeiten in geschlechtergeschichtlicher Perspektive, in: Christina Benninghaus/Kerstin Kohtz (Hg.), *»Sag mir, wo die Mädchen sind …« Beiträge zur Geschlechtergeschichte der Jugend*, Köln 1999, S. 79–101. Anschlussfähig sind daneben auch Beiträge zur Debatte um den »Nachkrieg«, die zum Beispiel Klaus Naumann (Hg.), *Nachkrieg in Deutschland*, Hamburg 2001 versammelt.

9 Marcel Mauss, Die Gabe. Form und Funktion des Austauschs in archaischen Gesellschaften, wieder abgedruckt in: ders., *Soziologie und Anthropologie*, Frankfurt am Main 1997, S. 9–144, hier: S. 12–19.

10 Dabei handelt es sich um relationale Beziehungen, die keinen kausalen Mechanismus in eine Richtung bedeuten. Vielmehr wirkten etwa räumliche Veränderungen während des Krieges auf die Entwicklung der Schwarzhandelspraktiken ein, ohne dass deshalb eine kreative Anpassung an neue Situationen durch die Akteure ausgeschlossen gewesen wäre.

11 Vgl. dazu grundlegend Niklas Luhmann, *Vertrauen. Ein Mechanismus der Reduktion sozialer Komplexität*, 4. A., Stuttgart 2000. Vgl. ferner zur historischen Forschung: Ute Frevert (Hg.), *Vertrauen. Historische Annäherungen*, Göttingen 2003; Martin Fiedler, Vertrauen ist gut, Kontrolle ist teuer: Vertrauen als Schlüsselkategorie wirtschaftlichen Handelns, in: *GG* 27, 2001, S. 576–592; und Hartmut Berghoff, Vertrauen als ökonomische Schlüsselvariable. Zur Theorie des Vertrauens und der Geschichte seiner privatwirtschaftlichen Produktion, in: Karl-Peter Ellerbrock/Clemens Wischermann (Hg.), *Die Wirtschaftsgeschichte vor der Herausforderung durch die New Institutional Economics*, Dortmund 2004, S. 58–71.

12 Clifford Geertz, The Bazaar Economy: Information and Search in Peasant Marketing, in: *American Econ. Hist.* 26, 1978, S. 28–32; ders., Suq: the Bazaar Economy in Sefrou, in: ders. u. a., *Meaning and Order in Morrocan Society. Three Essays in Cultural Analysis*, Cambridge 1979, S. 123–264; Luhmann, *Vertrauen*; und ders., *Soziale Systeme. Grundriss einer allgemeinen Theorie*, Frankfurt am Main 1987, S. 197–182. Zu der umfangreichen Literatur zur *Institutionenökonomie* pars pro toto: Douglass C. North, *Institutionen, institutioneller Wandel und Wirtschaftsleistung*, Tübingen 1992. Gerd Gigerenzer/Reinhard Selten, *Bounded Rationality: The Adaptive Toolbox*, Cambridge, MA 2001, beschreiben den ökonomischen Akteur als zumeist beschränkt informierten Zeitgenossen. Vertrauen kann in diesem Zusammenhang eine handlungsermöglichende »Shortcut«-Funktion übernehmen.

13 Luhmann, *Vertrauen*, S. 39.

14 So die Definition des *Gabler-Wirtschaftslexikons*, Bd. 6, 13. A., Wiesbaden 1994, S. 2936 (Hervorhebung M. Z.).

15 Rainer Hudemann, *Sozialpolitik im deutschen Südwesten zwischen Tradition und Neuordnung 1945–1953. Sozialversicherung und Kriegsopferversorgung im Rahmen französischer Besatzungspolitik*, Mainz 1988, S. 75 ff. Bei der Adaption wirtschaftswissenschaftlicher Theorien und Methoden ergeben sich nicht nur die erwähnten Probleme der Definition. Schwierigkeiten wirft auch der Versuch auf, den Umfang des Schwarzhandels zu bestimmen. Die Diskussion um den Begriff der »Schattenwirtschaft« hat in diesem Zusammenhang keine nennenswerten Neuerungen gebracht. Einführend Charles B. Blankart, *Öffentliche Finanzen in der Demokratie*, 3. A., München 1998, S. 234 ff., und die Einwände bei Hudemann, *Sozialpolitik*, die nach wie vor Gültigkeit haben. Andere anschlussfähige Angebote aus den Wirtschaftswissenschaften haben sich bisher allenfalls partiell als hilfreich erwiesen. Das gilt für Kornais »Economics of Shortage«, dessen Konzept der Engpassökonomie auf die Unternehmensstrategie unter Schwarzmarktbedingungen angewandt wurde. Vgl. Janos Kornai, *The Economics of Shortage*, 2 Bde., Amsterdam 1980; und Hartmut Berghoff, *Zwischen Kleinstadt und Weltmarkt. Hohner und die Harmonika 1857–1961. Unternehmensgeschichte als Gesellschaftsgeschichte*, Paderborn 1998, S. 492 f. In Anlehnung an Kornais Arbeiten hat Julie M. Hess-

ler ihr Konzept einer »culture of shortages« entwickelt, das sie überzeugend für die stalinistische Ära der Sowjetunion anwendet. Vgl. dies., *Culture of Shortages: A Social History of Soviet Trade*, Diss. Chicago 1996. Allerdings entfernt sich Hessler ein ganzes Stück von Kornais wirtschaftswissenschaftlichem Ausgangspunkt, der bei ihr nurmehr in der Feststellung aufscheint, dass »shortages, in sum, were not simply an attribute of the Soviet economy, they were its first principle«. Ebd., S. 4. Insgesamt ist damit der Einfluss ökonomischer Theorien des Schwarzhandels auf die Geschichtsschreibung bisher gering geblieben. Umgekehrt gilt, dass die wenigen Versuche von Ökonomen, dem historischen Phänomen Schwarzmarkt gerecht zu werden, kaum nennenswerte Ergebnisse vorweisen können. Vgl. John Butterworth, *The Theory of Price Control and Black Markets*, Aldershot 1994, S. 3–24.

16 Vgl. etwa die Schilderung bei Lutz Niethammer, Privat-Wirtschaft. Erinnerungsfragmente einer anderen Umerziehung, in: ders. (Hg.), *»Hinterher merkt man, daß es richtig war, dass es schiefgegangen ist«. Nachkriegs-Erfahrungen im Ruhrgebiet*, Berlin 1983, S. 61 f.

17 So spielte zum Beispiel der Faktor Zeit für viele Marktteilnehmer eine neue Rolle, insofern sie ihre Tauschpraxis an wechselnden Preisniveaus auszurichten und damit einen anderen Zeithorizont in ihren Alltag zu integrieren versuchten. Das Zurechtfinden in der Stadt und auf den Märkten bildete andererseits das Hauptproblem der Schwarzhändler in räumlicher Hinsicht. Zudem wurden Handels-Räume auch unterschiedlich bewertet, etwa wenn der Straßenhandel nach Kriegsende vor dem Hintergrund der »Bunkerzeit« als geselliges städtisches Phänomen wahrgenommen wurde, nachdem er zuvor als »schändliche Erscheinung« galt usw. Diese Aspekte können hier nur angedeutet werden.

18 Einen knappen Aufriss des Schwarzmarkts als bloßes Nachkriegsphänomen gab zuletzt Werner Bührer, Schwarzer Markt, in: Wolfgang Benz (Hg.), *Deutschland unter alliierter Besatzung 1945–1949/55. Ein Handbuch*, Berlin 1999, S. 365 f. Ebenso irreführend für die zeitliche Einordnung des Schwarzmarkts Margarete Dörr, *»Wer die Zeit nicht miterlebt hat …« Frauenerfahrungen im Zweiten Weltkrieg und in den Jahren danach*, Bd. 3: *Das Verhältnis zum Nationalsozialismus und zum Krieg*, Frankfurt am Main 1998, S. 541; das verwundert um so mehr, als ihre eigene Forschungsarbeit Gegenteiliges belegt. Vgl. ebd., Bd. 2: *Kriegsalltag*, S. 19. Auch in der einzigen Monographie zum Thema bildet die Vorgeschichte der Kriegszeit ein Randthema. Vgl. Boelcke, *Schwarz-Markt*. Zur wichtigen Periodisierungsfrage für den Sonderfall Berlin Roesler, *Blackmarket*.

19 Vgl. Malte Zierenberg, Zwischen Herrschaftsfragen und Verbraucherinteressen. »Kriegswirtschaftsverbrechen« vor dem Sondergericht Köln im Zweiten Weltkrieg, in: *Gesch. in Köln* 50, 2003, S. 175–195.

20 Vgl. Uwe Danker, Der Schutz der »Volksgemeinschaft«: Zur Arbeit des schleswig-holsteinischen Sondergerichts in statistischer Hinsicht sowie an den Beispielen Rundfunk- und Volksschädlingsverordnung, in: Robert Bohn/ders., *»Standgericht der inneren Front«. Das Sondergericht Altona/Kiel 1932–1945*, Hamburg 1998, S. 39–88; sowie zum Sondergericht Köln: Zierenberg, Herrschaftsfragen.

21 Dabei lassen sich mehrere Marktsegmente unterscheiden, die durch Teilnehmerkreise,

gehandelte Waren oder Dienstleistungen und die Tauschorte konstituiert wurden. Im Fokus stehen hier jene Schwarzmärkte, die als Teile einer Alltagspraxis des Schwarzhandels bezeichnet werden können, also nicht identisch sind mit traditionell kriminellen Märkten wie etwa dem Waffen- oder Drogenhandel. Eine eindeutige Abgrenzung kann allerdings im Einzelfall problematisch werden. Zum Unterschied zwischen »Laufpublikum« und »Profis« der Bericht der britischen Public Safety Branch vom 5.9.1945: Public Record Office (PRO) London, Foreign Office (FO) 1012/52. Zu Definitionsfragen und kausalen Zusammenhängen zwischen staatlicher Intervention und Marktbildung die Analyse von Prohibitionspolitiken Mark Thornton, *The Economics of Prohibition*, Salt Lake City 1991. Für diesen Hinweis danke ich Thomas Welskopp.

22 Dazu demnächst Malte Zierenberg, The Trading City. Blackmarkets in Berlin during World War II, in: Roger Chickering/Marcus Funck (Hg.), *Endangered Cities. European Cities in the Age of Total War* (im Druck). Zu den theoretischen Grundlagen Jürgen Gerhards/Friedhelm Neidhardt, Strukturen und Funktionen moderner Öffentlichkeit, Fragestellungen und Ansätze, in: Stefan Müller-Doohm (Hg.), *Öffentlichkeit, Kultur, Massenkommunikation. Beiträge zur Medien- und Kommunikationssoziologie*, Oldenburg 1991, S. 31–88; Karl Christian Führer u.a., Öffentlichkeit – Medien – Geschichte. Konzepte der modernen Öffentlichkeit und Zugänge ihrer Erforschung, in: *AfS* 41, 2001, S. 7–33; außerdem Jörg Requate, Öffentlichkeit und Medien als Gegenstände historischer Analyse, in: *GG* 25, 1999, S. 5–32.

23 Vgl. Wolfram Wette u. a. (Hg.), *Das letzte halbe Jahr. Stimmungsberichte der Wehrmachtpropaganda 1944/45*, Essen 2001, S. 127–355, passim.

24 Vgl. zur Theorie den jüngsten Beitrag von Stefan Voigt, *Institutionenökonomik*, München 2002, S. 25 ff.

25 Ebd., S. 30.

26 Ebd., S. 65.

27 Vgl. zu den Strafmaßen: Zierenberg, Herrschaftsfragen. Diese Interpretation schließt nicht aus, daß neben Möglichkeiten des Satisfizierens auch andere Motive eine Rolle spielen konnten (Gewinnstreben, Abenteuerlust oder das Bedürfnis nach Geselligkeit). Eine erste Durchsicht der einschlägigen Gerichtsakten zeigt aber, daß der »kleine Eigenbedarfshandel« einen großen Teil des Berliner Schwarzhandels ausmachte. Vgl. Landesarchiv Berlin (LAB) A Rep 358–02.

28 Heinz Boberach (Hg.), *Meldungen aus dem Reich. Die geheimen Lageberichte des Sicherheitsdienstes der SS 1938–1945*, 17 Bde, Herrsching 1984, Bd. 1, S. X (im Folgenden *Meldungen*).

29 Ebd.

30 Ders. (Hg.), *Meldungen aus dem Reich. Auswahl aus den geheimen Lageberichten des Sicherheitsdienstes der SS 1939–1944*, Berlin 1965, S. 112 (im Folgenden *Auswahl*).

31 Ebd., S. 131.

32 Ders., *Meldungen*, S. 238.

33 Ebd. Hervorhebung im Original.

34 Ebd., S. 200.

35 Nach Corni und Gies sank der durchschnittliche Nährwert für Normalverbraucher im Verlauf des Krieges um etwa 40%, wobei die Lage gerade in den Städten äußerst drama-

tisch war. Gustavo Corni/Horst Gies, *Brot – Butter – Kanonen. Die Ernährungswirtschaft unter der Diktatur Hitlers*, Berlin 1997, S. 581.

36 Boberach, *Meldungen*, S. 245.

37 Ebd., S. 390.

38 Ebd., S. 475 f. Der damit bezeichnete Prozess einer beginnenden Auflösung der bestehenden Rechtsordnung ist besonders bedeutsam. Denn die »Rechtsordnung, die für bestehende Erwartungen und Sanktionsmöglichkeiten hohe Sicherheit gewährt, ist eine unentbehrliche Grundlage für jede langfristige Überlegung [der Akteure bezüglich strategischer Entscheidungen, M. Z.] und entlastet damit das Risiko der Vertrauensgewähr« (Luhmann, *Vertrauen*, S. 41). Das aber heißt, dass infolge der Nichtbeachtung/Suspendierung externer wie interner Institutionen die Marktteilnehmer nicht nur auf eine Art den *Raum* des legalen »Systems« verließen, sondern durch ihr Handeln die Bedingungen einer Vertrauensbildung erleichternden Ordnung *per se* in Frage stellten. Den Planern im Reichsjustizministerium stand dieses Problem deutlich vor Augen, wie die regelmäßigen Diskussionen etwa in der *Deutschen Justiz* belegen. Vgl. den Aufsatz von Roland Freisler, Einige Fragen aus der Praxis des § 1 der Kriegswirtschaftsverordnung, in: *Deutsche Justiz* 102, 1940, S. 1229–1234.

39 Boberach, *Meldungen*, S. 479.

40 David Clay Large, *Berlin. Biographie einer Stadt*, München 2002, S. 312.

41 Corni/Gies, *Brot*, S. 582.

42 Vgl. Roesler, Blackmarket und Luhmann, *Vertrauen*, S. 60 ff.

43 Geertz, Suq, S. 197.

44 Vgl. Fiedler, Vertrauen.

45 Vgl. ebd., S. 584. Gerade Schwarzhandelsunternehmen mit höherem Organisationsgrad wandten ähnliche Praktiken an, wie sie Diego Gambetta, *Die Firma des Paten. Die sizilianische Mafia und ihre Geschäftspraktiken*, München 1994 unter dem Begriff des »wirtschaftlichen Verhaltens« untersucht. Vgl. PRO FO 936/741 und 744. Für diesen Hinweis danke ich Jakob Vogel.

46 Vgl. ebd. Geertz' Beschreibung des Basars trifft auch in diesem Punkt auf die Berliner Schwarzmarktverhältnisse zu: »The very nature of the bazaar – the enormous multiplicity of participants, combined with the absence of advertising, brands, or even store names – makes this inevitably the case, renders the establishment of a general reputation next to impossible.« Geertz, Suq, S. 205.

47 Vgl. Hansjörg Siegenthaler, *Regelvertrauen, Prosperität und Krisen*, Tübingen 1993.

48 Vgl. Stuart Plattner, Markets and Marketplaces, in: ders. (Hg.), *Economic Anthropology*, Stanford 1989, S. 171–208; sowie ders., Economic Behavior in Markets, in: *ebd.*, S. 209–221. Die folgende Aufstellung bezieht sich auf Plattners und Geertz' Texte.

49 Vgl. John Scott, *Social Network Analysis. A Handbook*, 2.A., London 2000.

50 Zitate: Luhmann, *Vertrauen*, S. 23 f. Vgl. Zierenberg, Trading City. Eine hervorragende Quelle bilden die Erinnerungsberichte des Bestandes F Rep 240 Acc. 2651 im LAB. Vgl. etwa ebd. Acc. 2651 Nr. 4, 302/2.

51 PRO FO 1012/174, S. 134.

52 LAB F Rep 240 Acc. 2651 Nr. 4, 429/1, 363/1, 302/3; F Rep 240 Acc. 2651 Nr. 5, 504/4; F Rep 240 Acc. 2651 Nr. 6, 689/2.

53 Thomas Scholze, Zur Ernährungssituation der Berliner nach dem Zweiten Weltkrieg. Ein Beitrag zur Erfahrung des Großstadtalltags (1945–1952), in: *Jb. für Gesch.* 35, 1987, S. 539–564, hier S. 552.

54 Ein Beispiel unter vielen LAB F Rep 240 Acc. 2651 Nr. 4, 402 und 412/4. Vgl. auch Erker, *Ernährungskrise*, S. 135f.

55 LAB F Rep 240 Acc. 2651, Nr. 6, 689/2.

56 Geertz, Suq, S. 218. Vgl. auch Fiedler, Vertrauen, S. 584f., und den Beitrag von Hartmut Berghoff in diesem Band.

57 Geertz, Suq, S. 125.

58 Zitiert nach ebd., S. 224.

59 Vgl. den Artikel »Schwarze Börse entmotorisiert« im *Telegraf* vom 23. Oktober 1948, S. 4.

60 Vgl. beispielsweise die Statistiken in PRO FO 1012/326.

61 Vgl. Voigt, *Institutionenökonomik*, S. 87.

62 Geertz, Suq, S. 227. Vgl. LAB F Rep 240 Acc. 2651, Nr. 2, 91/1 und Nr. 5, 503/1.

63 Geertz, Suq, S. 221.

64 Ebd., S. 225.

65 Vgl. zum Diskursbegriff Achim Landwehr, *Geschichte des Sagbaren. Einführung in die historische Diskursanalyse*, Tübingen 2001, S. 97ff.

66 Ausgabe vom 14. Januar 1947, S. 6.

67 Alle Zitate ebd.

68 Vgl. Anm. 13.

69 Die wohl berühmteste Verarbeitung dieses Themas bietet Graham Greenes Buch *Der Dritte Mann*. Der Schwarzmarkt und sein Protagonist wurden zudem nach dem Krieg auf ganz eigene Weise zum Politikum im Ost-West-Konflikt. Dabei hatte es die offizielle Propaganda in der SBZ/DDR zunächst leichter, weil sie den Schwarzhandel kurzerhand und ideologisch kompatibel als »Auswuchs von Krieg und Faschismus« kennzeichnen konnte; ein Argument, dass sich als kurzschlüssig erwies. Bis zum Ende der DDR gehörten Beschreibungen des inoffiziellen Tauschhandels – zumindest aus Westperspektive – zu den gängigen Topoi, die das vermeintlich Rückständige an der DDR zum Thema machten.

Im Westen hingegen entbrannte schon während der »Schwarzmarktzeit« eine öffentliche Debatte um die marktwirtschaftliche Logik des Handels, die sich gegenüber einer reglementierten Wirtschaft durchzusetzen vermocht habe. Justizminister Dehler entfachte kurz nach der Währungsreform eine Kontroverse mit der Bemerkung: »Diejenigen, die vor der Währungsreform gegen die Wirtschaftsvorschriften verstießen, handelten wirtschaftlich vernünftig« (zitiert nach Alexander v. Plato/Almut Leh, *»Ein unglaublicher Frühling«. Erfahrene Geschichte im Nachkriegsdeutschland 1945–1948*, Bonn 1997, S. 40). Mochte die nüchtern ökonomisch daherkommende Feststellung auch in Teilen nachvollziehbar sein, so rührte sie andererseits an (von der NS-Ideologie unterstützte) moralisch begründete Abwehrreflexe, die durch die Beobachtungen von Verteilungsungerechtigkeiten befördert werden konnten. Diese Ausgangsbedingungen boten keine schlechte Grundlage für die Argumente einer »sozialen Marktwirtschaft«; wahrscheinlich lassen sich Teile des Wirtschaftswunder-Erfolgsdiskurses als Negativbeschreibungen des Schieberdiskurses analysieren. Unbeschadet der Tatsache, dass daneben auch die praktischen Kontinuitäten von hohem Interesse bleiben.

70 Ausgabe vom 4. Mai 1947, S. 3.

Rationalitäten im Widerstreit

Die Bildung von Präferenzen am Beispiel des deutschen Lebensmittelmarktes im 20. Jahrhundert

Uwe Spiekermann

Primat der Ökonomie? Präferenzen bei der Ernährung

»Sowie wir in die Ausdehnung und den Betrieb eines grossen Fabrikgeschäftes einen vollkommenen Einblick bekommen, wenn wir aus den Büchern die in einem Jahr angekauften Rohmaterialien, die verkauften Waren und die noch vorhandenen Vorräthe an beiden ihrer Menge und ihrem Werth nach erfahren, und dazu nicht zu wissen brauchen, was unterdess mit jedem Stückchen geschehen ist oder in welchen Maschinen es verarbeitet worden ist, so vermögen wir auch aus der stofflichen Thätigkeit des Gesammtorganismus eine grosse Anzahl der wichtigsten Lebenserscheinungen zu entnehmen, ohne den Beitrag der einzelnen Organe oder die Zwischenprodukte des Zerfalls zu kennen.«[1] Die Physiologie des 19. Jahrhunderts, so unterstreicht das Zitat eines der wichtigsten Lehrbücher der zeitgenössischen Wissenschaft, reduzierte Essen auf Ernährung, Lebensmittel auf Stoffkonglomerate und Menschen auf »Körpermaschinen«, um so eine Effizienzsteigerung der Diätetik, der Massenversorgung und der Ernährungspolitik zu erreichen. Menschen erschienen als komplizierte Verbrennungsmaschinen, deren Output durch einen intelligenten Input bestimmter Stoffe maximiert werden konnte. Trotz vielfacher Differenzierungen prägt diese Metaphorik bis heute die Ernährungswissenschaft, ermöglicht sie doch eine gezielte Intervention insbesondere im Krankheitsfalle. Sie abstrahiert zugleich von individuellen Präferenzen, reduziert den Menschen auf ein angepasstes und anzupassendes Lebewesen.

Derart abstrakte Konstruktionen »des Menschen« finden sich nicht nur in den Naturwissenschaften. Ähnlich folgenreich war der Idealtypus des *Homo oeconomicus*, dessen Handlungstheorie vom Wirtschaftsliberalismus entworfen, durch die Grenznutzenlehre wissenschaftlich fundiert und dann von der Neoklassik ausdifferenziert wurde. Wie der Mensch der Ernährungswissenschaft kennt er keine sozialen oder kulturellen Präferenzen. Restriktionen erfolgen nicht durch stoffliche Materie, sondern durch Kalkül: Der *Homo oeconomicus* wägt rational zwischen Kosten und Nutzen verschiedener Möglichkeiten ab und handelt dann nach individuell maximalem Nutzen. Dieser »rationale« Mensch kombiniert Lebensmittel und Stoffe passgenau, wählt sie dann möglichst kostengünstig. Er ernährt sich »richtig«, wenn er mit seinen biologischen und ökonomischen Ressourcen haushaltet, wenn er sie systematisch optimiert.[2]

Diese handlungstheoretischen Vorannahmen sowohl der Naturwissenschaften als auch der Neoklassik stehen seit langem in der Kritik, decken sie doch nur begrenzte Bereiche einer breiter angelegten »Wissenschaft vom menschlichen Denken, Fühlen und Handeln«[3] ab. Die Auseinandersetzungen weisen dabei bemerkenswerte Parallelen auf. Während die Neoklassik durch die »psychologische Wende der Ökonomie«[4] herausgefordert wird, muss sich die etablierte Ernährungswissenschaft Rückfragen der kulturwissenschaftlichen Ernährungsforschung stellen.

Vier Kritikpunkte sind dabei hervorzuheben:[5] Die neuere Institutionenökonomie betont erstens die effizienzsteigernde und kostensenkende Kraft institutioneller Arrangements, erweitert zugleich den Institutionenbegriff, so dass Institutionen weniger als Handlungsrestriktionen denn als Grundlage von Wahlhandlungen verstanden werden.[6] Ähnlich analysiert die kulturwissenschaftliche Ernährungsforschung die besondere Bedeutung kultureller Regelungsmechanismen, die kostensparend und handlungsentlastend Vorentscheidungen über die tradierte und sinnvolle Art des Essens und der Ernährung treffen.[7] Zweitens machte der Begriff »Pfadabhängigkeit« Karriere. Institutionenbildung lässt sich demnach nur historisch erklären, da sie teils von Zufällen abhängig ist und nicht mit dem effizientesten Ergebnis enden muss.[8] Am Beispiel der Küche verdeutlicht die kulturwissenschaftliche Ernährungsforschung kulturelle Eigenlogiken und verweist auf die damit verbundenen Pfadabhängigkeiten hoher, gleichwohl variabler Verbindlichkeit. Von Soziologen wurde drittens das Konzept der *embeddedness* aufgegriffen und weiterentwickelt, dadurch die Eingebundenheit von ökonomischen und sozialen Handlungen und Institutionen betont.[9] Dies ist zugleich ein zentrales Argument der kulturwissenschaftlichen Ernährungsforschung, um naturwissenschaftliche Handlungsmodelle in Frage zu stellen. Wurde auf der einen Seite immer wieder die veränderte Rolle der Frau und die schwindende Wertschätzung haushälterischer Arbeit genannt, etablierten sich im 20. Jahrhundert zugleich leistungsfähige Marktstrukturen für Produkte und Dienstleistungen.

Die Kulturgebundenheit von Ernährungsaufklärung und Ernährungspolitik, von Essverhalten und Risikowahrnehmung wird mittlerweile zunehmend anerkannt. Viertens schließlich veränderte sich mit der Fortentwicklung der *Rational-choice*-Theorie die kognitionstheoretische Fundierung des Modells ökonomischen Handelns. Die simple Reiz-Reaktions-Psychologie des *Homo oeconomicus* wurde um soziale und kulturelle Einflussfaktoren erweitert.[10] Zahlreiche sozialwissenschaftliche und psychologische Experimente belegen, dass das Modell eines rational Essenden den tagtäglichen Umgang mit Lebensmitteln und Speisen nicht angemessen beschreibt. Die Deutungs- und Handlungsfähigkeit des Menschen wird hervorgehoben, seine Fähigkeit, sich von biologischen und ökonomischen Notwendigkeiten ansatzweise zu lösen, um soziale und kulturelle Ziele zu verfolgen. Gebunden an biologische Notwendigkeiten orientiert sich Ernährungsverhalten auch an anderen Rationalitäten, die der Expressivität und Zeichenhaftigkeit der Ernährung entsprechen.[11]

Kongruenzen der Theorieentwicklung regeln keine Probleme. So problematisch das Modell eines ökonomisch und biologisch rational Essenden offenbar ist, so wenig konturiert und unspezifisch erscheint die komplexe und kaum auf einen Nenner zu bringende kulturelle Rationalität beim Essen.[12] Hier setzt der vorliegende Beitrag an, dessen Ziel es ist, die Bildung von Präferenzen im deutschen Lebensmittelmarkt des 20. Jahrhunderts anhand von vier zentralen Beispielen zu analysieren, die sich an den oben aufgeführten Kritikpunkten hinsichtlich der Angemessenheit und des Aussagewerts einer neoklassisch bzw. ernährungswissenschaftlich definierten Handlungsmodells orientieren. Um Pfadabhängigkeiten und die Eingebettetheit des Konsumentenverhaltens angesichts raschen historischen Wandels genauer auszuloten, wird erstens der Gegensatz zwischen regionalen Verzehrmustern und einer sich globalisierenden Lebensmittelversorgung aufgegriffen. Im zweiten Teil werden die ernährungswissenschaftlichen Definitionen von »richtiger Ernährung« sowie die Chancen eines hierarchischen Wissenstransfers thematisiert und so die Eingebettetheit und der Eigensinn von Alltagsrationalität aufgezeigt. Drittens gilt es, die Chancen und Grenzen der staatlichen Regulierung genauer in den Blick zu nehmen, und viertens schließlich, die Marktchancen von »guten«, allseits positiv bewerteten Gütern zu bestimmen, um so die Bedeutung von extrinsischen und intrinsischen Motiven sowie die des historischen Wandels genauer auszuloten. Bei allen Beispielen steht die Frage nach Präferenzbildung und den leitenden Handlungsmotiven unterschiedlicher Akteure im Mittelpunkt: Welche Rationalitäten kennzeichnen und beeinflussen Konsumentenverhalten? In welchen Bezügen stehen diese Rationalitäten, wie verändert sich ihr Verhältnis? Welchen Stellenwert haben unterschiedliche Institutionen für den deutschen Lebensmittelmarkt im 20. Jahrhundert? Welche Bedeutung spielen spezifische historische Konstellationen für die Ausbildung und Differenzierung von Präferenzen und Institutionen? Lassen sich schließlich die verschiedenen Theorieangebote der Ökonomie bzw. der kulturwissenschaftlichen Ernährungsforschung mit Gewinn auf konkrete historische Probleme anwenden?

Globalisierung und regionale Identität

Der Begriff der Globalisierung bündelt Vorstellungen einer dominant ökonomisch geprägten Durchdringung und Veränderung von Arbeitswelt und Alltagsleben. Dieser abstrakte Prozess materialisiert sich beim Essen, rückt dem Einzelnen auf den Leib. Doch im Mittelpunkt der Debatten steht nicht die Fülle der zur Verfügung stehenden Lebensmittel, die Vielzahl von Gerichten und Geschmacksnuancen, die hierzulande erfahrbar sind.[13] Die Diskussion konzentriert sich vielmehr auf ein Unbehagen, auf Befürchtungen vor einer globalen Einheitskost, auf die Dominanz weniger *global player*, deren Marktmacht vermeintlich bestimmt, was angeboten wird, was geschluckt werden muss.[14] Ökonomische Rationalität im Sinne des fordistischen Paradigmas standardisierter Massenproduktion verändert demnach den Alltag einseitig, zerstört Bestände tradierter Ernährung und regionaler Identität.

Der US-amerikanische Soziologe George Ritzer hat derartige Veränderungen plakativ unter den Begriff der »McDonaldisierung« gefasst.[15] Nicht das Essen steht dabei im Mittelpunkt, sondern die Organisation von Lebensmittelproduktion und -absatz, von Marketing und Imagebildung.[16] Die »McDonaldisierung« basiert auf den Erkenntnissen moderner Ernährungs- und Wirtschaftswissenschaften, nutzt sie zur Beherrschung von Materie und Menschen. Effizienz, Normierung, Technisierung, stete Verfügbarkeit und Kommerzialisierung – die US-amerikanische Fastfood-Kette McDonald's steht für Strukturen, ohne die eine preiswerte Lebensmittelproduktion nicht möglich wäre. Angebot und Geschmack sind vorhersagbar, auch wenn sich die weltweite Einheitlichkeit auf wenige Hauptprodukte und Symbole konzentriert, während die regionalen Angebote teils beträchtlich voneinander differieren.[17] McDonald's steht nicht allein für eine fordistische Produktionsweise. Die effiziente Organisation erlaubt auch die Beschickung segmentierter Märkte, seien sie nationalen, regionalen oder urbanen Zuschnitts. Je nach Kaufkraft, je nach sozialer Zusammensetzung, je nach Ernährungstradition werden die jeweiligen Präferenzen analysiert und Produkte zielgenau entwickelt.[18] Ritzer betont, dass diese Grundprinzipien ökonomischer Rationalität nicht auf Fastfood zu begrenzen sind, sondern zunehmend für alle im Wettbewerb stehenden Lebensmittelanbieter gelten – regionale Küchen und Kultur werden kommerzialisiert, Ernährungsstereotype und -mythen gebildet und gestützt. Kultur erscheint als Ressource für ökonomischen Erfolg, wird so fremdbestimmt und organisierbar.

Ritzer hebt wichtige Veränderungen unserer Lebensmittelproduktion hervor, doch seine Vorstellung einer geschichtsmächtigen Lenkung und Prägung der Konsumenten ist unangemessen. Vier Argumente sind gegen Vorstellungen einer derart eindimensionalen Ökonomisierung unserer Ernährung anzuführen, die zugleich zeigen, dass Präferenzen nicht durch ein einseitiges Nutzenkalkül geprägt sind.

1. McDonald's war 2002 mit einem Umsatz von ca. 2,3 Mrd. EUR zwar das größte Gastronomieunternehmen in Deutschland, der Gesamtanteil aller Burger-Produzenten am deutschen Außer-Haus-Verzehr sank aber zuletzt auf 3,9 Prozent.[19] Der Fastfood-Markt hat sich in den letzten Dekaden deutlich vergrößert und um viele neue Speisen erweitert – doch die wichtigsten Angebote bilden hierzulande weiterhin belegte Brötchen und Würstchen.[20] Diese Speisen dominieren den Markt des schnellen Essens seit mehr als hundert Jahren.[21] McDonald's bildet hinsichtlich Größe und Werbeintensität eine Ausnahme, dominant sind mittlere und kleinere Betriebe, die trotz schwindender Anteile »deutsche« oder eingedeutschte Speisen wie Pizza und Döner Kebap anbieten. McDonald's besitzt eine Nischenfunktion im Teilmarkt der Außer-Haus-Verpflegung, seine Klientel bilden jüngere Konsumenten mit mittlerem und unterem Einkommen. Eine »McDonaldisierung« der Ernährung ist jedoch trotz immenser Werbeaufwendungen nicht nachweisbar, die Umsatzrückgänge des Fastfood-Riesen in den letzten Jahren belegen dies deutlich.

2. Der Fastfood-Markt verweist auf die vergleichsweise hohe Konstanz von Ernährungsmustern. Man kann zwar nicht von einer deutschen Küche ausgehen – die nationalen Küchen Europas entstanden sämtlich im 19. Jahrhundert und dienten der Etablierung und Stützung entsprechender nationaler Identitäten –, wohl aber von klar zu unterscheidenden regionalen Verzehrsmustern.[22] Sie bilden Pfadabhängigkeiten, prägen Alltagsvorstellungen der

richtigen und angemessenen Kost. Im 20. Jahrhundert weisen sie eigenständige Entwicklungsrichtungen auf, die mit den Veränderungen in Produktion und Absatz nicht linear in Einklang zu bringen sind. Eine Auswertung zentraler Haushaltsrechnungserhebungen ergab für den Zeitraum zwischen 1900 und 1940 dynamische Veränderungen im Lebensmittelmarkt, insgesamt aber zeigte sich eine relative Konstanz regionaler Verzehrsunterschiede.[23] Aus den Daten ist nicht abzuleiten, ob das dahinter stehende Entscheidungshandeln durch die Suche nach Sicherheit, durch ein Festhalten an Bewährtem gekennzeichnet ist, ob auf diese Weise Identitätsstrukturen unterstützt wurden und die Eingebettetheit einer Kostform für deren relative Konstanz entscheidend war. Festzuhalten ist, dass regionale Verzehrunterschiede soziale Unterscheidungsmerkmale vielfach dominant überlagern, dass vereinheitlichende Tendenzen etwa durch die Spezialisierung der landwirtschaftlichen Marktproduktion, der Etablierung größerer Produktionseinheiten mit Massenfertigung, der Markenartikelbildung und der Verbesserungen des Transportwesens offenbar nicht zwingend nivellierende Einflüsse auf das Konsumentenverhalten hatten. Sie wirkten je nach Region spezifisch anders: Im Süden Deutschlands verzehrte man etwa in der ersten Hälfte des 20. Jahrhunderts weit überdurchschnittlich Eier, Milch, Zucker und Mehl. Sie bildeten die Grundlage der sogenannten Mehlspeisenküche, die der Kartoffel nur eine Ergänzungsfunktion zuwies. Teigwaren wurden hier mehr als anderswo verzehrt, teils in Suppen, selten als Hauptgericht, vielfach als Beilage anstelle von Kartoffeln. Fisch wurde unterschiedlich häufig gegessen, ebenso Fett. Das Brot bestrich man eben nicht mit Butter oder Margarine, sondern man aß Brot und Wurst, Käse oder Rettich parallel, aber getrennt. Hülsenfrüchte (im Norden vielfach Basis des Eintopfs) wurden im Süden Deutschlands kaum verzehrt: Ebenso rauchte man weniger. Dagegen lag der Alkoholkonsum leicht, der Bierkonsum deutlich über dem nationalen Mittel.

Nach dem Zweiten Weltkrieg veränderten sich diese Muster. Der Übergang zu einer Wachstums- und Wohlstandsgesellschaft führte zu deutlichen Veränderungen der Ernährung, auch zu einem Abschleifen der regionalen Verzehrunterschiede. Doch bis heute prägen sie die Ernährung in Deutschland – zu Hause und im kommerzialisierten Bereich der regionalen Spezialitätenküche; trotz eines allgemein erhältlichen Grundangebotes unterscheiden Lebensmittelangebot und -konsum auch heute Regionen deutlich voneinander. Angesichts der zahlreichen Wanderungen in den 1940er und 1950er Jahren, angesichts der beträchtlichen Binnenmobilität und eines nationalen Lebensmittelmarktes ist die bleibende Bedeutung regional unterschiedlicher

Ernährungsweisen bemerkenswert; sie verweist auf die Wirkungskraft von Pfadabhängigkeiten, die weder allein ökonomisch noch rein naturwissenschaftlich zu erklären sind.[24]

3. Das Abschleifen regionaler Verzehrsmuster lässt sich auch ohne die Annahme einer Globalisierung, einer umfassenden Ökonomisierung erklären, nämlich durch institutionellen Wandel. Da ist nicht nur die Zernierung einer spezifisch regionalen Lebensmittelproduktion[25] und der Aufbau nationaler Handelstrukturen zu nennen, sondern auch soziokulturelle Veränderungen wie das Wegbrechen von Mahlzeiten mit Brauch- und Glaubensbindungen, die Abkehr von komplexen häuslichen Tätigkeiten, etwa dem Konservieren oder dem spezifischen Würzen, sowie der Wandel der ländlichen Räume.[26] Die bei beiden Geschlechtern abnehmenden Kochkenntnisse und die Technisierung der Haushalte mit Kühlschränken, Elektroherden und Mikrowellengeräten verweisen auf veränderte Präferenzen im Freizeitverhalten, auf einen strategischen Umgang mit den steigenden Einkommen.[27] Gleichwohl verschwinden die regionalen Bezüge und die damit verbundenen Identitätsstrukturen nicht. Sie prägen aber nicht mehr die Alltagspraxis, sondern verlagern sich auf den Umgang mit einzelnen Speisen, mit Gastlichkeit und Freizeit.[28] Dies eröffnet Spezialanbietern zahlreiche kommerzielle Chancen. Der Begriff der Ökonomisierung bzw. der ökonomischen Rationalität kann nicht allein auf Massenproduktion und deren Angebote verengt werden. Bestehende regionale Praktiken können und werden durch kommerzielle Angebote vielfach unterstützt.[29] Das Wiedererscheinen vieler ehedem ostdeutscher Produkte ist dafür ein gutes Beispiel.[30] Die symbolische Qualität einzelner »regionaler« Produkte wird mittelfristig eher wachsen, bilden sie doch Ankerprodukte in einem schnell wechselnden Lebensmittelmarkt.[31]

4. Die Debatte über »McDonaldisierung« und Globalisierung ist schließlich selbst Ausdruck kultureller Deutungen, kultureller Unterscheidungen. Fastfood scheidet Generationen und soziale Schichten. Die negative Bewertung des schnellen Essens und der damit verbundenen Folgen ist weniger Ausdruck realer ökonomischer Veränderungen unserer Art der Lebensmittelproduktion und unserer Art des Essens. Sie gibt vielmehr Auskunft über kulturelle Ängste, die Veränderungen in der Gegenwart symbolisch generalisieren. Schon im Kaiserreich begann eine intensive Debatte über die Gefahren einer vermeintlichen Amerikanisierung der Alltagskost, die vor allem das deutsche Mittagsmahl zu bedrohen schien. An seine Stelle sollte eine einfache, schnell zuzubereitende oder zu kaufende Kost, etwa aus belegten Sandwiches oder Brötchen, Tüten voller Obst oder Schokolade treten. Ernährungswissen-

schaftler und Ökonomen bekämpften diese Trends, forderten eine intensive öffentliche und schulische Aufklärung zur Abwehr.[32] Nach dem Zweiten Weltkrieg wurde vor allem um Fragen der Tischsitte, der patriarchalen Geschlechterverhältnisse und der Zukunft der Hausmannskost gerungen, während die Nahrungsmittel und Speisen (abseits von Coca-Cola und Kaugummi) erst in den 1970er Jahren wieder zum Zankapfel wurden.[33] Deutlich wird hieran die kulturelle Einbettung scheinbar »objektiver« wissenschaftlicher Debatten.

Die Globalisierung wirkt sich also keineswegs direkt und einsträngig auf den Lebensmittelverbrauch aus. Stattdessen zeigt sich die Verwobenheit kultureller, sozialer und ökonomischer Veränderungen.[34] Mit einem einseitigen Begriff von Globalisierung werden diese Veränderungen nur unangemessen benannt und auf eine Ebene verlagert, die zwar plakativ, für die tägliche Entscheidungshandlung Essen aber von geringerer Bedeutung ist.[35]

»Richtige« Ernährung – Wissenschaftliche »Rationalisierung« der Präferenzbildung

Die Präferenzbildung ist auf Lebensmittelmärkten besonders komplex, da die hier gehandelten Güter das leibliche Wohl der Konsumenten direkt berühren und der Lebensmittelkonsum unmittelbar gesundheitsrelevant ist. Gesundheit bzw. Krankheit sind aber spätestens seit dem Ende des 19. Jahrhunderts wissenschaftlich definierte Konzepte. Der Einzelne muss daher, will er nicht auf sein eigenes oder ein durch Tradition und Herkunft begründetes Urteil vertrauen, auf die Wissenschaft und ihre Ratschläge setzen. Vorschläge »richtiger« oder »gesunder« Ernährung sind aber einerseits historisch wandelbar und setzen andererseits nicht auf den Einzelnen, sondern auf einen Durchschnittsmenschen.[36] Angesichts des unmittelbaren Nutzens prototypisch ungesunden Lebens- und Genussmittelverzehrs erscheint auch Wissenschaftlern heutzutage das Ideal einer »richtigen Ernährung« als wenig hilfreich: »Nur willensstarken und überwiegend kognitiv gesteuerten Individuen reicht es langfristig als Verstärkung aus, zu wissen, dass durch die gewählte Ernährungsweise (lediglich) die statistische Wahrscheinlichkeit erhöht wird, ein besseres und längeres Leben zu führen.«[37]

Diese Skepsis bestand in der Professionalisierungsphase der Ernährungswissenschaften noch nicht. Im Gegenteil: Das neue Wissen um die chemische

Zusammensetzung der Nahrungsmittel und den menschlichen Stoffwechsel entstand Mitte des 19. Jahrhunderts im Kontext unmittelbar anwendungsorientierter Wissenschaften, wie der Agrikulturchemie und der Hygiene. Die Münchner Schule um Liebig, Pettenkofer und Voit glaubte an die Erkennbarkeit der Welt, zielte auf Veränderung durch Verwissenschaftlichung. Auch die sich im letzten Viertel des 19. Jahrhunderts etablierende Nahrungsmittelchemie propagierte nicht allein unverfälschte Waren, sondern auch eine rationale Ernährung aller Lebewesen. Mit Hilfe erster stofflich fundierter Kostmaße war sie scheinbar objektiv benennbar: »Nähr' dich, o Mensch verständig! Mit einem Wort: Erkenn' dich! Nach Liebig lern' ermessen, was dir gebührt zu essen.«[38] Die Nahrungsstoffe mussten in richtiger Quantität zusammengestellt werden, um so das optimale Funktionieren der menschlichen Kalorienverbrennungsmaschine zu gewährleisten.[39] Neben dem Nährwert galt es den Preiswert zu beachten, die Kosten also für ein Gramm Eiweiß, für eine Kilokalorie; doch auch in Situationen elementarer Knappheit schien eine auskömmliche Ernährung stets möglich zu sein.[40] Die Wissenschaft gab Formeln vor – und der Mensch hatte diese umzusetzen, wollte er denn »rational« handeln. Der naturwissenschaftlichen Optik lag eine Erfüllungslogik zugrunde, die bis heute den Diskurs über »richtige« Ernährung prägt. Kaum gefragt wurde, ob es andere, soziale oder geschmackliche Präferenzen gab, die gleiche oder im Einzelfall höhere Bedeutung besaßen als die stofflich-physiologischen. Spätestens mit der Entdeckung einer neuen Stoffgruppe, der Vitamine, im Jahre 1911 war offenkundig, dass das bisherige Modell einseitig und unvollständig und dass es nicht sinnvoll war, die Verantwortung für die Gesundheit vollständig an Experten zu delegieren.[41]

Es verwundert kaum, dass die Optimierungsangebote der Wissenschaft im Regelfall nicht genutzt wurden. »Richtiges« Essen ist Gesundheitsarbeit, reflektierte Bedürfnisbefriedigung setzt Disziplin und Selbstdistanz voraus. Dagegen findet man immer wieder Klagen über die mangelhafte Zusammensetzung der Ernährung, unrationale Formen der Speisenzubereitung und -lagerung und die Verschwendungssucht der unbemittelten Klassen. Das Rationalitätsgebot der bürgerlichen Wissenschaft war einseitig kognitiv, grenzte die Alltagserfahrung des Essens, grenzte Geschmack und die symbolische Bedeutung vieler Speisen aus, reduzierte Essen auf Stoffzufuhr.[42] Optimierung bedeutete die einseitige Durchsetzung spezifischer Rationalitätskriterien. Die kulturelle Rationalität etwa verschiedener Trinkkulturen oder aber der periodischen Verausgabung beim Sonntagsmahl oder bei Feiern galt demgegenüber wenig. Diese viel beschworene »Rationalität des Irrationalen« wurde kaum bedacht, schlug um in einen unreflektierten Kult der Rationalität wissenschaftlicher Vorgaben. Doch diese überzeugten nur wenige, wirkten primär durch Leidensdruck im Krankheitsfall bzw. mittels institutioneller Arrangements, etwa im Rahmen hauswirtschaftlicher Bildung. Sobald Konsumenten sich aber abseits ernährungswissenschaftlich lenkbarer Institutionen, wie Krankenhäusern und Schulen, Kantinen und Diätküchen bewegten, aßen sie anders und anderes. Dies galt umso mehr, als das Modell einer »richtigen« Ernährung zunehmend plural wurde. Schon vor der Jahrhundertwende hatten kritische Wissenschaftler bzw. »Alternative« andere wissenschaftlich fundierte Präferenzstrukturen vorgeschlagen, also etwa die Abkehr vom Fleischgenuss und die Hinwendung zu frischer pflanzlicher Kost.[43] Die Vervielfältigung von Ratschlägen führte zu deren Abstrahierung, zu einem Rückzug auf stofflich fundierte Normierungen, Zufuhrempfehlungen und Versorgungsminima. Experten definierten und festigten so ein Ordnungskonzept, das den Präferenzen der Konsumenten nur teilweise entsprach. Wissenshierarchien wurden auf diese Weise begründet und Professionalisierungsbestrebungen ganzer Disziplinen dadurch unterfüttert. Die vermeintliche Uneinsichtigkeit der Konsumenten führte vor allem seit den 1920er Jahren zur Etablierung und Finanzierung einer breiten Schicht von Lehrberufen, die sich mit der Zubereitung der Speisen, die sich mit Haushalten und Kochen professionell beschäftigten. Dennoch blieb die Wirksamkeit wissenschaftlicher Expertise für die tägliche Kost begrenzt.

Grund hierfür war auch eine Ausdifferenzierung der Vorstellungen von »richtiger Ernährung«. Neben die Wissenschaft trat spätestens seit der Jahrhundertwende mit der modernen Wirtschaftswerbung eine weitere Wirkungsmacht mit gänzlich anderer Rationalität. Nicht die Gesundheitswirkung der Produkte stand im Mittelpunkt, sondern zunehmend hedonistische, soziale und kulturelle Präferenzen. Doch es war nicht nur – neben den in der wirtschaftshistorischen Literatur vielfach beschriebenen strukturellen Momenten[44] – der Appell an vermeintlich irrationale Antriebe, der der Werbung zu dieser Zeit zum Durchbruch verhalf. Die Vitaminforschung hatte nämlich belegt, dass zahlreiche medizinische Ratschläge, etwa der Rat zum regelmäßigen Abkochen der Säuglingsmilch, zwingend zu Krankheiten führten. Diese Vertrauenskrise nutzten vor allem die Genussmittel- und die Alternativbranche.

Spätestens seit den 1920er Jahren bestand damit eine durchaus moderne Situation, in der kommerzielle Zwecke mit gesundheitlichen und kulturellen Argumenten verfolgt wurden. Die verschiedenen Bemühungen vor allem landwirtschaftlicher Anbieter, ihre zunehmend im Wettbewerb stehenden Produkte mittels moderner Werbekampagnen zu vertreiben, lassen sich am Beispiel der »Verbraucherbearbeitung«[45] der Milchwirtschaft in den späten 1920er Jahren verdeutlichen. Sie richtete sich gegen den deutlich sinkenden Milchkonsum nach dem Ersten Weltkrieg – eine ökonomisch durchaus rationale Folge der schwindenden Qualität und des steigenden Preises dieses Lebensmittels. Der 1926 eingerichtete Reichsmilchausschuss nutzte die damals modernen Formen der Aufklärung und Werbetätigkeit: Anzeigen, Plakate, Stumm- und Tonfilme, Kochbücher, Ausstellungen, regionale Werbewochen und Kochkurse. Zielgruppen wurden definiert und spezifisch angesprochen: Die »Jugend« mit illustrierten Geschichten, Modellbaubögen und Kartenspielen, die »Arbeiter« durch Arbeitermerkblätter, -broschüren und Werkpropaganda.[46]

Das Problem dieser Werbung, deren relativer Erfolg wegen der Weltwirtschaftskrise kaum messbar ist, war jedoch, dass auch sie zunehmend Konkurrenz erfuhr. Nicht nur für Milch, sondern auch für deutsches Obst, deutschen Wein, für Fisch und Kartoffeln wurde auf ähnliche Weise geworben. Die Folge waren zunehmend beliebige Werbeaussagen. Die Lebensmittelwerbung bestärkte vorhandene Nahrungsmythen und beeinflusste so Konsumentenverhalten; doch neue Präferenzstrukturen wurden so kaum aufgebaut. Die stete Verbindung von positiven Eigenschaften wie Gesundheit, Natürlichkeit, Frische oder von Genuss und Lebensfreude mit einzelnen Produkten und Lebensmitteln entleerte diese Eigenschaften und überließ sie in der Definitionshoheit des Einzelnen. Angesichts eines breiten Angebotes unterschiedlicher Rationalitäten ist die Vorstellung eines einseitig rational kaufenden Konsumenten offenkundig irrational. Konsumentenverhalten wurde nicht allein zur Wahl zwischen verschiedenen Produkten, sondern auch zur Wahl zwischen Rationalitäten im Widerstreit.

Regulierung und Gemeinwohl. Ernährungspolitik als Marktfaktor

Angesichts der hohen Bedeutung der Ernährung für Existenz und Gesundheit der Konsumenten, angesichts der volkswirtschaftlichen Auswirkungen des Konsumentenhandelns etwa auf die Zahlungsbilanz und der wachsenden Kritik an industriell gefertigten Lebensmitteln setzte seit Ende der 1920er Jahre eine neue Form der Marktregulierung ein, die weit über die tradierten Formen des Schutzes des heimischen Marktes und der Konsumenten vor Täuschung hinausging.[47] Mit dem Milchgesetz 1930 begann eine Phase strikter Regulierung der Lebensmittelmärkte, die mit der Gründung und dem Ausbau des Reichsnährstandes eine durchaus konsequente Erweiterung erfuhr.[48] Sie schuf Institutionen, durch die erst eine Ernährungspolitik im Interesse einer »gesunden« deutschen Ernährungsweise und einer bedingten Abschottung vom Weltmarkt möglich wurde. Trotz der finanziellen Opfer, die mit der klaren Begünstigung der heimischen Agrarwirtschaft verbunden waren, sollten sich diese – so die Agrarpolitiker – machtpolitisch langfristig bezahlt machen. Das Aufbrechen tradierten Konsumentenverhaltens wurde nicht mehr länger dem Markt oder der Wissenschaft überlassen, sondern erschien immer auch als Gemeinwohlaufgabe. Die nicht hierarchisierbaren Teilrationalitäten hatten einer staatlich definierten Gesamtrationalität zu weichen.

Die NS-Ernährungspolitik versuchte dieses Rationalitätsmodell mit einer Doppelstrategie anzugehen. Auf der einen Seite erfolgten institutionelle Arrangements, etwa durch die zunehmende Marktregulierung, das Verbot bestimmter »Ernährungssekten« (etwa pazifistischer Vegetariergruppen oder aber der Mazdaznan-Bewegung), den Ausbau und die Optimierung der Gemeinschaftsverpflegung, die Zentralisierung des Vortrags- und Beratungswesens sowie die Professionalisierung der Ernährungsberatung in Schulen und Krankenhäusern.[49] Den eigentlichen Erfolg aber versprach man sich nicht von derartigen extrinsischen, sondern von intrinsischen Motivationen. Auf der Basis umfassender Aufklärungskampagnen sollten die deutschen Konsumenten Präferenzen ausbilden, die den Volksbestand und die imaginäre rassische Qualität optimieren und zugleich auf heimischen Ernährungsressourcen gründen sollten.[50] Der NS-Staat gab den Anstoß für eine Bewusstseins- und Verhaltensänderung, die von den Konsumenten selbständig aufgegriffen und umgesetzt werden sollte. Die neue Ernährungspolitik setzte ein kulturelles Versagen auf Seiten der Konsumenten und ein Marktversagen auf Seiten der Wirtschaft und der Wissenschaft voraus und propagierte dagegen das Ideal einer saisonalen, regionalen und preiswerten Kost mit sinkenden tierischen und steigenden pflanzlichen Anteilen. Neue Präferenzen sollten zu einem physiologisch, volkswirtschaftlich und politisch vernünftigen Konsumentenverhalten führen.

Das Ergebnis dieser Verbraucherlenkung war bescheiden. Die Mehrzahl der Konsumenten nutzte die wachsenden Reallohnzuwächse für eine Rückkehr zu bewährten Ernährungsweisen; Pfadabhängigkeiten schlugen wiederum durch. Kaffee, Alkoholika, Kakao, Zucker, Fleisch und Fette – der Konsum all dieser Produkte wies in den 1930er Jahren überdurchschnittliche Steigerungsraten auf. Das »Steuerungsmedium Moral«[51] stieß offenbar schnell an seine Grenzen. Doch es war keineswegs folgenlos. Das zeigt sich etwa an der versuchten Eindämmung des Rauchens. Die vom Staat zunehmend geförderte medizinische Forschung konnte den zwingenden gesundheitlichen Schaden dieses »Genussgiftes« wissenschaftlich nachweisen, insbesondere Auswirkungen auf die körperliche und geistige Leistungsfähigkeit bzw. die Gesundheit der Nachkommen.[52] Frauen und Jugendliche standen im Mittelpunkt der Maßnahmen gegen das Rauchen.[53] Dabei wurden wichtige extrinsische Motivationen, etwa das Rauchverbot bis zum Alter von 16 Jahren, nach 1945 weitergeführt, nicht jedoch die Einschränkung der Tabakwerbung. Die intrinsischen Motivationen, also das Lernen am Vorbild und die Aufklärung in der Schule und in Organisationen, standen – mit anderen Schwerpunkten – auch im Zentrum der späteren Aufklärungsbestrebungen. Die Gemeinwohlorientierung des Staates und die spezifische Rationalität einer Regulierung von offenkundig problematischen Produkten standen dabei im Mittelpunkt. Schließlich wurde die Frage nach Regelungs- und Entscheidungsinstanzen angesichts widerstreitender und nicht hierarchisierbarer Rationalitäten erst wirklich relevant. Erfolge hatte die Ernährungspolitik nur dann, wenn qualitative Verbesserungen, Verbilligungen oder an bestehende Ernährungsweisen sinnvoll anknüpfende Lebensmittel und Speisen propagiert wurden. Das war beim Fruchtsaft der Fall, aber auch bei Joghurt, bei Vollkornbrot oder Getreidespeisen zum Frühstück. Sie alle wurden während der NS-Zeit zu »guten« Produkten.[54]

Die Gemeinwohlorientierung, der Aufbau einer (letztlich an wissenschaftliche Kriterien rückgebundenen) Gesamtrationalität beim Essen, ist jedoch nicht auf den NS-Staat zu begrenzen, sondern wurde in der Bundesrepublik Deutschland und der DDR mit eigenen Schwerpunkten fortgesetzt. Während im Westen nach der Etablierung der Sozialen Marktwirtschaft Marktinterventionen abseits der Landwirtschaft lange Zeit nur moderat erfolgten und die eigentliche Aufklärungstätigkeit an Körperschaften öffentlichen Rechts bzw. Fachorganisationen delegiert wurde, führte die DDR vor allem seit den frühen 1960er Jahren wieder und wieder Kampagnen für »gesunde« Ernährung durch. So reagierte sie etwa auf drängende Probleme durch den »Weltniveau« erreichenden Konsum von fetten Lebensmitteln bzw. Genussmitteln.[55] Der Erfolg derartiger Kampagnen war begrenzt; die Rationalität des Staates und seiner Institutionen wurde und wird mit Verzicht und sozialem Ausschluss aus dem Kreise der »Normalverbraucher« verbunden. Lebensmittel sollen schmecken und preiswert sein, Kommunikation fördern und je nach Wunsch stilbildend sein – diese Präferenzen lenken Konsumentenverhalten bis heute. Sie zeigen den Konsumenten als Nutzenmaximierer; doch seine Rationalität abstrahiert von den Rationalitäten der Ernährungswissenschaft und der Neoklassik und schließt immer Alltagspraxis sowie kulturelle Rationalität mit ein.

Das »Gute« und der Markt. Zur Zeitgebundenheit veränderter Präferenzen

Die sich wandelnden Schwerpunkte des Konsumentenverhaltens, zugleich aber seine Rückbindung an historische Themenkonjunkturen lassen sich am Beispiel einer Lebensmittelgruppe verdeutlichen, die nicht nur in den letzten Jahrzehnten immer wieder im Mittelpunkt der Diskussion stand: den Bioprodukten. Sie stehen für das »Gute« im Markt. Ihr Kauf ist vermeintlich altruistisch, konsumiert man doch kein konventionelles Billigprodukt, sondern umweltgerecht produzierte Premiumware. Die Mehrzahl der Konsumenten bewertet Bioprodukte denn auch positiv, doch nur eine Minderheit kauft sie regelmäßig. Die Zahl der Käufer steigt allerdings, deutlich höheren Preisen zum Trotz. Gründe hierfür sind erstens umfassende staatliche Förderungen des Ökolandbaus – in Deutschland soll er bis 2010 20 Prozent der Anbauflächen umgreifen, gegenwärtig sind es etwas mehr als 3 Prozent.[56] Verändernd wirken zweitens die Rationalisierung der wenig effizienten Handelsstrukturen und die damit verbundenen sinkenden Preise.[57] Drittens wandeln sich die Präferenzen beim Lebensmittelkauf. Doch die Motive, ein Lebensmittel nach seinem Wert und nicht allein nach seinem Preis einzuschätzen, also abstrakt »gute« Produkte auch zu bezahlen, sind vielfältig und lassen sich nur in Form einer historischen Schichtung[58] verstehen:

1. Ethische Begründungen stammen vor allem aus dem Umfeld der schon im späten 19. Jahrhundert aktiven vegetarischen Bewegung. »Gute« Produkte waren solche, in denen sich die Zurückstellung der eigenen niederen Bedürfnisse spiegelte, um höhere Fähigkeiten zu entwickeln.[59] Schon der Nichtkonsum, die Abstinenz von Fleisch oder Alkohol, erlaubte ein hohes Selbstwertgefühl, drückte eine überlegene Moral aus.
2. Gesundheitliche Begründungen traten vor allem seit den 1920er Jahren

hervor, als umfassende Diskussionen über die Auswirkungen der Düngung auf die Qualität der Lebensmittel einsetzten, als andererseits alternative Ernährungsdiäten, insbesondere Rohkost, an Bedeutung gewannen.[60] Das »Gute« wurde nun mit einer speziellen Verarbeitungsweise verbunden, wurde Teil eines Qualitätsdiskurses. Die Lebensreformbewegung und -wirtschaft gewann so bis zum Zweiten Weltkrieg eine beträchtliche ökonomische Bedeutung, die erst in den 1990er Jahren wieder übertroffen wurde.[61] Die auf Prävention und Furcht vor Krankheit zielenden Anreizstrukturen begrenzten ihr Wachstumspotential allerdings erheblich.

3. Das änderte sich erst mit der Renaissance der Umweltbewegung. Ökologische Begründungen für den Verzehr von Bioprodukten finden sich vor allem seit Mitte der 1970er Jahre; seitdem wuchs die Bedeutung des ökologischen Landbaus stetig.[62] »Gute« Produkte mussten nun einen abstrakten Zusatzwert haben, auch wenn eine kausale Zurechnung etwa zum Stand der Gesamtemissionen oder der sozialen Gerechtigkeit in der Welt schwierig blieb. »Gute« Produkte dienten einer sozialen und politischen Positionierung, standen für den Protest gegen dominante Formen der Konsumgesellschaft. Der in den Preiskämpfen der Handelsketten und im strategischen Handeln der wenigen weltweit operierenden Großkonzerne sichtbare Ökonomisierungsprozess wurde abgelehnt und dagegen ein lokal und regional verankertes Wirtschaften und Konsumieren gesetzt. So etablierte sich ein durchaus profitabler Nischenmarkt, der seit den frühen 1990er Jahren seine klaren Konturen jedoch zunehmend verlor.
4. Das heutige Wachstumspotenzial liegt nämlich vornehmlich bei Käufern, die hohe Produktqualität und zugleich Lebensstilstützung suchen. »Gute« Produkte dienen zum einem dem wachsenden Sicherheitsbedürfnis der Konsumenten und spiegeln so die Dynamik des Qualitätsdiskurses, der nicht länger nur Produkt-, sondern zunehmend auch Prozessqualität verlangt. Sie erlauben zum anderen gerade solventen Kunden, sich zeitgemäß und zukunftsorientiert zu präsentieren. Diese Kunden wollen auf Service und Bequemlichkeit nicht verzichten; entsprechend verbinden sich in wachsendem Maße Bioqualität und Convenienceprodukte, Feinkost und Vollkorn.[63] Die Abstraktion der Vorstellung »guter« Produkte von bestimmten unmittelbar produktbezogenen Eigenschaften wird hier offenkundig. Das Image einer Warengruppe bestimmt seine Marktpositionierung und Preisgestaltung. Die Vorstellungen einer umfassenden Ernährungswende unterschätzen dies, unterminieren hohe Absatzsteigerungen doch zugleich wesentliche Erfolgsfaktoren der »guten« Bioprodukte.

Die heterogene Motivstruktur verdeutlicht, dass Konsumentenverhalten auf einer breiten Palette rationaler Gründe basiert. Neben den Preis treten immer heterogenere Präferenzen, denn ohne Sympathie und Vertrauen ist Markterfolg nicht möglich. Ein günstiger Preis und eine zeitgemäße Produkt- und Prozessqualität werden vorausgesetzt, über den Markterfolg aber entscheiden vielfach Zusatzanreize. Das zeigt sich beispielhaft an sogenannten »emotionalen« Qualitäten, die auf die Befriedigung sozialer Bedürfnisse zielen, die die kulturelle Verankerung der Konsumenten spiegeln.[64] Produkte müssen heute Geschichten erzählen, also unterhalten. Sie sollen mit Erlebnissen verbunden sein, positive Erinnerungen aktivieren. Zwischen Anbieter und Konsument soll ein Vertrauensverhältnis aufgebaut werden, eine quasi persönliche Beziehung. Lebensmittel sollen authentisch sein, sympathisch. Sie sollen einen hohen Prestigewert haben, unseren Lebensstil verkörpern. Man denke an das immense Wachstum der nichtalkoholischen Getränke, das ohne Vorstellungen von Frische und Aktivität, von Jugendlichkeit und Verausgabung nicht denkbar wäre. Lebensmittel verkörpern im Laufe des 20. Jahrhundert immer weniger materielle Grundbedürfnisse, sondern dienen immer stärker als Projektionsfläche immaterieller Bedürfnisse. Die Marktentwicklung ist daher unmittelbar von historischem Wandel abhängig. Die Konsumenten fragen eben nicht primär Güter nach, sondern suchen Orientierung und Positionierung in einem Lebensumfeld mit hohen Wahlmöglichkeiten und hoher Unsicherheit.

Präferenzbildung als kulturelle Praxis mit Kalkül

Das Konsumentenverhalten im Lebensmittelmarkt weist eine Reihe von Besonderheiten auf. Der Lebensmittelmarkt ist aufgrund seiner Bindung an das Grundbedürfnis Essen/Trinken ein spezifischer Markt, dem biologische Notwendigkeiten zugrunde liegen, die langfristig nur mit hohen Kosten zu missachten sind. Damit aber wird der Lebensmittelmarkt in besonderem Maße zum Wissensmarkt. Die wissenschaftliche Definition von »Gesundheit« und »Krankheit«, von »richtigem« und »falschem« Essen verweist auf Präferenzen und Nutzenmodelle, deren Abstraktion groß und deren langfristiger Erfolg ungewiss ist. Entsprechend wichtiger sind Pfadabhängigkeiten, also bewährte Formen von Essen/Ernährung, die die kulturelle Praxis prägen und an die auch die Wirtschaftswerbung mit großem Erfolg anknüpft. Die kulturelle Eingebettetheit des üblichen Essens bildet eine Rationalität eigener Qualität, die Orientierung ermöglicht und Informationskosten minimiert. Offenkundige Probleme des Konsumentenverhaltens werden weniger von Marktpartnern als vielmehr vom Staat thematisiert, der Marktversagen voraussetzt, eine Gemeinwohlorientierung für sich in Anspruch nimmt und zu deren Umsetzung Institutionen schafft und verändert. »Irrationales« Handeln wird so tendenziell sanktioniert, »rationales« Handeln mit Anreizen bzw. einem Eigenwert versehen. Doch die Sanktionen sind schwach, in die ferne Zukunft weisende Versprechungen stets gefährdet. Dabei ist die enge und einseitige Bindung vieler staatlicher Institutionen an naturwissenschaftliche Rationalitäten offenkundig. Dieser Nexus unterminiert deren Gemeinwohlorientierung, da die Professionalisierungsinteressen kleiner Wissenseliten zumeist größere Bedeutung besitzen. Die geringen Erfolge staatlicher Politik verweisen jedoch auch auf die Dominanz kurzfristiger Nutzenerwartungen auf Seiten der Konsumenten, die vor allem Genuss und Geschmack suchen, die ihre soziale und kulturelle Identität durch Lebensmittel reproduzieren und repräsentieren. Lebensmittelanbieter haben Erfolg, wenn sie diese Formen kultureller Rationalität berücksichtigen, sie scheitern jedoch – trotz eventueller kurzfristiger Erfolge –, wenn sie ihre eigenen Rationalitäten verabsolutieren. Das Konsumentenverhalten zielt durchaus auf Nutzenmehrung, ist also mit der Vorstellung der Ökonomie als Verhaltenswissenschaft grundsätzlich in Einklang zu bringen. Doch angesichts konkurrierender Rationalitäten wird die Wahl zwischen ihnen zum eigentlichen Problem.

Eine simple Gegenüberstellung von ökonomischer und kultureller Rationalität greift daher zu kurz. Polare Konzepte unterschätzen die Heterogenität der Rationalitäten im Lebensmittelmarkt, vernachlässigen historische Schichtungen und Zeitstrukturen, die zu einer besonders hohen Bedeutung von Pfadabhängigkeiten führen. Historische Nachfragen ergeben jedenfalls stets Mischformen ideal gedachter Handlungsrationalitäten. Konsumentenverhalten ist im Lebensmittelmarkt daher immer von Nutzenkalkülen durchzogen, doch Essen ist immer auch mehr als Zufuhr preiswerter Stoffe. Der Konsument kauft nicht nur essbare Güter, sondern er kauft Zeit und Bestätigung, Sinnenfreude und Geschmack, Geschichte und Geschichten.

Angesichts der verwirrenden Virtuosität, mit welcher der *Homoedens* die Rationalitäten im Widerstreit miteinander koppelt, mit der er mit Fülle umgeht, erscheint der Lebensmittelmarkt als ein besonders ertragreiches Feld wirtschaftshistorischer wie kulturwissenschaftlicher Arbeit. Das Konsumentenverhalten im Bedürfnisfeld Essen/Ernährung zeigt eine Geschichte der Verwobenheit und unterstreicht somit, dass eine Wirtschaftsgeschichte der

Ernährung immer auch Kulturgeschichte sein muss und umgekehrt. Und sie weist zugleich darüber hinaus: Denn hier treten elementare anthropologische Bindungen und Alltagspraktiken zutage, die in der ökonomischen Handlungstheorie sowie in wirtschaftshistorischen Analysen bislang noch immer unterschätzt werden.

Anmerkungen

1 Carl v. Voit, *Handbuch der Physiologie des Gesammt-Stoffwechsels und der Fortpflanzung*, Th. 1: *Physiologie des allgemeinen Stoffwechsels und der Ernährung*, Leipzig 1881, S. 7.

2 Einen guten Überblick liefern James Blaylock u. a., Economics, Food Choices, and Nutrition, in: *Food Policy* 24, 1999, S. 269–286.

3 Gustav Schmoller, Die Schriften von K. Menger und W. Dilthey zur Methodologie der Staats- und Sozialwissenschaften, in: ders., *Zur Litteraturgeschichte der Staats- und Sozialwissenschaften*, Leipzig 1888, S. 275–304, hier S. 281. Als Beispiel für fundierte Diskussionen innerhalb der naturwissenschaftlichen Ernährungsforschung vgl. Peter Belton, Nutritional Science in Global Perspective, in: Gesa U. Schönberger/Uwe Spiekermann (Hg.), *Die Zukunft der Ernährungswissenschaft*, Berlin 2000, S. 15–21; und ders., Chance, Risk, Uncertainty and Food, in: *Trends in Food Science & Technology* 12, 2001, S. 32–35. Eine Zusammenfassung der kulturwissenschaftlichen Ernährungsforschung bietet Eva Barlösius, *Soziologie des Essens. Eine sozial- und kulturwissenschaftliche Einführung in die Ernährungsforschung*, Weinheim 1999.

4 Vgl. Ernst Fehr/Urs Fischbacher, The Nature of Human Altruism, in: *Nature* 425, 2003, S. 785–791; und Bruno S. Frey/Matthias Benz, *Ökonomie und Psychologie: eine Übersicht*, Zürich 2001.

5 Hierzu Jens Beckert, Von Fröschen, Unternehmensstrategien und anderen Totems. Die soziologische Herausforderung der ökonomischen Institutionentheorie?, in: Andrea Maurer/Michael Schmid (Hg.), *Neuer Institutionalismus. Zur soziologischen Erklärung von Organisation, Moral und Vertrauen*, Frankfurt am Main 2002, S. 133–147, hier S. 136ff.

6 Vgl. Rudolf Richter/Eirik Furubotn, *Neue Institutionenökonomik*, Tübingen 1996 und Hartmut Berghoff, Transaktionskosten: Generalschlüssel zum Verständnis langfristiger Unternehmensentwicklung? Zum Verhältnis von Neuer Institutionenökonomie und moderner Unternehmensgeschichte, in: *JbWG* 1999/2, S. 159–176.

7 So etwa schon Hans Deutsch-Renner, *Ernährungsbräuche. Ursprung und Wandel*, Wien 1947.

8 Vgl. Rolf Ackermann, *Pfadabhängigkeit, Institutionen und Regelungen*, Tübingen 2001, und Paul A. David, Clio and the Economics of QWERTY, in: *AER* 75, 1985, S. 332–337.

9 Guter Überblick bei Mark Granovetter, Ökonomische Institutionen als soziale Kon-

struktionen – Ein Analyserahmen, in: Dieter Bögenhold (Hg.), *Moderne amerikanische Soziologie*, Stuttgart 2002, S. 199–217.

10 Vgl. etwa Karl Sigmund u. a., The Economics of Fair Play, in: *Scientific American* 2002/1, S. 83–87; Armin Falk, *Homo Oeconomicus Versus Homo Reciprocans: Ansätze für ein Neues Wirtschaftspolitisches Leitbild*, Zürich 2001; Joseph Henrich u. a., *›Economic Man‹ in Cross-cultural Perspective: Behavioral Experiments in 15 Small-scale Societies*, Working Paper, Santa Fe Institute 2001; und Andreas Diekmann/Thomas Voss (Hg.), *Rational-Choice-Theorie in den Sozialwissenschaften*, München 2004.

11 Einen Forschungsüberblick bieten Sidney W. Mintz/Christine Du Bois, The Anthropology of Food and Eating, in: *Ann. Rev. of Anthropology* 31, 2002, S. 99–119; und Uwe Spiekermann, Nahrung und Ernährung im Industriezeitalter. Ein Rückblick auf 25 Jahre historisch-ethnologischer Ernährungsforschung (1972–1996), in: Andreas Bodenstedt u. a., *Materialien zur Ermittlung von Ernährungsverhalten*, Karlsruhe 1997, S. 35–73.

12 Vorarbeiten für den Bereich der Ernährung sind selten. Eine Ausnahme: Peter Oberender/Stefan Okruch, Ökonomische Perspektiven einer kulturwissenschaftlichen Essensforschung, in: Hans Jürgen Teuteberg u. a. (Hg.), *Essen und kulturelle Identität. Europäische Perspektiven*, Berlin 1997, S. 87–102.

13 Die Zahl der gelisteten Europäische Artikel-Nummern, der sogenannten Strichcodes, betrug im Jahr 2000 in der Bundesrepublik ca. 230 000 (Ulrich Oltersdorf, BSE und die Entdeckung der Verbraucher durch die Politik. Neue Ministerien – Neue Ernährungspolitik – Neue Forschung?, in: *AGEV-Newsletter*, März 2000, S. 5–11, hier S. 7).

14 Vgl. etwa Frank Waskow, Lebensmittel auf Reisen. Nahrungsmitteltransporte und die Globalisierung der Ernährung, in: *Voyage* 5, 2002, S. 160–170; und Beatrix Tappesser, *Globalisierung in der Speisekammer*, 2 Bde., o. O. 1999. Zu früheren Bewertungen der Globalisierung Max Rubner, *Wandlungen in der Volksernährung*, Leipzig 1913; Heinz v. Köppen, Das neuzeitliche Absatzproblem in der deutschen Landwirtschaft, in: *Berichte über Landwirtschaft* NF 15, 1931, S. 491–527; und René König, Die soziale und kulturelle Bedeutung der Ernährung in der industriellen Gesellschaft, in: ders., *Soziologische Orientierungen*, Köln 1965, S. 494–505.

15 Vgl. George Ritzer, *The McDonaldization of Society. An Investigation into the Changing Character of Contemporary Social Life*, Thousand Oaks 1993; und ders., *The McDonaldization Thesis. Explorations and Extensions*, London 1998. Auch der Soziologe Claude Fischler spricht von McDonaldisierung, doch er konzentriert sich stärker auf den Wandel der Zubereitungs- und Wahrnehmungsweisen; vgl. Claude Fischler, Über den Prozess der McDonaldisierung, in: *Mäßig und gefräßig*, hg. von MAK – Österreichisches Museum für angewandte Kunst, Wien 1996, S. 250–261.

16 Breiter angelegt sind die Arbeiten des Agrarsoziologen David Goodman. Vgl. insbesondere David Goodman/Michael Redclift, *Refashioning Nature. Food, Ecology and Culture*, London 1991; und David Goodman/E. Melanie Pupuid, Knowing Food and Growing Food: Beyond the Consumption-Production Debate in the Sociology of Agriculture, in: *Sociologia Ruralis* 42, 2002, S. 5–22.

17 Vgl. etwa die regionalen Angebote in George Ritzer, Globalisierung, McDonaldisierung und Amerikanisierung, in: Dieter Bögenhold (Hg.), *Moderne amerikanische Soziologie*, Stuttgart 2002, S. 219–242, hier S. 225–226.

18 Details enthält Claudio Vignali, McDonald's: »think global, act local« – the Marketing Mix, in: *British Food J.* 103, 2001, S. 97–111.

19 Angaben nach Gretel Weiß, Einbußen verderben der Handelsgastronomie den Appetit, in: *Lebensmittelzeitung* 2003, Nr. 12, S. 64.

20 Nähere Angaben enthält *Essen außer Haus 2000*, hg. von der Zentralen Markt- und Preisberichtsstelle für Erzeugnisse der Land-, Forst- und Ernährungswirtschaft (ZMP), Bonn 2002.

21 Eine fundierte Analyse der Außer-Haus-Verpflegung im 20. Jahrhundert fehlt. Über wichtige Entwicklungen unterrichten Keith Allen, *Hungrige Metropole. Essen, Wohlfahrt und Kommerz in Berlin*, Hamburg 2002; und Christoph Wagner, *Fast schon Food. Die Geschichte des schnellen Essens*, Frankfurt am Main 1995.

22 Vgl. Martin Bruegel/Bruno Laurioux (Hg.), *Histoire et Identités alimentaires en Europe*, o. O. o. J. (Paris 2002); Sigrid Weggemann (Hg.), *Alte Landschaftsküchen in neuer wissenschaftlicher Bewertung*, Frankfurt am Main 1990; und Uwe Spiekermann, Deutsche Küche – Eine Fiktion. Regionale Verzehrsgewohnheiten im 20. Jahrhundert, in: Kurt Gedrich/Ulrich Oltersdorf (Hg.), *Ernährung und Raum: Regionale und ethnische Ernährungsweisen in Deutschland*, Karlsruhe 2002, S. 47–73.

23 Ders., Regionale Verzehrsunterschiede als Problem der Wirtschafts- und Sozialgeschichte. Räume und Strukturen im Deutschen Reich 1900–1940, in: Hans Jürgen Teuteberg u. a. (Hg.), *Essen und kulturelle Identität. Europäische Perspektiven*, Berlin 1997, S. 247–282.

24 Zur Entwicklung in der DDR, deren Wirtschaftspolitik auf eine relativ gleichmäßige Versorgung aller Regionen zielte, Heinrich-Karl Gräfe/Hans-Eberhard Schmidt, *Ernährungsatlas der Deutschen Demokratischen Republik*, Berlin (Ost) 1967; und Dietlinde Friebe, Geschmack in Ost und West, in: *Slow* 15, 1999, S. 8–13.

25 Vgl. dazu Helmut Nuhn u. a., *Auflösung regionaler Produktionsketten und Ansätze zu einer Neuformierung. Fallstudien zur Nahrungsmittelindustrie in Deutschland*, Münster 1999.

26 Hierauf verwies Günter Wiegelmann, Historische Grundlagen der regionalen Kostunterschiede in Mitteleuropa, in: Sigrid Weggemann (Hg.), *Alte Landschaftsküchen in neuer wissenschaftlicher Bewertung*, Frankfurt am Main 1990, S. 4–15, hier S. 4.

27 Die Veränderungen im ländlichen Raum schildert eindringlich Heinrich Becker, Von karger Selbstversorgung zur Vielfalt der Supermärkte – Ernährung und Wandel ländlicher Lebensverhältnisse von 1952 bis zur Gegenwart, in: Gedrich/Oltersdorf, *Ernährung und Raum*, S. 31–45.

28 Parallel veränderte sich natürlich auch die Essenz des Regionalen. Vgl. Utz Jeggle, Essen in Südwestdeutschland. Kostproben aus der schwäbischen Küche, in: *Schweizerisches Archiv für Volkskunde* 82, 1986, S. 167–186; und Christine Brombach, Essen und Trinken im Familienalltag – eine qualitative Studie: Essen hessische Familien hessische Kost?, in: Gedrich/Oltersdorf, *Ernährung und Raum*, S. 87–99.

29 Hierzu allgemein Philipp Scranton, *Endless Novelty: Specialty Production and American Industrialization, 1865–1914*, Princeton 1997.

30 Thomas Kutsch/Simone Werner, Konsumpatriotismus in Ostdeutschland, in: Gedrich/Oltersdorf, *Ernährung und Raum*, S. 167–186. Obwohl die Bedeutung der Herkunft

von Produkten seit den 1970er Jahren grundsätzlich steigt, legen heutzutage – je nach Produkt – nur zwischen 40 und 75 Prozent der Konsumenten Wert auf deutsche Herkunft (*Einkaufskriterien für Lebensmittel 2000. Was ist dem Verbraucher beim Einkauf wirklich wichtig? Studie zu den entscheidenden Einkaufskriterien in neun Produktbereichen*, hg. von d. ZMP, Bonn 2002, S. 32). Regionale Herkunft wird teils höher bewertet.

31 Vgl. Hannes Siegrist/Manuel Schramm (Hg.), Regionalisierung europäischer Konsumkulturen im 20. Jahrhundert, Leipzig 2003.

32 Hermann Strauß, Amerikanisierung der Essgewohnheiten und ihre Gefahren für die Volksgesundheit, in: *Die Volksernährung* 1, 1925/26, S. 53 f.

33 Vgl. etwa Michael Wildt, Technik, Kompetenz, Modernität. Amerika als zwiespältiges Vorbild für die Arbeit in der Küche, 1920–1960, in: Alf Lüdtke u. a. (Hg.), *Amerikanisierung. Traum und Albtraum im Deutschland des 20. Jahrhunderts*, Stuttgart 1996, S. 78–95.

34 Vgl. auch die Studie von Roland Herrmann, Gleicht sich der Nahrungsmittelverbrauch international an? Ein Messkonzept und empirische Ergebnisse für ausgewählte OECD-Länder, in: *Jb. für Absatz- und Verbrauchsforschung* 40, 1994, S. 371–383, die nachweist, dass neben einer dominanten Konvergenz des europäischen Lebensmittelkonsums nach wie vor bei einzelnen Produkten (etwa Käse oder Obst) divergente Entwicklungen bestehen.

35 Wesentlich bedeutsamer ist die europäische Ebene. Vgl. hierzu Martina Ziemann, *Internationalisierung der Ernährungsgewohnheiten in ausgewählten europäischen Ländern*, Frankfurt am Main 1999 und Uwe Spiekermann, Europas Küchen. Eine Annäherung, in: *Internationaler Arbeitskreis für Kulturforschung des Essens. Mitteilungen* H. 5, 2000, S. 31–47.

36 Vgl. zu dieser »Kultur des Rationalen« Lorraine Daston, Die Kultur der wissenschaftlichen Objektivität, in: Michael Hagner (Hg.), *Ansichten der Wissenschaftsgeschichte*, Frankfurt am Main 2001, S. 137–158.

37 Joerg M. Diehl, Motivation zu gesunder Ernährung, in: *AID-Verbraucherdienst* 45, 2000, S. 442–449, hier S. 448. Gleichwohl setzt man auch heute noch auf richtig versus falsch. Vgl. etwa *Richtig essen*, hg. von der Deutschen Gesellschaft für Ernährung, Heidelberg 1998.

38 Lied vom Stoffwechsel, zitiert nach H. Langbein, Ueber den Wärmewert von einigen Nährpräparaten, in: *Zeitschrift für öffentliche Chemie* 28, 1922, S. 73–76, 85–89, hier S. 73. Allgemein Uwe Spiekermann, Pfade in die Zukunft? Entwicklungslinien der Ernährungswissenschaft im 19. und 20. Jahrhundert, in: Schönberger/ders., *Zukunft der Ernährungswissenschaft*, S. 23–46.

39 Vgl. etwa Max Rubner, *Lehrbuch der Hygiene*, 4. A., Leipzig 1892.

40 Typisch hierfür ist etwa die Nährgeldwertlehre Joseph Königs, vgl. Joseph König, *Chemie der menschlichen Nahrungs- und Genussmittel*, Th. 2, 2. A., Berlin 1883; und ders., Über die Geldwertberechnung der Nahrungsmittel, in: *Zs. für Untersuchung der Nahrungs- und Genussmittel* 35, 1918, S. 217–228. Auf die strategische Nutzung dieses Wissens sei lediglich verwiesen; vgl. Ernst Engel, *Der Werth des Menschen*, Th. 1: *Der Kostenwerth*, Berlin 1883.

41 Zur Rezeption Ragnar Berg, *Die Vitamine. Kritische Übersicht der Lehre von den Ergänzungsstoffen*, Leipzig 1922.

42 Hierzu schon überzeugend Alf Lüdtke, Hunger, Essens-»Genuss« und Politik bei Fabrikarbeitern und Arbeiterfrauen. Beispiele aus dem rheinisch-westfälischen Industriegebiet, 1910–1940, in: *SOWI* 14, 1985, S. 118–126.

43 Vgl. als Beispiel für Kritik an der Eiweißfixierung der herrschenden Münchener Schule etwa Felix Hirschfeld, Betrachtungen über die Voit'sche Lehre von dem Eiweißbedarf des Menschen, in: *Pflügers Archiv für die gesammte Physiologie* 44, 1889, S. 428–468, bzw. aus vegetarischer Sicht: Heinrich Bauernfeind, Gesunde oder naturgemässe Ernährung, in: *Vegetarische Warte* 33, 1900, S. 361–365.

44 Dirk Reinhardt, *Von der Reklame zum Marketing. Geschichte der Wirtschaftswerbung in Deutschland*, Berlin 1993.

45 Karl Kermann, Zur Förderung des Verbrauchs von Frischmilch, in: *Milchwirtschaftliches Zentralblatt* 55, 1926, S. 173–176, hier S. 175.

46 Die Aufklärungs- und Werbetätigkeit des Reichsausschusses zur Förderung des Milchverbrauchs (Reichsmilchausschuss), in: *Milchwirtschaftliches Zentralblatt* 59, 1930, S. 405–409.

47 Die nach der internationalen Agrarkrise folgende Abschottung der heimischen Lebensmittelmärkte ist allerdings kein spezifisch deutsches Phänomen. Vgl. die auch heute noch anregende Studie von Karl Schiller, *Marktregulierung und Marktordnung in der Weltagrarwirtschaft*, Jena 1940.

48 Zur zeitgenössischen Einschätzung vgl. Georg Solmssen, Das Reichsmilchgesetz. Ein Wendepunkt in der deutschen Agrargesetzgebung, in: *Der deutsche Volkswirt* 4, 1929/1930, S. 1667–1671.

49 Eine Darstellung dieser Aspekte der NS-Ernährungspolitik ist ein wichtiges Desiderat, denn das Standardwerk von Gustavo Corni/Horst Gies, *Butter, Brot, Kanonen. Die Ernährungswirtschaft Deutschlands unter der Diktatur Hitlers*, Berlin 1997, fasst Regulierung deutlich enger.

50 Vgl. beispielhaft Hermann Ertel, *Praktische Winke für die Ernährung*, 3. A., Leipzig 1937; und Franz G. M. Wirz, *Gesunde und gesicherte Volksernährung. Die Bedeutung der Ernährungsreform der nationalsozialistischen Gesundheitsführung*, Dresden 1938.

51 Hagen Kühn, Anti-Tabakpolitik in den USA: Modell oder Sonderfall der Prävention?, in: Rolf Rosenbrock u. a. (Hg.), *Präventionspolitik. Gesellschaftliche Strategien der Gesundheitserziehung*, Berlin 1994, S. 325–345, hier S. 337.

52 Eine Zusammenfassung bietet Fritz Lickint, *Tabak und Organismus. Handbuch der gesamten Tabakkunde*, Stuttgart 1939. Die Forschung war eng verbunden mit den rassistischen Hegevorstellungen des Nationalsozialismus. Vgl. dazu Hans Reiter, Alkohol- und Nikotinmissbrauch und gesundes Volk, in: *Volksgesundheitswacht* 1938, S. 4–7, 10–13; und Gerhard Wagner, Rasse und Volksgesundheit, in: *Deutsches Ärzteblatt* 68, 1938, S. 632–637.

53 Vgl. Christoph Maria Merki, Die nationalsozialistische Tabakpolitik, in: *Vierteljahrshefte für Zeitgesch.* 46, 1998, S. 19–42; und Hartmut Berghoff, Methoden der Verbrauchslenkung im Nationalsozialismus. Konsumpolitische Normensetzungen und ökonomische Folgewirkungen zwischen totalitärem Regulierungsanspruch und wider-

spenstiger Praxis, in: Dieter Gosewinkel/Wolfram Fischer (Hg.), *Wirtschaftskontrolle und Recht in der nationalsozialistischen Diktatur*, Baden-Baden 2004, S. 253–384.

54 Nähere Informationen finden sich etwa in Erich Neußer, *Süßmost in der ärztlichen Praxis*, Berlin-Dahlem 1937; Franz G. M. Wirz/Erich Bruns, *Nationalsozialistische Gesundheitsführung und Flüssiges Obst*, Berlin-Dahlem 1938; und Josef Baumann/Carl Schliessmann, *Gärungslose Obst- und Beerenverwertung. Herstellung von unvergorenem Obst-, Beeren- und Traubensäften mit besonderer Berücksichtigung ihrer Gesundheitswerte*, 4. A., Berlin-Dahlem 1939.

55 Näheres enthält Werner Cramer/Günter Fabiunke, *Verbrauchen wir richtig? Unser Lebensstandard und die Verkäuferin*, 2. A., Berlin (Ost) 1964; Walter Dloughy, Probleme der Bedarfsentwicklung und Verbrauchslenkung zur Durchsetzung einer gesunden Ernährung, in: *Die Lebensmittel-Industrie* 20, 1973, S. 149–153; und Helmut Haenel, Ernährungsaufklärung in der ehemaligen DDR – eine Retrospektive, in: *Ernährungs-Umschau* 38, 1991, S. 175–179.

56 Zur Marktstruktur Katharina Reuter, *Die Ökomärkte in Deutschland, Österreich und der Schweiz – Gemeinsamkeiten und Unterschiede*, Berlin 2002. Die deutsche Entwicklung steht nicht isoliert, sondern für einen allgemeinen Wandel in den westlichen Industriestaaten. Vgl. A. Elizabeth Sloan, The Natural and Organic Foods Marketplace. Mother Nature Goes Mainstream as the Natural and Organic Foods Market Grows Worldwide, in: *Food Technology* 56, 2002, Nr. 1, S. 27–28, 30, 32–37.

57 Vgl. Ulrich Hamm, Champagner trinken und Wasser bezahlen? Was sind Verbraucher bereit, für ihre Vorstellung über gesunde Ernährung auszugeben?, in: *Unsere Ernährung im Jahre 2010 – Was werden wir übermorgen essen?* Tagungsband, o. O. o. J. (Köln 1998), S. 78–91; und ders./Friederike Gronefeld, *Analyse des europäischen Marktes für Bioprodukte. Zusammenfassung*, o. O. 2002 (Ms.).

58 Zur Einteilung Uwe Spiekermann, Alternative Ernährung. Die Lust am Anderssein, in: *UGB-Forum* 18, 2001, S. 19–21.

59 Hartmuth Peter Spohr, Die vegetarischen Lebensmittel, ihre Verwertung und Verwüstung, als Teil der sozialen Frage betrachtet. Grundzüge einer vegetarischen Diätetik, in: *Vegetarische Warte* 42, 1909, passim, und ebd. 43, 1910, passim.

60 Vgl. etwa Ludwig Barth, *Ernährung und Düngung. Einfluss der Düngung auf die für die Ernährung wichtigen Eigenschaften der Nahrungsmittel*, Leipzig 1938; und Wilhelm Heupke, *Diätetik. Die Ernährung des Gesunden und des Kranken*, 4. A., Dresden 1945.

61 Joachim Speetzen, *Die deutsche Reformwarenwirtschaft*, Diss. Hamburg 1942 (Ms.).

62 Ewald Böckenhoff/Ulrich Hamm, Perspektiven des Marktes für alternativ erzeugte Nahrungsmittel, in: *Berichte über Landwirtschaft* NF 61, 1983, S. 345–381.

63 Für die Mehrzahl der Konsumenten wirken hohe Preise jedoch nach wie vor limitierend. Vgl. Hans-Ulrich Hensche/Hubert Kivelitz, Preis und Qualität bestimmen das Kaufverhalten. Öko-Produkte: Das Nachfragepotenzial realistisch einschätzen, in: *Lebensmittelzeitung* 2001, Nr. 18 vom 4. 5., S. 63; und *Bio-Frische im LEH. Fakten zum Verbraucherverhalten. Neue Studie von ZMP und CMA*, o. J. (2003).

64 Reimar v. Alvensleben, Zur Bedeutung von Emotionen bei der Bildung von Präferenzen für regionale Produkte, in: *Agrarwirtschaft* 49, 2000, S. 399–402, hier S. 400.

Arbeit, Max Weber, Konfuzianismus

Die Geburt des Kapitalismus aus dem Geist der japanischen Kultur?

Sebastian Conrad

> »Die Japaner erobern die Weltmärkte mit unlauterem Wettbewerb – sie arbeiten während der Arbeitszeit!«
> Ephraim Kishon

Unter den zahlreichen Werken zur Weltgeschichte, die in den letzten Jahren vorgelegt wurden, ist die Darstellung von David Landes sicher die einflussreichste und auch buchhändlerisch erfolgreichste. In seinem Buch *Wohlstand und Armut der Nationen. Warum die einen reich und die anderen arm sind* schildert er die Geschichte des letzten Jahrtausends aus einer eurozentrischen Perspektive, die nicht nur offen eingestanden ist, sondern sogar offensiv propagiert wird: »Die treibende Kraft des über tausendjährigen Prozesses, den die meisten Menschen als Fortschrittsprozess verstehen, war [...] die westliche Zivilisation mit ihren Errungenschaften.«[1] Landes wendet sich explizit gegen jede Form der *political correctness* und sieht für die außereuropäischen Nationen nur einen Weg der erfolgreichen Modernisierung, der darin besteht, von Europa zu lernen und es ihm gleichzutun. In dieser Apotheose des europäischen Aufstiegs, dessen Leistungen dann vom Rest der Welt importiert werden, gab es für Landes nur eine einzige Ausnahme: Japan. Er ist »der Überzeugung [...], dass die Japaner auch ohne die industrielle Revolution Europas früher oder später selbst zu einer solchen Entwicklung gekommen wären«. Den Grund dafür erkennt er in der japanischen Kultur, genauer: in der japanischen Arbeitsmoral, die sich aus den religiösen Traditionen des Landes entwickelt habe. Dass außerhalb Europas also Japan als einzige Nation zu einer eigenständigen, aktiven Modernisierung in der Lage gewesen wäre, erklärt Landes mit Verweis auf den japanischen »Nationalcharakter«. Und er fügt an: »Wenn wir aus der Geschichte der wirtschaftlichen Entwicklung etwas lernen, dann dies: Kultur macht den entscheidenden Unterschied.«[2]

Diese Sichtweise stützt sich auf eine These, die nicht nur in Japan breit diskutiert worden ist. Die Debatte über den Zusammenhang von Konfuzianismus, Arbeitsethos und ökonomischer Modernisierung in Japan hatte in den 1980er und 1990er Jahren Konjunktur und hält in manchen Bereichen bis heute an. Zwar handelte es sich vor allem um eine politische (und wirtschaftspolitische) Debatte, aber über ihre Thesen wurde auch in akademischen Kreisen intensiv gestritten. Die ›Konfuzianismus-These‹, wie ich sie nennen werde, ist ein Ausdruck der Vorstellung, dass sich der ökonomische Erfolg Japans aus seiner kulturellen Besonderheit herleiten lässt. Damit wird die Dynamik des japanischen Kapitalismus auf einen kulturspezifischen Wirtschaftsstil zurückgeführt. Die folgende Auseinandersetzung mit diesem Argument gliedert sich in drei Teile. In einem ersten Teil soll die Konfuzianismus-These rekonstruiert und sollen ihre einzelnen Elemente kurz dargestellt werden. In den Teilen zwei und drei wird es darum gehen, den Stellenwert dieser These kritisch zu hinterfragen. Die Einwände betreffen zum einen die Wandlungsfähigkeit des Arguments und zum anderen die Fiktion kultureller Autonomie, auf der es beruht. Das Hauptargument wird am Schluss sein, dass die These von den konfuzianischen Arbeitsbeziehungen nur entstehen (und aufrechterhalten werden) kann, wenn man Japan nach wie vor als abgeschlossenes Land betrachtet und die vielfachen Interaktionen mit anderen Gesellschaften ausblendet.

1. Die Konfuzianismus-These

In den 1980er Jahren war die These von der ›Geburt des japanischen Kapitalismus aus dem Geiste des Konfuzianismus‹ weit verbreitet. Im Kern enthielt sie die Annahme, dass die Dynamik der japanischen Modernisierung und insbesondere das rasante Wirtschaftswachstum (*kôdô seichô*) seit den 1960er Jahren auf die spezifischen Arbeitsverhältnisse und -dispositionen im Land zurückzuführen sei. Zur Besonderheit der japanischen Arbeitsbeziehungen wurden vor allem drei Dimensionen gezählt: das Prinzip der lebenslangen Beschäftigung (*shûshin koyô*), das Senioritätsprinzip bei der Entlohnung (*nenkô joretsu*) und schließlich die Organisation der Arbeitnehmer in Firmengewerkschaften (*kigyô kumiai*). Diese organisatorischen Aspekte galten als Ausdruck einer spezifisch japanischen Arbeitsmentalität und Arbeitsethik, die wiederum auf indigene kulturelle Traditionen zurückgeführt wurden. Vor allem in der konfuzianischen Ethik schien die diesseitsorientierte, aktive Einstellung zur Arbeit bereits angelegt, die dann, so lautete die These, die japanische Industrialisierung und das ›Wirtschaftswunder‹ nach dem Kriege überhaupt erst möglich gemacht habe.[3]

Der amerikanische Soziologe Robert Bellah gehörte Mitte der 1950er Jahre zu den Ersten, die ihre Erklärung der japanischen Modernisierung auf den Zusammenhang zwischen Konfuzianismus und moderner Arbeitsethik bezogen.[4] Er übersetzte Max Webers berühmte Frage nach den Ursachen des europäischen Kapitalismus – und nach der welthistorischen Einzigartigkeit dieses Prozesses – in den japanischen Kontext und fand auch in der konfuzianischen Tradition das, wonach Max Weber gesucht hatte: vor allem die Anleitung zu religiös motivierter innerweltlicher Askese (die den Einzelnen mit dem Versprechen jenseitiger Entschädigung zu einem arbeitsamen Leben anhielt und so die Basis der Entstehung einer aktiven Unternehmerschicht und einer fleißigen Arbeiterschaft darstellte). Bellah entdeckte im Konfuzianismus – vor allem im Denken des Philosophen und Kaufmannes Ishida Baigan im frühen 18. Jahrhundert – die organische Vorstellung einer arbeitsteiligen Gesellschaft und die Tendenz zur Rationalisierung des ökonomischen Denkens. Entscheidend war für Bellah schließlich die Verbindung der konfuzianischen Ethik mit der Dynamik und Rigidität des *bushidô*, der Ethik der Samuraiklasse.[5]

Diese These, die zum Zeitpunkt ihrer Entstehung insbesondere in Japan vor allem Kritik geerntet hatte, macht seit den 1980er Jahren, auf dem Höhepunkt der japanischen Wirtschaftsentwicklung, eine zweite Karriere. Am bekanntesten war vermutlich das Buch *Warum Japan so erfolgreich ist* des Ökonomen Morishima Michio, das in zahlreiche Sprachen übersetzt wurde. Morishima sieht ebenfalls im Konfuzianismus und seiner Arbeitsethik den Schlüssel für Japans Erfolg. Hinzu kommt hier jedoch noch ein politisches Moment: Während in China ein passiv-apolitischer Konfuzianismus vorherrschte, habe die japanische Aneignung dieser religiösen Tradition zu einer herrschaftsstützenden Weltanschauung geführt. Loyalität sei mithin ein Grundzug der konfuzianisch beeinflussten japanischen Kultur – Loyalität, die sich gleichermaßen auf den Staat wie auf den wirtschaftlichen Betrieb richte.[6]

Morishimas Erklärung der ökonomischen Entwicklung Japans hat ein breites Echo gefunden und ist vor allem in der wirtschaftsgeschichtlichen Forschung sowie in der Managementliteratur bereitwillig aufgegriffen worden. Die These vom Zusammenhang zwischen Konfuzianismus und moderner Arbeitsethik ist weithin akzeptiert worden, wenn einige Autoren das Schwergewicht auch auf andere weltanschauliche Traditionen – den Buddhismus, den Shintôismus, die Samurai-Ethik – gelegt haben. Unterstützung gewann sie durch den ökonomischen Aufschwung der ›kleinen Tiger‹ – Südkorea, Taiwan, Singapur und Hongkong –, deren Entwicklung der Verbindung von konfuzianisch geprägter Tradition und kapitalistisch-wirtschaftlicher Performanz zusätzliche Plausibilität verlieh.[7]

Dabei blieb die Diskussion nicht auf den japanischen (oder asiatischen) Fall beschränkt, sondern schien auch ›uns‹ etwas anzugehen: Der rasante ökonomische Aufstieg Japans zur größten Exportmacht der Erde erschien als Bedrohung für die Zukunft und das gesellschaftliche Selbstverständnis des ›Westens‹ (wobei symbolische Transaktionen wie der Erwerb kleiner Landschlösser am Rhein oder die Übernahme von CBS und halb Hollywood eine besondere Rolle spielten). Westlichen Managern wurde daher nicht selten das Studium des *bushidô*, der Samurai-Ethik aus dem 17. Jahrhundert, nahegelegt, um sich auf die Realitäten der japanischen Geschäftswelt vorzubereiten. Aber die japanische Form der Arbeit war nicht nur Feindbild: In Europa und den Vereinigten Staaten ist vielfach der Versuch gemacht worden, japanische Versionen der Arbeitsorganisation und der Managementpraktiken zu übernehmen. Bei den Diskussionen über das japanische Arbeitsethos ging es daher nicht nur um Japan, sondern immer auch um den ›Westen‹.[8]

2. Genealogie eines Diskurses

Ich will mich diesem Erklärungsansatz im Folgenden in kritischer Absicht nähern und zeigen, dass die Deduktion der modernen Arbeitsethik aus dem Geiste des Konfuzianismus im Kern eine nachträgliche Konstruktion darstellt. Damit soll der These und der zugrunde liegenden Fragestellung nicht jegliche Berechtigung abgesprochen werden. Die Suche nach kulturellen und mentalitätsgeschichtlichen Kontinuitäten sowie den ›traditionellen‹ Wurzeln der modernen japanischen Gesellschaft ist grundsätzlich berechtigt und kann zu fruchtbaren Einsichten führen. Meine Kritik richtet sich jedoch gegen das Bild, das diese These von Japan transportiert und welches mir problematisch erscheint.

Sobald man die Logik der Konfuzianismus-These einer genaueren Analyse unterwirft, ergeben sich eine Reihe von Schwierigkeiten, die bereits in der ursprünglichen Weberschen Fragestellung angelegt sind und hier nur angedeutet werden sollen.[9] Bereits der Ausgangspunkt besteht in einem Paradox:

Je mehr die Prägekraft religiöser Traditionen im Abnehmen begriffen ist, desto größer scheint, wenn man diesen Analysen folgen mag, ihre kulturelle Langzeitwirkung. Erst in der säkularisierten Gesellschaft würde mithin die calvinistische und konfuzianische Ethik ihre volle Wirkung entfalten.[10] Ein zweites Problem kommt hinzu: Während das rasante Wirtschaftswachstum des 19. und 20. Jahrhunderts auf religiöse Texte aus dem 16. und 17. Jahrhundert kausal bezogen wird, werden diese kulturellen Traditionen selten herangezogen, wenn die Abnahme der Arbeitsmentalität in der Nachkriegszeit (die in Japan vor allem seit den 1990er Jahren statistisch nachgewiesen und intensiv debattiert wurde)[11] erklärt werden soll. Ohnehin erscheint problematisch, die Kultur und Mentalität einer Gesellschaft weitgehend mit ihrem religiösen Kanon gleichzusetzen.[12] Im Folgenden sollen jedoch vor allem zwei Einwände zur Sprache kommen, die sich konkret auf den japanischen Fall beziehen.

Der erste Einwand bezieht sich auf die Plastizität des Arguments (man könnte sogar sagen: seine chamäleonartige Anpassungsfähigkeit). In ihrer allgemeinsten Form suggeriert die Konfuzianismus-These, dass der wirtschaftliche Erfolg Japans auf seinen besonderen Arbeitsbeziehungen – einer Familienstruktur innerhalb des Unternehmens (*kazoku shugi*) und einer grundsätzlichen Harmonie (*wa*) zwischen Arbeitgeber und Arbeitnehmer – beruht, die als konfuzianisches Erbe verstanden werden. Seit den 1980er Jahren ist das die herrschende Meinung und in Japan wie im Westen weit verbreitet.[13] Ein genauerer Blick in die japanische Geschichte zeigt jedoch, dass diese These selbst historisiert und in ihrem sozialen Kontext verstanden werden muss.[14] So hat sich die Bewertung des konfuzianischen Erbes in den letzten Dekaden radikal verändert. In der frühen Nachkriegszeit etwa galt das Überleben kultureller Traditionen und sozialer Bräuche noch in erster Linie als Hindernis auf dem Pfad der Modernisierung. In der Tat wurde gerade die familiale Struktur japanischer Unternehmen als Beweis für den nach wie vor feudalen Charakter der japanischen Wirtschaft herangezogen. Paternalistische Arbeitsbeziehungen galten keineswegs als Schlüssel zum ökonomischen Erfolg, sondern vielmehr als Symptom japanischer Rückständigkeit.[15]

In den fünfziger Jahren wurden die spezifisch japanischen Arbeitsverhältnisse mithin als Problem betrachtet und heftig kritisiert. Ihre Existenz allerdings wurde kaum in Frage gestellt.[16] Wenn wir diese Debatte jedoch genealogisch zurückverfolgen und uns der Zwischenkriegszeit zuwenden, so zeigt sich, dass die Vorstellung von der Einzigartigkeit japanischer Arbeitsverhältnisse hier keine große Rolle spielte (wenn auch dieser Diskurs keineswegs monolithisch war und vereinzelt andere Auffassungen mit ihm konkurrierten). Nach dem Ersten Weltkrieg waren in Japan Gewerkschaften entstanden und eine kommunistische sowie eine sozialistische Partei gegründet worden.[17] Die zwanziger Jahre waren von häufigen Tarifverhandlungen und Konflikten um Arbeitsschutzgesetze geprägt. Nach allgemeiner Überzeugung – nicht nur unter den Reformern, sondern auch bei der Mehrheit der Unternehmer – war Japans Ökonomie mit Problemen konfrontiert, die sich von denen im Westen nicht unterschieden: eine große Arbeiterschaft, die Entstehung von Gewerkschaften und Konflikte um Löhne und Arbeitsbedingungen.[18]

Erst wenn wir uns der Meijizeit (1868–1912) zuwenden, also der Zeit nach Gründung des modernen Nationalstaats nach westlichem Vorbild, begegnen wir erneut der Rhetorik des besonderen Charakters der japanischen Arbeitsbeziehungen – allerdings erst seit den 1880er Jahren. In der ersten Zeit nach der Meiji-Restauration und unter dem Eindruck des Imports europäischer Wirtschaftstheorie herrschte noch weitgehend Konsens darüber, dass konfuzianische Konzepte des Wirtschaftens ein Hemmschuh für eine erfolgreiche Modernisierung darstellten.[19] Erst mit dem Ende der euphorischen ›Verwestlichung‹ um 1880 erscheint der Konfuzianismus wieder als bewahrenswerte Tradition. Der Topos der ›schönen Bräuche‹ (*bifû*), welche die Sphäre der Produktion und die Arbeitswelt prägen, begegnet einem nun auf Schritt und Tritt. In den beispielhaften Worten eines Repräsentanten der Mitsubishi-Werft: »Seit alter Zeit kannte Japan den schönen Brauch der Beziehung zwischen Herr und Diener, die ganz vom Geist des Opferbringens und des Mitgefühls erfüllt ist; ein Brauch, den es in den vielen anderen Ländern der Erde nicht gibt. [...] In dieser Beziehung liebt der Arbeitgeber den Arbeitnehmer, und der Arbeiter respektiert seinen Herrn.«[20] Es wäre jedoch eine Verkürzung, im Konfuzianismusdiskurs lediglich eine verschleiernde Ideologie der Unternehmer zu erkennen. Auch in den Protesten der Arbeiter spielten mitunter ›vormoderne‹ Werte eine Rolle. Der Bezug auf ›traditionelle‹ Vorstellungen war nicht nur ein Instrument der Repression, sondern ebenso Ressource des Widerstands.[21]

Diese kurze Skizze illustriert, wie der Topos der spezifischen und konfuzianisch geprägten Arbeitsbeziehungen zu ganz unterschiedlichen Bewertungen und Wertschätzungen führen konnte. Abhängig vom politischen und ökonomischen Kontext konnten die kulturellen Traditionen (wenn ihnen überhaupt eine entscheidende Rolle zugesprochen wurde) entweder als Katalysator oder aber als Hemmschuh einer Modernisierung *à la japonaise* erscheinen. Der kurze Rückblick auf die Meijizeit hat überdies bereits angedeutet, dass die Vorstellung von den spezifisch japanischen Arbeitsbeziehungen, die wiederum an indigene soziale Traditionen anknüpfte, zu einem Zeitpunkt entstand, als die industrielle Produktion in Japan Einzug hielt. Wir haben es hier, in den Worten von Eric Hobsbawm, mit einer »erfundenen Tradition« zu tun, die nicht nur ›natürlich‹ war, sondern gleichermaßen konstruiert. Das lässt sich bereits an den Neologismen – wie *kazoku shugi* (Familismus) oder *onjô shugi* (Paternalismus) – ablesen, die in dieser Zeit geprägt wurden, um die Entstehung neuer sozialer Praktiken zu reflektieren – und zu bewerkstelligen.[22]

3. Verflechtungsgeschichte und die »Erfindung einer Tradition«

Diese Erfindung von Traditionen war nun, und das ist der zweite Kritikpunkt, nicht nur das Ergebnis der Vergewisserung eines kulturellen Erbes, sondern gleichermaßen das Produkt einer Geschichte der Verflechtungen und der Interaktion. Der Diskurs über konfuzianische Arbeitsverhältnisse verknüpfte nicht nur eine moderne (oder wenigstens modernisierende) Gegenwart mit der nationalen Vergangenheit (in der Zeit), sondern war gleichermaßen eine Reaktion auf veränderte transnationale Austauschbeziehungen (im Raum). Die moderne Arbeitsethik und die Arbeitsbeziehungen in Unternehmen und Fabriken entstanden in Japan in einer Zeit, die von intensivem Kontakt mit dem Westen geprägt war. Als *late comer* orientierte Japan seine industrielle Entwicklung am europäischen Vorbild. Ungeachtet der Fiktion kultureller Autonomie, welche die Konfuzianismus-These suggeriert, entstand auch die moderne Vorstellung und Praxis von Arbeit im Kontext dieser Interaktionen und Verflechtung.

Ein gutes Beispiel für diesen Zusammenhang ist die Geschichte der Seidenspinnerei in Tomioka, die von der japanischen Regierung im Jahre 1872 gegründet wurde. In den ersten Jahren des Meijistaates hatte die wirtschaftliche Liberalisierung zu spürbaren Handelsdefiziten und Belastungen des nationalen Budgets geführt. Das Außenhandelsdefizit war zu einem großen Teil das Resultat des Imports englischer Baumwolle. Zugleich bestand jedoch eine Nachfrage nach japanischer Seide auf dem europäischen Markt. Die Regierung beschloss daher, die Qualität und Produktion japanischer Seide zu fördern. In Tomioka wurde eine Modellfabrik errichtet, und 18 französische Technikerinnen wurden angeworben, um die neu angelernten japanischen Arbeiterinnen mit europäischer Technologie vertraut zu machen. In den nächsten Jahren wurden die erfahreneren Arbeiterinnen in neu gegründete Seidenspinnereien transferiert, um ihr in Tomioka erworbenes *know-how* beim Anlernen der neuen Belegschaft weiterzugeben. Die meisten dieser neuen Fabriken wurden auf dem flachen Land abseits der Städte errichtet, so dass die Arbeiterschaft von weit her rekrutiert werden musste. Fabrikarbeit stellte mithin eine neue Erfahrung dar, die mit Veränderungen in den sozialen Beziehungen einherging (dazu zählten etwa die neuen Arbeitshierarchien, die Trennung von der Familie oder das Leben im Wohnheim).[23]

Die Einschärfung einer modernen Arbeitsdisziplin in Tomioka und dann in anderen Fabriken des Landes lässt sich daher von der gleichzeitigen Einführung europäischer Technologie, von Expertenwissen und Arbeitsvorstellungen kaum trennen. Damit soll nun keineswegs behauptet werden, dass das moderne Arbeitsverständnis und die Arbeitsbeziehungen in Japan nicht mehr seien als lediglich ein Import aus Europa. Aber sie veränderten sich einschneidend und nachhaltig in einem Kontext, dessen Dynamik maßgeblich durch die Auseinandersetzung mit dem ›Westen‹ geprägt war. So hat etwa der Wirtschaftshistoriker Taira Koji nachgewiesen, dass die ›lebenslange Beschäftigung‹ und das ›Senioritätsprinzip‹ bei der Entlohnung keineswegs Ausdruck konfuzianischer Traditionen waren; vielmehr entstanden diese Formen der japanischen Betriebsorganisation erst in einer Krisensituation des Weltmarktes, als Unternehmer (zuerst in der Schwerindustrie) die Fachkräfte durch jährlich steigende Löhne an den Betrieb binden wollten. Die japanischen Arbeitsbeziehungen waren also nicht lediglich ein Import aus dem ›Westen‹; aber von einer seit der Vormoderne bestehenden Tradition der Bindung an nur ein Unternehmen und der lebenslangen Verpflichtung gegenüber einem als Familienersatz verstandenen Betrieb kann gleichermaßen keine Rede sein.[24]

Auch die politische und intellektuelle Vermittlung des Wissens von der ›Arbeit‹ fand in einem Kontext statt, der durch Aneignungen und Überblendungen gekennzeichnet war. So war der 1896 gegründete und auf die Regierungspolitik enorm einflussreiche »Verein für Sozialpolitik« (*shakai seisaku gakkai*) deutlich von dem deutschen Vorbild geprägt, das eine Reihe von Studenten und Ökonomen auf ihren Europareisen kennengelernt hatte. Zugleich korrespondierte das Konzept der Harmonie zwischen Arbeit und Kapital jedoch auch mit Vorstellungen, welche die konfuzianisch geprägte Wirtschaftspolitik der Tokugawazeit gekennzeichnet hatten. Insbesondere Kanai Noboru, zentrale Figur des »Vereins für Sozialpolitik« und nach einem Studium in Halle, Heidelberg und Berlin ein guter Kenner der deutschen Diskussion, trug zu dieser Fusion ›traditionaler‹ und ›moderner‹ Konzepte der Arbeitsbeziehungen und der politischen Ökonomie bei.[25]

Die Regierung begleitete den Industrialisierungsprozess durch eine konzertierte Verfleißigungspolitik, mit der eine moderne Arbeitsdisziplin eingeschärft werden sollte. Dazu gehörte beispielsweise das Verbot der Mittagsruhe in der Öffentlichkeit. Konkreter auf die Anforderungen an eine entstehende Industriearbeiterschaft gemünzt waren die Handbücher, die sich an die jungen Textilarbeiterinnen richteten. Darin hieß es beispielsweise: »Ihr könnt eure Loyalität zu eurem Land nicht besser zeigen als dadurch, daß ihr bis zum Äußersten eurer Fähigkeiten von morgens bis abends arbeitet. Wenn ihr das nicht tut und untätig zu Hause bleibt, wird das zur Verarmung Japans führen. Arbeitet daher mit all eurer Kraft für das Wohl des Vaterlandes und macht dadurch Japan zu einem der größten Länder der Erde!«[26]

Diese Verfleißigungspolitik schien notwendig, um eine an moderne Arbeitsdisziplin gewöhnte Arbeiterschaft zu formen. Auch hier gilt jedoch: ›Verfleißigung‹ war nicht nur eine disziplinierende Strategie ›von oben‹, sondern gehörte gleichermaßen zu den »Technologien des Selbst«, mit denen Individuen ihre ›Modernität‹ unter Beweis stellten.[27] Auch diese Technologien standen in Beziehung zu Erwartungshaltungen, die durch die Interaktion mit dem ›Westen‹ in Japan Einzug gehalten hatten. Tatsächlich erschienen vielen europäischen Beobachtern, die in den 1870er Jahren nach Japan kamen, die Japaner keineswegs als das fleißige und arbeitsame Volk, das unseren heutigen Klischees entspricht. Der Nationalökonom Karl Rathgen beispielsweise berichtete dem deutschen Publikum vom mangelnden Arbeitseifer der Japaner: »Was in Japan bisher wenig bekannt ist, das ist das stetige Arbeiten. Wesentlich darin scheint mir der Grund für die von allen Fremden bestätigte Erfahrung zu liegen, dass japanische Arbeiter verhältnismäßig wenig leisten, dass alle Arbeit nur langsam vorwärts kommt.«[28] Und Max Nitzsche pflichtete bei: »Andauernde, intensive Beschäftigung ist dem Durchschnittsjapaner geradezu verhasst, es kommt ihm nicht darauf an, lange zu arbeiten, wenn er nur langsam arbeiten kann. Jeden Augenblick hört er auf, macht eine Pause, um zu singen, zu rauchen, zu plaudern oder seinen Tee zu schlürfen.«[29] Die sogenannte ›konfuzianische‹, vorgeblich auf jahrhundertealten Traditionen beruhende Arbeitsethik musste offenbar erst einmal regelrecht eingeübt werden – das war jedenfalls die Überzeugung sowohl japanischer wie auch europäischer Beobachter. Einige Jahrzehnte später hatte sich der Eindruck schon stark verändert. Die Japaner galten zunehmend als fleißige und disziplinierte Arbeiter. In Europa kursierte das Schlagwort von der »Gelben Gefahr«, das keineswegs nur eine militärische und kulturelle Bedrohung ausdrückte, sondern auch die Angst vor einem »Wettbewerb weißer und gelber Arbeit«.[30]

Der Eindruck eines Bruchs mit früheren Formen der Arbeitspraktik, den diese Beobachtungen widerspiegeln, korrespondierte mit der allmählichen Durchsetzung industrieller Produktionsformen. Gleichwohl blieb Meiji-Japan noch auf einige Jahrzehnte ein hauptsächlich agrarisch geprägtes Land. Der Arbeitsdiskurs war insofern nicht lediglich ein Effekt veränderter Arbeitsbeziehungen im Zuge der Industrialisierung, sondern zugleich eine Reaktion auf die gewaltigen gesellschaftlichen Umwälzungen jener Zeit. Ein zentrales Element der veränderten Arbeitsverhältnisse bestand in der Lockerung sozialer Bindungen als Resultat der Auflösung der feudalen Ordnung. Zu den ersten Maßnahmen der Meijiregierung zählte die Abschaffung aller Reglementierungen, welche die Freiheit der Arbeit eingeschränkt und die soziale Struktur der japanischen Gesellschaft der Tokugawazeit dominiert hatten. Seit 1869 wurden sämtliche rechtlichen Behinderungen, eine neue Arbeit zu finden und einen Beruf zu ergreifen, der nicht dem ererbten Stand entsprach, aufgehoben. Zugleich stand der Diskurs über Arbeit nun in enger Beziehung zum neuen Nationalstaat. Die Vorstellung von Arbeit, die sich in den Debatten der Zeit herausbildete, war daher mit Konnotationen aufgeladen, die aus ganz unterschiedlichen Kontexten stammte: der Auflösung feudaler Arbeitsbeziehungen, der neuen kapitalistischen Ordnung, den aus Europa übersetzten Theorien politischer Ökonomie, den Erfordernissen industrieller Produktion sowie den Ideologien des Nationalstaates.

Die Neugestaltung sozialer Praktiken erschien als Abkehr von gewohnten Paradigmen, und diese Verunsicherung schlug sich auch auf der terminologischen Ebene nieder. Die bis dahin üblichen Bezeichnungen für »Arbeit« drückten jeweils den sozialen Zusammenhang aus, innerhalb dessen die Arbeit ausgeführt wurde, und schienen nun den veränderten Realitäten nicht mehr zu entsprechen. *Suke* etwa war die Arbeit eines persönlich Abhängigen als Ausgleich und Dank für geliehenes Land, Tiere oder ein Haus. *Yui* bezeichnete einen Austausch von Arbeit auf gleicher sozialer Ebene, beispielsweise die gegenseitige nachbarschaftliche Hilfe beim Reispflanzen. *Hôkô* war der Dienst, den man als Diener und Quasi-Mitglied einer anderen Familie schuldete. Daneben bestand eine Reihe von Termini für Arbeit unabhängig von sozialen Beziehungen, aber sie bezogen sich ausschließlich auf den physischen Aspekt des Arbeitens (*shigoto*, *hataraki*, *kasegi*). Die Suche nach einem Begriff, der Arbeit innerhalb eines sozialen Kontextes, aber ohne die Vorstellung einer Verpflichtung gegenüber anderen bezeichnen könnte, erwies sich als äußerst schwierig. Keiner der bestehenden Termini ließ sich zur Bezeichnung der Fabrikarbeit verwenden, die auf einem freien Vertrag zwischen autonomen und gleichen Partnern beruhte. Erst um die Jahrhundertwende setzte sich der bis heute gängige Begriff (*rôdô*) allgemein durch.[31]

Diese begrifflichen Schwierigkeiten illustrieren den zeitgenössischen Eindruck eines tiefen Einschnitts in der Praxis und der sozialen Einbindung der Arbeit in den ersten Dekaden der Meijizeit. Die Arbeit stand fortan im Zentrum eines breiteren und umfassenderen Diskurses, der den Einzelnen und die Gesellschaft auf neue und komplexe Weise miteinander verband. Dabei veränderte sich nicht nur die Vorstellung von ›Arbeit‹, sondern zugleich wurden mit Hilfe der ›Arbeit‹ die moderne Nation und das Individuum (als Subjekt des Nationalstaates) geradezu neu konstituiert.

Dieser komplexe Zusammenhang lässt sich am Prozess der nationalen Stilisierung junger arbeitender Frauen gut illustrieren. Zwar war die von der Regierung forcierte Industrialisierung ein wichtiger Bestandteil der »Selbststärkungsbewegung« (*fukoku kyôhei*) der Meijizeit und trug daher auch dazu bei, Vorstellungen von Männlichkeit zu produzieren: kollektive Ideale nationaler Stärke sowie individuelle Konzepte von männlicher Arbeit. Zugleich aber gehörte der hohe Anteil junger, lediger Frauen an der Arbeiterschaft zu den Besonderheiten (im internationalen Vergleich) der japanischen Wirtschaftsentwicklung. Die Baumwoll- und Seidenspinnereien gehörten zu den ersten industrialisierten Zweigen der Produktion und waren daher zentraler Bestandteil der frühen Phase der japanischen Industrialisierung. Entsprechend der wichtigen Rolle der Textilindustrie für die japanische Ökonomie machten Frauen noch 1909 über 60 Prozent der gesamten Industriearbeiterschaft aus. Ihr großer Beitrag zur nationalen Arbeit machte aus diesen Frauen nationale Subjekte – während ihre Arbeit zugleich als essentiell japanisch repräsentiert wurde. Diese Nationalisierung der Arbeit war ein durchgängiges Phänomen des meijizeitlichen Diskurses, über Unterschiede der sozialen Herkunft und politischen Präferenzen hinweg. So konnte auch ein Sozialist wie Hirasawa Keiichi behaupten: »Als ich die an Zauberei erinnernde Geschicklichkeit der Hände der Arbeiterinnen beobachtete, empfand ich deutlich, dass nur Frauen diese Arbeit leisten können. Mir war auch intuitiv klar, dass nur japanische Frauen (*Nippon no onna*), nicht jedoch westliche Frauen, dazu in der Lage sein würden. Die japanische Frau, deren weibliche Berufung das Nähen ist, entwickelt die Geschicklichkeit ihrer Hände bereits im Mutterleib.«[32]

Durch ihre Arbeit wurden Frauen vor allem aus agrarischen Regionen zu nationalen Subjekten. In den ersten Jahren der Meijizeit hatte noch die Samuraitochter als Inkarnation des japanischen Wesens gegolten. Dies änderte sich um die Jahrhundertwende. Zu den erfundenen Traditionen des modernen Japan gehörte auch die Vorstellung, dass das wahre und authentische ›Japan‹ in den Dörfern und auf dem Lande zu finden sei. Die Volkskunde gehörte zu den Disziplinen, die diese Idee institutionalisierten. Aber auch die neue Rolle, die Frauen vom Lande bei der ökonomischen Modernisierung des Landes übernahmen, war hier von Bedeutung. In den frühen 1870er Jahren war selbst die Fabrikarbeit eine Domäne höherer gesellschaftlicher Schichten gewesen; für die neugegründeten Textilfabriken (auch in Tomioka) wurden in der ersten Zeit vor allem Töchter von Samurai und Großgrundbesitzern rekrutiert, die darin eine ihrem Stand durchaus gemäße nationale Aufgabe erblickten. Seit den 1880er Jahren wurden sie durch junge Mädchen aus bäuerlichen Haushalten ersetzt, die von verarmten Eltern an die Fabriken verkauft wurden. Diese Veränderung auf der Ebene der Akteure der Industrialisierung – die in der subtilen Anpassung der Terminologie (*jokô* und nicht mehr *kôjo* war nun die Bezeichnung für »Fabrikarbeiterin«) ihren symbolischen Ausdruck fand – ermöglichte auch eine Verschiebung in der Praxis der Repräsentation der Frauen aus bäuerlichen Regionen und Schichten.

Die Tatsache, dass die überwiegende Mehrzahl der Arbeiter weiblichen Geschlechts war, führte in der Meijizeit auch zu einer spezifischen Debatte über Risiken und Gefährdungen der Fabrikarbeit. Die Vorschläge für ein Arbeitsschutzgesetz (das erst 1911 eingeführt wurde) sahen beispielsweise ein Verbot anstrengender Nachtarbeit für Frauen vor – und das nicht nur, weil Nachtarbeit mit individuellen Rechten der Arbeitnehmerschaft konfligierte, sondern auch, weil sie die Reproduktivität der Frauen zu beeinträchtigen drohte. Zur gleichen Zeit wurde über die hygienischen Bedingungen am Arbeitsplatz diskutiert, wobei ebenfalls die Sorge um den Schutz japanischer Mutterschaft eine zentrale Rolle spielte. Der Subjektstatus japanischer Arbeiterinnen war auf diese Weise geknüpft an Vorstellungen von der Geschlechterspezifik der Arbeit. Zugleich waren die Frauen eingebunden in einen nationalen Diskurs; ihr Status stand in Beziehung zu ihrem Beitrag zur nationalen Sache, sowohl auf dem Gebiet der Produktion als auch der Reproduktion.[33]

Selbstverständnis und sozialer Status des Einzelnen waren an die Arbeit und seine Stellung auf dem Arbeitsmarkt gekoppelt; auch der Nationalstaat wurde zunehmend über seine wirtschaftspolitische Performanz und die Ergebnisse der ›nationalen Arbeit‹ (das Bruttosozialprodukt, in heutiger Diktion) gemessen. Die Arbeit wurde gemessen, ihre Produkte wurden ausgestellt, gezählt, verglichen; Arbeit wurde zu einem nationalen Projekt.[34] Die Durchsetzung einer modernen Arbeitsethik war Teil der Modernisierung des Landes, durch die sich Japan als gleichberechtigtes Mitglied der »Völkerfamilie« etablieren wollte. In diesem Zusammenhang stand Arbeit geradezu als Synonym für die Distanz zur vormodernen Vergangenheit, für das Nicht-Traditionale.

Diese Überlagerung und partielle Identifizierung der Konzepte Arbeit, Moderne und Nation lässt sich gut am Beispiel der Inkorporation von Okinawa in den japanischen Staat veranschaulichen. Der transnationale Verflechtungszusammenhang, in dem sich die moderne Vorstellung und Praxis von Arbeit in Japan ausbildete, verband Japan nicht nur mit Europa und dem ›Westen‹, sondern gleichermaßen mit den Nachbarregionen in Asien. Okinawa hatte im 19. Jahrhundert einer doppelten Suzeränität unterstanden und war sowohl Japan als auch China tributpflichtig gewesen. 1879 wurde die Inselgruppe von Japan annektiert und in den nächsten Jahrzehnten einer rigiden Assimilationspolitik unterworfen, die aus den Bewohnern zuverlässige ›Japaner‹ machen sollte. Neben der politischen Integration und der Sprachpolitik spielten bei diesem Prozess Arbeit und Arbeitsdisziplin eine entscheidende Rolle.[35]

Die Entwicklung einer Arbeitsethik und die ›Japanisierung‹ folgten dabei der Logik des Fortschritts: Durch Arbeit sollten die Bewohner der südlichen Inselkette aus einem Zustand der Rückständigkeit befreit und an die Moderne herangeführt werden. Noch 1903 wurden Menschen aus Okinawa – in einer Reihe mit Ainu, Koreanern und Taiwanesen – auf der großen Industrieausstellung in Osaka als Angehörige zurückgebliebener Stammesgemeinschaften präsentiert; Okinawa war noch das ›Andere‹ Japans, und seine Bewohner galten im öffentlichen Bewusstsein noch kaum als Bestandteil der Nation. Dies änderte sich im Zuge der massenhaften Arbeitsmigration, die zahlreiche Okinawaer in die Industriegebiete von Osaka führte. Der Diskriminierung, die ihnen anfänglich entgegenschlug, suchten sie durch eine Assimilation in Alltags- und Arbeitspraxis zu begegnen. Im Laufe der 1920er Jahre entwickelte sich eine Reformbewegung, welche die Selbst-Disziplinierung organisieren und steuern sollte. Toyokawa Tadayuki, einer der führenden Aktivisten, brachte das zentrale Anliegen der Reformer auf den Punkt: »Was mir Kopfzerbrechen bereitet – jedes Mal, wenn ich im Ausland bin oder aus Osaka komme –, das ist die spielerische Einstellung unserer Landsleute. […] Wir müssen Tag und Nacht daran arbeiten und eine Einstellung des Fleißes heranzüchten.«[36] Fleiß und eine moderne Arbeitsdisziplin zu erwerben, die Traditionen Okinawas abzulegen und ›Japaner‹ zu werden – das war für ihn Teil eines einheitlichen Prozesses.

4. Transnationale Geschichte statt ›Kampf der Kulturen‹

Die Konfuzianismus-These, die seit den 1980er Jahren weite Verbreitung gefunden hat, postuliert einen Zusammenhang zwischen dem konfuzianischen Erbe und der Spezifik des japanischen Kapitalismus; allgemeiner gesprochen, wird hier der Erfolg der ökonomischen Modernisierung Japans auf die kulturellen Traditionen des Landes zurückgeführt. Dadurch wird die japanische Geschichte nicht in erster Linie als ›Verwestlichung‹ interpretiert; vielmehr wird auf die Kontinuitäten zur ›vormodernen‹ Epoche verwiesen.

Allerdings ist die These in doppelter Hinsicht problematisch. Zum einen lässt sich ihr publizistischer Erfolg nur vor dem Hintergrund des japanischen Wirtschaftswachstums der 1980er Jahre verstehen. Noch in den fünfziger Jahren hingegen, in der Nachkriegsrezession, galt das konfuzianische Erbe geradezu als Hindernis für die ökonomische Entwicklung (während es in der Zwischenkriegszeit als gänzlich irrelevant betrachtet wurde). Neben der Plastizität und Anpassungsfähigkeit des Arguments besteht das zweite Problem darin, dass hier mit der Fiktion kultureller Autonomie operiert wird und so die Verflechtungen und Interdependenzen übersehen werden, die bei der Herausbildung von moderner Arbeitsethik und Arbeitsbeziehungen eine entscheidende Rolle spielten. Die Vorstellungen von Arbeit haben sich in Japan am Ende des 19. Jahrhunderts im Kontext der Auseinandersetzung mit dem ›Westen‹ und den asiatischen Nachbarn (unter kolonialen Bedingungen) grundlegend gewandelt.

Mit dieser Kritik soll der Frage nach der Relevanz unterschiedlicher Kulturen des Wirtschaftens nicht pauschal jede Berechtigung abgesprochen werden. Man kann beobachten, dass langlebige soziale Traditionen auch die spezifische Ausprägung ökonomischer Prozesse mit beeinflussen bzw. sich in ihnen äußern. Anders als es die soziologische Literatur häufig suggeriert, entsprach die Entwicklung der Regulierung der modernen Arbeitswelt nicht lediglich den funktionalen Erfordernissen der Industriegesellschaft.[37] Vielmehr waren das spezifische Zusammenwirken der Akteure und unterschiedliche nationale Kulturen (etwa des Rechts) für die besondere historische Ausprägung des Institutionensystems verantwortlich. Bisweilen bildeten sich in diesem Prozess besondere nationale »Stile« heraus, die jedoch nicht lediglich als natürlicher Ausfluss einer ›Nationalkultur‹, sondern auch als Ergebnis von Vergleich, Abgrenzung und Transfer anzusehen sind.[38]

Zumeist wird das Konzept der »Wirtschaftskulturen« jedoch anders verwendet und – im Gegenteil – als Ausdruck autonomer kultureller Sphären verstanden. Mitunter lässt sich dieser Kulturbegriff als Reaktion gegen die Zumutungen einer scheinbar gleichmacherischen Moderne und die befürchtete Subsumtion kultureller Besonderheiten unter universale Prozesse begreifen. In den meisten Fällen ist der Versuch, an der Bedeutung kultureller Spezifik festzuhalten, inzwischen nicht mehr das Ergebnis eines antimodernistischen Impulses, sondern ist Teil der Bestrebungen, die Theorien der Moderne zu pluralisieren. Wenn also von den Autoren des sogenannten »Japandiskurses« (*Nihonjinron*) die Möglichkeiten einer spezifisch japanischen Moderne diskutiert werden (und auch die Konfuzianismus-These lässt sich hier einordnen), dann steht dahinter nicht der Versuch der »Überwindung der Moderne« wie noch in den 1930er Jahren, sondern der Anspruch ihrer alternativen Begründung.[39] Auch die Debatte über die Rolle der »asiatischen Werte« im Zusammenhang mit der chinesischen Modernisierung gehört in diesen Kontext. Hier wird nicht in erster Linie eine Alternative zur kapitalistischen Moderne gesucht, sondern ihre Verankerung in chinesischen Traditionen vorgenommen.[40]

Diese Betonung kultureller Sonderwege ist Teil des (in der gegenwärtigen Epoche der Globalisierung an Intensität eher noch zunehmenden) Versuches zahlreicher Intellektueller in der (ehemals) Dritten Welt, sich von eurozentrischen Deutungen der Moderne zu emanzipieren.[41] Die Moderne wird dabei in der Regel nicht mehr als Fremdkörper und europäischer Oktroi verstanden; vielmehr wird der Versuch gemacht, sie mit den jeweiligen lokalen Traditionen zu korrelieren. Dabei besteht allerdings die Gefahr, einen »anti-eurozentrischen Eurozentrismus« zu pflegen, wie Immanuel Wallerstein das einmal genannt hat.[42] Der Kapitalismus wird so aus den kulturellen Ressourcen nichteuropäischer Gesellschaften hergeleitet, gewissermaßen indigenisiert. Auf diese Weise, so Wallerstein, werde ein europäischer Parochialismus und das Produkt historischer Prozesse zu einem Universalismus stilisiert, indem man ihm je und je eigene kulturelle Wurzeln verleiht. Der Kapitalismus werde so zu einem unhinterfragten, universalen Prozess ohne eigentliche Akteure stilisiert, zu einer natürlichen (außergesellschaftlichen) Kraft. Die Herleitung des Kapitalismus aus den jeweils autochthonen Traditionen blende die zentrale Rolle Europas und Amerikas im historischen Prozess der Globalisierung aus und projiziere statt dessen die Ergebnisse dieses Prozesses in die Vergangenheit zurück.[43]

Auch die Konfuzianismus-These kann in diesem Sinne als Reaktion gegen die Annahme eines universalen, gleichgerichteten Prozesses der Modernisierung verstanden werden, wie sie die Geschichtsschreibung nach wie vor dominiert. Im Gegensatz dazu operiert die Konfuzianismus-These mit einer Vorstellung von kultureller Einzigartigkeit und autochthoner Entwicklung. Einer weltgeschichtlichen »universal brotherhood« – also der universalistischen Annahme, dass kapitalistische Verhältnisse einheitliche Lohnverhältnisse, Arbeitsbedingungen etc. produzieren – steht so eine »universal otherhood« entgegen, welche die Spezifik der japanischen Arbeitswelt verabsolutiert. Dem Universalismus wird ein Nativismus (man könnte auch sagen: ein kultureller Fundamentalismus) gegenübergestellt.

In beiden Fällen werden allerdings die tatsächlichen Interaktionen und (zumeist allerdings asymmetrischen) Austauschbeziehungen ignoriert, welche die Welt spätestens seit der Mitte des 19. Jahrhunderts prägen. Statt also den Abschied von einem universalen Modell mit der Vorstellung von Inseln der Partikularität zu erkaufen, sollten daher Austausch und (keineswegs gleichberechtigte, vielmehr häufig koloniale) Interaktion im Vordergrund einer Beschäftigung mit außereuropäischer Geschichte stehen. Auch wenn nicht davon auszugehen ist, dass alles und jeder in gleichem Maße, auf die gleiche Weise und zu jeder Zeit miteinander verbunden und *entangled* war: die Frage nach den transnationalen Kontexten ist ein wichtiges Korrektiv gegenüber den Vorstellungen von kultureller Partikularität, von der die meisten Metanarrative der Modernisierung nach wie vor durchdrungen sind.[44]

In diese Richtung weisen etwa die Diskussionen über die Frage, wie der Kapitalismus im Kontext transnationaler Verflechtungen entstanden ist. Dazu gehört die Debatte über die These von Eric Williams, der zufolge der Kapitalismus keineswegs in Europa entwickelt worden ist, sondern vielmehr auf den wirtschaftlichen Austausch europäischer Kolonialmächte mit den großen Plantagen in der karibischen Inselwelt zurückgeführt werden muss.[45] Auch Sidney Mintz hat in seiner Studie über die »süße Macht« des Zuckers beschrieben, wie die spezifischen Methoden der Herstellung auf den karibischen Zuckerplantagen bereits Formen kapitalistischen und industriellen Produzierens in Europa vorweggenommen haben.[46] In einem wichtigen Buch hat Kenneth Pomeranz kürzlich gezeigt, dass die entscheidende Zäsur in der europäischen Wirtschaftsgeschichte, die Durchsetzung des industriellen Kapitalismus seit etwa 1800, nur verständlich wird, »wenn Europas komplexe und häufig gewalttätige Beziehungen mit anderen Teilen des Erdballs« mit in den Blick genommen werden.[47]

Statt also jeweils interne und kulturell autonome Zeitachsen zu projizieren und in den respektiven Traditionen nach den ›Ursprüngen‹ eines indigenen Kapitalismus zu fahnden, sollten die synchronen Verflechtung in den Mittelpunkt einer relationalen Geschichte der Moderne rücken. Entgegen der Logik der Konfuzianismus-These möchte ich daher vorschlagen, Vergangenheit immer auch als transnationale Verflechtungsgeschichte zu verstehen.[48] Die japanische Geschichte jedenfalls wäre ohne die Interaktion mit China oder Europa nicht zu denken – aber auch die Geschichte Europas nicht ohne die Verflechtung mit Asien und anderen Teilen der außereuropäischen Welt.

Anmerkungen

1 David Landes, *Wohlstand und Armut der Nationen. Warum die einen reich und die anderen arm sind*, Berlin 1999, S. 514.

2 Ebd., S. 377, 398 und 517.

3 Allgemein dazu Günther Distelrath, *Die japanische Produktionsweise. Zur wissenschaftlichen Genese einer stereotypen Sicht der japanischen Wirtschaft*, München 1996.

4 Über die japanische Rezeption von Webers Protestantismus-Studie, die bereits vor 1914 und dann vor allem in den 1920er Jahren einsetzte, informiert Wolfgang Schwentker, Der ›Geist‹ des japanischen Kapitalismus. Die Geschichte einer Debatte, in: Wolfgang J. Mommsen/Wolfgang Schwentker (Hg.), *Max Weber und das moderne Japan*, Göttingen 1999, S. 270–298.

5 Vgl. Robert Bellah, *Tokugawa Religion. The Cultural Roots of Modern Japan*, New York 1985 (1. A. 1957). Zur Rezeption vergleiche die kritische Rezension von Maruyama Masao, Shôkai. Berâ ›Tokugawa jidai no shûkyô‹, in: *Kokka gakkai zasshi* 72, 1958, S. 437–458. Vgl. auch Wolfgang Schwentker, *Max Weber in Japan. Eine Untersuchung zur Wirkungsgeschichte 1905–1995*, Tübingen 1998, besonders S. 272–282.

6 Morishima Michio, *Warum Japan so erfolgreich ist*, München 1985.

7 Vgl. etwa Christoph Deutschmann, Der ›Betriebsclan‹. Der japanische Organisationstypus als Herausforderung an die soziologische Modernisierungstheorie, in: *Soziale Welt* 39, 1987, S. 133–148.

8 Typische Beiträge dieser Debatte versammelt Peter Hanau u. a. (Hg.), *Die Arbeitswelt in Japan und in der Bundesrepublik Deutschland – ein Vergleich*, Neuwied 1985. Vgl. auch James R. Lincoln/Arne L. Kalleberg, *Culture, Control, and Commitment. A Study of Work Organization and Work Attitudes in the United States and Japan*, Cambridge 1990;

William G. Ouchi, *Theory Z. How American Business Can Meet the Japanese Challenge*, New York 1981; und Jon P. Alston, *The American Samurai. Blending American and Japanese Practices*, New York 1986. Vgl. auch Christian Kleinschmidt, *Der produktive Blick. Wahrnehmung amerikanischer und japanischer Management- und Produktionsmethoden durch deutsche Unternehmer 1950–1985*, Berlin 2002.

9 Zur Auseinandersetzung mit Webers These gibt es inzwischen eine kaum noch überschaubare Literatur. Als Einstieg die Zusammenstellung klassischer Texte bei Constans Seyfarth/Walter M. Sprondel (Hg.), *Seminar: Religion und gesellschaftliche Entwicklung. Studien zur Protestantismus-Kapitalismus-These Max Webers*, Frankfurt am Main 1973. Von der neueren Literatur sind nützlich: Gordon Marshall, *In Search of the Spirit of Capitalism. An Essay on Max Weber's Protestant Ethic Thesis*, London 1982; Annette Disselkamp, *L'éthique protestante de Max Weber*, Paris 1994; Wolfgang Schluchter, Religion, politische Herrschaft, Wirtschaft und bürgerliche Lebensführung. Die okzidentale Sonderentwicklung, in: ders. (Hg.), *Max Webers Sicht des okzidentalen Christentums. Interpretation und Kritik*, Frankfurt 1988, S. 11–128; Richard van Dülmen, Protestantismus und Kapitalismus. Max Webers These im Licht der neueren Sozialgeschichte, in: Christian Gneuss/Jürgen Kocka (Hg.), *Max Weber. Ein Symposion*, München 1988, S. 88–101; und Shirô Takebayashi, *Die Entstehung der Kapitalismustheorie in der Gründungsphase der deutschen Soziologie. Von der historischen Nationalökonomie zur historischen Soziologie Werner Sombarts und Max Webers*, Berlin 2003.

10 Vgl. dazu Hans-Christoph Schröder, Max Weber und der Puritanismus, in: *GG* 21, 1995, S. 459–478, besonders S. 463.

11 Vgl. dazu Sepp Linhart/Wolfram Manzenreiter, Japan: Von der Arbeitsgesellschaft zur Freizeitgesellschaft, in: *Minikomi. Informationen des Akademischen Arbeitskreis Japan*, 1999, Heft 1, S. 5–11. Vgl. auch schon Sepp Linhart, From Industrial to Postindustrial Society. Changes in Japanese Leisure-Related Values and Behavior, in: *J. of Japanese Studies* 14, 1988, S. 271–307.

12 Zur Geschichte der Debatte über Webers These vgl. Malcolm H. MacKinnon, The Longevity of the Thesis. A Critique of the Critics, in: Hartmut Lehmann/Guenther Roth (Hg.), *Weber's Protestant Ethic. Origins, Evidence, Contexts*, Cambridge 1993, S. 211–243; und Hartmut Lehmann, Asketischer Protestantismus und ökonomischer Rationalismus. Die Weber-These nach zwei Generationen, in: Wolfgang Schluchter (Hg.), *Max Webers Sicht des okzidentalen Christentums. Interpretation und Kritik*, Frankfurt 1988, S. 529–553.

13 Vgl. dazu Francis Hsu, *Iemoto. The Heart of Japan*, New York 1975; und Yasuke Murakami, Ie Society as a Pattern of Civilisation, in: *J. of Japanese Studies* 10, 1984, S. 281–363.

14 Vgl. für das Folgende Andrew Gordon, The Invention of Japanese-Style Labor Management, in: Stephen Vlastos (Hg.), *Mirror of Modernity. Invented Traditions of Modern Japan*, Berkeley 1998, S. 19–36.

15 Der wichtigste und enorm einflussreiche Repräsentant dieser Sicht war Ôtsuka Hisao. Vgl. etwa ders., Kyôdôtai no kiso riron, in: *Ôtsuka Hisao chosakushû*, Bd. 7, Tokyo 1969, S. 1–104. Vgl. dazu ausführlich Distelrath, *Produktionsweise*, S. 39–62; und Horst Arnold-Kanamori, *Der Menschentyp als Produktivkraft. Zu einem Aspekt der Max-Weber-Interpretation des japanischen Wirtschaftshistorikers Ôtsuka Hisao*, Tokyo 1992.

16 Dies bezeugt die zentrale Rolle, die konfuzianischen Traditionen bei der Erklärung japanischer Rückständigkeit eingeräumt wurde. Vgl. etwa, besonders einflussreich, Kawashima Takeyoshi, *Nihon shakai no kazokuteki kôzô*, Tokyo 1950. Ein repräsentatives Beispiel ist auch der Arbeitsökonom Okôchi Kazuo, etwa in seinem Werk *Nihon no rôdôsha kaikyû*, Tokyo 1955.

17 Vgl. George M. Beckmann/Genji Okubo, *The Japanese Communist Party 1922–1945*, Stanford 1969.

18 Allgemein dazu Andrew Gordon, *Labor and Imperial Democracy in Prewar Japan*, Berkeley 1991; und Sheldon Garon, *The State and Labor in Modern Japan*, Berkeley 1987. Vgl. auch William M. Tsutsui, *Manufacturing Ideology. Scientific Management in Twentieth-Century Japan*, Princeton 1998. Diese Haltung wurde verstärkt durch die intensive Rezeption des Marxismus in den 1920er Jahren. Vgl. dazu Germaine Hoston, *Marxism and the Crisis of Development in Prewar Japan*, Princeton 1992.

19 Vgl. Distelrath, *Produktionsweise*, S. 62. Vgl. auch Johannes Hirschmeier/Tsunehiko Yui, *The Development of Japanese Business 1600–1973*, London 1975. Zum ökonomischen Denken der Zeit Tessa Morris-Suzuki, *A History of Japanese Economic Thought*, London 1989, bes. Kapitel 2; und Sugiyama Chuhei, *Origins of Economic Thought in Modern Japan*, London 1994.

20 Zitiert nach Gordon, *Invention*, S. 21.

21 Vgl. dazu Gordon, *Labor*, S. 73.

22 Vgl. allgemein zu dieser ›erfundenen Tradition‹ Dean W. Kinzley, *Industrial Harmony in Modern Japan. The Invention of a Tradition*, London 1991.

23 Vgl. dazu E. Patricia Tsurumi, *Factory Girls. Women in the Thread Mills of Meiji Japan*, Princeton 1990. Vgl. auch die Autobiographie einer der Arbeiterinnen in Tomioka: Wada Ei, *Teihon Tomioka nikki*, Tokyo 1976.

24 Taira Kôji, *Economic Development and the Labor Market in Japan*, New York 1970.

25 Vgl. dazu Tessa Morris-Suzuki, *A History of Japanese Economic Thought*, London 1989, Kapitel 2; Shakai seisaku gakkai shiryô shûsei hensan iinkai (Hg.), *Shakai seisaku gakkai shiryô shûsei*, Tokyo 1978.

26 Zitat aus einem Handbuch aus dem Jahre 1911, zitiert nach Tsurumi, *Factory Girls*, S. 94.

27 Zum Begriff der »Technologien des Selbst« Michel Foucault, Technologien des Selbst, in: Luther H. Martin u.a. (Hg.), *Technologien des Selbst*, Frankfurt am Main 1993, S. 26–31. Vgl. auch Thomas Lemke u. a., Gouvernementalität, Neoliberalismus und Selbsttechnologien. Eine Einleitung, in: dies. (Hg.), *Gouvernementalität der Gegenwart. Studien zur Ökonomisierung des Sozialen*, Frankfurt am Main 2000, S. 7–40.

28 Karl Rathgen, *Japans Volkswirtschaft und Staatshaushalt*, Leipzig 1891, S. 422.

29 Max Nitzsche, Die japanische Konkurrenz, in: *Preußische Jb.* 117, 1904, S. 225–243, hier: S. 232.

30 Alexander Tille, *Der Wettbewerb weisser und gelber Arbeit in der industriellen Produktion*, Berlin 1904. Vgl. auch Heinz Gollwitzer, *Die Gelbe Gefahr. Geschichte eines Schlagworts. Studien zum imperialistischen Denken*, Göttingen 1962; und Ute Mehnert, *Deutschland, Amerika und die ›Gelbe Gefahr‹. Zur Karriere eines Schlagworts in der Großen Politik, 1905–1917*, Stuttgart 1995.

31 Thomas C. Smith, Peasant Time and Factory Time in Japan, in: ders., *Native Sources of*

Japanese Industrialization, 1750–1920, Berkeley 1988, S. 199–235. Vgl. auch Sogo Masaaki (Hg.), *Meiji no kotoba jiten*, Tokyo 1989, S. 603–605; und Wolfgang Lippert, *Entstehung und Funktion einiger chinesischer marxistischer Termini. Der lexikalisch-begriffliche Aspekt der Rezeption des Marxismus in Japan und China*, Wiesbaden 1979, S. 183–186.

32 Zitiert nach Mariko Asano Tamanoi, *Under the Shadow of Nationalism. Politics and Poetics of Rural Japanese Women*, Honululu 1998, S. 96.

33 Vgl. Tamanoi, *Shadow*, besonders Kapitel 4.

34 Vgl. dazu Byron K. Marshall, *Capitalism and Nationalism in Prewar Japan. The Ideology of the Business Elite, 1868–1941*, Stanford 1967.

35 Zum Folgenden vgl. Tomiyama Ichirô, *Kindai Nihon shakai to ›Okinawajin‹*, Tokyo 1990.

36 Zitiert nach: ders., Nashonarizumu – Modanizumu – Koroniarizumu. Okinawa kara no shiten, in: Iyotani Toshio/Sugihara Tôru (Hg.), *Nihon shakai to imin. Kôza gaikokujin teijû mondai*, Bd. 1, Tokyo 1996, S. 129–164 (Zitat S. 142).

37 Vgl. dazu den faszinierenden Aufsatz von Marshall Sahlins, Cosmologies of Capitalism. The Trans-Pacific Sector of ›The World System‹, in: Nicholas B. Dirks u. a. (Hg.), *Culture/Power/History. A Reader in Contemporary Social Theory*, Princeton 1994, S. 412–456 – gegen den allerdings der Vorwurf der Konstruktion von Nativismen, die in der Konsequenz auf einen ›Kampf der Kulturen‹ hinauslaufen, ebenfalls erhoben werden kann.

38 Vgl. etwa Peter Wagner u. a. (Hg.), *Arbeit und Nationalstaat. Frankreich und Deutschland in europäischer Perspektive*, Frankfurt am Main 2000.

39 Zum Nihonjinron einführend Aoki Tamotsu, *Der Japandiskurs im historischen Wandel. Zur Kultur und Identität einer Nation*, München 1996.

40 Tu Wei-ming, The Confucian Dimension in the East Asian Development Model, in: Josef Kreiner (Hg.), *The Impact of Traditional Thought on Present-Day Japan*, München 1996, S. 31–48; Ronald Dore, Confucianism, Economic Growth and Social Development, in: ebd., S. 17–30; und S. Gordon Redding, *The Spirit of Chinese Capitalism*, New York 1993.

41 Vgl. dazu im japanischen Kontext etwa die Arbeiten des Wirtschaftshistorikers Kawakatsu Heita, so seine Monographie *Nihon bunmei to kindai seiyô*, Tôkyô 1991, aber auch *Fukoku yûtokuron*, Tôkyô 2000. Vgl. auch Ueyama Shumpei, *Nihon bunmeishi no kôsô. Juyô to sôzô no kiseki*, Tôkyô 1990. Vgl. als Überblick über diese Ansätze Sebastian Conrad, The Opened and the Closed Country. Conflicting Views of Japan's Position in the World, in: Benedikt Stuchtey/Eckhardt Fuchs (Hg), *Writing World History 1800–2000*, Oxford 2003, S. 327–351.

42 Immanuel Wallerstein, Eurocentrism and its Avatars. The Dilemmas of Social Science, in: ders., *The End of the World as We Know it. Social Science for the 21st Century*, Minnesota 1999.

43 Vgl. mit ähnlicher Stoßrichtung auch Arif Dirlik, Modernity as History. Post-Revolutionary China, Globalization and the Question of Modernity, in: *SH* 27, 2002, S. 16–39.

44 Vgl. zu dieser Form des methodischen Nationalismus Shalini Randeria, Geteilte Geschichte und verwobene Moderne, in: Jörn Rüsen u. a. (Hg.), *Zukunftsentwürfe. Ideen*

für eine Kultur der Veränderung, Frankfurt am Main 1999, S. 87–96; dies., Jenseits von Soziologie und soziokultureller Anthropologie. Zur Ortsbestimmung der nichtwestlichen Welt in einer zukünftigen Sozialtheorie, in: *Soziale Welt* 50, 1999, S. 373–382; und Sebastian Conrad, Doppelte Marginalisierung. Plädoyer für eine transnationale Perspektive auf die deutsche Geschichte, in: *GG* 28, 2002, S. 145–169.

45 Eric Williams, *Capitalism and Slavery*, Chapel Hill 1944. Zur Würdigung und Kritik Barbara Solow/Stanley Engerman (Hg.) *British Capitalism and Caribbean Slavery. The Legacy of Eric Williams*, Cambridge 1987; und Seymour Drescher, Capitalism and Slavery after Fifty Years, in: *Slavery and Abolition* 18, 1997, S. 212–227.

46 Sidney W. Mintz, *Die süße Macht. Kulturgeschichte des Zuckers*, Frankfurt am Main 1992. Auch Robin Blackburn hat auf die zentrale Rolle transnationaler Prozesse, insbesondere des Sklavenhandels, für die Entwicklung von Kapitalismus und industrieller Revolution hingewiesen. Vgl. Robin Blackburn, *The Making of New World Slavery. From the Baroque to the Modern, 1492–1800*, London 1997.

47 Kenneth Pomeranz, *The Great Divergence. Europe, China, and the Making of the Modern World Economy*, Princeton 2000, S. 24. Die Darstellung von Pomeranz bleibt jedoch ganz ökonomistisch und verzichtet auf eine breitere kulturgeschichtliche Einordnung der Entstehung des industriellen Kapitalismus.

48 Vgl. dazu die Überlegungen in Sebastian Conrad/Shalini Randeria, Geteilte Geschichten. Europa in einer postkolonialen Welt, in: dies. (Hg), *Jenseits des Eurozentrismus. Postkoloniale Perspektiven in den Geschichts- und Kulturwissenschaften*, Frankfurt am Main 2002, S. 9–49.

Beeinflussen religiöse Weltbilder den ökonomischen Habitus?

Friedrich Wilhelm Graf

Von Voltaire stammt das gern zitierte Diktum, dass, ›gehe es ums Geld, jeder der gleichen Religion angehöre‹. Aber sind vor Marx' »allgemeinem Äquivalent«, über das hinaus im modernen Kapitalismus nichts Allgemeineres soll gedacht werden können,[1] wirklich alle Menschen in gleicher frommer Demut vereint? Skeptische Zweifel sind angebracht. Seit den neuen *cultural turns* und linguistischen Wenden sind in den Wirtschaftswissenschaften, den Kulturwissenschaften und den Religionswissenschaften einschließlich der akademischen Theologien alte Fragestellungen nach möglichen Zusammenhängen zwischen religiöser »Mentalität«, religiös fundierter *moral economy*, frommem »Habitus« und wirtschaftlichem Handeln auf die Agenda der interessanten Themen zurückgekehrt. In genau dem Maße, in dem Ökonomen sich von rein nutzentheoretischen Modellierungen des *Homo oeconomicus* gelöst und, vor allem unter dem Einfluss der *Neuen Institutionenökonomik*[2], wieder harte rechtlich institutionalisierte Rahmenordnungen und weiche kulturelle Faktoren in allen Marktprozessen wahrzunehmen versucht haben, sind sie auch auf Religion als eine mögliche zentrale Kraft für die Bildung und Stärkung von »Sinnressourcen«, »Vertrauen«, »Sozialkapital« und »Regelkonsens« gestoßen.

Die neue wissenschaftliche Aufmerksamkeit für »religiösen Glauben«, »Frömmigkeit« und »religiöse Habitusformation« dürfte in einem engen Zusammenhang mit den vielfältigen globalen Renaissancen des Religiösen seit den sechziger und verstärkt siebziger Jahren des 20. Jahrhunderts stehen. Die führenden nordamerikanischen Modernisierungstheoretiker hatten in den 1950er Jahren Theorien einer progressiven Rationalisierung aller Lebensbereiche formuliert und einen mehr oder minder baldigen Untergang »der Religion« prognostiziert. Mit der funktionalen Differenzierung der sozialen Welt und sich steigernden Rationalisierung der Lebensführung der Menschen werde in entwickelten modernen Gesellschaften religiöser Glaube nach und nach schwinden, und so archaisch-irrationale Wesen wie »Gott«, »Engel« und »Teufel« würden zunehmend an verhaltensprägender Relevanz verlieren. Dieses modernisierungstheoretische Credo hat sich spätestens seit den siebziger Jahren des 20. Jahrhunderts als Irrglaube erwiesen, nicht weniger wundersam als beispielsweise die astronomisch präzise Berechnung des Weltuntergangs durch apokalyptisch gestimmte Sektierer oder Vorhersagen der Wiederkunft Christi durch christliche Millenaristen. Keineswegs nur in vergleichsweise »rückständigen«, sondern auch in verschiedenen hochentwickelten kapitalistischen Gesellschaften, etwa in den USA oder in Japan, ließen sich seit den 1970er Jahren vielfältige Erfahrungen der hohen Mobilisierungskraft neuer oder sich erneuernder religiöser Bewegungen machen.

Die Religionsgeschichten der Moderne scheinen insgesamt durch paradoxe Gleichzeitigkeiten von Säkularisierungsprozessen und Renaissancen des Religiösen sowie durch eine extrem starke Dynamik religiösen Wandels geprägt zu sein. Europäische Intellektuelle sehen dies häufig nicht oder nur sehr verzerrt, weil sie in parochial eurozentrischen Perspektiven befangen sind und innereuropäische Prozesse von Entkirchlichung oder »Säkularisierung« dogmatisch zu einem gleichsam normalen, ganz selbstverständlichen und sich mehr oder minder bald überall durchsetzenden Modell der Entwicklung von Religion in der Moderne hypostasieren. Doch in komparatistisch orientierten religionshistorischen Perspektiven sind die europäischen Phänomene der Deinstitutionalisierung der überkommenen religiösen Institutionen bzw. der »Säkularisierung« eher ein Ausnahmefall. Jedenfalls lässt sich außerhalb Europas weltweit beobachten, dass Religion (wieder) zu einem sehr stark prägenden Faktor kultureller Vergesellschaftung und politischer Selbstorganisation wurde. Die »Wiederkehr der Götter«, wie sie beispielsweise in den modern-antimodernen »fundamentalistischen« Protestbewegungen und Revolutionen in diversen islamischen Gesellschaften sichtbar wurde, bewirkte auch in vielen Kultur- und Sozialwissenschaften ein neues Interesse an Religion als einer »Kulturpotenz« (Jacob Burckhardt) *sui generis.*[3] Zugespitzt formuliert: Die vielfältigen Renaissancen des Religiösen, von den islamischen, jüdischen oder protestantischen »Fundamentalismen« bis hin zum Boom neuer Psycho-soft-Religionen wie Esoterik und »ganzheitlicher« Seelentrainings- und Selbsterlösungshandbücher in den Bahnhofsbuchhandlungen Mitteleuropas, sind häufig auch begleitet von einem *religious turn* in den Kultur- und Sozialwissenschaften. Im Zusammenhang dieses *religious turn* haben ökonomisch interessierte Wissenschaftler unterschiedlicher Disziplinen auch die alten Fragen nach »Religion und Ökonomie« wieder aufgeworfen.

Vor diesem Hintergrund erscheint es mir wichtig, die religionskulturellen Vermittlungen des neuen akademischen Interesses an Religion zu sehen. Denn die Wahrnehmung der religionskulturellen »Einbettung« der akademischen Aufmerksamkeitsökonomie verhilft zu einer realistischen Selbstwahrnehmung der eigenen kognitiven Grenzen. Gerade beim Thema Religion tun Kulturwissenschaftler welcher disziplinärer Herkunft auch immer gut daran, die Grenzen ihres Wissenkönnens zu bedenken und sich selbstkritisch einzugestehen, dass sie auf viele elementare Fragen keine überzeugenden Antworten haben. Für die Suche nach möglichen Vermittlungszusammenhängen zwischen Religion und Ökonomie gilt dies in besonderem Maße. Die von den Theoretikern der *Historischen Schule der Nationalökonomie* und den Klassikern der *Historischen Kulturwissenschaften* um 1900 angeregten Forschungsprogramme sind – sieht man von einzelnen Ausnahmen[4] ab – schon in den 1920er Jahren abgebrochen worden. Trotz neuer wissenschafts- und wirtschaftshistorischer Aufmerksamkeit für die *Historische Schule der Nationalökonomie*[5] und der boomenden Max-Weber-Deutungsindustrie stehen wir in den Kulturwissenschaften derzeit erst am Beginn der Wiederanknüpfung an ihre Fragen. Insoweit ist Bescheidenheit geboten.

Die mir gestellte Frage »Beeinflussen religiöse Weltbilder den ökonomischen Habitus?« ist von sympathischer Übersichtlichkeit. Sie lässt sich schnell und knapp beantworten: Vermutlich irgendwie schon, aber niemand weiß genau zu sagen, wie solcher Einfluss sich vollzieht. Für eine differenzierte Antwort müssten »religiöse Weltbilder« und ihre Eigenlogik modelliert, das Konzept »ökonomischer Habitus« prägnant bestimmt und schließlich theoretische Sensibilität für das komplexe Problem entwickelt werden, wie sich ein relevanter lebenspraktischer Zusammenhang zwischen einer spezifischen *Sicht* der Welt und dem ökonomisch relevanten *Handeln* eines Akteurs denken lässt. Inwieweit können die spezifischen kognitiven Gehalte eines »Weltbildes« überhaupt als Prägefaktoren eines »Habitus« gedacht werden? Welche Handlungsimpulse vermag ein »Weltbild« zu vermitteln? Wie ist bei der Einbettung ökonomischer Aktivitäten in weitere kulturelle Kontexte das Gewicht spezifisch religiöser Lebensentwürfe zu bestimmen? Fragen dieser Art lassen erkennen: Die so klar und einfach klingende Frage »Beeinflussen religiöse Weltbilder den ökonomischen Habitus?« ist genau besehen theoretisch überaus anspruchsvoll. Sie zwingt dazu, die zerklüfteten und vielfältig verminten Landschaften der Habitus-Diskurse, Mentalitätengeschichte, Wirtschaftshistorie und Religionswissenschaften zu betreten. Dies kann hier ebenso wenig geleistet werden wie eine differenzierte Explikation der theoretischen Leitannahmen, die mit der Rede von »religiösen Weltbildern« verbunden sind.

Auf vielen akademischen Märkten suchen Theorieproduzenten derzeit kulturanalytische Deutungsangebote zu offerieren, die der habituellen oder sozialmoralischen Prägekraft »religiöser Weltbilder« gerecht werden sollen. Dies gilt gerade auch für die neuere Ökonomie. In holzschnittartiger Vereinfachung lässt sich das neue Interesse von Ökonomen am Thema Religion so beschreiben: Religion fasziniert sie zumeist als eine wichtige Produktivkraft und Ressource für die Generierung von »Vertrauen«, »Sozialkapital« und handlungstranszendentem »Sinn«. Es sind insoweit bestimmte psychische Begleit- oder Folgewirkungen religiösen Glaubens bzw. glaubensinduzierte Handlungsimpulse und Handlungsmuster, denen Ökonomen oder ökonomisch interessierte Kulturwissenschaftler ihre Aufmerksamkeit schenken. Diese mögliche sozialpsychische Leistungskraft der »Religion« soll den Focus meines Versuchs bilden, auf die Titelfrage »Beeinflussen religiöse Weltbilder den ökonomischen Habitus?« eine knappe Antwort zu geben.

Der kurze Beitrag ist in vier Abschnitte gegliedert. In einem ersten Abschnitt werden einige spezifische Konstitutionselemente religiöser Weltbilder erläutert. Im zweiten Schritt wird ein gegenwärtig als besonders wichtig geltendes *benefit* religiösen Bewusstseins, die »Reduktion von Kontingenz«, skizziert. Drittens werden einige vorläufige Bemerkungen zur genuin religiösen Habitusformation gemacht. Im vierten und letzten Schritt geht es um die neueren Debatten der vor allem in den USA entwickelten *religious economics*, das heißt um die von ökonomisch informierten Religionswissenschaftlern und -historikern vertretene These, dass auf den konkurrenzbestimmten Religionsmärkten der Moderne nur der erfolgreich zu agieren vermag, der sich im Sinne eines offensiven *Selling God* um effiziente Marketing-Strategien bemüht.

1. Zur Eigenlogik religiöser Weltbilder

Religionen lassen sich als Deutungskulturen mit einem unüberbietbar hohen Allgemeinheitsanspruch interpretieren. Sie vermitteln den in ihnen vergemeinschafteten Frommen ein kohärentes Bild des »Ganzen« der Wirklichkeit, das ihnen selbst die elementaren Negativitätserfahrungen des endlichen Lebens sinnhaft zu deuten erlaubt. In religiösen Deutungssystemen werden überkomplexe Wirklichkeit und chaotische Fülle geordnet. Das unbestimmte Viele wird auf das Eine, auf einen persönlichen Schöpfergott oder auf ein erstes Prinzip bezogen und gewinnt so Bestimmtheit und Struktur. Solche auf Gott zurückgeführten Grundstrukturen der Wirklichkeit – in der Sprache der jüdischen und christlichen Theologie: die von Gott geschaffenen »Schöpfungsordnungen« – bilden den allgemeinsten Ordnungsrahmen, der allem menschlichen Handeln als gegeben und unverfügbar immer schon vorausliegt. Religionen eröffnen den Gläubigen zudem sinnhafte Zeithorizonte: Indem sie zwischen Zeit und Ewigkeit differenzieren, erschließen sie den Gläubigen Ordnungen von Zeit und Geschichte, in die sie ihre je individuelle Lebensgeschichte einbeziehen können. Die »Vernunft der Religion«[6] liegt insoweit darin, das vergängliche Leben des Individuums auf einen unüberbietbar allgemeinen Sinnzusammenhang hin zu überschreiten und so den Einzelnen dazu instand zu setzen, sich zur elementaren Kontingenz seines Lebens konstruktiv zu verhalten. Religiösen Symbolsprachen eignet das spezifische Sinnpotential, den gläubigen Individuen Horizonte der Transzendenz zu eröffnen. Dazu dienen insbesondere die religiösen Grundunterscheidungen von Schöpfer und Geschöpf, Ewigkeit und Zeit, Jenseits und Diesseits sowie Himmel und Erde. Es ist die spezifische Logik religiöser Weltbilder, mit Blick auf Gott, das Subjekt unüberbietbarer Allgemeinheit, alle Unbestimmtheit in Bestimmtheit zu überführen, einen krisenresistenten, stabilen Ordnungsrahmen zu definieren und dem Einzelnen eine alle Negativitätserfahrungen integrierende tragende Gewissheit zu erschließen. Religion lässt sich mit Einsichten, die klassisch von Friedrich Daniel Ernst Schleiermacher gewonnen wurden, und mit einem von Hermann Lübbe geprägten Begriff als »Kontingenzbewältigungspraxis«[7] deuten.

Mit Blick auf ihre ordnungsstrukturierenden Leistungen lassen sich religiöse Deutungskulturen *auch* als *Systeme der Lebensführung* verstehen, die die Lebensvollzüge der in ihnen vergemeinschafteten Menschen (zumeist) tiefgreifend prägen. Zwar unterscheiden sich Religionen in der materialen Bestimmung der Heilsgüter, die sie den Gläubigen anbieten und zueignen wollen. Auch sind sie durch tiefgreifende Gegensätze in der Auslegung und Vermittlung von Heilsgewissheit bestimmt. Weiterhin differieren sie in der Art der Korrelation von spezifisch religiösen Gütern (wie Gnade, Errettungsgewissheit, Seelenfrieden, Befreiung von Sündenangst, Auslöschung des sündhaften Ich, Gemeinschaft mit Gott, Erlösung, Versöhnung) und moralischen Normen. So binden bestimmte Religionen die Chance, das Heilsgut erwerben zu können, an die Bedingung eines äußerst disziplinierten, rigiden

Lebenswandels, wohingegen andere Religionen dem frommen Einzelnen bezüglich der Art und Intensität der Befolgung religiös geforderter Maximen einen relativ großen Spielraum lassen. Immer gilt jedoch: Religiöse Deutungskulturen vermitteln mit einem Gesamtbild der Welt auch Muster idealer Lebensführung der Frommen und bestimmte Verhaltensmaximen. Im Medium religiöser Symbolsprachen werden die Grundunterschiede von Heil und Verderben, gut und böse, Tugend und Sünde eingeschärft. Mit Blick auf die jeweils erstrebten oder offerierten Heilsgüter werden Tabuschranken errichtet und gottwidrige, sündhafte Verhaltensweisen mit Sanktionen belegt. Ein tugendhafter, dem Willen Gottes entsprechender Lebenswandel wird religiös prämiert, indem dem Frommen besondere Anerkennung durch andere Gläubige und Verehrung innerhalb der Gemeinde zugesagt oder außerweltliche, jenseitige Belohnungen verheißen werden. Im Unterschied zu rein innerweltlichen, säkularen Ethiken liegt die Besonderheit von hochentwickelten religiösen Ethiken jedoch darin, dass der ethische Verpflichtungsgehalt nicht erfolgsbezogen definiert wird. In hochentwickelten religiösen Ethiken werden das Handeln und die Prämien des Handelns entkoppelt. Religiöse Ethik ist dann erfolgsunabhängig. Der Fromme folgt dem Gebot Gottes nicht um des Erfolges willen, sondern handelt allein mit der Intention, dem absolut bindenden Gotteswillen Genüge zu tun. Im radikalen Fall vertraut er Gott so weit, dass er gar nicht fragt, ob sein jenseitiges Schicksal verdient ist oder nicht. Insoweit gilt: Je intensiver der Grad der Frömmigkeit eines Menschen ist, desto strenger folgt er in der Regel auch den seinem Glauben inhärenten ethischen Maximen. Ernst genommener religiöser Glaube prägt die Lebensführung eines Menschen sehr viel stärker als Überzeugungen oder Gewissheiten anderer Art.

Religiöse Deutungskulturen beziehen sich auf das »Ganze« der Wirklichkeit. Deshalb ist es jeder religiösen Ethik immanent, einen Anspruch auf den »ganzen Menschen« zu erheben und alle Felder menschlichen Handelns normieren zu wollen. So beinhaltet eine religiöse Ethik immer auch eine normativ relevante Deutung des wirtschaftlichen Handelns des Menschen. Selbst wenn in der Ethik einer Religionsgemeinschaft keine expliziten oder spezifischen Aussagen zu wirtschaftlichen Aktivitäten getroffen werden oder eine eigene Wirtschaftsethik entfaltet wird, ist sie insoweit von ökonomischer Relevanz, als sie das Handeln des Gläubigen in allen seinen Dimensionen zu normieren sucht. Denn jeder religiösen Ethik liegt eine bestimmte Sicht des Verhältnisses des Menschen zu Gott sowie seiner Stellung im Kosmos zugrunde. Alle religiösen Ethiken treffen Aussagen über das Weltverhältnis des Menschen. In religiösen Symbolsprachen werden Bilder gelingenden oder misslingenden Lebens tradiert. Immer sind sie orientiert an Vorstellungen guten, dem Willen Gottes entsprechenden Lebens. Sofern der Mensch dabei immer *sub specie Dei* gesehen wird und Gott (oder in polytheistischen religiösen Deutungskulturen: das Pantheon der Götter) als Schöpfer der Welt gilt, sind alle religiösen Ethiken in einer je besonderen Kosmologie und Sicht der Grundstrukturen der geschaffenen Wirklichkeit fundiert. Die materialen Unterschiede zwischen religiösen Ethiken lassen sich im Kern deshalb auch als Differenzen der jeweiligen Bestimmung des Verhältnisses von Mensch und Welt beschreiben. Insoweit gilt: Die »Wirtschaftsethiken« der einzelnen Religionen unterscheiden sich elementar darin, wie im Medium der religiösen Symbolsprache jeweils die Beziehung des Menschen zu Gott geordnet und seine Stellung im Kosmos und sein Verhältnis zur Welt bestimmt wird.

2. Die religiöse Reduktion von Kontingenz

In modernen Gesellschaften steigen mit den Freiheitschancen des Einzelnen auch die Kontingenzrisiken seines Lebens. Seit Georg Simmels und Ernst Troeltschs Analysen des Begriffs der Kontingenz ist deutlich, dass kein Mensch mit einer Überfülle immer neuer Kontingenz dauerhaft leben kann. An genau diesem Punkte wird in der neueren religionstheoretischen Debatte eine spezifische psychische Leistung von Religion ins Spiel gebracht: Indem in religiösen Sprachspielen alle möglichen weltlichen Elemente auf Gott als den letzten Bestimmungsgrund aller welthaften Wirklichkeit bezogen werden, erschließen sie eine spezifische, besonders stark bindende und psychisch erfüllende Form von Gewissheit. In religiösen Sprachspielen wird die unabschließbare Vielfalt reiner Möglichkeiten in letzte Bestimmtheit überführt und in Gott ein Garant unbedingter Einheitsstiftung und Ordnung versinnbildlicht, der – jedenfalls in jüdischen, christlichen und islamischen Überlieferungen – das Leben eines jeden Menschen »trägt« und ihm unbedingten Halt gibt. Die Bindung an Gott oder, in der konsequenten Zuspitzung der reformatorischen Theologie, an seinen persönlichen Gott erschließt dem Gläubigen ein *fundamentum inconcussum* unmittelbarer Daseinsgewissheit, das seine allemal prekären, immer neu bedrohten Identitätsentwürfe davor schützt, in Diffusität und Anomie zu erodieren. In sehr vielen religiösen Sprachspielen wird die Beziehung des Gläubigen zu Gott deshalb in einer Semantik schlechthinnigen

Geborgenseins modelliert. Gerade in den jüdischen und christlichen heiligen Texten geht es immer wieder darum, dass Gott errettet, behütet, schützt, bewahrt und unbeschadet aller menschlichen Sünde seinem »Volk« oder dem einzelnen Frommen »treu« bleibt. Die Rede von Gottes Güte, Zuwendung, Erbarmen oder Gnade bringt eine prinzipielle Verlässlichkeit zum Ausdruck, die durch alle möglichen Negations- oder Krisenerfahrungen bis hin zum radikalen Fall, der sündhaften Abkehr des Menschen von Gott, nicht aufgehoben oder zerstört werden kann. Insofern gehört es zu den Spezifika religiöser Sprache, eine unbedingte Verlässlichkeit zu erschließen, die für die Gläubigen von elementarer existentieller Relevanz ist. Im identitätsverbürgenden sowie existenzkonstituierenden Gebundensein an seinen Gott gewinnt der Fromme eine starke Selbstgewissheit, die alle krisenhaften Brüche im endlichen Lebenszyklus übergreift.

Die sozialtheoretische Deutung der Religion als »Kontingenzbewältigungspraxis« lässt sich mit Blick auf die neueren sozialtheoretischen Debatten über *social capital*[8] deshalb auch so zusammenfassen: Religion erschließt eine elementare ontologische Zuversicht, ein Grundvertrauen, das die Handlungsfähigkeit des Menschen stärkt und steigert. Das existentielle Vertrauen des Gläubigen auf Gott ist aber kein blindes Vertrauen oder eine leere Vertrauensseligkeit, sondern ein »Gottvertrauen«, das in der Kommunikation des Frommen mit Gott, also vor allem in Gebet, Meditation, Andacht oder anderen Formen des »Gottesdienstes«, und in der rituell sich immer wieder erneuernden Gemeinschaft der Frommen fortwährend bestätigt und gestärkt wird.

»Gottvertrauen« bildet für den Frommen das Zentrum seiner religiösen Identität. Es lässt sich in den Begriffen des neueren sozialtheoretischen und ökonomischen Vertrauensdiskurses als elementarster »Mechanismus der Reduktion sozialer Komplexität«[9] deuten. »Gottvertrauen« stärkt das Selbstvertrauen des Frommen und steigert seine Kommunikationsfähigkeit selbst mit fremden Anderen. Wenn durch Vertrauen »unsichere Erwartungen« stabilisiert werden,[10] dann ist »Gottvertrauen« ein ökonomisch relevanter Faktor. Denn wer durch »Gottvertrauen« seine Bestände an Selbstgewissheit und Weltvertrauen sichert und mehrt, gewinnt zugleich verstärkt die Fähigkeit zur Bildung und Mehrung von sozialem Kapital. Nicht nur wird er in der Gemeinschaft der Frommen in Interaktionsnetze einbezogen und verstrickt, die ihm im Rahmen dieser durch gleiche gläubige Gewissheiten konstituierten Seelengemeinschaft vielfältige Kontaktmöglichkeiten eröffnen. Vielmehr ist auch davon auszugehen, dass Menschen, die über ein elementares Grundvertrauen verfügen, eher als misstrauische Menschen dazu bereit sind, sich »auf andere einzulassen« und mit ihnen zu kooperieren. Wenn »Gottvertrauen« Selbst- und Weltvertrauen stärkt, ermöglicht es die Überwindung von Kommunikationshemmnissen und Interaktionsblockaden, und wenn gelingende sprachliche Interaktion effiziente Kooperation bewirkt, kann »Gottvertrauen« auch die Chancen für produktive Arbeitsteilung erhöhen und zu Produktivitätsgewinnen führen, die aus arbeitsteiliger Kooperation jeweils hocheffizienter Spezialisten resultieren.

Lässt sich gelingende religiöse Reduktion von Kontingenz also als ein höhere Produktivität sichernder »Standortfaktor« deuten? Wer mit Argumentationsfiguren aus den neueren Sozialkapital-Debatten und in Fortschreibung der nordamerikanischen *In-God-we-trust*-Diskurse[11] religiös erschlossenes Urvertrauen als eine starke Quelle gelingender Verständigung preist und die vermittelte ökonomische Relevanz religiöser Kontingenzreduktion feiert, muss zugleich aber auch die hohe Ambivalenz religiöser Symbolsprachen im Blick behalten. Gerade indem Religion starke innere Vergemeinschaftung bewirkt, kann sie auch starre, durch extrem hohe Innen-außen-Grenzen geprägte Gruppenidentitäten stiften. Religiöser Glaube mag dann nach innen hin Verständigung fördern und kooperativ erzeugte Nutzeffekte bewirken. Aber indem er die religiöse Gemeinschaft nach außen hin abschließt, behindert oder erschwert er sprachliche Verständigung und aktive Kooperation über religiös markierte Grenzen hinweg. Die elementare Ambivalenz des Religiösen bringt es mit sich, dass sich die mehr oder minder vermittelten und in aller Regel nichtintendierten Folgewirkungen religiösen Glaubens für die Ökonomie sowohl in der Stärkung von Vertrauen, Interaktion und Kooperation als auch in der Restriktion von Kooperationschancen zeigen können. Geteilter religiöser Glaube kann neue Formen freiwilligen Zusammenschlusses bewirken, aber auch Assoziation behindern.[12]

3. Religiöse Habitusformation

Fragen nach möglichen Zusammenhängen zwischen Religion und Ökonomie werden im deutschen Sprachraum gern mit Blick auf die *Historische Schule der Nationalökonomie* und auf die Klassiker der Historischen Kulturwissenschaften um 1900 wie Max Weber, Werner Sombart, Georg Simmel oder Ernst Troeltsch diskutiert. In der Tat stammen viele der Begriffe, mit denen »kulturalistisch« informierte Ökonomen oder ökonomisch interessierte Kulturhistoriker in der Gegenwart über die Relevanz von Religion für ökonomisches Handeln nachdenken, aus den reichen semantischen Speichern der klassischen Religionssoziologie.[13]

Angesichts der starken Faszinationskraft der Forschungsprogramme, die die Diagnostiker der klassischen Moderne um 1900 seit den 1970er Jahren (wieder) gewonnen haben, droht jedoch vergessen zu werden, dass Diskurse über mögliche Zusammenhänge zwischen religiösem Glauben, ökonomischem Handeln und intendiertem Wohlstand keineswegs erst im späten 19. und frühen 20. Jahrhundert geführt wurden. Kontroversen darüber, ob der Wohlstand eines Territoriums auch durch die Frömmigkeitskultur seiner Bewohner beeinflusst sei, wurden in diversen europäischen Gesellschaften bereits im späten 17. und 18. Jahrhundert mit großer Resonanz innerhalb der gelehrten Welt ausgetragen. Vor allem in den gemischt-konfessionellen Gemeinwesen richtete sich das Interesse der neuen Gelehrtenelite darauf, Wohlstand oder ausbleibende Entwicklung hin zu mehr Wohlfahrt vom religiös geprägten Verhalten der Bewohner und den im Rahmen der religiösen Ordnung gegebenen Handlungschancen her zu deuten. Dabei waren stark essentialistische Vorstellungen des Zusammenhangs von religiösem Glauben (oder religiösem Weltbild), religiös bestimmter Lebensführung und ökonomisch relevanten Folgewirkungen im Spiel.

Die Diskurse über Religion und Ökonomie wurden seit dem 18. Jahrhundert im Kern als Konfessionsdiskurse geführt, in denen die unterschiedlichen sozialmoralischen Normen oder »Kulturwerte« der jeweiligen christlichen Konfessionskirchen bzw., da Konfessionalität sich nicht in Kirchenbindung erschöpft, Konfessionskulturen mit Blick auf ihre ökonomisch folgenreiche Habitusprägung zu bestimmen versucht wurden. In diesen Diskursen über die »typischen« sozialmoralischen Differenzen zwischen Katholiken, Lutheranern, reformierten Protestanten bzw. Calvinisten und auch Juden formulierten keineswegs nur die in konfessionell gebundenen Theologischen Fakultäten lehrenden Theologen, sondern auch die in aller Regel nicht minder konfessionell gebundenen, häufig durch Symboleide auf ihre Konfession verpflichteten Philosophen, Juristen und Staatswissenschaftler konfessionskulturelle oder konfessionspolemische Selbstbilder und Fremdwahrnehmungen, Stereotypen des Eigenen und Anderen.[14] Diese kann sicherlich ein heutiger, von allen möglichen konstruktivistischen Wenden und dekonstruktionistischen Meisterdenkern klug belehrter Kulturwissenschaftler nur für Vorurteile und plump ontologische Abbreviaturen höchst komplexer Bewusstseinsfigurationen halten. Dennoch, diese in der konfessionellen Konkurrenz entstandenen und akademisch tradierten wie verstärkten »Vorurteile« haben immer auch religions- und soziokulturelle Lebensordnungen gespiegelt und zugleich mitgeprägt.

Exemplarisch seien einige dieser konfessionskulturellen und häufig auch konfessionspolemischen Stereotypen genannt: Protestanten seien fleißiger, sparsamer, genügsamer, sozialdisziplinierter als Katholiken. Sie hätten einen anderen Umgang mit Sexualität kultiviert als Katholiken, seien triebkontrollierter und verzichtbereiter als jene. Eine spezifisch katholische Lebensführung sahen viele Gelehrte des 18. Jahrhunderts demgegenüber durch einen religiös induzierten und legitimierten »Müßiggang« bestimmt. Die vielen Wallfahrten und die zahlreichen, entscheidend mit der Heiligenverehrung gegebenen kirchlichen Feiertage führten, so ein wichtiges Argument auch vieler katholischer Aufklärer, dazu, dass die Katholiken sehr viel weniger »normale« Werktage als die Protestanten kannten. Auch ermangelten sie dank der kirchendogmatischen Fixierung der Differenz von Priestern und »Laien« einer eigenen religiösen Hochschätzung des »weltlichen Berufs« des Christen, wie sie für die ethische Theologie der Wittenberger und Schweizer Reformatoren kennzeichnend war. In den stereotypen Katholizismus-Bildern ging es vor allem darum, dass im römisch-katholischen Frömmigkeitskosmos keine den Protestanten analoge »innerweltliche Askese« entwickelt wurde, sondern dank der alten religiösen Stufenethik mit ihren unterschiedlichen Anforderungen an »Laien« und Priester nur von den Inhabern kirchlicher Ämter und vor allem von Ordensgeistlichen die Erfüllung bestimmter asketischer Normen verlangt wurde. Die verschiedenen konfessionellen Ausprägungen des Protestantismus, vor allem der Puritanismus, wurden demgegenüber als Religionen der Arbeit gefeiert (oder von manchen römisch-katholischen Theologen verurteilt), die ein äußerst rigides Arbeitsethos zu einem religiösen Letztwert steigerten. Steter Fleiß, zweckrational effizienter Umgang mit knappen Ressourcen, Reinvestierung der Gewinne statt Luxuskonsumtion und die »Berufstreue« im »weltlichen Beruf« des Christen galten hier wie dort, bei Protestanten wie Katholiken, schon seit dem späten 17. Jahrhundert als Spezifika einer »typisch« protestantischen Lebensführung.

Die in den Konfessionsdiskursen des späten 17. und 18. Jahrhunderts geprägten Stereotypen sind für die Frage nach der theoretischen Modellierung möglicher Zusammenhänge zwischen religiösem Weltbild und ökonomischem Habitus vor allem wegen des hier jeweils vorausgesetzten Verständnisses religiöser Ethik von Interesse. Religiöser Glaube wird nicht im Sinne von irgendwelchen mehr oder minder »abstrakten« Lehren gefasst, sondern als eine starke Motivationsquelle des Handelns eines Menschen oder einer Gruppe von Menschen. Religiöse Ethik gilt hier als die bestimmende Kraft der »Lebensführung«, die den Frommen sowohl von innen, in seinem »Gewissen«, als auch von außen, durch die soziale Kontrolle der anderen Frommen bindet. Neben dem inneren Gebundensein des Frommen im *forum internum* des Gewissens – dies ist primär ein spezifisch protestantisches Mentalitätskonzept, das von Immanuel Kant klassisch entfaltet wurde – werden auch die durch die kirchliche Institution – ein wichtiger Topos vor allem für katholische Autoren – und die Gruppe der Frommen erzwungenen bzw. als moralisch eingeklagten Aktivitäten und Handlungsmuster in den Blick genommen. Thema ist also nicht nur die psychische Selbstbindung des Frommen, wie sie, nach protestantischem Verständnis, aus der Begegnung mit dem unverfügbaren Gotteswort oder, nach römisch-katholischer Lehre, aus der Unterwerfung unter die Autorität der kirchlichen Heilsanstalt resultiert. Vielmehr werden zugleich die Sanktionsmöglichkeiten in den Blick genommen, über die die kirchliche Institution oder die Gemeinde der Frommen verfügt, um als amoralisch geltende kulturelle Praktiken verhindern und moralisch erwünschtes Verhalten erzwingen zu können. Leider sind die Konfessionsdiskurse des 17. und 18. Jahrhunderts bisher nur in ersten Ansätzen erforscht; es fehlen insbesondere begriffs- und motivhistorische Studien. Insoweit lässt sich noch nicht sagen, wann Begriffe wie »Wirtschaftsethik«, »Arbeitsethos«, »Wirtschaftsgesinnung«, »moralischer Habitus«, »moralische Ökonomie« und »Wirtschaftsstil« geprägt wurden. Deutlich ist jedoch: Die Aufmerksamkeit für religiös bestimmte Lebensführung als eine Quelle zur Aufklärung der *mysteries of growth* wurde entscheidend dadurch gefördert, dass in den Universitäten Ökonomie oder Nationalökonomie in Fortführung altehrwürdiger, stark aristotelisch geprägter Traditionen im Rahmen der Ethik gelehrt wurde. Es waren Fragen nach der Charakterbildung und moralischen Lebensführung eines Individuums oder nach den Wurzeln des Ethos einer Gruppe, die dazu führten, dass religiöser Glaube als eine starke ethische Kraft auch in Hinblick auf seine möglichen ökonomischen Imperative, Handlungsimpulse und Folgewirkungen untersucht wurde.

Unter den akademischen Religionsexperten ist gegenwärtig nicht nur umstritten, inwieweit es überhaupt Sinn ergibt, einen allgemeinen Religionsbegriff zu konstruieren und zu verwenden. Heftig umstritten sind auch überlieferte Konzepte des inneren Zusammenhangs von Religion und Ethos, Frömmigkeit und Moralität. Sind religiöse Virtuosen notwendig hoch moralische Menschen? Wird in religiösen Institutionen ein Ethos tradiert, das bloße

Konventions- und Durchschnittsmoral in Richtung auf unbedingte Verpflichtungen steigert? Wie auch immer man mögliche Zusammenhänge zwischen Religion und Moral im einzelnen bestimmen mag, deutlich dürfte sein: Religiöse Ethiken unterscheiden sich von nichtreligiösen, etwa rein rational begründeten oder durch diskursiven Gruppenkonsens gewonnenen Ethiken durch die Tendenz zur unbedingten Inanspruchnahme des Einzelnen. Vielen westlichen Intellektuellen des frühen 21. Jahrhunderts fällt es schwer, Binnenperspektiven religiösen Bewusstseins einzunehmen und sich vorzustellen, was »der Glaube« für einen ernsthaft Frommen lebenspraktisch bedeutet. Ohne irgendein elaboriertes Konzept religiöser Habitusformierung anbieten zu wollen, schlage ich als Minimalbestimmung vor: Sofern religiöser Glaube im Selbstverständnis des Gläubigen nichts Geringeres als sein »Seelenheil« betrifft bzw., in analytisch distanzierter Sprache formuliert, das Zentrum seines Selbstverständnisses und Weltverhältnisses bildet, wird eine in der Gottesbeziehung verwurzelte, im Glauben sich erschließende moralische Verpflichtung hohe existentielle Relevanz gewinnen. Religiöse Ethiken verbinden sich in aller Regel mit dem Anspruch, den Frommen in allen Dimensionen seiner Lebensführung zu binden. Sofern die Handlungssphären der Ökonomie nicht von vornherein als ethikfreie Welten gedacht werden, in denen Individuen nur durch Moralverzicht zu bestehen vermögen, muss man den möglichen Zusammenhang zwischen Religion und ökonomischen Habitus deshalb so denken, dass jedenfalls in der Binnenperspektive des Gläubigen auch sein ökonomisches Denken und Handeln von den mit seinem Glauben verbundenen ethischen Überlieferungen *entscheidend* geprägt wird.

Viele Begriffe der modernen Ökonomie sind säkularisierte theologische Begriffe. Seit den klassischen Debatten über »Gott oder Geld«[15] ist immer wieder auf die religiösen und theologischen Wurzeln zentraler ökonomischer Konzepte hingewiesen worden. Zwischen Credo und Kredit, Heilsgut und ökonomischen Gütern, dem »fröhlichen Wechsel« der sündigen Seele mit dem errettenden Christus und dem gewinnbringenden Tausch lassen sich in der Tat viele strukturelle Analogien beobachten und historische Vermittlungszusammenhänge herstellen. Auch mögen im Sinne der skizzierten Konfessionsdiskurse des 18. und 19. Jahrhunderts enge Zusammenhänge zwischen religiösem Weltbild, frommem Habitus und Wirtschaftsstil bestanden haben (und noch bestehen). Unter den Bedingungen der kulturalistischen Wenden und mit Blick auf den *religious turn* in vielen Kulturwissenschaften liegt die entscheidende Herausforderung für einen kritischen Analytiker darin, den Schein des Tatsächlichen zu durchbrechen und die überkommenen Repräsentationen und Stereotypen zu dekonstruieren. Sie lassen sich deuten als konfessionskulturelle Feindbegriffe, in denen soziale Erfahrungen, ökonomische Sehnsüchte und gruppenidentitätsstabilisierende Vorurteile zusammengefasst wurden. Oft dienten sie als Kampfbegriffe dazu, sich der erhofften Überlegenheit über die jeweils andere Konfession zu versichern. Die spezifische Leistungskraft solcher konfessionskultureller Stereotypen dürfte gerade darin liegen, dass sie hohe Übersichtlichkeit erzeugten; die Repräsentationen des Eigenen und des Anderen lassen sich insoweit auch als eine vertrauensbildende kulturelle Strategie deuten.

Sowohl in sozialhistorischen als auch in kulturhistorischen Perspektiven dürfte es wenig produktiv sein, nach irgendeiner »geschichtlichen Adäquanz« der im 18. und 19. Jahrhundert formulierten Urteile über die »Wirtschaftsethiken« der unterschiedlichen christlichen Konfessionen und ihren Auswirkungen auf den »Wohlstand« eines Landes zu fragen. Die Dauerdebatten um Max Webers *Protestantische Ethik*[16] haben erkennen lassen, dass die Frage, ob er mit seiner idealtypischen Konstruktion denn tatsächlich »Recht« habe, sehr viel weniger aufschlussreich ist als Versuche, die impliziten Axiome und zeitdiagnostischen Bezüge seiner Fragestellung zu erhellen. Theoretisch sehr viel produktiver als irgendwelche sekundäre historische Reifikation ist es, die im 18. und 19. Jahrhundert geführten Diskurse über Konfession und Ökonomie konsequent zu historisieren. Dann lautet die zentrale Frage: Warum werden in einer bestimmten Gesellschaft zum Zeitpunkt x oder y Diskurse über die wie auch immer vermittelte ökonomische Prägekraft religiösen Glaubens geführt? Wie erklärt es sich, dass eine Gelehrtenelite zwischen Religionen und Konfessionen nicht nur mit Blick auf spezifische religiöse Vorstellungsgehalte, theologische Lehren und moralische Normen, sondern auch bezüglich ökonomisch relevanter motivationeller Impulse und psychischer Energien zu unterscheiden versucht?

Ökonomiebezogene Religions- oder Konfessionsdiskurse lassen sich, so meine These, als Ausdruck einer Krisenwahrnehmung von verunsicherten kulturellen Deutungseliten verstehen. Es ist die Erfahrung blockierter Entwicklung oder relativen Entwicklungsrückstands, die Fragen nach dem in einem Gemeinwesen herrschenden Wirtschaftsstil oder dem ökonomischen Habitus und Ethos einer bestimmten sozialen Gruppe provoziert. Bei der Suche nach einer plausiblen Antwort auf die in diesem Gemeinwesen herrschende Konfession oder den die Gruppe prägenden religiösen Glauben zu rekurrieren, legt sich in genau dem Maße nahe, in dem Religion die öffentliche Festkultur, die herrschende Zeitordnung, das in den Bildungsinstitutionen tradierte Ethos und den Alltag der Bürgerinnen und Bürger prägt und durchdringt. Ökonomiebezogene Religions- oder Konfessionsdiskurse spiegeln in aller Regel elementare Erfahrungen der ganz unterschiedlichen ökonomischen Entwicklungen von Gesellschaften. Sie lassen sich als Versuche deuten, unterschiedliche ökonomische Entwicklungsprozesse auf kulturelle Faktoren zurückzuführen. Kulturelle Pfadabhängigkeit ökonomischer Entwicklungen wird hier als konfessionsspezifische Weltbildprägung und Habitusformation konzeptualisiert.

Konfessionskulturelle Diskurse gewinnen besonderes Gewicht in bi- oder trikonfessionellen Gemeinwesen, in denen sich (mögliche) Zusammenhänge zwischen Konfession, Bildung und sozialer Position beobachten lassen. Exemplarisch genannt sei Bayern im 19. Jahrhundert. Debatten über die relative ökonomische Rückständigkeit des Landes wurden hier, in Fortführung von Analysen katholischer Aufklärer des 18. Jahrhunderts, prononciert als Konfessionsdiskurse geführt, weil man seit Montgelas' Reformpolitik wissenschaftlich-technischen und ökonomischen Fortschritt entscheidend durch die sogenannten »Nordlichter« vorangetrieben sah, das heißt durch die Funktionseliten, die aus den protestantischen Territorien Norddeutschlands nach Bayern einwanderten und demonstrativ einen als spezifisch protestantisch stilisierten Geist aktivistischer Weltbemächtigung und zweckrationaler Effizienz verkörpern wollten.[17]

Religionstheoretisch inspirierte Deutungen ökonomischer Prozesse gewinnen offenkundig an Attraktions- und Faszinationskraft, wenn die Religionsmärkte einer Gesellschaft bzw. die Religionsmärkte ökonomisch ungleich entwickelter Gesellschaften durch starke Konkurrenz geprägt sind. Die Erfahrungen verschärfter Konflikte und Verteilungskämpfe auf den Religionsmärkten führten jedenfalls, wie die in diversen europäischen Gesellschaften im 19. und frühen 20. Jahrhundert aggressiv geführten Kulturkämpfe zeigen, bei vielen Intellektuellen dazu, verstärkt über konfessionelle Identität und konfessionsspezifische »Kulturwerte« nachzudenken. Exemplarisch genannt sei der berühmteste Text zur methodisch höchst umsichtig entfalteten Korrelation von konfessionellem Habitus und kapitalistischem »Geist«: Max Webers *Protestantische Ethik*.[18] Schon die Eingangspassage lässt erkennen, dass es dem Autor keineswegs nur um eine »rein historische« Analyse geht, sondern sein Forschungsinteresse entscheidend auch durch aktuelle Erfahrungen in Baden provoziert worden ist. Max Weber verfährt als Historiker des »protestantischen Geistes« denn auch keineswegs wertfrei oder werturteilsfrei. Seinem Forschungsprogramm liegt jedenfalls eine kulturprotestantische *hidden agenda* zugrunde, das Leiden daran, dass der westeuropäisch reformierte Protestantismus dem Luthertum, das heißt der in Deutschland dominierenden protestantischen Konfession, an asketischer Kraft und Konsequenz überlegen ist.[19] In der boomenden Weber-Forschung wird häufig übersehen, dass Max Weber nicht nur durch seine Familie und seinen Freundeskreis eng in kulturprotestantische Lebenswelten eingebunden war, sondern sich bisweilen auch aktiv für die öffentliche Propagierung und politische Durchsetzung kulturprotestantischer Wertideen engagierte: So beteiligte er sich beispielsweise an kulturkämpferischen Initiativen gegen die Wiederzulassung des Jesuitenordens in Baden.[20]

Auch im Falle Werner Sombarts, Georg Simmels und Ernst Troeltschs ist das Interesse an der Wirtschaftsethik der Weltreligionen und hier speziell der unterschiedlichen christlichen Konfessionen stark geprägt von aktuellen Erfahrungen der Krisen kapitalistischer Modernisierung. Die intensive intellektualhistorische Erforschung der Denkwelten dieser Klassiker der »Historischen Kulturwissenschaften« legt es nahe, sich reflexiv zu ihren Konzepten und methodischen Angeboten zu verhalten und die naiv gegenständliche Frage »Hatten sie Recht?« durch die Frage »Was lässt sich aus ihren Krisendeutungen für die eigene Theoriebildung lernen?« abzulösen. Zugespitzt formuliert geht es dann um eine Deutung der in den letzten zwanzig Jahren bei vielen Ökonomen zu beobachtenden Verabschiedung jenes *Homo oeconomicus*, der als bloßer hart kalkulierender Nutzenmaximierer und egofixierter Interessenagent modelliert worden war. Wie lässt es sich erklären, dass Ökonomen verstärkt kulturalistische Perspektiven einnehmen?[21]

Systematische Ökonomen sind in ihrer Theorieproduktion nur hochgradig naiv, wenn sie nicht die Frage aufwerfen, warum sie zu einem bestimmten Zeitpunkt überkommene theoretische Modelle kritisch sichten, neue Wahrnehmungsperspektiven konstruieren und bis dahin favorisierte Deutungsmuster reformulieren oder preisgeben. Wenn in Kritik eines rein mathematisch abstrakten, von aller kulturellen *embeddedness* abstrahierenden Selbstverständnisses der Ökonomie nun eine neue Historisierung oder Kulturalisierung gefordert wird, gewinnen die eingeklagten Historisierungsstrategien jedenfalls nur insoweit an Plausibilität, als sie reflexiv, mit der Bereitschaft und Fähigkeit zur Selbsthistorisierung, entworfen werden. Sollen die kulturalistischen Wenden mehr als nur eine neue Theoriemode neben anderen sein, ist von Ökonomen jedenfalls eine Selbstreflexivität verlangt, die sich als Fähigkeit zur Selbstanwendung der eigenen theoretischen Leitannahmen und als Bereitschaft zur Selbsthistorisierung charakterisieren lässt.

4. Religious economics

Die Frage »Beeinflussen religiöse Weltbilder den ökonomischen Habitus?« lässt sich mit Blick auf die vor allem in den USA geführten Debatten über die moderne »Religionsökonomie« auch umformulieren: Sind die Wahlentscheidungen, die Menschen auf Religionsmärkten treffen, auch durch ökonomische Erwägungen motiviert?

Der in Boston lehrende Soziologe Peter L. Berger hat vor vierzig Jahren den Vorschlag unterbreitet, die ökumenischen Bewegungen des 20. Jahrhunderts in ökonomischen Kategorien zu deuten.[22] Das von ihm entwickelte *Economic-Culture*-Konzept[23] hatte Berger auf die These hin zugespitzt, dass sich ökonomische Institutionen nur dann angemessen verstehen lassen, wenn sie in ihrer kulturellen Einbettung gesehen und die kulturspezifischen *cognitive maps* oder *belief systems* der Akteure, also Wertorientierungen, Ideen, Zukunftserwartungen in den Blick genommen würden. Stellen religiöse Glaubensüberzeugungen und Wertorientierungen einen wichtigen Kontext ökonomischen Handelns und ökonomischer Institutionenbildung dar, dann müssen sich umgekehrt auch religiöse Institutionen in ökonomisch informierten Perspektiven analysieren lassen. Glaubensgemeinschaften und fromme Individuen müssen sich, so Bergers These, darauf hin befragen lassen, inwieweit ihr Handeln und Denken auch (oder: entscheidend auch) durch ökonomische Interessen und Nutzenkalküle geprägt ist. Berger konkretisierte dieses Theorieprogramm zunächst mit Blick auf die ökumenischen Bewegungen des 20. Jahrhunderts. Nach jahrhundertelangen harten Konkurrenzkämpfen hätten die Kirchen im frühen 20. Jahrhundert ökumenische Kontakte geknüpft, um durch Kooperation Marktchancen zu sichern und sich gemeinsam vor missliebiger neuer Konkurrenz zu schützen. In den USA ließen sich teils Fusionen kleinerer Kirchen beobachten, teils pragmatische Zusammenarbeit zwischen den Administrationen und Geistlichen unterschiedlicher Kirchen. Auch seien von Theologen Visionen entwickelt worden, durch Ökumene wieder eine Monopolstellung der christlichen Kirchen auf den pluralen Religionsmärkten der Moderne zu erringen.

Bergers faszinierende Vorschläge, die Ökumene-Politik der christlichen Kirchen als interessengeleitetes zweckrationales Handeln zu deuten, das ökonomischen Motiven wie etwa Kostensenkung, Gewinnsteigerung und Sicherung oder Ausbau von Marktanteilen auf den pluralen Sinnmärkten offener Gesellschaften folgt, wurden seit den 1970er Jahren von nordamerikanischen Religionswissenschaftlern und Ökonomen zu einer eigenständigen *religious economics* fortentwickelt. Religionsökonomen wie Laurence R. Iannaccone, Roger Finke und Rodney Stark wollen die Strategien des *Selling God* durch institutionelle Akteure auf Religionsmärkten, also das Marketing von Kirchen, »Sekten« und freien Predigern untersuchen.[24] Gefragt wird zunächst nach den spezifischen Gütern, die auf Religionsmärkten angeboten werden: Lebenssinn, Erlösungsgewissheit, Seelenfrieden, Seelenheil, Selbstvertrauen und krisenresistente Glaubensgewissheit. Die auf Religionsmärkten agierenden Anbieter offerieren aber nicht allein psychisch relevante »innerliche« Güter, sondern in aller Regel zugleich auch relevante Sozialgüter wie die Einbindung in religiöse Netzwerke, kompetente diakonische Betreuung und bergende Solidargemeinschaft. Neben der Anbieterseite nimmt die *Economics of Religion* methodisch eindrucksvoll differenziert auch die Konsumentenseite in den Blick. Welche Güter werden von religiösen Konsumenten gewählt? Wie lassen sich die Wahlentscheidungen theoretisch modellieren? Zugespitzt formuliert: Lässt sich die Wahl von so irrational wirkenden Gütern wie Heilsgewissheit oder Befreiung von Gerichtsangst mit den Mitteln der *Rational-choice*-Theorie verständlich machen? Wie sind mit Blick auf religiöse Konsumentscheidungen Begriffe wie Nutzen und Nutzenmaximierung zu fassen?

Die Rede von Religionsmärkten setzt voraus, dass Konsumenten religiöse Güter begehren und in der Wahl des jeweils erworbenen religiösen Gutes frei sind. Vielen deutschen Kulturwissenschaftlern fällt es schwer, sich diese Vorstellung zu Eigen zu machen, da sie Religion und Konfession als eine lebensgeschichtliche Konstante deuten, die sich kaum freier Wahl, sondern entscheidend der Fremdbestimmung durch Eltern oder andere Ältere verdankt; als Wahl kommt im deutschen Kontext höchstens der Akt des Austritts aus der Kirche, in die man hineingeboren wurde, oder einer anderen Religionsgemeinschaft in den Blick. Lässt sich unter deutschen Bedingungen der *Homo religiosus* mit Konzepten eines nutzenorientierten *Homo oeconomicus* deuten? Oder sind hier Differenzierungen einzuklagen, die die vielfältigen sozialkulturellen Prägungen und überkommenen Identitätsmuster in den religiösen Bindungen eines Menschen wahrzunehmen erlauben?

Wie auch immer man diese Fragen beantwortet – die *Economics of Religion* hat insoweit große analytische Gewinne erbracht, als sie für die extrem hohe Wandlungsdynamik in den »religiösen Feldern« moderner Gesellschaften sensibilisiert hat. Sie hat auf der Anbieterseite der *Religious Economy* präzise zwischen *winners and losers* zu unterscheiden gelehrt und insbesondere zeigen können, dass verstärkte Konkurrenz zwischen religiösen Anbietern auch eine höhere Nachfrage nach religiösen Gütern stimuliert.[25] Sie hat eindimensionale Modelle der Religionsgeschichten der Moderne, etwa Konzepte fortschreitender Säkularisierung oder Entkirchlichung, durch sehr viel differenziertere Modellierungen historischen Religionswandels abgelöst. Für multireligiöse Gesellschaften mit hohen Konversionsraten und mit Blick auf die zum Teil dramatisch schnelle Durchsetzung neuer religiöser Bewegungen in vielen Gesellschaften der Dritten und Vierten Welt hat die *Economics of Religion* eine analytische Erschließungskraft für religiöse Phänomene entwickelt, die andere religionstheoretische Konzepte nicht – oder genauer: jedenfalls bisher nicht – zu entfalten vermochten.

Dies soll abschließend mit Blick auf die Konsumentenseite religiöser Märkte verdeutlicht werden. Akademische Religionsexperten wissen in aller Regel nur wenig darüber zu sagen, nach welchen Kriterien Menschen auf Religionsmärkten ihre Wahlentscheidungen treffen. Die Forschungen, die der britische Religionssoziologe David Martin zu den massiven Konversionsbewegungen in zahlreichen lateinamerikanischen Gesellschaften initiiert hat, lassen erkennen, dass für den Übergang aus der Religionsgemeinschaft, in die man hineingeboren wurde, zu einer anderen, ausdrücklich gewählten Religionsgemeinschaft neben spezifisch religiösen Motiven auch die in einer Kirche, Gemeinde oder Sekte jeweils vermittelte und gepflegte *moral economy* eine entscheidende Rolle spielt.[26] Konversion ist nicht allein durch die größere Faszinationskraft von Predigern oder die bessere Qualität der erhofften Heilsgüter motiviert. Martin und seine Mitarbeiter hatten in verschiedenen brasilianischen Städten Frauen aus den Unterschichten nach ihren Beweggründen gefragt, die römisch-katholische Kirche, in die sie hineingetauft und in deren Religionskultur sie sozialisiert worden waren, zu verlassen und in kleinere protestantisch-pfingstlerische oder charismatische Gemeinschaften einzutreten. Neben genuin religiösen Erfahrungen und Hoffnungen – etwa der Erfahrung einer qualitativ ganz anderen, äußerst intensiven Gegenwart von Gottes heilendem Geist – verwiesen diese Frauen sehr häufig auch auf Konversionsgründe, die stark an der intendierten moralischen Lebensführung und deren langfristigem Nutzen orientiert waren. »Damit es meinen Kindern einmal besser geht«, oder: »Ich möchte, dass meine Enkelkinder einmal eine gute Schulausbildung erhalten«, lauteten solche Antworten. Sie wurden von ›einfachen‹ Frauen formuliert, die niemals die Namen Max Webers oder Ernst Troeltschs gehört oder gar irgendeine Zeile von Edward P. Thompsons Analysen der *moral economy* gelesen hatten. Gleichwohl war ihnen präzise bewusst, dass die in den kleinen protestantischen Gemeinschaften gepflegte Religionskultur sehr starke moralische Bindungskräfte entfaltete und einen Habitus innerweltlicher Askese privilegierte, der in seinen sozialdisziplinierenden Wirkungen über kurz oder lang auch ökonomisch relevante *benefits* mit sich brachte. Frauen gingen auch deshalb aus der römisch-katholischen Kirche in die protestantischen Gemeinden über, weil hier ein anderes Geschlechterverhältnis gelebt wurde und sie hofften, über die eigene Konversion und die religiöse Sozialisation der Kinder in der neuen Gemeinde nach und nach auch ihren Ehemann davon überzeugen zu können, protestantisch zu werden. Die den neuen protestantischen »Sekten« angehörenden Männer rauchten nicht mehr, hatten das exzessive Trinken eingestellt und führten wieder ein monogames Leben, so dass ihr Lohn exklusiv der Familie zugute kam. David Martin beobachtete hier sich selbst verstärkende Effekte: Indem in den protestantischen Sekten eine innerweltlich-asketische Lebensführung prämiert wurde, bildeten diese Gemeinden auch Kristallisationskerne für Wohlstandsgewinn und sozialen Aufstieg. Über die sehr dichten Netzwerke der Solidarität, die in und zwischen diesen Gemeinden geknüpft wurden, konnten Arbeitslose Arbeitsstellen finden. Auch wurden Strukturen der Verlässlichkeit geschaffen, die es ermöglichten, die mit Alter und Krankheit verbundenen Lasten gemeinsam zu tragen. Hier wurde, anders formuliert, auf kleinem Raum erfolgreich Sozialkapital gebildet und vermehrt. Gerade darin lag über das Religiöse im engeren Sinne hinaus die spezifische Attraktivität dieser kleinen protestantischen Lebenswelten. Dass in diesen Gemeinschaften immer auch starker moralischer Druck, repressiver Anpassungszwang und hohe Sozialkontrolle herrschten, ist damit nicht negiert.

»Beeinflussen religiöse Weltbilder den ökonomischen Habitus?« Die Debatten um die *Economics of Religion* legen es nahe, die Frage gedankenspielerisch einmal umzudrehen: »Beeinflusst der ökonomische Habitus religiöse Weltbilder?«, oder anders formuliert: »Kann sich ein frommes Individuum dauerhaft ein ökonomisch dysfunktionales religiöses Weltbild leisten?« Auf diese Fragen gibt es noch keine zureichenden Antworten, und sie werden in den mit Religionsdeutung beschäftigten Kulturwissenschaften bisher erst sehr zaghaft gestellt. Aber man muss sie aufwerfen, um die hohe Wachstumsdynamik auf den Religionsmärkten in vielen Ländern vor allem der Dritten und Vierten Welt deuten zu können. Deutlich ist: Religiös fundierte moralische Orientierungen und religiöse Überlieferungen lassen sich, im Sinne von Douglas C. North, als relevante informale Institutionen deuten, die die Wahlmöglichkeiten der Individuen begrenzen, aber auch neue Anreizmechanismen stimulieren können. Religion spielt so beispielsweise eine wichtige Rolle dabei, ob man im Sinne eines dezidiert luxusorientierten Lebensstils durch *con-*

sumerism Sinnerfüllung zu gewinnen hofft und in die »Tempel der Kauflust« pilgert.[27] Religiöser Glaube prägt Arbeitsmoral, Zeitökonomie und Konzepte moralisch legitimen Gewinns. Er prägt, wie klassisch das Beispiel des Islams zeigt, die Vorstellungen des Umgangs mit Geld, vom Geldverleihen und Schuldenmachen bis hin zur Frage von Zins und Zinseszins.[28] Auch mag er je eigene *spirits* der unterschiedlichen Typen des modernen Kapitalismus entscheidend prägen.[29]

Aber mögliche Vermittlungszusammenhänge zwischen religiösen Weltbildern und ökonomischen Habitus sind erst dann zureichend erfasst, wenn Antworten auf die schwierige Frage entwickelt werden, wie in die Präferenzentscheidungen für bestimmte religiöse Güter auch höchst »irdische« ökonomische Nutzenkalküle einfließen. In aller Regel wählen fromme Menschen niemals nur Heilsgüter im engeren Sinne. Gewiss wollen sie durch Bildung und Mehrung symbolischer Kapitalien einen eschatologischen Mehrwert erlangen und beispielsweise das ewige Leben gewinnen oder sich einen Platz im Himmel sichern. Solche symbolischen Kapitalien erbringen aber immer auch innerweltliche Gewinne für die Strukturierung der individuellen Lebensführung. Sie verhelfen dazu, zwischen schneller spontaner Befriedigung und langfristiger Nutzenorientierung zu unterscheiden, werfen hohe Zinsen für die moralische Ökonomie des Individuums ab und stärken damit auch die Chancen auf sozialen Aufstieg.

»Beeinflussen religiöse Weltbilder den ökonomischen Habitus?« Meine Antwort lautet: Wenn religiöse Weltbilder jene »internen kulturellen Institutionen« mitformen, in die ökonomisches Handeln immer schon eingebettet ist, dann muss mit der Prägekraft religiöser Gewissheiten für den ökonomischen Habitus zugleich auch die umgekehrte Prägung religiöser Weltdeutung durch die elementaren Hoffnungen auf ein besseres Leben in Wohlstand und Freiheit gesehen werden. »Das Jenseits ist die Kraft des Diesseits«,[30] schrieb Ernst Troeltsch im Schlussabschnitt seiner *Soziallehren der christlichen Kirchen und Gruppen*. Man muss hinzufügen: Das Diesseits prägt auch die Bilder vom Jenseits, das religiöse Menschen zu gewinnen suchen.

Anmerkungen

1 Zum »allgemeinen Äquivalent« Karl Marx, *Das Kapital. Kritik der politischen Ökonomie*, Erster Band, Buch 1: Der Produktionsprozess des Kapitals, Karl Marx/Friedrich Engels, *Werke*, Bd. 23, Berlin 1969, S. 81–85; zum Gedankengang Falk Wagner, *Geld oder*

Gott? Zur Geldbestimmtheit der kulturellen und religiösen Lebenswelt, Stuttgart 1985, besonders S. 134–147.

2 Dazu grundlegend Douglas C. North, *Institutionen, institutioneller Wandel und Wirtschaftsleistung*, Tübingen 1992.

3 Zu den Religionsgeschichten der Moderne Friedrich Wilhelm Graf, *Die Wiederkehr der Götter. Religion in der modernen Kultur*, München 2004.

4 Als gewichtige Ausnahme ist vor allem zu nennen Richard Henry Tawney, *Religion and the Rise of Capitalism*, London 1927. Methodisch eher problematisch Alfred Müller-Armack, *Religion und Wirtschaft. Geistesgeschichtliche Hintergründe unserer europäischen Lebensform*, Stuttgart 1959.

5 Dazu Knut Borchardt, Anerkennung und Versagen. Ein Jahrhundert wechselnder Einschätzungen von Rolle und Leistung der Volkswirtschaftslehre in Deutschland, in: Reinhard Spree (Hg.), *Geschichte der deutschen Wirtschaft im 20. Jahrhundert*, München 2001, S. 200–222.

6 Vgl. Dietrich Rössler, *Vernunft der Religion*, München 1976.

7 Hermann Lübbe, *Religion nach der Aufklärung*, Graz 1986.

8 Zur Sozialkapital-Debatte siehe neben den klassischen Arbeiten von Jane Jacobs, *The Death and Life of Great American Cities*, New York 1961; Robert D. Putnam, Bowling Alone, in: *J. of Democracy* 6, 1995, S. 65–78; und James S. Coleman, *Grundlagen der Sozialtheorie*, Bd. 1: Handlungen und Handlungssysteme, München 1991; auch Friedrich Wilhelm Graf u. a. (Hg.), *Soziales Kapital in der Bürgergesellschaft*, Stuttgart 1999.

9 Niklas Luhmann, *Vertrauen. Ein Mechanismus der Reduktion sozialer Komplexität*, 3. A., Stuttgart 1989.

10 Als einen »Mechanismus zur Stabilisierung unsicherer Erwartungen« ist Vertrauen prägnant von Tanja Ripperger gedeutet worden: Tanja Ripperger, *Ökonomik des Vertrauens. Analyse eines Organisationsprinzips*, Tübingen 1998, besonders S. 13.

11 Francis Fukuyama, *Trust. The Social Virtues and the Creation of Property*, New York 1995; Anthony Giddens, *Konsequenzen der Moderne*, Frankfurt am Main 1995; Barbara A. Misztal, *Trust in Modern Societies*, Cambridge 1996; und Diego Gambetta (Hg.), *Trust. Making and Breaking Cooperation Relations*, Oxford 1998. Zur deutschen Rezeption der in den USA und in Großbritannien geführten Debatten Martin Hartmann u. a. (Hg.), *»Vertrauen«. Die Grundlage des sozialen Zusammenhalts*, Frankfurt am Main 2001; und Ute Frevert (Hg.), *Vertrauen. Historische Annäherungen*, Göttingen 2003. Vgl. auch den Beitrag von Hartmut Berghoff in diesem Band.

12 Siehe dazu Amy Gutmann (Hg.), *Freedom of Association*, Princeton 1998.

13 Dazu siehe zum Beispiel Jörg M. Winterberg, *Religion und Marktwirtschaft. Die ordnungspolitischen Vorstellungen im Christentum und Islam*, Baden-Baden 1994.

14 Friedrich Wilhelm Graf, [Art.] Protestantismus II. Kulturbedeutung, in: *Theologische Realenzyklopädie* 27, 1997, S. 551–580.

15 Vgl. Wagner, *Geld oder Gott?*

16 Philippe Besnard, *Protestantisme et Capitalisme. La Controverse post-Weberienne*, Paris 1970; Robert W. Green (Hg.), *Protestantism, Capitalism, and Social Science. The Weber Thesis Controversy*, Lexington Mass., 2. A. 1973; Gordon Marshall, *In Search of the*

Spirit of Capitalism. An Essay on Max Weber's Protestant Ethic Thesis, London 1982; Freddy Raphael, *Judaisme et Capitalisme. Essai sur la Controverse entre Max Weber et Werner Sombart*, Paris 1982; Wilhelm Hennis, *Max Webers Fragestellung. Studien zur Biographie des Werks*, Tübingen 1987; Scott Lash/Sam Whimster (Hg.), *Max Weber. Rationality and Modernity*, London 1987; Hartmut Lehmann/Günther Roth (Hg.), *Weber's Protestant Ethic. Origins, Evidence, Contexts*, 2. A., Cambridge 1995; Hans-Christoph Schröder, Max Weber und der Puritanismus, in: *GG* 21, 1995, S. 459–478; und Hartmut Lehmann, *Max Webers Protestantische Ethik. Beiträge aus der Sicht eines Historikers*, Göttingen 1996.

17 Gerhard Müller u. a. (Hg.), *Handbuch der Geschichte der Evangelischen Kirche in Bayern*, Bd. 2: 1800–2000, St. Ottilien 2000; Hans-Michael Körner, *Staat und Geschichte in Bayern im 19. Jahrhundert*, München 1992; und Friedrich Wilhelm Graf, Puritanische Sektenfreiheit versus lutherische Volkskirche. Zum Einfluss Georg Jellineks auf religionsdiagnostische Deutungsmuster Max Webers und Ernst Troeltschs, in: *Zs. für Neuere Theologiegesch.* 9, 2002, S. 42–69.

18 Max Weber, *Die protestantische Ethik und der »Geist des Kapitalismus«*. Textausgabe auf der Grundlage der ersten Fassung von 1904/05 mit einem Verzeichnis der wichtigsten Zusätze und Veränderungen aus der zweiten Fassung von 1920, hg. von Klaus Lichtblau, 2. A., Weinheim 1996.

19 Friedrich Wilhelm Graf, Max Weber und die protestantische Theologie seiner Zeit, in: *Zs. für Religions- und Geistesgesch.* 39, 1987, S. 122–147.

20 Vgl. Erklärungen gegen die Zulassung von Männerorden in Baden, in: Max Weber, *Wirtschaft, Staat und Sozialpolitik. Schriften und Reden 1900–1912*, in: Max Weber, *Gesamtausgabe*, Abt. I, Bd. 8, hg. von Wolfgang Schluchter u. a., Tübingen 1998, S. 406–413.

21 Besonders faszinierend sind hier die Arbeiten von Hansjörg Siegenthaler, vor allem Hansjörg Siegenthaler, *Regelvertrauen, Prosperität und Krisen. Die Ungleichmäßigkeit wirtschaftlicher und sozialer Entwicklung als Ergebnis individuellen Handelns und sozialen Lernens*, Tübingen 1993; und ders., Geschichte und Ökonomie nach der kulturalistischen Wende, in: *GG* 25, 1999, S. 276–301.

22 Peter L. Berger, A Market Model for the Analysis of Ecumenicity, in: *Social Research* 30, 1963, S. 77–93.

23 Stringent zusammengefasst in ders., *The Capitalist Revolution. Fifty Propositions about Prosperity, Equality and Liberty*, New York 1986.

24 Zur Einführung Laurence R. Iannaccone, Religious Markets and the Economics of Religion, in: *Social Compass* 39, 1992, S. 123–131. Zum theoretischen Hintergrund der *Economics of Religion* siehe Gary S. Becker, *Human Capital*, 2. A., New York 1975; und ders., *The Economic Approach to Human Behaviour*, Chicago 1976.

25 Dazu siehe Roger Finke/Rodney Stark, *The Churching of America, 1770–1990. Winners and Losers in Our Religious Economy*, New Brunswick 1992.

26 David Martin, *Tongues of Fire. The Explosion of Protestantism in Latin America*, Oxford 1990.

27 Helmut Frei, *Tempel der Kauflust. Eine Geschichte der Warenhauskultur*, Leipzig 1997.

28 Dazu instruktiv Muhamed Ariff (Hg.), *Islamic Banking in Southeast Asia*, Singapore 1988.

29 S. Gordon Redding, *The Spirit of Chinese Capitalism*, Berlin 1990; und Francis Fukuyama, *Konfuzius und Marktwirtschaft*, München 1995.

30 Ernst Troeltsch, *Die Soziallehren der christlichen Kirchen und Gruppen*, Gesammelte Schriften Bd. 1, Tübingen 1912, S. 979.

Unternehmenskulturen im internationalen Vergleich – oder integrale Unternehmensgeschichte in typisierender Absicht?

Thomas Welskopp

»Unternehmenskultur« hat seit den 1980er Jahren Konjunktur.[1] Die betriebswirtschaftliche Managementforschung erhoffte sich von diesem Konzept handlungsleitende Orientierung, um Steuerungsdefizite der Unternehmen, insbesondere im Umgang mit »Principal-Agent«-Problemen, auszugleichen.[2] Das geschah mit verunsichertem Blick auf vermeintlich überlegene japanische Formen der Unternehmensleitung.[3] Angesichts der »Asien-Krise« spricht davon heute niemand mehr. Aber aus diesen historischen Umständen erklärt sich das aktuelle Interesse an »Wirtschaftskulturen« und »Wirtschaftsstilen«, das eine allgemeinere international vergleichende Perspektive in die Diskussion gebracht hat.

1. Chancen und Grenzen des Konzepts in der Unternehmensgeschichte

Seit einigen Jahren gibt es Tendenzen, das ökonomische Konzept der »Unternehmenskultur« für die deutsche Unternehmensgeschichte nutzbar zu machen.[4] Für Wirtschaftshistoriker war dieser Zugang aus zwei Gründen attraktiv: Zum einen reflektierte er eine überfällige Öffnung der Ökonomie gegenüber Gesichtspunkten, die in der mikroökonomischen Theoriebildung zuvor keine Rolle gespielt hatten. Institutionelle Arrangements, Recht, Rituale und Werte stießen nun auf Interesse. Das Unternehmen als sozialer Kosmos mit einer eigenen Identität und Lebenszeit rückte ins Blickfeld, also das, womit sich Unternehmenshistoriker eigentlich schon immer beschäftigt hatten. Der Trend zur »Unternehmenskultur« signalisierte eine Aufwertung historischer Faktoren bei der Analyse von Unternehmensentwicklungen – und damit natürlich auch der Unternehmensgeschichte selbst – im Diskurs der Ökonomie. Zum anderen verhieß der Ansatz einen analytischen Rahmen für die Unternehmensgeschichtsschreibung, den diese traditionell eher theoriearme Disziplin gut brauchen konnte. Er hatte den Charme, in der Ökonomie auf Akzeptanz zu stoßen und die Unternehmensgeschichte nach langer Zeit wieder an die aktuelle Theoriediskussion anzuschließen.[5] Darüber hinaus bot er ein Dach, unter dem sich die modellasketische Auslegung neuerer historisierender Theorieansätze, vor allem der *Neuen Institutionenökonomie*, und »weichere«, empirisch dichtere Zugänge zu historischen Unternehmen, wie sie die Unternehmensgeschichte der letzten zehn Jahre entwickelt hatte, zusammenfinden konnten.[6]

Überdies scheint die Suche nach einer Syntheseperspektive die unternehmenshistorische Rezeption angespornt zu haben. Kleine Untersuchungseinheiten, spezialisierte Zugriffe oder spezifische Forschungsfelder konnten unter Verweis auf den Fluchtpunkt der »Unternehmenskultur« aus ihrer Isolierung geholt und miteinander in Beziehung gesetzt werden.[7] Die Geschichte einer Firma, betriebssoziologische Perspektiven der »Mikropolitik«-Forschung oder ältere Untersuchungsgegenstände wie die »betriebliche Sozialpolitik« ließen sich auf diese Weise einer überbetrieblichen Phänomenologie zuordnen, für die ein Katalog von Generalisierungen bereits zur Verfügung stand – wenn man sich an der ökonomischen Literatur orientieren wollte – oder die zu eigener begrifflicher Abstraktion und Typenbildung einlud.[8] »Unternehmenskultur« verführte zugleich zu einem kühnen Spagat, denn einerseits strebte man, Unternehmensgeschichte mit Hilfe dieses Bezugsrahmens *ökonomischer* zu machen, andererseits lockte die Kulturgeschichte mit ihren modischen Sichtweisen, die von der Ökonomie weggeführt hatten, um sich den konstruierten Welten der Diskurse, Bedeutungen und Identitäten zuzuwenden. Idealerweise konnte die »Unternehmenskultur« dazu verhelfen, eine disparate Unternehmensgeschichte zu integrieren, mikroökonomisch neu zu fundieren, theoretisch aufzurüsten und im selben Atemzug als eine zeitgemäße wirtschaftshistorische Kulturgeschichte im neuen *Mainstream* zu verankern.[9]

Das sind überaus zustimmungsfähige Ziele. Die Frage bleibt, ob die vorgezeichneten Wege dahin führen. Die betriebswirtschaftliche Unternehmenskulturforschung hat ihre eigenen Probleme hervorgebracht. Sie beginnen beim Begriff der »Kultur«. Im Grunde stehen in der Ökonomie zwei Auffassungen nebeneinander. Eine fordert, kulturelle Kategorien als Variablen in die ökonomische Modellbildung einzubeziehen und damit an das traditionelle neoklassische Denken anschlussfähig zu machen. Das bedeutet, »Kultur« eng und präzise zu fassen, um sie in Faktoren lokalisieren und ihr kausales Gewicht beimessen zu können. So verfährt im Grunde die *Neue Institutionenökonomie*. In ihren Kategorien des unvollständigen Vertrags, des »Principal-Agent«-Problems oder der Normen, Werte und Rituale ist »Kultur« – ebenso wie »Geschichte« – als tendenziell ökonomisch messbare Größe enthalten.[10] Das setzt dem phänomenologischen Spektrum, das ein solcher Kulturbegriff ausleuchtet, sehr enge Grenzen. Unternehmenshistoriker werden »Unternehmenskultur« nicht auf Minimierungsprobleme der Transaktions- oder Opportunitätskosten beschränken wollen. Das wäre eine reduktionistische Sicht sowohl auf die »Kultur« als auch auf »Unternehmen«.[11]

Die andere Position appelliert an »Kultur«, um zu Erklärungen unternehmensinterner Prozesse zu kommen, die sich dem konventionellen theoretischen Rüstzeug der Ökonomie entziehen. Phänomene außerhalb der neoklassischen Begrifflichkeit, aber auch einer schematisch vorgehenden *Institutionenökonomie*, erscheinen dann als Produkte einer zunächst ominösen »Unternehmenskultur«. Ominös aus drei Gründen: Erstens liegt ihr Ort *außerhalb* des ökonomischen Kernbereichs, also außerhalb dessen, was ein Unternehmen auch in den Augen der *Institutionenökonomie* ausmacht. Zweitens kommt der »Kultur« gemäß dieser Prämisse eine *residuale Bedeutung* als *Catch-all*-Kategorie zu für all das, was die traditionellen Begriffe nicht abdecken. Drittens wird ihr *trotzdem* eine kausale Kraft zugeordnet. Bei näherem Hinsehen ergibt sich, dass auch diesem aufgeblähten Kulturverständnis ein Reduktionismus innewohnt, der aus dem hergebrachten methodologischen Individualismus der Ökonomie rührt. Sobald »Kultur« aus dieser »weiten« Sicht ins Spiel kommt, wird sie individualisiert und psychologisiert. »Kultur« entpuppt sich als schlichte Erweiterung des *Rational-choice*-Akteurs ins Reich der Präferenzen *(beliefs)* und Prägungen *(values)*.[12]

Durch die betriebswirtschaftliche Brille betrachtet, erscheint »Unternehmenskultur« als Führungsproblem, mit dem man umgehen muss, weil es den Erfolg oder Misserfolg eines Unternehmens wesentlich erklärt und auf den ökonomischen Kernbereich Einfluss ausübt. Beide Lesarten von »Kultur« sind sich einig, dass sie einerseits »Unternehmenskultur« maßgeblich als Produkt strategischen Managementhandelns, als »Ergebnis von Führungsprozessen«, begreifen und andererseits die Erzeugung und Pflege einer solchen »Kultur« mit dem Management »weicher« Faktoren, der Vermittlung von Vertrauen und Werten durch Ideen, Leitsätze, Legenden und Rituale, gleichsetzen.[13]

Daran mag deutlich werden, dass die Unternehmensgeschichte an das Konzept der »Unternehmenskultur« vielleicht ganz andere Anforderungen stellt als die Ökonomie. Bei der Unternehmensgeschichte liegt das Gewicht eher auf der Synthese als der kausalen Analyse. Ihr ist an der Erfassung phänomenologischer Breite gelegen und weniger an Operationalisierbarkeit. Sie strebt überhaupt erst einen tragfähigen Begriff des »Unternehmens« an und sollte ihn deshalb nicht gleich wieder modelltechnisch verengen. Es stellt sich auch die Frage, inwieweit die wirtschaftshistorische Forschung überhaupt Anleihen *aus der Ökonomie* bedarf, um sich mit dem nötigen theoretischen Rüstzeug zu versehen. Manche Wirtschaftshistoriker betrachten die Unternehmensgeschichte als retrospektive Ökonomie und wollen sie auf einen mikroökonomischen Theoriekanon verpflichten. Andere plädieren dafür, sie gegenüber interdisziplinären Theorieangeboten zu öffnen, um damit die Ökonomie selber zu historisieren.[14] Ihr Argument lautet, dass eine der ökonomischen Theorieentwicklung hinterher hechelnde Unternehmensgeschichte letztlich nicht den »blinden Fleck« der Wirtschaftswissenschaften erleuchten kann, der sie eher zum Teil des Spiels als zu dessen Beobachter macht.[15] Der spezifische Beitrag der Wirtschafts- und Unternehmensgeschichte zum historischen Verständnis ökonomischen Handelns könnte gerade darin liegen, *dieses aus einer anderen als einer wirtschaftswissenschaftlichen Perspektive* zu betrachten.[16]

Auch die Anwendungsorientierung eines großen Teils der betriebswirtschaftlichen Forschung, die »Kultur« in den 1980er Jahren zu einem Modebegriff aufgebläht hat, bleibt der Unternehmensgeschichte eher fern. Sie hat sich auch nie an die unseriösen Trendsetter gehängt. Aber eine Grundausrichtung lässt sich aus dieser Forschung insgesamt nicht herausrechnen. Diese bildet eine dreischrittige Stufenfolge ab: Der Entdeckung der »Unternehmenskultur« in der Managementlehre lag die Einsicht zugrunde, dass es sich bei Unternehmen nicht um rein »rationale Ordnungen«, sondern soziale Beziehungsgeflechte mit erheblichen, durch strategische Lenkung von oben nicht beherrschbaren Ungewissheitszonen handelt.[17] »Unternehmenskultur« erschien also zunächst als *Forschungsproblem*. Daraus wurde in einem zweiten Schritt ein *Führungsproblem*, abgeleitet aus dem Schluss, dass »Management als systematische Kombination von zentraler Planung, schrittweiser Realisierung und gründlicher Kontrolle [vorbei]« sei.[18] Der dritte Schritt bestand darin, den analytischen Rahmen darauf auszurichten, das *Führungs*- und nicht das *Forschungs*problem zu lösen. In der Perspektive sollte das Management die Fähigkeit erwerben, mit einem neuen Führungsstil, das auf die beobachteten kulturellen Arrangements einging und sie nutzte, sein Steuerungsdefizit zu kompensieren.[19]

Das ist den Unternehmenshistorikern nicht entgangen. Im Gegenteil kritisieren sie ausdrücklich Tendenzen in der wirtschaftswissenschaftlichen Literatur, die »Unternehmenskultur« als »universal einsetzbares ›Werkzeug der Mitarbeiterführung‹« konzipieren, als jederzeit manipulierbares Produkt bewusster Managementpolitik.[20] Man wehrt sich entschieden gegen ein allzu instrumentalistisches und funktionalistisches Verständnis. Demgegenüber hat sich ein spezifisch historischer Sprachgebrauch eingebürgert, der das Konzept als begriffliches Dach benutzt, unter dem historisch-konkrete Ausprägungen wie »Paternalismus«, »betriebliche Sozialpolitik«, »soziale Betriebspolitik«, »human engineering“ und »human relations«, »Werks- und Betriebsgemeinschaft« bis hin zum »neuen Betriebsklima« und den »industriellen Beziehungen« der Mitbestimmungsära ihren Platz finden.[21] Auch Herbert Matis' Versuch einer unternehmenshistorischen Aneignung läuft auf ein sechsgliedriges Schema pauschaler Typenkonzepte hinaus, für die »Unternehmenskultur« letztlich nur ein wenig aussagefähiger Sammelbegriff ist.[22] Gemeinhin sind die unternehmenshistorischen Ambitionen jedoch weiter gesteckt. Man will mit der ökonomischen Theorie im Rücken »Unternehmenskultur« zu einem analytischen Rahmen ausarbeiten, auch wenn dies Abweichungen von deren Semantik erfordert.

Trotzdem liegt gerade darin die Gefahr, perspektivische Verkürzungen aus der betriebswirtschaftlichen Forschung zu übernehmen, die man als Unternehmenshistoriker sogar erkennt und anficht, empirisch vermeidet und dann doch durch die Hintertür einschleppt, und sei es in der Form eines nachlässigen Sprachgebrauchs. Anne Nieberdings *Unternehmenskultur im Kaiserreich* beispielsweise, ein Vergleich der betrieblichen Sozialpolitik zweier Unternehmen, der in seinen empirischen Teilen die Instrumentalisierungsthese nachdrücklich in Frage stellt[23], erscheint in einer Rezension als Versuch, zu zeigen, wie »die *Wahl einer bestimmten Kultur* für das Unternehmen eine *Strategie* [sein kann], die es ihm erlaubt, Agenten an sich zu binden und so Vorteile im Hinblick auf die unternehmensinternen Transaktionskosten« zu erzielen.[24] Hier erweist sich die semantische Kraft einer gewohnten Begriffsverwendung als zäher denn alle Nuancierungen und empirischen Befunde. Auch Hartmut Berghoff überschreitet in seinem Sprachgebrauch unwillkürlich die Grenze zwischen einem heuristischen und einem funktionalistischen Verständnis. So definiert er »Unternehmenskultur« als »gewachsene[s] Regelsystem[], spezifische[s] Werte- und Normengefüge sowie gemeinsame[s] Wahrnehmungs-

und Handlungsmuster«. In der direkt anschließenden Passage heißt es dann: »Als innerbetriebliches Steuerungssystem besitzt die Unternehmenskultur Koordinierungs-, Integrations- und Motivationsfunktionen.«[25] Die Frage ist, ob man der betriebswirtschaftlichen Unternehmenskulturforschung überhaupt entkommen kann, wenn man von ihren theoretischen Vorarbeiten zehren, ihre Verkürzungen aber vermeiden will. Denn sie sind in dem unklaren Verhältnis der drei Stufen: »Unternehmenskultur« als Forschungsproblem, als Führungsproblem und als Konzept zur Lösung *dieses Führungsproblems*, angelegt.

Die Defizite resultieren aus unwillkürlichen Übergängen zwischen den drei Ebenen der Problematisierung. Das erklärt zum Beispiel die notorische *Top-down*-Perspektive, gepaart mit der Prämisse der unternehmerischen Gestaltbarkeit, die man in der frühen betriebwirtschaftlichen Forschung häufig findet. Die Verengung findet in dem Moment statt, in dem aus dem Forschungsproblem »Unternehmenskultur« ein Führungsproblem – *und nur noch ein Führungsproblem* – wird. Ein unkontrollierter Ebenenwechsel liegt auch vor, wenn »Unternehmenskultur« *holistisch* – als zusammenhängende, organische, homogene Einheit – gedacht wird. Ein klarer Trend geht dahin, den Begriff *harmonistisch* aufzufassen. Danach ist »Unternehmenskultur« für die Sozialintegration in den Betrieben verantwortlich; sie puffert Konflikte ab und stiftet Konsens. Dementsprechend beurteilt man »starke« Kulturen tendenziell positiver als »schwache«, es sei denn, dass »Stärke« in dysfunktionale Starre und Unfähigkeit zur Anpassung umschlägt. Eine »starke Kultur« sei abhängig von ihrem »Verbreitungsgrad« und ihrer »Verankerungstiefe«, von ihrer »Prägnanz« und dem Grad ihrer Übereinstimmung mit den Zielen der Unternehmenspolitik.[26] Nicht ganz identisch damit ist die Gefahr, »Unternehmenskultur« ausschließlich mit *positiven, gestaltenden Maßnahmen* in Verbindung zu bringen. Hier schlägt der Paradigmenwechsel in der Managementlehre von einer Kontroll- auf eine Motivationsperspektive durch. Dagegen geht der Machtaspekt in den unternehmensinternen Sozialbeziehungen völlig verloren. Schließlich rangieren alle Maßnahmen tendenziell unter *zielbewusster Managementpolitik*. Die Analyse konzentriert sich häufig auf manifeste Kommunikationsakte der Unternehmen. Daher erscheint dann nicht selten als Beschreibung interner *Praxis* das, was eigentlich *Kommunikation* der Unternehmensleitung nach außen *über* das ist, was sie als *Zielvorstellung* betrieblicher Abläufe formuliert oder als entsprechende Praxis *ausgibt*.[27] Die »Kultur« der Unternehmen deckt sich dann folgerichtig mit der Semantik unternehmerischer Selbstbeschreibung.

Vieles von dem kann man den ergiebigen Expeditionen in die »Kultur« historischer Unternehmen aus der jüngsten Wirtschaftsgeschichte nicht vorwerfen. Fraglich wäre hier eher, ob man den mit den genannten Risiken behafteten Appell an die Unternehmenskulturforschung *als analytischen Rahmen* überhaupt benötigt, um sich theoretisch zu verorten. Vielleicht treiben die vielfältigen Befunde, die auf die Heterogenität, Umkämpftheit und Steuerungsunfähigkeit von »Unternehmenskultur« hindeuten, über diesen Rahmen hinaus.[28] Aber auch Versuche, das Konzept in der Unternehmensgeschichte eigenständig theoretisch zu begründen, sind vor der Gefahr der Harmonisierung und der Identifikation von »Kultur« mit substanziellen, gestaltenden Praktiken nicht gefeit. Anne Nieberding und Clemens Wischermann etwa definieren »Unternehmenskultur« als »gemeinsame Konstruktion von Sinn«, die »von einem Kollektiv getragen [wird], das die Sinnhaftigkeit dieser partiellen Welt als objektiv erfährt und beständig neu schafft«.[29]

Problematisch hieran ist die Doppeldeutigkeit der Begriffe »gemeinsam« und »Kollektiv«, die auf rekursive Beteiligung oder aber auf Affirmation oder Konsens hinauslaufen kann. Im ersten Fall beziehen sich alle Beteiligten auf etwas, dem sie Sinn zuweisen. Es muss aber nicht für alle der gleiche Sinn sein, und der Bezug darauf kann variieren bis hin zu antagonistischem Verhalten. Im zweiten Fall ist ein geteilter Sinn und ein verbindlicher Bezug darauf, der das Kollektiv zu einer handlungsfähigen Gruppe macht, vorausgesetzt. Unter dem Strich steht »Unternehmenskultur“ für etwas Unausgesprochenes, das mehr ist, als was Eigentümer und Beschäftigte lediglich institutionell verbindet, nämlich für die *Integration des Sozialsystems Unternehmen*. Das bedeutet, dass bei allem, was ein Unternehmen sonst noch sein mag und welche Konfliktherde in ihm existieren, es seine »Kultur« ist, die sein soziales Funktionieren und Fortleben ermöglicht. Das lädt den Kulturbegriff normativ auf und verengt ihn gleichzeitig auf den normbezogenen Ausschnitt aller unternehmensinternen Praxis.

Aus theoretischer Perspektive benötigen kapitalistische Betriebe dagegen ein Mindestmaß an *Kooperation* – und nicht Konsens –, um zu funktionieren. Nach Marx und Weber sind es wesentlich die ökonomischen Abhängigkeiten – vor allem der Beschäftigten von den Arbeitgebern bzw. von ihrem Erwerbseinkommen –, die die Produktionseinheiten »am Arbeiten« halten, im Prinzip auch ohne den »Kitt« einer gemeinsamen Wertebasis. Der theoretische Reiz der Denkfigur vom »Kapitalverhältnis« geht ja gerade von dem Paradoxon aus, dass Unternehmen *über die Spannung* integriert werden, die Akteure mit strukturell gegensätzlichen Interessen trotzdem zur produktiven Zusammenarbeit (mit der Ausnahme des Konflikts) veranlasst.[30] Diese ökonomischen Kernstrukturen sind ihrerseits kulturell sowohl fundiert als auch eingebettet, und die Kulturen der kapitalistischen Marktwirtschaft prägen grundlegend mit, was man ansonsten noch als »Unternehmenskultur« verstehen mag. »Unternehmenskultur« ist nicht nur das, was moderierend auf das »nackte Lohnverhältnis« einwirkt. Ein Konzept, das von institutionalisierter Macht absieht oder nur deren harmoniestiftenden Ausgleich im Auge hat, bleibt einseitig.

2. »Integrale« Unternehmensgeschichte

»Unternehmenskultur« ist zweifellos ein zentrales *Forschungsproblem*. Der von der Ökonomie vorgezeichnete *analytische Rahmen* dagegen hat für Unternehmenshistoriker seine Tücken. Er droht, den Kulturbegriff zugleich aufzublähen und zu verkürzen. Er verengt das Konzept intentionalistisch bzw. instrumentalistisch – auf den *Umgang mit »kulturinduzierten« Führungsproblemen*. Damit sei nicht bestritten, dass auch in historischer Perspektive die Behandlung der »Unternehmenskultur« als Führungsproblem für die Unternehmer und Manager der Vergangenheit ein gewinnbringender Zugang sein kann. Nur ist sie nicht die ganze Geschichte.

Als historisches Forschungsproblem bezeichnet »Unternehmenskultur« zunächst mehr oder weniger das, was ein früherer *McKinsey*-Manager in die Worte: »The way we do things around here« gekleidet hat.[31] Sie erscheint als Ensemble aller Praktiken in einer ökonomischen Institution, bei denen die Beteiligten – Management und abhängig Beschäftigte – auf diejenigen Bedeutungsmuster und Sinninhalte handlungsleitend rekurrieren, die für den Typ dieser Institution oder diese speziell spezifisch sind. Ob dies bewusst oder nicht geschieht, zielgerichtet, konsensorientiert oder konfliktschürend, ist gleich. Die Bedeutungszuschreibungen müssen nicht einheitlich sein; notwendig ist, *dass* alle Beteiligten sich auf die Praktiken sinnhaft beziehen und dies auch den anderen unterstellen. Eine solche Fassung des Konzepts wird »Unternehmenskultur« als »machtdurchwirkt« (Karl Lauschke), heterogen, umkämpft, durchzogen von »Subkulturen«, Nischen und Ungewissheitszonen begreifen. Im Anschluss an die Forschung zur »Mikropolitik« im Unternehmen liegt es nahe, diese kulturelle Praxis als weitgehend ungeplante und unplanbare Resultante der verschiedenen Kräfte in einem Parallelogramm zu begreifen. Alle Akteure handeln dabei in »gebundenen«, in die partielle Logik ihrer eigenen Umweltdeutung eingepassten Formen der Rationalität. Sie engagieren sich in prinzipiell ergebnisoffenen Aushandlungsprozessen und Machtspielen. Sie rekurrieren auf Bestände an selbstverständlichem, vorbewusstem »local« und »tacit knowledge«, die als Gegenpol wie als (zuweilen nicht in Rechnung gezogene) Ressource strategischen Managementhandelns die »Kultur« des Unternehmens wesentlich prägen. Das Unternehmen erscheint als kooperatives wie konfrontatives Praxis- oder Handlungsfeld, das auch in seinen ökonomischen Kernfunktionen nicht ohne Sinnbezüge denkbar und insofern immer »Kultur« *ist*, sie nicht *besitzt*.[32]

Das Bild von der »Kultur« als ökonomisch relevantes, aber der Ökonomie äußerliches *Addendum* führt ohnehin in die Irre. Ökonomische Beziehungen mögen sich dadurch auszeichnen, dass sie stärker als andere Interaktionen von Machtasymmetrien, Knappheiten, Entscheidungszwängen und Opportunitätskosten bestimmt sind, dass sich hier die »nichtintendierten Handlungsfolgen« regelmäßiger und unwiderstehlicher über Strategien, Interessen, Bedürfnisse und Erwartungen der Akteure hinwegsetzen als anderswo.[33] Trotzdem hat das seine kulturelle Dimension. Selbst die historische Ausdifferenzierung einer spezifisch ökonomischen Rationalität war – und ist – ein kultureller Konstruktionsprozess.[34] Gleiches gilt für andere Aspekte unternehmensinterner Praxis. Eine »Kultur der Betriebsökonomie«, gekoppelt an die jeweilige Technikkultur oder Kultur der produzierten Dinge, geht in das Design der technischen Einrichtungen, die Arbeitsprozesse und die Bewältigungsstrategien der betroffenen Betriebsangehörigen gleich welchen Ranges elementar ein.[35]

Das trifft nicht nur für die industriellen Unternehmen zu. Ebenso nahe liegt ein solcher Begriff der »Unternehmenskultur« für den Konsumgüter- und Dienstleistungssektor, genauer die Angebotsseite des Konsums, die in den letzten Jahren stärker ins Blickfeld der Unternehmensgeschichte geraten ist. Hier lässt sich verfolgen, wie betriebsökonomische Gesichtspunkte (etwa Logistik) und kulturelle Trendorientierungen sich in Produkten verdichten, wie kulturelle Projektionen mobilisiert werden, um Absatz zu *erzeugen*. Die Durchsetzung der Selbstbedienung in Europa verdankte sich nach 1945 ursprünglich reinen Kostengesichtspunkten, und zwar der Reduzierung von Verkaufspersonal und der Beschleunigung des Warenumschlags. Man orientierte sich am Bild der »Verkaufsfabrik«. Die damit einhergehende gewandelte Präsentation des Angebots veränderte jedoch fast schlagartig die Kultur des Einkaufens. Man entdeckte die Warenästhetik und die Marktforschung als verkaufsfördernde Marketinginstrumente. Letztlich avancierte nicht die

Selbstbedienung an sich, sondern der Supermarkt zum Markstein der Entwicklung. Hier gewann selbst elementare Bedarfsdeckung einen Beigeschmack von »Lifestyle« – und fielen zugleich die niedrigsten Betriebskosten an.[36]

Für eine derart umfassende Vorstellung von »Unternehmenskultur« stellt sich die Frage nach einem geeigneten analytischen Rahmen natürlich verstärkt, gerade wenn man die betriebswirtschaftlichen Angebote für unzureichend hält. Ich schlage im folgenden den Ansatz einer *integralen Unternehmensgeschichte* vor. Er muss hier notwendig skizzenhaft bleiben. Allerdings beginnen die Überlegungen nicht bei null. Sie stützen sich auf eine Reihe erprobter neuerer Zugänge zur Unternehmensgeschichte. Die Grundidee ist, sie miteinander zu kombinieren und zu einem Untersuchungsprogramm zu synthetisieren.

Laut Werner Plumpe dominieren zwei Genres die Unternehmensgeschichte: zum einen eine »politische Historiographie«, die die Unternehmenseinheiten als gegebene Größen nimmt und Unternehmer bzw. Manager als im Namen ihrer Firmen handlungsfähige Akteure auf diplomatischem Parkett behandelt; zum anderen eine Sicht auf das Innere der Unternehmen, die dessen soziale Beziehungsgefüge entweder »mikropolitisch« als Ergebnisse von Aushandlungsprozessen oder »institutionenökonomisch« unter Transaktionskostenaspekten beschreibt.[37] Kann man der ersten Perspektive die Isolation unternehmerischer »Außenpolitik« in der Verbands- und Lobbyarbeit gegenüber den ökonomischen und sozialen Vorgängen im Innern der Unternehmen vorwerfen, so neigt die zweite dazu, die Binnensicht zu verabsolutieren und sich zudem zu ausschließlich mit industriellen Produktionswelten zu beschäftigen.[38] Beiden Zugängen mangelt es an ökonomischem *Background*: Die »außenpolitische« Unternehmensgeschichte besitzt keinen mikroökonomischen Fundus, aus dem sie erklären könnte, *welche* Politik die Unternehmer und Manager *warum* überhaupt betreiben. Ihnen fehlt auch ein makroökonomischer Bezugsrahmen, der die Stellung ihrer Firmen und Interessenorganisationen im gesellschaftlichen Gefüge klären könnte. Das hat sie mit dem »mikropolitischen« Zugriff gemeinsam.[39] Dessen ökonomische Bringeschuld liegt aber ferner darin, seine Fixierung auf den *Betrieb* zumindest so weit zurückzunehmen, dass dieser als Baustein der *ökonomischen* Institution »Unternehmen« besser fassbar wird.[40]

Die Verbindung zwischen Außen- und Binnenperspektive ist seit einiger Zeit in den Arbeiten zur *historischen Unternehmenskommunikation* in den Mittelpunkt gerückt.[41] Hier deutet sich an, welche Chancen sich daraus ergeben, den ökonomischen Kurs eines Unternehmens, seine Öffentlichkeitsarbeit und seine politische Einflussnahme von einem *integrierenden* Ansatzpunkt aus in Wechselwirkung zu setzen. Das hat Barbara Wolbring für *Krupp* beispielhaft vorgeführt.[42] Während sie in ihrer Grundausrichtung von außen auf das Unternehmen blickt, argumentiert JoAnne Yates von innen heraus, dass Kommunikation und ihre Medien mehr als Vermittler von Informationen, nämlich Steuerungsorgane der Unternehmenspolitik sind, die zu einem gegebenen Zeitpunkt *definieren und zugleich beschränken*, was die Handlungsfähigkeit und Kontrolle des Unternehmens ausmacht.[43]

Aber auch die Kommunikation des Unternehmens deckt nur einen Teil seiner Aktivitäten ab. Ökonomisches Handeln seiner Vertreter beschränkt sich nicht auf den Binnenbereich der Firma. Diese »Außenwirtschaft« der Unternehmen muss aber für den Historiker auch *institutionell* greifbar sein.[44] Gleiches gilt für die verschiedenen politischen Arenen, in denen Unternehmer und Manager aktiv sind, von der Kommune bis zur supranationalen Ebene. Es geht hier letztlich um die Vermittlung der Mikro- und der Makrodimension der Analyse. Sie ist die Voraussetzung dafür, »Unternehmensgeschichte als Gesellschaftsgeschichte« schreiben zu können.[45] Um diese ökonomischen und politischen Entscheidungsstrukturen institutionell einzubinden, ließe sich vielleicht das freilich noch reichlich wolkige Modell der *Corporate Governance* auf Eignung überprüfen.

Die hier zu skizzierende *integrale Unternehmensgeschichte* setzt sich zunächst aus vier Bausteinen zusammen: aus der institutionellen Sichtweise des *»Mikropolitik«-Ansatzes* auf den Betrieb, aus der mikroökonomischen institutionellen Auffassung des Unternehmens durch die *Neue Institutionenökonomie*, aus der Betrachtung der *integrierten Unternehmenskommunikation* und aus dem strukturellen Zugriff der *Corporate-Governance*-Lehre. Diese Bausteine sind, das sei gleich konzediert, zur direkten Verarbeitung zu unbehauen. Jeder der Ansätze kann nur durch Modifikation passgerecht an die anderen anschließen. Trotzdem gibt es schon jetzt Affinitäten. Zum Teil lassen sich Überlappungen ausmachen, so zwischen »Mikropolitik«-Ansatz und *Unternehmenskommunikation* oder zwischen dieser und der *Corporate-Governance*-Lehre. Jene hat wiederum eine Schnittmenge mit der *Institutionenökonomie* gemeinsam, die sich mit der »Mikropolitik« über das »Principal-Agent«-Problem verständigen kann.[46] Unbeschadet dessen stehen diese Zugriffe durch die Bank eher in einem Ergänzungs- als Konkurrenzverhältnis zueinander.

Institutioneller Ausgangspunkt einer solchen Betrachtungsweise könnte zunächst das »mikropolitische« Verständnis des Betriebs sein. Dabei ist dessen Fassung als soziales Praxis- und Handlungsfeld, in dem die beteiligten Akteure Kooperations-, Kommunikations- und Machtbeziehungen zueinander unterhalten, entscheidend. Zugleich erschließt die Einbettung des Betriebs in seinen makroökonomischen Bezugsrahmen die systemspezifischen Charakteristika des Kapitalismus auf der betrieblichen Ebene.[47] Das setzt ihn von betrieblichen Verhältnissen in nichtkapitalistischen Systemen und von anderen Institutionen der Moderne (bei Weber typisch: die bürokratische »Anstalt« und der »Zweckverein«) ab. Der Betrieb ist ein sozialer Kosmos, in dem unterschiedliche Formen sozialer Praxis *zugleich* ablaufen, und zwar nicht nebeneinander, sondern *in ein- und demselben Interaktionszusammenhang*. Das spannt eigentlich antagonistische Größen in einen kooperativen Produktionsprozess: Die gesellschaftlichen Klassenlinien laufen mitten durch den Betrieb hindurch. Zugleich setzen Marktsignale und Produktionsziele die Bedingungen für eine arbeitsteilige Zusammenarbeit über diese Klassengrenzen hinweg. Die technischen Anforderungen an die einzelnen Arbeitsvorgänge kümmern sich weder um Klassen noch um Kooperation als *Norm* betrieblichen Handelns. Schließlich kann man die Beschäftigten nicht auf ihre verwertbare Arbeitskraft reduzieren. Der Betrieb ist immer auch Lebenswelt.[48]

Das ist der »mikropolitische« Stand der Dinge. Damit wird aber auch klar, in welche Richtung Erweiterungsbedarf besteht. Der ergibt sich zunächst für Organisationsformen der Arbeit außerhalb der Industrie. Das ist ein Desiderat, aus theoretischer Sicht allerdings unproblematisch: Supermärkte, Putzkolonnen und Großraumbüros lassen sich gewinnbringend als betriebliche Praxisfelder analysieren. Der Betrieb bezeichnet die typische institutionelle Form, in der in der Ära des Industriekapitalismus Arbeit und unternehmerische Tätigkeit außerhalb der Haushalte sozial organisiert worden sind. Unternehmen erscheinen danach als Konglomerate von Betrieben verschiedenen Typs mit einem für das Ganze zuständigen Teilbetrieb an der Spitze: dem strategischen Management. Eine größere Herausforderung stellen die diversen Formen »betriebsloser« Unternehmen dar, die nicht nur das frühindustrielle Relikt des Verlagswesens umfassen,[49] sondern auch ganz neue Kombinationen von Produktion, Informationsverarbeitung und Dienstleistung in rein über den Markt oder begrenzte Projekte koordinierten Kooperationsbeziehungen, die in der jetzigen Globalisierungsphase auf dem Vormarsch scheinen. Hier könnte das Konzept des »Expertensystems« von Nutzen sein. Die Transaktionskostenökonomie kann an dieser Stelle helfen, indem sie die Frage »make or buy?« aktualisiert, und zwar bezogen sowohl auf *betriebliche* Antworten darauf als auch auf Strategien, die Bindung von Kapital in Betrieben gerade zu vermeiden.

Vom Betrieb als einem Praxis- und Handlungsfeld auszugehen, bedeutet dabei immer, nach konkreten *institutionellen Formen* zu suchen, in denen *Akteure ökonomisch handeln*. Das macht zum Beispiel die Familienunternehmen des 19. Jahrhunderts erneut zum Thema, wobei die Eigentümerfamilie weniger als bürgerliches Ensemble in den Mittelpunkt rückt denn als *nichtbetriebliche Organisationsform der Unternehmerfunktion*.[50] Gerade die Kontraste zum Sozialsystem des Betriebs würden dabei auf ihre ökonomische Tragweite befragt. Und über die »marktzentrierten« Unternehmen und Familienunternehmen hinaus benötigt eine wirklich *integrale* Unternehmensgeschichte einen institutionellen Bezugsrahmen für den Markt selber.[51] Denn nur zum Teil sind Marktinstitutionen, etwa Börsen, wiederum in der Form von Unternehmen organisiert. Erst wenn man Betriebe, Unternehmen und Märkte als unterschiedliche Institutionen in einem gemeinsamen ökonomischen Beziehungszusammenhang greifen kann, ist das Konzept tatsächlich umfassend.

Eine Aufgabe – paradox genug für eine *Unternehmens*geschichte – bleibt, die ökonomische Qualität ihres Zentralbegriffs endlich befriedigend zu bestimmen. Dabei stößt auch die *Neue Institutionenökonomie* schnell an ihre Grenzen. Ökonomische Definitionen neigen zu tautologischen Schleifen, weil sie keine allgemeinere Systemebene benennen, von der aus sie »Unternehmen« als Subphänomen ableiten könnten. Einen Ausweg weist in diesem Fall die *Systemtheorie*. Unternehmen erscheinen dort als ökonomische Hülle ihrer Betriebe, als *Kombination von Betrieben und Marktfunktionen*. Diese Organisationsform erzeugt im Rahmen einer allgemeinen Geldwirtschaft und in vollständigen Marktumwelten *Rentabilität*, indem sie unspezifische Marktsignale (Preise) in spezifische Anlagen und Verfahren zur Produktion und Distribution von Gütern und Dienstleistungen oder zur Verarbeitung von Informationen übersetzt (Betrieb) und deren konkrete Erzeugnisse wiederum in einem unspezifischen Marktmedium (Geld) realisieren muss (Gewinn/Verlust).[52] Dieser zweite Realisierungsschritt muss bei der Bewertung von Preissignalen im Markt und der Organisation von Produktionsprozessen bereits antizipiert werden. Die *Unternehmerfunktion* dient dazu, diese Entscheidungen in eine Unternehmenspolitik umzusetzen, die am Verhalten individueller Akteure im Markt orientiert ist – eine realitätsstiftende Fiktion. Sie kann von einzelnen Eigentümer-Unternehmern, aber auch von arbeitsteiligen Managementstäben ausgefüllt werden.

Das bringt uns zur *Unternehmenskommunikation* und zur *Corporate Governance*. Letztere ist in der seriösen ökonomischen Diskussion und der angelsächsischen Unternehmensgeschichte bislang in zwei Zusammenhängen zum Thema geworden: zum einen als Bezeichnung von Entscheidungsstrukturen, die die Defizite »unvollständiger Verträge« ausgleichen und daraus resultierende »Principal-Agent«-Probleme lösen sollen;[53] zum anderen als institutionelle Struktur in Unternehmen, in denen sich die *property rights* auf mehrere Personen- und Funktionsgruppen verteilen, deren Interessen nicht identisch sind[54] und deshalb ein System von *checks and balances* erfordern, das die Kontrolle und Steuerungsfähigkeit des Unternehmens in Einklang bringt.[55] Gewonnen ist damit ein Aufbrechen des gewohnten »autokratischen« Verständnisses von Unternehmenspolitik. Ein »konstitutionelles Element« bereichert die Konzeptionalisierung unternehmerischer Leitungsstrukturen. Das schließt an die »mikropolitische« Perspektive auf das Unternehmensinnere an. Das Unternehmen muss seine inneren und äußeren Angelegenheiten mit einer Vielzahl unterschiedlich interessierter und verschieden mächtiger Koalitionäre und Kontrahenten zugleich regeln.

Unternehmenspolitik erscheint so als prekäres Steuern eines Kurses in sich verändernden Akteurkoalitionen.[56] Es ähnelt mehr dem Zerren in einem Kräfteparallelogramm als einem Punkt für Punkt zu exekutierenden strategischen Programm. In Verbindung mit dem Konzept der *integrierten Unternehmenskommunikation* lässt sich Unternehmenspolitik zudem in die gesellschaftlichen und politischen Felder verfolgen, in denen das Unternehmen aktiv ist oder die das Unternehmen betreffen, etwa sein Image in der Öffentlichkeit, das Kundenpräferenzen beeinflusst. Der Charme dabei liegt darin, die Kerntätigkeiten des Unternehmens und die scheinbar fern der Betriebsökonomie ablaufenden medialen oder politischen Diskurse in ihrem Zusammenhang zu betrachten – von den in engem Sinne ökonomischen Entscheidungen über die industriellen Beziehungen, die Kontakte zu Aktionären und Kunden bis hin zu recht eigentlichen Politikformen im Kontext der Verbandsarbeit, der Medien und der politischen Sphäre. *Corporate Go*vernance bedeutet dabei nicht, dass dieser unentwegte Balanceakt notwendig erfolgreich ist oder nur von einem einzigen Zentrum, dem strategischen Management, ausgeht.

3. Chancen und Tücken des »internationalen« Vergleichs

Integrale Unternehmensgeschichte ist auf den Vergleich angewiesen. Er wird notwendig, sobald Unternehmensgeschichte sich auf theoretische Konzepte stützt, die über den Einzelfall hinaus Geltung beanspruchen und generalisierende Aussagen anstreben. Die vergleichende Perspektive dient sowohl dazu, das Verhältnis des Besonderen zum Allgemeinen zu bestimmen, als auch die Mikro- und die Makrodimension der Geschichte in Relation zueinander zu setzen.

Grundsätzlich ergeben sich zwei Stoßrichtungen des Vergleichs: Erstens werden Unternehmen bzw. Teilgebiete, Teilstrukturen von Unternehmen in ihren jeweiligen Kontexten miteinander verglichen. Von Interesse sind dabei Variationen innerhalb einer – je nach Fokus wechselnden – Bandbreite struktureller Ähnlichkeit. Deren Erklärung wird die verschiedenen Einflussfaktoren, die auf Abweichungen und Gemeinsamkeiten hinwirken, gegeneinander abwägen und dabei zwischen Faktoren*typen* differenzieren: Betrieb, Unternehmen, Märkte, Standort und, darauf bleibt zurückzukommen, Branche und Produkte. In alle diese Faktoren geht der gesellschaftlich-kulturell-politische Kontext in unterschiedlichem Maße ein. Zweitens mag es weiterführend sein, Unternehmen und andere, *nicht unternehmensförmige* Institutionen moderner Gesellschaften zu vergleichen. Das könnte Fragen nach der institutionellen Besonderheit der Ökonomie in kapitalistisch verfassten Marktgesellschaften beantworten helfen oder auch die Beziehungen zwischen Wirtschaft und Politik bzw. Wirtschaft und Gesellschaft präziser herauszuarbeiten erlauben. Aus beiden Zugriffen sind abgestufte Variationen, Varianten eines gemeinsamen Strukturprinzips oder Typenausprägungen zu erwarten, die es ermöglichen, zwischen interner Varianz (Kontingenz, Pfadabhängigkeit) und Typengemeinsamkeiten zu unterscheiden. Unter den vier Vergleichsdesigns, die Charles Tilly in den 1980er Jahren typisiert hat, nämlich dem *universalisierenden*, dem *individualisierenden*, dem *inkludierenden/exkludierenden* und dem *Variationen identifizierenden* Vergleich, scheint dieser letzte Typ des *variation finding* für die Unternehmensgeschichte besonders geeignet zu sein.[57]

Wenn von der »Methodologie des Vergleichs« gesprochen wird, steckt darin die Gefahr, dass man für eine kanonisierte *Methode* hält, was eigentlich eine Sache der (Vergleichs-)*Logik* ist, also in den Bereich der Theoriebildung gehört.[58] Das lässt sich am Beispiel von Alfred D. Chandlers Werk gut zeigen:

Er ging von einer vergleichenden historischen Studie aus, die einzelne Unternehmen, dann Branchengruppen zum Gegenstand hatte. Er zielte auf eine evolutionäre Theorie *des* industriellen Unternehmens ab.[59] In seinem Hauptwerk *Scale and Scope* erweiterte er dieses Design um die internationale Dimension, indem er nun die jeweils 200 größten Konzerne der USA, Großbritanniens und Deutschlands komparativ untersuchte. Hatte er im Gegenstandsbereich der amerikanischen *Corporations* Vergleich als *variation finding* betrieben und Varianten eines universellen historischen Trends zum managergeführten, multidivisionalen und diversifizierten Großkonzern herausgearbeitet, so ging er mit seinem Schritt auf die internationale Bühne zur Logik des universalistischen Vergleichs über. Er identifizierte sein Modell der langfristigen Unternehmensentwicklung kurzerhand mit dem von ihm so genannten »wettbewerbsorientierten Managerkapitalismus« in den USA und machte daraus eine Norm für die Bewertung der anderen nationalen Vergleichseinheiten. Dementsprechend ließ er den deutschen »kooperativen Managerkapitalismus« noch als Annäherung an das amerikanische Beispiel mit anderen Mitteln gelten. Die Briten aber wertete er, als einem rückständigen »personellen Kapitalismus« frühindustrieller Prägung verhaftet, gründlich ab.[60] Chandlers Unternehmensgeschichte mutierte auf diese Weise zu einem Vergleich nationaler »Kapitalismusstile«. Dabei betonte die Argumentation anstelle von Branchenunterschieden oder der Zugehörigkeit zu unterschiedlichen Wirtschaftssektoren (etwa Industrieunternehmen *versus* Handelskonzerne) nunmehr vorrangig »nationale« Unterschiede, wobei die Bedeutung dessen, was »national« war, stark variierte und theoretisch nicht mehr in den Griff zu bekommen war. »Nationale Faktoren« mochten das deutsche Kartellrecht umfassen oder auch die Präferenz britischer Eigentümer-Unternehmer, ihr Einkommen wichtiger zu nehmen als das langfristige Gedeihen ihrer Firmen. Chandler erkaufte seinen *internationalen* Vergleich mit einem Verlust an unternehmenshistorischer Analysekraft.[61]

Gravierendere Verkürzungen hat die in den letzten Jahren in der Wirtschaftsgeschichte in Mode gekommene plakative Gegenüberstellung nationaler »Produktionssysteme« oder »Wirtschaftsstile« zur Folge gehabt.[62] Erstens verschwimmen hier häufig die Grenzen zwischen der unternehmensinternen und der -externen Perspektive. Das »Produktionsregime« kann von der sozialpolitischen Ordnung des Staates bis zur Ethik der Unternehmer und den Präferenzen der Beschäftigten alles umfassen. Es handelt sich um ein Konglomerat betrieblicher, überbetrieblicher und außerbetrieblicher Beziehungen, das man mit einer vom Unternehmen her argumentierenden Unternehmensgeschichte nicht trennscharf greifen kann. Dadurch kommt zweitens ein geschlossenes, organisches Bild der »Produktionsregimes« bzw. »Wirtschaftsstile« zustande.[63] Drittens produziert ein solcher »internationaler Vergleich« notwendig lauter nationale Sonderwege. Da man von kompakten nationalen Untersuchungseinheiten ausgeht, sind auch die Kontraste als *nationale* vorgezeichnet. Für Differenzierungen oder Ähnlichkeiten *unterhalb* der nationalstaatlichen Ebene bleibt kein Raum. Viertens handelt es sich bei der Gegenüberstellung von »Produktionssystemen« und »Wirtschaftsstilen« gar nicht um einen echten Vergleich. Auch dieser Ansatz nimmt »Kultur« als eine *Catch-all*-Kategorie und rubriziert darunter eine unübersichtliche Gemengelage von Beziehungen, Institutionen, Rechten und Mentalitäten. »Kultur« gerät in die Rolle einer alles und nichts erklärenden Residualkategorie. Das schließt an eine unrühmliche Tradition in den deutschen Kulturwissenschaften an: an das Bild geschlossener »Kulturkreise«, die in ihrer Einzigartigkeit nur verstanden werden können, indem man sie von anderen »Kulturen« als einem *ganz Anderen* abgrenzt. Da die »Produktionssysteme« nationalen Grenzen folgen, gerinnen Kulturunterschiede zu »nationalen Eigenarten«, die an die längst überwunden geglaubten »Nationalcharaktere« erinnern.[64]

In diese Richtung tendieren auch Kulturvergleiche, die Unternehmenskulturforscher im Rahmen von Studien zu internationalen Fusionen oder zum *cross-cultural management* multinationaler Konzerne angestellt haben. Niemand wird bezweifeln, dass es dabei, wie bei *DaimlerChrysler* zu beobachten, um echte *cultural clashes* geht. Fraglich ist aber, ob diese sich entlang von *Nationalstaats*grenzen entzünden und ob die unterstellten Unterschiede in der Tat so tief im kulturellen Wurzelwerk der jeweiligen Gesellschaft verankert sind, wie Geert Hofstede mit seiner Fixierung auf die familiäre und schulische Sozialisation der jeweiligen Mitarbeiter voraussetzt. Sein fünfstufiger Kriterienkatalog produziert ein holzschnittartiges Bild nationalstaatlicher Kulturen, deren ungebrochene Durchsetzungskraft im Unternehmen – in diesem Fall *IBM* – einfach vorausgesetzt wird. Paradoxerweise geht Hofstede dann wiederum von der Gestaltbarkeit der »Unternehmenskultur» auf der Basis von Lernprozessen aus.[65]

Die soziologische und ökonomische Literatur über »soziale Systeme der Produktion« hat sich im Übrigen von kruden Schemata, die ursprünglich Michel Alberts Gegenüberstellung des »rheinischen« und des »amerikanischen« Kapitalismus inspiriert hatten, weit entfernt.[66] Einige Ansätze weisen inzwischen grobe nationale Kategorien zurück und konzentrieren sich auf branchenbezogene, regionale Muster, die aus flexiblen Arrangements zwischen spezialisierten Firmen und institutionellen Netzwerken bestehen, über die sie Informationen austauschen und bestimmte Leistungen, etwa Qualifizierungsprozesse, kollektiv organisieren.[67] Die internationale Ausgangsperspektive hat so gerade *regionale* Konstellationen erschlossen, zu denen nationale Faktoren beitragen, deren entscheidende Besonderheiten aber auf einem räumlich eingegrenzten Zusammenspiel von Firmenstrukturen, Marktbedingungen, Produkteigenschaften und lokalen Institutionen beruhen.

Der internationale Vergleich besitzt spezifische Vorzüge. Sie sind aber nur unter zwei Voraussetzungen zu erschließen: Erstens muss die Unternehmensgeschichte auch bei diesem Vergleich von den Unternehmen in ihrem jeweiligen Kontext ausgehen, wobei hier die Kontexte in zwei oder mehr politisch verfassten Gesellschaften liegen. Die politische Zugehörigkeit auf der nationalstaatlichen Ebene definiert den spezifisch *internationalen* Vergleich. Das bedeutet aber nicht, dass die eventuell konstatierten Unterschiede zwischen den Ausprägungen eines verglichenen Phänomens zwingend den nationalen Grenzziehungen folgen. Zweitens ist sorgfältig darauf zu achten, wie man jeweils einen »nationalen« Kontext definiert und was man unter »nationalen« Faktoren versteht. Damit fügt man den übrigen Dimensionen einer konventionellen vergleichenden Unternehmensgeschichte eine Betrachtungsebene hinzu, die *die Wirkung politischer Faktoren in nationalstaatlich verfassten Gesellschaften* in die Analyse einbezieht. Die Logik des internationalen Vergleichs läuft darauf hinaus, die Einflüsse nationaler politischer Systeme auf die Untersuchungsgegenstände zu identifizieren, mögen sie auch selber wieder in bestimmten kulturellen und gesellschaftlichen Konstellationen wurzeln.[68] Der internationale Vergleich reproduziert dabei *gerade nicht reflexartig nationale Muster*. Er kann zum Beispiel die Grenzen des Einflusses unterschiedlicher politischer Systeme auf ein historisches Phänomen aufzeigen. Dabei mag sich ergeben, dass die Ausprägungen eines Gegenstandes trotz struktureller Differenzen im jeweiligen politischen Kontext dominierende Ähnlichkeiten erkennen lassen. Oder aber konstatierte Unterschiede verweisen auf andere als im politischen System liegende Ursachen. Wahrscheinlicher sind Gemengelagen und verschachtelte Konstellationen. Auch dann wäre sehr genau nachzufragen, was denn in jedem Falle tatsächlich als »nationaler« Faktor zu veranschlagen wäre.[69]

In der historischen Forschung zur Eisen- und Stahlindustrie beispielsweise hat sich eine erstaunlich weitgehende strukturelle Ähnlichkeit der ökonomischen, technischen und arbeitsorganisatorischen Entwicklungen trotz der Zugehörigkeit zu unterschiedlichen, im deutschen Fall sogar wechselnden politischen Systemen gezeigt. Die *Branchenzugehörigkeit* erwies sich hier als stärkster Gleichmacher. Unterschiede ergaben sich eher aus der jeweiligen Struktur des *Binnenmarktes* und des jeweiligen *Zugangs zum Weltmarkt* als aus politischen Differenzen (einschließlich der – weitgehend unwirksamen – Zollpolitik). Die Branche einte die Industrie sogar über ethnische und gesellschaftlich-kulturelle Divergenzen hinweg. Das galt nicht nur für die britische, deutsche, französische und amerikanische Eisen- und Stahlindustrie im 19. und frühen 20. Jahrhundert, sondern auch für ihr japanisches Pendant und für die Hüttenindustrie des Ruhrgebiets und der Region Pittsburgh nach 1945.[70] Mit seiner Kritik am Chandlerschen Industriegigantismus hat Philip Scranton auf die Bedeutung der *Produktart* für die jeweilige Struktur einer Industrie hingewiesen und eine Typologie von Produktgruppen vorgeschlagen, die technisch hoch innovative, häufig mittelbetrieblich organisierte Unternehmen zum Beispiel der Werkzeugmaschinenindustrie zu erfassen erlaubt. Solche Firmen waren früh weltweit tätig. Sie unterhielten lebhaften Austausch untereinander und übersprangen mühelos politische Grenzen.[71] Nicht nur Branchen und Produktgruppen, auch die *geologischen Verhältnisse* (im Bergbau), *Standorte* (Chemie), *regionale Zugehörigkeit* oder *lokale Bedingungen* können Ähnlichkeiten und Kontraste zwischen Unternehmen wirksamer beeinflussen als Differenzen in den politischen Systemen.[72]

Mary B. Rose liefert ein Beispiel, wie man nationale Unterschiede sensibel kontextualisieren kann. Ihr Vergleich der britischen und amerikanischen Baumwollindustrie vom ausgehenden 18. bis zum späten 20. Jahrhundert greift das Klischee von der prinzipiellen Überlegenheit der amerikanischen Unternehmensorganisation an. Sie bestreitet nicht, dass sich zwischen den 1860er Jahren und dem Ersten Weltkrieg »wohlbekannte Unterschiede im generellen Profil« der beiden Industrien gezeigt hätten: Die Amerikaner führten gegenüber Lancashire klar in den Bereichen Arbeitsproduktivität und Automation. Amerikanische Unternehmen waren größer und vertikal integriert, während in Lancashire nach wie vor spezialisierte Eigentümerunternehmen den Ton angaben. Ein managementdominiertes System der industriellen Bedingungen stand gegen ein korporatives Arrangement, bei dem Arbeitgeberverbände und Gewerkschaftskartelle die Arbeitsorganisation und Akkordsätze aushandelten. Aber, so Rose, »it is hard to sustain the notion that the United States cotton industry was necessarily organised in a superior way«.[73]

Das bedeutet, dass die Befunde einen plakativen Kontrast zwischen einem amerikanischen und einem britischen *Modell* der Baumwollindustrie *nicht* erkennen lassen. Unterhalb der nationalen Ebene zeichnet Rose vielmehr ein jeweils extrem komplexes Netzwerk regionaler, lokaler und politischer Faktoren nach, das hier nicht referiert werden kann. Es seien deshalb nur drei Argumentations*muster* beleuchtet, die ihre Darstellung prägen, um damit ihren komparativen Stil zu illustrieren: Erstens korrigiert Rose das geschlossene Bild von *der* Baumwollindustrie der jeweiligen Länder, das der These von den klaren nationalen Unterschieden zugrunde liegt. Die großen, integrierten Unternehmen für die Massenproduktion habe es zunächst nur in New England gegeben, während eine spezialisierte handwerkliche Fertigung vor allem im Raum Philadelphia angesiedelt war und sich später der Schwerpunkt der Fertigung in den »alten Süden« verlagert habe. Auch Lancashire sei alles andere als eine homogene Region gewesen.[74]

Zweitens unterscheidet Rose penibel zwischen nationalen *politischen* Differenzen und *gesellschaftlichen* Kontextfaktoren. So gab es in der Tat große Unterschiede in den beiden Rechtssystemen, vor allem, was die gesetzliche Stellung der *Corporations* anging. Aber sie führt diese weniger auf divergierende Rechtskulturen zurück als vielmehr auf die mangelnden Infrastrukturen auf amerikanischer Seite, die die Kapitalakkumulation über breite Beteiligungen dringlicher machten und zu einer aufgeschlosseneren Haltung von Öffentlichkeit und Politik gegenüber Unternehmensgesellschaften führten. Auf beiden Seiten spielten familiäre Netzwerke und die Kommunen eine zentrale Rolle, wobei diese Rolle in den USA »inkorporierend«, in Großbritannien »privatisierend« wirkte. Zugleich vermochten auch die amerikanischen Großunternehmen des Nordostens nicht, den Markt zu kontrollieren. Das riesige Gefälle im Volumen des jeweiligen Binnenmarktes hatte zur Folge, dass sich die amerikanische Baumwollindustrie auf den heimatlichen Absatz konzentrierte, während Lancashire ebenso einseitig exportorientiert blieb. Beide Extremhaltungen änderten aber nichts an der generellen Anfälligkeit der Branche gegenüber Überkapazitäten und ihrer Unfähigkeit, die Verlagerung ganzer Produktionsschwerpunkte zu verhindern.[75]

Drittens präzisiert Rose das Bild der nationalen politischen Unterschiede, indem sie ihre Kontinuität in Frage stellt. So lässt sich zwar auf der Oberfläche ein klarer Kontrast zwischen der Schutzzollpolitik amerikanischer und der Weltmarktorientierung britischer Baumwollindustrieller ausmachen. Aber es war nicht so, dass die Fabrikherren in Lancashire staatliche Protektion nicht bevorzugt hätten. Die unterschiedliche Durchsetzungsfähigkeit auf beiden Seiten des Atlantik wiederum lag zwar im jeweiligen politischen System begründet. Aber es waren *unterschiedliche* Akteure, die auf dem neuen Kontinent nacheinander ihre Interessen in die Politik einspeisten und für die staatliche Unterstützung attraktive Gegenleistungen offerierten, die letzte davon, bis in die 1970er Jahre, der solide Wählerblock des »alten Südens«. Während hier also eine Abfolge von Protagonisten auf den *US-Kongress*, den Motor der Zollpolitik, einwirkte und einen kontinuierlichen Protektionismus erstritt, gingen die Interessen der britischen Fabrikstädte derart auseinander, dass sie, hätten sie über ähnlich gute politische Kanäle verfügt, gar keine gemeinsame Position hätten geltend machen können.[76]

Ein anderes lohnendes Forschungsfeld eröffnet die Geschichte der Selbstbedienung in den USA und Europa. Gerade auch der nichtindustrielle Sektor der Distribution und des Konsums dürfte ein gewinnbringender Gegenstand für eine *integrale Unternehmensgeschichte* sein. Was den Vergleich angeht, steht hier die altbekannte *Amerikanisierungsthese* auf dem Prüfstand. Bei näherem Hinsehen lässt sich bei der Durchsetzung des Supermarktes aber weder bloße Imitation noch ein einheitliches europäisches Gegenmodell erkennen. Die größte europäische Gemeinsamkeit in diesem Prozess war das Timing: Während sich der Supermarkt in den USA bis Anfang der 1940er Jahre flächendeckend verbreitet hatte, begann sein Siegeszug auf dem »alten Kontinent« Ende des Jahrzehnts. Deutschland war dabei ein später Starter[77], während Schweden, England und die Schweiz die Vorreiter spielten. Bis 1972 hatte sich der deutsche Einzelhandel dann die europäische *pole position* erobert. Die Unterschiede zwischen den Ausprägungen dieser Entwicklung brachten so etwas wie nationale Pfade hervor; diese ergaben sich jedoch aus Variationen gemeinsamer struktureller Grundlagen. Entscheidend waren folgende Faktoren: die unterschiedliche Rolle der Konsumgenossenschaften in der Frühphase, die Zahl und Art der sonstigen potentiellen Investoren, Form und Tempo der Urbanisierung sowie die Struktur des vorhandenen Detailhandels und der Waren*produzenten*.

Nationale im Sinne von politischen Faktoren lassen sich genau benennen: Diese umfassten die Politik gegenüber Genossenschaften und Mittelstand sowie die kommunale oder regionale Konzessionierungs- oder Planungspolitik. Die Politik stellte einige Weichen, war aber nicht in der Lage, die nationalen Pfade vorzugeben. In Frankreich zum Beispiel erwiesen sich die Planungsautoritäten als ohnmächtig gegenüber der Ausbreitung von *hypermarchés* auf der grünen Wiese. In Deutschland vermochte die mittelstandsfreundliche Politik der NS- und Nachkriegszeit zwar die Genossenschaften daran zu hindern, die Pionierrolle bei der Durchsetzung des Supermarktes zu übernehmen; die Filialketten und Warenhauskonzerne traten aber mit einiger Verzögerung an ihre Stelle. Dagegen scheinen *regionale* Unterschiede im Lebensstandard und in der Konsumkultur für die Ausrichtung der Betriebe und damit die Struktur der Einzelhandelsunternehmen und ihre Logistik durchschlagend gewesen zu sein, was dann wieder zur Folge hatte, dass sich die regionalen Unterschiede auf dieser Ebene in nationale Eigenwege verwandelten. Diese wurden wiederum von internationalen Konvergenzen überlagert oder durch grenzübergeifende Investitionen internationalisiert.[78]

Die daraus resultierende exorbitante Dynamik und der extrem harte Wettbewerb in dieser Branche verhinderten nicht nur die plumpe Übernahme amerikanischer Muster, sondern brachten eigene Innovationen hervor, die sich später auf die USA übertrugen. Das Engagement der Warenhäuser in der Lebensmittelselbstbedienung zum Beispiel oder die Entstehung der Lebensmittel*discounter* (Aldi, Lidl) waren ein deutscher Beitrag, der Lebensmittelverbrauchermarkt *(hypermarché)* ein französischer. Die Verbindung von *Food-* und *Non-Food-*Märkten testete die Schweizer MIGROS als erste; die Expansion aus dem Lebensmittelgroßhandel über den Vertrieb von *Non-Food-*Artikeln an Endverbraucher *(Cash-and-carry)* in die SB-Warenhäuser forcierten deutsche Unternehmen (allkauf), eine ähnliche Bewegung von Filialunternehmen in das Qualitätssegment von *Convenience-*Lebensmitteln Ketten wie Marks & Spencer in Großbritannien. Bei der Durchsetzung der *Scanner-*Kassen und des EPOS (*Electronic Point of Sale*), einer amerikanischen Technologie, mit der aber in der Schweiz schon 1972 experimentiert worden war, lagen seit den 1980er Jahren deutsche und US-Firmen gemeinsam an der Spitze, gefolgt von einem dichten Feld europäischer Konkurrenten. Seit dieser Zeit haben auch die Direktinvestitionen europäischer Handelskonzerne in den US-Markt signifikant zugenommen.[79]

Schließlich rankte sich jeweils eine »nationale Erzählung« um die Verbreitung von Selbstbedienung und Massenkonsum.[80] Sie entpuppen sich freilich sämtlich als Varianten einer Modernisierung im heimatlichen Idiom (aber eben nicht als komplette »Amerikanisierung«): In den USA stand sie nach Überwindung der Weltwirtschaftskrise für eine neue *frontier,* an der die Expansion des privaten Konsums die demokratischen Rechte des einzelnen erweiterte.[81] In Großbritannien war sie Chiffre für die Emanzipation der Arbeiterklasse; in Frankreich Symbol für den Wandel von einer ländlichen zu einer städtischen Gesellschaft; in Italien Sinnbild des »amerikanischen Traums« der Emigranten.[82] Für die Schweiz ist die Rechtfertigung des Anspruchs auf Massenkonsum mit Gemeinwohlargumenten typisch – die beiden größten Einzelhandlungskonzerne sind formell Genossenschaften.[83] Für Deutschland ließen sich gleich drei Geschichten erzählen: »Normalisierung« nach dem Krieg, Ausweitung des Konsums als konsensstiftender Bestandteil der »sozialen Marktwirtschaft«; schließlich der nachholende Ausgleich für die Entbehrungen der Mangelwirtschaft in der ehemaligen DDR.

4. Integrale Unternehmensgeschichte und typisierender Vergleich

Zum Abschluss möchte ich die systematischen Überlegungen des ersten Teils und die empirischen Skizzen zur Vergleichsperspektive noch einmal unter theoretischen Gesichtspunkten zusammenbringen. Aus der Zusammenarbeit von Soziologen und politischen Ökonomen hat sich seit den späten 1990er Jahren ein Ansatz entwickelt, der auf nationenübergreifende Vergleiche zielt, um *Variationen des Kapitalismus* zu identifizieren. Dabei geht es um eine gegenwartsbezogene Alternative zu der These, dass sich die ökonomischen Strukturen im Zeitalter der Globalisierung rund um den Erdball anglichen. Seine Vertreter behaupten, dass sich die Unterschiede zwischen den Ökonomien wahrscheinlich in Zukunft noch stärker akzentuieren werden, weil wichtige strategische Akteure, Konzerne und Politiker, diese Differenzen zu ihren Gunsten in ihr Kalkül einbeziehen. Der »Varieties-of-Capitalism«-Ansatz ist ausdrücklich auf die Identifizierung *nationaler Muster* ausgerichtet. Aber anders als das Modell der »Produktionsregimes« betrachtet er eine ganze Reihe von Dimensionen, die er sorgfältig definiert und in klare Beziehungen zueinander setzt. Das Spektrum der einbezogenen Aspekte deckt sich weitgehend mit dem oben skizzierten Angebot einer *integralen Unternehmensgeschichte*, wenn sich auch im Grad der Anlehnung an die ökonomische Terminologie und an Makrotheorien der Gesellschaft Unterschiede ausmachen lassen.[84]

Ausgangspunkt ist eine mikroökonomische und *relationale* Sicht auf die Unternehmen als Grundeinheiten der Analyse, die das Augenmerk sowohl auf die internen Sozialbeziehungen zwischen allen Beteiligten (industrielle Beziehungen, Arbeitsbeziehungen, Qualifizierungsformen) als auch auf die Sphären lenkt, in denen die Firma als einheitlicher Akteur auftritt, wie zum Beispiel bei der externen Finanzierung, worauf das Konzept der *Corporate Governance* hier festgelegt bleibt.[85] Zentral für den Ansatz ist dann die Einbettung der Unternehmen in den makroökonomischen und gesellschaftlichpolitischen Kontext. Dabei spielt die Unterscheidung zwischen »liberalen Marktökonomien« und »koordinierten Marktökonomien« eine entscheidende Rolle. In ersteren dominieren marktförmige Institutionen, die kurzfristige Beziehungen stiften und durch Rechtssysteme gestützt sind, die vollständige und zeitlich begrenzte Verträge bevorzugen. Der Markt koordiniert die Strategien der Unternehmen, die deshalb auf schnellen und radikalen Wandel ihrer Handlungsbedingungen eingestellt sein müssen. In letzteren geht ein Teil der Koordinationsarbeit auf nichtmarktförmige kollektive Institutionen und Organisationen über, die den Austausch von Informationen, die gegenseitige Beobachtung der Unternehmenspolitik und die Sanktionierung der Abweichungen von vereinbarten Verhaltensstandards regeln. Solche Institutionen können Aushandlungsforen bereitstellen, in denen gemeinsame Wissensbestände und Bewertungskriterien erarbeitet werden. Unternehmerverbände, starke Gewerkschaften, Netzwerke wechselseitiger Unternehmensbeteiligungen und rechtliche bzw. staatliche Agenturen sind Beispiele für Institutionen und Organisationen, die solche Aufgaben erfüllen. In beiden Kontexten verfolgen Akteure die Strategien, die durch die vorhandenen Institutionen am besten gestützt werden. »Kultur« und »Geschichte« kommt bei diesem Ansatz eher selektiv ins Spiel: »Kultur« als gemeinsamer Erfahrungsbestand, auf den die Akteure (durchaus unterschiedlich) rekurrieren, und »Geschichte« als reflexive Verarbeitung dieser Erfahrungen in einer von Zeit zu Zeit aktualisierten kollektiven Erinnerung.[86]

Obwohl die Ausgangsperspektive auf *cross-national differences* abzielt und zentrale Kategorien als Dichotomien eingeführt werden – so vor allem die »liberalen« und »koordinierten« Ökonomien – bringt die Analyse der Autoren alles andere als nationale Stereotype hervor. Das Zusammenspiel der verschiedenen Elemente des Konzepts ist so komplex und der Fokus auf das Unternehmen als Untersuchungseinheit wird so konsequent eingehalten, dass auch die identifizierten Muster eine sehr viel feinere Struktur bekommen. Unterhalb der nationalen Ebene bleibt viel Platz für Branchen-, Markt-, Produkt- und andere Eigenheiten, die die Unternehmen innerhalb des Nationalstaats stärker differenzieren können als Unternehmen in gleicher Lage über politische Grenzen hinweg. Es zeigt sich im Verlauf des Bandes zudem, wie fragil nationale Konstellationen sind, wenn sich in der Entwicklung nur ein einziger Parameter ändert. Es handelt sich also immer um situationsbezogene Arrangements, die die Variationen von gemeinsamen Strukturprinzipien im einzelnen erklären. Für Unternehmenshistoriker ist dieses breit international angelegte *variation finding* auf den ersten Blick vielleicht zu stark an der

Gegenwart und an hochaggregierten Makrophänomenen orientiert. Es könnte sich aber als lohnend erweisen, bei der Weiterentwicklung der *integralen Unternehmensgeschichte* zu einem komparativen Programm an sein analytisches Arsenal anzuschließen und es für eine gewiss stärker kontextbezogene und kulturell interessierte historische Arbeit zurechtzuschneiden.

Die bislang von der neueren Unternehmensgeschichte propagierte Öffnung gegenüber der »Kultur« geht allerdings nicht weit genug, denn es stünde auch eine Befragung der überkommenen ökonomischen Kategorien aus einem »kulturellen« Blickwinkel an. Mit dem Konzept einer *integralen Unternehmensgeschichte* könnten diese und andere Anliegen miteinander verknüpft werden. Ein sicher noch zu präzisierendes Konzept der *Corporate Governance* könnte in diesem Rahmen die verschiedenen Aspekte der Unternehmenspolitik und Unternehmenskommunikation bündeln, zueinander in Beziehung setzen und der stark begrenzten Steuerungsfähigkeit von »Unternehmenskultur« angemessen Rechnung tragen. *Governance* ist auf Bündnisse angewiesen, trifft auf Gegenkräfte und organisierte Opposition. Sie muss mit der massenmedialen Öffentlichkeit und der »großen Politik« rechnen. Eine solche *integrale Unternehmensgeschichte* lebt vom Vergleich. Allerdings sollte dieser über eine Reproduktion nationaler »Kulturen" und »Stile« hinausgreifen und durch flexibles *variation finding* der Unternehmensgeschichte die Perspektive der Typenbildung weisen.

Anmerkungen

1 Zur Geschichtes des Konzepts Ulrich Brinkmann, »Unternehmenskultur«. Aufstieg und Niedergang eines Konzepts, in: Urte Helduser/Thomas Schwietring (Hg.), *Kultur und ihre Wissenschaft. Beiträge zu einem reflexiven Verhältnis*, Konstanz 2002, S. 203–230. Zur Aktualität in Deutschland Jürgen Kocka, Deutsche Unternehmenskultur in historischer Perspektive, in: Manfred Pohl (Hg.), *Unternehmenskulturen. Deutschland und USA im Vergleich*, Frankfurt am Main 2003, S. 21–36.

2 Zur Literatur im einzelnen Christian Kleinschmidt, *Der produktive Blick. Wahrnehmung amerikanischer und japanischer Management- und Produktionsmethoden 1950–1985*, Berlin 2002, S. 13 f.

3 Vgl. William G. Ouchi, *Theory Z. How American Business Can Meet the Japanese Challenge*, New York 1981.

4 Vgl. dazu die Beiträge im Band: *Unternehmenskultur – Unternehmensethik – Unternehmensgeschichte* (= *JbWg* 1993/2).

5 Vgl. Hansjörg Siegenthaler, Geschichte und Ökonomie nach der kulturalistischen Wen-

de, in: *GG* 25, 1999, S. 276–301; und Dirk Baecker, *Die Form des Unternehmens*, Frankfurt am Main 1999.

6 Vgl. Karl-Peter Ellerbrock/Clemens Wischermann (Hg.), *Die Wirtschaftsgeschichte vor der Herausforderung durch die Neue Institutionenökonomie*, Dortmund 2004 (im Druck).

7 Vgl. Anne Nieberding, *Unternehmenskultur im Kaiserreich. Die Gießerei J. M. Voith und die Farbenfabriken vormals Friedr. Bayer & Co.*, München 2002, S. 13 ff.

8 Vgl. Hartmut Berghoff, Unternehmenskultur und Herrschaftstechnik. Industrieller Paternalismus: Hohner von 1857 bis 1918, in: *GG* 23, 1997, S. 167–204.

9 Vgl. Werner Plumpe, Unternehmen, in: Gerold Ambrosius u. a. (Hg.), *Moderne Wirtschaftsgeschichte. Eine Einführung für Historiker und Ökonomen*, München 1996, S. 47–68; und Toni Pierenkemper, *Unternehmensgeschichte. Eine Einführung in ihre Methoden und Ergebnisse*, Stuttgart 2000.

10 Vgl. Rudolf Richter/Erik Furubotn, *Neue Institutionenökonomik. Eine Einführung und kritische Würdigung*, Tübingen 1996; und Mathias Erlei u. a., *Neue Institutionenökonomik*, Stuttgart 1999.

11 Vgl. die Kritik bei Anne Nieberding/Clemens Wischermann, Unternehmensgeschichte im institutionellen Paradigma, in: *ZUG* 43, 1998, S. 35–48, besonders S. 42 ff.

12 Vgl. Mark Casson/Andrew Godley, Cultural Factors in Economic Growth, in: dies. (Hg.), *Cultural Factors in Economic Growth*, Berlin 2000, S. 1–43, hier S. 1.

13 Vgl. Peter Dill, *Unternehmenskultur: Grundlagen und Anknüpfungspunkte für ein Kulturmanagement*, München 1986, S. 209, 216 ff. und 91; und Meinolf Dierkes, Veränderung von Unternehmenskultur durch Organisationsentwicklung. Konzeptionelle Grundlagen und praktische Erfahrung, in: Hans Merkens u. a. (Hg.), *Strategie, Unternehmenskultur und Organisationsentwicklung im Spannungsfeld zwischen Wissenschaft und Praxis*, Baltmannsweiler 1990, S. 13–45, besonders S. 21. Kritisch dazu Nieberding, *Unternehmenskultur*, S. 15 f.

14 Vgl. Toni Pierenkemper, Was kann eine moderne Unternehmensgeschichte leisten? Und was sollte sie tunlichst vermeiden?, in: *ZUG* 44, 1999, S. 15–31; ders., Sechs Thesen zum gegenwärtigen Stand der deutschen Unternehmensgeschichtsschreibung, in: *ZUG* 45, 2000, S. 158–166; ders., *Unternehmensgeschichte*; und Peter Borscheid, Der ökonomische Kern der Unternehmensgeschichte, in: *ZUG* 46, 2001, S. 5–10, besonders S. 8.

15 Vgl. Vom Kultivieren des Managements durch die Organisation – und umgekehrt. Ein Gespräch mit Dirk Baecker, in: Theodor M. Bardmann/Torsten Groth (Hg.), *Zirkuläre Positionen 3. Organisation, Management und Beratung*, Wiesbaden 2001, S. 43–66, hier S. 62 f.

16 Vgl. Thomas Welskopp, Ein modernes Klassenkonzept für die vergleichenden Geschichte industrialisierender und industrieller Gesellschaften, in: Karl Lauschke/Thomas Welskopp (Hg.), *Mikropolitik im Unternehmen. Arbeitsbeziehungen und Machtstrukturen in industriellen Großbetrieben des 20. Jahrhunderts*, Essen 1994, S. 48–106.

17 Vgl. Terrence E. Deal/Allan A. Kennedy, *Corporate Cultures. The Rites and Rituals of Corporate Life*, Reading 1982.

18 Kocka, Unternehmenskultur, S. 27.

19 Vgl. Brinkmann, Unternehmenskultur, S. 222 ff.

20 Berghoff, Unternehmenskultur, S. 173.

21 Vgl. Georg Schreyögg, Unternehmenskultur: Zur Unternehmenskulturdiskussion in der Betriebswirtschaftslehre und einigen Querverbindungen zur Unternehmensgeschichtsschreibung, in: *JbWg* 1993/2, S. 23–35; und Karl Lauschke, »Wir sind heute mehr Mensch als früher«. Unternehmenskultur in einem montanmitbestimmten Großbetrieb der fünfziger Jahre, ebd., S. 137–157.

22 Vgl. Herbert Matis, Unternehmenskultur und Geschichte, in: Wilfried Feldenkirchen u. a. (Hg.); *Wirtschaft, Gesellschaft, Unternehmen. Festschrift für Hans Pohl zum 60. Geburtstag*, Bd. 2, Stuttgart 1995, S. 1028–1051; Berghoff, Unternehmenskultur, S. 178 f.; und Kleinschmidt, *Der produktive Blick*, S. 13f.

23 Vgl. Nieberding, *Unternehmenskultur*, S. 366 ff.

24 Heinrich Hartmann, Rezension zu: Nieberding, *Unternehmenskultur*, in: *H-Soz-u-Kult*, 14.08.2003, *http://hsozkult.geschichte.hu-berlin.de/rezensionen/2003-3-097*. Hervorhebungen von mir, T. W.

25 Berghoff, Unternehmenskultur, S. 173.

26 Vgl. Detlev Seidler, *Unternehmenskultur, Unternehmenskommunikation und Unternehmenskulturmanagement*, Tostedt 1997, S. 43 f.; und Edmund Heinen, Unternehmenskultur als Gegenstand der Betriebswirtschaftslehre, in: ders. u. a. (Hg.), *Unternehmenskultur. Perspektiven für Wissenschaft und Praxis*, München 1987, S. 1–48, besonders S. 29 ff.

27 Vgl. Thomas Welskopp, Betriebliche Sozialpolitik im 19. und 20. Jahrhundert. Eine Diskussion neuerer Forschungen und Konzepte und eine Branchenanalyse der deutschen und amerikanischen Eisen- und Stahlindustrie von den 1870er bis zu den 1930er Jahren, in: *AfS* 34, 1994, S. 333–374; Kenneth Warren, *Big Steel. The First Century of the United States Steel Corporation, 1901–2001*, Pittsburgh 2001; und ders., *Triumphant Capitalism: Henry Clay Frick and the Industrial Transformation of America*, Pittsburgh 1996.

28 Vgl. Hartmut Berghoff, *Zwischen Kleinstadt und Weltmarkt. Hohner und die Harmonika 1857–1961. Unternehmensgeschichte als Gesellschaftsgeschichte*, Paderborn 1997; und Nieberding, *Unternehmenskultur*.

29 Nieberding/Wischermann, Unternehmensgeschichte, S. 42.

30 Vgl. Thomas Welskopp, Class Structures and the Firm: The Interplay of Workplace and Industrial Relations in Large Capitalist Enterprises, in: Paul Robertson (Hg.), *Authority and Control in Modern Industry*, London 1999, S. 73–119.

31 Zitiert in: Deal/Kennedy, *Corporate Cultures*, S. 4; und Brinkmann, Unternehmenskultur, S. 4.

32 Vgl. Richard Biernacki, *The Fabrication of Labor. Germany and Britain, 1640–1914*, Berkeley 1995, besonders S. 93 ff.; und Werner Plumpe, Perspektiven der Unternehmensgeschichte, in: Günther Schulz u. a. (Hg.), *Sozial- und Wirtschaftsgeschichte. Arbeitsgebiete, Probleme, Perspektiven. 100 Jahre Vierteljahrschrift für Sozial- und Wirtschaftsgeschichte*, Stuttgart 2004, S. 403–428.

33 Vgl. Siegenthaler, Geschichte und Ökonomie, S. 290 ff.

34 Vgl. Plumpe, Perspektiven, und Thomas Welskopp, Der Mensch und die Verhältnisse. »Handeln« und »Struktur« bei Max Weber und Anthony Giddens, in: Thomas Mergel/

Thomas Welskopp (Hg.), *Geschichte zwischen Kultur und Gesellschaft. Beiträge zur Theoriedebatte*, München 1997, S. 39–70.

35 Vgl. Thomas Welskopp, *Arbeit und Macht im Hüttenwerk. Arbeits- und industrielle Beziehungen in der deutschen und amerikanischen Eisen- und Stahlindustrie von den 1860er bis zu den 1930er Jahren*, Bonn 1994.

36 Vgl. ders., Ein »unmöglicher Konzern«? – Die MIGROS als Gegenstand der modernen Unternehmensgeschichte, in: Katja Girschik u. a. (Hg.), *Der MIGROS-Kosmos. Zur Geschichte eines außergewöhnlichen Schweizer Unternehmens*, Baden 2003, S. 12–37. Zu Deutschland: Uwe Spiekermann, Rationalisierung als Daueraufgabe. Der deutsche Lebensmitteleinzelhandel im 20. Jahrhundert, in: *Scripta Mercaturae* 31, 1997, S. 69–129.

37 Vgl. Plumpe, Perspektiven, und ders., Das Unternehmen als soziale Organisation – Thesen zu einer erneuerten Unternehmensforschung, in: *Akkumulation* 11, 1998, S. 1–7.

38 Vgl. Dietmar Süß, Mikropolitik und Spiele: zu einem neuen Konzept für die Arbeiter- und Unternehmensgeschichte, in: Jan-Otmar Hesse u. a. (Hg.), *Kulturalismus, Neue Institutionenökonomik oder Theorievielfalt. Eine Zwischenbilanz der Unternehmensgeschichte*, Essen 2002, S. 117–136.

39 Vgl. Karl Lauschke, *Die Hoesch-Arbeiter und ihr Werk. Sozialgeschichte der Dortmunder Westfalenhütte während der Jahre des Wiederaufbaus 1945–1966*, Essen 2000; und Werner Plumpe, *Betriebliche Mitbestimmung in der Weimarer Republik. Fallstudien zum Ruhrbergbau und zur Chemischen Industrie*, München 1999.

40 Vgl. Paul Erker, Aufbruch zu neuen Paradigmen. Unternehmensgeschichte zwischen sozialgeschichtlicher und betriebswirtschaftlicher Erweiterung, in: *AfS* 37, 1997, S. 321–365.

41 Vgl. Clemens Wischermann u. a. (Hg), *Unternehmenskommunikation im 19. und 20. Jahrhundert. Neue Wege der Unternehmensgeschichte*, Dortmund 2000; und ders. u. a. (Hg.), *Unternehmenskommunikation deutscher Mittel- und Großunternehmen*, Dortmund 2003.

42 Vgl. Barbara Wolbring, *Krupp und die Öffentlichkeit im 19. Jahrhundert. Selbstdarstellung, öffentliche Wahrnehmung und gesellschaftliche Kommunikation*, München 2000.

43 Vgl. JoAnne Yates, *Control through Communication. The Rise of System in American Management*, Baltimore 1989.

44 Vgl. Alfred Reckendrees, *Das »Stahltrust«-Projekt. Die Gründung der Vereinigte Stahlwerke A.G. und ihre Unternehmensentwicklung 1926–1933/34*, München 2000.

45 Vgl. Berghoff, *Zwischen Kleinstadt und Weltmarkt*, S. 15 ff.

46 Vgl. Paul Erker, »A New Business History«? Neuere Ansätze und Entwicklungen in der Unternehmensgeschichte, in: *AfS* 42, 2002, S. 71–118.

47 Vgl. Welskopp, Ein modernes Klassenkonzept, S. 85 ff.; und ders., Class Structures, S. 90–119.

48 Vgl. ders., Der Betrieb als soziales Handlungsfeld. Neuere Forschungsansätze in der Industrie- und Arbeitergeschichte, in: *GG* 22, 1996, S. 118–142.

49 Vgl. Clemens Wischermann, Frühindustrielle Unternehmensgeschichte in institutionalistischer Perspektive, in: *GG* 19, 1993, S. 453–474.

50 Vgl. Ulrich Pfister, Unternehmerverhalten im 19. Jahrhundert jenseits der Bürgerlichkeit, in: Hesse u.a., *Kulturalismus*, S. 51–61.
51 Vgl. Paul Nolte, Der Markt und seine Kultur – ein neues Paradigma der amerikanischen Geschichte?, in: *HZ* 264, 1997, S. 329–360.
52 Vgl. Niklas Luhmann, *Die Wirtschaft der Gesellschaft*, 3. A., Frankfurt am Main 1999, S. 137.
53 Vgl. Oliver Hart, Corporate Governance: Some Theory and Implications, in: *The Econ. J.* 105, 1995, S. 678–689.
54 Vgl. Sue Bowden, Ownership Responsibilities and Corporate Governance: The Crisis at Rolls Royce, 1968–1971, in: *BH* 44, 2002, S. 31–62.
55 Vgl. David E. Schrader, *The Corporation as Anomaly*, Cambridge 1993.
56 Vgl. Steve Toms/Mike Wright, Corporate Governance, Strategy and Structure in British Business History, 1950–2000, in: *BH* 44, 2002, S. 91–124.
57 Vgl. Charles Tilly, *Big Structures, Large Processes, Huge Comparisons,* New York 1984.
58 Vgl. Thomas Welskopp, Stolpersteine auf dem Königsweg. Methodenkritische Anmerkungen zum internationalen Vergleich in der Gesellschaftsgeschichte, in: *AfS* 35, 1995, S. 339–367.
59 Vgl. Alfred D. Chandler, Jr., *Strategy and Structure. Chapters in the History of the Industrial Enterprise*, Cambridge 1962; und ders., *The Visible Hand. The Managerial Revolution in American Business*, Cambridge 1977.
60 Ders., *Scale and Scope. The Dynamics of Industrial Capitalism*, Cambridge 1990.
61 Kritisch dazu: Christian Kleinschmidt/Thomas Welskopp, Zu viel »Scale« – zu wenig »Scope«. Eine Auseinandersetzung mit Alfred D. Chandlers Analyse der deutschen Eisen- und Stahlindustrie in der Zwischenkriegszeit, in: *JbWg* 1993/2, S. 251–297.
62 Vgl. Werner Abelshauser, Umbruch und Persistenz. Das deutsche Produktionsregime in historischer Perspektive, in: *GG* 27, 2001, S. 503–523. Ein missglückter Versuch, »nationale Kultur« und »internationale« Ökonomie gegeneinander auszuspielen: Christopher Kobrak, *National Cultures and International Competition. The Experience of Schering AG, 1851–1950*, Cambridge 2002.
63 Vgl. Werner Abelshauser, *Kulturkampf. Der deutsche Weg in die Neue Wirtschaft und die amerikanische Herausforderung*, Berlin 2003.
64 Vgl. Kocka, Unternehmenskultur, S. 30.
65 Vgl. Geert Hofstede, *Cultures and Organizations. Software of the Mind*, 2. A., London 1997.
66 Vgl. Michel Albert, *Capitalisme contre Capitalisme*, Paris 1991.
67 Vgl. Peter A. Hall/David Soskice, An Introduction to Varieties of Capitalism, in: dies. (Hg.), *Varieties of Capitalism. The Institutional Foundations of Comparative Advantage*, Oxford 2001, S. 1–68, hier S. 3 f.
68 Welskopp, Stolpersteine, S. 343.
69 Vgl. Stefan Berger, Comparative History, in: ders. u. a. (Hg.), *Writing History. Theory and Practice*, London 2003, S. 161–179.
70 Vgl. Thomas Welskopp/Odette Hardy, Le syndicalisme dans la sidérurgie et les aciéries en Grande-Bretagne, Allemagne, France et Etats-Unis, in: Jean-Louis Robert u.a. (Hg.), *L'invention des syndicalismes. Le syndicalisme en Europe occidentale à la fin du*

XIXe siècle, Paris 1997, S. 41–72; Lauschke, *Hoesch-Arbeiter*; und Andrew Gordon, *The Wages of Affluence. Labor and Management in Postwar Japan*, Cambridge 1998.

71 Vgl. Philip Scranton, *Endless Novelty. Specialty Production and American Industrialization, 1865–1925*, Princeton 1997.

72 Vgl. Lars Magnusson, *The Contest for Control. Metal Industries in Sheffield, Solingen, Remscheid and Eskilstuna during Industrialization*, Oxford 1994.

73 Mary B. Rose, *Firms, Networks and Business Values. The British and American Cotton Industries since 1750*, Cambridge 2000, S. 302 f.

74 Vgl. ebd., S. 300.

75 Vgl. ebd., S. 297 ff., und 306.

76 Vgl. ebd., S. 307 ff.

77 Vgl. Karl Ditt, Rationalisierung im Einzelhandel. Die Einführung und Entwicklung der Selbstbedienung in der Bundesrepublik Deutschland 1949–2000, in: Michael Prinz (Hg.), *Der lange Weg in den Überfluss. Anfänge und Entwicklung der Konsumgesellschaft seit der Vormoderne*, Paderborn 2003, S. 315–356.

78 Vgl. Thomas Welskopp, Startrampe für die Gesellschaft des Massenkonsums. Verbreitung und Entwicklung der Selbstbedienung in Europa nach 1945, Ms., Freie Universität Berlin, August 2003.

79 Vgl. Isabelle Lescent-Giles, Change in French and British Retailing Since the 1950s, Ms., Universität Paris-Sorbonne, März 2003.

80 Vgl. Sibylle Brändli, *Der Supermarkt im Kopf. Konsumkultur und Wohlstand in der Schweiz nach 1945*, Wien 2000, S. 30.

81 Vgl. Lizabeth Cohen, *A Consumer's Republic. The Politics of Mass Consumption in Postwar America*, New York 2003.

82 Vgl. Emanuela Scarpellini, American-Style Supermarkets Abroad: Imitation or Adaptation? The Case of Italy, Ms., Lowell, MA 2003.

83 Vgl. Welskopp, Ein »unmöglicher Konzern«, S. 35 ff.

84 Vgl. Hall/Soskice, *Varieties*.

85 Vgl. dies., Introduction, S. 6 f.

86 Vgl. ebd., S. 9–14.

Wissen, Technik, Wirtschaft

Die modernen Wissenschaften und die Konstruktion der »industriellen Gesellschaft«

Jakob Vogel

Das Verhältnis von Wissenswandel und wirtschaftlicher Entwicklung gehört seit langem zu den zentralen Themen der Wirtschaftsgeschichte. Als Meilensteine der Diskussion gelten dabei in aller Regel die Arbeiten von Landes und Rostow aus den späten 1960er bzw. frühen 1970er Jahren, die das Thema stark auf einzelne wissenschaftlich-technische Erfindungen und auf »Innovation« als Teil der Wirtschaftspolitik fokussierten.[1] In den Hintergrund geriet dadurch eine kulturgeschichtlich inspirierte Technikgeschichte, wie sie etwa in den Arbeiten des französischen Historikers Marc Bloch vertreten ist,[2] welche die Beziehung von Wissen und Wirtschaft in einen breiteren historischen Zusammenhang gesellschaftlicher und damit auch kultureller Veränderungen stellt.

Ein solcher kulturgeschichtlicher Zugriff auf das Thema drängt sich aber heute umso mehr auf, als die »Informationsrevolution« und der Siegeszug des Computers die Fragen nach der wirtschaftlichen Rolle und der gesellschaftlichen Verteilung von Wissen verstärkt auf die Tagesordnung gesetzt haben. »Wissensmanagement« und »Informationskultur« sind zu Schlagworten einer »neuen Ökonomie« geworden, die trotz aller kurzfristigen Desillusionierung auf dem Börsenmarkt ihren Siegeszug fortzusetzen scheint.[3] Die Frage, welche Bedeutung dem Wissen in der modernen Wirtschaft zukommt, hat sich vor allem in der Diskussion um die sogenannte »Wissensgesellschaft« gebündelt. Unsere heutige Gesellschaft, so etwa der Soziologe Nico Stehr, sei gegenüber der »industriellen Gesellschaft« durch den weitgehenden Einfluss von Wissenschaft und Technik auf die Lebenswelt gekennzeichnet, so dass diese aufgrund der neuen Qualität als »wissensbasierte Gesellschaft« bzw. »Wissensgesellschaft« charakterisiert werden könne.[4]

Obgleich Politiker, Soziologen und Wirtschaftswissenschaftler in der Debatte beständig das ›historische Argument‹ eines fundamentalen Wandels von

Wirtschaft und Gesellschaft bemühten und bemühen, ist die Resonanz der Diskussion in der Wirtschafts- und Technikgeschichte bisher eher gering geblieben.[5] Der folgende Beitrag versucht vor diesem Hintergrund, die gängigen Konzepte der »Wissensgesellschaft« einer Kritik aus historischer Perspektive zu unterwerfen. In einem ersten Schritt soll gezeigt werden, wie eng die Vorstellung einer tiefgreifenden »Revolution des Wissens« mit dem Aufstieg der modernen Wissenschaften und der zunehmenden Professionalisierung der wissenschaftlich-technischen Berufe verbunden war. Spätestens seit der Aufklärung propagierten sie das Bild einer beständig wachsenden »Verwissenschaftlichung« der Welt, um ihre eigene herausgehobene Stellung in der Gesellschaft zu legitimieren.

Richtet man demgegenüber den Blick auf den tatsächlichen Einfluss von »Wissen« auf die wirtschaftliche Entwicklung der Vergangenheit, drängen sich vor allem zwei Themenfelder auf: zum einen die Historisierung des »Innovationsprozesses«, dessen lineare Ausrichtung nicht zuletzt von der neueren Technikgeschichte in Frage gestellt wurde,[6] zum anderen die Entstehung und Entwicklung jener Wissenskategorien, die bis in die Wirtschaftsgeschichte hinein unsere Vorstellung der »industriellen Gesellschaft« bestimmen. Im zweiten Teil des Beitrags soll daher am Beispiel der sogenannten »Bergbauwissenschaft« und ihres Einflusses auf das preußisch-deutsche Salzwesen aufgezeigt werden, in welcher Weise Wissen und Wissenschaft bereits in der »Sattelzeit« (Koselleck) zwischen etwa 1750 und 1850 sowohl die wirtschaftliche Praxis als auch die Vorstellungen von »Wirtschaft« prägten.

Der gewählte Fall ist aus doppelter Perspektive besonders interessant: Zum einen verkörperte das Salzwesen schon in der Frühneuzeit einen eigenständigen technologisch hoch entwickelten Wirtschaftsbereich, dessen finanzieller Ertrag für den frühmodernen Staat ausgesprochen wichtig war.[7] Seine Übernahme in den Kompetenzbereich der Bergbauexperten und die Einführung der Tiefbohrtechnik zur Ausbeutung neuer Steinsalzlagerstätten hatte entsprechend große Auswirkungen auf diesen Produktionszweig, aus dem sich unter anderem die moderne Kali-Industrie entwickelte. Zudem kreuzten sich im Salzwesen die unterschiedlichsten Wissensbereiche und -formen, etwa zwischen dem eher naturkundlich-geologischen Wissen der Bergbeamten auf der einen Seite und einem stärker technologischen Wissen der sogenannten »Salinisten« auf der anderen Seite, so dass der Herstellung und Durchsetzung von »Expertise« in diesem Feld eine besondere Bedeutung zukam. Technologische Schlüsselentscheidungen waren dabei – wie gezeigt werden soll – nicht allein von wissenschaftlich-technologischen »Erfindungen« bzw. ihren politischen und sozialen Konstellationen abhängig,[8] sondern wurden auch wesentlich davon beeinflusst, inwieweit es den einzelnen Expertengruppen gelang, ihre jeweilige »Wissenskultur«[9] in einem breiteren gesellschaftlichen Zusammenhang zu verankern. Eine Analyse des komplexen technologischen Wandlungsprozesses ist insofern darauf angewiesen, ebenfalls den umfassenderen kulturgeschichtlichen Kontext zu berücksichtigen, weil nur so die Ausformulierung technischer Lösungen, ihre Durchsetzung sowie ihr Gebrauch außerhalb des engeren Spezialistenkreises angemessen erklärt werden können.[10] Aus diesem Grund greift es auch zu kurz, »Innovationskultur« – wie jüngst in einem einflussreichen Aufsatz von Ulrich Wengenroth – lediglich als die »gelungene Antizipation der Konsumentenkultur« durch Konstrukteure und Produktionsmanager der Unternehmen zu definieren,[11] da symbolische Praktiken und die Deutungsmuster der Akteure den technologischen Prozess von Anfang an beeinflussten.[12]

Der Wissenswandel prägte die Wirtschaft des 18. und 19. Jahrhunderts jedoch ebenfalls auf der Ebene jener Wahrnehmungsmuster, mit denen bereits die Zeitgenossen das historische Geschehen interpretierten und einordneten. Adam Tooze zeigt in seinem Beitrag zu diesem Band, wie die Wirtschaftsstatistik des 20. Jahrhunderts das Phänomen »Wirtschaft« als Einheit überhaupt darstellbar machte. Bei ihrer Konstruktion wurde auf ältere, grundlegende Wissenskategorien zurückgegriffen, die das Bestehen von einzelnen Wirtschaftssektoren als klar abgegrenzte Einheiten suggerierten. Wie im letzten Abschnitt dieses Beitrags gezeigt werden soll, entsprangen diese Abgrenzungen, im vorliegenden Fall die Zuordnung der Salzproduktion zum Bergbau, keiner eindeutigen funktionalen Logik, sondern beruhten vielmehr auf kulturell präformierten Entscheidungen. Die systematische Berücksichtigung von Wissen als historische Kategorie führt daher nicht nur zu einer Reintegration von kultur- und technikgeschichtlichen Fragestellungen in die Wirtschaftsgeschichte, sondern letztlich zu einer integrativen Geschichtsbetrachtung, die »Wirtschaft« und »Kultur« ebenso wenig wie »Technik/Wissenschaft« und »Gesellschaft« als voneinander unabhängige Gegenstandsbereiche betrachtet.[13]

1. »Arbeit, Eigentum und Wissen«? Zur Historisierung der Debatte um die »Wissensgesellschaft«

Grundkonsens im aktuellen betriebswirtschaftlichen, soziologischen und politischen Diskurs über die Veränderungen, welche die neuen Medien und Informationssysteme, aber auch die Gentechnologie mit sich gebracht haben, ist die Vorstellung einer tief greifenden »Revolution des Wissens«. Auch einige Historiker sprechen von einer »Epoche der Wissensrevolutionen«, in der entlang »der großen Informationsströme« »eine neue Gesellschaft von Wissenden« entstehe.[14] Allerdings herrscht kein Konsens darüber, was unter dem Begriff der »Wissensgesellschaft« und der mit ihr verknüpften »Wissensrevolution« zu verstehen ist. Tatsächlich findet man sehr unterschiedliche Definitionen,[15] die mal auf die gestiegene Bedeutung von wissenschaftlichem, insbesondere von naturwissenschaftlichem Wissen anspielen,[16] mal auf den rapide wachsenden Einfluss der modernen Informationstechnologien verweisen.[17] Unklar bleibt, ob eher die Inhalte des Wissens, also eher die »Software«, oder die Träger und damit die »Hardware« des Wissens von entscheidender Rolle sind. Einig sind sich alle Protagonisten der »Wissensgesellschaft« jedoch in der Überzeugung, dass es sich grundsätzlich um ein vergleichsweise »neues« Phänomen handelt, das mit seinen tief greifenden wirtschaftlichen und gesellschaftlichen Veränderungen den Begriff der »Revolution« rechtfertige.[18]

Auch wenn eine klare inhaltliche Bestimmung der angeblichen »Revolution des Wissens« in der Debatte unterbleibt, lassen sich doch die gedanklichen Wurzeln der verwandten Bilder in einem quasi »archäologischen Verfahren« (Foucault) relativ klar nachvollziehen.[19] Tatsächlich speist sich die aktuelle Diskussion aus der seit den sechziger Jahren geführten Diskussion um die Kennzeichen und Strukturen der sogenannten »postindustriellen Gesellschaft«.[20] Autoren wie Daniel Bell oder Peter Drucker vertraten die Ansicht, ein wesentliches Merkmal der zeitgenössischen westlichen Gesellschaften liege darin, dass theoretisches, wissenschaftlich legitimiertes Wissen immer stärker zum Motor von Innovation und sozialem Wandel werde.[21] Betrachtet man die von Bell und Drucker vorgestellte Vision der »Wissensgesellschaft« jedoch genauer, fällt auf, wie sehr ihre Konzeptualisierung noch von dem technologischen und kulturellen Zeitkontext der späten sechziger und frühen siebziger Jahre geprägt wurde – und wie weit sie damit von der aktuellen Diskussion entfernt ist. So verweist bereits der Untertitel von Bells

Werk, *A Venture in Social Forecasting*, auf die zeitgenössische Euphorie der soziologischen Vorhersage und technologischen Planbarkeit, die jene Hochzeit von »Technoscience« [22] und »Verwissenschaftlichung des Sozialen« [23] charakterisierte. Auch die These einer »pre-eminence of the professional and technical class«, die Bell als Kennzeichen der »postindustriellen Gesellschaft« betrachtet,[24] muss heutzutage etwa angesichts eines schwindenden Zulaufs zum Ingenieursstudium als unzeitgemäß und überholt erscheinen.

Neuere Konzeptualisierungen der »Wissensgesellschaft« wenden sich dementsprechend gegen den Zukunftsoptimismus Bells und Druckers und verwerfen den Gedanken einer weitgehenden Vorherseh- und Planbarkeit der wissensbasierten Gesellschaft;[25] gleichzeitig bleiben sie aber dem Gedanken einer allgemeinen »Verwissenschaftlichung« der gesellschaftlichen Wirklichkeit treu. So konzediert beispielsweise Stehr zwar die Relativität der wissenschaftlichen Wissensformen und erkennt die Bedeutung von »praktischem« (*tacit*)[26] oder auch »lokalem« (*local*)[27] Wissen an, die der wissenschaftlichen Erkenntnis Grenzen setze.[28] Dem nichtwissenschaftlichen Wissen schreibt er wie auch andere Autoren[29] letztlich aber nur eine marginale Bedeutung zu, die einer »Insel im Sturm der funktionalen Differenzierung«.[30]

Auch wenn sich die aktuelle Debatte von der Fortschrittseuphorie der sechziger Jahre gelöst hat, reproduziert sie doch ein gedankliches Muster, das schon lange vor Bell und Dunker den Diskurs über die Rolle von Naturwissenschaften und Technik in der Moderne prägte: die Vorstellung einer beständig fortschreitenden »Verwissenschaftlichung« der Welt, die letzten Endes alle Wissensbereiche erfassen und vor allem das handwerklich-praktische Wissen verdrängen werde. Tatsächlich lassen sich bereits in der *Querelle des anciens et des modernes* der Frühaufklärung ähnliche Denkmuster feststellen, die den beständig wachsenden wissenschaftlichen Fortschritt als wesentliches Kennzeichen der modernen Welt beschrieben.[31] Eine besonders zugespitzte Vision der These entwickelte der französische Mathematiker und Wissenschaftspolitiker Condorcet 1794 in seiner Schrift *Entwurf einer historischen Darstellung der Fortschritte des menschlichen Geistes* , in der er eine zunehmende »Zivilisierung« der Welt durch Entdeckungen und Erfindungen postulierte und das revolutionäre Frankreich als Hort der Freiheit und des neuen Wissens beschrieb.[32]

Bereits im 18. Jahrhundert war es ein typisches Merkmal der akademisch gebildeten Wissenschaftler, die eigene Superiorität über die Träger eines praktisch-handwerkliche Wissen zu postulieren,[33] wobei – wie unter anderem die entsprechenden Artikel von Diderots und D'Alemberts *Encyclopédie* unterstreichen – die besondere Fertigkeiten benötigenden »Künste« (etwa die Pharmazie oder auch die Uhrmacherei) als qualifizierte Formen des praktischen Wissens in der Regel noch von pauschalen Verurteilungen ausgenommen wurden.[34] Überall sonst, von der Heilkunde[35] bis zu den technischen Fragen des Geschützbaus[36] oder der Militärtaktik,[37] beanspruchten die wissenschaftlichen Eliten jedoch eine deutliche Vorrangstellung gegenüber den praktisch arbeitenden »Professionisten« und Handwerkern, die als Bremser des wissenschaftlichen und gesellschaftliche Fortschritts denunziert wurden.[38] Auch in der Wirtschaftspolitik, so forderten die Kameralisten des 18. Jahrhunderts, sollten an die Stelle der »bloßen Erfahrung« die Prinzipien einer wissenschaftlich definierten »Rationalität« und »Nützlichkeit« treten, deren Grundlagen nur durch ein entsprechendes akademisches Studium zu erlernen seien.[39] Die neue Pyramide des Wissens, an deren Spitze sich die Aufklärungseliten sahen, war nicht nur sozial differenziert, sondern vollzog auch entlang der Geschlechtergrenze eine scharfe Trennung: Frauen erschienen aufgrund ihrer »natürlichen Eigenschaften« von der Welt des Wissens ausgeschlossen und wurden daher aus vielen qualifizierten Berufen verdrängt oder, wie etwa im Bereich der Geburtshilfe, einer strengen Aufsicht durch die männlichen Wissenschaftler unterstellt.[40] Die Verwissenschaftlichung war in diesem Sinne ein umfassendes Projekt, das alle Bereiche des gesellschaftlichen Lebens nach den neuen Prinzipien des akademischen Wissens radikal umgestalten sollte.

Die Vorstellung einer wachsenden »Entzauberung der Welt« (Max Weber) durch die Wissenschaften und ihre Abgrenzung von praktischer Erfahrung sowie anderen nichtlegitimen Wissensformen ist daher mit Recht als das konstitutive Element jener »Erfindung« beschrieben worden, durch die sich die »moderne Wissenschaft« überhaupt erst herausbildete.[41] Die aktuelle Debatte über die Wissensgesellschaft steht daher auch ganz in der Tradition eines Diskurses, der schon zur Zeit der Aufklärung einen grundlegenden Anteil an der Selbstdefinition der »modernen Gesellschaft« und ihrer akademischen Eliten besaß.[42]

2. Wirtschaftsgeschichte als Wissensgeschichte: Die Bergbauwissenschaft in der industriellen Revolution

Wie kann jedoch der eigenständige Beitrag der Wissens- und Technikgeschichte zur Historisierung der industriellen Gesellschaft aussehen? Die Infragestellung des umfassend-universalen Anspruchs der modernen Wissenschaften und Technik und ihres linearen Fortschrittsgedankens hat in der neueren Forschung vor allem die komplexe »soziale Konstruktion« technischer Artefakte in den Vordergrund gerückt[43] und zu einer Rehabilitierung des praktischen Wissens geführt.[44] Betont wurde gleichzeitig die Rolle, welche die »Nutzer« als Akteure in dem Prozess des technologischen Wandels besaßen,[45] sowie die Bedeutung der unterschiedlichen Darstellungs- und Repräsentationsformen – Design, Bilder oder Graphiken – bei der Herausbildung von technischen Artefakten.[46] Obwohl damit inzwischen eine neuere, kulturgeschichtlich inspirierte Technikgeschichte existiert, ist ihr Einfluss auf die Wirtschaftsgeschichte bislang eher begrenzt geblieben.[47] Dies gilt selbst für jene Studien, die die Pertinenz des nationalen Rahmens für die Bestimmung »nationaler Technikstile« in Frage stellen und gegen eine ältere, eher anwendungsorientierte Geschichte der »nationalen Innovationssysteme«[48] die Rolle lokaler, regionaler oder auch branchentypischer Lösungen hervorheben.[49] Die eingeschränkte Resonanz der neuen Technikgeschichte mag nicht zuletzt darin begründet sein, dass sie in erster Linie mit Hilfe von Detailanalysen – zumeist anhand von Beispielen aus dem 20. Jahrhundert – epistemologische Fragen zu beantworten sucht, etwa nach dem Wesen und Status von »Innovation« im technologischen Prozess oder der Beziehung von »wissenschaftlichem« und eher handwerklich-praktischem Wissen.[50]

Der geringe Widerhall der neueren Technikgeschichte in der Wirtschaftsgeschichte des 18. und 19. Jahrhunderts ist umso bedauerlicher, als durchaus eine Forschungstradition existiert, welche die Bedeutung des Wissenswandels im Kontext der Debatte um die »industrielle Revolution« thematisiert.[51] In diesem Sinne hat etwa Joel Mokyr jüngst den rapiden Wirtschaftsaufschwung der »Industrialisierung« aus der spezifischen Dynamik des »nützlichen Wissens« zu erklären versucht, die sich seit dem späten 18. Jahrhundert vor allem durch die Verbreiterung der epistemologischen Basis der Technik und die »Wissensrevolution« der »industriellen Aufklärung« entwickelte.[52] Mokyrs Analyse offenbart jedoch erneut alle Probleme, die bereits die klassischen

Arbeiten von Landes oder Rostow kennzeichnen: ein vergleichsweise teleologisches Bild der wirtschaftlichen Entwicklung, eine Makroanalyse, die wenig Interesse für die konkreten Ausformungen des technischen Wandels zeigt, und eine Geschichte, die jenseits der »großen Männer« von Wissenschaft und Technik weitgehend ohne Akteure auskommt.[53]

Dass auch in diesem Bereich »wissensgeschichtliche« Ansätze[54] weiterführen können, soll im Folgenden am Beispiel des Aufstiegs des Bergbaus zu einer der Leitbranchen der Industrialisierung des 19. Jahrhunderts skizziert werden. Diese Entwicklung erschien in der klassischen Literatur als die quasi natürliche Folge eines vor allem auf der Nutzung der Dampfkraft und damit von Kohle und Eisen basierenden Industrialisierungsprozesses.[55] Bestehende regionale Unterschiede wurden in erster Linie mit dem Vorhandensein von natürlichen Ressourcen und dem Zusammenspiel mit der bestehenden »Infrastruktur« erklärt, während die unterschiedliche Verfügbarkeit eines spezialisierten Wissens höchstens im Zusammenhang mit der Durchsetzung einzelner technischer Innovationen in die Interpretation einbezogen wurde.[56] Wenig Berücksichtigung fand damit beispielsweise die Rolle, die die Entstehung, Verbreitung und Institutionalisierung eines »bergbauwissenschaftlichen« Wissens im wirtschaftlichen Wandel des 19. Jahrhunderts spielten.[57]

Tatsächlich entwickelte sich im deutschsprachigen Raum die wissenschaftliche Expertise im Bereich des Bergbaus mit deutlich unterschiedlichen regionalen Bezügen. Ein besonders einflussreiches Zentrum entstand im 18. Jahrhundert mit der 1765 gegründeten Bergakademie im sächsischen Freiberg, die nach dem Siebenjährigen Krieg mit ihrem Projekt einer akademischen Ausbildung in den »Bergbauwissenschaften« zum Modell für die Einrichtung einer staatlichen Bergbauadministration und für die wissenschaftliche Modernisierung der Produktion in diesem Wirtschaftszweig aufstieg.[58] Das Ausbildungsprogramm bestand in der Verbindung der naturwissenschaftlichen Fächer Chemie, Mineralogie, Mathematik und Physik mit der praktischen Ausbildung in den klassischen Bergbaufächern, etwa der Probier- und Hüttenkunde, der Markscheide- und Lagerstättenkunde.[59] Dieses Konzept entsprach ganz dem aufgeklärten Gedanken einer allgemeinen »Verwissenschaftlichung« der Praxis, der auch in anderen Feldern, etwa in der sogenannten »Zivilbaukunde« (Architektur) oder bei den Artillerieoffizieren, die Ausbildung der jungen akademischen Eliten des späten 18. Jahrhunderts charakterisierte.[60] Die wissenschaftlich gebildeten Bergbeamten verkörperten in diesem Sinne jenes aufgeklärt-kameralistische Beamtenmodell, dessen Tätigkeit für den Staat als Teil einer öffentlichen »Policey« und damit in erster Linie als Arbeit für das gesellschaftliche Gemeinwohl verstanden wurde.[61] Eine besondere Attraktivität erhielt die naturwissenschaftliche Ausbildung in den »Bergbaufächern« wie der Mineralogie zudem durch ihre enge Verknüpfung mit dem naturgeschichtlichen Paradigma der Zeit, das der Erklärung der frühen Erdentwicklung und der Gesteinsbildung, Klassifikation und Analyse der Gesteine hohen wissenschaftlichen Stellenwert zuschrieb.[62] Namen bekannter Freiberger Studenten wie Alexander von Humboldt, Freiherr vom Stein oder Georg Philipp Friedrich von Hardenberg, genannt Novalis, unterstreichen den raschen gesellschaftlichen Erfolg der Bergbauwissenschaften, die sich in gewisser Weise zu einer Modewissenschaft der Spätaufklärung entwickelte.

Freibergs Aufstieg zu einem entscheidenden Zentrum des neuen Bergbauwissens nicht nur im mitteldeutschen Raum ist von der klassischen Bergbaugeschichte vergleichsweise gut erforscht worden, weit weniger jedoch die konkrete Art und Weise, mit der das sächsische Modell in die unterschiedlichen staatlichen und wirtschaftlichen Kontexte transferiert und dort adaptiert wurde.[63] So führte beispielsweise Preußen dank der Ernennung eines der Gründer der Freiberger Akademie, Friedrich Anton von Heynitz, zum Staatsminister im Jahr 1777 einerseits zwar das Freiberger Modell als Grundlage der Ausbildung seiner Bergbeamten ein, zu deren Zweck 1779 das sogenannte »Bergwerks-Institut« in Berlin reorganisiert wurde.[64] Andererseits zeigten sich bei der Übernahme des sächsischen Modells in den preußischen Kontext aber auch jene komplexen, für jeden Wissens- und Institutionentransfer charakteristischen Anpassungsprozesse,[65] etwa bei der praktischen Ausgestaltung des Berliner Lehrbetriebs, der auf eine ganze Reihe in Freiberg vorhandenen praktischen Lehreinrichtungen und Laboratorien verzichten musste.[66] Für die Spitzen der preußischen Bergbauverwaltung blieb daher bis ins frühe 19. Jahrhundert weiterhin Freiberg der zentrale Bezugspunkt, bis in der Folge der napoleonischen Kriege der enge Austausch zwischen beiden Staaten auch im Bereich des Bergbaus gekappt wurde. Dies führte wiederum zu einer Reorganisation der Ausbildungswesens, bei der die regionalen Bezüge und die Rolle der klassischen Universitätsausbildung an den Hochschulen Halle und Breslau deutlich gestärkt wurden.

Damit lässt sich auch im preußischen Fall nicht von einer linearen Übernahme des Freiberger Modells ausgehen, das quasi automatisch zu einer entsprechenden technologischen Modernisierung im Bereich des Bergbaus geführt hätte.[67] Vielmehr ist es notwendig, den konkreten Wegen des Wissens nachzuspüren, die zur Formulierung einer bestimmten Technologie und ihrer Anwendung in einem bestimmten wirtschaftlichen Kontext führten. Dies soll im Folgenden am Beispiel der Einführung von »bergmännischen« Techniken zum Abbau von Steinsalz im mitteldeutschen Raum demonstriert werden, die in der Mitte des 19. Jahrhunderts mit der Erschließung insbesondere der Stassfurter Lagerstätten nicht nur einen großen Anteil an dem explosionsartigen Anstieg der Salzherstellung in Preußen, sondern auch an der Entwicklung der späteren Kali-Industrie besaßen.[68]

3. Technologischer Wandel in der Konkurrenz der Wissenskulturen

Der Einsatz bergmännischer Praktiken, insbesondere der Tiefbohrtechnik, im Bereich des Salzwesens und die Erschließung neuer Steinsalzlagerstätten seit den 1850er Jahren bedeutete tatsächlich eine technologische ›Revolution‹ im mitteldeutschen Raum, da in dieser Region bis zu diesem Zeitpunkt Salz nur an der Oberfläche, das heißt durch die Verdampfung von natürlicher Quellsole, hergestellt wurde. Innerhalb kurzer Zeit erhöhte sich vor allem durch den Stassfurter Salzbergbau die Kochsalzproduktion in der preußischen Provinz Sachsen um nahezu fünfzig Prozent.[69] Zählt man die Förderung von Steinsalz noch hinzu,[70] verdreifachte sich innerhalb von zwanzig Jahren seit der Mitte des Jahrhunderts die Salzproduktion in Preußen – eine Entwicklung, die das Land von einem Nettoimporteur von Salz zu einem Nettoexporteur aufsteigen ließ. Wirtschaftlich noch bedeutender wurde aber die sich in Stassfurt und andernorts aus dem Salzbergbau entwickelnde Kali-Industrie, die einen zunächst als Abfallprodukt der Salzherstellung angesehenen Stoff nutzte und bis zum Ende des 19. Jahrhunderts zu einer der dynamischsten Branchen der deutschen Wirtschaft aufstieg.[71]

Die Literatur zur regionalen Wirtschaftsentwicklung des mitteldeutschen Raums stellt diesen Erfolg in erster Linie als ein Werk der preußischen Bergbeamten dar, die mit ihrem spezifischen Fachwissen die technologische Entwicklung des Salzwesens in dieser Region entscheidend vorangetrieben hätten.[72] Tatsächlich war es das zuständige Oberbergamt, das 1839 in Stassfurt auf dem Gelände der örtlichen Saline erste Bohrungen nach Steinsalz anordnete.[73] Das Salz sollte nach den ursprünglichen Plänen mit Hilfe von eingeleitetem Wasser ausgelaugt werden – eine Methode, wie sie in der alpenländischen Salzherstellung seit Jahrhunderten gebräuchlich und den beteiligten Beamten durch ihre Besichtigungsreisen zu den dortigen Produktionsstätten bekannt war.[74] Die komplizierten Lagerungsverhältnisse vor Ort und die ungünstige Ansetzung des ersten Bohrloches[75] führten allerdings zu keinem eindeutigen Ergebnis der Proben, so dass die Bohrversuche zunächst eingestellt wurden. Erst 1851 setzte sich nach einigen chemischen Untersuchungen, vor allem aber nach wesentlichen Fortschritten auf dem Gebiet des Tiefbergbaus, in der preußischen Verwaltung die Vorstellung durch, dass es sich bei der Stassfurter Lagerstätte tatsächlich um ein auch nach wirtschaftlichen Maßstäben abbaubares Salz handelte. Im folgenden Jahr wurde daher mit der Einrichtung eines Förderschachts begonnen, von dem aus 1856 der planmäßige Abbau des Steinsalzes unternommen wurde.[76] Die Bedeutung der beim Abteufen des Bergwerks angetroffenen Kalisalze, die man zunächst als wertlose »Abraumsalze« beiseite geschafft hatte, erschloss sich aber erst, nachdem der Chemiker Adolf Frank mit einigen Versuchen ihre Eignung als Dünger in der Landwirtschaft nachwiesen hatte.[77] Rund um das Salzbergwerk entwickelte auf diese Weise ab 1861 eine rasch florierende kaliverarbeitende Industrie, so dass erstmals 1866 in Stassfurt mehr Kalisalze als Steinsalze gefördert wurden.

Abgesehen davon, dass damit auch im vorliegenden Fall nicht von der Einführung »einer« Technik, sondern nur von dem Zusammenspiel einer ganzen Reihe von unterschiedlichen Faktoren gesprochen werden kann, die zusammen den »Innovationsprozess« begründeten, muss jedoch noch aus einem anderen Grund die Rolle der Bergbauexperten für die Erschließung des Steinsalzes in Mitteldeutschland deutlich relativiert werden. Tatsächlich lagen nämlich über fünfzig Jahre zwischen dem Zeitpunkt, zu dem die Bergbeamten im Jahr 1786 erstmals die technische Oberaufsicht über das Salzwesen im preußischen Königreich erhielten, und dem Beginn der Bohrarbeiten in Stassfurt. Seit 1805 unterstand der gesamte Bereich der Salzproduktion offiziell der Kompetenz der Berliner Bergbehörden.[78] Allein dieser große zeitliche Abstand zeigt, dass nicht von einer einfachen Umsetzung bergbauwissenschaftlicher Kenntnisse in diesem Bereich gesprochen werden kann. Zudem stand spätestens seit 1818 mit den erfolgreichen Bohrungen, die der Technologe Carl Christian Friedrich Glenck im süd- und mitteldeutschen Raum durchgeführt hatte, die entsprechende Technologie zur Bestimmung von Steinsalz-Lagerstätten zur Verfügung.[79] Wie die Korrespondenz Goethes bezeugt, der als Verantwortlicher für den Bergbau im Herzogtum Sachsen-Weimar über enge Kontakte zur Bergakademie Freiberg verfügte, waren diese Versuche in den Kreisen der preußischen Bergbauexperten durchaus bekannt.[80]

Warum wurde aber eine verfügbare Technik, die überdies den Einsatz genuin bergmännischer Verfahren ermöglichte, von den preußischen Bergbeamten nicht genutzt? Wesentliche Elemente für die Antwort auf diese Frage liegen in den Unterschieden spezifischer regionaler Wissenskulturen, wie sie für die nach dem Freiberger Modell ausgebildeten Bergbauwissenschaftler einerseits und die im Salzwesen tätigen Technologen wie Glenck andererseits prägend waren. Innerwissenschaftlich beruhte das sächsische Modell nämlich auf dem Übergewicht der Mineralogie, die in Freiberg vor allem von Abraham Gottlob Werner – einem der wohl bekanntesten europäischen Wissenschaftler um die Wende zum 19. Jahrhundert – vertreten wurde.[81] Als Begründer der sogenannten »Geognosie«, der beschreibenden Untersuchung der Gebirge und ihrer Gesteinsarten, vertrat Werner eine naturkundliche Geologie, die sich einerseits an den Anforderungen der bergmännischen Praxis, andererseits aber auch an den kulturellen und sozialen Ansprüchen der aufgeklärten Naturgeschichte des 18. Jahrhunderts orientierte.[82] Mit ihrer auf äußerlichen Kriterien beruhenden Klassifikation der Mineralien und dem bewussten Verzicht auf die chemische Analyse der Gesteine näherte sich die Geognosie dem bergmännischen Erfahrungswissen an und entsprach darüber hinaus den Erfordernissen des Dienstalltags im Bergbau. Außerdem verlangte die Geognosie nur ein Minimum an technischen Instrumenten und Fähigkeiten und war damit ohne weiteres geeignet, in den wissenschaftlichen Habitus aufgeklärter Reisender einzugehen.[83] Geognostische Studien und Mineralienkunde waren um die Wende zum 19. Jahrhundert beliebte Beschäftigungen einer naturkundlich inspirierten Öffentlichkeit und fanden sogar Eingang in den Lehrkanon adliger Bildungsanstalten wie der theresianischen Ritterakademie in Wien.[84]

Sosehr auf diese Weise praktisches Erfahrungswissen in die Ausbildung der Bergbeamten einfloss, so stark war jedoch auch deren Abgrenzung von den eher technologisch interessierten »Salinisten«, den Spezialisten der Salzherstellung, die ebenfalls seit dem Ende des 18. Jahrhunderts versuchten, ihren Wissensbereich auf ›wissenschaftliche‹ Grundlagen zu stellen. Seit den 1770er Jahren mehrten sich nämlich die Veröffentlichungen zur Salzwerkskunde, die in der Regel der Feder hoher Salinenbeamter entstammten und die Vermittlung chemischen Grundlagenwissens zur Herstellung des Salzes mit ausführlichen Beschreibungen der für den Salinenbetrieb notwendigen technischen Konstruktionen verbanden.[85] Herausragende Beispiele dieser Literatur waren die Schriften der Brüder Langsdorf, die als Salinendirektoren in Hessen bzw. auf der Saline Gerabronn in dem zu Preußen gehörenden Fürstentum Ansbach arbeiteten und ab 1785 gemeinsam eine salinistische Schriftenreihe unter dem Titel *Sammlung praktischer Bemerkungen und einzelner zerstreuter Abhandlungen für Freunde der Salzwerkskunde* herausgaben.[86] Aus einer Salinistenfamilie stammend (der Vater war bereits Inspektor auf dem Salzwerk im hessischen Nauheim gewesen), besaßen beide beste Kontakte zu Kollegen und Staatsbeamten in der Main-Region (Hessen und das nördliche Süddeutschland) und unterhielten enge Verbindungen zu Johann Beckmann in Göttingen und anderen einflussreichen Technologen ihrer Zeit.[87] Zusammen mit seinem Schwiegersohn Glenck war Karl Christian Langsdorf für die erfolgreiche Erbohrung der Steinsalz-Lagerstätten bei Neckarsulm und Wimpfen verantwortlich – eine Leistung, für die der vom russischen Zaren geadelte und inzwischen als Professor für Mathematik (Mechanik) an die Universität Heidelberg berufene Langsdorf vom württembergischen König mit der Benennung des Salinendorfes mit seinem Namen belohnt wurde.[88]

Trotz Langsdorfs unbestreitbarer Verdienste bei der Förderung des Salzwesens wurde er, wie er in seinen Schriften ausführlich beklagte, mit seinen Arbeiten von den führenden Bergbauwissenschaftlern seiner Zeit nicht ernst genommen.[89] Hierfür machte er insbesondere Abraham G. Werner verantwortlich, der auf ein ihm zugeschicktes Manuskript mit Langsdorfs Ausführungen über die Naturgeschichte der Salzentstehung im Erdmantel nicht geantwortet hätte. Das Nichtbeachten der üblichen Spielregeln der aufgeklärten Wissenschaft, in der die briefliche Debatte einen wichtigen Bestandteil des wissenschaftlichen Austausches ausmachte, erboste Langsdorf so sehr, dass er keine weiteren Kontakte zu Mineralogen aufnahm. Dennoch lässt sich die mangelnde Rezeption seiner Arbeit nicht allein mit persönlichen Aversionen oder möglichen wissenschaftlichen Differenzen erklären,[90] da Langsdorf über seine Tätigkeit als preußischer Beamter in den süddeutschen Territorien im Verwaltungsalltag durchaus in direktem Kontakt zu führenden Bergbauwissenschaftlern wie Alexander von Humboldt stand.

Betrachtet man Humboldts administrative Korrespondenz und die Berichte von seiner Inspektionsreise nach Ansbach, die ihn im Auftrag des Freiherrn von Heynitz im Sommer 1792 auch zu der Saline Gerabronn führte, so zeigt sich neben seiner Wertschätzung für das praktische Wissens Langsdorfs (»dieser kenntnisvolle Mann«) doch auch die deutliche Distanz, die den jungen Bergassessor, der gerade seine akademischen Studien in Freiberg beendet hatte, von dem deutlich älteren Technologen trennte.[91] Während Humboldt Langsdorfs Verdienste vor allem im Anlagenbau lobte, kritisierte er vor allem dessen mangelndes Einschätzungsvermögen auf geologischem Gebiet. Diese Episode, die in gewisser Weise Langsdorfs späteres Urteil über Humboldt und die »Geognostikaster« spiegelt,[92] offenbart die vielschichtigen Differenzen zwischen den beiden hier exemplarisch aufeinander treffenden Wissenskulturen des Bergbauexperten und des Salinisten. Soziale und habituelle Dispositionen, aber auch das politische Machtgefälle zwischen dem Gesandten der Zentralbehörde und dem Beamten vor Ort verbanden sich dabei mit ›Wissensfragen‹ im engeren Sinne: Neben den Habitusgegensatz zwischen dem adligen Angehörigen eines elitären Beamten-Corps und dem bürgerlichen Spezialisten, der sich eher durch sein familiär tradiertes Spezialwissen und seine regionalen Kontakte definierte, traten auf diese Weise die Unterschiede in der Bewertung des naturkundlichen Wissens gegenüber den praktisch-technologischen Kompetenzen. Differierende ›wissenschaftliche‹ Bezüge – vor allem in der Einschätzung der von den preußischen Bergbeamten favorisierten geognostischen Methode, die sich nach einer boshaften Bemerkung Goethes bei der Suche nach neuen Steinsalz-Lagerstätten als eine »majestätische Wünschelruthe« darbot – waren für die mangelnde Rezeption der von Langsdorf und Glenk vorangetriebenen Bohrtechnik damit ebenso entscheidend wie deren unzureichende wissenschaftliche und politische Netzwerke sowie ihre bürgerliche Herkunft.[93] Eine Bewertung technologischer Schlüsselentscheidungen wie der Einführung der Tiefbohrtechniken im Salzwesen muss in diesem Sinne umfassend die politischen, sozialen und kulturellen Umstände einbeziehen, die bei jedem einzelnen Schritt des langwierigen technologischen Prozesses den Einfluss der unterschiedlichen Akteure und ihrer Wissenskulturen bestimmten.

4. Kategorien des Wissens: Die Definitionsmacht der Bergbauwissenschaften

Auch wenn die Bergbauwissenschaftler des 18. und 19. Jahrhunderts auf diese Weise gerade aufgrund ihrer spezifischen Wissenskultur in manchen Bereichen weit weniger erfolgreich und innovativ waren, als es eine klassische Erfolgsgeschichte vermuten ließe, darf ihr Einfluss auf die wirtschaftliche Kultur der Zeit jedoch nicht unterschätzt werden. Tatsächlich gelang es ihnen, den Blick der Zeitgenossen mit Hilfe einer Wissenskategorie zu prägen, die bis heute unser Bild der Wirtschaft bestimmt: die Vorstellung eines einheitlichen Sektors »Bergbau«, der von einer historisch gewachsenen Technik sowie von einem ganzen Ensemble spezifischer wirtschaftlicher, rechtlicher, sozialer oder kultureller Gegebenheiten definiert wird. Eingeflossen ist dieses Bild im Laufe der Zeit nicht nur in die historische Forschung,[94] in Gesetze[95] oder

Statistiken,[96] sondern auch in die alltägliche Lebenswelt, etwa durch Firmenembleme, technische Museen oder folkloristische Veranstaltungen.[97]

Wirtschaftsgeschichte unter anderem als eine Geschichte des »Wissens« über Wirtschaft zu betrachten, bedeutet daher auch, die Entwicklung derartiger Konzepte zu verfolgen, die – wie das Bild des »Bergbaus« – ihrerseits eine historische Entwicklung durchlaufen haben, obwohl ihnen gleichzeitig immer eine übergeordnete Evidenz und zeitlose Gestalt zugeschrieben wurde. Dabei muss vor allem den Grenzbereichen dieser Kategorien besondere Aufmerksamkeit geschenkt werden, da sich in ihnen jenes »boundary work« offenbart, durch das die jeweiligen »Wissensexperten« die Grenzen des eigenen Aktionsfeldes zu definieren und gegebenenfalls auszuweiten versuchten.[98]

Tatsächlich unterschied sich der mit dem »Bergbau« verbundene Wirtschaftssektor gegen 1750 erheblich von dem Feld, das die preußischen Bergbeamten einhundert Jahre später als ihren Kompetenzbereich beanspruchten – und dies durchaus unabhängig davon, ob in den einzelnen Bereichen tatsächlich »bergmännische« Technik und Verfahren zum Einsatz kamen. Das bereits angesprochene Beispiel der Salzherstellung kann diese Entwicklung vielleicht am besten verdeutlichen. Bei der Formulierung des preußischen Berggesetzes im Jahr 1865 fiel die Salzherstellung ganz selbstverständlich in den Geltungsbereich des Gesetzes,[99] obgleich – wie dargestellt – der Einsatz bergmännischer Techniken in diesem Sektor zu diesem Zeitpunkt ein noch relativ neues Verfahren war. Auch in der zeitgenössischen Statistik wurde die Salzproduktion als Teil des bergbaulichen Aktivitäten des Landes angeführt.[100]

Diese Klassifikation schien insofern ihre Berechtigung zu haben, als spätestens seit 1805 die staatliche Bergbauverwaltung die Oberaufsicht über die preußischen Salinen ausübte. Noch im 18. Jahrhundert hatten allerdings nur wenige Bezüge zwischen beiden Wirtschaftszweigen bestanden: Weder fanden bei der Produktion des Salzes in den Salinen in Preußen wie auch sonst in Mitteleuropa (nimmt man einmal die alpenländischen Salzwerke und das in seiner Art einzigartige Salzbergwerk in Wieliczka bei Krakau aus[101]) in dieser Zeit bergmännische Verfahren Anwendung, noch ließen sich etwa im Bereich der Arbeitsorganisation, der rechtlichen Verfassung der Produktion oder auch der Einbettung in den staatlichen Wirtschaftskreislauf Ähnlichkeiten behaupten, die über die auch anderswo existierenden ständischen bzw. zünftischen Strukturen hinaus reichten.[102] Das 1730 in Freiberg herausgegebene umfangreich *Neue und curieuse Bergwerks-Lexicon* hatte konsequenterweise unter dem Stichwort »Saltz« seine Leser auf die spezifische Fachliteratur verwiesen: »Was übrigens die Saltz-Quellen oder Sohle anlanget, wie das Saltz in Halle praeparieret und gesotten wird, davon kann man überall Nachricht haben.«[103] Auch in den juristischen Schriften des 18. Jahrhunderts wurden »Salzrecht« *(ius salinarum)* und »Bergrecht« *(ius metallicorum)* üblicherweise voneinander unterschieden, auch wenn beide Rechtsbereiche in aller Regel unter dem Stichwort der fürstlichen Regalien behandelt wurden.[104]

Entsprechend bedeutsam ist daher die Frage, wie es vor diesem Hintergrund den beteiligten Bergbeamten gelingen konnte, die eigene Kompetenz für die Salzherstellung zu behaupten und durchzusetzen, obwohl sie in ihrer Wissenskultur ganz von den Traditionen und Bedingungen des Erzbergbaus geprägt waren. Eine wichtige Rolle spielte dabei der umfassende Begriff vom »Mineralreich«, dessen Ausbeutung in ihrer Argumentation als das ureigenste Feld eines wissenschaftlich betriebenen Bergbaus dargestellt wurde. In einer programmatischen Schrift, die Friedrich von Heynitz mit dem Titel *Abhandlung über die Producte des Mineralreichs in den königlich Preußischen Staaten und über die Mittel, diesen Zweig des Staats-Haushaltes immer mehr emporzubringen* 1786 für Friedrich II. verfasste, betonte der Autor daher, dass das Salzwesen einen »递Haupttheil« des »gesamten Mineralreichs« ausmache.[105] Daher müsse es – so Heynitz – bei den Versuchen zur Hebung des Bergbaus in den preußischen Staaten notwendigerweise mitberücksichtigt werden. Heynitz setzte sich damit von der engeren »Bergbau«-Definition ab, die noch den frühen bergbaukundlichen Lehrbüchern zugrunde lag und sich ganz an den Bedingungen des mitteleuropäischen Erzbergbaus orientiert hatte.[106] Der umfassende Mineralienbegriff, der am Ende des 18. Jahrhunderts zum Grundkonsens der »scientific community« der europäischen Bergbauwissenschaftler gehörte[107] und zur Rechtfertigung der ausgedehnten Kompetenz in diesem Bereich diente, besaß jedoch auch über den Kreis der Fachwissenschaftler hinaus eine hohe Plausibilität, da über die Mineralienkunde bergbauwissenschaftliches Wissen weitgehend Eingang in die naturwissenschaftliche Populärkultur des späten 18. Jahrhunderts gefunden hatte.[108] Die Entscheidung Friedrichs II., Heynitz in Personalunion 1786 auch die Leitung des staatlichen Salzwesens zu übertragen, entsprang somit weniger persönlicher Zuneigung oder politischen Erwägungen, sondern rechtfertigte sich vor allen in den Augen einer breiteren aufgeklärten Öffentlichkeit, welche dank der Popularisierung der naturkundlichen Geologie weitgehend die gleiche Wissenskultur teilte.

Trotz dieser vermeintlichen wissenschaftlichen Evidenzen gelang es den Bergbauwissenschaftlern aber erst 19 Jahre später, im Jahr 1805, dauerhaft die Oberaufsicht über die Salzadministration zu erringen; bis zu diesem Zeitpunkt sahen sie sich mit dem Widerstand einer stark kameralistisch geprägten Beamtenschaft des Salzwesens und ihrem ausgeprägten Sonderbewusstsein konfrontiert. Dies unterstreicht nicht zuletzt der noch 1804 unternommene Versuch des zuständigen Finanzministers, eine eigene weiße Uniform für die Bediensteten des Salzdepartements durch den König genehmigen zu lassen, die farblich den Gegensatz zu den schwarzen Uniformen der Bergbeamten unterstrichen hätte.[109] Die Inkorporation des finanziell äußerst einträglichen Salzwesens in den Geschäftsbereich der Bergbauverwaltung war insofern entgegen der offiziellen Begründung kein Akt eines wissenschaftlich-technologischen Sachzwangs,[110] sondern gelang vielmehr nur vor dem Hintergrund des breiten politischen Einflusses, den sich die Bergbaubeamten bis zu diesem Zeitpunkt im preußischen Staats- und Verwaltungsapparat erkämpft hatten. Es ist daher auch nicht verwunderlich, dass der für die Aufteilung verantwortliche königliche Minister, Freiherr vom Stein, als Absolvent der Freiberger Bergakademie und Schüler von Heynitz' seine Ausbildung und ersten administrativen Erfahrungen in der preußischen Bergbauverwaltung erhalten hatte.[111] Stein, im preußischen Generaldirektorium selbst nicht für den Bergbau verantwortlich, stimmte der Zuordnung der Salinen zum Kompetenzbereich der Bergbauverwaltung zu, obwohl ihm mit der Fabrikendeputation ein Verwaltungszweig unterstand, dessen technologische Nähe zum Salzwesen mit mindestens ebenso großer Berechtigung hätte vertreten werden können.

Die ›Einheit‹ eines die Salzherstellung umfassenden »Bergbaus« ist daher auch nicht ohne das Zusammenspiel von längerfristigen Entwicklungen, vor allem der Entwicklung eines sowohl wissenschaftlich wie auch sozial attraktiven Modells der Bergbauwissenschaften, mit den eher kurzfristigen politischen Bedingungen zu erklären. Eine wirtschaftsgeschichtliche Darstellung der »industriellen Revolution« müsste in diesem Sinne ebenfalls die Auseinandersetzungen berücksichtigen, mit denen sich die Bergbauexperten die Kontrolle über das von ihnen beanspruchte Wissensfeld sicherten. Ihr »Erfolg« wäre dabei nicht nur auf der Ebene technischer Innovationen oder betriebswirtschaftlicher Ergebnisse zu beurteilen, sondern auch anhand ihrer Fähigkeit, die von ihnen geprägten Kategorien des Wissens in den Gesetzen, Statistiken ebenso wie in der wirtschaftlichen Alltagswelt zu verankern. Heraus kam am Ende das Bild eines Wirtschaftssektors »Bergbau«, der sich zwar fundamental von den Bedingungen des 18. Jahrhunderts unterschied, gleichzeitig aber stets seine überzeitliche, »wissenschaftliche« Evidenz behauptete.

Wie sehr dieses Bild noch heute die Wahrnehmung der industriellen Revolution in Deutschland prägt, zeigt sich etwa, wenn man das kontrafaktische

Gedankenexperiment anstellt, wie sich eine mögliche Entscheidung des preußischen Königs gegen die weitreichenden Kompetenzen der Bergbeamten über das Salzwesen auf die Wirtschaftsgeschichte des 19. Jahrhunderts ausgewirkt hätte. Da man in diesem Fall den technologischen Prozess hin zum Salzbergbau umstandslos aus der inneren Entwicklung der Salinistik erklärt hätte, wäre das Salzwesen als ein äußerst dynamischer Sektor erschienen, aus dem sich die einflussreiche Kali-Industrie wie auch die Chlorchemie entwickelten. Die Vertreter der wissenschaftlichen Salinistik wie Langsdorf wären dann zu den dynamischen Industriepionieren Preußens wie Deutschlands gezählt worden.

Wirtschaftsgeschichte als Wissensgeschichte

Richtet man vor diesem Hintergrund den Blick zurück auf die Frage, welche Rolle wissensgeschichtlichen Ansätzen innerhalb der Wirtschaftsgeschichte zukommen kann, wäre zunächst auf die Kritik an dem noch immer verbreiteten teleologischen Bild einer linearen »Verwissenschaftlichung« der Welt zu verweisen. Gerade dieses Konzept hat in der Debatte um die Wissensgesellschaft noch einmal bis in die Wirtschaftswissenschaften hinein neue Nahrung erhalten. Doch der zentrale Legitimationsdiskurs, der spätestens seit der Aufklärung den Aufstieg der modernen Wissenschaften begleitete, maskierte von Anfang an die vielfältigen Konflikte, die sich nicht nur im technologischen Innovationsprozess um das jeweils akzeptierte Wissen, um die Rolle konkurrierender Wissenskulturen bei der Durchsetzung bestimmter Techniken wie auch der grundlegenden Kategorien der Wahrnehmung entspannen. Wesentliche technologische Entscheidungen, welche die wirtschaftliche Entwicklung auf lange Zeit »pfadabhängig« banden, wurden und werden nicht aus wissenschaftlich-technischen Sachzwängen heraus gefällt und sind auch nicht die Frucht der Arbeit genialer »Erfinder«. Vielmehr erschließen sie sich nur aus den komplexen kulturellen, sozialen und politischen Konstellationen, deren Zusammenspiel allein durch eine breite historische Analyse freigelegt werden kann.

Aus diesem Grund ergibt es auch wenig Sinn, von einer umfassenden, gar nationalen »Innovationskultur« zu sprechen, wie dies in Teilen der technikhistorischen Forschung üblich ist.[112] ›Kultur‹ tritt nämlich nicht nur bei der Anpassung von Technik an die Vorstellungen der ›Konsumenten‹ in Erscheinung, sondern ist stets im ganzen technologischen Prozess präsent, bei der

Auswahl der zu »innovierenden« Wissensfelder und der verwendeten Techniken ebenso wie bei der Durchsetzung und Aneignung der einzelnen technischen Lösungen. Notwendig ist es daher, die miteinander konkurrierenden Wissenskulturen der einzelnen Akteurgruppen in den Blick zu nehmen. Diese lassen sich dabei nicht auf die einfache Gegenüberstellung von ›praktischem‹ und ›wissenschaftlichem‹ Wissen reduzieren, da in ihnen zumeist theoretisches und praktisches Wissen ineinander floss und sie zudem in vielfältiger Weise von sozialen und politischen, aber durchaus auch »innerwissenschaftlichen« Trennungslinien durchzogen waren. Wenig überzeugend ist daher auch der von Joel Mokyr vorgeschlagene Ansatz, den Wirtschaftswandel der Industrialisierung durch das Zusammenspiel von zwei Formen »nützlichen Wissens« zu erklären, die weitgehend unabhängig von jedem kulturellen, sozialen oder politischen Kontext gedacht werden.[113]

Übersehen wird von den Verfechtern der Wissensgesellschaft gleichzeitig aber auch die Entwicklung jener Ordnungsschemata und Wissenskategorien, mit deren Hilfe die modernen Wissenschaften im Laufe der Zeit die Wahrnehmung der natürlichen Umwelt wie auch des wirtschaftlichen Prozesses prägten. Derartige realitätsschaffende Konzeptualisierungen haben ihre eigene Geschichte, die in die Bewertung der historischen Vergangenheit eingehen müssen. Eine verstärkte Berücksichtigung der vielschichtigen Veränderungen des in den Wirtschaftsprozess einfließenden technischen und »ökonomischen«[114] Wissens würde es der Wirtschaftsgeschichte ermöglichen, eine Perspektive wiederzufinden, die Marc Bloch bereits in den 1930er Jahren für die historische Untersuchung von Technik und gesellschaftlichem Wandel formuliert hat: Wissen und Wirtschaft befinden sich in einer beständigen Interaktion und sind daher stets in ihrer Beziehung zueinander und im gemeinsamen Wechselspiel zu betrachten.[115] Gleichzeitig müssen damit auch eingefahrene Kategorien der wirtschaftswissenschaftlichen Analyse, wie etwa die Abgrenzung unterschiedlicher »wirtschaftlicher Sektoren«, neu auf ihren historischen Gehalt befragt werden – keine geringe Aufgabe angesichts einer nicht nur in der Debatte um die Wissensgesellschaft leider häufig zu beobachtenden Tendenz, heutige wissenschaftliche Kategorien ahistorisch in die Vergangenheit zurückzuprojizieren.

Anmerkungen

1 David Landes, *The Unbound Prometheus. Technological Change and Industrial Development in Western Europe from 1750 to the Present*, Cambridge 1969; und Walt W. Rostow, *Politics and Stages of Growth*, Cambridge 1971. Zur Einordnung ihrer Arbeiten in die deutsche Wirtschaftsgeschichte Joachim Radkau, Technik und Umwelt, in: Gerold Ambrosius u. a. (Hg.), *Moderne Wirtschaftsgeschichte. Eine Einführung für Historiker und Ökonomen*, München 1996, S. 119–136.

2 Marc Bloch, Technique et évolution sociale, réflexion d'un historien, in: Jean Cassou u. a., *L'homme, la technique et la nature*, Paris 1938, S. 29–38. Die Geschichte von Technik und Wissen stellte für Bloch einen integralen Bestandteil jeder Wirtschaftsgeschichte dar. Siehe zum Beispiel das posthum erschienene Werk ders., *Esquisse d'une histoire monétaire de l'Europe*, Paris 1954.

3 Siehe vor allem Fritz Machlup, *Knowledge: Its Creation, Distribution, and Economic Significance*, 2 Bde, Princeton 1980. Zur Popularisierung in der Managementliteratur unter anderem: Klaus North, *Wissensorientierte Unternehmensführung. Wertschöpfung durch Wissen*, 2. A., Wiesbaden 1999; Peter Schütt, *Wissensmanagement*, Niedernhausen 2000; und Ludwig Wiesenbauer, *Erfolgsfaktor Wissen. Das Know-how der Mitarbeiter wirksam nutzen*, Weinheim 2001.

4 Nico Stehr, *Arbeit, Eigentum und Wissen. Zur Theorie von Wissensgesellschaften*, Frankfurt am Main 1994, und ders./Richard Ericson (Hg.), *The Culture and Power of Knowledge. Inquiries into Contemporary Societies*, Berlin 1992.

5 Lediglich einige pflichtschuldige Verweise auf die politische Debatte finden sich in der Forschungsliteratur. Vgl. Johannes Abele, Innovationen. Fortschritt und Geschichte. Zur Einführung, in: ders. u. a. (Hg.), *Innovationskulturen und Fortschrittserwartungen im geteilten Deutschland*, Köln 2001, S. 9–19, hier S. 17. Zur Diskussion um die »Wissensgesellschaft« aus der Perspektive der »allgemeinen Geschichte« siehe demnächst Jakob Vogel, Von der Wissenschafts- zur Wissensgeschichte. Zur Historisierung der Wissensgesellschaft. Ein Debattenbeitrag, in: *GG* (im Druck).

6 Zu einer Kritik aus der Perspektive der »historischen Anthropologie« Hans Medick, »Missionare im Ruderboot«? Ethnologische Erkenntnisweisen als Herausforderung an die Sozialgeschichte, in: *GG* 10, 1984, S. 295–319.

7 Über das Salz in der Frühneuzeit siehe unter anderem: Jean-Claude Hocquet, *Das Salz und die Macht in Europa von 800 bis 1800*, Stuttgart 1985; Peter Piasecki, Territorialherrschaft und die Diffusion von Innovationen im deutschen Salinenwesen in der frühen Neuzeit, in: *Technikgeschichte* 57, 1990, S. 165–188; Walter Emons/Hans-Henning Walter, *Mit dem Salz durch die Jahrtausende. Geschichte des weißen Goldes von der Urzeit bis zur Gegenwart*, Leipzig 1982; und Harald Witthöft, Produktion, Handel, Energie, Transport und das Wachstum der Lüneburger Saline 1200–1800 – Methoden und Ergebnisse, in: Hermann Kellenbenz (Hg.), *Wirtschaftswachstum, Energie und Verkehr vom Mittelalter bis ins 19. Jahrhundert*, Stuttgart 1978, S. 29–54.

8 In dieser Tradition wird von Johannes Abele der Begriff »Innovation« auch lediglich an das Dreieck »Technik, Politik und Wissenschaft« gebunden. Abele, Innovationen, S. 11.

9 Karin Knorr Cetina, *Wissenskulturen. Ein Vergleich naturwissenschaftlicher Wissensformen*, Frankfurt am Main 2002.

10 Yves Cohen/Dominique Pestre, Présentation, in: *Annales HSS* 53, 1998, S. 721–744; David Edgerton, De l'innovation aux usages. Dix thèses éclectiques sur l'histoire des techniques, in: *Annales HSS* 53, 1998, S. 815–837; und Maria Ossietzki, Für eine neue Technikgeschichte, in: *Österreichische Zeitschrift für Geschichtswissenschaften* 3, 1992, S. 293–318.

11 Ulrich Wengenroth, Vom Innovationssystem zur Innovationskultur. Perspektivwechsel in der Innovationsforschung, in: Abele u. a., *Innovationskulturen*, S. 23–32, hier S. 32; ähnlich auch: H. M. Collins, Expert Systems and the Science of Knowledge, in: Wiebe E. Bijker u. a. (Hg.), *The Social Construction of Technological Systems. New Directions in the Social History of Technology*, Cambridge, MA 1987, S. 329–348, hier S. 345. Keine eindeutige Definition des Begriffs »Innovationskultur« bietet ebenfalls Ulrich Wengenroth, Die Flucht in den Käfig: Wissenschafts- und Innovationskultur in Deutschland 1900–1960, in: Rüdiger vom Bruch/Brigitte Kaderas (Hg.), *Wissenschaften und Wissenschaftspolitik. Bestandsaufnahme zu Formationen, Brüchen und Kontinuitäten im Deutschland des 20. Jahrhunderts*, Stuttgart 2002, S. 52–59.

12 Zu dem hier unterliegenden Kulturbegriff siehe Knorr Cetina, *Wissenskulturen*, S. 21 f.

13 Siehe auch Jan Golinski, *Making Natural Knowledge. Constructivism and the History of Science*, Cambridge 1998, S. 162–185.

14 Johannes Fried/Johannes Süßmann, Revolutionen des Wissens – eine Einführung, in: dies. (Hg.), *Revolutionen des Wissens. Von der Steinzeit bis zur Moderne*, München 2001, S. 7–20, hier S. 7.

15 Knorr Cetina, *Wissenskulturen*, S. 16. Siehe auch Steve Fuller, A Critical Guide to Knowledge Society Newspeak. Or, How Not to Take the Great Leap Backward, in: *Current Sociology* 49/4, 2001, S. 177–201. Eine ähnliche Kritik von Seiten der Wirtschaftswissenschaften: Keith Smith, What is the »Knowledge Eonomy«? Knowledge-intensive industries and distributed knowledge bases, Working paper, DRUID Summer Conference on The Learning Economy, 15. bis 17. 6. 2000, S. 3 f. (veröffentlicht unter: *http://www.business.auc.dk/druid/summer2000/Gallery/smith.pdf*).

16 So etwa Stehr, *Arbeit*.

17 So die Position von Fried/Süßmann, Revolutionen, insbesondere S. 7, die vor allem die Entwicklung im Bereich der Informationsmedien hervorheben.

18 Vor dem Hintergrund ihrer eingangs erwähnten These einer aktuellen »Wissensrevolution« erscheint es erstaunlich, dass Fried und Süßmann – anders als in der öffentlichen Debatte üblich – die »Wissensgesellschaft« als ein historisches Phänomen beschreiben: »Die Wissensgesellschaft ist Millionen Jahre alt« (ebd., S. 13).

19 Michel Foucault, *Archäologie des Wissens*, Frankfurt am Main 1973.

20 Eine zusammenfassende Darstellung der älteren Debatte liefern Stehr/Ericson, *Culture and Power*, S. 4 f. Vgl. auch zuletzt Fritz Böhle u. a., Grenzen wissenschaftlich-technischer Rationalität und »anderes Wissen«, in: Ulrich Beck/Wolfgang Bonß (Hg.), *Die Modernisierung der Moderne*, Frankfurt am Main 2001, S. 96–105; Kamini Adhikari/Arnaud Sales, Introduction: New Directions in the Study of Knowledge, Economy and Society, in: *Current Sociology* 49/4, 2001, S. 1–25; und Steven Brint, Professionals and

the »Knowledge Economy«: Rethinking the Theory of Postindustrial Society, in: ebd., S. 101–132.

21 Peter Drucker, *The Future of Industrial Man*, New York 1965; Daniel Bell, *The Coming of Post-Industrial Society. A Venture in Social Forecasting*, New York 1973 (deutsch: *Die nachindustrielle Gesellschaft*, Frankfurt am Main 1985); und ders., *The Cultural Contradictions of Capitalism*, New York 1976.

22 John Krige/Dominique Pestre (Hg.), *Science in the Twentieth Century*, Amsterdam 1997.

23 Lutz Raphael, Die Verwissenschaftlichung des Sozialen als methodische und konzeptionelle Herausforderung für eine Sozialgeschichte des 20. Jahrhunderts, in: *GG* 22, 1996, S. 165–193.

24 Bell, *Coming*, S. 15.

25 Zum Beispiel Stehr, *Arbeit*, S. 13 ff.

26 Vgl. u. a. Matthias Heymann/Ulrich Wengenroth, Die Bedeutung von »tacit knowledge« bei der Gestaltung von Technik, in: Beck/Bonß (Hg.), *Modernisierung*, S. 106–121; Böhle u. a., Grenzen; Jacqueline Senker, Tacit Knowledge and Models of Innovation, in: *Industrial and Corporate Change* 4, 1995, S. 425–447; und Stephen Turner, *The Social Theory of Practices. Tradition, Tacit Knowledge and Presuppositions*, Cambridge 1994.

27 Clifford Geertz, Local Knowledge: Fact and Law in Comparative Perspective, in: ders., *Local Knowledge. Further Essays in Interpretive Anthropology*, New York 1983, S. 167–234.

28 Stehr, *Arbeit*, S. 280–292.

29 Vgl. zum Beispiel Karl H. Müller, *Marktentfaltung und Wissensintegration. Doppelbewegungen in der Moderne*, Frankfurt am Main 1999.

30 Stehr, *Arbeit*, S. 292.

31 Anne-Marie Lecoq (Hg.), *La Querelle des Anciens et des Modernes. XVIIe–XVIIIe siècles*, Paris 2001.

32 Marie-Jean-Antoine-Nicolas Condorcet, *Entwurf einer historischen Darstellung der Fortschritte des menschlichen Geistes*, hg. von Wilhelm Alff, Frankfurt am Main 1963 (frz.: *Esquisse d'un tableau historique des progrès de l´esprit humain*, Paris 1794).

33 Zur »Wissenschaftskultur« der deutschen Aufklärung siehe auch den luziden Überblick von Oliver Hochadel, *Öffentliche Wissenschaft. Elektrizität in der deutschen Aufklärung*, Göttingen 2003, S. 29–41.

34 Denis Diderot, Stichwort »Art« , in: ders./Jean Le Rond D'Alembert, *Encyclopédie, ou dictionnaire raisonné des science, des arts et des métiers*, Bd. 1, Paris 1751, S. 713–719, und anonym, Stichwort »Science«, »Scienfique«, in: ebd., Bd. 14, Neufchâtel 1765, S. 787–793. Siehe auch den anregenden Aufsatz über das »tacit knowlege« , das die Kupferstecher der *Encyclopédie* mit ihren Abbildungen transportierten, von John R. Pannabecker, Representing Mechanical Arts in Diderot's Encyclopédie, in: *Technology and Culture* 39, 1998, S. 33–73.

35 Calixte Hudemann-Simon, *Die Eroberung der Gesundheit. 1750–1900*, Frankfurt am Main 2000; Roy Porter (Hg.), *Medicine in the Enlightenment*, Amsterdam 1995; und Sabine Sander, *Handwerkschirurgen. Sozialgeschichte einer verdrängten Berufsgruppe*, Göttingen 1989.

36 Ken Alder, *Engineering the Revolution. Arms and Enlightenment in France. 1763–1815*, Princeton 1997.

37 Ebd.; Daniel Hohrath/Klaus Gerteis (Hg.), *Die Kriegskunst im Lichte der Vernunft. Militär und Aufklärung im 18. Jahrhundert*. Themenheft der Zeitschrift *Aufklärung* 11/2, 1999.

38 Vgl. auch Jeff Horn/Margaret C. Jacob, Jean-Antoine Chaptal and the Cultural Roots of French Industrialisation, in: *Technolgy and Culture* 39, 1998, S. 671–698.

39 Michael Stolleis, *Geschichte des öffentlichen Rechts in Deutschland*, Bd. 1: *1600–1800*, München 1988, S. 372–383; und Barbara Stollberg-Rilinger, *Der Staat als Maschine. Zur politischen Metaphorik des absoluten Fürstenstaates*, Berlin 1986, S. 75 ff.

40 Vgl. etwa Jürgen Schlumbohm, »Die edelste und nützlichste unter den Wissenschaften«: Praxis der Geburtshilfe als Grundlegung der Wissenschaft, ca. 1750–1820, in: Hans Erich Bödecker u. a. (Hg.), *Wissenschaft als kulturelle Praxis. 1750–1900*, Göttingen 1999, S. 275–297; und Geoffrey Sutton, *Science for a Polite Society: Gender, Culture, and the Demonstration of Enlightenment*, Westview 1995.

41 Isabelle Stengers, *Die Erfindung der modernen Wissenschaften*, Frankfurt am Main 1997.

42 Ulrich Beck u. a., Theorie reflexiver Modernisierung – Fragestellungen, Hypothesen, Forschungsprogramme, in: Beck/Lau (Hg.), *Modernisierung*, S. 11–59, hier unter anderem S. 22.

43 Siehe u. a. Donald Mac Kenzie/Judy Wajcman, *The Social Shaping of Technology. How the Refrigerator Got his Hum*, Philadelphia 1985; Trevor J. Pinch/Wiebe E. Bijker, The Social Construction of Facts and Artifacts: Or How the Sociology of Science and the Sociology of Technology Might Benefit Each Other, in: Wiebe E. Bijker u. a. (Hg.), *The Social Construction of Technological Systems. New Directions in the Social History of Technology*, Cambridge, MA 1987, S. 17–50; Wiebe E. Bijker/John Lax (Hg.), *Shaping Technology/Building Society. Studies in Sociotechnical Change*, Cambridge, MA 1992; und John Ziman, *Technological Innovation as an Evolutionary Process*, Cambridge 2000. Vgl. auch David Guggerli, *Redeströme. Zur Elektrifizierung der Schweiz*, Zürich 1996, und Martina Hessler, *»Mrs. Modern Woman«. Zur Sozial- und Kulturgeschichte der Haushaltstechnisierung*, Frankfurt am Main 2001.

44 Heymann/Wengenroth, Bedeutung, und Senker, Knowledge. Zur Bedeutung von praktischem, nicht sprachlich kommuniziertem Wissen in den Naturwissenschaften vgl. auch Renato G. Mazzolini (Hg.), *Non-verbal Communication in Science Prior to 1900*, Florenz 1993.

45 Kevin Borg, The »Chauffeur Problem« in the Early Auto Era: Structuration Theory and the Users of Technology, in: *Technology and Culture* 40, 1999, S. 797–832; Martina Hessler, Die Einführung elektrischer Haushaltsgeräte in der Zwischenkriegszeit – Der Angebotspush der Produzenten und die Reaktion der Konsumentinnen, in: *Technikgeschichte* 65, 1998, S. 297–312; und Ronald Kline/Trevor Pinch, Users as Agents of Technological Change: The Social Construction of the Automobile in the Rural United States, in: *Technology and Culture* 37, 1996, S. 763–795.

46 Sabine Höhler, Depth Records and Ocean Volumes: Ocean Profiling by Sounding Technology, 1850–1930, in: *History and Technology* 18, 2002, S. 119–154; Eugene Levy, The

Aesthetics of Power: High-Voltage Transmission Systems and the American Landscape, in: *Technology and Culture* 38, 1997, S. 575–607; und Steven Lubar, Representation and Power, in: ebd. 36, 1995, S. 54–81.

47 Hierauf verweist nicht zuletzt die grundlegende Einführung in die Wirtschaftsgeschichte, in deren einleitendem Aufsatz über die »Wirtschaftsgeschichte als Disziplin« das im Band durchaus präsente Thema der Technikentwicklung in keiner Weise explizit angesprochen wird: Charles Tilly, Wirtschaftsgeschichte als Disziplin, in: Ambrosius u. a., *Moderne Wirtschaftsgeschichte*, S. 11–26.

48 Vgl. etwa Bengt-Ake Lundvall, *National Systems of Innovation. Towards a Theory of Innovation and Interaktive Learning*, London 1992; Ulrich Marsch, *Zwischen Wissenschaft und Wirtschaft. Industrieforschung in Deutschland und Großbritannien 1880–1936*, Paderborn 2000; und Jorge Niosi u. a., National Systems of Innovation: In Search of a Workable Concept, in: *Technology in Society* 15, 1993, S. 207–227. Bereits mit einem deutlich kritischen Unterton gegenüber der Reichweite des Konzepts der »nationalen Innovationssysteme«: Richard R. Nelson/Nathan Rosenberg, Technical Innovation and National Systems, in: Richard Nelson (Hg.), *National Innovation Systems. A Comparative Analysis*, Oxford 1993, S. 3–21.

49 Matthias Heymann, Signs of Hubris. The Shaping of Wind Technology Styles in Germany, Denmark, and the United States, 1940–1990, in: *Technology and Culture* 39, 1998, S. 641–670; Mikael Hard/Andreas Knie, The Grammar of Technology. German and French Diesel Engineering, 1920–1940, in: ebd. 40, 1999, S. 26–46; Liliane Hilaire-Pérez, *L'invention technique au siècle des Lumières*, Paris 2000; und Matthew W. Roth, Mulholland Highway and the Engineering Culture of Los Angeles in the 1920s, in: *Technology and Culture* 40, 1999, S. 545–575. Siehe auch: Ralph Jessen/Jakob Vogel (Hg.), *Wissenschaft und Nation in der europäischen Geschichte*, Frankfurt am Main 2002.

50 Siehe auch Otto Sibum, Les gestes de la mesure. Joule, les pratiques de la brasserie et la science, in: *Annales HSS* 53, 1998, S. 745–774.

51 Zur Diskussion über die Rolle von Wissenschaft und Technik in der »industriellen Revolution« Maxine Berg/Pat Hudson, Rehabilitating the Industrial Revolution, in: *EHR* 45, 1992, S. 24–50; Maxine Berg/Kristine Bruland (Hg.), *Technological Revolutions in Europe. Historical Perspectives*, Cheltenham 1998; Pat Hutson, *The Industrial Revolution*, London 1992; Margaret Jacob, *Scientific Culture and the Making of the Industrial West*, New York 1997; und Jan De Vries, The Industrial Revolution and the Industrious Revolution, in: *J of Econ. Hist.* 54, 1994, S. 249–270. Die ältere Forschung zur industriellen Revolution findet sich zusammengefasst in: Patrick O'Brian, *The Industrial Revolution in Europe*, 2 Bde., Oxford 1994; und Wilhelm Treue/Kurt Mauel (Hg.), *Naturwissenschaft, Technik und Wirtschaft im 19. Jahrhundert. Acht Gespräche der Georg-Agricola-Gesellschaft zur Förderung der Geschichte der Naturwissenschaft und Technik*, 3 Bde., Göttingen 1976.

52 Joel Mokyr, *The Gifts of Athena. Historical Origins of the Knowledge Economy*, Princeton 2002, vor allem S. 33–77.

53 Siehe etwa Mokyrs kurze Äußerungen über die Beziehung von Geologie und Kohlenbergbau (ebd., S. 99), die unter anderem die 1815 erschienene geologische Karte von England, Wales und Teilen Schottlands als »map that changed the world« feiern, in kei-

ner Weise aber den konkreten Zusammenhang mit der technologischen Entwicklung nachweisen.

54 Hierzu ausführlicher Vogel, Von der Wissenschafts- zur Wissensgeschichte. Zu den methodischen Hintergründen einer solchen »Wissensgeschichte« siehe unter anderem Christoph Conrad/Martina Kessel, Geschichte ohne Zentrum, in: dies. (Hg.), *Geschichte schreiben in der Postmoderne. Beiträge zur aktuellen Diskussion*, Stuttgart 1994; Golinski, Making Natural Knowledge; Dominique Pestre, Pour une histoire sociale et culturelle des sciences. Nouvelles définitions, nouveaux objets, nouvelles pratiques, in: *Annales HSS* 50, 1995, S. 487–522; und William Clark u. a. (Hg.), *The Sciences in Enlightened Europe*, Chicago 1999.

55 Vgl. etwa Landes, *Prometheus*. Eine vergleichbare Interpretation auch bei Toni Pierenkemper, *Umstrittene Revolutionen. Die Industrialisierung im 19. Jahrhundert*, Frankfurt am Main 1996; und Hubert Kiesewetter, *Industrielle Revolution in Deutschland 1815–1914*, Frankfurt am Main 1995.

56 Vgl. etwa Hans-Werner Hahn, *Die industrielle Revolution in Deutschland*, München 1998; Friedrich-Wilhelm Henning, *Die Industrialisierung in Deutschland 1800 bis 1914*, Paderborn 1989; und Sidney Pollard (Hg.), *Region und Industrialisierung. Studien zur Rolle der Region in der Wirtschaftsgeschichte der letzten zwei Jahrhunderte*, Göttingen 1980. Anders dagegen Rainer Fremdling, *Technologischer Wandel und internationaler Handel im 18. und 19. Jahrhundert. Die Eisenindustrie in Großbritannien, Belgien, Frankreich und Deutschland*, Berlin 1986.

57 Siehe etwa die in keiner Weise systematisch vergleichend angelegten Aufsätze in: Ekkehard Westermann (Hg.), *Vom Bergbau- zum Industrierevier*, Stuttgart 1995.

58 Hans Baumgärtel, *Vom Bergbüchlein zur Bergakademie. Zur Entstehung der Bergbauwissenschaften zwischen 1500 und 1765/1770*, Leipzig 1965.

59 Ebd., S. 141–144.

60 Alder, Engineering, und Eckard Bolenz, Baubeamte in Preußen, 1799–1930: Aufstieg und Niedergang einer technischen Elite, in: *Technikgeschichte* 60, 1993, S. 87–106.

61 Diese »policeywissenschaftliche« Ausrichtung der Bergbauwissenschaften wird deutlich in Friedrich W. H. v. Trebra, *Entwurf für Polizey am Harze*, Clausthal 1793.

62 Martin Rudwick, Minerals, Strata and Fossils, in: Nicholas Jardine u. a. (Hg.), *Cultures of Natural History*, Cambridge 1996, S. 266–286; und Martin Guntau, The Natural History of the Earth, in: ebd., S. 211–229.

63 Vgl. u. a. Jakob Vogel, Transfer und nationale Abgrenzung. Ansatze zu einer deutsch-französischen Beziehungsgeschichte im Bergbau des 18. und frühen 19. Jahrhunderts, in: Peter Schöttler u. a. (Hg.), *Plurales Deutschland – Allemagne Plurielle. Festschrift für Etienne François – Mélanges Etienne François*, Göttingen 1999, S. 225–236. Wenig Antwort bietet die Forschung auch auf die Frage, inwiefern sich die Konkurrenz mit der zweiten deutschsprachigen Bergbauakademie im habsburgischen Schemnitz auf die Entwicklung des Bergbaus im östlichem Mitteleuropa und im Alpenraum auswirkte. Vgl. unter anderem Josef Vlachovic, Die Bergakademie in Banská Štiavnica (Schemnitz) im 18. Jahrhundert, in: Eric Amburger u. a. (Hg.), *Wissenschaftspolitik in Mittel- und Osteuropa. Wissenschaftliche Gesellschaften, Akademien und Hochschulen im 18. und beginnenden 19. Jahrhundert*, Essen 1987, S. 206–220; und Josef Vozár, Das Schemnitzer

Bergwesen und die Gründung der Bergakademie, in: *Der Anschnitt* 50, 1998, S. 20–24. Siehe hierzu unter anderem: Jakob Vogel, Kolonisateure im schwarzen Rock. Die Professionalisierung der Bergbeamten und das preußische und österreichische Salzwesen (1750–1850), in: Thomas Hellmuth/Ewald Hiebl (Hg.), *Kulturgeschichte des Salzes. 18. bis 20. Jahrhundert*, Wien 2001, S. 155–173, vor allem S. 157–161.

64 Wolfhard Weber, *Innovation im frühindustriellen deutschen Berg- und Hüttenwesen: Friedrich Anton von Heynitz*, Göttingen 1976, S. 213–218.

65 Michel Espagne/Michael Werner, Deutsch-französischer Kulturtransfer als Forschungsgegenstand. Eine Problemskizze, in: dies. (Hg.), *Transferts. Les relations interculturelles dans l'espace franco-allemand (XVIIIe et XIXe siècle)*, Paris 1988, S. 12–34; Etienne François u. a., Einleitung, in: dies. (Hg.), *Marianne – Germania. Deutsch-französischer Kulturtransfer im europäischen Kontext*, Bd. 1, Leipzig 1998, S. 13–29; und Johannes Paulmann, Internationaler Vergleich und interkultureller Transfer. Zwei Forschungsansätze zur europäischen Geschichte des 18. bis 20. Jahrhunderts, in: *HZ* 267, 1998, S. 649–685.

66 Paul Krusch, *Die Geschichte der Bergakademie zu Berlin von ihrer Gründung im Jahr 1770 bis zur Neueinrichtung im Jahr 1860*, Berlin 1904. Anders als in der Literatur häufig angegeben, besaß das Berliner Bildungsanstalt daher auch nicht den Status einer vollwertigen Bergakademie.

67 Symptomatisch hierfür etwa die Darstellung in Gisela Buchheim/Rolf Sonnenmann (Hg.), *Geschichte der Technikwissenschaften*, Basel 1990, S. 151–163; und Eberhard Wächtler, Bergbaureviere als Vorreiter technischer Entwicklungen des 18. und 19. Jahrhunderts unter besonderer Berücksichtigung Sachsens, in: Westermann, *Vom Bergbau- zum Industrierevier*, S. 363–377.

68 Heike Etzold, Salzbergbau und Industrielle Revolution im Regierungsbezirk Magdeburg, in: *Magdeburger Blätter. Jahresschrift für Heimat- und Kulturgeschichte im Bezirk Magdeburg* 1986, S. 37–46.

69 1850 wurden in Preußen 68 764 t Kochsalz hergestellt, gegenüber 96 058 t im Jahr 1857 und 95 506 t im Jahr 1870. Vgl. Alfred Zander, *Die wirtschaftliche Entwicklung der Provinz Sachsen im 19. Jahrhundert*, Diss., Halle 1934, S. 193.

70 1857 12 562 t, 1870 aber bereits 56 786 t. Vor der Eröffnung des Stassfurter Bergwerks wurde in Preußen kein Steinsalz produziert (ebd.).

71 Etzold, Salzbergbau, und Dietrich Hoffmann, *Elf Jahrzehnte deutscher Kalisalzbergbau*, Essen 1972.

72 Vgl. etwa Zander, Entwicklung, S. 68; Etzold, Salzbergbau, S. 38. Ähnlich bereits auch C. Reinwarth, *Ueber die Steinsalzablagerung bei Stassfurt und die dortige Kali-Industrie, sowie über die Bedeutung derselben für Gewerbe und Landwirthschaft*, Dresden 1871, S. 7.

73 Vgl. auch den Bericht über die Ergebnisse der ersten Bohrung bei Carl Johann Bernhard Karsten, *Lehrbuch der Salinenkunde*, Bd. 1, Berlin 1846, S. 192–196.

74 Zu den Einzelheiten der Bohrgeschichte in Stassfurt Hoffmann, *Elf Jahrzehnte*, S. 12 f.

75 Eine andere, ebenfalls vorgeschlagene Bohrstelle hätte bereits beim ersten Versuch Erfolg gebracht, das heißt eine Steinsalzlagerstätte erschlossen, die vermutlich nach klassisch alpenländischer Methode mit Hilfe von eingeleitetem Wasser ausgelaugt worden

wäre (ebd.). Die folgenden technologischen Entwicklungen, etwa auch die Entwicklung der Kali-Industrie, wären auf diese Weise sicherlich unterblieben.

76 Ernst Sorge u. a., *Hundert Jahre Stassfurter Salzbergbau*, Stassfurt 1952, S. 15.

77 Hoffmann, *Elf Jahrzehnte*, S. 13 ff.

78 Vogel, Kolonisateure, S. 162 f.

79 Günther Beck, Die Salinenunternehmungen und Bohrversuche von Carl Christian Friedrich Glenck. Über die Frühphase des Industrialisierungsprozesses in der Salzwirtschaft Mitteleuropas, in: Hellmuth/Hiebl (Hg.), *Kulturgeschichte*, S. 89–106.

80 Johann Wolfgang v. Goethe, *Briefe (Hamburger Ausgabe)*, Bd. 4, Hamburg 1967, S. 354 f.: Goethe an Carl Friedrich Zelter vom 13. 11. 1829, Nr. 445.

81 Martin Guntau, *Abraham Gottlob Werner*, Leipzig 1984. Zur Stellung Werners in der europäischen Geologie des 18. Jahrhunderts siehe auch Gabriel Gohau, *Les sciences de la terre aux XVIIe et XVIIe siècles. Naissance de la géologie*, Paris 1990, S. 227–231; und David R. Oldroyd, *Thinking about the Earth. A History of Ideas in Geology*, London 1996, S. 97–107.

82 Zur Rolle der Naturgeschichte in den aufgeklärten Wissenschaften siehe u. a. Phillip Sloan, The Gaze of Natural History, in: Christopher Fox u. a. (Hg.), *Inventing Human Science. 18th Century Domains*, Berkeley 1984, S. 112–151; Jardine u. a. (Hg.), *Cultures*; und Peter Hanns Reill, Between Mechanism and Hermeticism: Nature and Science in the Late Enlightenment, in: Rudolf Vierhaus (Hg.), *Frühe Neuzeit – Frühe Moderne? Forschungen zur Vielschichtigkeit von Übergangsprozessen*, Göttingen 1992, S. 393–421.

83 Besonders aufschlussreich ist in dieser Beziehung die große Bedeutung der Geognosie unter den naturwissenschaftlichen Studien, die Goethe auf seinen Reisen unternahm. Vgl. Otto Krätz, *Goethe und die Naturwissenschaften*, München 1992.

84 Rudwick, Minerals; I. A. Schultes, *Über Reisen im Vaterlande zur Aufnahme der vaterländischen Naturgeschichte. An die Adeliche Jugend*, Wien 1799.

85 Vogel, Kolonisateure, S. 161 ff.

86 Johann Wilhelm Langsdorf/Karl Christian Langsdorf (Hg.), *Sammlung praktischer Bemerkungen und einzelner zerstreuter Abhandlungen für Freunde der Salzwerkskunde*, 3 Bde, Altenburg 1785, 1788, 1796.

87 Hierauf deuten nicht nur die Widmungen ihrer Werke, ihre Posten, sondern auch die einzelnen Beiträge der »Sammlung«.

88 Karl Christian von Langsdorf, *Neue Leichtfaßliche Anleitung zur Salzwerkskunde mit vorzüglicher Rücksicht auf halurgische Geognosie*, Heidelberg 1824, S. I–XIX. Zur Biographie Langsdorfs siehe auch Walter Volk, *Karl Christian von Langsdorf. Sein Leben und seine Werke*, Diss., Heidelberg 1934.

89 Karl Christian Langsdorf, *Weitere Ausführungen der Salzwerkskunde oder derselben vierter Theil*, Altenburg 1792, S. 148–151; ders., *Anleitung*, S. VIII ff.

90 Auf mögliche wissenschaftliche Differenzen zu Werners neptunistischen Theorien deutet eine Notiz des von Langsdorf abgedruckten Briefes des Bergrats Voigt über die Rolle des Wassers bei der Herausbildung des Bergsalzes (ders., *Ausführungen*, S. 150 f.)

91 Alexander v. Humboldt, *Über den Zustand des Bergbaus und Hütten-Wesens in den Fürstentümern Bayreuth und Ansbach im Jahre 1792*, hg. von Herbert Kühnert, Berlin (Ost) 1959, S. 179–194.

92 Langsdorf unterscheidet in seiner Schrift zwischen den »gediegenen Geognosten«, zu denen er unter anderem Humboldt zählt, und den »Geognostikastern«, die er allerdings nicht namentlich identifiziert: Langsdorf, *Anleitung*, S. IX.

93 Goethe, *Briefe*, S. 354.

94 Vgl. etwa Westermann, *Vom Bergbau- zum Industrierevier.*

95 Vgl. Jakob Vogel, Moderner Traditionalismus. Mythen und Bilder des Bergwerkseigentums im preußisch-deutschen Bergrecht des 19. Jahrhunderts, in: Hannes Siegrist/David Sugarman (Hg.), *Eigentum im internationalen Vergleich. 18. bis 20. Jahrhundert*, Göttingen 1999, S. 185–205.

96 Vgl. beispielsweise bereits die Gegenüberstellung der auch das Salzwesen umfassenden »Bergbaustatistik« Preußens und Österreichs bei August Huyssen, Die Ergebnisse des österreichischen Bergbaues im Vergleich mit denjenigen des preußischen, in: *Österreichische Zs. für Berg- und Hüttenwesen* 6, 1858, S. 1–5, 9–12 und 17f.

97 Das Eindringen des Bergbau-Bildes lässt sich beispielsweise deutlich anhand der Folklore und Werbung in den ehemaligen Salzstädten beobachten. Vgl. Thomas Hellmuth, »Die alte Zeit mit ihrer poetischen Beschaulichkeit …« Kulturelle Traditionen und Identitäten in europäischen Salzregionen (1800–2000), in: ders./ Hiebl (Hg.), *Kulturgeschichte*, S. 241–266; und Uwe Meißner, Das »Bild vom Halloren« und die Werbung der Halleschen Pfännerschaft, in: ders. (Hg.), *»Doch über alles preis' ich den gekörnten Schnee …« Festschrift zum 70. Geburtstag von Johannes Mager*, Halle a. d. S. 1996, S. 86–105.

98 Wichtige methodische Ansatzpunkte hierfür liefert Bourdieus Theorie des »wissenschaftlichen Feldes«: Pierre Bourdieu, Quelques propriétés des champs, in: ders., *Questions de Sociologie*, Paris 1980, S. 113–120.

99 Vogel, Traditionalismus.

100 Huyssen, Ergebnisse. Die von dem preußischen Bergrat Huyssen zusammengefassten Daten waren in Preußen zunächst in der *Zs. für Berg-, Hütten- und Salinenwesen* erschienen und standen dort somit noch nicht unter dem alleinigen Oberbegriff des »Bergbaus«.

101 Zur Technik der alpenländischen Salinen und in Wieliczka siehe unter anderem Anton Jodlowski, Historischer Abriss des Salzbergwerks von Wieliczka vom Mittelalter bis zur Gegenwart (15.–20. Jahrhundert), in: Carol Litchfield u. a. (Hg.), *Le Monde du Sel. Mélanges offerts à Jean-Cleaude Hocquet*, Hall/Tirol 2001, S. 289–305; und Rudolf Palme, *Rechts-, Wirtschafts- und Sozialgeschichte der inneralpinen Salzwerke bis zu deren Monopolisierung*, Frankfurt am Main 1983.

102 Vogel, Traditionalismus, S. 196. Aus der Fülle der Literatur zum frühneuzeitlichen Salzwesen Rüdiger Just/Uwe Meißner (Hg.), *Das Leben in der Saline. Arbeiter und Unternehmer*, Halle 1996.

103 Anonym, *Neues und curieuses Bergwercks-Lexicon, worinnen nicht nur alle und iede beym Bergwerck, Schmelz-Hütten, Brenn-Hause, Saiger-Hütten, Blau-Farben, Mühlen, Hammerwercken etc. vorkommende Benennungen, sondern auch deren Materien, Gefäße, Instrumenten und Arbeits-Arten Beschreibung erhalten, Alles nach dem gebräuchlichen Bergmännischen Style […]*, Freiberg 1730, S. 530.

104 Vogel, Traditionalismus, S. 194ff.

105 Friedrich A. v. Heynitz, *Abhandlung über die Producte des Mineralreichs in den königlich Preußischen Staaten und über die Mittel, diesen Zweig des Staats-Haushaltes immer mehr emporzubringen*, Berlin 1786, S. 90.

106 Siehe etwa die Schrift von Christoph Traugott Delius, *Anleitung zu der Bergbaukunde nach ihrer Theorie und Ausübung*, Wien 1773.

107 Vgl. etwa die Artikel in der Zeitschrift der internationalen Societät für Bergbaukunde: Ignaz von Born/Friedrich W. H. Trebra (Hg.), *Bergbaukunde*, 2 Bde, Leipzig 1789/1790. Zur Bedeutung der Societät für die Etablierung eines europäischen Netzwerks der Bergbauwissenschaftler siehe auch Vogel, Transfer, S. 230 ff.

108 Rudwick, Minerals.

109 Geheimes Staatsarchiv PK Berlin, II. HA: Generaldir., Abt. 32 Salzdepartement, Tit. I, Nr. 33.

110 Nach der offiziellen Verordnung erfolgte die Neuaufteilung der bislang vereinigten Teile der General-Salzadministration mit dem Ziel, dass jeder »Geschäftszweig demjenigen Departement beizulegen [sei], welches, vermöge seiner Bestimmung, mit den nöthigen Kenntnissen und Mitteln versehen ist, um die seiner Leitung anvertraute Partie am zweckmäßigsten zu verwalten« (*Geschäfts-Verwaltungs-Regulativ wegen der dem Bergwerks- und Hütten-Departement übertragenen Salz-Fabrikations- und wegen der dem Accise Departement übertragenen Salz-Debits-Geschäfte*, Berlin 1805, S. 3).

111 Thomas Welskopp, Sattelzeitgenosse. Freiherr Karl vom Stein zwischen Bergbauverwaltung und gesellschaftlicher Reform in Preußen, in: *HZ* 271, 2000, S. 347–372.

112 Vgl. unter anderem Lundvall, *National Systems*; Marsch, *Wissenschaft und Wirtschaft*, und Jorge Niosi u. a., National Systems of Innovation.

113 Mokyr, *Gifts*, vor allem S. 1–27.

114 Vgl. hierzu unter anderem Mary O. Furner/Barry Supple (Hg.), *The State and Economic Knowledge*, Cambridge 1990; und Emma Rothschild, *Economic Sentiments. Adam Smith, Condorcet and the Enlightenment*, Cambridge 2001.

115 Bloch, Technique.

Die Vermessung der Welt

Ansätze zu einer Kulturgeschichte der Wirtschaftsstatistik

J. Adam Tooze

Die Entwicklung der modernen Wirtschaftsstatistik ist eine kurze Geschichte.[1] Um 1900 existierte noch in keinem Staat der Welt eine statistische Erfassung wirtschaftlicher Daten, wie wir sie heute kennen. Das in sich geschlossene System der Vermessung, das unser heutiges Wissen über die Wirtschaft bestimmt, gab es nicht. Die Preisstatistik war nicht mehr als bruchstückhaft vorhanden. In Deutschland wurde vor 1914 weder ein amtlicher Index der Großhandelspreise noch eine Reichsstatistik der Lebenshaltungskosten erhoben. Die Produktionsstatistik war in nur wenigen Staaten der Welt systematisch ausgebaut. Die Volkseinkommensrechnung blieb eine Sache einzelner Professoren und Privatgelehrter. Über die Verwendung des Volkseinkommens gab es so gut wie keine konkreten Informationen, höchstens verstreute Erhebungen über die Ausgaben der Arbeiterhaushalte. Eine Handelsstatistik wurde zwar fast überall publiziert, sie löste sich aber erst allmählich von der Zollstatistik. Die weiteren Elemente der Zahlungsbilanz, die sogenannten »unsichtbaren« Handelsströme und die Kapitalbewegungen, wurden überhaupt nicht gemessen. Die Bewegungen des Arbeitsmarktes wurden recht oder schlecht durch die Statistiken der Gewerkschaften und der freiwilligen Arbeitsvermittlung registriert. Eine amtliche Berichterstattung über den Arbeitsmarkt war erst im Entstehen.

Fünfzig Jahre hatte sich das Bild vollständig gewandelt. Das Standardrepertoire der modernen Wirtschaftsstatistik hatte sich in allen entwickelten Staaten fest etabliert, und die Beraterstäbe der Vereinigten Nationen und des IWF sorgten weltweit für die Verbreitung standardisierter volkswirtschaftlicher Bilanzen und Zahlungsbilanzen.[2] Statistiken der Produktion, des Einkommens und der volkswirtschaftlichen Ausgaben bildeten ein in sich geschlossenes System. Preisstatistiken wurden standardisiert, klare Trennlinien zwischen Lebenshaltungsstatistik, Großhandelsstatistik und dem sogenannten »GDP deflator« gezogen. Ende der fünfziger Jahre begannen zudem die ersten Versuche, Kaufkraftparitäten zu berechnen. Damit wurden die Grundlagen für die moderne vergleichende Wirtschaftforschung gelegt. Amtliche Statistiken über Beschäftigung und Arbeitslosigkeit waren allgemein zugänglich und der Begriff der »unfreiwilligen Arbeitslosigkeit«, das Kernproblem der keynesianischen Volkswirtschaftslehre, war überall in der Welt als empirisches Faktum fest etabliert.[3]

Unter einer weit gefassten Definition kann man die ersten Funken dieses statistischen Lauffeuers bereits in den letzten Jahrzehnten des 19. Jahrhunderts ausmachen. Die praktische Arbeit begann aber im großen Stil erst in den zwanziger Jahren. Dreißig Jahre später, Ende der fünfziger Jahre war das System im Großen und Ganzen abgeschlossen. Seitdem arbeitet man an der Verfeinerung und der Ausbreitung einer fest etablierten Institution.

Eine Statistikgeschichte, die sich nicht damit begnügt, diesen Triumphzug des »Washington Consensus« zu feiern, ist – wie verschiedene Studien der letzten Jahrzehnte gezeigt haben – ein ergiebiges Thema für Wirtschafts-, Wissenschafts- und Politikhistoriker. Wie aber lässt sich von hier aus die Brücke zur Kulturgeschichte schlagen? Im folgenden Aufsatz sollen einige Aspekte vorgestellt werden, die eine stärker kulturalistische Betrachtung der Statistikgeschichte sinnvoll erscheinen lassen. Tatsächlich wirft die Entwicklung der modernen Wirtschaftsstatistik Fragen auf, die vermutlich nur mit dem Instrumentarium der Kulturgeschichte zufriedenstellend beantwortet werden können. Diese Fragen sprengen den Rahmen des dogmengeschichtlichen oder politikhistorischen Zugangs, der im ersten Abschnitt des Beitrags skizziert werden soll. Es geht dabei etwa um die metaphorische Konstituierung des Begriffs der Volkswirtschaft. Es geht um die Frage nach den Einheiten, in denen die Statistiker rechnen: in Geldeinheiten oder in Stoffwerten. Es geht um die Frage nach dem Verhältnis zwischen der holistischen Betrachtungsweise der Makrostatistik und den eigentlichen Bestandteilen der Wirtschaft, den einzelnen Betrieben und ihren Produktionskräften. Es geht darüber hinaus um die verdinglichte Vorstellung der Information, die für die moderne Datenverarbeitung immer prägender geworden ist, und um die mechanistische Vorstellung der Entscheidung, die dem Projekt der Rationalisierung innewohnt. Dies sind die Stellen des Projekts der wirtschaftlichen Rechnung, die für eine kulturelle Betrachtungsweise einen Spalt offen lassen. Kritischer formuliert könnte man sagen, dass es Risse in dem scheinbar nahtlosen System der wirtschaftlichen Rationalität sind, die in der Regel nur mühsam rhetorisch verkleidet werden und die deshalb eine kulturhistorische Erforschung besonders ergiebig machen.

1. Statistik zwischen Plan und Markt

Als Historiker kann man die Geschichte der Wirtschaftsstatistik aus verschiedenen Gesichtspunkten betrachten. Naheliegend ist es, nach den Verbindungen zwischen der Entwicklung der Statistik und der modernen Volkswirtschaftslehre zu fragen.[4] Die Profession der Volkswirte hat viel in die Statistik investiert. Die Zahlen sind eines der wichtigsten Argumente, mit denen die Disziplin ihre eigene Legitimation betreibt, denn sie dienen dazu, die Politiker und das allgemeine Publikum davon zu überzeugen, dass die Volkswirtschaftslehre gleichzeitig ein praktisches Instrument und eine exakte, wissenschaftliche Disziplin ist. Das statistische Material hat dadurch wesentlich zum erstaunlichen Siegeszug der Volkswirtschaftslehre beigetragen, der in der zweiten Hälfte des 20. Jahrhunderts alle anderen Sozial- und Humanwissenschaften in den Schatten gestellt hat. Dennoch steht diese Entwicklung in keinem offensichtlichen Verhältnis zum Erkenntnisfortschritt, da sie die Tatsache verdeckt, dass sich die intellektuellen Höhen der theoretischen Volkswirtschaftslehre in einem äußerst gespannten Verhältnis zur Empirie befinden. Die Statistik leiht sich zwar Begriffe aus der Theorie und die Theoretiker stützen sich gerne auf ausgewählte *stylized facts*, aber eine wirkliche Synthese von Theorie und Empirie wird nur in den seltensten Fällen erreicht.[5] Der Normalfall ist die vielschichtige und unabhängige Entwicklung von verschiedenen intellektuellen Projekten unter dem breiten Sammelbegriff »Economics« – man denke an das abstrakte Feld der *high theory*, die Makroökonomik, die mathematische Ökonometrie, die verschiedenen Branchen der Mikroökonomik und der angewandten Wirtschaftsforschung –, die untereinander nur lose gekoppelt sind und mit der beschreibenden Wirtschaftsstatistik kaum Berührungspunkte haben.

In diesem ausdifferenzierten Wissensfeld ist die eigentliche Wirtschaftsstatistik, die genaue, empirische Beschreibung des Wirtschaftsgeschehens, zu wichtig, zu politisch brisant und zu teuer, um den akademischen Volkswirten überlassen zu werden. Im deutschen Fall war das schon in den zwanziger Jahren klar.[6] Der Versuch, eine produktive Kombination zwischen der amtlichen Statistik und der akademischen Volkswirtschaftslehre zu arrangieren, scheiterte am Widerstand der Professoren. Symptomatisch ist die Weigerung des ehrwürdigen Vereins für Socialpolitik, sich hinter das Projekt der empirischen Wirtschaftsforschung zu stellen.[7] Der deutsche Fall war sicherlich extrem, doch auch in den USA, in Großbritannien und Frankreich wurde die Ausarbeitung des Systems der modernen Wirtschaftstatistik vorrangig vom

Staat oder zumindest von halbstaatlichen Institutionen übernommen.[8] Der Staat besaß als einziger Akteur die nötige Autorität, um eingehende Umfragen durchzusetzen. Außerdem konnte nur er die nötigen Finanzmittel liefern. Aber Macht und Geld allein waren nicht entscheidend. Entscheidend war vor allem, dass lediglich der Staat und die Interessenverbände der Wirtschaft, die täglich mit den praktischen Problemen der Wirtschaftspolitik konfrontiert waren, das nötige Interesse an dieser mühseligen und akribischen Arbeit aufbrachten. Wie der Politikwissenschaftler Hugh Heclo bemerkt hat: »States not only power, they puzzle.«[9]

Die Wirtschaftsstatistik ist damit direkt in die Transformation des Staatsapparats in der ersten Hälfte des 20. Jahrhunderts verwickelt. Die amtliche Statistik als besonderer Zweig der Staatsverwaltung entstand im frühen 19. Jahrhundert, also ein halbes Jahrhundert vor der Entwicklung der modernen Wirtschaftsstatistik. Prägend für diese frühe Statistik war eine »liberale« Staatsvorstellung: Die Statistik wurde als Vermittlung zwischen dem Staat und einer unabhängigen Zivilgesellschaft verstanden, in der Bürger ihre Einzelinteressen verfolgen.[10] Um diese Brücke zu schlagen, arbeitete die liberale Statistik des 19. Jahrhunderts unter vielfachen Beschränkungen. Der Fragenkatalog war limitiert. Fast alle Wirtschaftsfragen wurden ausgegrenzt, weil nicht erwartet werden konnte, dass Privatbürger aus freien Stücken ihre persönlichen Finanzen oder Betriebsverhältnisse dem Staate offen legen würden. Um Vertrauen zu schaffen, entstand das Prinzip des Statistikgeheimnisses, das den Bürgern versprach, dass ihre Antworten nur zu statistischen Zwecken verwendet werden. Vor allem wurde ihnen zugesichert, dass statistische Auskünfte nicht für Steuerzwecke oder für die Heranziehung zur Wehrpflicht verwendet werden würden. Diese Versprechen beschränkten die Verwendung der Statistik als Herrschaftswissen, aber sie waren konstitutiv für die Stellung der amtlichen Statistik innerhalb des Staates. Die Statistik stand zwar als Teil der Staatsverwaltung »über« der Zivilgesellschaft, aber sie verhielt sich, so gut es ging, »neutral«.

Die Wahrhaftigkeit der Antworten, basierend auf ihrer Neutralität, begründete die zweite Identität der Statistik als »Wissenschaft«. Die amtlichen Statistiker betrieben, ihrem Selbstverständnis nach, nicht bloß Administration. Sie betrieben objektive Vermessung, empirische Wissenschaft. Zu diesem Selbstverständnis der Statistik als machtfreier, wissenschaftlicher Freiraum innerhalb des Staates gehört natürlich auch die Öffentlichkeit. In der zweiten Hälfte des 19. Jahrhunderts entwickelte sich die Statistik zu einem Kernbestandteil der amtlichen Publizistik. Die frühe absolutistische Statistik des

17. und 18. Jahrhunderts wurde im Regelfall nicht publiziert, und wenn, dann unter dem Namen ihres Autors. Noch in den ersten Jahrzehnten des 19. Jahrhunderts erschienen die wenigen Publikationen der Preußischen Statistik unter den Namen der Chefstatistiker, Johann Gottfried Hoffmann und Wolfgang Dieterici.[11] Die Autorität des Namens scheint in diesem Fall noch für die Authentizität der Information gebürgt zu haben. Die amtliche Statistik, die sich nach den Revolutionen von 1830 und 1848 ausbildete, unterschied sich von dieser Praxis nicht nur in der Fülle der Publikationen, sondern auch in der Autorenschaft. Die Persönlichkeit des Chefstatistikers trat hinter dem amtlichen Wappen des Statistischen Bureaus zurück: Als Autor erschien der Staat.

Wie auch in anderen Bereichen des staatlichen Handelns, im Steuersystem, bei den Wohlfahrtsausgaben oder in der Arbeitsmarktregulierung, wurde das liberale Gleichgewicht der amtlichen Statistik nach 1900 radikal in Frage gestellt.[12] Die Herausbildung mächtiger organisierter Wirtschaftsinteressen in den letzten Jahrzehnten des 19. Jahrhunderts und die Krise des Ersten Weltkrieges ließen nichts beim Alten. Angesichts der dringenden Nachfrage nach Informationen über das Wirtschaftsgeschehen konnte die Zurückhaltung der liberalen Statistik nicht aufrechterhalten werden. Fragen nach Preisen, Löhnen, Produktion, Kosten, Einkommen mussten gestellt werden. Bei der Aushandlung dieses neuen Repertoires konnte das liberale Bild des Verhältnisses zwischen Staat und Zivilgesellschaft nicht bestehen bleiben, da der Staat in der Wirtschaft nicht mit Einzelbürgern, sondern mit den organisierten Kräften des Kapitals und der Arbeitnehmerschaft verhandelte, die jetzt als ebenbürtige Partner neben der Regierung auftraten. In dieser neuen Konstellation konnte das Selbstverständnis der Statistik als desinteressierte, objektive Registrierung von Fakten kaum überdauern.

Es war gerade diese neue praktische Relevanz der Statistik, die ihr eine neue Bedeutung verlieh: Die Statistik sollte jetzt direkt zur Regierungstätigkeit beitragen. Damit war aber auch das einfache Gebot der Publizität in Frage gestellt. Die Intimbereiche der Wirtschaft konnten nicht mit der gleichen Offenheit besprochen werden wie die groben Fakten der Demographie. Was nutzte eine allgemeine Öffentlichkeit, wenn es eigentlich darum ging, Informationen zwischen den mächtigen Entscheidungszentren der Wirtschaft, der Politik und der Arbeiterklasse zu verteilen? Eine vermachtete Welt verlangte eine neue Informationsordnung.

In der Geschichte der großen Industriestaaten lassen sich unterschiedliche ›Lösungswege‹ für dieses zentrale Problem der »politischen Ökonomie« nach 1900 ausmachen: Aus angloamerikanischer Perspektive kann man die Geschichte der modernen Wirtschaftstatistik als erfolgreiche Alternative zur sozialistischen Planwirtschaft schreiben. Die Wirtschaftsstatistik ist aus dieser Sicht ein Instrument zur intelligenten Steuerung des Kapitalismus. Dies war die Ambition der beiden großen Schulen der Makroökonomik – des Monetarismus und des Keynesianismus –, die vor allem in Großbritannien und in den Vereinigten Staaten die Ausbildung der Statistik prägten. Der erste, weniger bekannte Strang der Entwicklung geht auf die lebhaften Debatten im späten 19. Jahrhundert über die Zukunft des Goldstandards zurück.[13] Vor dem Hintergrund der »Großen Deflation« zwischen 1873 und 1895 entwickelten Volkswirte wie Irving Fisher, aber auch der frühe Keynes, die Vorstellung einer Indexwährung, die, losgelöst vom Gold, einen wahrhaft stabilen Geldwert garantieren sollte. Die sorgfältige Regulierung der Geldmenge nach der Grundformel des Monetarismus, der Quantitätsgleichung, sollte dafür sorgen, die Stabilität des Geldwertes zu bewahren.[14] Um dieses Projekt empirisch zu fundieren, begründete Irving Fischer die moderne Technik der Indexzifferberechnung.[15] Diese Berechnungsmethode läutete in den 1920er Jahren die allgemeinere empirische Konjunkturforschung ein, aus der sich im Laufe der folgenden beiden Jahrzehnte die moderne »keynesianische« Volkseinkommensrechnung herausschälte. Es waren die Anhänger des keynesianischen Kreislaufgedankens im englischen Cambridge und in Washington, die dann im Auftrage der OECD und der UN das moderne System der »national accounts« prägten.[16] Der Urkeynesianismus geriet zwar in den 1970er Jahren wieder in Verruf und auch der Neomonetarismus erlitt später eine Niederlage. Aber der ihnen beiden gemeinsame Gedanke, dass sich die Konjunkturschwankungen der Volkswirtschaft durch eine bewusste Wirtschaftspolitik glätten lassen, behauptet sich nach wie vor als *common sense* einer globalen Machtelite.[17] Das in der ersten Hälfte des Jahrhunderts entwickelte Standardrepertoire der Wirtschaftsstatistik ist für diesen Drahtseiltanz nach wie vor das unerlässliche Hilfsmittel.

Eine solche triumphale Geschichte der Wirtschaftstatistik als Lenkungsmittel des Kapitalismus mag zwar in groben Umrissen der Entwicklung im angloamerikanischen Kontext seit dem Ende des Zweiten Weltkrieges entsprechen. Doch vor 1945 lag das Machtzentrum der Weltwirtschaft und der Wirtschaftswissenschaften nicht so eindeutig im »Westen«. Daher war auch die Entwicklung der Wirtschaftsstatistik und der Wirtschaftspolitik in anderen wichtigen Ländern der industrialisierten Welt (vor allem in Deutschland, aber auch in der Sowjetunion bis zur stalinistischen Wende) weit weniger eindeutig.[18] In den 1920er Jahren entwickelte die Weimarer Republik beispielsweise ein erstaunlich fortgeschrittenes System der volkswirtschaftlichen Gesamtrechnung, das zunächst, nicht anders als in den Vereinigten Staaten und in Großbritannien, als Steuerungsinstrument für die deutsche Volkswirtschaft gedacht war. Die Konjunkturforscher um Ernst Wagemann, den Leiter des *Statistischen Reichsamtes* und des *Instituts für Konjunkturforschung (IfK)*, waren nämlich von den Selbststeuerungskapazitäten des »organisierten Kapitalismus« nicht überzeugt. Sie vermuteten eher, dass die Kartellierung der Preise und Löhne zu einer zunehmenden Labilität der Wirtschaft führen würden.[19] Für den Staat gab es in dieser Situation keine Alternative zu einer aktiven Geld- und Fiskalpolitik, da sonst die Wirtschaftsschwankungen auf den Staatshaushalt zurückzuschlagen drohten. Nach 1930 wurde dieses ambitionierte Steuerungskonzept allerdings durch den Zusammenbruch der Weltwirtschaft und die Weimarer Staatskrise zerstört. Der statistische Apparat der Weimarer Republik überlebte jedoch den Kollaps der deutschen Demokratie weitgehend intakt. Die Statistiker schafften einen nahtlosen Übergang vom Korporatismus der Weimarer Zeit zur gelenkten Wirtschaft des Dritten Reiches. Das Instrumentarium der deutschen Wirtschaftsstatistik wurde dabei nach 1933 immer weiter ausgebaut. Bis 1938 besaß Deutschland vermutlich das aufwendigste System der amtlichen Wirtschaftsstatistik in der westlichen Welt. Der Krieg förderte die Verschränkung zwischen Statistik und NS-Herrschaft noch weiter. Das *IfK*, das 1933 vorübergehend ins Abseits gedrängt worden war, kehrte noch 1942 in den Mittelpunkt des Geschehens zurück. Rolf Wagenführ, der Leiter der industriestatistischen Abteilung, avancierte 1943 sogar zum Chef des statistischen Stabs im Planungsamt des Speer-Ministeriums.

Die Umstände des Dritten Reiches waren natürlich außergewöhnlich. Aber auch im englischen Fall zeigen sich die gleiche Uneindeutigkeit und Anpassungsfähigkeit in den frühen Jahren der Wirtschaftsstatistik. Obwohl der Keynesianismus als Rettung des Liberalismus gedacht war, verhalf erst der Krieg der neuen Doktrin zum Durchbruch, denn erst die Bedürfnisse der Kriegsplanung führten in England zur Bildung des Central Statistical Office.[20] Nach 1945 schien es eine gewisse Zeit sogar möglich, dass die Planwirtschaft des Krieges von Clement Attlees ambitionierter Labour-Regierung in die Nachkriegszeit übernommen würde.[21]

2. Die metaphorische Konstruktion der Volkswirtschaft

Eine solche dogmen- und politikgeschichtliche Betrachtung kann jedoch wesentliche Probleme der historischen Entwicklung der Wirtschaftsstatistik nicht angemessen klären. Die erste und schwerwiegendste Frage ist die nach den Ursprüngen unserer holistischen Vorstellung der »Wirtschaft«. Der erste Akt in der statistischen Messung ist die Feststellung und die formale Definition eines Objektes. Im Falle der Wirtschaftstatistik ist dies ein mehr oder weniger bewusster Akt der Konstruktion. Die Volkswirtschaft als solche gibt es nicht. Das Objekt der Wirtschaftsstatistik wird metaphorisch konstituiert. Eine Fundamentalfrage ist daher die Natur und der Ursprung dieses metaphorischen Bezugspunkts. Man hat sich im Laufe der Zeit die Volkswirtschaft als Organismus vorgestellt, als ein hydraulisches oder mechanisches System oder aber auch als eine Wirtschaftseinheit, die – ebenso wie ein Haushalt oder ein Unternehmen – durch ihre Bilanz definiert wird.[22] Den einzelnen Metaphern entsprachen verschiedene Erkenntnisinteressen. Organische Metaphern dienten etwa in den 1920er Jahren zur Begründung einer dynamischen, aber eher impressionistischen Konjunkturforschung. Bilanzvorstellungen waren dagegen der Ausgangspunkt für die exakte Volkseinkommensrechnung und fügten sich umstandslos in die Gleichgewichtsproblematik der klassischen Wirtschaftstheorie ein. Eine vermittelnde Rolle zwischen diesen Polen spielten hydraulische und mechanische Modelle, die die Dynamik betonten, aber zugleich eine systematische Anwendung mathematischer und quantifizierender Methoden förderten.

Es ist natürlich ohne weiteres möglich, die dogmengeschichtlichen Wurzeln dieser verschiedenen Modelle nachzuzeichnen. Im deutschen Fall entstand die moderne amtliche Wirtschaftstatistik etwa aus einer eigenartigen Kombination von organischen Metaphern und Bilanzgleichungen.[23] Die Vermittlung bildet die Konjunkturlehre von Ernst Wagemann. Wagemann, ab 1924 Präsident des *Statistischen Reichsamtes*, beschrieb die Einheit, Geschlossenheit und Selbstreproduktion der Wirtschaft in organischen Begriffen. Gleichzeitig orientierte er sich zu empirischen Zwecken an den Gleichungen des frühen Monetaristen Irving Fisher. Auch wenn Wagemann als Theoretiker von der Dogmengeschichte ignoriert wird, führte seine Synthese doch zu den bahnbrechenden Untersuchungen des *IfK* und dem ersten amtlichen System volkswirtschaftlicher Bilanzen in Westeuropa. Diese Entwicklung gipfelte nach 1933 in dem Versuch, eine sogenannte Input-Output-Tabelle für die deutsche Wirtschaft zu erstellen, die die einfache Bilanzvorstellung der Volkseinkommensrechnung zu einem allgemeinen Verflechtungsbild erweitern sollte.[24]

Jedes nationale und internationale statistische System hat eine ähnlich komplexe Ideengeschichte. Derartige Detailgeschichten hinterlassen jedoch immer das Gefühl der Unvollständigkeit, da der breitere kulturelle Rahmen unterbelichtet und die Ursprünge der Leitmetaphern unerklärt bleiben. An dieser Stelle könnte eine kulturgeschichtliche Fragestellung anknüpfen, die beispielsweise den Foucaultschen Begriff der »Episteme«[25] aufnimmt. Mirowskis Beschreibung der klassischen Wirtschaftswissenschaften als Abbild der Newtonschen Mechanik ist ein Versuch in diese Richtung,[26] während Anson Rabinbachs *Motor Mensch* eine komplementäre Entschlüsselung der energetischen Metaphorik in den Sozialwissenschaften des späten neunzehnten Jahrhunderts bietet.[27] Gerade bei Mirowski machen sich aber auch die Schattenseiten des strukturalistischen Ansatzes bemerkbar: Der Drang zur Reduktion ist zu stark. Die Sensibilität für die Komplexität und Widersprüchlichkeit innerhalb des diskursiven Feldes schwindet mit der zunehmende Extravaganz des Erklärungsanspruchs. Dennoch sollten mehr dieser gewagten Entschlüsselungsversuche unternommen werden.

3. Geld oder Stoff?

Ist die Wirtschaft einmal als Gesamtheit konstituiert, zerfällt sie schon wieder. In welchen Einheiten soll nämlich das Objekt »Wirtschaft« vermessen und berechnet werden? Die Geschichte der Statistik, vor allem in der umstrittenen Phase der ersten Hälfte des 20. Jahrhunderts, war von der Kardinalfrage durchzogen: *Dürfen* wir *mit* Geld rechnen? *Können* wir *ohne* Geld rechnen? Einer Wirtschaftsstatistik, die konsequent auf Geldeinheiten setzt, scheinen grundsätzlich wenig Hindernisse im Weg zu stehen.

Zur Jahrtausendwende veröffentlichte beispielsweise die OECD folgende erstaunliche Zahlen (Tab. 1).[28]

Eine der führenden internationalen Organisationen unternahm hier den durchaus ernst gemeinten Versuch, die Geschichte der menschlichen Entwicklung seit Christus auf den gemeinsamen Nenner von »purchasing power adjusted dollars of 1990« zu reduzieren. Die einen werden sich über diesen

Jahr	0	1000	1500	1700	1820	1913	1950	1973	1998
Westeuropa	450	400	774	1024	1232	3473	4594	11534	17921
Europa	400	400	462	566	636	1527	2120	4985	5461
Ehemalige UdSSR	400	400	500	611	689	1488	2834	6058	3893
USA und andere westliche »Ableger«	400	400	400	473	1201	5257	9288	16172	26146
Lateinamerika	400	400	416	529	665	1511	2554	4531	5795
Japan	400	425	500	570	669	1387	1926	11439	20413
China	450	450	600	600	600	552	439	839	3117
Indien	450	450	540	550	533	673	619	853	1746
»Restliches«Asien	450	450	565	565	565	794	924	2065	3734
Afrika	425	416	400	400	418	585	852	1365	1368
Welt	444	435	565	615	667	1510	2114	4104	5709

Tab. 1 Kaufkraft, gemessen in Dollar von 1990

gewagten Versuch freuen: Die »Reduktionsleistung« ist gewaltig. Man kann sich natürlich nicht über einzelne Dollar streiten, aber die Tabelle ist ungeheuer aussagekräftig. Sie erlaubt es, die normale Geschichtsschreibung, die sich notgedrungen mit engen Räumen und engen Zeitabschnitten beschäftigt, in einen wahrhaft großartigen Kontext einzuordnen. Andere Leser werden sich dagegen empört abwenden. Was soll diese absurde Vereinfachung? Was für eine anmaßende Ausradierung qualitativer Unterschiede? Soll alles verschwinden, was sich nicht auf den Dollar-Standard reduzieren lässt?

Diese Frage führt letztlich zu einem klassischen Streit. Es ist ein Allgemeinplatz, dass in dem schwierigen Verhältnis zwischen den Menschen und dem Geld das Wunder, aber auch der Wahnsinn der modernen Wirtschaft steckt. Man würde vermuten, dass die Volkswirtschaftslehre hier ein Machtwort sprechen würde, aber nichts dergleichen: Die Disziplin ist zutiefst zerstritten über die Bedeutung des Geldes.[29] Seit der klassischen Ökonomie basiert der Hauptstrang der orthodoxen Lehrmeinung auf einer Dichotomie zwischen dem Geld und den »realen« Determinanten des wirtschaftlichen Geschehens – Präferenzen, Ressourcen, Technik. Das Geld, das das entscheidende Element der modernen Wirtschaft sein soll, wird mit dieser Denkfigur zu einem reinen Medium ohne kausale Bedeutung reduziert. Es ist aber schwer zu bestreiten, dass die schwersten Wirtschaftsstörungen der Neuzeit in den Jahren 1873, 1918–1923, 1929 oder auch 1973 mit monetären Schocks einhergingen. Dieser Widerspruch spaltet die Disziplin. Selbst unter den einflussreichsten Vertretern der Volkswirtschaftslehre gibt es keine Einigkeit darüber, welche Bedeutung das Geld und die Währungspolitik für die wirtschaftliche Entwicklung besitzen.[30] Außerhalb des Mainstreams gehen die Meinungen noch schärfer auseinander. Die Frage des Geldes bietet eine Kerbe, in die sukzessive alle Kritiker der kapitalistischen Ordnung gehauen haben, von Marx über die nationalistischen Theoretiker der Zwischenkriegszeit bis hin zur antikapitalistischen Kritik der Gegenwart. Wenn es unbestreitbar ist, dass das Ziel wirtschaftlicher Aktivität nicht die Akkumulierung von Geld ist, sondern die Befriedigung realer Bedürfnisse mit realen Gütern und realen Dienstleistungen, dann ist ein Zustand, in dem die Welt scheinbar von Geld regiert wird und die Politik sich vorrangig an Geldkriterien orientiert, letztlich untragbar.[31]

Für die Wirtschaftsstatistik sind dies keine abstrakten Fragen. Als Gegensatz zur Geldrechnung entstand nämlich die Vorstellung, die Komplexität der arbeitsteiligen Produktion direkt zu entschlüsseln, um den Fluss von Arbeit und Stoffen unvermittelt darstellen zu können. Das sogenannte »Rechnen in Mengen« ist eine praktische Notwendigkeit immer dort, wo der Marktmechanismen entweder aus freien Stücken oder erzwungenermaßen außer Gang gesetzt worden sind. Wenn der Markt nicht mehr die Verwendung von Ressourcen regelt, muss bewusst gelenkt werden. Dazu braucht man Informationen, das heißt Statistik. Wenn das Preissystem nicht mehr befriedigend funktioniert, muss diese Statistik in physikalischen Einheiten bemessen werden.

Um ein Beispiel zu geben: Seit dem Höhepunkt der Wirtschaftskrise im Jahr 1931 waren in Deutschland die Devisen knapp, doch die Behörden wollten, vor allem nach 1933, die Erholung der deutschen Wirtschaft nicht durch die Devisenknappheit gefährden. Nach dem Willen der nationalsozialistischen Regierung sollte das Geld, das heißt das internationale Währungssystem, nicht mehr das wirtschaftliche Schicksal des deutschen Volkes bestimmen.[32] Die Antwort war eine bewusste Politik der Devisenbewirtschaftung, die den Import von Lebensmitteln und industriellen Rohstoffen regulierte. Nach 1936 führte diese Haltung zu einer scharfen Verengung der Versorgung mit Stahl und Nichteisenmetallen. Die Bewirtschaftung griff vom Außenhandel auf die gesamte industrielle Tätigkeit über. Preise wurden »eingefroren«. Ab 1937 unterlag die Produktion und Verwendung aller wichtigen Rohstoffe der staatlichen Bewirtschaftung. In diesem System erhielt die Statistik eine neue und wichtige Rolle. Es ging darum, zu bestimmen, wo die knappen Rohstoffe am dringendsten benötigt wurden. Erhebungen, die in den zwanziger Jahren als Mittel einer klassischen makroökonomischen Konjunkturforschung entwickelt worden waren, wurden jetzt auf Materialrechnung umgestellt.[33] Die Bilanzierung in Stoffmengen ersetzte auf diese Weise die Bilanzierung in Geld. Das Ergebnis waren beindruckende technische Leistungen: Schaubilder, die den Fluss der wichtigsten Rohstoffe bildhaft darstellten; Diagramme, die die Verwendung verschiedenster Stoffe in bestimmten Schlüsselindustrien entzifferten.

Was für die sozialistischen Theoretiker der Planwirtschaft im 19. Jahrhundert noch Phantasie gewesen war und was selbst im Ersten Weltkrieg weit außerhalb des Bereichs des Möglichen lag, wurde hier Realität.[34] Nach fünf Jahren Arbeit wurde die Abteilung Industriestatistik des *Statistischen Reichsamtes*, die für die Rohstoffbilanzierung zuständig war, 1938 zu einer eigenen Organisation – dem *Reichsamt für wehrwirtschaftliche Planung (RwP)*. Seine Rolle war die Vorbereitung von umfassenden Mobilisierungsplänen, die im Kriegsfall die Zuteilung aller wichtigen Rohstoffen regeln sollten. Fast möchte man meinen, dass sich die Statistik damit zu einer Schaltstelle der entstehenden Planwirtschaft gemausert hatte. Im Augenblick des Erfolges wurden aber auch die inhärenten Probleme der Stoffrechnung bemerkbar. Für Volkswirte stellten sich unlösbare Entscheidungsprobleme: Wie vergleicht man alternative Verwendungsmöglichkeiten von knappen Ressourcen ohne einen gemeinsamen Nenner?[35] Für die Statistiker dagegen lag die Herausforderung der Stoffrechnung vor allem in ihrer Komplexität. Die »Entfernung des Geldschleiers« konfrontierte das *RwP* mit der unvermittelten Komplexität der modernen, arbeitsteiligen Wirtschaft, da ohne Geldrechnungen die Möglichkeiten der Aggregierung und Kombination der Daten wesentlich beschränkt waren. Komplexe Produkte wie Werkzeugmaschinen lassen sich kaum in Tonnen bemessen. Außerdem gibt es ohne das Geld kein allgemeingültiges Kriterium, um das Wesentliche vom Unwesentlichen zu unterscheiden. Was ist wichtiger: hunderttausend Schuss Munition, tausend Kampfflugzeuge oder ein Dutzend U-Boote?

Angesichts dieser Probleme waren die ersten Gehversuche der deutschen Planstatistik äußert unsicher. Das *Reichsamt für wehrwirtschaftliche Planung* versuchte mit einem Stab von nicht mehr als 500 Mitarbeitern, von denen die wenigsten eine akademische Ausbildung hatten, allein 384 Stoffbilanzen zu erstellen und aktuell zu halten. Das Ergebnis war vorhersehbar. Hunderte von Bilanzen blieben unvollständig. Während detaillierte Pläne für belanglose

Stoffe wie Kerzen erstellt wurden, blieben wichtige Engpässe unbeleuchtet. Zur gleichen Zeit arbeitete der Gosplan der Sowjetunion mit einem viel größeren Mitarbeiterstab an nur 100 Bilanzen. Die Erfahrungen des Zweiten Weltkrieges lehrten dann auch, dass zur Lenkung der deutschen Wirtschaft die Betrachtung von nicht mehr als einem Dutzend Rohstoffe nötig war. Das Scheitern des Planungsversuches in den dreißiger Jahren war insofern mehr als nur ein Betriebsunfall. In der Orientierungslosigkeit spiegelte sich ein inhärentes Risiko eines Systems, in dem Preise nicht mehr als Bewertungsmaßstab zur Verfügung standen.

In den Jahrzehnten nach 1945 entwickelten sich überall in Osteuropa und Asien noch viel komplexere Planungssysteme, die auf einer ausgebauten materiellen Statistik basierten. Dabei multiplizierten sich die Fälle planerischer Entgleisung.[36] Mit dem Ende des Kalten Krieges lag die Versuchung nahe, das gesamte Experiment der Planwirtschaft als ein gescheitertes historisches Projekt zu den Akten zu legen. Das korrumpierte statistische System der DDR war hierfür Zeugnis genug. Die Statistik, scheint es, ist als primäres Steuerungssystem für eine komplexe Wirtschaft schlicht überfordert, auch wenn es nicht wie in der DDR zu einer plumpen, politischen Beeinflussung kommen sollte.[37] Welche Ironie lag darin, dass sich in den frühen neunziger Jahren, im Moment des Triumphs des Marktes, die Erkenntnis Bahn brach, dass die Weltwirtschaft doch in einen stofflichen Kreislauf eingebettet ist, den Kreislauf der »Natur«! Die Stoffrechnung in neuer Form, jetzt vor allem in Kohlendioxid-Einheiten, steht seit Kyoto erneut im Mittelpunkt des Weltinteresses.[38] Man wird natürlich versuchen, die Probleme mit Markt-Surrogaten zu bewältigen. Angesichts der Herausforderungen, die es bedeutet, auf globaler Ebene in kurzer Frist zu einem *sustainable development* zu kommen, wachsen aber exponentiell die Planungsambitionen und mit ihnen die Anforderungen an die Statistik. Die Alternative Geldrechnung – Stoffrechnung ist nicht erledigt. Daher sollte die Geschichte der Statistik auch nicht als teleologischer Siegeszug der Geldrechnung geschrieben werden. Sinnvoller wäre es, die Alternative Geldrechnung – Stoffrechnung als gegebene Struktur zu verstehen und nach den Kräften zu fragen, welche die Oszillation zwischen den beiden Polen verursachen. Die Sachzwänge sind natürlich mächtig. Aber auch hier stehen die Türen für eine Kulturgeschichte offen, vor allem eine Kulturgeschichte des Geldes wie auch des Ekels vor Geld.[39] Warum stößt die Geldrechnung immer wieder auf so vehementen Widerspruch? Welche Phantasien verbinden sich mit der Vorstellung, mittels der Statistik zu dem eigentlichen, »materiellen« Kern des Produktionsprozesses vorzustoßen?

4. Das Ganze und seine Teile

Wenn man das Wechselspiel Geldrechnung – Stoffrechnung verallgemeinert, könnte man sagen, dass es hier eigentlich um die Alternative zwischen Abstraktion und Konkretion geht. Die großen Aggregate, die die Geldrechnung ermöglicht, haben unübersehbare Vorteile, doch verschließen sie den Blick für das konkrete Einzelne. Dennoch kann man die Reduktion der Komplexität sogar schätzen lernen, wie die Wirtschaftswissenschaftler mit ihrer Unterscheidung zwischen Makro- und Mikroökonomik. Wenn man dagegen die Aggregierung ablehnt, wird man das Augenmerk eher auf die einzelnen Teile richten, wie dies die Unternehmens- und die Alltagsgeschichte tun. Anstatt gebannt auf die großen, abstrakten Einheiten zu schauen, sucht man das Wesen der Wirtschaft in ihren einzelnen Bestandteilen, in den Handlungen und Strukturen von einzelnen Firmen und im Alltag des Arbeitsplatzes und des Arbeitskampfes. Die Gefahr ist natürlich, dass man dadurch den Blick für das Ganze verliert.

Ist es möglich, beide Perspektiven zu verbinden? Diese Frage war für die Wirtschaftsstatistik des 20. Jahrhunderts die große totalitäre Versuchung. Solange die Statistik als Herrschaftswissen nur auf der Makroebene arbeitete, blieb sie beschränkt: Sie erlaubte den privilegierten Überblick, aber sie war kein Machtmittel, mit dem man ins Detail gehen konnte. Die Reichsindustrieerhebung von 1936, mit der zum ersten Mal festgestellte wurde, dass sich die Nettowertschöpfung der deutschen Industrie auf 34 Milliarden Mark belief, erlaubte keinen direkten Zugriff, nicht einmal auf die größten Firmen.[40] Selbst die größten Einheiten, die IG Farben oder die Vereinigten Stahlwerke, waren jeweils für nicht mehr als ein paar Prozent dieses Aggregats zuständig.[41] Insgesamt beruhte die deutsche Industrieerzeugung, die unter die Beobachtung der Produktionsstatistik fiel, auf der Arbeit von über 100 000 Betrieben und fast 8 Millionen Menschen. Zwischen dem Aggregat und den einzelnen Bestandteilen der Wirtschaft klaffte eine unüberwindbare Lücke. In den dreißiger Jahren aber verlangte die Entwicklung der Statistik als Teil der autoritären Planung des NS-Staates die Schließung dieser Lücke. Die Statistik sollte ein Abbild der Gesamtwirtschaft bieten, gleichzeitig aber auch einen nahtlosen Zugriff auf die einzelne Firma, den einzelnen Arbeiter, die einzelne Ladung von Rohmaterial ermöglichen.

Die Industriestatistiker versuchten zunächst, die Einzelüberwachung zentral einzurichten. Die Fragebögen der Produktionserhebungen von 1936 wurden nicht nur zu Aggregaten und zu Rohstoff-Fließbildern verarbeitet, sondern auch in einer riesigen Betriebskartei abgelegt, in der die Einzeldaten von rund 150000 Betriebseinheiten verzeichnet waren. Angesichts der Komplexität der Materie war dieses Unterfangen von vornherein zum Scheitern verurteilt: Das Material konnte nur mit großer Verzögerung aufbereitet werden, und die sogenannte Betriebskartei scheint nie eine praktische Verwendung gefunden zu haben. Das Bedürfnis nach einem solchen System der individuellen Beobachtung war jedoch in der zunehmenden Entwicklung der Planwirtschaft angelegt. Dies führte in den späten dreißiger Jahren zu dem radikalen Versuch, das deutsche statistische System von Grund auf zu »reformieren«.

Der Vorreiter dieser Entwicklung war Walther Grävell, Direktor im *Statistischen Reichsamt* für Handelsstatistik und nach 1939 Geschäftsführer des sogenannten *Statistischen Zentralausschusses*, der mit der Autorität Görings ausgestattet war und die Aufgabe hatte, die wuchernde Masse von wirtschaftsstatistischen Erhebungen einzudämmen.[42] Ab Januar 1939 musste jede statistische Erfassung der deutschen Wirtschaft dem Zentralausschuss gemeldet und vom ihm begutachtet werden. Hunderte von Erhebungen wurden abgesagt oder nur in veränderter Form zugelassen. Für Grävell war dies mehr als nur ein Akt der Rationalisierung, sondern die Gelegenheit, ein grundlegend neues System der Statistik einzuführen. Nach Grävells Auffassung stand die amtliche Statistik, die aus der »liberalistischen« Vergangenheit übernommen worden war, grundsätzlich im Widerspruch zur neuen Gesellschaftsordnung im Dritten Reich. Die Statistik sollte statt auf dem »Gesetz der großen Zahlen« auf dem Prinzip der vereinzelten Überwachung aufbauen. Die rechtlichen Beschränkungen der Statistik, vor allem das Statistikgeheimnis, hatten nach seinen Vorstellungen in der neuen Volksgemeinschaft keine Berechtigung.

Für die Statistik hatten Grävells Visionen unmittelbare praktische Konsequenzen. Die zentralisierten Großerhebungen, wie zum Beispiel die Industrieerhebung von 1936, waren nur mit Mühe an die Anforderungen der Einzelüberwachung anzupassen. Folgerichtig sorgte Grävell dafür, dass die Neuauflage der Industrieerhebung abgesagt wurde, die vom *RwP* für 1939 geplant war und das Rückgrat der Rohstoffplanung im Kriege bilden sollte. Statt dessen befürwortete er ein System von dezentralisierten Datenbanken, die nicht periodisch, sondern laufend Informationen über einzelne Arbeiter und Firmen bereithalten sollten. Als Beispiel diente das System der sogenannten Arbeitsbücher, die ab 1935 für jeden Arbeitnehmer im Deutschen Reich ausgestellt wurden. Von ihnen wurde stets ein Doppel beim jeweiligen Arbeitsamt geführt. Die Bücher beinhalteten Informationen über Ausbildung und Berufserfahrung und umfassten 1938 nicht weniger als 22 Millionen Personen. Die Vorbereitung und Auszählung einer Berufszählung nach konventionellem Schema für eine so große Gruppe hätte Jahre beansprucht. 1938 gelang es der Arbeitsverwaltung, durch eine systematische Zählung ihrer Karteikästen einen Überblick über die deutschen Arbeitskräfte in nicht mehr als fünf Wochen zu erstellen.[43] Dabei war kein einziger Fragebogen an das Publikum verteilt worden. 1938 wurde nach einem ähnlichen Schema die monatliche Industrieberichterstattung enorm ausgeweitet und dezentralisiert. Über 80 000 Firmen, die die überwiegende Mehrzahl der deutschen Industriearbeiter beschäftigten, berichteten nun monatlich über ihren Absatz und ihre Beschäftigten. Diese Daten sandten sie nicht mehr direkt an das *Statistische Reichsamt*, sondern in erster Instanz an die Zwangsverbände der deutschen Wirtschaft, die Fachgruppen, Wirtschaftsgruppen und Reichsgruppen.[44] Als der Krieg ausbrach, befand sich die deutsche Wirtschaftsstatistik in einem radikalen Umstellungsprozess, mit dem ein konventionelles System der zentralen, anonymisierten Großstatistik durch ein hierarchisch gegliedertes System der individuellen Beobachtung ersetzt werden sollte.

Dies lässt sich funktional erklären. Die Erfordernisse der Planung machten ähnliche Systeme in allen Planwirtschaften notwendig. Überall musste ein Weg gefunden werden, Übersicht mit Überwachung zu verbinden. Doch über diese funktionalen Zwänge hinaus gibt es interessante Parallelen zwischen diesem hierarchischen Ordnungsdenken und anderen technokratischen Phantasien. Lutz Raphael hat in bezug auf die Humanwissenschaften im Nationalsozialismus von einem Denken in »konkreten Ordnungen« gesprochen.[45] Im Gegensatz zu makroökonomisch orientierten Planungsvorstellungen, die eine Ordnung der Wirtschaft im Großen durch eine Reglementierung der Zahlungs- und Materialströme zu erreichen suchen, setzte Grävell auf die Registrierung, Überwachung und Reglementierung der konkreten, einzelnen Bestandteile der Wirtschaft. Das Problem der Gesamtwirtschaft wurde auf ein Problem der Disziplinierung seiner Einzelteile reduziert. Dieses Bedürfnis, das Problem der Ordnung nicht durch abstrakte Vermittlungen, sondern durch die Schaffung klarer, hierarchischer Verhältnisse zwischen konkreten Einheiten zu lösen, verlangt nach einer Entschlüsselung, die weit über den statistischen Bereich hinausreicht.

5. Den Datenfluss meistern

Eines der wichtigsten Motive für Grävells Versuch zur Revolutionierung der deutschen Statistik war das Bedürfnis nach Beschleunigung. Die Planung verlangte sofortige Informationen über alle relevanten wirtschaftlichen Entwicklungen. Bereits seit dem Ende des 19. Jahrhunderts hatte man versucht, eine möglichst enge zeitliche Koppelung der wirtschaftlichen Prozesse mit ihrer Abbildung in der Statistik zu erreichen. Das Ziel war eine *Real-time*-Abbildung. Für die Statistik bedeutete das eine ungeheure Beschleunigung. In ihrem frühen Stadium im 19. Jahrhundert war die statistische Berichterstattung in der Hauptsache auf Phänomene ausgerichtet, die sich relativ langsam wandelten und in »historischen« Zeiträumen betrachtet werden konnten – vor allem demographische Variablen und die Sozialstruktur. Der Pulsschlag der Statistik war langsam. Die letzte Berufs- und Betriebszählung des wilhelminischen Deutschland von 1907 nahm fast sechs Jahre in Anspruch. Aber selbst die monatliche Handelsstatistik erschien Anfang des 20. Jahrhunderts mit mehrmonatiger Verzögerung. Mit einer wachsenden Rolle der Wirtschaftstatistik und dem zunehmenden Anspruch einer politischen Relevanz wurde das Zeitproblem für die Statistik immer dringender.

Die Hyperinflation der Weimarer Republik erzwang eine radikale und schmerzvolle Umstellung im deutschen statistischen System, die sich am besten anhand der Preisberichterstattung festmachen lässt. Erstaunlich spät, erst 1919, begann das *Statistische Reichsamt* überhaupt mit dem Versuch, regelmäßige Berichte über die Lebenshaltungskosten zu publizieren. In den ersten Jahren der Inflation hinkte die amtliche Statistik jedoch Monate hinter der stürmischen Preisentwicklung her. Dies war einerseits auf die Unfähigkeit des statistischen Apparats zurückzuführen. Andererseits hatte es aber auch seine Ursache in einer bewussten Politik des *Reichsarbeitsministeriums*, das verhindern wollte, dass die amtliche Statistik die Inflation anheizen und zur weiteren Verunsicherung des Arbeitsmarktes beitragen könnte. Die politischen Zwänge, die sich aus der Hyperinflation ergaben, waren aber zu stark: Auf dem Höhepunkt der Entwicklung, im Sommer 1923, wurde dem *Statistischen Reichsamt* befohlen, schnellstens eine wöchentliche Preisberichterstattung einzurichten. Das Ergebnis war ein administratives Fiasko.[46]

In dieser Episode kommen zwei bemerkenswerte Aspekte der neuzeitlichen Wirtschaftsstatistik zum Ausdruck, die nach einer kulturgeschichtlichen Entschlüsselung verlangen. Zum einen geht es um die zentrale Rolle der Statistik als Taktgeber für die Wirtschaft und die Politik. Je mehr die Statistik zu einer zentralen Entscheidungshilfe wird, desto mehr bestimmt die Statistik den Rhythmus des sogenannten Entscheidungszyklus. Heute ist eine Selbstverständlichkeit, dass sich die Weltaufmerksamkeit nach dem Veröffentlichungskalender vor allem der amerikanischen Wirtschaftsstatistik richtet. Innerhalb des Eurolandes sind es die monatlichen Umfragen des *IfO Institut für Wirtschaftsforschung* (München) und des *ZEW* (*Zentrum für Europäische Wirtschaftsforschung*), die die Stimmung angeben. Die Veröffentlichung von wichtigen statistischen Ergebnissen ist ein globales wirtschaftliches Ereignis und geschieht unter höchsten Sicherheitsvorkehrungen, um eine Bevorzugung bestimmter Marktakteure zu verhindern. Bereits 1928 richteten sich jedoch die Ministerbesprechungen der Weimarer Republik nach dem Datum der Veröffentlichung der neusten Handelsstatistik.[47]

Mit dieser Funktion eines Taktgebers der Wirtschaftspolitik übernahm die Statistik auch eine Verantwortung für die allgemein empfundene Beschleunigung des Lebenstempos – ein Phänomen, um das gleichermaßen Hoffnungen und Befürchtungen kreisten. Kulturhistoriker haben sich bereits dieses lohnenden Themas angenommen, doch ihre Untersuchungen über die Erfahrung der Eisenbahnreise oder des Zeitungslesens ließen bisher die Wirtschaft, oder besser die Erfahrung des Wirtschaftsgeschehens, ausgespart.[48] Erstaunlich ist zum Beispiel, wie wenig Untersuchungen sich mit der zeitgenössischen Erfahrung der Hyperinflation der zwanziger Jahre oder der Großen Depression der dreißiger beschäftigen.[49] Zur Analyse dieser Wirtschaftswallungen ziehen Wirtschaftshistoriker natürlich die historische Statistik heran. Aber diese Daten werden von ihnen nur als Instrument, nicht quellenkritisch als Produkte ihrer Zeit verstanden.

Die neue Aktualität der Statistik hatte natürlich ihren Preis. Der Drang zur Beschleunigung war neben der Ausweitung der Berichterstattung einer der Hauptgründe für das explosive Wachstum der statistischen Stäbe und ihrer Budgets. 1913 beschäftigte die Reichsstatistik nicht mehr als 700 Mitarbeiter. Bis Ende der zwanziger Jahre war die Zahl der Mitarbeiter des Amts auf 3000 angeschwollen. In den nächsten zehn Jahren verdoppelte sich die Zahl noch einmal, obwohl ihre Arbeitskraft zunehmend mechanisch unterstützt wurde. Das Schlüsseldatum in dieser Entwicklung war 1890, als die ersten von Hermann Hollerith patentierten Maschinen in der Auswertung der amerikanischen Volkszählung zum Einsatz kamen.[50] Hollerith hatte versprochen, die Zählung in drei statt sieben Jahren zum Abschluss zu bringen. Dreißig Jahre später war der technische Fortschritt erstaunlich. Die schnellsten Sortiermaschinen, die von der Hollerith-Gesellschaft und ihrem Konkurrenten Powers angeboten wurden, erreichten Nominalleistungen von 20000 Zählkarten pro Stunde.[51] Ende der 1920er Jahre schätze das *Statistische Reichsamt*, dass bis zu 25 Prozent der Arbeitskosten durch die Mechanisierung eingespart worden waren. Dies war eine erhebliche Ersparnis, aber keine Revolution. Revolutionär wirkte die neue Technik erst, als sie für eine grundsätzliche Umorganisation der Datenverarbeitung zum Anlass genommen wurde. Erst das Aufkommen der mechanischen Datenverarbeitung machte die Vorstellung plausibel, die gesamte Gesellschaft zu »verkarten« und als Datenbank ständig präsent zu halten.

Die Lochkartenmaschinen des frühen 20. Jahrhunderts lösten die erste EDV-Euphorie aus, die ein so charakteristisches Merkmal der letzten einhundert Jahre gewesen sind. Diese Wellen der Technikbegeisterung sind selbst ein interessantes Phänomen. Noch interessanter vielleicht ist das Denkmuster, das ihnen zugrunde liegt: die zunehmende Verdinglichung der Information. Bereits in den Analysen Max Webers über die Bürokratie wurde diese Entwicklung thematisiert.[52] Weber beschrieb, wie das Fachwissen der Bürokraten durch den Einsatz von standardisierten Schriftstücken und anderen Hilfsmitteln immer mehr von der Person des einzelnen Beamten abstrahiert und selbst in die Institution der Verwaltung hineinverlegt wurde. Als Weber dies formulierte, steckte die Entwicklung moderner Informationssysteme jedoch noch in Kinderschuhen. In der ersten Hälfte des Jahrhunderts machte das sogenannte Berichtswesen einen qualitativen Sprung. Großorganisationen wie die staatliche Bürokratie, aber auch das Militär und die Großunternehmen der Wirtschaft investierten immer mehr Geld und Mühe in den Versuch, den Informationsfluss zu steuern und zu optimieren.[53] Es entstanden regelrechte Informationsarchitekturen, bewusst organisierte Informationshierarchien. Im Mittelpunkt des Geschehens stand natürlich die Vorstellung, den Datenfluss mit neuartigen technischen Hilfsmitteln zu beschleunigen und zu meistern. Die Papierkartentechnologie der Kartei und der Hollerith-Maschine war nur ein Schritt in dieser Entwicklung, die bis ins sogenannte Informationszeitalter anhält. Niemand, der einen der Archivbestände dieser Zeit bearbeitet hat, wird die Vielzahl der neuen Kommunikationsmedien, Vervielfältigungsmittel und Darstellungsformen übersehen können. An dieser bahnbrechenden kulturellen Entwicklung nahm die Statistik vollen Anteil. Auch hier bietet sich ein reiches Feld für eine kulturgeschicht angehauchte Alltagsgeschichte der Macht.[54]

6. Statistik: Ein Rohstoff für Entscheidungsmaschinen?

Die verdinglichte Vorstellung des Informationsflusses hatte einen weiteren und kulturell noch signifikanteren Ausläufer. Die Legitimation für den teuren Apparat der Statistik ist die Orientierung hin zur Entscheidung. Zweck der praktischen Wirtschaftsstatistik ist es, Entscheidungsträger rechtzeitig, umfassend und zuverlässig zu informieren. Um dies zu erreichen, ist es wichtig, dass die Statistik nicht nur rechtzeitig an den richtigen »Mann« gebracht wurde, sondern dass sie auch so präsentiert wird, dass sie möglichst schnell verarbeitet und umgesetzt werden kann – ein Anliegen, das die Verwendung von neuartigen graphischen Darstellungsmethoden herausforderte. Jakob Tanner hat in einem kürzlich erschienen Aufsatz die Geschichte der Wirtschaftskurve nachgezeichnet.[55] Er zeigt dabei, wie sich die ersten simplen Kurvenbilder der 1920er Jahre im Laufe der Zeit zur verinnerlichten Sprache des globalen Finanzmarktes entwickelten. Ein wichtiger Schritt bei diesen Bemühungen war aber auch der Versuch, in den Unternehmen und Verwaltungen spezielle Räume zu schaffen, die die optimale Umgebung für die Informationsverarbeitung der Entscheidungsträger bieten sollten (Abb. 1).

Die Existenz solcher »Statistik-Räume« ist in der amerikanischen Industrie schon für die zwanziger Jahre belegt. Die große Chemie-Firma DuPont richtete für ihr Management einen Raum ein, in dem großformatige Schaubilder wie Bühnenbilder hin- und hergeschoben werden konnten.[56] Auch im Zentrum der deutschen Kriegswirtschaft in den vierziger Jahren gab es einen solchen Entscheidungsraum, den sogenannten »Altarraum« des *Planungsamtes*.[57] In diesem Zimmer im *Reichswirtschaftsministerium* wurden in großen Schränken die wichtigsten und aktuellsten Daten für alle Bestandteile der Kriegsindustrie ausgestellt. Wie in einem Triptychon waren die Daten über die Paneele der Schränke verteilt: Die wichtigsten zusammenfassenden Daten der Kriegswirtschaft wurden im Zentralschrank der Ausstellung präsentiert. Es entstand ein räumlicher Ausdruck der Zentralen Planung, eine immense Bündelung wirtschaftlicher Informationen auf engstem Raum, ein Ort, in dem die Entscheidungsträger buchstäblich mit den »Fakten konfrontiert« wurden.

Dieser Versuch, den Prozess der Informationsaufnahme bis ins Detail zu fixieren, beruhte auf einer bestimmten Vorstellung über den Entscheidungsprozess, dem Bild der Kalkulation. Das Modell war dabei ein mechanisches: Rechne, mit möglichst vollständiger Information, bis du zum optimalen Er-

Abb. 1 Statistikraum bei DuPont, um 1920

gebnis kommst. Damit öffnete sich aber auch eine Falltür, denn im Hintergrund lauerte die Befürchtung, die Statistik könne für die tatsächliche Entscheidung irrelevant sein. Den ambitionierten Projekten der Statistik wurde immer wieder entgegnet, dass das Wichtigste nicht der Papierkram, sondern die Tatsache sei, im richtigen Augenblick den richtigen »Mann« am richtigen Platz zu haben. Die Essenz der Entscheidung sei nicht die Kalkulation, sondern die Inspiration und Improvisation. Die Organisation der Kriegswirtschaft im »Dritten Reich« ist ein geradezu klassischer Fall der Zwiespältigkeit, die dem Entscheidungsbegriff innewohnt.[58]

Albert Speers umfassende Macht nach 1942 beruhte auf seiner Rolle als Vorsitzender der *Zentralen Planung*, die auf einem immensen bürokratischen Apparat aufbauen konnte. Speer selbst lebte jedoch in einem gespannten Verhältnis zu seiner eigenen Verwaltung. Er beschrieb sein eigenes Handeln mit Vorliebe als »organisierte Improvisation«, eine bewusst widersprüchliche Formel. Als das Bürogebäude des *Reichswirtschaftsministerium* im Herbst 1943 im britischen Bombenhagel unterging, frohlockte er: Jetzt erst, befreit von ihren Akten, würden seine Mitarbeiter das »freie« Arbeiten lernen.[59] Zu Speers Selbststilisierung als inspirierter Führer gehörte die ständige Betonung seiner Jugend und die durchaus ernst genommene Regelung, dass seine Mitarbeiter noch jugendlicher sein sollten. Letztlich beruhte nach dieser Sicht der Dinge die Effizienz der Kriegswirtschaft auf den somatischen Eigenschaften ihres Führungspersonals. Diese Widersprüchlichkeit der Führerideologie erreichte ihren lächerlichen Höhepunkt in der Person Hitlers. Dieser legte durchaus Wert auf die Statistik. Er las mit Begeisterung und Akribie die Meldungen über die Rüstungsproduktion. Da aber seine Sehkraft zum Ende des Krieges stark nachließ, entstand ein peinliches Dilemma: Der Führer musste Statistik konsumieren, doch es war gleichzeitig mit seinem Image als heroischem Feldherren nicht zu vereinbaren, dass er kurzsichtig mit dicker Brille auftrat. Die Lösung bestand in der Übersetzung des nötigen Datenmaterials in eine überdimensionierte »Führertype«, die auch ohne Brille zu lesen war. Dieses Beispiel ist zwar absurd, das darunter liegende Problem aber keine Eigenheit des Nationalsozialismus. Der Zwiespalt zwischen mechanischen und dezisionisch-kreativen Vorstellungen des *decision makers* läuft wie ein roter Faden durch die gesamte Volkswirtschaftslehre.[60] Eine ebenso auffällige Spannung lässt sich auch in der Selbststilisierung von privaten Unternehmerpersönlichkeiten finden: Zum vollen Erfolg gehört es, in einer Person die »kühle Kalkulation« und die »inspirierte unternehmerische Energie« zu vereinen. Wir haben es hier offensichtlich mit sehr tief verankerten Modellen der Subjektivität zu tun, mit Vorstellungen über das Verhältnis zwischen Mensch und Maschinen, die eine weitere kulturgeschichtliche Entschlüsselung zwingend notwendig machen.

Fazit

Der Aufsatz versucht einige Ausgangspunkte für eine kulturgeschichtliche Betrachtung der Wirtschaftstatistik herauszuarbeiten. Ein solcher Zugang sollte aber nicht mit einer intellektuellen Synthese oder einem interdisziplinären Dialog zwischen Wirtschaftsgeschichte und Kulturgeschichte verwechselt werden. Über die Möglichkeit hierfür sollte man sich keine Illusionen machen, da das Hauptinteresse der Wirtschaftshistoriker letztendlich immer anderswo liegen wird. Um hoffähig zu bleiben, müssen sie sich an die Erkenntnisinteressen und Methoden des großen Mutterschiffs »Economics« anpassen. Diejenigen, die bereit sind, diese Regeln zu befolgen, haben Aussichten auf die größten Preise, nicht nur in Stockholm, sondern auch »inside the Beltway«, im Zentrum der Macht, in Washington D. C.[61]

In seiner einflussreichen Publikation *World Economic Outlook 2000* initiierte der *Internationale Währungsfond (IMF)* beispielsweise eine recht erstaunliche intellektuelle Arbeitsteilung. Der Fond übertrug ein ganzes Kapitel der Schrift zwei der exponiertesten Vertretern der zeitgenössischen Wirtschaftsgeschichte, Nicholas Crafts und Barry Eichengreen, die in diesem Abschnitt einen Abriss der Entwicklung der Weltwirtschaft im 20. Jahrhundert mit Folgerungen für die Entwicklungspolitik lieferten.[62] Der Text ist ein Paradebeispiel für die Hoffähigkeit der Wirtschaftsgeschichte selbst an den wichtigsten Schnittstellen des Wissens und der Macht. Aber er ist ebenfalls ein Beispiel für die Schwierigkeiten einer Synthese zwischen Wirtschafts- und Kulturgeschichte: Der Beitrag der »Historiker« Crafts und Eichengreen lässt sich nämlich nicht von den anderen Kapiteln des Bandes unterscheiden, die von den hausinternen Volkswirten des IMF verfasst wurden, da sich die »Historiker« der gleichen Quellenarten, der gleichen Begrifflichkeit und des gleichen Theoriegebäudes wie die Volkswirte bedienen. Was Crafts und Eichengreen selbstbewusst betreiben, ist »economics with old data«. Kulturelle Praxen, diskursive Formen, Fragen der Interpretation sind für ihr Unterfangen irrelevant. So kommen etwa die Bildungssysteme zwar in ihrer Geschichte der Weltwirtschaft vor, aber nur als Lieferanten von Humankapital. Was interessiert, ist das, was die Volkswirte interessiert: das Wirtschaftswachstum – ein Prozess, der ungeniert als »Fortschritt« beschrieben wird.

Angesichts der schmeichelhaften Verlockung, auf der globalen Bühne ernst genommen zu werden, sollte man sich keinen Illusionen über die Orientierung der meisten Wirtschaftshistoriker hingeben. Crafts und Eichengreen interessieren sich natürlich für die historische Statistik, es ist ihr tägliches Brot. Aber es sind nicht die in diesem Aufsatz angesprochenen kulturellen Fragen, die sie reizen. Was an alten Daten wichtig erscheint, ist ihr »Informationsgehalt«.[63] Daneben interessiert es sie höchstens noch, wann sich Zeitgenossen aufgrund einer unrichtigen Statistik geirrt und ihre Politik dementsprechend falsch eingestellt haben.[64] Kulturhistoriker hüten sich vor solchen Fragestellungen, da der Wahrheitsbegriff ihnen genauso problematisch erscheint wie der utilitaristische Begriff des Fortschritts, der für die Volkswirtschaftslehre letztlich unersetzbar ist. Hier klafft eine unüberwindbare intellektuelle Kluft. Aber wenn man nicht miteinander reden kann, folgt daraus nicht, dass man nicht übereinander reden sollte. Dieser Beitrag jedenfalls hat zu zeigen versucht, wie ertragreich es sein könnte, mit der Wirtschaftsstatistik einen Kernbestandteil des wirtschaftswissenschaftlichen Denkens und unserer heutigen wirtschaftlichen Praxis kulturhistorisch zu analysieren.

Anmerkungen

1 Einen Abriss bietet J. Adam Tooze, *Statistics and the German State 1900–1945*, Cambridge 2001.

2 Zur Ausbreitung der Volkseinkommenstatistik vgl. die beeindruckende Darstellung von Paul Studenski, *The Income of Nations*, Bd. 1, New York 1958.

3 Vgl. die bahnbrechende Arbeit Robert Salais u. a., *L'invention du chômage*, Paris 1986.

4 Vgl. zum Beispiel Mary Morgan, The *History of Econometric Ideas*, Cambridge 1990.

5 Vgl. etwa Finn E. Kydland/Edward C. Prescott, Business Cycles: Real Facts and a Monetary Myth, in: *Federal Reserve Bank of Minneapolis Quarterly Rev.* 1990, S. 3–18.

6 Vgl. Tooze, *Statistics*, S. 103–148.

7 Im Jahre 1926 erschien sogar eine Kampfschrift unter dem Namen des Vereins, in der das ganze Unterfangen der Volkseinkommensrechnung als Irrweg abgelehnt wurde: Karl Diehl (Hg.), *Beiträge zur Wirtschaftstheorie.* Erster Teil: *Volkseinkommen und Volksvermögen. Begriffskritische Untersuchungen*, München 1926.

8 Vgl. Mary O. Furner/Barry Supple (Hg.), *The State and Economic Knowledge,* Cambridge 1990. Zu Frankreich vgl. Alain Derosières, Histoire des formes. Statistiques et science sociales avant 1940, in: *Revue Française de Sociologie* 26, 1985, S. 277–310; und François Fourquet, *Les Comptes de la Puissance. Histoire de la comptabilité nationale et du plan,* Paris 1980.

9 Hugh Heclo, *Modern Social Politics in Britain and Sweden*, New Haven, CT 1974, S. 305.

10 Zur französischen Statistik im 19. Jahrhundert Jean-Claude Perrot/Stuart J. Woolf, *State and Statistics in France, 1789–1915*, London 1984. Zu Preußen statt der wenig überzeugenden Darstellung von Ian Hacking, *The Taming of Chance*, Cambridge 1990, S. 32–34, Ernst Engel, Über die Organisation der amtlichen Statistik mit besonderer Beziehung auf Preußen, in: *Zs. des Königlich Preußischen Statistischen Bureaus* 1, 1860, S. 53–56; und ders., Die Volkszählung, ihre Stellung zur Wissenschaft und ihre Aufgabe in der Geschichte, in: ebd. 2, 1862, S. 25–31.

11 Zur frühen preußischen Statistik Richard Böckh, *Die Geschichte Entwicklung der Amtlichen Statistik des Preußischen Staates*, Berlin 1863.

12 Vgl. Tooze, *Statistics*, S. 40–102.

13 David Laidler, *The Golden Age of the Quantity Theory*, Princeton 1991.

14 Die Quantitätsgleichung – MV = PT – besagt, dass die Geldmenge (M) multipliziert mit ihrer Umlaufgeschwindigkeit (V) identisch sein muss mit der Zahl der Transaktionen (T) multipliziert mit dem Durchschnittspreisniveau (P). Der Gesamtwert der Transaktionen muss identisch sein mit dem Gesamtwert des verausgabten Geldes.

15 Vgl. Irving Fisher, *The Purchasing Power of Money*, Boston 1911; und ders., *The Making of Index Numbers. A Study of their Varieties, Tests and Reliability*, 3. A., Boston 1927.

16 Vgl. Mark Perlman, Political Purpose and the National Accounts, in: William Alonso/Paul Starr (Hg.), *The Politics of Numbers*, New York 1987, S. 133–151.

17 Die Hauptgegner dieses Common sense innerhalb des Mainstreams sind die Verfechter der sogenannten *real business cycle theorists*, die aus tadellos orthodoxen Prämissen die Schlussfolgerung ziehen, dass jede Art von Wirtschaftspolitik kontraproduktiv sei. Die *real business cycle theorists* stellen die Disziplin vor ein existentielles Dilemma. Ihre Methodologie und ihre akademische Kredibilität kann nicht in Frage gestellt werden, ohne das gesamte Projekt der Neoklassik in Frage zu stellen. Auf der anderen Seite wäre es für den Ruf der Disziplin fatal, die praktische Konsequenz aus ihren Schlussfolgerungen zu ziehen. Als typische -Reaktion eines Praktikers kann man die Einschätzung von Michael Mussa nehmen. Auf einer hochrangigen Tagung in Boston Ende der 90er Jahre

bezeichnete Mussa, Chef-Volkswirt des IWF zwischen 1991 und 2001, die ultraorthodoxen Verfechter der *real business-cycle theory* als »just plan silly«. Vgl. Federal Reserve Bank of Boston, *Beyond Shocks: What Causes Business Cycles?* Boston 1998, S. 384. Mit solchen Machtsprüchen ist das intellektuelle Dilemma der neoklassichen Volkswirtschaftslehre aber nicht zu lösen.

18 Zum folgenden Tooze, *Statistics*.

19 Vgl. Ernst Wagemann, *Konjunkturlehre*, Berlin 1928.

20 Vgl. Alec Cairncross/Nita Watts, *The Economic Section 1939–1961. A Study in Economic Advising*, London 1989; und Geoffrey C. Peden, *Keynes, The Treasury and British Economic Policy*, London 1988.

21 Vgl. James Tomlinson, *Democratic Socialism and Economic Policy. The Attlee Years, 1945–1951*, Cambridge 1997.

22 Hierzu sowie zum folgenden das unveröffentliche Manuskript von Grahame Thompson, »Accounting for Economics and the Economy: A Preliminary Exposition« (1991).

23 Vgl. Ernst Wagemann, *Allgemeine Geldlehre*, Berlin 1923; und Tooze, *Statistics*, S. 103–148.

24 Der einzige überlieferte Ausschnitt aus dieser Tabelle wird in Tooze, *Statistics*, S. 204 wiedergegeben. Rainer Fremdling (Groningen) arbeitet zur Zeit an der Rekonstruktion dieser Tabelle.

25 Michel Foucault, *Die Ordnung der Dinge*, Frankfurt am Main 1971.

26 Vgl. Philip Mirowski, *More Heat than Light. Economics as Social Physics: Physics as Nature's Economics*, Cambridge 1989.

27 Vgl. Anson Rabinbach, *Motor Mensch. Kraft, Ermüdung und die Ursprünge der Moderne*, Wien 2001.

28 Vgl. Angus Maddison, *The World Economy: A Millennial Perspective*, Paris 2001, S. 264.

29 Vgl. zuletzt Joseph E. Stiglitz/Bruce Greenwald, *Towards a New Paradigm in Monetary Economics*, Cambridge 2003. Stiglitz gewann 2001 den Nobelpreis und war Chairman of the President's Council of Economic Advisors und Chief Economist der Weltbank. Das Buch beginnt mit der folgenden, für Außenstehende doch sehr frappierenden Aussage: »Monetary economics has thus been a curious branch of economics: At times, its central tenet seems to be that it is a subject of no interest to anyone interested in real economics; at other times, it moves front and centre.« Ebd., S. 1 f.

30 In einem Aufsatz zu Ehren des Nobelpreisträgers Robert Lucas wurde dieser Zwiespalt sehr treffend zusammengefasst: »In 1972, Lucas modelled business cycles as an avoidable consequence of erratic monetary policy. In 1982, Kydland and Prescott modelled business cycles as the efficient response of the economy to technology disturbances.« Varadarajan V. Chari, Nobel Laureate Robert E. Lucas, Jr. Architect of Modern Macroeconomics, in: *J. of Econ. Perspectives* 12, 1998, S. 171–186. Das heißt, für Lucas ist Geld zentral, für Kydland und Prescott irrelevant.

31 Zu dieser neuen Rhetorik der Empörung vgl. die Monatszeitung *Le Monde diplomatique*.

32 Zur typischen zeitgenössischen Analyse dieses »Befreiungsschlages« vgl. Willi Prion, *Das Deutsche Finanzwunder*, Berlin 1938, und *Deutsche Geldpolitik*, Berlin 1941.

33 Vgl. Tooze, *Statistics*, S. 177–245.

34 Vgl. zum Beispiel die rohen Berechnungen in Karl Ballod (Atlanticus), *Ein Blick in den Zukunftsstaat. Produktion und Konsumtion im Sozialstaat*, Stuttgart 1898.

35 Vgl. die berühmte »Kalkulationsdebatte«, zusammengefasst in Friedrich Hayek (Hg.), *Collectivist Economic Planning*, London 1935; und David Lavoie, *The Calculation Debate Reconsidered*, Cambridge 1985.

36 Der eindringlichste Analytiker des Planversagens ist nach wie vor Janos Kornai, *The Socialist System. The Political Economy of Communism*, Princeton 1992. Eine faszinierende Studie über die Probleme der britischen Planwirtschaft im Zweiten Weltkrieg bietet Ely Devons, *Papers on Planning and Economic Management*, Manchester 1970.

37 Vgl. Markus Güttler, Die Grenzen der Kontrolle. Das statistische Informationssystem und das Versagen zentralistischer Planwirtschaft in der DDR, in: Richard Bessel/Ralph Jessen (Hg.), *Die Grenzen der Diktatur. Staat und Gesellschaft in der DDR*, Göttingen 1996, S. 253–273.

38 Vgl. Nebojsa Nakicenovic/Rob Swart (Hg.), *Emissions Scenarios: A Special Report of Working Group III of the Intergovernmental Panel on Climate Change*, Cambridge 2000.

39 Vgl. James Buchanan, *Frozen Desire. The Meaning of Money*, New York 1997.

40 Reichsamt für wehrwirtschaftliche Planung, *Die Deutsche Industrie*, Berlin 1939.

41 Die industrielle Nettoproduktion wurde 1938 mit 39,6 Milliarden RM beziffert, dagegen belief sich die Wertschöpfung der IG Farben auf »nur« 679 Millionen RM, der Produktionswert bei Krupp auf 334,9 Millionen RM und bei Siemens Schuckert auf 278,8 Millionen RM. Vgl. Gottfried Plumpe, *Die IG Farbenindustrie AG. Wirtschaft, Technik und Politik 1904–1945*, Berlin 1990, S. 687.

42 Zu Grävells Lebenslauf *Allgemeines Statistisches Archiv* [im folgenden: *ASA*] 40, 1956, S. 176. Für seine Vision der zukünftigen Statistik siehe unter anderem ders., Die Stellung der Statistik im nationalsozialistischen Staat, in: *Braune Wirtschaftspost* 7, 12. 3. 1938. Vgl. außerdem Tooze, *Statistics*, S. 215–245.

43 Vgl. Richard von Valta, Die Statistik des Arbeitseinsatzes, in: Friedrich Burgdörfer (Hg.), *Die Statistik in Deutschland nach ihrem heutigen Stand. Ehrengabe für Friedrich Zahn*, Berlin 1940, Bd. 2, S. 663–675; und Richard von Valta, Die erste Arbeitsbucherhebung vom 25. Juni 1938, in: *ASA* 28, 1939, S. 401–421.

44 Vgl. Erich Gierth, Aufbau und Methode der Industrieberichterstattung, in: *ASA* 30, 1941/1942, S. 298 f.

45 Lutz Raphael, Radikales Ordnungsdenken und die Organisation totalitärer Herrschaft: Weltanschauungseliten und Humanwissenschaftler im NS-Regime, in: *GG* 27, 2001, S. 5–40.

46 Vgl. Tooze, *Statistics*, S. 89–96.

47 Vgl. Bundesarchiv Lichterfelde R 7.01 Film 19065N/2110 No. 92, Protokoll der Ministerbesprechung vom 14.12.1928.

48 Vgl. Wolfgang Schivelbusch, *Geschichte der Eisenbahnreise*, Frankfurt am Main 2000, und Peter Fritzsche, *Reading Berlin 1900*, Cambridge, MA 1996.

49 Eine lobenswerte Ausnahme ist Bernd Widdig, *Culture and Inflation in Weimar Germany*, Berkeley 2001.

50 Vgl. Hartmut Petzold, *Rechnende Maschinen. Eine historische Untersuchung ihrer*

Herstellung und Anwednung vom Kaiserreich bis zur Bundesrepublik, Düsseldorf 1985.

51 Vgl. Peter Quante, Die Erfahrung mit elektrischen Zählmaschinen in Preussen bei der Volks- und Berufszählung vom 16. Juni 1925, in: *ASA* 20, 1930, S. 82–112.

52 Max Weber, *Wirtschaft und Gesellschaft*, 5. A., Tübingen 1972, S. 126–130 und 551–579.

53 Einen Versuch, die Bewältigung des Informationsflusses in der deutschen Staatsverwaltung zu untersuchen, macht Tibor Suele, *Preußische Bürokratietradition. Zur Entwicklung von Verwaltung und Beamtenschaft in Deutschland 1871–1918*, Göttingen 1988. Für die Unternehmen vgl. vor allem JoAnne Yates, *Control through Communication. The Rise of System in American Management*, Baltimore 1989.

54 Vgl. etwa Wanda J. Orlikowski/JoAnne Yates, Genres of Organizational Communication: a Structuralist Approach to Studying Communication and Media, in: *Academy of Management Rev.* 17, 1992, S. 299–326. Vgl. außerdem Stephen Lubar, Do not Fold, Spindle or Mutilate: A Cultural History of the Punch Card, in: *J. of American Culture* 15, 1992, S. 43–55.

55 Vgl. Jakob Tanner, Wirtschaftskurven. Zur Visualisierung des anonymen Marktes, in: David Gugerli/Barbara Orland (Hg.), *Interferenzen 2. Ganz normale Bilder. Historische Beiträge zur visuellen Herstellung von Selbstverständlichkeit*, Zürich 2002, S. 129–158.

56 Vgl. die Abbildung in JoAnne Yates, *Control*, S. 267.

57 Vgl. Imperial War Museum Sp Film 22 3039/49 Sc. 342. Das System fand seinen Ursprung im »Altar« der Reichsstelle für Papier und Zellstoffe, siehe Hans Kehrl, *Krisenmanger im Dritten Reich. 6 Jahre Frieden – 6 Jahre Krieg. Erinnerungen*, Düsseldorf 1973, S. 262.

58 Jane Caplan, *Government without Administration. State and Civil Society in Weimar and Nazi Germany*, Oxford 1988, bietet eine hervorragende Analyse der Konsequenzen der Führerdoktrin für die Staatsverwaltung.

59 Vgl. die bissige Kritik in Kehrl, *Krisenmanager*, S. 329 f.

60 Vor allem bei Joseph Schumpeter. Siehe dazu Richard N. Langlois, Schumpeter and the Obscolescence of the Entrepreneur, in: *Advances in Austrian Econ* 6, 2003, S. 287–302.

61 Der Nobelpreis für Ökonomie ging 1993 an die Wirtschaftshistoriker Douglas C. North und Robert W. Fogel.

62 Vgl. IMF, World Economic Outlook 2000, Washington 2000, Kapitel 5.

63 Vgl. zum Beispiel die frühe Arbeit von Crafts zur Industriellen Revolution in Großbritannien: Nicholas F. R. Crafts, English Economic Growth in the Eighteenth Century: a Re-examination of Deane and Cole's Estimates, in: *EcHR* 29, 1976, S. 226–235.

64 Barry Eichengreen, The Origins and Nature of the Great Slump Revisited, in: *EcHR* 45, 1992, S. 213–239, hier S. 220, vermutet etwa, dass die optimistischen Schätzungen des deutschen Volkseinkommens in den frühen 1920er Jahren möglicherweise zur mangelnden Disziplin der Weimarer Republik in der Frage der Auslandsverschuldung beitrugen.

Die Geburt des Werbeexperten aus dem Geist der Psychologie

Der »Motivforscher« Ernest W. Dichter als Experte der Moderne

Rainer Gries

»Am Ende«, nämlich so um das Jahr 2000 herum, werde womöglich die ganze »Tiefenmanipulation psychologischer Prägung liebenswert altmodisch erscheinen«, kündigte der Journalist Vance Packard in seinem Buch *The Hidden Persuaders* von 1957 an. Dieser Sensationsreport war zuerst in den Vereinigten Staaten erschienen und wurde ein Jahr später unter dem Titel *Die geheimen Verführer* in deutscher Sprache publiziert, versehen mit dem packenden Untertitel: »Der Griff nach dem Unbewussten in jedermann«. Im neuen Jahrtausend, so Packards Prophetie, wären nicht mehr Psychotechniker die geheimen Manipulatoren, sondern Biophysiker, die vermittels einer sogenannten Biokontrolle »eine bis ins Letzte gehende Tiefensteuerung« des Menschen bewerkstelligen könnten.[1]

1. *Die geheimen Verführer* als Exponenten einer obskuren Bedrohung

Vance Packard erwies sich binnen kürzester Zeit als der wortgewandteste, meistgelesene und einflussreichste öffentliche Kritiker einer Psychologisierung der Wirtschaftswerbung in den USA und in Europa. Als die wahren Akteure hinter den meisten aktuellen Werbekampagnen machte man eine neue Spezies von Experten aus: die sogenannten Motivforscher. Die Debatte um Theorie und Praxis der Motivforschung erregte in der zweiten Hälfte der fünfziger Jahre bis etwa Mitte der sechziger Jahre sowohl in Fachkreisen wie in der breiten Öffentlichkeit der Bundesrepublik größtes Aufsehen und Interesse. Nach dem Verständnis kritischer Zeitgenossen räumten die aus den USA kommenden Vertreter eines neuen Wissens- und vermeintlich neuen Absatzparadigmas den emotionalen Anteilen am Produkt und damit an der kommerziellen Produktkommunikation den Primat ein. Ihr Versuch, die sogenannten Kaufmotive durch psychologische und psychoanalytische Verfahren aufzuhellen und aus diesen Ergebnissen praktische Schlüsse für eine effektive Absatzpolitik zu ziehen, traf in der zeitgenössischen Publizistik auf heftige Kritik und Ablehnung,[2] zugleich aber auch auf außerordentliche Akzeptanz bei Auftraggebern aus der Wirtschaft.[3] Über eine fachliche Kritik hinaus wurde unter moralischen Aspekten nicht nur das Konsumenten-, sondern auch das Menschen- und Gesellschaftsbild dieser »tiefenpsychologisch« orientierten Beraterschaft ausgiebig diskutiert.

Vance Packard hatte eine Theorie und Praxis des Warenabsatzes in das Scheinwerferlicht der transatlantischen Öffentlichkeiten gerückt, die jedoch in den fünfziger Jahren in ihrem »psychologisierenden« Kern gar nicht mehr so neu war. Gleichwohl, sein investigativer Anspruch, eine sozial und politisch gefährliche Novität ins Rampenlicht zu rücken und zu skandalisieren, und der selbstbewusste Anspruch der kritisierten Motivforscher, einen fundamental neuen Zugang zu Absatzproblemen zu liefern, begünstigten gegenseitig den Nachrichtenwert und beförderten die publizistische Debatte.

Dieser Beitrag will grundlegende Elemente des kontroversen Diskurses um die akademisch gebildeten Absatzexperten, nach ihrem Selbstverständnis gewöhnlich »Motivforscher«, von Skeptikern aber auch abschätzig »Tiefenboys« oder »Tiefenheinis« genannt, am Beispiel ihres prominentesten Vertreters in Deutschland und Österreich nachvollziehen. Ernest W. Dichter, publizistisch wie geschäftlich äußerst erfolgreich, geriet in Deutschland und in seiner Heimat Österreich zum Kristallisationspunkt des Diskurses um die Vergesellschaftung und Kommerzialisierung psychologisch-psychoanalytisch begründeten Wissens.[4]

Die kulturgeschichtlich-biographische Aufarbeitung[5] solcher Funktions- und Experteneliten im Absatz- und Marketingbereich vermag grundlegende Einblicke in die Funktionsweise und Durchsetzungskultur intermediärer Instanzen des Wirtschaftens zu eröffnen: Zu den vornehmsten Aufgaben dieser Experten zählt das Austarieren und Ausbalancieren von divergierenden Ansprüchen und Absichten, die Ausformulierung und das Anbieten von akzeptanzfähigen Produktnarrativen und schließlich die Vermittlung polarer Wissenskulturen.[6] Die Zunft professioneller Mediatoren zwischen Wirtschaft und Wissenschaft einerseits sowie zwischen Wirtschaft und Gesellschaft andererseits konnte ihre ökonomische und gesellschaftliche Bedeutung in der zweiten Hälfte des zwanzigsten Jahrhunderts kontinuierlich steigern.[7] Das

Medium ihrer erfolgreichen Tätigkeit bildet seither eine gelungene mehrgleisige Kommunikation.

Moderne Gesellschaften, die sich nach Niklas Luhmann durch eine Zunahme von Komplexität auszeichnen, benötigen ebenso zunehmend Expertensysteme, die Vertrauen zu generieren vermögen. Ernest W. Dichter und die Experten des Absatzes wurden nicht von ungefähr seit den fünfziger Jahren zu Kristallisationsfiguren ökonomischen wie sozialen Vertrauens.[8] Am Beispiel Ernest W. Dichters lässt sich sogar zeigen, dass die nötigen gesellschaftlichen Vermittlungsprozesse nicht *trotz*, sondern *aufgrund* des Andersseins und Außenseitertums der Vermittler in Gang gesetzt werden konnten.

2. Das Psycho-Paradigma in der Absatzwissenschaft und der Wirtschaftswerbung

Ernst zu nehmende Bestrebungen, Probleme des Warenabsatzes und der Wirtschaftswerbung mit einem psychologischen Instrumentarium anzugehen, hatte es in Deutschland bereits im ersten Dezennium nach der Jahrhundertwende gegeben.[9] Eine Welle der Psychologisierung hatte schon vor 1900 Philosophie und Geisteswissenschaften erreicht; mit einer gewissen Verspätung erfasste diese Grundströmung nun auch Bereiche der Ökonomie – freilich zuvörderst in Gestalt der Werbefachleute.[10] Im ersten Jahrzehnt des neuen Jahrhunderts lässt sich demnach ein Entwicklungsschub im Selbstverständnis der Werbeexperten feststellen. Die Werbe-Künstler und -Ästheten der Jahrhundertwende wollten sich wenige Jahre später als Psychologen der Moderne etablieren. Diese frühen deutschen Werbepsychologen widmeten ihr Augenmerk der Ökonomie der Aufmerksamkeit – mögliche Tiefendimensionen menschlichen Verhaltens waren kein Gegenstand ihrer Beobachtungen und Überlegungen.

1912 forderte Hans Weidenmüller (1881–1936), ein erfolgreicher Werbefachmann mit ausgesprochen wissenschaftlichem Anspruch,[11] »energisch die Begründung einer systematischen Werbespsychologie«.[12] Noch im selben Jahr konnte der Wirtschaftspsychologe Hugo Münsterberg diesen Wunsch erfüllen. Münsterberg eröffnete sein grundlegendes Buch mit der programmatischen Feststellung, es gelte fortan von einer neuen Wissenschaft zu sprechen, die zwischen der Volkswirtschaft und der Laboratoriumspsychologie zu vermitteln habe.[13] Das quantifizierende psychologische Experiment, so der »Begründer der eigentlichen Werbepsychologie in Deutschland«,[14] solle nunmehr planmäßig in den Dienst des Wirtschaftslebens gestellt werden. Münsterberg importierte damit behavioristische Ansätze der amerikanischen Werbepsychologie mit Erfolg ins deutsche Kaiserreich.

Ökonomische, gesellschaftliche und kulturelle Faktoren ermöglichten der Betriebs- und Absatzpsychologie seit Anfang der zwanziger Jahre einen raschen Aufschwung. Unternehmerische Rationalisierungsbemühungen, aber auch eine zunehmende Sensibilität für »die Masse« und deren politische wie ökonomische Ansprache im Gefolge des Ersten Weltkrieges und der Novemberrevolution zählten zu den Bedingungen und Ursachen für diesen neuerlichen und nachhaltigen Psychologisierungsschub.[15] Zeitgleich gelang in der Zwischenkriegszeit zahlreichen Erzeugnissen eine soziale Deszendenz, also der massive und massenwirksame absatzpolitische Durchbruch aus der bürgerlichen in die kleinbürgerliche Sphäre. Dieser erste Schub im Demokratisierungsprozess des Konsums während der zwanziger Jahre läßt sich etwa anhand der kommerziellen Produktkommunikation in der Weimarer Republik ablesen. Mit der Etablierung des *Institutes für Wirtschaftspsychologie* an der Berliner Handelshochschule kam es überdies zu einer ersten akademischen Verankerung der angewandten Psychologie – und damit auch der Werbepsychologie.[16] Angewandte Psychologie wurde 1932 bereits an 23 Universitäten, neun Technischen Hochschulen und einer Handelshochschule gelehrt.[17] Auf Jahrzehnte Gültigkeit hatte die Unterteilung der Werbewirkung in Gesichtswahrnehmung, Aufmerksamkeits-, Assoziations-, Gedächtnis-, Gefühls- und Willenswirkung, die aus dem akademischen Umfeld heraus in einer psychologischen Dissertation aus dem Jahre 1922 postuliert wurde.[18]

Diese frühe Tendenz zur Verwissenschaftlichung kommerzieller Produktkommunikation sowie deren stark gewachsene gesellschaftliche Relevanz führten im Gegenzug zu teilweise heftigen Reaktionen seitens prominenter Vertreter der Nationalökonomie. Herausgefordert durch diesen sichtbaren Aufschwung, griffen selbst sozialistisch oder kulturalistisch orientierte Nationalökonomen wie Werner Sombart und Gustav Schmoller die Werbefachleute heftig an. Als schweren Schlag hatten die Werbeexperten zum Beispiel Sombarts Verdikt von 1927 zu verarbeiten, als er unter dem Schlagwort »Suggestionskonkurrenz« seine große Abneigung gegen die Branche und ihre Beeinflussungsmethoden zum Ausdruck gebracht hatte.[19] Diese Ablehnung seitens der etablierten Wissenschaft blieb jahrzehntelang dem kollektiven Gedächtnis dieser Berater eingeschrieben.

Kurz vor der Machtübernahme durch die Nationalsozialisten hatte ein

Psychologe erstmals den Versuch unternommen, Erkenntnisse der Psychoanalyse für die Wirtschaftswerbung wissenschaftlich aufzubereiten.[20] Da den Nationalsozialisten die Psychoanalyse jedoch als »jüdisch« und »undeutsch« galt, konnte sich mit dieser Publikation keine Traditionslinie entwickeln, während Gedanken Carl Gustav Jungs im Laufe der dreißiger Jahre auf breiter Basis Eingang in die Werbepsychologie fanden.[21]

Ende der dreißiger Jahre entwickelte der deutsche Absatztheoretiker Wilhelm Vershofen[22] (1878–1960), der Gründer der Nürnberger *Gesellschaft für Konsumforschung (GfK)*, in Grundzügen ein »polarisch« verfasstes Produktmodell, das ein neues Verständnis der Ware, zugleich aber auch ein neues Menschenbild der Marktentnahme präsentierte.[23] Das Verhalten des Menschen und damit auch des Verbrauchers sei nicht nur »rational«, so dass auch die »Nutzenerwartungen« an ein Produkt nicht rein rational zu verstehen seien. Das bedeute, dass an die Stelle eines undifferenzierten Verständnisses vom Nutzen eines Produkts »eine bis ins Einzelne gehende Aufgliederung aller möglichen Nutzenserlebnisse treten muss.«[24] Die »Erträge« oder die »Nutzen« eines Produkts fasste Vershofen hierarchisch auf einer »Nutzenleiter« zusammen: Auf der ersten Ertragsebene differenzierte er in den »stofflich-technischen Grundnutzen« und in die »seelisch-geistigen Zusatznutzen«, wobei er die letzteren wiederum in die Nutzen der »sozialen Sphäre«, die sogenannten Geltungsnutzen, und der persönlichen Sphäre, die sogenannten Erbauungsnutzen, unterteilte. Unter dem »Grundnutzen« oder »unmittelbaren Gebrauchsnutzen« wollte er den Gebrauchswert des Produkts verstanden wissen, eine Kategorie, die er von der Ratio gesteuert dachte. Darüber hinausgehende Nutzen waren nach seinem Verständnis im Wesentlichen emotionaler Provenienz. Die Qualitäten dieser Nutzenebene bezeichnete Vershofen auch als »symbolische Obertöne«, »die beim Verkauf entscheidend sind und dadurch zum Hauptnutzen werden.«[25] Den Geltungsnutzen könne man auch als »sozialen Nutzen« bezeichnen; er stehe für »diejenige Art von Zusatznutzen, in welcher das heutige Verhältnis der Menschen zueinander am eindeutigsten zum Ausdruck kommt.«[26] »Der Mensch hat das Bestreben, sich in der Welt und sich mit sich selbst zurechtzufinden. Alles, was ihm bei diesem Bedürfnis zu helfen vermag, wird als Nutzen erlebt.« Produkte, mithin »Objekte, die bei diesem Streben zu dienen vermögen, gewähren also einen Nutzen, den man als transzendent bezeichnen muss, wenn man ihn mit anderen Nutzensarten vergleicht.«[27] Marktforschung verstand Vershofen daher folgerichtig als einen »Abschnitt der Anthropologie«, denn sie könne »höchst wesentliche Aufschlüsse über die Eigenart« des Menschen gewinnen.

3. Ernest W. Dichter als Kristallisationsfigur der Nachkriegsmoderne

Weder dieses duale Verständnis vom Produkt noch die Vorstellung, dass emotionale Motive bei der Akzeptanz von Produkten eine Rolle spielen, war bei den Theoretikern des Absatzes während der sechziger Jahre in der Bundesrepublik strittig. Als *die* große theoretische Herausforderung stellte sich fortan die Gewichtung der beiden postulierten Produktsphären und damit der rationalen und der emotionalen Anteile bei der beobachtenden Analyse von Kaufakten und bei der beeinflussenden Animation zu Kaufakten dar. Ein Modell, welches den Käufer und Verbraucher ausschließlich in seiner Eigenschaft als *Homo oeconomicus* handelnd ansah, war damit bereits Ende der fünfziger Jahre auch in der deutschen Absatztheorie obsolet.

Die Motivforscher traten in den USA seit den vierziger Jahren als eine neue Gattung von Beratern auf: Ausgebildet an Universitäten und Hochschulen, ausgewiesen durch akademische Grade, vor allem in den Fächern Psychologie, Soziologie und Anthropologie, promoviert und publizistisch erfolgreich, begründeten sie eigene, außeruniversitäre Institutionen und Netzwerke, welche psychologisch-kulturanthropologisch gestützte Markt-, Verbrauchs- und Produktforschung mit kommerzieller Absatz- und Werbeberatung verknüpften. Sie symbolisierten für die breite Öffentlichkeit den Durchbruch des neuen, psychologisierenden Produkt- und Menschenbildes und markierten damit gleich mehrere Schnittstellen, welche in diesem Beitrag aufgezeigt werden sollen.

Dichter wurde von Vance Packard, aber auch deutschen und österreichischen Journalisten zu dem »geheimen Verführer« schlechthin gestempelt. Zeitgenossen galt er nicht nur in Deutschland als der »Vater der Motivforschung«, ihm wurde zuweilen mit den Epitheta »Genie« und »Messias« gehuldigt.[28] An der Person Dichters und an seinem System schieden sich die Geister der fünfziger und sechziger Jahre. Nach einer kurzen Vorstellung des Werdegangs dieses ebenso einflussreichen wie umstrittenen Experten neuen Typs sollen die ideologischen Grundzüge seiner Legitimationsstrategien des Irrationalen vorgeführt werden.[29] Das Paradigmatische dieser Expertenbiographie soll abschließend auf der Folie wissenssoziologischer Überlegungen vorgestellt werden.

Lehrjahre eines Musterexperten der Moderne

Ernst Dichter wurde 1907 als ältester von drei Söhnen in Wien geboren und wuchs in einer jüdischen Familie polnischer und sudetendeutscher Einwanderer auf. Sein Vater, ein ambulanter Textil- und Kurzwarenhändler, erwies sich zeit seines Lebens als »unbeschreiblich erfolgloser Verkäufer«,[30] die Familie machte daher nicht nur während der kargen Jahre des Ersten Weltkriegs die Erfahrung von existentieller Not und Armut. Nach vier Jahren brach Dichter den Besuch des Gymnasiums ab und begann eine Ausbildungszeit als Verkäufer und Schaufensterdekorateur im Warenhaus seines Onkels. Das aber befriedigte den unruhigen Geist nicht, so dass er die Matura auf der Arbeitermittelschule nachholte. 1930 schrieb sich Dichter an der Wiener Universität zunächst als Student der Literatur und Romanistik ein. So kam er noch in den Genuss, Anfang der dreißiger Jahre die letzten Vertreter der intellektuellen Blütezeit Wiens kennenzulernen.

Dichter gehörte bald zum Schülerkreis des Soziologen Paul E. Lazarsfeld (1901–1976) und stand dem Gelehrten-Ehepaar Bühler nahe: Charlotte Bühler (1893–1974), Begründerin der Wiener Schule der Entwicklungspsychologie, regte ihn zu seiner Dissertation an, die er 1934 zum Thema »Die Selbstbeurteilung der eigenen Fähigkeiten und Leistungen« fertigstellte. Ihr Mann, der Sprachtheoretiker Karl Bühler (1879–1963), führte den jungen Wissenschaftler in seinen wissenschaftlichen Kolloquien mit den bedeutendsten Psychologen seiner Zeit zusammen. Moritz Schlick (1882–1936), der Inhaber des Lehrstuhls für Philosophie der induktiven Wissenschaften und erster Protagonist des berühmten Wiener Kreises, beeindruckte und beeinflusste Dichter wohl am meisten. Von ihm, so Dichter später, habe er präzises Fragen und systematisches Denken gelernt. Die Psychoanalyse war zwar auch an der Wiener Universität nicht gelitten, aber dennoch in der Stadt präsent und für den geistig rührigen, neugierigen Psychologiestudenten eine beständige Herausforderung. Dichter hörte Vorlesungen bei Alfred Adler (1870–1937); bei Wilhelm Stekel (1868–1940), einem der profiliertesten Wiener Analytiker, und August Aichhorn (1878–1949), dem Begründer der psychoanalytischen Pädagogik, absolvierte er Kurse und Seminare. Mit dem Ende der Ausbildung konnte Dichter 1934 dann seine eigene psychoanalytische Praxis eröffnen.

Zwei Jahre später geriet Ernst Dichter jedoch als Mitarbeiter der politisch ungeliebten *Wirtschaftspsychologischen Forschungsstelle* ins Visier des »austrofaschistischen« Polizeiapparates. In dem von der Universität Wien formell unabhängigen, personell jedoch stark mit ihr verbundenen Verein hatten sich schon seit Mitte der zwanziger Jahre vor allem jüdische Schülerinnen und Schüler des Gelehrten-Ehepaars Bühler zunächst informell zusammengefunden, um sich über eine Tätigkeit in der noch nicht etablierten Marktforschung eine wissenschaftliche Zukunft zu sichern.[31] Das damals noch abseitige Forschungsgebiet sollte Außenseitern berufliche Chancen eröffnen. Diese erste österreichische Einrichtung, die sich dem neuen Forschungsfeld der empirischen Sozialforschung verschrieben hatte, wurde allerdings offiziell erst 1931 gegründet. Zwei Jahre später erschien die berühmteste Studie des Instituts, *Die Arbeitslosen von Marienthal*, die in zahlreiche Sprachen übersetzt wurde.[32] Die Nähe führender Mitarbeiter der Forschungsstelle zu austromarxistischem Gedankengut machte deren Umfeld im österreichischen »Ständestaat« nicht nur wissenschaftlich, sondern auch politisch suspekt. 1936 wurde denn auch Ernst Dichter, der sich dem Institut schon zu Studienzeiten als Rechercheur angeschlossen hatte, für vier Wochen in Untersuchungshaft genommen; nach weiteren »Warnungen« entschied er sich dafür, via Paris in die USA zu emigrieren: Die Möglichkeiten für einen jungen jüdischen Doktor der Psychologie im deutschsprachigen Raum »waren nicht sehr groß«.[33]

Die Erfahrung der Psychoanalyse prägte Dichter nachhaltig. »Sie formt seine Suche nach den verborgenen Motiven und Gefühlen, überhaupt die Ausrichtung auf das Unbewusste und Irrationale«[34] – denn, so sein Credo, »das Rationale ist ein Fetisch des zwanzigsten Jahrhunderts«.[35] Er wolle diesem Fetisch jedoch nicht dienen, sondern einem neuen Menschenbild zum Durchbruch verhelfen. Dieses Menschenbild reflektierte zutiefst die eigenen Erfahrungen und Erwartungen seines Andersseins als Jude und als Psychoanalytiker. Später erklärte er, sein Interesse an der menschlichen Psyche sei nicht erst als Student, sondern schon als Schüler geweckt worden und habe mit seinem frühen Außenseitertum zu tun. Er sei anders als seine Mitschüler gewesen, insofern er verpönte rote Haare gehabt habe, was ihn zur Selbstbeobachtung und zur Beobachtung seiner Akzeptanz bei seinen Mitschülern und Mitschülerinnen geradezu gezwungen habe. Seine persönliche und seine wissenschaftliche Sozialisation führten also zu einem Selbstbild, das ihn frühzeitig und immer wieder zum »Anderen« stilisierte: zum Außenseiter, welcher die Mitte kennt, weil er eben nicht Bestandteil dieser Mitte ist. Zeit seines Lebens pflegte Dichter diese Distanz zum Mainstream – und nutzte sie als diagnostisches Instrument, um seine Auftraggeber auf eben diesen Mainstream hin zu beraten.

4. Die Lehre des »Rabbi Dichter«: Rationalisierungsstrategien des Irrationalen

Zu einem erfolgreichen Marktforscher stieg Dichter während der fünfziger Jahre in den USA auf. Gemeinsam mit Psychologen und Soziologen hatte er die Theorie der »dynamischen Psychologie« entwickelt, die schon Mitte der vierziger Jahre zur Grundlage der »Motivation Research« avanciert war. Das bedeutete im Verständnis Dichters und seiner Mitstreiter eine gleich doppelte Entdeckung und Entzauberung: Einerseits die Aufdeckung der menschlichen Seele, die einem verborgenen, geheimgehaltenen und tabuisierten »Reich der Wünsche« gleichkomme, und andererseits die Aufdeckung der »Seele der Produkte«. Den Waren wurde mit dieser Theorie ein mehrschichtiges, bis dato nicht minder tabuisiertes »Innenleben« zugeschrieben.[36]

In verschiedenen Aufsätzen hatte Dichter bereits 1957/58 »Das Prinzip der Gefühlsbetontheit« und das »Eisberg-Prinzip« postuliert. Studien seines amerikanischen Forschungsinstitutes hätten ergeben, dass die menschlichen Reaktionen auf Botschaften aller Art zu 85 Prozent gefühlsbetont und nur zu 15 Prozent »kritisch« seien. Das gelte auch für Reaktionen auf Produkte. Wenn die Wirksamkeit eines Produkts oder einer Werbeaktion bestimmt werden solle, müsse nicht nur die Frage gestellt werden, »ob die emotionale Seite berücksichtigt ist, sondern es müssen auch mögliche unbewusste Reaktionsschemata in die Betrachtung einbezogen werden. [...] Die menschlichen Motivierungen sind einem Eisberg vergleichbar, der nur zum kleineren Teil sichtbar ist, zum größeren Teil aber unter der Oberfläche schwimmt.«[37]

Nach Maßgabe Dichters und der Zunft der Motivforscher galt es jedoch nicht nur, die Tiefenstruktur der Verbraucherinnen und Verbraucher, sondern auch die korrelierende psychische Tiefenstruktur der Produkte zu ergründen. Ernest Dichter übertrug damit das Freudsche Modell der Tiefenschichten der menschlichen Persönlichkeit auf die Objekte der Begierde selbst: »Die Dinge haben eine Seele.« Leblose Gegenstände wiesen einen eindeutig bestimmbaren »psychischen Gehalt« auf, eben »eine Seele«, »die eine dynamische Rolle im Alltagsleben des Einzelnen innerhalb des Gefüges seines sozialen Wertsystems spielt«.[38] Der Motivforscher personalisierte damit die Warenwelt und stellte die Beziehungen zwischen Produkt und Verwender, zwischen der »Persönlichkeit des Produktes« und der Persönlichkeit des Konsumenten, in den Mittelpunkt seines psychoanalytisch fundierten und gestaltpsychologisch beeinflussten Erkenntnisinteresses. Der Entscheidungs-, Kauf- und Aneignungsprozess eines Produktes stellte sich nach dieser Metaphorik als eine gelungene Interaktion zwischen zwei im Prinzip gleichberechtigten Partnern mit je eigenen und sich ergänzenden und aufeinander bezogenen Persönlichkeitsmerkmalen dar. Die Konsumenten projizieren demnach ihre Sehnsüchte, Hoffnungen und Wünsche auf das Produkt. Wenn die »Seele der Produkte« mit der Seele der Menschen harmoniert, das heißt, wenn das Produkt die Projektion solcher emotionaler Bedürfnisse anbietet oder zumindest begünstigt, sind nach Dichters Verständnis der Marktentnahme die besten Voraussetzungen für eine käufliche Aneignung des Produktes gegeben. Um diese Interaktionsmöglichkeiten auszuloten, so die Motivforscher, sollten projektive Testverfahren angewandt und vor allem qualitative Tiefeninterviews durchgeführt werden.

Dichter sah sich mit diesem Postulat im krassen Widerspruch zum tradierten und gemeingültigen Menschenbild seiner Zeit. »Unsere Kultur gestattet uns nicht, echte Irrationalität als Erklärung für unser Verhalten offen zuzugeben.«[39] Dieser fundamentale ideologische Dissens führte in seinen Augen unweigerlich zu zuweilen erheblichen Darstellungs- und Akzeptanzproblemen für die von ihm erstellten Expertisen. Der Experte als Avantgarde des Denkens und des Wissens muss, so Dichters Erfahrung, zwangsläufig auch kreativ mit Vermittlungsproblemen umgehen können, sonst verliert er seinen Expertenstatus, der von einem akzeptanzfähigen Außenseitertum lebt. »Als Psychologen sehen wir uns oft einem schwierigen Kommunikationsproblem gegenüber. Wir wissen, dass vieles töricht klingt, wenn es in kalter, unsympathischer Umgebung präsentiert wird«, erklärte der Kommunikationsprofi. Irrationale Begründungen menschlichen Verhaltens mussten daher, um eine größtmögliche Chance auf Akzeptanz zu gewinnen, notwendigerweise rationalisiert werden.[40] Den heftigen persönlichen Anfeindungen setzte Dichter damit ein System von Rechtfertigungen entgegen, welches ein idealisiertes und kohärentes Selbstbild des Motivexperten in Werbung und Gesellschaft entwarf.[41]

Der Motivexperte als Wissenschaftler und »Sozialforscher«. Nicht intuitiver Dilettantismus, so das Credo des promovierten Wissenschaftlers Dichter, sondern das Gegenteil leite ihn. Die kommerziellen Aufträge eröffneten dem Sozialforscher die einmalige Chance, sein Wissen zu erweitern und zur praktischen Anwendung zu bringen. Gleichzeitig bringe die Indienststellung als Berater immer auch eine »zwingende Verantwortung« mit sich, »mehr als nur ein Akademiker zu sein, der seine geistigen Kräfte an den Werbungtreibenden verkauft«.[42] Der Motivexperte bleibe daher stets Sozialwissenschaftler, der mit einem professionellen Instrumentarium valide anthropologische Studien durchführe. Nicht nur die womöglich geniale Intuition und das Charisma des Experten produziere Forschungsergebnisse, sondern ein Ensemble von definierbaren Methoden. Der Motivforscher sei ein wahrer Wissenschaftler, da keineswegs ausschließlich qualitative Verfahren zum Einsatz kämen. Für ihn gelte ein methodischer Dreiklang von einer präzisen Formulierung einer Fragestellung samt Hypothese, von einer mehrfachen Bestätigung durch qualitative Verfahren bis hin zur Quantifizierung dieser Ergebnisse durch traditionelle, der Mathematik und der soziologischen Statistik verpflichtete Verfahren. Für das Paradigma der Wissenschaftlichkeit gab es in der Wahrnehmung Dichters einen weiteren Begründungszusammenhang.

Der Motivforscher als Diener der Wahrheit. Nicht manipulierender und verführender Obskurantismus, sondern das Gegenteil leite ihn. Nach wie vor gelte, dass der wissenschaftliche Experte im Dienste der Aufklärung stehe. Es gehe ihm zuerst darum, die wirksamen und nicht wahrgenommenen irrationalen Strukturen aufzudecken, zu benennen, zu analysieren und einer öffentlichen Debatte zuzuführen. Er habe daher maßgeblichen Anteil an der modernen, aufgeklärten, fortschrittlichen und demokratischen Gesellschaft, behauptete Dichter. Der Motivexperte ist nach diesem Selbstverständnis der Entdecker des Eigentlichen, wahrhaft wirksamen Movens in der modernen Gesellschaft: der Gefühle. Daher komme gerade ihm in der Gegenwart und noch mehr in der nahen Zukunft eine tragende Rolle zu. Er repräsentiere den Typus des neuen Experten, der über das zukunftsrelevante Wissen verfüge und daher wie selbstverständlich in der neuen Zeit gebraucht werde. Im kommenden »Zeitalter der Psychologie« brauche man Spezialisten wie ihn, welche das Paradigma der neuen Gesellschaft von Grund auf beherrschten.[43]

Der Motivexperte als »Sozialformer« und Sozialtherapeut. Der Motivforscher verstand sich jedoch nicht nur als Theoretiker und Diagnostiker, sondern, weit wichtiger, auch als Therapeut und Praktiker. Für seine Beraterschaft machte er zwei Gruppen von Adressaten aus: Als Sozialingenieur wollte er einerseits die professionellen Berater und Gestalter, mithin Unternehmer und Politiker, Marketingleute und Öffentlichkeitsarbeiter, mit seinen Therapievorschlägen versorgen; andererseits sollten ganze Schichten und Gruppen der Gesellschaft mittelbar von der Weitergabe seines Orientierungswissens profitieren. Den Mitgliedern der aufstrebenden, aber unerfahrenen neuen Mittelklasse wollte er beispielsweise via Produktkommunikation professionelle Wegweisung auf ihrem sozialen Aufstiegspfad »nach oben« angedeihen lassen. Umfragen in den Vereinigten Staaten hatten ergeben, dass sich diese Klientel nämlich am liebsten anonym über die nun für sie gültigen Normen und Formen unterrichten ließ.[44] Über die Unterweisung bestimmter Schichten und Milieus hinaus unterstellte der Sozialformer Dichter sein Expertentum jedoch einem großen Ziel: der Therapie der Demokratie.

Der Motivexperte als Geburtshelfer der weltumspannenden Demokratie. Zum Credo des Motivforschers gehörte das Hohelied der Wandlung, der gesellschaftlichen und individuellen Veränderung. Ernest Dichter postulierte die Freude an der Veränderung als kategorischen Imperativ der Demokratie. »Es herrscht ein dringender Bedarf für die neue Art des Denkens – nämlich Motivations-Denken. Dazu gehört, dass man sich selbst von den Fesseln einer ganzen Reihe falscher Vorstellungen und Begriffe befreit, von denen viele bequem und ›in Ehren ergraut‹ sind. Ständig wandelt sich unsere Welt; trotzdem versuchen wir, sie mit stereotypen Begriffen und Vorstellungen zu meistern, die vor fünfzig Jahren noch gültig waren. Wir befinden uns inmitten eines Kalten Krieges – äußerlich spielt er sich mit der Sowjetunion ab, aber im Innern tobt er gegen unsere überholten Denkmodelle. Unsere Alltagsprobleme haben sich verändert. Wir müssen unsere Ziele und unsere Lebensauffassung verteidigen, wenn wir Zeugen einer Auseinandersetzung zwischen Kommunisten und den Bürgern eines freien Landes sind.«[45]

Wie soll diese gesellschaftspolitische Mammutaufgabe bewerkstelligt werden und welche Rolle kam demnach den Motivexperten bei dieser globalen Auseinandersetzung der politischen und sozialen Systeme zu? Nach Lesart Dichters musste es dem »Experten für Kommunikation« in der zweiten Hälfte des zwanzigsten Jahrhunderts darum gehen, die tiefere Wahrheit des Menschen, die enge Verbindung von Idealem und Materiellem (in der Sehnsucht nach Waren) ohne tradierte moralische Schnörkel anzuerkennen und damit präzise zu erkennen. »Wird die Demokratie der volltönenden Ideale entkleidet und in die Alltagsrealität versetzt, dann sehen wir, dass die Aufgabe, die uns bevorsteht – sollen die demokratischen Ziele wirklich erreicht werden –, meist psychologischer Natur ist und bei jedem einzelnen Mitglied der demokratischen Gesellschaft beginnt. Demokratie wird im wissenschaftlichen und psychologischen Sinn nur ›durch die Menschen‹ wirksam. Sind diese unreif, neurotisch, unglücklich oder unsicher, findet kein demokratischer Entwicklungsprozess statt, oder er wird zumindest stark verzögert. Den Menschen einfach demokratische Ideale und weit entfernte Ziele vorzusetzen, reicht nicht aus.«[46] Den Vielen die Chance zu eröffnen, »reif« und »glücklich« zu sein und sich »sicher«[47] zu fühlen, gerate daher zur vornehmsten Aufgabe des

Motivforschers. Und selbstredend verfüge er allein über das Wissen, die Menschen, so wie sie sind, zu diesen höheren Dimensionen von Erfahrung zu führen. Damit leiste er den entscheidenden Beitrag zum unabdingbaren psychologischen Fundament einer weltumspannenden demokratischen Kultur. Der endliche Sieg gegen den Kommunismus, verkündete der Welttherapeut, werde sich in absehbarer Zeit aus dem Geist seiner Produktpsychologie gebären.

Dichter holte also denkbar weit aus und versuchte, sich eine politisch und moralisch einwandfreie Legitimation für sein Expertentum zu schaffen. Der Motivexperte geriet im Dichterschen Selbstverständnis zum konservativen Strategen der Demokratie – zu einem Feldherrn, der sich freilich nicht des Befehles, sondern des Königsweges der Überzeugung bediene.[48] Diese große legitimatorische Geste verweist nicht nur erneut auf seine Selbstauffassung als Außenseiter, sondern auch auf das Maß an öffentlichen Anfeindungen seiner selbst und seiner Zunft.

5. Der Motivexperte als Prophet der Erlebnisgesellschaft

Ein besonderes Augenmerk sei daher auf das *tertium comparationis* von Selbstbild und veröffentlichtem Fremdbild dieser Spezies von Experten der Moderne gelegt: auf die charismatisch-quasireligiöse Inszenierung, die sich am Beispiel von Ernest W. Dichter, dem sogenannten Werbeguru, augenfällig verdeutlichen lässt, sowie auf die damit verbundenen Omnipotenzphantasien, die sich bei den Beratern dieser Branche signifikant häufig finden. Diese beiden Paradigmen sind maßgeblich an der Durchsetzungsmacht und an der Deutungsmacht des von ihm angebotenen Wissens beteiligt.

Der Motivforscher als Prophet einer neuen frohen Botschaft. Der »Vater« der Motivforschung wurde zum »Messias« einer neuen Lebensauffassung stilisiert. Zwar reklamierte er für seine Expertise ausgiebig den Geist der Wissenschaftlichkeit, setzte seine Beraterschaft jedoch zugleich mit grundlegenden Elementen einer Religion in Szene. So residierte der »Berater der Berater« nicht inmitten einer amerikanischen Großstadt, sondern weit abgeschieden von aller Hektik des niederen Alltags auf einem kleinen Hügel, in einem schlossähnlichen Gebäude in Croton-on-Hudson, etwa dreißig Kilometer von New York entfernt. Dichter inszenierte sein erhabenes und erleuchtetes Anderssein also auch räumlich. In Europa wurde er anläßlich seiner Konsultationsreisen bereits in den sechziger Jahren als Genius gefeiert. Auch wurde er nicht müde, seine frohe Botschaft zu verkünden: Er sei es, der zuverlässige Wege weise, um Ängste vor dem Konsum zu mildern. Er erteilt – zuerst den puritanischen Amerikanern, dann den gehemmten Deutschen und Österreichern – die konsumtive Absolution: Nehmet und kaufet, und Eure Seele wird gesund! Dichter war auf diese Weise nicht nur wissenschaftlicher Berater, sondern überzeugender Seelsorger in Gesellschaften, die sich in bedeutenden kulturellen und gesellschaftlichen Umwälzungen befanden – und sich daher nach emotionaler Sicherheit und Geborgenheit sehnten.

Der Motivforscher als Allmächtiger. Dichter glaubte an seine weltweite Mission und wähnte den alles entscheidenden Schlüssel in der Hand zu haben, um die Welt und die Menschen demokratiefähig zu machen. Für ihn und für seine Kritiker stellte die psychologisch gestützte Beeinflussung des Menschen den Schlüssel zur – je nach Standpunkt einer glorreichen oder einer Orwellschen – Zukunft dar. Dem Faszinosum dieser Expertise unterlag nicht nur Dichter selbst, sondern auch seine Umwelt, nicht zuletzt unterlagen ihm zuvörderst seine Kritiker. Der Glaube an die Allmacht der »Motivanalytiker und Symbolmanipulatoren«,[49] der Glaube, dass sie für ihre Auftraggeber aus Politik und Ökonomie einen »Menschen nach Maß« formen könnten, einte gerade auch die Gemeinde ihrer Kritiker.

Ernest W. Dichter und der Diskurs um seine Mitstreiter Ende der fünfziger und Anfang der sechziger Jahre markierten nicht nur eine Schwelle in der Geschichte der Produkt- und Massenkommunikation, ohnehin eine ökonomische Wendezeit, sondern zugleich auch einen kulturellen Umbruch. Seit Jahrhunderten wähnten kritische Öffentlichkeiten durchaus unterschiedlicher Provenienz das Geheime und Gefährliche der Massenbeeinflussung irgendwo außerhalb, betrieben von üblen Dunkelmännern in Kellergewölben fremder und feindlicher Mächte.[50] Narrationen dieser Art gehörten seit Jahrhunderten zur Konnotation von politischer Propaganda und später, im 19. und 20. Jahrhundert, auch von Wirtschaftswerbung. Dieses vermeintlich verborgene Arkanum, das Verführerische und Dunkle, wurde von Dichter und den Motivforschern verlegt. Es war fortan kein externes, sondern ein – im wahrsten Sinne des Wortes – intrinsisches Phänomen. Das geheime »Reich der Wünsche« lag seither in jedermann verborgen – und sollte nun in aufklärerischer Manier und ohne »falsche« moralische Skrupel entdeckt und ausgebeutet werden. Dichter bot damit nicht nur Strategien der Aufdeckung, sondern auch Strategien der »Befriedigung« und »Befriedung« dieser in den dunklen Gewölben der menschlichen Seele wachsenden Wünsche an – eine Doppelstrategie, mit der er den denkbar größten ökonomischen Erfolg erzielte.

Eine solch dezidierte Aufwertung des Materiellen, die Offenlegung der Verbindungen von Konsum und Kultur, die Aufladung ordinärer und lebloser Produkte mit »Werten«, ja sogar mit einer »Warenseele«, musste bei den traditionellen kulturellen Eliten der Nachkriegszeit als Provokation aufgenommen werden. Kulturpessimisten und -kritiker von rechts wie von links warfen diesem Berater und seinen Kollegen vor, dem »Materialismus« und »Konsumismus« Vorschub zu leisten. Diese Interpretamente wurden gewöhnlich mit amerikakritischen Diskurselementen verknüpft.[51]

Die Verlegung des konsumtiven Antriebes von draußen nach drinnen war paradigmatisch für einen kulturgeschichtlich höchst relevanten Prozess. Dichter geriet somit zum »Apostel«[52] und Repräsentanten einer modernen, individualistischen und westlich-amerikanischen Lebensauffassung. Das Subjekt selbst sollte fortan im Zentrum des Denkens, Fühlens und Handelns stehen. Dieses Projekt der Innenorientierung will der Soziologe Gerhard Schulze so verstanden wissen, »dass sich ein Mensch vornimmt, Prozesse auszulösen, die sich in ihm selbst vollziehen«, Innenorientierung bedeutet für ihn Erlebnisorientierung: »Das Projekt des schönen Lebens ist das Projekt, etwas zu erleben.«[53] Ernest W. Dichter antizipierte dieses Projekt, stellte sich als Aufklärer dar und wurde schon frühzeitig zum öffentlichen Symbol für diesen mit Skepsis belegten Prozess.

6. Der Motivforscher als Verkörperung moderner Expertenkultur

Die enge Verwobenheit von Ökonomie und Kultur lässt sich anhand der Geschichte des Absatzes und Marketings geradezu mustergültig darstellen. Der Gegenstand dieser zur Ökonomie gehörigen Subdisziplin ist zwar das Produkt und dessen rascher Umschlag. Insofern unterliegen die Konzepte und Modelle, die von den Absatz- und Vertriebstheoretikern entworfen, von den Experten kommuniziert und von den Praktikern angewandt werden, einer ökonomischen Rationalität. Eine noch ausstehende Kulturgeschichte des Absatzwesens und seiner Akteure wird jedoch – ebenso wie diese kleine Skizze Ernest W. Dichters – schnell die Dominanz des Kulturellen auf diesem ökonomischen Glacis aufzeigen.

In diesem Bereich wirtschaftlichen Denkens und Handelns muss zwangsläufig der potentielle und der reale Verbraucher im Mittelpunkt stehen. Seiner Aufmerksamkeit gilt die Aufmerksamkeit der Akteure; seinem Interesse gilt das Interesse des Herstellers und seiner Agenten und Agenturen; seiner Handlung, dem wiederholten Kauf eines Erzeugnisses, sind alle Handlungen der Motivexperten gewidmet. Werbe- und Absatzexperten müssen diesen Käufer kennen lernen, um ein Erzeugnis mit Erfolg vermarkten zu können. In diesem Bereich des Wirtschaftens ist das Handeln der Beteiligten stets ein *kommunikatives Handeln* gewesen – wie auch immer sich die Akteure selbst sahen oder definierten: Nur wenn es den Experten gelingt, eine erfolgreiche und dauerhafte kommunikative Beziehung mit dem künftigen Käufer herzustellen und aufrechtzuerhalten, vermag das Produkt im Wettbewerb zu obsiegen. Dieser Verständigungsprozess wird über das beworbene Produkt selbst vermittelt. Idealtypisch gedacht, erreicht das Produkt damit den Status eines Mediums, das mindestens zwischen zwei Gruppen von Kommunikatoren vermittelt.[54]

Diese notwendige empathische »Nähe« zur potentiellen Käuferklientel brachte die wissensgestützten Berufe im Absatz- und Marketingbereich seit jeher in einen strukturellen Gegensatz zu den traditionellen Paradigmen der Ökonomie: Das naturwissenschaftlich-statistische Paradigma, das Adam Tooze in diesem Band eindrucksvoll darstellt, durfte für Kommunikationsexperten niemals hinreichend sein, um den Gegenstand ihrer Arbeit zu beobachten und zu beschreiben. Im Gegenteil, es konnte sich sogar kommunikationsverhindernd auswirken. Absatzexperten mussten von Anfang an auf Kunst und Kultur, auf Human- und Sozialwissenschaften zurückgreifen, um ihr wahres Gegenüber, den Menschen, zu erkennen und um ihn möglichst mit Erfolg zu erreichen. Das Produkt, für die klassischen Ökonomen Zweck der Erkenntnis und des Herstellungshandelns, durfte für Absatzspezialisten niemals das Ziel aller Bemühungen darstellen, sondern konnte bloß Mittel zum Zweck sein: ein Medium, das Informationen vermittelt. Mit einem solchen kommunikationstheoretischen und -geschichtlichen Ansatz dürfte sich hinreichend erklären lassen, weswegen diese ökonomische Teilkultur seit mehr als einem Jahrhundert Paradigmen der geistes- und humanwissenschaftlichen Disziplinen entlehnt. Die Absatz- und Werbewissenschaft musste sich geradezu zwangsläufig in Richtung auf die Verhaltenswissenschaften hin entwikkeln. Dazu zählten spätestens seit den zwanziger Jahren des zwanzigsten Jahrhunderts auch die Ergebnisse der Psychologie.

Das öffentliche Auftreten Ernest W. Dichters in den fünfziger und sechziger Jahren markierte auf der Oberfläche zunächst nur die öffentliche Wahrnehmung des Adaptionsprozesses psychologischer und soziologischer Erkenntnisse, der zu dieser Zeit bereits nahezu vierzig Jahre andauerte. Neu war jedoch, dass Dichter auch Elemente der Psychoanalyse in sein System eingebaut hatte. Der Diskurs um Dichter reflektiert auf einer zweiten Ebene also auch die Distanz zur Psychoanalyse, welche sowohl von der akademischen Fachwissenschaft wie von der informierten Öffentlichkeit der Nachkriegsjahrzehnte gepflegt wurde – und, zumindest von der akademischen Fachwelt, bis heute gepflegt wird.

Mit den Markt-, Motiv- und Werbeexperten ist eine der entscheidenden Akteursgruppen dieser Sphäre benannt. Die Kultur der eben beschriebenen Kommunikationsprozesse um die Produkte wird von ihnen maßgeblich mitgestaltet: ästhetisch, inhaltlich, visuell und verbal, damit zugleich aber auch sozial und letztlich sogar politisch. Am Beispiel von Ernest W. Dichter lässt sich das geradezu mustergültig vorführen. Ein Experte wie Dichter hat mindestens zwei Adressatengruppen, die er via Produktkommunikation mit Erfolg erreichen muss: einerseits die Vielen, die über das Erzeugnis und dessen Anmutungen von eben dessen Qualitäten überzeugt werden müssen, damit sie das Produkt nicht nur einmal, sondern wiederholt kaufen. Andererseits seine Beratungsklientel, die Produzenten der Produkte und deren Agenten und Agenturen, die er wiederum von der Qualität seiner Expertise überzeugen muss, damit sie ihn selbst wiederholt gegen Entgelt zu Rate ziehen. Dichter ist insofern ein Prototyp des Experten, als es ihm weitgehend gelang, diesen Balanceakt einer doppelten Kommunikationsleistung mit Bravour zu meistern.

Für den Soziologen Nico Stehr repräsentieren Experten wie Ernest W. Dichter die modernen Gesellschaften, die er als »Wissensgesellschaften« definiert, mithin als soziale Gebilde, in denen »Wissen« als »Leitprinzip» »für soziale Hierarchien und soziale Ungleichheit, für den Aufbau der Klassenstruktur, für die Chancenverteilung bei sozialer und politischer Machtausübung und für die Lebensweise des Individuums« verstanden wird.[55] Das Wissen des Experten und das Vertrauen in die Zuverlässigkeit dieses Wissens seien der »Kitt«, »der alltägliche Lebenskontexte und außergewöhnliche Erfahrungen des Menschen in modernen Gesellschaften zusammenhält«.[56] Ernest W. Dichter war ein Meister eines solchen auf dem Angebot und der Aufbereitung von Wissen basierenden Glaubens und Vertrauens. Seine hier skizzierten Ambivalenzen lassen sich gleichwohl auch mit einem wissenssoziologischen Ansatz verstehen. In den Bereichen Marketing, Vertrieb und Absatz kommt es notwendigerweise zum Aufeinandertreffen zweier Wissenskulturen: Auf der einen Seite »regiert« das ökonomische Paradigma – auf der anderen Seite sind diese Funktionsbereiche ohne das kulturelle Paradigma nicht beherrschbar. Den wissensfundierten beratenden Berufen im Marketingsektor kommt daher eine entscheidende Rolle zu: Sie müssen nicht nur Wissen transferieren und für Akzeptanz bei ihren Beratungskunden sorgen, sondern sie müssen Wissen aus diesen beiden Sphären vermitteln. Ihnen obliegt es, eine akzeptable Gemengelage herzustellen und zu präsentieren, die bei den Auftraggebern zu reüssieren vermag *und* die eine optimale Marktpenetration für die betreffenden Produkte zu gewährleisten verspricht. Die beschriebene doppelte Akzeptanz macht also eine Gratwanderung nötig: Diese Ratgeber sind die vermittelnden Grenzgänger zwischen den Wissenskulturen und deren Repräsentanten.

Berater in Absatz und Marketing sind jedoch keine Neutren und werden auch nicht als solche angesehen: Ihre Ausbildungsgänge, ihre Denksysteme und ihr Habitus weisen sie als Repräsentanten des kulturellen Paradigmas aus. Vor allem ihre potentiellen Auftraggeber, Unternehmer und deren Agenten, betrachten sie in der Regel mit skeptischer Distanz. Um die Zuschreibung der Kompetenz, Probleme zu lösen, musste nicht nur Ernest W. Dichter, sondern muss die beratende Zunft bis heute ringen.[57] Diese Experten müssen demnach als intermediäre Instanzen des Wissens agieren und erfolgreich sein, obgleich sie von ihrer Umwelt gewöhnlich einem dieser Paradigmen eindeutig zugerechnet werden. Der Berater kann diesen Spagat der Wissenskulturen und deren Repräsentanz durch eine aktive Kommunikationspolitik überbrücken.

Aus diesem Konflikt der Wissenskulturen entfalten sich daher einerseits Friktionen und Konflikte mit den Auftraggebern der Expertise. Dass man beim Unternehmer keinen wahren Halt finde, dass man versuche, ihm die ausgetüfteltsten Strategien zu erklären, und dennoch auf taube Ohren stoße, dass man versuche, den Erfolg einer Kampagne herauszuarbeiten, und dennoch nur Unglauben provoziere: Liest man die zahlreichen Ego-Dokumente der Werbeberater, so findet man immer wieder diese Klage. Die Auftraggeber versagen ihren Experten vielfach Achtung und Anerkennung. Unter rein betriebswirtschaftlichen Gesichtspunkten wird ihre Expertise sogar gern als unnützer Kostenfaktor abgebucht: Experten verursachen unter diesem Blickwinkel nur »Unkosten«.[58] Andererseits lassen sich die zum Teil heftigen inneren Konflikte der ökonomischen Beraterzunft gut aus dem Zusammenprall der Wissenskulturen erklären. Wenn Ernest W. Dichter immer wieder auf sein mehrschichtiges Außenseitertum rekurrierte, wenn er dieses sogar zum Urgrund der eigenen Kreativität erklärte, handelte es sich um einen Reflex eben dieser mehrfach intermediären Stellung und der wissenskulturellen Ambivalenzen der wirtschaftsberatenden Berufe. Insofern sie für ihre Auftraggeber regelmäßig »das Andere« darstellten, galt es für sie, Strategien der Rechtfertigung und der Legitimation zu entwickeln. So gelang es Dichter augenscheinlich, seine Vorstellungen im Stil des mathematisch-naturwissenschaftlichen Paradigmas zu präsentieren: Gern hantierte er mit Prozentziffern, mit Floskeln und Formeln, von denen er annehmen konnte, dass diese Sprache von seinen Auftraggebern leicht verstanden würde.

Zu diesen Strategien gehört aber vor allem die Inszenierung der Beratung und des Beraters selbst. Ernest W. Dichter stellte mit Kalkül die eigene Person und ihr Welt-, Menschen- und Produktverständnis in den Mittelpunkt dieser Kommunikationssituation, indem er sich mitsamt dem Beratungsgespräch mit einer nahezu unantastbaren moralischen und sogar politischen, quasimessianischen Aura versah. Wenn Dichter sich als Moralist und Prophet stilisierte, stellte dies keineswegs eine Ausnahme dar. Nicht nur er, auch deutsche Werbefachleute sahen und präsentierten sich gerne als Künstler, moralische Instanzen und sogar als Allmächtige.[59] Auch dieses Kommunikationsmuster lässt sich zunächst aus dem Konflikt der widerstreitenden Wissensparadigmen erklären. Solch moralische Höhenflüge muten wie Kompensationsstrategien einer nicht beachteten oder missachteten Zunft an. Diese Experten galten und gelten als Außenseiter und sie sind in der Tat Grenzgänger, sie bleiben für die Öffentlichkeit namen- und gesichtslos und sind doch erfolgreich und mächtig. Moralisierende Rollen vermögen nicht nur die Akzeptanz der präsentierten Expertisen zu beglaubigen, sondern sie entpuppen sich überdies als notwendige psychische Strategien, um das lädierte Selbstwertgefühl dieses Kollektivs zu heben.

Die heilbringende Anmutung dieser Mediatorenfiguren der Moderne entsprang jedoch nicht zuletzt einer Erwartungshaltung ihrer beiden Klientel- und Adressatengruppen. »Verwissenschaftlichungsprozesse des Sozialen« waren stets mit »säkularisierten Glaubensphänomenen«[60] verknüpft, denn die »Entzauberung der Welt« (Max Weber) begünstigte die Projektion der menschlichen Sehnsüchte nach Erlösung, Glück und Sicherheit auf neue Sphären. Zu diesen Sphären säkularisierter Hoffnung gehörten im 20. Jahrhundert sowohl die vergesellschaftete Wissenschaft von der menschlichen Psyche als auch der vergesellschaftete Konsum in all seinen Erscheinungsformen. Protagonisten beider Sphären wurden damit zu Trägern profaner Heils-

und Erlösungserwartungen. In Ernest W. Dichter, dem Grenzgänger und Außenseiter, personifizierten sich beide Tableaus in geradezu paradigmatischer Weise: Dieser Experte predigte und praktizierte, er gab den Erlöser und er gab vor, den Weg zur Erlösung zu wissen. Die Tiefenanalyse des Menschen parallelisierte er mit der Tiefenanalyse der Produkte, die Therapie der Produzenten erklärte er zur Therapie der Konsumenten – und verkündete so die Therapie der Gesellschaft, ja der Welt, aus dem Geist des *American way of life*.

Anmerkungen

1 Vance Packard, *Die geheimen Verführer. Der Griff nach dem Unbewussten in jedermann*, Düsseldorf 1957, S. 285.

2 Vgl. dazu Axel Schildt, *Moderne Zeiten. Freizeit, Massenmedien und »Zeitgeist« in der Bundesrepublik der 50er Jahre*, Hamburg 1995, S. 104 ff.

3 Zur zeitgenössischen fachwissenschaftlichen Diskussion des Motivbegriffes siehe unter anderem das Spätwerk des österreichischen Werbetheoretikers Hanns F. J. Kropff, *Motivforschung. Methoden und Grenzen*, Essen 1960, S. 29 ff.

4 Als Grundlage dieses Aufsatzes dienten veröffentlichte Texte und darüber hinaus bislang unveröffentlichte Quellendokumente aus dem Ernest W. Dichter-Archiv im *Institut für Publizistik- und Kommunikationswissenschaft* der Universität Wien.

5 Erste biographiegeschichtliche Zugriffe auf solche Experteneliten Rainer Gries, Zum Selbstbild westdeutscher Werbeunternehmer der Nachkriegszeit. Eine ideologiegeschichtliche Bestandsaufnahme, in: Günther Schulz (Hg.), *Geschäft mit Wort und Meinung. Medienunternehmer seit dem 18. Jahrhundert*, München 1999, S. 251–274; Peer Heinelt, *»PR-Päpste«. Die kontinuierlichen Karrieren von Carl Hundhausen, Albert Oeckl und Franz Ronneberger*, Berlin 2003; Dirk Schindelbeck, Stilgedanken zur Macht. »Lerne wirken ohne zu handeln!«: Hans Domizlaff, eines Werbeberaters Geschichte, in: Rainer Gries u. a., *»Ins Gehirn der Masse kriechen!«*, Darmstadt 1995, S. 45–73; und ders., »Asbach Uralt« und »Soziale Marktwirtschaft«. Zur Kulturgeschichte der Werbeagentur in Deutschland am Beispiel von Hanns W. Brose (1899–1971), in: *ZUG* 40, 1995, S. 235–252.

6 Nico Stehr spricht in diesem Zusammenhang von einer »Demokratisierung der Beratung«; vgl. Nico Stehr, *Arbeit, Eigentum und Wissen. Zur Theorie von Wissensgesellschaften*, Frankfurt am Main 1994, S. 369 f.

7 Ernest W. Dichter kann somit als ein charakteristischer und öffentlichkeitswirksamer Exponent der dritten Phase einer »Verwissenschaftlichung des Sozialen« betrachtet werden. Lutz Raphael (Die Verwissenschaftlichung des Sozialen als methodische und konzeptionelle Herausforderung für eine Sozialgeschichte des 20. Jahrhunderts, in: *GG* 22, 1996, S. 165–193, hier S. 176 ff.) zufolge erstreckte sich diese Periode von den dreißiger und vierziger Jahren bis in die siebziger Jahre hinein; in diesen Jahrzehnten erlebte die

»empirische Sozialforschung« als »kapitalistisch-demokratisch orientierte Sozialforschung« in den Vereinigten Staaten ihren Durchbruch und wurde in den fünfziger und sechziger Jahren nach Europa »exportiert«.

8 Zur Konzeptionierung einer Kommunikationsgeschichte des Vertrauens in der Wirtschaft siehe den Beitrag von Hartmut Berghoff in diesem Band und Rainer Gries, *Produkte als Medien. Kulturgeschichte der Produktkommunikation in der Bundesrepublik und der DDR*, Leipzig 2003, S. 561–592; und ders., Der Vertrieb von Vertrauen. Überlegungen zu Produktkultur und politischer Öffentlichkeit, in: Bernd Weisbrod (Hg.), *Die Politik der Öffentlichkeit – Die Öffentlichkeit der Politik. Politische Medialisierung in der Geschichte der Bundesrepublik*, Göttingen 2003, S. 261–283.

9 Siehe Bernhard Wities, Das Wirkungsprinzip der Reklame. Eine psychologische Studie, in: *Zs. für Philosophie und philosophische Kritik* 128, 1906, S. 138–154.

10 Stefan Haas, Psychologen, Künstler, Ökonomen. Das Selbstverständnis der Werbetreibenden zwischen Fin de siècle und Nachkriegszeit, in: Peter Borscheid/Clemens Wischermann (Hg.), *Bilderwelt des Alltags. Werbung in der Konsumgesellschaft des 19. und 20. Jahrhunderts*, Stuttgart 1995, S. 78–89, hier S. 82.

11 Hans Weidenmüller verstand sich als Sprachtheoretiker und -praktiker und bezeichnete sich selbst in seiner späteren Schaffensphase als »Werbwart«. Weidenmüllers Anliegen war es, System und Ordnung in das Werbewesen hineinzutragen. Psychologische Ansätze waren für seinen theoretischen Zugriff eher nachrangig. Zur Biographie dieses eigenwilligen Werbeexperten siehe Dirk Schindelbeck, Pionier der Werbewirtschaft, in: *Damals* 35, 2003, H. 4, S. 62–65.

12 Dirk Reinhardt, *Von der Reklame zum Marketing. Geschichte der Wirtschaftswerbung in Deutschland*, Berlin 1993, S. 89.

13 Vgl. Hugo Münsterberg, *Psychologie und Wirtschaftsleben. Ein Beitrag zur angewandten Experimental-Psychologie*, Leipzig 1912, S. 1.

14 Reinhardt, *Reklame*, S. 90.

15 Vgl. Rainer Gries, Die Medialisierung der Produktkommunikation. Grundzüge eines kulturgeschichtlichen Entwurfes, in: Habbo Knoch/Daniel Morat (Hg.), *Kommunikation als Beobachtung. Medienwandel und Gesellschaftsbilder 1880–1960*, München 2003, S. 113–130.

16 In den zwanziger Jahren erscheinen auffällig viele Fachzeitschriften, welche psychologisches Expertenwissen für die betriebliche und werbliche Praxis offerieren: *Praktische Psychologie* (von 1919 bis 1922 von Walter Moede herausgegeben), ab 1924 unter dem Titel *Industrielle Psychotechnik*. Überdies die Fachblätter *Zs. für angewandte Psychologie*, die *Psychotechnische Zs.*, die *Zs. für Handelswissenschaft und Handelspraxis* seit 1908.

17 Reinhardt, *Reklame*, S. 91 f.

18 Theodor König, *Psychologie der Reklame*, Diss. Würzburg 1922.

19 Werner Sombart, *Der moderne Kapitalismus*. Dritter Band. *Das Wirtschaftsleben im Zeitalter des Hochkapitalismus.* Zweiter Halbband: *Der Hergang der hochkapitalistischen Wirtschaft. Die Gesamtwirtschaft*, München 1927, S. 560. Von den Theoretikern und Praktikern der Branche selbst wurde »Suggestion« seinerzeit dagegen durchaus positiv konnotiert und bewusst in den gesellschaftlichen Diskurs eingebracht.

20 Fritz Miroslav Feller, *Psycho-Dynamik der Reklame*, Bern 1932.

21 Reinhardt, *Reklame*, S. 98.

22 Wilhelm Vershofen war 1919 für die Deutsche Demokratische Partei (DDP) in die verfassunggebende Nationalversammlung in Weimar gewählt worden. Von 1924 an wirkte Vershofen, welcher der klassischen Nationalökonomie Lebensferne vorwarf, als ordentlicher Professor für Wirtschaftswissenschaften an der neu gegründeten Handelshochschule in Nürnberg. 1940 wurde Vershofen wegen seiner kritischen Einstellung zur NS-Wirtschaftspolitik emeritiert.

23 Vgl. Wilhelm Vershofen, *Die Marktentnahme als Kernstück der Wirtschaftsforschung*, Berlin 1959, S. 81 ff.

24 Ebd., S. 84.

25 Ebd., S. 96.

26 Ebd., S. 103.

27 Ebd., S. 88.

28 Das öffentliche Kommunikationsmuster von Ernest W. Dichter ist noch nicht hinreichend wissenschaftlich und komparativ erforscht. Nur ein Beispiel von zahlreichen sei hier erwähnt: Der Journalist Augusto Marcelli präsentierte Dichter in der Zeitschrift *L'Europeo* am 22. Oktober 1961 seinen Leserinnen und Lesern mit folgenden Zuschreibungen: »Freud In A Cup Of Tea.« »The Foremost Expert On Consumer Psychologie In The World Speaks. Ernest Dichter, father of the ›Hidden Persuaders‹ and god-father of American business, explains the method with which he has renovated the basic approaches of modern advertising.«

29 Diese kontrastieren mit den Argumentationslinien seiner fachlichen wie journalistischen Kritiker.

30 Ernest Dichter, *Motivforschung – mein Leben. Die Autobiographie eines kreativ Unzufriedenen*, Frankfurt am Main 1977, S. 46.

31 Zur Geschichte der Wiener Wirtschaftspsychologischen Forschungsstelle: Christian Fleck, *Rund um ›Marienthal‹. Von den Anfängen der Soziologie in Österreich bis zu ihrer Vertreibung*, Wien 1990.

32 Als weitere größere Forschungsprojekte sind zu nennen: Zur Sozialpsychologie der Volksschulhörer (von Lotte Rademacher, 1932); Die Programmwünsche der österreichischen Radiohörer (von Gertrud Wagner, 1934); und Autorität in Familie, Schule und Jugendbewegung Österreichs (von Marie Jahoda, 1936). Siehe Fleck, *Rund um »Marienthal«*, S. 167.

33 Dichter, *Motivforschung*, S. 39 f. und 68 f.

34 Thomas Cudlik/Christoph Steiner, »Rabbi Ernest«. Der Stratege im Reich der Wünsche. Ein Portrait, in: Franz Kreuzer u. a. (Hg.), *Tiger im Tank. Ernest Dichter. Ein Österreicher als Werbeguru*, Wien 2002, S. 45–83, hier S. 53.

35 Ernest Dichter, *Strategie im Reich der Wünsche*, München 1964 (1. A. Düsseldorf 1961), S. 42 f.

36 Zur Geschichte der Produkttheorien Gries, *Produkte*, S. 53 ff.

37 Ernest W. Dichter, Motivforschung und Werbung, in: *Zs. für Markt- und Meinungsforschung* 1957/58, H. 3, S. 140 ff.; und ders., Motivforschung im Dienste der Verbraucherwünsche, in: *Frankfurter Allgemeine Zeitung* vom 31. 5. 1958.

38 Dichter, *Strategie*, S. 89 f.
39 Ebd., S. 43.
40 Ebd., S. 146.
41 Zur Kompensationsstrategien der Werbeberater: Gries, Selbstbild.
42 Dichter, *Strategie*, S. 58.
43 Ebd., S. 18.
44 Vgl. ebd., S. 194 f.
45 Ebd., S. 15.
46 Ebd., S. 54.
47 Zur Kommunikation von Kontinuität, Geborgenheit, Sicherheit und Vertrauen via Produktkommunikationen Gries, *Produkte*, S. 561 ff.
48 Zum Interpretament des »Überzeugens«: Ernest Dichter, *Überzeugen nicht verführen. Die Kunst Menschen zu beeinflussen*, Düsseldorf 1971.
49 Packard, *Geheime Verführer*, S. 15.
50 Zur Begriffsgeschichte der politischen Propaganda Wolfgang Schieder/Christof Dipper, Propaganda, in: Otto Brunner u. a. (Hg.), *Geschichtliche Grundbegriffe. Historisches Lexikon zur politisch-sozialen Sprache in Deutschland*, Bd. 5, Stuttgart 1984, S. 69–112.
51 Ernest W. Dichter sah sich folgerichtig nicht nur als Imageberater amerikanischer Präsidenten, sondern auch amerikanischer Produkte und als Öffentlichkeitsarbeiter für den *American way of life* und das US-Gesellschaftsmodell. Public Relations für Produkte und Public Relations für Politik waren für ihn zwei Seiten einer Medaille.
52 Packard, *Geheime Verführer*, S. 46.
53 Gerhard Schulze, *Die Erlebnisgesellschaft. Kultursoziologie der Gegenwart*, Frankfurt am Main 1993, S. 38.
54 Siehe dazu das dreidimensionale Modell der Produktkommunikation in: Gries, *Produkte*, S. 84 ff. und 111 ff.
55 Stehr, *Arbeit*, S. 42.
56 Ebd., S. 359.
57 Oliver Schmidt, Psychologie und Wirtschaft – zwei Welten? Zum Image von Psychologen in der Wirtschaft, in: *Wirtschaftspsychologie* 9, 2001, H. 3, S. 61–67, hier S. 63.
58 Zitiert nach Gries, Selbstbild, S. 264.
59 Vgl. ebd., S. 266.
60 Raphael, Verwissenschaftlichung, S. 183 f.

Die Ordnung der Wirtschaft

Kulturelle Repräsentation in den deutschen Industrie- und Gewerbeausstellungen des 19. Jahrhunderts

Thomas Großbölting

Die Begeisterung über das »Netz der Netze« und der »Börsenhype« der späten 1990er Jahre sind nicht allein auf ökonomisches Kalkül zurückzuführen, sondern motivierten sich aus emotional gespeisten Dispositionen und kulturellen Mustern. Die dabei kursierenden Projektionen und Wunschvorstellungen wurden in den Leitmedien mittels wirkmächtiger Denkfiguren, Bilder und Symbole popularisiert und haben die Praxis des Wirtschaftens wie auch die Ansichten über ökonomische Prozesse zumindest bei einem Teil der Bevölkerung verändert.

Dieses gegenwärtige Interesse regt dazu an, den Zusammenhang von Wirtschaft und Kultur auch für die (Hoch-)Industrialisierung des 19. Jahrhunderts zu untersuchen.[1] Um der Industriegesellschaft des 19. Jahrhunderts den Weg zu bereiten, mussten sich Wertordnungen und Verhaltensformen wandeln.[2] Dem allzu geläufigen Verweis auf ein vermeintlich naturgegebenes Profitstreben, welches die Entwicklung der Marktwirtschaft vorangetrieben habe, hat Max Weber widersprochen: Der einzelne strebe vor allem danach, »so zu leben, wie er dieses gewohnt ist, und so viel zu verdienen, wie er dazu benötigt«.[3] Daher stellt sich die Frage um so dringender: Wie konnte ein an der Tradition orientiertes Gemeinwesen marktwirtschaftliche Handlungsmuster evozieren, bevor sie generell anerkannt waren? Wie implementierte die Gesellschaft in ihre Organisationsform und in ihren Wertekonsens die ›exotischen‹ Werte des Kapitalismus, die massive technisch-organisatorische Neuerungen, eine grundlegende Neuordnung der Arbeit und der Sozialstruktur mit sich brachten?[4]

Trotz verdienstvoller ideen-, begriffs- und institutionengeschichtlicher Studien, die sich dieses Problems angenommen haben,[5] sticht im Vergleich zur englischsprachigen Forschung ein Defizit hervor. Darauf haben ein Gesellschafts- wie ein Ideenhistoriker einmütig aufmerksam gemacht: Hans-Ulrich

Wehler hat jüngst beklagt, dass »die Wirtschaft als ein eigenes, längst rechtlich, politisch, sozialpsychisch tief verankertes Institutionengefüge mit eigenen Entwicklungsrhythmen und einer eigenen mentalitäts- und verhaltensprägenden Kraft« in der »neuen Kulturgeschichte« völlig an den Rand gerückt sei. »Nicht einmal die Diskursanalyse der Entscheidungsprozesse, etwa über den Aufbau und die Ausdehnung der neuzeitlichen Marktwirtschaft und der Marktgesellschaft oder über folgenreiche wirtschaftspolitische Entscheidungen« stießen auf Interesse. Lucian Hölscher hat bereits vor über zehn Jahren in Überlegungen zum »Industrialisierungsdiskurs« angemerkt, dass neben den ›klassischen‹ und als ›Realprobleme‹ etikettierten Forschungsgegenständen »der politisch-soziale Diskurs, in dem sich die Zeitgenossen über die Gesellschaftsstruktur, in der sie lebten, und die Möglichkeiten ihrer Veränderung verständigten«, zu kurz gekommen sei.[6]

Dieser Beitrag fragt im Sinne einer ›neuen‹ Kulturgeschichte nach den Kommunikationsprozessen und Medien, »durch die ein Sinn gebildet« wurde angesichts eines zum Teil dramatischen Wandels.[7] Wie während der Industrialisierung gesellschaftlich-ökonomische Veränderungen »fassbar, denkbar, lesbar« waren, zeigt nicht zuletzt die Analyse von Industrie- und Gewerbeausstellungen.

Allgemein hat das Ausstellen eine lange Tradition, die Expositionen von Industrie und Gewerbe im speziellen waren hingegen »an essentially modern development, closely connected […] with the changes, social, economic and political, associated with what is known as the Industrial Revolution.«[8] Mit Blick auf die deutsche Nationalausstellung in Berlin 1844 hat Jürgen Reulecke die Expositionen von Industrie und Gewerbe als »das wichtigste Medium der Popularisierung des neuesten wirtschaftlichen, technischen und wissenschaftlichen Wissens« qualifiziert. »Wie kaum ein anderes Ereignis führten die Industrie- und Gewerbeausstellungen den Zeitgenossen den so häufig beschworenen ›Fortschritt‹ vor Augen« und gaben damit »wichtige, sozialpsychologisch zu verstehende Impulse zur Überwindung traditionalen Denkens und Wirtschaftens«.[9]

Um die Funktion und die Wirkung, welche den Industrie- und Gewerbeausstellungen im Prozess der gesellschaftlichen Selbstverständigung zukam, bestimmen zu können, wird im Folgenden zunächst die Entwicklung des Mediums skizziert. Die medialen Eigenheiten der Expositionen ermöglichten und begrenzten das Ausstellen und die Rezeption des Gezeigten.

Daran anschließend sollen drei Aspekte der Repräsentationspraxis und der Rezeption thematisiert werden: Basis der Kommunikationsleistung waren die den Ausstellungen unterlegten Klassifikationen und Einteilungen. In ihnen verdichtete sich, welche Vorstellungen ihre Macher von dem hatten, was unter ›Wirtschaft‹ zu verstehen sei, welcher Wert den einzelnen Faktoren zukommen sollte und wie diese einander zuzuordnen seien. Am Wandel der Ordnungsmodelle, welche den Expositionen unterlagen, kann gezeigt werden, wie sich dieses Medium im Laufe des 19. Jahrhunderts vom Instrument der Gewerbeförderung zur spektakulären Massenveranstaltung entwickelte.

Damit veränderten sich zugleich auch die Kommunikationsstrukturen und -strategien. Immer weniger beschränkten sich die Ausstellungen darauf, durch die Zusammenstellung von authentischen Exponaten auf eine Realität außerhalb ihrer eigenen Grenzen zu verweisen. Insbesondere im letzten Drittel des 19. Jahrhunderts avancierten die Expositionen zu Inszenierungen einer eigenen Wirklichkeit: Am Beispiel der Eröffnung der Berliner Gewerbeausstellung 1896 wird gezeigt, wie die Ausstellungsorganisatoren diese Öffentlichkeit als Bühne der Selbstrepräsentation nutzten. Der rituelle Festakt diente dazu, die gesellschaftliche Stellung derjenigen, die den industriellen und technischen Fortschritt trugen, aufzuwerten und ihre enge Verbindung zu den staatstragenden Gruppen zu demonstrieren.

Darüber hinaus wurde in den Ritualen der Ausstellung, aber auch in der Architektur der ephemeren Gebäude und in ihrer künstlerisch-dekorativen Innenausstattung der Zusammenhang von Fortschritt und gesellschaftlicher Entwicklung gedeutet: Die technischen und industriellen Innovationen wurden in einen (bildungs-)bürgerlichen Wertekanon eingebettet. Gemäß der gebotenen Visualisierung wurzelte der Fortschritt in Mythos und Tradition, so dass er keine Umwälzung der zeitgenössischen gesellschaftlichen Strukturen implizierte, sondern sich nahtlos in diese einfügte.

1. Das Medium Industrie- und Gewerbeausstellung

»Ein Jauchzen, eine sommerliche Seligkeit zog durch die Lüfte, es war wie ein einziger Ruf von Glück und Stolz«, so berichtete der Publizist Alfred Kerr, aufmerksamer Beobachter der kulturellen Szene seiner Wahlheimat Berlin, in einem Tagebucheintrag zum 1. Mai 1896.[10] »Nie hätte man es für möglich gehalten, dass in dieser Metropole des zweifelnden Lächelns eine solche elementare, naive Begeisterung durchbrechen könnte. Wer an diesem Morgen auf irgendeinem Gefährt nach dem Osten zog und im wunderseligsten Lenzwetter die Hunderttausende sah, die auf den Straßen, an den Fenstern, auf Pferdebahnen, auf Mailcoaches, auf Zweirädern, auf Omnibussen, auf Taxametern, auf Equipagen und zu Fuß unterwegs waren; wer die geschmückten Häuser mit den oft rührend ungeschickten Teppichen, Fahnen und Girlanden und die toll bewegten Menschen blickte; wer die jungen Mädchen sah, die aus dem ersten und zweiten und dritten Stock im Kreise der eingeladenen Bekannten die Bowlengläser gegen die unten Vorüberfahrenden schwenkten; wer in der Luft den ganzen seltsamen Werdezauber mitempfand und die Teilnahme einer riesigen Gemeinschaft die lumpige private Brust schwellen fühlte: der wird diesen denkwürdigen morgendlichen ersten Mai nie vergessen.« Nicht die Maifeiern der Arbeiterschaft, wie das Datum vermuten ließe, mobilisierten das Massenpublikum, sondern eine Veranstaltung, die bewusst als Konkurrenz fungierte. Von der politischen Demonstration der Gewerkschaftsbewegung tönten laut Presseberichten lediglich »die bethörenden Klänge der Arbeitermarseillaise« herüber.[11] Statt dessen hatte »Berlin [...] einen einzigen Gedanken und eine einzige Wallfahrt: Treptow«. Dort feierte die Berliner Industrie- und Gewerbeausstellung ihren »Geburtstag«, welcher nicht nur in der deutschen Hauptstadt, sondern reichsweit große Beachtung fand.[12]

Mit dem 1. Mai nahm eine Industrie- und Gewerbeausstellung ihren Anfang, die in der deutschen wie auch in der internationalen Ausstellungskultur verschiedene Superlative für sich verbuchen konnte: Mit einer Fläche von 900 000 Quadratmetern suchten die Veranstalter den Anschluss an die Weltausstellungen. Allein in quantitativer Hinsicht konnte eine kleine Gruppe von Unternehmern, Wirtschaftsfunktionären und Intellektuellen ihre zunächst weit greifenden Pläne verwirklichen.[13] Der Plan einer mondialen Exposition in Berlin zur Jahrhundertwende war fallen gelassen worden, nachdem Frankreich dem durch eine eigene Initiative zuvorgekommen war. Zudem unterstützten die Reichsregierung und insbesondere der Kaiser derartige Pläne nicht. »Berlin is nich, meine Herren«, so die plakative Ablehnung Wilhelms II.[14] Eine »deutsche Nationalausstellung« scheiterte am Widerstand aus Berlin wie auch aus anderen Ländern des Reiches, so dass die großen Pläne letztlich zu einer Lokalausstellung zusammenschrumpften.[15] Daran aber konnten sich alle Firmen und Gewerbe beteiligen, die in der Hauptstadt repräsentiert waren, ohne beispielsweise ihren Stammsitz oder ihre Produktion dort konzentriert zu haben. Mit dieser Konstruktion unterlief man die nur widerwillig akzeptierten Einschränkungen der ursprünglichen Pläne. Nicht nur laut Selbsteinschätzung der Organisatoren, sondern auch im Vergleich von Ausstellungsfläche, Aussteller- und Besucherzahlen konnte sich die Berliner Lokalausstellung quantitativ durchaus mit National- und Landesausstellungen messen.[16]

Der Treptower Park beherbergte die Ausstellungshallen, Pavillons und Stände von über 3800 Ausstellern, deren Bandbreite vom kunstgewerblichen Kleinbetrieb bis zur Vertretung der Schwerindustrie reichte. Innerhalb der Branchen waren die Textil- und Bekleidungsindustrie, die Metall- und Glasfabrikation sowie die relativ neuen Zweige der Elektro- und Chemieindustrie stark vertreten und präsentierten ihre Produkte in aufwändigen Inszenierungen, die diese nicht nur für den Experten, sondern auch für den Laien zugänglich machten. Eine pompös-ephemere Ausstellungsarchitektur bot den Rahmen für Produkte und Dienstleistungen, für die wissenschaftlichen, kulturellen und auf die Unterhaltung angelegten Präsentationen.[17] Neben zahlreichen Festen, Feuerwerken und Konzerten avancierten insbesondere die »1. Deutsche Kolonialausstellung« ebenso wie die Vergnügungsareale »Alt-Berlin«, »Kairo« und das »Alpenpanorama« zu Publikumsmagneten, so dass trotz ungünstiger Witterung insgesamt 7,4 Millionen Menschen die Exposition besuchten.[18] Ihre Popularität ging allerdings weit darüber hinaus und wurde durch eine große Zahl von Zeitungsberichten und Katalogen, Dokumentationen und Bildbänden, wissenschaftlichen Abhandlungen und humoristischen Skizzen, Postkarten und zu diesem Zweck komponierten Musikstücke gesteigert.[19]

Die Berliner Gewerbeausstellung war ein Höhepunkt der allgemeinen Industrie- und Gewerbeausstellungskultur, die in dieser Form nach dem Ersten Weltkrieg in Deutschland nicht mehr auflebte.[20] Singulär war sie allerdings nicht, im Gegenteil: Allein im Jahr 1896 machte in Nürnberg eine bayerische Landesausstellung und in Dresden eine sächsische Kunst- und Kunstgewerbeausstellung Berlin Konkurrenz. In Stuttgart fand darüber hinaus eine Ausstellung für Kunstgewerbe und Elektrizität statt, in Kiel eine Gewerbe- und Marineausstellung, in Bromberg eine westpreußische Exposition.[21] Diese kurze Aufzählung verweist darauf, dass sich auch jenseits der in der Forschung weithin wahrgenommenen Weltausstellungen im 19. Jahrhundert eine lebendige und in ihrer Öffentlichkeitswirkung hoch zu veranschlagende Expositionskultur entwickelt hatte.[22] Die ersten größeren Ausstellungen in Deutschland waren seit den 1820er Jahren zunächst als Instrumente der staatlichen Gewerbeförderung konzipiert, so dass sie sich in ihrer Form, aber auch in der Standortwahl eng an die höfische Repräsentationskultur und an die Residenzstädte anlehnten.[23] Erst in den dreißiger und vierziger Jahren, als insbesondere die neu entstehenden Gewerbevereine als Träger der Ausstellungen auftraten, erhöhte sich die Zahl der Veranstaltungen beträchtlich.[24] Nachdem die Londoner *Great Exhibition* von 1851 das Medium zusätzlich populär gemacht hatte, erhöhte sich die Zahl der Ausstellungen in Deutschland deutlich. Ausstellungstheoretiker zählten bis zur Reichsgründung zwischen 120 und 200 allgemeine Industrie- und Gewerbeausstellungen von überregionaler Bedeutung.[25] Beschränkt man sich nicht auf die großen und übergreifenden Ausstellungen, so geben die statistischen Erhebungen der *Ständigen Ausstellungskommission für die Deutsche Wirtschaft* einen Richtwert: Für die Jahre zwischen 1900 und dem Ersten Weltkrieg wurden jährlich zwischen 200 und 260 spezielle und allgemeine Ausstellungen gezählt.[26] Aus bescheidenen Anfängen entwickelte sich das Expositionswesen bis zum ersten Jahrzehnt des 20. Jahrhunderts zu einem Massenmedium.[27]

Industrielle Leistungsschau und Ideenbörse, Industriefest und Bühne bürgerlicher Selbstdarstellung, Fortschrittsbarometer und Etablissement der Massenkultur – in vielerlei Hinsicht sind die Industrie- und Gewerbeausstellungen als »Querschnitte und Interpretationsmodelle« sowohl für den »gesellschaftlichen Systemcharakter« als auch für eine »Vielzahl sozioökonomischer und soziokultureller Strukturprobleme der jeweiligen Epoche« gedeutet worden.[28] Wie aber vermittelten und kommunizierten die Ausstellungen ihre Anliegen und Deutungsangebote? Die ihnen eigene Kommunikationsstruktur hob die Expositionen deutlich von anderen Medien wie beispielsweise der Tagespresse oder den populären illustrierten Zeitschriften ab: Ausstellungen kommunizierten primär nicht über Worte, sondern über das Visuelle und die Erfahrungen, die bei ihrem Besuch gemacht werden konnten. Die »Aura des Authentischen« und die »sinnliche Anmutungsqualität« der Exponate, die durch ihre Inszenierung und Präsentationsästhetik gesteigert wurden, zielten auf eine emotionale Wahrnehmung.[29] Dabei ergab die Inszenierung einer Ausstellung keinen linearen, sondern einen vielfach gebrochenen »Text aus Bildern, Objekten und Schautafeln, aus Vitrinen, Anordnungen, Inszenierungen und festgelegten Wegen«.[30] Gemessen an ihren Herkunftszusammenhängen waren die ausgestellten Objekte fragmentarisch und »sprachlos«. Sie konnten, selbst wenn sie in Beziehung zueinander präsentiert wurden, keine Geschichte im Modus einer narrativen Struktur »erzählen«.[31]

Was dem textorientierten Historiker den Zugang sperrig macht, begründete zugleich den Erfolg der Ausstellungskultur: Wie kein anderes Medium vermochten die Expositionen mittels ihrer offenen Kommunikationsstruktur und der ihr eigenen Präsentationstechniken fremde Phänomene zu rahmen, in Beziehung zu Vertrautem zu setzen und auf diese Weise zu diskutieren und zu interpretieren.[32] Diese Möglichkeiten der Kontextualisierung und des (relativ) offenen Arrangements trafen in vielfacher Hinsicht die Bedürfnisse einer »Gesellschaft im Aufbruch«,[33] in der wirtschaftliche und gesellschaftliche Umwälzungen in das Leben größerer Kreise der Bevölkerung eingriffen, Traditionen und hergebrachte Bindungen in den Hintergrund drängten und die Kluft zwischen dem Sichtbaren und dem Sagbaren größer werden ließ.[34] Unter anderem deshalb entwickelte sich die Ausstellung zu einem wichtigen Ort der gesellschaftlichen Selbstbeobachtung.[35]

Die Offenheit der Bedeutungsstruktur legt es nahe, warum die Ausstellungen nicht (wie geschehen) als »Visitenkarten«, »Schaustellungen der Welt« oder gar als »Spiegel« zu begreifen sind, aus denen man die Grundkonstellationen einer Gesellschaft direkt herauslesen könnte.[36] In Anlehnung an Überlegungen der neuen Ideengeschichte und der Repräsentationsgeschichte werden statt dessen im folgenden drei verschiedene mit dem Exponieren und dem Ausstellungsbesuch verbundene Praktiken analysiert, um daran die vielfältigen Weisen freizulegen, mit denen Organisatoren, Aussteller und Besucher der repräsentierten Welt Bedeutung beilegten. Populäres Wissen und die damit verbundenen Vorstellungswelten erschöpfen sich nicht in den Endprodukten der Popularisierung, das heißt den Lesestoffen, Bildern, Ausstellungen, in denen Wissen präsentiert wurde. Vielmehr rückt der Prozess des Herstellens und Aneignens von Wissen ins Zentrum des Interesses: »In den Tausenden von populärwissenschaftlichen Medien, die im 19. Jahrhundert ihr age d'or hatten«, so Philipp Sarasin, »sind die diskursiven Formen gespeichert, mit denen sich ›die Leute‹ seither über die Welt verständigen und die Medien selbst verraten, wie dieses Wissen zirkulierte und verteilt wurde.«[37] Rückgekoppelt an die Medien und ihre Vermittlungsleistungen ergeben sich dann vielfältige Möglichkeiten, Einblicke in die Wissensbestände und Vorstellungswelten moderner Gesellschaften zu nehmen.[38]

2. Klassifikationen und Ordnungssysteme in den Ausstellungen: Von der Gewerbeförderung zum industriellen Spektakel

Die Expositionen präsentierten ihren Besuchern eine geordnete Welt. Weit von der Totalinszenierung einer Museumsausstellung entfernt, stifteten die Organisatoren und Macher der Ausstellungen eine grundlegende ›Ordnung der Dinge‹. Die Veranstalter legten fest, welche Exponate zu den Ausstellungen zugelassen wurden, in welche Gruppen sie zusammenzufassen waren und wo sie in der Ausstellung platziert wurden: Das optische Instrument zu den Fortschrittsgeräten, der Silberschmied zu den kunstgewerblichen Altertümern und der Sattler an den Rand; der Tapetenhersteller wurde mit einer Medaille honoriert, nicht etwa, weil seine Ware besonders gut gearbeitet, wohl aber, weil das Preis-Leistungs-Verhältnis nach Ansicht der Juroren gut war. In diesen und anderen Akten des Klassifizierens, Honorierens und Wertens generierten sich die Ordnungsvorstellungen, die dem Denken der Ausstellungsmacher unterlagen. »The Classification is the Bible of the Exposition«, erklärte Anfang des 20. Jahrhunderts der amerikanische Ausstellungsorganisator Frederic J. V. Skiff. Die Einteilung der Gegenstände gebe Auskunft darüber, »what the exhibition shall be and in what order, gives their importance in the scheme of life, and dominates the method of making the awards.«[39] In den Klassifikationen verdichteten sich auf diese Weise die Dispositionen der Ausstellungsmacher und die (unterstellte) Erwartungshaltung des Publikums. Der Wandel der Ausstellungsordnungen steht zugleich für die Veränderung der Wertigkeit, die den einzelnen Waren- und Produktgruppen zugesprochen wurde, wie auch für die veränderte Funktion, die dem Medium zugedacht war.

In den Anfangsjahren der Ausstellungen in Deutschland kreiste die Diskussion zunächst darum, welche Exponate überhaupt zuzulassen seien. Die Bezeichnungen »Gewerbe« und »Industrie« boten keine trennscharfen Definitionen, sondern waren ihrerseits einem starken Bedeutungswandel unterworfen.[40] Angelehnt an das Vorbild der französischen Nationalausstellungen entwickelte sich in Deutschland ein Ausstellungskorpus, der vor allem Produkte der Kunst und des Gewerbes umfasste. Die bis in die 1820er Jahre in Württemberg veranstalteten Expositionen firmierten als »Kunstausstellungen«, da die Ausschreibung vom Dezember 1811 verfügt hatte, »dass nicht nur allein diejenigen, welche sich den bildenden Künsten gewidmet haben, sondern auch Professionisten u. Handwerker, welche irgendeine neue Erfindung gemacht, Meisterstücke verfertiget oder überhaupt besondere Ausarbeitungen irgendeiner Art geliefert habe, berechtigt seyn ihre gelungensten Kunstwerke u. Producte [...] öffentlich aufzustellen«.[41] Auch die frühen bayerischen Ausstellungen stachen wie die hanseatischen dadurch hervor, dass in ihnen die Erzeugnisse der Kunst und ihr naher Handwerke dominierten.[42] Die Veranstaltungen dienten nicht nur der Präsentation, sondern boten den Kunstgewerbetreibenden darüber hinaus auch eine Möglichkeit zum Verkauf ihrer Produkte.

Zwei Jahrzehnte später hatte sich das Bild der idealtypischen Ausstellung grundlegend gewandelt: Nicht mehr ökonomische und polytechnische Sozietäten, sondern staatliche Stellen oder private Vereinigungen zur Gewerbeförderungen richteten die Großschauen von Produkten des Gewerbes aus. Die Ausstellungen sollten als eine »Encyklopädie des Kennenswerthen« fungieren und ein Gesamtbild von der Gewerbe- und der Industrietätigkeit im jeweiligen Ausstellungsgebiet vermitteln.[43] Innerhalb einer Grobgliederung waren die Exponate in der Regel nach Gewerbeart, Material, Technik der Herstellung und nach ihren Funktionen angeordnet.[44] Diese »Gruppierung vermittelt dem Gewerbetreibenden auf einfachste und schnellste Weise Informationen über sein individuelles Spezialgebiet, ob es nun die Goldschmiedekunst, die Seidenweberei oder der Sitzmöbelbau« war.[45] In der Anordnung orientierten sich die Veranstalter am Vorbild der »Mustersammlungen«, die zahlreiche polytechnische Vereine, Handwerkerorganisationen und frühe Kunstgewerbemuseen zusammengestellt hatten. Als »Muster« galt den Gewerbeförderern, was wegen seiner ästhetischen und technischen Qualitäten zur Belehrung der Besucher dienen konnte.[46] Der Verkauf der Exponate trat dagegen völlig in den Hintergrund, allenfalls organisierte man eine Verlosung der Ausstellungsstücke, um die Aussteller für ihre Unkosten entschädigen zu können. Mit dieser Klassifikation zielte man vor allem auf Handwerker, Gewerbetreibende und Angehörige der öffentlichen Verwaltung. Der regionalen Handwerkerschaft sollte in dieser Form nicht nur ästhetische Vorbilder gegeben, sondern auch – so die preußische Variante der Gewerbeförderung – der Einsatz von neuen Produktionstechniken und Maschinen nahegebracht werden. Nach dem Willen der Veranstalter dienten die periodisch wiederkehrende Ausstellungen dem Staat und seiner Administration als »Fortschrittsbarometer« und machten Erfolge sowie Defizite der regionalen Wirtschaftsentwicklung sichtbar.[47]

Wie sehr die Praxis dieser gewerbefördernden Ausstellungen bereits zwischen dem Idealbild handwerklicher und industrieller Produktion schwankte, zeigt die Diskussion um die gewünschte Qualität der Ausstellungsstücke: Sollten vor allem »Expositionsstücke, das heißt ungewöhnlich schwierige oder mit ungebräuchlichem Luxus in ausserordentlicher Grösse etc. ausgeführte Probestücke, welche im gewöhnlichen Fabriks- oder Gewerbsbetriebe nicht verfertigt werden, sondern eigens für die Ausstellung unternommen wurden«, ausgestellt werden? Oder ging es eher darum, für die Produktion typische, handelsübliche und damit auch marktgängige Waren zu präsentieren? Der Autor des Ratgebers *Der Aussteller und die Ausstellungen* lehnte das oft zu beobachtende Vorgehen ab, spezielle Ausstellungsstücke anzufertigen. Seiner Meinung nach dienten diese ausschließlich dazu, »durch ihre auffallende Beschaffenheit zu imponiren und – was man so nennt – Eclat zu machen«.[48]

Spätestens mit der Berliner Gewerbeausstellung 1844 hatte sich jedoch diese Ansicht in der Ausstellungspraxis durchgesetzt: Nachdem wegen hoher Anmeldezahlen eine ausreichende Beschickung gesichert war, versuchten die Veranstalter spezielle Anforderungen an die Exponate durchzusetzen. Dazu bestimmten sie, dass »die gewöhnliche Handwerkerarbeit, welche nicht etwa in größern Quantitäten geliefert und in den Handel gebracht wird«, nur dann zur Ausstellung geeignet sei, wenn sie sich aufgrund besonderer Kunstfertigkeit oder wegen einer besonderen Innovation als Vorbild für andere Produzenten eigne.[49] Die Organisatoren der zweiten Ausstellung der Zollvereinsstaaten, die 1854 in München stattfand, kamen in ihren Beratungen dagegen zu dem Schluss, dass »allein nur solche Waare [...] vor Allem als dem Staate nützlich und wichtig genannt zu werden [verdient], welche um den möglichst billigsten Preis, durch die reellsten schätzungswerthesten Eigenschaften, die Bedürfnisse des größeren Publikums befriedigt«.[50]

Tendenziell trat mit dieser Entwicklung das handwerkliche Einzelstück hinter das industrielle Massenprodukt zurück. Immer noch gab es Exponate, die keinesfalls auf den breiten Verkauf ausgerichtet waren. Der »colossale Honigkuchen [...] im Leichensteinformat« (Berlin 1844)[51], Krupps Riesenkanonen, die nach ihren Auftritten auf verschiedenen Weltausstellungen auch im nationalen Rahmen wiederholt gezeigt wurden[52], oder auch »Terra«, ein mehrere Meter hoher »Riesenkopf der Erde«, den die Kölner Firma Stollwerck aus Schokolade angefertigt hatte (Düsseldorf 1902),[53] bestachen nicht mehr durch handwerkliche Kunstfertigkeit. Sie waren vor allem Elemente von Inszenierungen, die darauf abzielten, die Ausstellungsbesucher durch Sensation und Spektakel anzuziehen. »Früher spiegelte man sich gern vor, ein Jeder solle herzubringen, was er täglich macht, nicht im Feierkleide, sondern im Werktagskittel solle sich die Arbeit zeigen«, so der Ausstellungsbeobachter Bruno Bucher 1881. Allein die Größe und die rasche Folge der Ausstellungen hatten diese Idee längst in den Hintergrund gedrängt. »Die großen Massen des Publikums, welche sich einfinden müssen, um nur einigermaßen den Aufwand zu decken, wollen ja nicht Fachstudien machen, sondern schauen, unterhalten sein, in dem großen Bilderbuche blättern.«[54] Die Klassifikation der Exponate und die Inszenierung der Ware orientierte sich zunehmend an der Schaulust der Besucher. Dabei zielte man nicht mehr auf die relativ exklusive Gruppe der zu belehrenden Handwerker, Gewerbetreibenden und Regierungsbeamten, sondern auf ein Massenpublikum, das als Käufer und Konsument umworben wurde. Die Produkte wurden deshalb auf eine Weise gruppiert, die nicht nur ein leichtes Auffinden und den Vergleich innerhalb einer Warengruppe, sondern zugleich eine Aufmerksamkeit erregende Inszenierung ermöglichten. Nicht mehr die Mustersammlung oder das Gewerbemuseum waren im letzten Jahrhundertdrittel die Korrespondenzmedien der Industrie- und Gewerbeausstellungen. Stattdessen dienten die allgemeinen Expositionen dem Schaufenster und dem Warenhaus zum Vorbild. Die Ausstellung gewerblicher und industrieller Produkte dachte vor und praktizierte, was in den »Konsumtempeln« der Großstädte um 1900 breit aufgenommen und bis zur Perfektion verfeinert wurde:[55] »In jeder Abteilung«, so schrieb der Handelsverbandsfunktionär Walter C. Jäh, »findet sich eine Ausstellung im Kleinen«, die dem Kunden einen raschen Überblick ermöglichte und ihn zum Kauf animieren sollte.[56] Die Produkte wurden nicht wie im traditionellen Einzelhandel vom Kunden separiert, sondern standen diesem direkt zur Verfügung. Ausstellungsbesuch und der Einkauf im Warenhaus dienten nicht mehr vorrangig der Befriedigung grundlegender Bedürfnisse, sondern avancierten zum Freizeitvergnügen für eine begüterte Mittel- und Oberschicht.[57]

Damit war die frühindustrielle vergleichende Darstellung von Prozessen der Herstellung endgültig abgelöst von einer Präsentation der Produkte, die vor allem auf den Käufer und Verbraucher zielte.[58] Die Inszenierung der Waren wurde zunehmend unterstützt von Gastronomie- und Vergnügungsangeboten, die den Ausstellungsbesucher die Welt des Konsums auch praktisch erleben ließen. Öffentliche Wettbewerbe zwischen Maschinen und Herstellern standen nicht allein für das Konkurrenzprinzip, sondern rückten den Beobachter auch in die Rolle des Bewertenden. Der Besucher avancierte zum Konsumenten, der selbstbewusst und wissend auswählte oder – im anderen Extrem, welches in der zeitgenössischen Ausstellungsliteratur ebenfalls diskutiert wurde – zum Objekt der Verführung wurde.[59]

3. Hierarchie und Konsens: Wirtschaftsbürgerliche Selbstrepräsentation

»Es muss als ein Verdienst gelten, ein Gewerbe oder eine Fabrik tüchtig zu betreiben, und es muss wie jedes andere Verdienst anerkannt werden«, so forderte der Staatsgelehrte Wilhelm Roscher 1856 in einer populären Enzyklopädie. »Diesen Act öffentlicher Gerechtigkeit zu üben ist daher mit Recht allenthalben als letzter Zweck der Ausstellung betrachtet worden.«[60] Tatsächlich dienten die Expositionen von Industrie und Gewerbe seit ihrem Beginn dazu, die Protagonisten dieser Berufsgruppen und insbesondere in der gesellschaftlichen Hierarchie aufzuwerten. Den Berichterstattern zur deutschen Nationalausstellung 1844 in Berlin galt es als bemerkenswert, dass im *Zeughaus Unter den Linden* nicht mehr das Militär überwog, sondern der Gewerbestand die Szene beherrschte.[61] Durch Feste und Empfänge unter anderem in Schloss Sansoucci, über die ausführlich berichtet wurde, traten Industrielle und Gewerbetreibende zusätzlich in die Öffentlichkeit. Schon bei der Ausstellung von 1844 wurde als eine Besonderheit betont, dass der Gewerbestand nun öffentlich hervortrete. »Selbst in dieser großen Stadt«, so berichtete die Leipziger *Illustrirte Zeitung*, »wo so viele Feste aller Art wie Meteore erscheinen und dem größten Theile der Bewohner ungenossen und unbemerkt wieder verschwinden, erregte das großartige massenhafte Auftreten der deutschen Industrie allgemeines Aufsehen. Es war eben etwas Neues und Seltenes in Berlin den Gewerbefleiß aus seinem stillen demüthigen Wirken hinaus in die rauschende Öffentlichkeit schreiten zu sehen. Man war wohl so etwas auf den Messen gewohnt, wo es an emsiger Lebendigkeit, an geschäftigem Drängen und Treiben nicht fehlt, aber hier in der Residenz, wo ihre Erzeugnisse nur in prunkenden Uniformen, glänzenden Salons, in den schönen und reichen Umhüllungen reizender Formen zur bewunderten Erscheinung kommen, die Industrie selbstständig kühn, ja fast mächtig, in großer Gesammtheit, in den durch ihre drohenden Kriegswaffen ehrfurchtgebietenden Hallen des Zeughauses ganz wie zu Hause umherwandeln zu sehen, das war neu, einzig, ja sogar – witzig und darum gefiel es den Berlinern.«[62] Der »Bürgerfleiß«, der laut Selbstdarstellung der Veranstalter die eigentliche Triebkraft hinter den Ausstellungsunternehmungen war, wurde auf diese Weise sicht- und erkennbar.[63] Spätestens im letzten Drittel des 19. Jahrhunderts nutzten die großen industriellen Interessenverbände und Vereinigungen die Ausstellungen darüber hinaus zur umfassenden Selbstpräsentation, Versammlungstätigkeit und Interessenvertretung.[64] Die »Zusammenkünfte der Industriellen« dienten somit nicht nur als Orte des Erfahrungsaustauschs und der Marktvorbereitung, sondern wurden auch zu einer gesellschaftlichen Bühne.[65]

Daher waren neben den Besuchen adliger Gäste oder gar des Landesherrn, des Königs oder des Kaisers insbesondere die Eröffnungs- und Schlussfeiern von besonderer Bedeutung.[66] Ablauf und Formen dieser Festivitäten wurden von den Veranstaltern mit großer Akkuratesse geplant.[67] Dabei wurde nicht nur die Gesellschaft im Kontext des technisch-industriellen Fortschritts gezeigt, sondern auch die Beziehung der einzelnen Gesellschaftsgruppen zueinander und deren Stellung in einer industrialisierten Welt aktiv (neu) interpretiert. An der Ordnung des Festgeschehen und an seinem Symbolreservoir »lässt sich immer auch die Ordnung der Gesellschaft erkennen – und zugleich die Utopie zukünftiger Gesellschaft, soweit die Zeitgenossen den realen Verhältnissen im Medium des Festes [...] Kritik und Gegenentwurf gegenüberstellten«.[68]

Nur ein Bruchteil derjenigen, die sich laut der angeführten Presseberichte und Illustrationen am 1. Mai 1896 zur Eröffnung der Berliner Gewerbeausstellung aufgemacht hatten, durfte an diesem Tag die Ausstellung tatsächlich besuchen.[69] Das allgemeine Publikum war bei der Eröffnungsfeier darauf beschränkt, die Kulisse für die Ankunft des Kaisers und damit für ein zentrales Element des Festaktes zu bieten. Öffentliche Huldigungen, Hochrufe, musikalische Darbietungen und Gedichtvorträge, die den Monarchen als Protektor der Ausstellung wie auch als Förderer von Industrie und Gewerbe feierten, waren nicht nur in Berlin, sondern allgemein Bestandteile dieses Rituals.[70] In der deutschen Hauptstadt steigerte Wilhelm II. den Aufwand des Einzugs allerdings beträchtlich. Der Kaiser reiste mit dem kaiserlichen Schiff *Alexandria* über die Spree an und gestaltete damit sein Erscheinen als »Propagandafeldzug für die ›Eroberung der Weltgeltung zur See‹« und zugleich als Demonstration verkehrs- und militärtechnischen Fortschritts.[71]

Während solche Darbietungen weithin sichtbar waren und sein sollten, feierte man in Berlin wie auch andernorts die Eröffnung nicht exklusiv, wohl aber vor und mit ausgewählten Gästen.[72] Selbst von den Ausstellern war nur wenigen Vertretern der Großindustrie der Eintritt in die Kuppelhalle des Hauptgebäudes gestattet. Das Gros der Gewerbetreibenden durfte sich lediglich auf dem Ausstellungsgelände aufhalten, um bei dem sich anschließenden Rundgang Auskunft zu ihren Exponaten geben zu können.[73] Am Landungssteg wurde das kaiserliche Paar nicht nur vom Handelsminister Berlepsch, dem Ehrenpräsidenten der Ausstellung, sondern auch von den »leitenden Herren der Ausstellung«, den Kommerzienräten Fritz Kühnemann, Bernhard Felisch und L. M. Goldberger, begrüßt.[74] Die Männer der Wirtschaft geleiteten den Kaiser und seine Frau in den Kuppelsaal des Hauptausstellungsgebäudes. Nur »ein paar tausend Menschen« waren hier anwesend, so berichtete der Publizist Alfred Kerr.[75] Die Kleiderordnung schrieb Uniform oder Frack und weiße Binde für die Herren vor, Promenadentoilette für die Damen.

Die »zwölfhundert Bevorzugten [...] umlagerten einen zweisitzigen Thron, etwas lockerer und bequemer gruppiert; weit mehr Herren als Damen; massenhaft offizielle Persönlichkeiten«. Rechts von dem mit einem »purpurnen Baldachin« überdachten Thron gruppierten sich die »hohen Beamten und Würdenträger, die Hofstaaten der Allerhöchsten und Höchsten Herrschaften, die Botschafter, Gesandten und die andern besonders geladenen Gäste«, links davon die Ausstellungsorganisatoren, die Mitglieder des Arbeitsauschusses und des geschäftsführenden Ausschusses mit ihren jeweiligen Damen, sowie die Ehrenpräsidenten der Gruppen und die Vorsitzenden der Gruppenvorstände.[76] Neben den Kaiser und die Spitzen der Gesellschaft aus staatlicher Verwaltung und Aristokratie hatten sich die Vertreter von Industrie und Gewerbe in den Reigen derjenigen eingeordnet, die das Staatswesen lenkten. Im Rahmen der Eröffnungsfeier präsentierten sie sich dem Publikum demonstrativ als Einheit. In der Intention der Ausstellungsorganisatoren lag es, ein Maximum an Nähe zum Monarchen und ideeller Einheit mit den staatstragenden Kräften zur Schau zu stellen. Damit trafen die ›Regisseure‹ der Veranstaltung allerdings nur bedingt auf Erwiderung. Hämisch berichtete der sozialdemokratische *Vorwärts* von dem Bemühen, dem Kaiser während der Eröffnungsveranstaltung der Berliner Gewerbeausstellung 1896 eine Entgegnung auf die Huldigungen oder einen Kommentar zu den Exponaten zu entlocken. »Als die Ausstellung am Freitag offiziell eröffnet wurde, wie hingen da die Herren an den Lippen des Monarchen. [...] Wie hätte man aufgejauchzt, wie in seliger Entzückung geschwelgt; aber der Mund des Monarchen blieb stumm.«[77] Dabei waren der ständig angebrachte Dank für Unterstützung und die Hinweise auf die Sympathie des Kaisers für das Ausstellungsprojekt lediglich Rhetorik – ein Umstand, der sich auch aufmerksamen Beobachtern des politischen Zeitgeschehens der damaligen Zeit erschloss.[78] Hinter den Kulissen der Ausstellung war das Verhältnis zwischen den »leitenden Herren der Ausstellung« und der Monarchie äußert gespannt gewesen, hatte doch der Kaiser selbst die hochfliegenden Pläne zu einer Weltausstellung in der deutschen Hauptstadt gestoppt.

Die Inszenierung der feierlichen Eröffnung grenzte ein und aus, sie strukturierte Gemeinschaftsbildung und ermöglichte zugleich Partizipation.[79] Auf der Hauptbühne inszenierten sich die tragenden Schichten als Hauptakteure, allerdings entscheidend ›ergänzt‹ um die Repräsentanten der Wirtschaft. Da das Niveau des Kuppelsaals höher war als die Hauptausstellungshalle, aber nicht durch Wände von dieser abgetrennt wurde, bot sich der Eröffnungsakt als Schauspiel für eine große Menschenmenge dar, die ihrerseits die Szenerie für das Ritual bildete. Der einzelne Teilnehmer sah sich auf diese Weise nicht nur den Eliten von Staat, Verwaltung und Wirtschaft gegenüber. Zugleich fand er sich in einer riesigen Besuchermenge, die ihrerseits eingerahmt war von den ausgestellten Produkten einerseits und dem Eröffnungsritual andererseits.

4. Innovation ohne Veränderung: Die Inszenierung des Fortschritts in den Ausstellungen

Die Gewerbeausstellungen bezogen damit die Elemente technischen und industriellen Fortschritts sowie die Repräsentanz staatlicher und administrativer Macht in spezifischer Weise auf den Besucher: Die Demonstration technischer Neuerungen wie die elektrischen Beleuchtung, die Böllerschüsse aus Riesenkanonen der Kruppschen Produktion oder die Anreise des Kaisers mit einer Motoryacht führten den Zuschauern den Nutzen und die Annehmlichkeiten industrieller Innovationen vor. Sie waren nicht nur Bestandteile der Ausstellung, sondern auch Ensembleteile des Eröffnungsrituals. Auf diese Weise wurde der Besucher für die Dauer des Ausstellungsbesuchs zum Subjekt und Nutznießer des neuen Wissens, der Produktion und des Luxus. Zugleich waren aber in der Inszenierung der Eröffnungsveranstaltung diejenigen deutlich hervorgehoben, die dieses Angebot in seiner Fülle auf dem Hintergrund von Tradition und Mythologie zu ordnen und zu präsentieren wussten. Innovation und die damit einhergehenden Veränderungen wurden in eine deutliche Relation zur Macht und ihrer Ausübung gestellt.

Technik und Industrie waren aber nicht nur in das soziale und politische Gefüge des Gemeinwesens eingeordnet. Zugleich wurden sie als Innovationen inszeniert, die keinen Bruch mit dem Status quo oder mit der Vergangenheit darstellten. Diese Absicht wurde unterstützt durch das ausgeklügelte innenarchitektonische Programm der Kuppelhalle. Ihrer Inszenierung kam nach dem Willen der Veranstalter eine programmatische Funktion zu: Durch Aufschüttungen einige Meter erhöht, erlaubte der Aufenthalt einen Blick über die zentralen Ausstellungshallen und ihre Exponate. Laut Eigenwerbung sollten sich »in diesem Raume Architektur, Bildnerei und Malerei zu einem Ganzen [vereinigen], welches in seiner grossartig-monumentalen und festlich-ernsten Stimmung eine würdige Einführung für die Betrachtung der Schätze gibt, welche als ein Ergebnis regen Kunstfleisses und emsiger gewerblicher Thätigkeit hinter dem Kuppelraume um einige Stufen vertieft, aufgestellt sind!«[80]

Wo Wandelhalle und kleiner Kuppelraum in ungebrochenem Weiß gehalten und mit einem romanischen Brunnen ausgestattet das »beruhigende Vorspiel« zum dekorativen Höhepunkt der Berliner Gewerbeausstellung 1896 bildeten, da stach die große Kuppelhalle durch einen hohen Dekorationsaufwand und einen überbordenden figürlich-allegorischen und ornamentalen Schmuck hervor. Als »frappierend« schildert ein der Ausstellung verbundener Berichterstatter den »gewaltigen Eindruck, den man beim Eintritt in die Lichtfülle empfängt; das Gewölbe über uns scheint ins Weite hineingerückt, eine Empfindung, die noch dadurch erhöht wird, dass die Wolken im Scheitel den Blick ins Freie sehr täuschend wiedergeben«.[81] Das »Menschengewimmel zu ihren Füssen hoch überragend« waren es mit Pallas Athene, Ceres, Vulkan und Merkur vier Göttergestalten aus der griechischen Mythologie, mit denen der Bildhauer August Vogt ein Deutungsprogramm für das handwerklich-künstlerische Können, die Industrie, die Landwirtschaft und den Handel visualisierte. Unterhalb der dreifach überlebensgroßen Figuren ruhten »allegorische Gestalten, die die Industrie und den Handel, die Kunst und die Wissenschaft darstellen in Begleitung anderer charakteristischer Vertreter des Buchdrucks, der Chemie, des Maschinenbaus und der Schiffahrt«. An den Sockeln dieser Figuren befanden sich Köpfe als Sinnbilder der vier Elemente: Erde, Wasser, Luft und Feuer mit fantastischen Tierleibern von Drachen, Fischen und anderen Wasserwesen. Oberhalb derselben hoben sich »von baumartigen Geäst in kernig dekorativer Umrahmung die Wappen der Gewerbe ab [...], über welche der Reichsadler schützend seine Fittige ausbreitet. Je zwei mächtige Relieffiguren, Fleiss und Treue, Friede und Stärke verkörpernd, sieht man zu beiden Seiten dieses Adlers, und hoch von der Kuppelwölbung leuchtet in goldenen Buchstaben herab: Arbeit ist des Bürgers Zierde, Segen ist der Mühe Preis.«[82]

Ebenso wie der Rückgriff auf griechische Göttergestalten waren die Verse aus Schillers Gedicht *Die Glocke* ein beliebter Referenzpunkt der Industrie- und Gewerbeausstellungen des 19. Jahrhunderts.[83] Beide Elemente der symbolischen innenarchitektonischen Gestaltung verweisen darauf, wie stark die Selbstdarstellung des Wirtschaftsbürgertums mit dem bildungsbürgerlichen Ideenkosmos verwoben war. Technik, Industrie und industrielle Arbeit wurden in den Ausstellungen visuell in Beziehung gesetzt zu den überkommenen Kulturwerten der humanistischen Bildung und der mit einem hohen symbolischen Kapital versehenen Kultur der Antike. Die Ausstellungsorganisatoren setzten auf eine Ästhetisierung der Technik, um mittels künstlerischer Überformung ihre Produkte in einen allgemein anerkannten kulturellen Zusam-

Abb. 1 Blick vom Kuppelsaal der Berliner Ausstellung 1896 in die Haupthalle.[85] Links eine Personifikation der »Industrie« durch die griechische Göttergestalt Vulkan, rechts der »Kunst« (so die populäre Deutung) durch eine figürliche Darstellung der Pallas Athene.

menhang zu stellen. Durch diese Anlehnung wurden Technik und Industrie zu einem »Kulturwert der Moderne« stilisiert und zum zentralen Element einer thematisch weit über die Ausstellungen hinausgreifenden Modernisierungsideologie.[84]

Der solchermaßen repräsentierte Fortschritt war deutlich eingeordnet in die Kräfte der Gegenwart, der Tradition und der Mythologie.[86] Durch das »freie, offene, glänzend schimmernde Schmuckwerk der Galerie« fiel, so berichtet die Presse, »das Auge auf grandiose Malereien, die wiederum eine Verherrlichung der Arbeit in idealer Darstellung uns bieten«.[87] In dem künstlerischen Arrangement des Historienmalers Klein-Chevalier sticht vor allem die Tendenz ins Auge, bei der Darstellung von Arbeit jeglichen Realismus zu vermeiden und stattdessen auf überkommene Motive zurückzugreifen: Nicht der Dampfhammer, sondern der Schmied visualisierte die laut zeitgenössischer Beschreibung »modernen Arbeitsformen unseres industriereichen Zeitalters«. Wo die ephemeren Gebäude im Rückgriff auf sakrale Archetypen wie Tempel oder Kapelle errichtet wurden, da orientierte sich die Gestaltung im Inneren an historischen Typologien und bediente sich überkommener, traditioneller Ausstattungsmuster. Ikonografische Traditionen sowohl der Herrscher- und der Sakralsymbolik als auch der Mythologie wurden umgedeutet oder ergänzt zu einem Zeichensystem, in dem der industrielle und technische Fortschritt sehr verhalten visualisiert war.

Ist das Ausmaß an figürlichem sowie ornamentalem Schmuck in der Berliner Kuppelhalle außergewöhnlich, sind Stil und Formen der Darstellung eher typisch: Zu gewaltig erschienen die industriellen Hervorbringungen von neuen Energiequellen und ihre Anwendungsmöglichkeiten, zu offensichtlich auch die damit verbundenen sozialen und kulturellen Umwälzungen, um in einer modernen Formel und Ästhetik die zureichende Selbstdarstellung der Industrie finden zu können. Stattdessen galt der Hochofen als moderne Version einer »altgermanischen Schwertschmiede«, die Lokomotive als »Dampfross« und die Fabrik als eine irdische Filiale des »göttlichen Baumeisters«. In einem Potpourri von Alt und Neu bediente man das Bedürfnis, technische und industrielle Neuerungen auch innerhalb ihrer wirtschaftlichen Nutzung als mythischen Ursprungs zu rechtfertigen, zu verstehen und anzupreisen.[88] Man nutzte eine Montagetechnik, bei der die dominierenden Allegorien aus Mythologie und Tradition mit modernen Versatzstücken kombiniert wurden.[89] Auf diese Weise verknüpfte man unterschiedliche Realitätsebenen und ordnete sie zugleich in ihrer Wertigkeit einander zu. Es dominierten Motive des antiken Mythos und seiner bildungsbürgerlichen Ausdeutung. Eine eigene Ästhetik der Technik hatte sich (noch) nicht entwickelt. Industrieller und technischer Fortschritt legitimierte sich statt dessen als moderne Vehikel zur Vollendung mythischer Ideale und Zielvorstellungen. Indirekt demonstrieren diese Repräsentationen damit das Selbstbewusstsein der die Wirtschaft und das Gewerbe tragenden Eliten, direkt aber verdeutlichen sie den Legitimationsdruck, unter dem das Wirtschaftsbürgertum gegenüber dem bildungsbürgerlichen Wertekanon stand.

Erhabenheit und Pathos, wie sie von den Veranstaltern gewünscht und von der ihnen nahestehenden Presse der Ausstellung bereitwillig attestiert wurden, provozierten allerdings auch Widerspruch. »Irgend etwas wird es schon sein sollen«, kommentierte der sozialdemokratische *Vorwärts* spöttelnd die Malerei Klein-Chevaliers in der Berliner Kuppelhalle, »vielleicht der Umsturz, vielleicht die Verkörperung des Streiks.«[90] Die harmonisierende Repräsentation hielt der Realität der Klassengesellschaft nicht stand. Die Verwerfungen der industriellen Entwicklung zu thematisieren, lag jedoch nicht im Interesse von Organisatoren und Veranstaltern, sondern wurde von außen an die Ausstellung herangetragen.

5. Ausstellungsgeschichte – Wirtschaftsgeschichte – Kulturgeschichte

Mit dem Wandel der Klassifikationen und den damit verbundenen Ordnungsvorstellungen, der (Selbst-)Repräsentation der Ausstellungsmacher und der Inszenierung des technischen Fortschritts sind drei Facetten der Ausstellungsrepräsentation herausgegriffen, die um zahlreiche weitere Elemente ergänzt werden könnten. Im visuellen Programm schlugen sich vor allem jene Aspekte nieder, die mit dem Übergang von einer ständisch-merkantilistischen zu einer marktwirtschaftlich-kapitalistischen Wirtschaftsweise an Virulenz gewannen. Die Ausstellungen etablierten gegen die zünftische Selbstbeschränkung das Konkurrenzprinzip, indem sie Gelegenheit zum direkten Vergleich boten und Markträume öffneten. In offiziellen Verlautbarungen wie auch in der publizistischen Rezeption regten sie kontroverse Diskussionen über die Folgen von Industrialisierung und technischer Entwicklung an. Darüber hinaus boten sie immer auch Stellungnahmen zu den grundlegenden wirtschafts- und ordnungspolitischen Kontroversen der Zeit und wurden von den Zeitgenossen auch so wahrgenommen: Die Auseinandersetzungen zwischen ›Freihändlern‹ und ›Schutzzöllnern‹ oder zwischen Handwerksvertretern und Industriellen wurden in den Ausstellungen ebenso thematisiert wie das Verhältnis von Kunst und Industrie. Spätestens seit Mitte der fünfziger Jahre zielten viele Aussteller darauf, eine neue Rollenzuweisung zwischen Arbeitnehmer und Arbeitgeber sowie Techniker/Erfinder und Kapitalgeber zu kreieren und in der Inszenierung der Ausstellung zu antizipieren.[91]

In der Summe der repräsentierten Motive und Themen versuchten die allgemeinen Industrie- und Gewerbeausstellungen ein Bild der sich industrialisierenden Gesellschaft zu kreieren, für dessen Akzeptanz sie warben. Wie sich diese Entwürfe in der wirtschaftlichen ›Realität‹ aufgenommen wurden, ist schwierig zu bestimmen. Versuche, den Einfluss von Ausstellungen auf bestimmte Industriesektoren und Gewerbestränge im ökonomischen Bereich zu quantifizieren, sind bislang ohne eindeutiges Ergebnis geblieben.[92] Nur für

Einzelfälle wie den »Frankfurter Systemstreit«, bei dem die Internationale Elektrotechnische Ausstellung von 1891 als Plebiszit in der Auseinandersetzung um Wechsel- oder Gleichstromsysteme verstanden wurde, sind direkte Zusammenhänge nachzuweisen.[93]

Dennoch kommt den Ausstellungen wie auch andere Popularisierungsmedien eine Schlüsselrolle im Prozess der Diffusion von Ideen und Deutungen zu. Die Beziehung von Wirtschaft und Kultur zu analysieren kann sich, wie an diesem Sujet gezeigt werden kann, nicht darin erschöpfen, ökonomische Zwänge im Bereich der Hochkultur oder die Abhängigkeit von wirtschaftlichem Handeln durch kulturelle Faktoren nachzuweisen.[94] Neben diese Zusammenhänge tritt die Frage nach der repräsentativen und diskursiven Konstituierung von »Wirtschaft« und ökonomischen Handeln. Ausstellungen, so hat der Volkskundler Gottfried Korff argumentiert, produzierten in ihren Inszenierungen Denkbilder, die an den Erfahrungen und Interessen eines breiten Publikums ansetzten, diese bestätigten oder veränderten.[95] Diese Funktion übernahmen für die Sphäre der Wirtschaft die Industrie- und Gewerbeausstellungen.

Anmerkungen

1 Verschiedentlich sind Parallelen zwischen den aktuellen ökonomischen Veränderungsprozessen und der (Hoch-)Industrialisierung im vorvergangenen Jahrhundert sowohl mit Blick auf die Felder des Umbruchs als auch hinsichtlich der Reichweite Parallelen beobachte worden: Die »neue Stufe im endlosen Prozess der Modernisierung«, so interpretiert der Soziologe Richard Münch die Entwicklung zu Beginn des 21. Jahrhunderts, »ist exakt derselbe Prozess, den Max Weber schon für die Herausbildung des Kapitalismus aus den Fesseln des Traditionalismus beschrieben hat.« Vgl. Wer hat Angst vor der Utopie?, in: *Die Zeit* Nr. 50 vom 5. 12. 2002, S. 43. Vgl. auch Jürgen Kocka, *Das lange 19. Jahrhundert. Arbeit, Nation und bürgerliche Gesellschaft*, Stuttgart 2001, S. 58. Auf Parallelen verweist ebenfalls Angela Schwarz, *Der Schlüssel zur modernen Welt. Wissenschaftspopularisierung in Großbritannien und Deutschland im Übergang zur Moderne (ca. 1870–1914)*, Stuttgart 1999, S. 11.

2 Vgl. Knut Borchardt, Europas Wirtschaftsgeschichte – ein Modell für die Entwicklungsländer?, in: Rudolf Braun u. a. (Hg.), *Gesellschaft in der industriellen Revolution*, Köln 1973, S. 343–366, hier S. 353.

3 Max Weber, *Die protestantische Ethik und der Geist des Kapitalismus*, Berlin 1965, S. 60.

4 Vgl. Sebastian Conrad u. a., Die Kodifizierung der Arbeit: Individuum, Gesellschaft, Nation, in: Jürgen Kocka/Claus Offe (Hg.), *Geschichte und Zukunft der Arbeit*, Frankfurt am Main 2000, S. 449–475.

5 Vgl. neben den einschlägigen Artikeln der *Geschichtlichen Grundbegriffe* exemplarisch Rudolf Boch, *Grenzenloses Wachstum? Das rheinische Wirtschaftsbürgertum und seine Industrialisierungsdebatte 1814–1857*, Göttingen 1991, S. 14 f.; und Christina von Hodenberg, Der Fluch des Geldsacks. Der Aufstieg des Industriellen als Herausforderung bürgerlicher Werte, in: Manfred Hettling/Stefan-Ludwig Hoffmann (Hg.), *Der bürgerlicher Wertehimmel. Innenansichten des 19. Jahrhunderts*, Göttingen 2000, S. 79–104.

6 Hans-Ulrich Wehler, Das Duell zwischen Sozialgeschichte und Kulturgeschichte. Die deutsche Kontroverse im Kontext der westlichen Historiographie, in: *Francia* 28, 2001, S. 103–110, hier S. 104; und Lucian Hölscher, Wie begrenzt ist die Sozialgeschichte? Diskutiert am Beispiel des Industrialisierungsdiskurses, in: Manfred Hettling u. a. (Hg.), *Was ist Gesellschaftsgeschichte? Positionen, Themen, Analysen*, München 1991, S. 312–322, hier S. 314. Vgl. auch Jürgen Reulecke, Rheinland-Westfalen von den 1850er Jahren bis 1914: Der Aufbruch in die Moderne, in: Detlef Briesen u. a. (Hg.), *Gesellschafts- und Wirtschaftsgeschichte Rheinlands und Westfalens*, Köln 1995, S. 79–128, hier S. 80 f.

7 Hierzu und im folgenden Roger Chartier, Kulturgeschichte zwischen Repräsentationen und Praktiken, in: ders. *Die unvollendete Vergangenheit*, Berlin 1989, S. 10 f.

8 Kenneth W. Luckhurst, *The Story of Exhibitions*, London 1951, S. 14.

9 Jürgen Reulecke, *Sozialer Frieden durch soziale Reform. Der Centralverein für das Wohl der arbeitenden Klassen in der Frühindustrialisierung*, Wuppertal 1983, S. 36 f.

10 Alfred Kerr, *Wo liegt Berlin? Briefe aus der Reichshauptstadt 1895–1900*, 2. A., Berlin 1997, S. 148.

11 Hans Schliepmann, Die Berliner Gewerbeausstellung. I. Allgemeines, in: *Tägliche Rundschau (Berlin)* vom 6. 5. 1896. Vgl. Jens Flemming, Der 1. Mai und die deutsche Arbeiterbewegung. Politische Demonstration und sozialistische Festtagskultur, in: Uwe Schultz (Hg.), *Das Fest. Eine Kulturgeschichte von der Antike bis zur Gegenwart*, München 1988, S. 341–351.

12 Kerr, *Berlin*, S. 148.

13 Vgl. den zeitgenössischen Kommentar von Julius Lessing, Die Berliner Gewerbeausstellung, in: *Deutsche Rundschau* 58, 1896, Heft Juli-August-September, S. 276–294, hier S. 279.

14 Vgl. dazu die Quellenedition bei Hans Herzfeld, Berlin als Kaiserstadt und Reichshauptstadt 1871–1945, in: *Das Hauptstadtproblem in der Geschichte. Festgabe zum 90. Geburtstag Friedrich Meineckes*, Tübingen 1952, S. 168–169. Vgl. Alexander C. T. Geppert, Ausstellungsmüde: Deutsche Großausstellungsprojekte und ihr Scheitern, 1880–1930, in: *Wolkenkuckucksheim* 5, 2000, Heft 1, ohne Paginierung.

15 Vgl. Erhard Crome, Berliner Gewerbeausstellung 1896. Betrachtung eines Jahrhundertstücks, in: Bezirksamt Treptow von Berlin (Hg.), *Die verhinderte Weltausstellung. Beiträge zur Berliner Gewerbeausstellung 1896*, Berlin 1996, S. 11–28; und Sabine Bohle-Heintzenberg, Berlin und die Weltausstellung oder: Der Moabiter Ausstellungspark, in: Andrea Beyer u. a. (Hg.), *Hülle und Fülle. Festschrift für Tilmann Buddensieg*, Alfter 1993, S. 63–81.

16 Paul Thiel, Berlin präsentiert sich der Welt. Die Berliner Gewerbeausstellung 1896 in Treptow, in: Jochen Boberg u. a. (Hg.), *Die Metropole. Industriekultur in Berlin im 20. Jahrhundert*, München 1986, S. 16–27, hier S. 20.

17 Elke Dittrich, Märchenschloss und Eisenhalle – Die Architektur der Berliner Gewerbeausstellung, in: Bezirksamt, *Verhinderte Weltausstellung*, S. 57–74.

18 Vgl. neben den allgemeinen Berichten den Spezialkatalog von Carl Krug, *Offizieller Führer durch die Special-Abtheilung KAIRO der Berliner Gewerbe–Ausstellung 1896*, Berlin 1896, und Gustav Meinecke, *Amtlicher Bericht über die Erste Deutsche Kolonial-Ausstellung, Spezialkatalog XI: Kolonialausstellung*, Berlin 1897.

19 Eine umfangreiche Literaturdokumentation bietet eine hektographierte *Bibliographie Berliner Gewerbeausstellung 1896*, die vom Heimatmuseum Treptow herausgegeben wurde. Vgl. auch *Berlin und seine Arbeit. Amtlicher Bericht der Berliner Gewerbe-Ausstellung 1896, zugleich eine Darstellung des gegenwärtigen Standes unserer gewerblichen Entwicklung*, hg. von Arbeits-Ausschuss Berlin 1898, S. 196–198.

20 Zur Diskussion um den Wandel und den Niedergang: Alexander C. T. Geppert, Welttheater: Die Geschichte des europäischen Ausstellungswesens im 19. und 20. Jahrhundert. Ein Forschungsbericht, in: *Neue Politische Literatur* 2002, S. 10–61, hier S. 39 f.

21 Vgl. Lessing, *Gewerbeausstellung*, S. 280.

22 Paul Greenhalgh, Education, Entertainment and Politics: Lessons from the Great Exhibitions, in: Peter Vergo (Hg.), *The New Museology*, London 1989, S. 74–98, hier S. 74–76.

23 Vgl. Holger Möller, *Das deutsche Messe- und Ausstellungswesen. Standortstruktur und räumliche Entwicklung seit dem 19. Jahrhundert*, Trier 1989, S. 99–105. Während die Industrie- und Gewerbeausstellungen in der zweiten Jahrhunderthälfte bislang kaum beachtet sind, ist der Kenntnisstand über die frühindustriellen Ausstellungen bereits groß. Vgl. vor allem Ingeborg Cleve, *Geschmack, Kunst und Konsum. Kulturpolitik als Wirtschaftspolitik in Frankreich und Württemberg (1805–1845)*, Göttingen 1996. Regional angelegt sind Herbert R. Schwankl, *Das württembergische Ausstellungswesen. Zur Entwicklung der allgemeinen Gewerbe- und Industrieausstellungen im 19. Jahrhundert*, St. Katharinen 1988; und Oliver Korn, *Hanseatische Gewerbeausstellungen im 19. Jahrhundert. Republikanische Selbstdarstellung, regionale Wirtschaftsförderung und bürgerliches Vergnügen*, Opladen 1999.

24 Vgl. Dieter Gessner, Industrialisierung, staatliche Gewerbepolitik und die Anfänge und Entwicklung des industriellen Ausstellungswesens in Deutschland – Anmerkungen über den Wandel des Verhältnisses von Wirtschaft und Staat als Träger des industriellen Ausstellungswesens im 19. Jahrhundert, in: Ekkehard Mai u. a. (Hg.), *Kunstpolitik und Kunstförderung im Kaiserreich. Kunst im Wandel der Sozial- und Wirtschaftsgeschichte*, Berlin 1982, S. 131–148.

25 Vgl. Alfons Paquet, *Das Ausstellungsproblem in der Volkswirtschaft*, Jena 1908, S. 330–342.

26 BA Berlin, R 3101, Nr. 3645 (Bestand Potsdam), S. 214.

27 Nicht nur die Berliner Gewerbeausstellung von 1896, sondern auch ähnliche Veranstaltungen wie die in Leipzig 1897 oder in Düsseldorf 1902 zogen ein Millionenpublikum an. Zu Leipzig Enrico Hochmuth, Das Problem des Industrie- und Gewerbeausstellungswesens und die Musealgeschichte. Das Beispiel der sächsisch-thüringischen Industrie- und Gewerbeausstellung in Leipzig im Jahr 1897, in: *Curiositas* 1, 2001, S. 137–165; zu Düsseldorf kurze Hinweise bei Stefanie Schäfers, *Vom Werkbund zum Vierjahresplan. Die Ausstellung ›Schaffendes Volk‹, Düsseldorf 1937*, Düsseldorf 2001, S. 30–33.

28 Utz Haltern, Die »Welt als Schaustellung«. Zur Funktion und Bedeutung der internationalen Industrieausstellung im 19. und 20. Jahrhundert, in: *VSWG* 60, 1973, S. 1–41, hier S. 3.

29 Gottfried Korff, Speicher und/oder Generator. Zum Verhältnis von Deponieren und Exponieren im Museum, in: Moritz Csáky/Peter Stachel (Hg.), *Speicher des Gedächtnisses. Bibliotheken, Museen, Archive.* Teil 1: *Absage an und Wiederherstellung von Vergangenheit – Kompensation von Geschichtsverlust*, Wien 2000, S. 41–56, hier S. 43.

30 Severin Heinisch, Ausstellungen als Institutionen (post-)historischer Erfahrung, in: *Zeitgeschichte* 15, 1988, S. 337–342, hier S. 339.

31 Vgl. Jan Gerchow, Museen, in: Michael Maurer (Hg.), *Aufriss der historischen Wissenschaften*, Bd. 6: *Institutionen*, Stuttgart 2002, S. 316–400, hier S. 321.

32 Ich greife hier auf die Argumentation von Peter Sloterdijk zurück, mit der dieser in der zeitgenössischen Kulturdiskussion für das Museum als »Schule des Befremdens« wirbt. Dieser Gedankengang lässt sich mit Blick auf das 19. Jahrhundert vortrefflich umkehren und somit die Ausstellung als Schule der Aneignung charakterisieren. Vgl. Peter Sloterdijk, Museum: Schule des Befremdens, in: *Frankfurter Allgemeine Zeitung, Magazin* vom 17. 3. 1989, S. 57–66.

33 Wolfram Siemann, *Gesellschaft im Aufbruch. Deutschland 1849–1871*, Frankfurt am Main 1990.

34 Mit Foucault argumentiert insbesondere Maria Osietzki, Das symbolische Kapital der Technik Ein kulturhistorischer Blick auf die Elektrifizierung, in: Burkhard Dietz u. a. (Hg.), *Technische Intelligenz und »Kulturfaktor Technik«: Kulturvorstellungen von Technikern und Ingenieuren zwischen Kaiserreich und früher Bundesrepublik*, Münster 1996, S. 87–104, hier S. 95 f. Vgl. Thomas Nipperdey, Probleme der Modernisierung in Deutschland, in: *Saeculum* 30, 1979, S. 292–303, hier S. 292. Vgl. die mentalitätsgeschichtliche Skizze bei Schwarz, *Schlüssel*, S. 13–22; und Martin Doerry, *Übergangsmenschen. Die Mentalität der Wilhelminer und die Krise des Kaiserreichs*, Weinheim 1986.

35 Korff, *Speicher*, S. 43.

36 Vgl. zum Beispiel Werner Hofmann, *Das Irdische Paradies. Kunst im neunzehnten Jahrhundert*, München 1960, S. 151–181. Vgl. die luzide Kritik von Geppert, Welttheater, S. 12.

37 Philipp Sarasin, Arbeit, Sprache – Alltag – Wozu noch »Alltagsgeschichte«? in: *WerkstattGeschichte* 15, 1996, S. 72–85, hier S. 81. Vgl. auch das Editorial von Christine Brecht/Barbara Orland, Populäres Wissen, in: *WerkstattGeschichte* 8, 1999, S. 4–12.

38 Aleida und Jan Assmann, Schrift – Kognition – Evolution. Eric A. Havelock und die Technologie kultureller Kommunikation, in: Eric A. Havelock, *Schriftlichkeit. Das griechische Alphabet als kulturelle Revolution*, Weinheim 1990, S. 1–35, hier S. 2.

39 Zitiert nach Frank Morton Todd, *The Story of the Exposition*, Bd. 5, New York 1921, S. 66.

40 Vgl. dazu Lucian Hölscher, Artikel »Industrie«, in: Otto Brunner u. a. (Hg.), *Geschichtliche Grundbegriffe. Historisches Lexikon zur politisch-sozialen Sprache in Deutschland*, Bd. 3, Stuttgart 1979, S. 237–304.

41 Hauptstaatsarchiv Stuttgart, Königliches Kabinett I, E 11: Ministerium des Kirchen-

und Schulwesens, Büschel 83. Zum Württembergischen Ausstellungswesen Schwankl, *Ausstellungswesen*, S. 26f.

42 Vgl. Ulrich Kerkhoff, Bayerische Landesausstellungen, in: Gerhard Bott (Hg.), *Leben und Arbeiten im Industriezeitalter. Ausstellungskatalog des Germanischen Nationalmuseums Nürnberg in Zusammenarbeit mit dem Zentrum Industriekultur*, Nürnberg 1985, S. 245–255.

43 Ein Wort über die Gewerbeausstellungen des Zollvereins, in: *Deutsche Vierteljahrs Schrift* 1, 1845, S. 255–275, hier S. 257.

44 Vgl. als Beispiel dafür die sehr detailliert geschilderte Untergliederung der Exponate in *Amtlicher Bericht über die allgemeine deutsche Gewerbe-Ausstellung zu Berlin im Jahre 1844*, Berlin 1845, Bd. 1, S. 123 f.

45 Vgl. Barbara Mundt, *Die deutschen Kunstgewerbemuseen im 19. Jahrhundert*, München 1974, S. 121. Für die Gewerbeausstellungen zeigt sich dieses Prinzip idealtypisch in verschiedenen aufeinander folgenden Braunschweiger Veranstaltungen. Vgl. *Verzeichnis der ersten Gewerbe-Ausstellung inländischer Industrie-Erzeugnisse in Braunschweig. Eröffnet den 1ten August 1839*, Braunschweig 1839; *Verzeichnis der zweiten Gewerbe-Ausstellung inländischer Industrie-Erzeugnisse in Braunschweig. Eröffnet den 1. August 1841*, Braunschweig 1841.

46 Vgl. dazu Mundt, *Kunstgewerbemuseen*, S. 70–72.

47 Zur Bezeichnung »Fortschrittsbarometer« Schwankl, *Ausstellungswesen*, S. 181 f.

48 Wilhelm Franz Exner, *Der Aussteller und die Ausstellungen. Erörterungen über den Nutzen der letzteren; geschichtliche Notizen; Rathschläge für die Sicherheit des Ausstellungsgutes; Zweckmäßigkeit und Schönheit der Exposition; Bemerkungen über permanente und Arbeiterausstellungen; endlich als Anhang eine Zusammenstellung der wichtigsten officiellen Actenstücke, welche sich auf die im Jahr 1862 in Paris stattfindende Weltausstellung beziehen, nebst einer durch einen Plan illustrirten Schilderung des Ausstellungspalastes und seiner Umgebung. Ein Buch für Gewerbetreibende, Industrielle, Künstler, Kaufleute, Landwirthe und überhaupt für Alle, die eine Ausstellung beschicken wollen*, Weimar 1866, S. 29 f.

49 *Bericht Berlin 1844*, Bd. 1, S. 15, Anm. 2.

50 *Bericht der allerhöchst angeordneten Königlich Bayerischen Ministerial-Commission über die im Jahre 1834 aus den 8 Kreisen des Königreichs Bayern in München stattgehabte Industrie-Ausstellung*, 2. A., München 1836, S. 4–5.

51 Vgl. Anonym [Wilhelm Gustav Werner Völkl], *Die Berliner Gewerbeausstellung und die Ausstellung des heiligen Rockes in Trier mit besonderer Bezugnahme auf den Rongeschen Brief. Ein Brief aus Berlin von einem Protestanten*, Münster 1845, S. 8.

52 Vgl. zum Beispiel die entsprechenden Abbildungen in Stadtarchiv Düsseldorf, Fotosammlung, Negativnr. 005120011, T 40/20: Exercitium am Krupp'schen Riesengeschütz vor der Kaiserlichen Majestät am 19. Juni 1880. In der Literatur Barbara Wolbring, *Krupp und die Öffentlichkeit im 19. Jahrhundert. Selbstdarstellung, öffentliche Wahrnehmung und gesellschaftliche Kommunikation*, München 2000, S. 100–111 und S. 138–142.

53 Vgl. Heinrich Frauberger, Wanderung durch die Düsseldorfer Ausstellung, in: *Die Gartenlaube* 36, 1902, S. 616–619, hier S. 619.

54 Bruno Bucher, Zur Ausstellungsfrage, in: *Westermanns illustrierte deutsche Monatshefte* 50, 1881, S. 722 f.

55 Vgl. Uwe Spiekermann, Display Windows and Window Display in German Cities of the Nineteenth Century: Towards the History of a Commercial Breakthrough, in: Clemens Wischermann/Elliot Shore (Hg.), *Advertising and the European City. Historical Perspectives*, Aldershot 2000, S. 139–171.

56 Walter C. Jäh, Die Großbazare und Warenhäuser, ihre Berechtigung und ihre Besteuerung, in: *Jb für Gesetzgebung, Verwaltung und Volkswirtschaft im Deutschen Reich* 24, 1900, S. 723–764, hier S. 725; und Detlef Briesen, Warenhaus, *Massenkonsum und Sozialmoral. Zur Geschichte der Konsumkritik im 20. Jahrhundert*, Frankfurt am Main 2001.

57 Vgl. insbesondere die Beschreibung und Fotografien der »weißen Wochen« inklusive entsprechender Fotos im Kaufhaus Tietz in Helmut Frei, *Tempel der Kauflust. Eine Geschichte der Warenhauskultur*, Leipzig 1997. Siehe auch Uwe Spiekermann, *Basis der Konsumgesellschaft. Entstehung und Entwicklung des modernen Kleinhandels in Deutschland 1850–1914*, München 1999, S. 363–381.

58 Der Ausstellungspraktiker Alfons Paquet macht diesen Wandel erst nach 1914 aus, in zahlreichen einzelnen Facetten aber ist diese Tendenz bereits vorab zu beobachten. Vgl. Alfons Paquet, Wandlung und Entwicklung im Ausstellungswesen, in: *Ausstellung und Messe in Recht und Wirtschaft der Zeit. Vorträge gelegentlich der 2. Mitgliederversammlung des Deutschen Ausstellungs- und Messe-Amtes am 24. Mai 1930 in Dresden* [Veröffentlichungen des Deutschen Ausstellungs- und Messe-Amtes Heft 6], Dresden 1930, S. 49–71, hier S. 54.

59 Vgl. Sheryl Kroen, Der Aufstieg des Kundenbürgers? Eine politische Allegorie für unsere Zeit, in: Michael Prinz (Hg.), *Der lange Weg in den Überfluss. Anfänge und Entwicklung der Konsumgesellschaft seit der Vormoderne*, Paderborn 2003, S. 533–564, hier S. 544–550.

60 Wilhelm Roscher, Die Industrieausstellungen, ihre Geschichte und ihr Einfluss auf die Culturentwicklung, in: *Die Gegenwart. Eine enzyklopädische Darstellung der neueren Zeitgeschichte für alle Stände*, Bd. 12, Leipzig 1856, S. 470–534, S. 500.

61 Vgl. Von der Gewerbeausstellung, in: *Berliner Gewerbe-, Industrie- und Handelsblatt* 12, 1844, S. 42–45, S. 42. »Es gewährte einen eigenthümlichen, aber sehr erfreuenden Anblick, in diesen glänzenden Räumen, wo man sonst nur glänzende Uniformen und Ordensbänder zu sehen gewohnt war, jetzt fast nur den einfachen schwarzen Bürgerrock mit der weißen Kravatte von 500 gewerbthätigen Männern des Burgerstandes getragen zu sehen.«

62 *Illustrirte Zeitung* (Leipzig) 1844, Nr. 73, S. 2 f. Vgl. ähnlich »Die Gewerbeausstellung in Berlin“, in: *Weser-Dampfboot* Nr. 76 vom 2. 10. 1844, S. 304 f.

63 Vgl. exemplarisch »Das Festbankett des Komitees der Interessenten und Aussteller«, in: *Berliner Presse* 108 vom 8. 5. 1896, Erstes Beiblatt.

64 Ein Höhepunkt der Verbindung von Ausstellungs- und Kongresswesen war die Düsseldorfer Ausstellung von 1902. Vgl. Stadtarchiv Düsseldorf, XVIII, Nr. 231, S. 1–69.

65 *Berliner Gewerbe-, Industrie- und Handelsblatt* 12, 1844, S. 42–45, hier S. 42. Das bekannteste Beispiel dafür, wie eine Ausstellung nicht nur für den Moment Öffentlichkeit stiftete, sondern darüber hinaus auch Zusammenschlüsse institutionalisierte, ist sicher

der *Centralverein für das Wohl der arbeitenden Klassen* von 1844. Vgl. Reulecke, *Frieden.*

66 Vgl. dazu exemplarisch Stadtarchiv Düsseldorf, III Nr. 786: Kaiserbesuch 1902: Schriftwechsel mit der Ausstellungsleitung 1902, ebd., III Nr. 790, Fürstenbesuch 1902.

67 Vgl. dazu die Vorgänge in der besonders reichhaltigen Aktenüberlieferungen des »Festausschusses« in Düsseldorf 1902. Industrie- und Gewerbeausstellung Düsseldorf 1902. Stadtarchiv Düsseldorf XVIII, Nr. 1 (Präsidium), Nr. 105 (Protokollbuch des Ausschusses für Festlichkeiten), Nr. 127 (Planung und Durchführung der Schlussfeier).

68 Manfred Hettling/Paul Nolte, Bürgerliche Feste als symbolische Politik im 19. Jahrhundert, in: dies. (Hg.), *Bürgerliche Feste. Symbolische Formen politischen Handelns im 19. Jahrhundert*, Göttingen 1993, S. 7–37, hier S. 9 f.

69 Der erste Nachmittag in Treptow, in: *Berliner Tageblatt und Handels-Zeitung. Morgenausgabe vom* 2. 5. 1896. Vgl. »Berlin am 1. Mai: An der Köpenicker Brücke«, »Ein Sonntagnachmittag auf der Treptower Chaussee«, in: *Berliner Illustrirte Zeitung* Nr. 18 vom 3. 5. 1896, S. 6. Die Eröffnung der Berliner Gewerbe-Ausstellung. Berlin im Festgewande, in: *Berliner neueste Nachrichten* 204 vom 1. 5. 1896, S. 1 f.

70 Vgl. exemplarisch *Amtlicher Bericht über die allgemeine Ausstellung deutscher Industrie- und Gewerbs-Erzeugnisse zu München im Jahre 1854, von der zur Einleitung und Durchführung bestellten Commission veröffentlicht*, München 1855, S. 155.

71 Vgl. den »Augenzeugenbericht« in *Prachtalbum der Berliner Gewerbeausstellung*, S. 21, und Thiel, Berlin, S. 22.

72 Nur gelegentlich, wie bei der Gewerbeausstellung in Braunschweig, konnten Interessierte zu stark erhöhten Preisen Eintrittskarten zu der Eröffnungsfeier lösen. *Die braunschweigische Gewerbe-Ausstellung 1877 in Braunschweig unter dem Protectorate sr. Hoheit des Herzogs Wilhelm zu Braunschweig-Lüneburg*, Braunschweig 1878, S. 16.

73 Vgl. *Berlin und seine Arbeit*, S. 164.

74 *Berliner Presse* Nr. 103 vom 2. 5. 1896, S. 1.

75 Kerr, *Berlin*, S. 148.

76 Vgl. Berlin und seine Arbeit, S. 163

77 2. Beilage zum *Vorwärts* vom 3.5.1896, Nr. 103.

78 Vgl. *National-Zeitung*. Erstes Beiblatt zu Nummer 606 vom 16. 10. 1896. Vgl. auch Erhard Crome, Berliner Gewerbeausstellung 1896. Betrachtungen eines Jahrhundertstücks, in: Bezirksamt (Hg.), *Verhinderte Weltausstellung*, S. 11–28, hier S. 21.

79 Thomas Mergel, *Parlamentarische Kultur in der Weimarer Republik. Politische Kommunikation, symbolische Politik und Öffentlichkeit im Reichstag*, Düsseldorf 2002, S. 21.

80 *Deutsche Bauzeitung* vom 2. 5. 1896, S. 226.

81 Paul Lindenberger, *Pracht-Album photographischer Aufnahmen der Berliner Gewerbe-Ausstellung 1896*, Berlin 1896, S. 90.

82 *Deutsche Bauzeitung* vom 2. 5. 1896, S. 226; Lindenberger, *Pracht-Album*, S. 29 f.

83 Prominent nachzuweisen auf der Hannoverschen Ausstellung 1878 und die Düsseldorfer Exposition von 1880. Vgl. exemplarisch für die Düsseldorfer Ausstellung 1880: *Sprüche in der Kunst- und Gewerbeausstellung. Gesammelt auf Wunsch seiner Königlichen Hoheit des Prinzen Friedrich Karl von Preußen*, Düsseldorf 1880, S. 2; für Hannover: Ferdinand Jugler, *Die Allgemeine Gewerbeausstellung der Provinz Hannover für das*

Jahr 1878 in 2 Teilen. Im Auftrage und unter Mitwirkung des Vorstandes der Ausstellungskommission, Hannover 1878, S. 4.

84 Burkard Dietz u. a., Der »Kulturwert der Technik« als Argument der technischen Intelligenz für sozialen Aufstieg und Anerkennung, in: dies. (Hg.), *Technische Intelligenz und »Kulturfaktor Technik«. Kulturvorstellungen von Technikern und Ingenieuren zwischen Kaiserreich und früher Bundesrepublik*, Münster 1996, S. 1–34, hier S. 4.

85 Lindenberger, *Pracht-Album*, S. 83.

86 Vgl. Friedrich Rapp, Technik und Mythos, in: Theo Elm/Hans H. Hiebel (Hg.), *Medien und Maschinen. Literatur im technischen Zeitalter*, Freiburg 1991, S. 27–47.

87 Lindenberger, *Pracht-Album*, S. 97.

88 Vgl. Tilmann Buddensieg, Industriekultur, Peter Behrens und die AEG (1907–1914), in: ders (Hg.), *Peter Behrens und die AEG (1907–1914)*, Berlin 1979, S. 9–90, hier S. 12 und 21.

89 Vgl. *Die Geschöpfe des Prometheus – Der künstliche Mensch von der Antike bis zur Gegenwart*, hg. von Rudolf Drux, Ausstellungskatalog Bielefeld 1994; und Werner Hofmann, Der Tod der Götter, in: Tilmann Buddensieg (Hg.), *Die Nützlichen Künste. Gestaltende Technik und Bildende Kunst seit der Industriellen Revolution*, Berlin 1981, S. 35–41.

90 Die Eröffnungsfeier der Berliner Gewerbe-Ausstellung, in: 3. Beilage zum *Vorwärts. Berliner Volksblatt* Nr. 103 vom 3. 5. 1896, S. 2: »Arbeiter brechen die Erdrinde auf, auf einem Schmiedeherde züngelt die Flamme, ein Adler kreist in den Wolken, und ein Ungethüm ist zu sehen, das stark an das Ungeheuer erinnert, das auf dem Knackfuß'schen Bilde heranpfaucht. Was es bedeuten soll, weiß ich nicht, vielleicht den Umsturz, vielleicht die Verkörperung des Streiks; irgend etwas wird es schon sein sollen.«

91 Weitere Motive der Ausstellung und Belege in Thomas Großbölting, *»Im Reich der Arbeit«. Die Repräsentation gesellschaftlicher Ordnungsvorstellungen in den deutschen Industrie- und Gewerbeausstellungen 1790–1913*, Habilitationsschrift, Münster 2003.

92 Vgl. die Diskussion zur Wirkung der Ausstellungen als ein Mittel der Gewerbeförderung in Sachsen bei Hubert Kiesewetter, *Industrialisierung und Landwirtschaft. Sachsens Stellung im regionalen Industrialisierungsprozess Deutschlands im 19. Jahrhundert*, Köln 1988, S. 666–672 und S. 677–682.

93 Obwohl auf der Frankfurter Ausstellung erfolgreich die Technik der Wechselstromübertragung demonstriert wurde, entschieden sich die Frankfurter Stadtväter deshalb nicht allein dafür. Eingerichtet wurde in der Tat ein Mischsystem, welche die Vorteile beider Übertragungsarten miteinander kombinierte. Vgl. *»Eine neue Zeit …« Die internationale Elektrotechnische Ausstellung 1891*, hg. von Jürgen Stehen, Frankfurt am Main 1991, S. 673–676. Vgl. auch David Guggerli, Technikbewertung zwischen Öffentlichkeit und Expertengemeinschaft. Zur Rolle der Frankfurter elektrotechnischen Ausstellung für die Elektrifizierung der Schweiz, in: Andreas Ernst u. a. (Hg.), *Kontinuität und Krise. Sozialer Wandel als Lernprozess*, Zürich 1994, S. 139–160.

94 Vgl. dazu die Skizze von Philip Crang, Cultural Turns and the (Re-)Construction of Economic Geography, in: Roger Lee/Jane Willis (Hg.), *Geographies of Economies*, London 1997, S. 3–15, hier S. 7–12.

95 Korff, Speicher, S. 47.

Vergangenheit, Zukunft und die Inszenierung von Wirklichkeiten

Politische Ökonomie und politische Kommunikation in Großbritannien zu Beginn des 20. Jahrhunderts[1]

Frank Trentmann

Im Jahre 1909, im Kampf gegen den drohenden Schutzzoll und mit einem Hauch dramatischer Inspiration, entwarfen britische Freihändler politische Ökonomie für das Theater. *A Message from the Forties*, auf Dickens' Weihnachtsgeschichte basierend, präsentiert Scrooge als Verkörperung protektionistischen Unwissens. Es ist die Vergangenheit, die den Geiz einholt und in die Gesellschaft reintegriert. Mit klirrenden Ketten erscheint Richard Cobdens Geist und erklärt Scrooge: »[these] are the chains that were forged by the Bread Tax, link by link and yard by yard girded around the people of England, and which I, after years of toil, yea, even persecution, struck from off the fettered limbs of the poor.« Scrooges Selbstsucht droht die Befreiung des Volkes zunichte zu machen und das Land in jene »dark days of the past« zurückzuwerfen. Auf verdunkelter Bühne sollte nun, laut Bühnenanweisung der Free Trade Union, der Geschichtsprozess mit Hilfe einer Laterna magica projiziert werden, mit Bildern von den freihändlerischen Schatzkanzlern Peel und Goschen und von den Unruhen in Stockport *(past)* und Berlin *(present)*. Nur der Freihandel garantiert »peace and good-will among men, purity in public life«. Jetzt erwacht Scrooge, geheilt von der schutzzöllnerischen Verblendung. Kinder erscheinen und beenden das Stück mit dem Wahlkampflied »Tramp, tramp, tramp upon protection«. Scrooge wünscht ihnen ein frohes Fest: »go home to your untaxed dinners, and thank God England is still Free Trade«.[2]

A Message from the Forties führt zur leitenden Frage dieses Aufsatzes: Wie wird eine zunehmend komplexe Wirtschaftswelt dargestellt und einer zunehmend unüberschaubaren Wählerschaft vermittelt? Wie haben Gesellschaften versucht, politischer Ökonomie Sinn zu geben, das heißt, wie wurde die Beziehung zwischen Wirtschaft und Politik verstanden, bewertet und kommuniziert? Das Theaterstück war nur eines aus einem großen Spektrum verschiedener Kommunikationsformen, mit denen der Kampf zwischen *Free Trade* (»Freihandel«) und *Tariff Reform* (»Schutzzoll«) vor dem Ersten Weltkrieg ausgefochten wurde. Das Spektrum reichte von Schaufensterausstellungen in Kleinstädten bis zu Versammlungen in Badeorten, von Lichtbildvorträgen auf dem Lande bis zu Massendemonstrationen in den Großstädten, von Reden bis zu Postkarten und Postern.

Eine Untersuchung dieser Kommunikationslandschaft wirft neues Licht auf die innere Dynamik des siegreichen Freihandels als soziale Bewegung und verspricht die allgemeinere Problematik der sich verändernden Beziehung zwischen Wirtschaft und politischer Kultur in der Moderne zu erhellen. Traditionell hat die Forschung ökonomistisch argumentiert und den Freihandel als Ausdruck wirtschaftlicher Interessen gesehen, einer Allianz von Finanz und Handel. Dieser Ansatz ist nicht nur empirisch unzureichend – Außenhandel, Finanz, und Exportindustrien waren sich keineswegs einig, diktierten nicht die Politik, und es gab auch hier Befürworter von Kampfzöllen oder imperialem Vorzugszöllen.[3] Er lenkt vor allem von der kulturelle Leistung der Freihandelsbewegung ab, der es in Großbritannien gelang, Wirtschaftspolitik in eine zentrale politische Glaubensfrage und einen elementaren Bestandteil nationaler Identität zu verwandeln.[4] Ohne diese kulturelle Umsetzung und Identitätsstiftung wäre es dem britischen Freihandel kaum gelungen, dem in allen anderen Ländern gegen Ende des 19. Jahrhunderts siegreichen Protektionismus Einhalt zu gebieten und eine Mehrheit des Volkes bei den Wahlen von 1906 und 1910 für sich zu mobilisieren. Statt politische Ökonomie als Umsetzung vorgegebener wirtschaftlicher Interessen in politische Entscheidungen zu deuten – wie in der einschlägigen Literatur zum deutschen Kaiserreich und europäischen Korporatismus[5] – oder eng als Wissenschaftsgeschichte zu betrachten,[6] geht es darum, auch die in der politischen Kultur freigesetzten Ideen und Werte zu verfolgen, mit denen politische Ökonomie thematisiert und dargestellt wurde, durch die gesellschaftliche Gruppen zu einem Interessenverständnis gelangten und mit denen die Rahmenbedingungen und Spielregeln für Wirtschaftspolitik und Einflussnahme abgesteckt wurden. Die Expansion und Legitimation des britischen Freihandels waren nicht autonome wirtschaftliche Prozesse, sondern wurden maßgeblich durch Ressourcen der politischen Kultur ermöglicht.

Die ideologische Aufladung des Freihandels kann bis ins 18. und frühe 19. Jahrhundert zu den aufgeklärten Eliten und dem evangelikalen Mittelstand zurückverfolgt werden, aber es waren die Jahre vor dem Ersten Weltkrieg, in denen es in Großbritannien zu einer zuvor nicht dagewesenen breiten Popularisierung und gesellschaftlichen Mobilisierung kam. 1910 organisierte allein ein Freihandelsverein über 5000 öffentliche Veranstaltungen. Kurz: Wir müssen uns einer Geschichte des Wissens nähern, wie es Kulturhistoriker für die frühe Neuzeit getan haben,[7] und fragen, wer wie mit welchen Mitteln und in welchem Kontext weiß, was als ökonomische Wirklichkeit zählt und welche politischen Schlüsse daraus zu ziehen sind. Die Visualisierung von Wirtschaftsbeziehungen und Interessen, Zukunfts- und Vergangenheitsvisionen sowie der symbolische Kontrast ganzer Gesellschaftssysteme waren entscheidende Mittel im massenpolitischen Überlebenskampf des Freihandels. Denn erst die Popularisierung von politischer Ökonomie produzierte das Wissen und die kulturellen Koordinaten und Symbole, die es den Akteuren erlaubten, ihre eigenen Interessen zu formulieren und mit schwer fassbaren, kollektiven Zusammenhängen von Nation und Weltwirtschaft zu verbinden. Dieser Prozess wurde geprägt von rivalisierenden Autoritätsansprüchen und Kommunikationsmöglichkeiten.

Diese Popularisierung und diesen Wettbewerb ernst zu nehmen, heißt auch, größere Erzählungen zu hinterfragen und eine neue historiographische Alternative zu entwerfen, die die Symbiose von Kultur und politischer Ökonomie betont, statt ihrer systemischen Ausdifferenzierung, mit der die Moderne häufig gleichgesetzt wird. Modernisierungstheorien betonen eine Differenzierung von selbst-referentiellen Systemen mit eigenen Wissenssystemen *(economics)*. »Economic imperialism« ist eine zweite Erzählweise, in der eine ausdifferenzierte kapitalistische Wirtschaftsform und ihre liberale Selbsterkenntnis *(rational choice)* letztlich alle Lebensbereiche zu kolonisieren beginnt.[8] Das politische Pendant zu diesen Ansätzen sieht in der Moderne eine sich zunehmend bürokratisch standardisierende Form der Politik, in der, wie schon Ostrogorski zur Zeit unserer Betrachtung warnte, Freiheit und Autonomie von organisierten Interessen verdrängt werden oder, in der Sprache der Postmoderne, von *governmentality*, Anonymität und *closure*.[9] Wird jedoch politische Ökonomie statt als abstrakte Größe als vielschichtige soziale Praxis betrachtet, und werden ihre Darstellungsformen und Meinungen, mit denen sie im öffentlichen Leben zirkuliert, berücksichtigt, so werden diese Erzählmuster fragwürdig.

Dieser Aufsatz verfolgt anhand der britischen Freihandelskontroverse die Entwicklung von Zeitlichkeit und Symbolik, die sich verschiebende Darstellung von Rationalität sowie die Räumlichkeiten von politischer Kommunikation und Unterhaltung. Statt anonymer, systemischer Ausdifferenzierung entsteht zu diesem Höhepunkt der liberalen Moderne ein neues Bild, das die zunehmende kulturelle Durchdringung von politischer Ökonomie betont und die Vermischung verschiedener Wissensformen und Kommunikationsstile betont.

1. Utopien und Dystopien: Zeitverschiebung im Kampf um den Freihandel

Die politische Ökonomie erlangte ihren epochalen Charakter, indem sie wirtschaftliche Fragen in größere zeitliche Entwicklungsprozesse einbettete, die es den Zeitgenossen ermöglichten, ihre eigenen Handlungen mit geschichtlichem Wandel zu verbinden. Im 18. und 19. Jahrhundert war das für Freihändler die Projektion einer aufgeklärten, friedlichen und wohlhabenden Zukunft. Das Prinzip des gegenseitigen Vorteils unter Freihandelsbedingungen war, wie es ein Gedicht der *Anti-Corn Law League* 1841 typisch fasste, letztlich nur die Umsetzung gottgewollter Zukunft für die Menschheit: statt »war's red banner [...] the wide world / Bound in one chain of brotherhood, should be / The mighty bond of reciprocity«.[10] Unter dem Einfluss evangelikaler Ideen der Sühne sahen einige Freihändler sich sogar als Beschleuniger menschlicher Zeit, denn die Abschaffung sündiger Zölle führte näher an das Tausendjährige Reich Christi heran. In der viktorianischen Gesellschaft zehrte der Freihandel von britischem Patriotismus und Sendungsbewusstsein, das weniger die Karikatur vaterlandsloser Manchesteriten widerspiegelte als den Glauben an eine zukünftige Welt nationaler Zivilgesellschaften, die harmonisch über freien Warentausch miteinander verbunden waren. Die zukunftsweisende Führungsrolle Großbritanniens war unbestritten. Am 15. Januar 1846, kurz vor der Abschaffung der Getreidezölle, prophezeite der radikale Führer Richard Cobden, dass nach einer britischen Einführung des Freihandels es nicht ein Land in Europa geben werde, das nicht in fünf Jahren dem britischen Beispiel folgen werde.

Derartige Prophezeiungen erwiesen sich als unrealistisch und machten die Freihändler angreifbar. Der neue Protektionismus in Kontinentaleuropa und Übersee seit den 1870er Jahren, zunehmender Konkurrenzkampf auf internationalen Märkten sowie zunehmende Ängste über die Zukunft des Empire und der eigenen Rasse führten in Großbritannien zu einer Verschiebung der zeitlichen Interpretationsschemata, mit denen der nach der Jahrhundertwende neu entfachte Kampf um den Freihandel bestritten wurde. »Tariff Reformers«, das heißt Schutzzollanhänger, zitierten nun Cobdens Vision als symptomatisch für das liberale Missverständnis der geschichtlichen Entwicklung. Die Glaubwürdigkeit der Tariff-Reform-Politik hing letztlich von ihrer Fähigkeit ab, gegenwärtige Probleme als Systemkrise in die Zukunft zu projizieren – nach dem Muster: heute eine Industrie verloren, morgen das Empire. So erklärte ein Tariff-Reform-Poster dem schlafenden britischen Arbeiter, hinter dessen Rücken ein Einwanderer sich ins Land schleicht: »It is not what you have now, but the question is: How long shall we keep it, and how much shall we keep of it.«[11]

Die Freihändler kehrten der Zukunft nicht völlig den Rücken zu. Am 28. Oktober 1909 zum Beispiel erlebte der Einakter *Saturday Night: A Dream of Tariff Reform* vor einer »crowded and enthusiastic audience« in der King's Hall in Cheltenham seine Premiere. Hier war »Free Trade« ein Geist, der dem von der »fiscal controversy« verwirrten Steinmetz Benjamin Andrews eine schreckliche Zukunft unterm Schutzzoll ausmalt: Familienglück, das Fundament der Zivilgesellschaft, schwinde dahin.[12] Anderswo warnten Freihändler, dass Protektionismus Kartelle und Trusts, gesellschaftliche Anarchie und politische Korruption hervorbrachten und die Welt in Konflikte und Kriege stürzten. Ein dystopischer Zukunftsentwurf wurde häufig im selben visuellen Rahmen eingesetzt, um den Kontrast zur Freihandelsgegenwart zu betonen, wie auf einem liberalen Poster, welches einen gut ausgestatteten, sauberen und mit gut gekleideter weiblicher Käuferschaft privilegierten Krämerladen neben dem bankrotten Geschäft zeigt, auf dem ein paar überteuerte Lebensmittel die fast leeren Regale vor einer Kulisse städtischen Zerfalls zierten.[13] Im Allgemeinen jedoch bewegte sich die Vor- und Darstellungskraft des Freihandels weg von einer utopischen Zukunft zu einem diachronen oder rückwärtsgewandten Systemvergleich. Hier wurde die progressive Stellung des britischen Freihandels entweder mit zeitgenössischen Gesellschaften auf einer unteren Stufe der Entwicklungsleiter verglichen oder mit dem Leid und der Unterdrückung in der eigenen Vergangenheit – wie sie Cobdens Geist und seine Ketten symbolisierten. Utopien wurden von Dystopien abgelöst.

Wenn auch die Tariff Reformer in den Wahlkampagnen scheiterten, so gewannen sie doch den Bilderkrieg um die Zukunft. Der nahestehende Ruin des Landes war ein zentrales Motiv in Millionen von Postern, Postkarten und Pamphleten. Während des Jahres 1909 verteilten die Konservativen über 53 Millionen Flugblätter, Pamphlete und Bildmaterial, die Liberale Partei allein 1080000 Bild- und Schriftposter. Zur Zeit der Wahl im Januar 1910 füllten politische Poster fast 200000 m^2 Londoner Wandfläche.[14] Tariff Reformer benutzten Bilder von Geschwindigkeit, Transportmitteln und Kreuzungen, um politische Ökonomie zu verzeitlichen, das heißt den Freihandel von zeitlosen, universalen Prinzipien loszureißen und in die Vergangenheit zu verbannen, um den Schutzzoll als einzige für die jetzige Zeit geeignete Entwicklungsstrategie darzustellen. In einem Poster wird Britannias Pferdekutsche der Marke »1846 Free Trade coach« von dem Automobil »Protection« überholt, mit dem ein deutscher Offizier und Uncle Sam fahren. »It's rather lonely in here all by myself«, klagt Britannia, »but the others are bound to join me soon«, Cobdens Prophezeiung nachsprechend (Abb. 1). Während der Wahl im Dezember 1910 trugen als Diener verkleidete Konservative eine Sänfte durch Manchester mit der Botschaft: »In Cobden's Days we went to the poll like this. Now we have to alter the pace.«[15] Der bei Tariff Reformern weitverbreitete Einsatz des Automobils war somit nicht nur ein Mittel, um Wähler zur Urne zu transportieren, sondern auch, um den eigenen zukunftsweisenden Anspruch zu demonstrieren.

Dieser für die Moderne so charakteristische Einsatz von vergleichenden Ideen zur Beschleunigung und Verlangsamung ganzer Gesellschaftssysteme[16] wurde durch eine räumliche Darstellung von voneinander wegführenden Entwicklungspfaden ergänzt. Tariff Reform positionierte Arbeiter an einer Wegkreuzung: Von der alten Freihandelsstraße mit Arbeitslosigkeit und sterbenden Handelszweigen kommend, sieht der Arbeiter links den Wegweiser »Socialism« zu einem Pfad von Anarchie und Treulosigkeit, während rechts »Tariff Reform« zur Straße weist, auf der die Sonne des Wohlstands scheint.[17]

Interessanterweise waren es die Freihändler, die erfolgreicher die Vergangenheit mobilisierten, nicht die Tariff Reformer mit ihrem starken Rückhalt bei historisch orientierten Wirtschaftsexperten.[18] Die Vergangenheit wurde als Warnung vor einem möglichen Rückfall auf eine niedrigere Zivilisationsstufe benutzt. 1846, das Jahr, in dem die Kornzölle aufgehoben wurden, symbolisierte hier die Zeitscheide, die das Elend und die Unterdrückung unter dem Schutzzoll von der Befreiung unter dem Freihandel trennte. Die protektionistische Vergangenheit wurde identisch mit den »Hungry Forties«, ein Begriff, der von den editierten mündlichen Überlieferungen gleichen Titels aus dem Jahre 1904 geprägt wurde, die in Volksausgaben von mehr als 200 000 Bänden zirkulierten.[19] Der »Hungry-Forties«-Band sowie Auftritte alter Chartisten verliehen mit ihren Erinnerungen der vergangenen Zeit eine populistische Authentizität, die zugleich die Beteiligung des Volkes am Fortschritt und die Gefahr einer möglichen Umkehrung des Geschichtsprozesses betonte.[20] In Great Grimsby stellten Liberale eine Büste Cobdens aus mit der

Abb. 1 Tariff Reform Poster, 1910[21]

Warnung: »Will you go back: Remember the HUNGRY FORTIES.«[22] Diese moralische Erzählung mit ihrer selektiven Darstellung wirtschaftlicher Zahlen produzierte eine stark dramatisierte Vergangenheit, die von dem vor und nach 1846 relativ stabilen Brotpreis ablenkte.[23] Die Vergangenheit war hier nicht nur Kontrast, sondern auch zivilisierendes Medium als solches – nicht zufällig war es Cobdens Geist, der Scrooges Resozialisierung einleitete. Für Radikale und Liberale waren die »Hungry Forties«ein Narrativ sozialer Bewegung, das ihnen ein Gefühl aktiver Teilnahme an einem epochalen Freiheitsschub gab. Für viele Freihändler stand 1846 als Geburtsstunde für eine wahre Zivilgesellschaft mit einem sich ausbreitenden Netzwerk von Vereinen, wie den Konsumgenossenschaften, die das Volk in der Kunst der Demokratie schulten.

2. Flour Power: Der große und der kleine Laib Brot

Die Flut von wirtschaftlichen Daten und Arbeiten, die durch die Schutzzollkontroverse ausgelöst wurde, wird konventionell als Unterstützung für den Freihandel angesehen: Je mehr Daten über die Expansion der britischen Ausfuhr und der Löhne erschienen, um so schwieriger wurde es für die Tariff Reformer, das Argument vom drohenden Ruin aufrechtzuerhalten. Gleichwohl, die nie dagewesene Dichte von Statistiken stellte die Liberalen auch vor ein neues Problem: Je mehr Daten es gab, und je spezieller diese wurden, desto schwieriger wurde es, ganzheitliche Prozesse im politischen Massenmarkt zu kommunizieren. Freihandelsaktivisten standen vor dem Problem einer zunehmenden Asymmetrie von Daten und Theorie. Die »fiscal controversy« war ein politischer Kampf, der sich über acht Jahre erstreckte (1903–1910), in denen drei Unterhauswahlen stattfanden. Während dieser Zeit veränderten sich die Prinzipien kaum, die Flut von Informationen nahm jedoch ständig zu. Wie konnten die Organisatoren ihre Truppen, Wähler und Nichtwähler immer wieder mobilisieren? Wie versuchten die Freihändler das Dilemma, politische Ökonomie im Zeitalter von Massenkommunikation zu betreiben, zu lösen? Dieser Frage nachzugehen, heißt sich zuerst von der interpretativen Zwangsjacke der Geschichtsschreibung befreien zu müssen, in der scharf zwischen zwei politischen Kulturen unterschieden wird: zwischen emotionalem Konservatismus und rationalem Liberalismus, zwischen Symbolen und Vernunft, zwischen kommerzieller Unterhaltung und öffentlicher Rede und Antwort.

Zentrale liberale Symbole wie zum Beispiel »the big loaf and the little loaf« – der große und kleine Laib Brot – waren nicht nur ein »slogan«,[24] sondern dominierten die politische Landschaft als Teil der sozialen Praxis von politischer Ökonomie, mit der an Ängste und Erwartungen appelliert, Identitäten gestiftet und Interpretationsrahmen angeboten wurden, in denen sich politische Ökonomie den öffentlichen Debatten zugänglich machen ließ. Liberale und Schutzzöllner beobachteten einander und entwickelten ihre Kampagnen im Dialog, indem sie Ideen und Techniken voneinander abschauten oder für eigene Zwecke adaptierten. Je länger die Kampagne, desto wichtiger wurden Symbole und Unterhaltungsformen zur Interpretation und Vermittlung von Daten, Werten und Ideen. Im Laufe der Kampagne ergänzten der »Free Trade Shop« und die Wanderausstellung das bis dahin prominente Symbol des großen Brotes. Zur selben Zeit griffen etablierte Formen der politischen Kommunikation wie die Rede und der Bildervortrag über auf Lebensräume wie die Seebäder, die zuvor von Politik unberührt waren. Das Resultat war eine neuartige Fusion von politischer Ökonomie und politischer Unterhaltung.

Spezialisierung und Differenzierung in der politischen Kommunikations- und Interessenlandschaft waren für die Freihändler besondere Hürden. Die Tariff Reformer genossen dagegen geringere »costs of collective action«, denn es erschien einfacher, spezielle Wirtschaftszweige zu mobilisieren als diverse Gruppen von einem Allgemeingut zu überzeugen. Zudem musste die Flut von immer differenzierteren und voluminöseren Regierungsstatistiken einem Publikum vermittelt werden, das weder die Muße noch das Wissen besaß, diesen einen Sinn abzugewinnen. »The weakness of the Free Trade defence«, erkannte Wallace Carter, der Sekretär der *Free Trade Union (FTU)*, lag nicht zuletzt darin, dass »the average Liberal speaker having a dozen political interests, is no longer competent to deal with the [fiscal] question, because it has become so specialised.«[25] Wie wurde dieses Kompetenzdefizit überwunden? Die neuen Wissenschaften der Ökonomie und Statistik boten wenig Hilfe. Den öffentlichen Zweifel daran, was als autoritativer Beweis gelten durfte, fingen die liberalen *Fiscal Ballads* (1905) ein, indem sie sich in theatralischem Cockney über »Statistics« als die Kunst, Weiß in Schwarz zu verwandeln, belustigten. Wirtschaftswissenschaftler trugen ihre Meinungskämpfe öffentlich aus oder waren, im Falle des liberalen Alfred Marshall, politikscheu und boten komplexe Analysen an, die für die kommunikativen Bedürfnisse der Freihändler unnütz waren und, schlimmer, sich als realitätsfremd erwiesen und leicht zum Gespött der Schutzzöllner werden konnten.[26]

Auf der einen Seite versuchten Freihändler die Spezialisierung des Wissens für sich zu nutzen, um schnell und gezielt Kandidaten und Redner mit Munition im Kampf gegen die ständig neuen Daten und die Kritik der Schutzzöllner auszurüsten. Hatte die FTU im Herbst 1903 nur einen Forscher, der Material zu bestimmten Handelszweigen zur Verfügung stellte,[27] gab es zur Wahl im Januar 1910 ein Information Bureau mit über 60 Branchen und mit 50 angestellten »agents«, die örtliche Redner und Helfer ausbildeten, welche über 5000 Veranstaltungen organisierten sowie 250000 Poster und 20 Millionen Flugblätter und -schriften verteilten. Die prominente zeitgenössische *Congo-Reform*-Kampagne brachte es dagegen nur auf 43 städtische Versammlungen und 300 Vorträge in den Jahren 1906/07; die *Anti-Corn Law League* stellte auf ihrem Höhepunkt 15 Redner an, die 1840 800 Vorträge hielten.[28] Das Land wurde anhand der einzelnen Branchen in Distrikte eingeteilt, um, wie der FTU-Agent erklärte, Sprecher mit dem nötigen lokalen Wissen auszubilden, damit sie die protektionistische Rhetorik über sterbende Firmen für Märchen erklären konnten.[29]

Die Spezialisierung höhlte jedoch den Anspruch der Freihändler, als einzige für das Allgemeinwohl zu sprechen, aus. Daher der Reiz und die zentrale Rolle kohäsionsstiftender Symbole und Erzählungen, die sowohl die moralische als auch die materielle Überlegenheit des Freihandels für den Einzelnen und die Nation darlegen und wirtschaftliche Daten vermitteln konnten. Jüngst entdeckte Quellen zeigen, wie sich im Laufe des Jahres 1910 die Kommunikationsrichtung von speziellen Versammlungen für gewisse Branchen und Gruppen deutlich zu allgemeinen Versammlungen hin verschob. Zwischen Mai und Dezember 1910 organisierte der *National Free Trade Lectures* Verband 4361 Vorträge für »general audiences«, verglichen mit 863 spezifisch für ländliche Gruppen, 106 für Frauen und lediglich 87 für bestimmte Handelsgruppen, 37 für Gewerkschaften und Genossenschaften sowie 6 für Bauern- und Landwirtschaftsverbände.[30]

In der öffentlichen Kommunikation über politische Ökonomie besaßen kollektive Erinnerung und angewandtes Alltagswissen größere Autorität als abstraktes Wissen. Die praktische Erfahrung vergangener Schatzkanzler hatte hier Gewicht, die von Wirtschaftswissenschaftlern dagegen kaum. Praktisches Wissen war *populistisch* und appellierte an den gesunden Menschenverstand; persönliche Erinnerungen von »einfachen Menschen« sollten die Erfahrung des gemeinen Volkes repräsentieren. So berichtete der liberale Glasgower *Daily Record* im Januar 1910, wie »an old white-haired, white-bearded man [told] a youth, who seemed to think that he was the repository of all the economics in the world, his experience of the ›hungry forties‹«.[31]

Die entscheidenden Ikonen und Vermittler dieser Wissens- und Erzählform waren der große und der kleine Laib Brot, die das Interesse des einzelnen Käufers und sein alltägliches Wirtschaftswissen (den Preis des Brotes) mit einer symbolischen Darstellung der Volkswirtschaft (Lebensstandard, Arbeitsbedingungen, Löhne) verbanden. Die Assoziation zwischen Weißbrot und zivilisiertem Leben reicht in das 18. Jahrhundert zurück.[32] Bereits in den 1840er Jahren fungierte der Laib Weißbrot als das Symbol der *Anti-Corn Law League* und wurde auch gelegentlich neben einem größeren polnischen und französischen Laib hängend bei Versammlungen zur Schau gestellt.[33] Freihändler um 1900 konnten somit an Traditionen anknüpfen, in denen Weißbrot Assoziationen von gesellschaftlicher Emanzipation, anständigem Familienleben und christlicher Tugend hervorrief, wie im Gebet »Unser tägliches Brot gib uns heute«.[34]

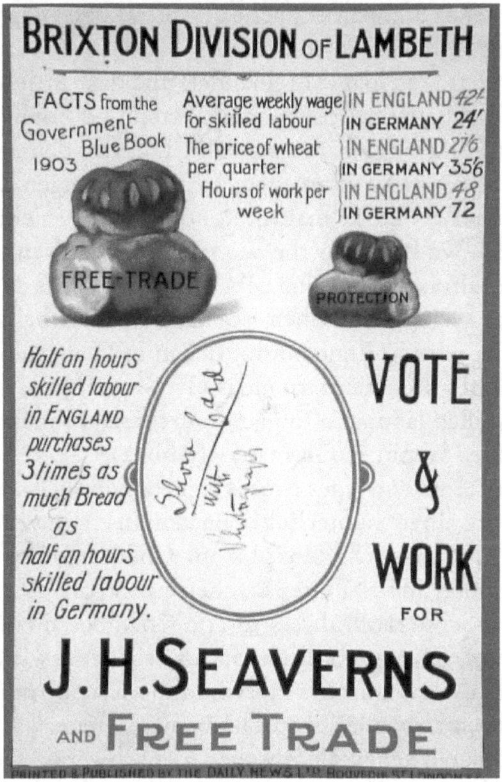

Abb. 2 Flugblatt, Brixton Division of Lambeth, für ›J. H. Seaverns and Free Trade‹, um 1905.[35]

Das Neue der Freihandelskampagne nach der Jahrhundertwende bestand darin, den Umlauf des Bildes vom »cheap loaf« mittels neuer Medien wie Postkarten und Farbposter zu verstärken und, vielleicht wichtiger, dessen Symbolkraft mit der Vermittlung statistischer Information zu verbinden. Die Allgegenwart des großen und kleinen Laibes verstärkte die bereits erwähnte Neigung, in Systemkontrasten zu denken. Diese Praxis war selbst Ausdruck kultureller Annahmen über Wissensformierung. Wallace Carter gründete die Arbeit der Free Trade Union auf die »idea that since nobody can think statistically in millions, and only students can think diagrammatically, the ordinary man must be helped to think by contrasts, and in pictures«.[36] Winston Churchill, der die landesweite Rede- und Ausstellungskampagne persönlich überwachte, verlangte statt Statistik einfache und attraktive Diagramme, um ungeduldige moderne Menschen zu erreichen.[37]

So erschienen das »big loaf« (Freihandel) und das »little loaf« (Schutzzoll) häufig neben Wirtschaftsstatistiken oder Texten und boten eine visuelle Repräsentation der Volkswirtschaft als solche. Die von den *Daily News* inszenierten Poster und Postkarten aus dem Jahre 1905 zeigen diese synthetische Funktion des Laibes als Ikone makroökonomischer Beziehungen und sozialen Bewusstseins. »We Plead for the Women and Children« zeigt zwei Laibe Weißbrot im Verhältnis drei zu eins neben Statistiken aus dem Blue Book der Regierung (1903), welche die hohen Löhne, kurzen Arbeitsstunden und geringeren Getreidepreise in England mit denen in Deutschland vergleichen.[38] Ähnliche Flugblätter kommentierten das Größenverhältnis der Brote direkt: »Half an hours skilled labour in England purchases 3 times as much Bread as half an hours skilled labour in Germany« (Abb. 2).

Die ungleichmäßige Form des Brotes eignete sich leicht dazu, symbolische Bedeutungen weit über numerische Beziehungen auszudehnen. Dudley Wards »The Storm Cloud. Wake Up! Your Children's Bread is in Danger!« entwarf in Anlehnung an bekannte Märchen einen Laib »Prosperity«, der vor dem Ansturm des Schutzzollführers Joseph Chamberlain mit seinem Messer »Taxation« flüchtete. Der symbolische Status des Laibes wurde noch verstärkt durch Chamberlains dramatisches Hervorzaubern (in Birmingham am 4. November 1903) eines Freihandelsbrotes und eines unter erwarteten Zollpreisen gebackenen Laibes, bei denen die Zuschauer es schwer hatten, einen Größenunterschied zu erkennen. Photopostkarten verbreiteten das »wahre« Bild der zwei Laibe landesweit.[39] Die liberalen *Daily News* antworteten schnell mit einem eigenen Backexperiment – den Zahlen im *Blue Book* folgend – und stellten das große und kleine Resultat in ihrem Londoner Büro zur Schau. Was waren nun die wirklichen Größendimensionen der Brote, und wer hatte die Autorität, die Wahrheit zu verkünden? Liberale Karikaturisten und Redner waren schnell dabei, das bodenständige Wissen und den gesunden Menschenverstand britischer Arbeiter herauszustreichen, die sich nicht von abstrakten Versprechungen der Schutzzöllner übers Ohr hauen ließen. So zeigt Goulds »Spectacular Deception« Chamberlain als Straßengauner, der vergeblich versucht, passierende Arbeiter mit Hilfe von protektionistischen Vergrößerungsgläsern von der »wahren« Größe eines Miniaturbrotes zu überzeugen – die Arbeiter erinnern ihn, »we want to EAT the loaf, not to look at it«.[40]

Joseph Chamberlain scheiterte mit seinem Vergleich, weil die kulturelle Bedeutung des Brotes weit über den engen wirtschaftlichen Kontext hinausreichte. Im Gegensatz zur konventionellen Trennung zwischen konservativem Emotionalismus und liberalem Rationalismus waren es die Schutzzöllner, die vergeblich versuchten, die Kosten eines kleinen Zwei-Shilling-Zolls auf Getreide präzise zu fassen, was es den Freihändlern lediglich erlaubte, den emotionalen Wert des Brotes weiter aufzuladen. Vergeblich versuchten die Schutzzöllner, das Argument vom Brot zu Reallöhnen und Arbeit in Beziehung zu setzten, indem zum Beispiel ein strammer britischer Arbeiter seiner Frau erklärt:»Yes, lass, the bread may have gone up a farthin' [1/4 penny], but what about the coffee and tea and sugar going down, and wages ten bob [10 shilling] higher.«[41] Bis 1908 scheiterten die Tariff Reformers daran, eine unabhängige Ikonographie zu entwickeln. In *International Exchange* (1905), einem von zwei erhaltenen politischen Pionierfilmen protektionistischer Gesinnung, wählt John Bull, die englische Nationalfigur, »Fair Trade«, nachdem er das große Brot der Freihandelshexe gegen das kleine Brot der Schutzzollfee eingetauscht hat.[42] Selbst Huskinson, dem talentierten Cartoonist der *Tariff Reform League*, gelang es nicht, dem symbolischen Sog des Brotes zu widerstehen. Röntgenstrahlen entlarven den deutschen »dumper«, der sich in einem großen Brot versteckt hat.[43] Diese Darstellungen entfalteten eine eigene Dynamik, in der Zeichner und Politiker von einander abschauten, so dass es nicht überrascht, dass der Kontrast zwischen dem großen und dem kleinen Laib letztlich auch seinen Weg zurück in das protektionistische Lager fand. In Harry Furniss' Bildern hält Chamberlain zwei ähnlich große Brote, aber steht nun stolz auf einem Berg gigantischer Laibe, erhellt vom goldenen Schein der aufgehenden Sonne des Protektionismus. Daneben liegt ein kleines, einsames Brot, vor düsterem industriellen Hintergrund, mit der Warnung: »This is all the bread workingmen can afford to buy while foreigners rob us of our trade and English works are closed« (Abb. 3).

3. Der »Dumping Van« und der »Free Trade Shop«: Großbritannien und Deutschland in Gegenüberstellung

Die Jahre 1909/10 brachten eine dramatische Ausdehnung der Infrastruktur, Symbolik und Praxis politischer Kommunikation. Vor dem Hintergrund der Teuerung wurde das Freihandelssymbol des »billigen Brotes« verwundbar.

Abb. 3 »A Sporting Question«. Postkartenabbildung Joseph Chamberlains[44]

»Where is that Radical Cheap Loaf?«, fragten konservative Poster und zeigten den liberalen Premier Asquith, wie er ein teures Brot serviert.[45] Während der Freihandelskampagne zwischen den zwei großen Wahlen vom Januar und Dezember 1910 wurde der Kontrast zwischen großem und kleinem Laib nun überlagert von einem qualitativen Vergleich zwischen einheimischen und fremden Brotarten stellvertretend für verschiedene Gesellschaftssysteme. Dieser symbolische Übergang war Teil einer Erweiterung der Kommunikationslandschaft. Internationale Vergleiche nahmen nun die Form eines scharfen, hierarchischen Gegensatzes zwischen dem allgemeinen Wirtschafts- und Zivilisationsstand Großbritanniens und dem des deutschen Kaiserreichs an. Statt Fortschritt an eigener Vergangenheit und Gegenwart zu messen, wurde politische Ökonomie nun anhand der Gegenüberstellung zweier rivalisierender

Staaten betrieben. Dies wiederum schuf neue Probleme und Möglichkeiten der autoritativen Kommunikation: Wie konnte die deutsche Wirtschaft dargestellt werden, und welchen Stimmen konnten Menschen – zumal Arbeiter[46] – vertrauen, deren Wissenshorizont stark lokal-regional begrenzt war?

Neben den Versammlungen in Badeorten und den Laterna-magica-Vorführungen waren insbesondere die »Dumping Vans« der Protektionisten und die Wanderausstellungen der Free Trade Shops neue Vehikel dieses Wissens, mit denen selektive Informationen und exemplarische Produkte aus dem Ausland in britische Stadtzentren und Dorfplätze gebracht wurden. Lastkraftwagen und Ausstellungen gaben verbalen Argumenten und statistischen Kontrasten eine fassbare visuelle Dimension und bereicherten die politische Ökonomie um eine populäre Unterhaltungsform. Diese Dynamik steht in deutlichem Gegensatz zur These von einer zunehmenden bürokratischen Reglementierung und *closure* des politischen Raums von oben hin zu geschlossenen Versammlungen und zentralisierter Parteikommunikation.[47] Die »Dumping Vans« und Freihandelsausstellungen zeigen, dass in pluralistischen Gesellschaften auch eine horizontale Dynamik am Werk ist, in denen politisch aktive Gruppen (und nicht nur Parteien) sowohl Konsumenten als auch Produzenten politischer Botschaften sind, das heißt sich gegenseitig beobachten und kreativ voneinander lernen. Um in diesem innovativen Wettbewerb zu bestehen, müssen die politischen Akteure sich ständig neu positionieren und einen Grad von Reflexivität entwickeln, der der ordnenden Kraft einer »governmentality« unausweichlich entgegenwirkt. Das Überleben des Freihandels in der Vorkriegszeit hing letztlich davon ab, sich auf diesen kommunikativen Wettbewerb einzulassen, von den politischen Methoden der Protektionisten zu lernen und die zunehmende Symbiose zwischen öffentlicher Rede und Unterhaltung aktiv voranzutreiben.

Mit der Figur des »dumper« versuchte die Schutzzollkampagne von Anbeginn, das öffentliche Verständnis von Freihandel als freiem Güterverkehr auf Ein- und Auswanderung von Menschen auszudehnen. Importierte Schleuderwaren wurden häufig neben ungewollten Einwanderern dargestellt. Dumping stellte eine doppelte Gefahr für die Männlichkeit der Nation dar – ein zentrales Motiv des konservativen Selbstverständnisses. Es führte zu Arbeitslosigkeit und Auswanderung.[48] Zudem erklärte die Figur des deutschen Dumpers mit Hilfe einer Verschwörungstheorie, wie es dazu kam, dass Großbritannien eine wirtschaftliche Strategie verfolgte, die (den Protektionisten zufolge) dem nationalen Interesse entgegenlief. Der Freihandel und seine Vereine erschienen hier als Masken ausländischer Interessen. So wurde »Herr

Schmitt« mit seinem Geschäft voller billiger ausländischer Waren als typischer Anhänger des Cobden Clubs und der Politik der Offenen Tür dargestellt.[49]

Der Dumpingwagen verlieh diesen Ängsten neuen materiellen Ausdruck und war ein Versuch, die in Bild und Wort dargestellte Gefahr einer Flut von ausländischen Gütern unmittelbar fassbar zu machen.[50] Die »Dumping Vans« waren Omnibusse, die die in den 1890er Jahren eingeführten Pferdewagen konservativer Redner weiter entwickelten.[51] Als Läden auf Rädern zeigten diese motorisierten Wanderausstellungen zollfrei importierte Waren neben politischen Postern.[52] Einige Wagen inszenierten Straßentheater, wie in Chatham und den Midlands, wo John Bull von seinem »British-Isles«-Wagen von »Ausländern« weggestoßen wurde, die den Bühnenvorbildern und Karikaturen entsprechend gekleidet waren.[53] In anderen Städten gab es fest installierte »Dump Shops«, die ihre Ladenauslagen ausländischer Importe mit Warnungen zunehmender heimischer Arbeitslosigkeit und sozialem Elend einrahmten, symbolisch durch »gedumpte« Särge an der Eingangstür abgerundet.[54] Das Schaufenster in der Howard Street in Sheffield verband die Ausstellung mit dem Hinweis, dass sich unter dem Freihandel die Lebensmittelpreise erhöht hatten, was anhand unterschiedlich großer Mengen von Brot, Zucker und Butter, »size today« und »size four years ago«, dargestellt wurde.[55]

Die Nähe und Fassbarkeit internationaler Wirtschaft, welche diese Objekte suggerierten, wurde nun ergänzt durch lebhafte Berichte von besseren Lebensbedingungen im protektionistischen Kaiserreich. Die sogenannten »tariff trippers« kehrten von ihrer Tour durch Deutschland zurück mit persönlichen Eindrücken vom hervorragenden Versicherungssystem und Arbeitsämtern, respektablen Arbeiterwohnungen und sauberen Kindern. Freihändler kritisierten die mangelhafte Repräsentativität dieser Schilderungen, aber die Schutzzöllner hatten hier eine effektive, auf persönlicher Ebene zugängliche Form der Wirtschaftsberichterstattung gefunden, die es den Briten erlaubte, ihre Stellung in der eigenen Gesellschaft mit Arbeitern anderswo zu vergleichen.

Die Reaktion der Liberalen auf die protektionistische Dramatisierung von Teuerung, Dumping und »tariff trippers« war es, die symbolische Funktion des Brotes vom relativen Preis zum qualitativen Unterschied verschiedener nationaler Systeme zu verschieben. Das Weißbrot britischer Freiheit erschien nun neben dem Schwarzbrot eines protektionistischen, autokratischen Deutschlands. Dieser Zivilisationsvergleich wurde durch zahlreiche Geschichten von Deutschen, die der Hunger zum Verzehr von Pferdefleisch und selbst Hunden trieb, schrill ausgemalt.[56] Liberale verbreiteten nun Fotos und Nachrichten von deutschen Protesten gegen erhöhte Fleischpreise. Entwicklungen in Deutschland (obgleich ein Land mit relativ niedrigem Schutzzoll) bewiesen, so britische Freihändler, die kausale Beziehung zwischen Zoll und drohender Anarchie.[57] Die FTU gab Broschüren mit Konsularberichten aus Deutschland zum Preis von einem Penny heraus. Auszüge aus Konsularreporten und deutschen Zeitungen erregten zwar treue Parteimitglieder auf Jahresversammlungen,[58] konnten jedoch weniger mit den persönlichen Eindrücken und fassbaren Objekten der Schutzzöllner mithalten. Um eine eigene autoritative Stimme zu mobilisieren, engagierte die Freihandelskampagne Redner, die über deutsche Lebensbedingungen aus eigener Erfahrung berichteten. Labours Ramsay MacDonald reiste selbst nach Deutschland und berichtete über Armut unterm Schutzzoll für die *Daily News*. Nicht minder wichtig war ein landesweites Netz von Rednern, die über Stadt und Land zogen, wie unter anderem W. Brownrigg, der von seinen Lebenserfahrungen in Deutschland berichtete, Edward Baker, der als Mitglied der »tariff trippers« die Subjektivität protektionistischer Berichte enthüllte, oder der fest angestellte Deutsche Franz Wendel.[59] Weibliche Redner spielten eine wichtige Rolle, da die Debatte den Zivilisationsgrad verschiedener Systeme nicht zuletzt am Zustand von Heim und Familie maß. So erzählte Mrs. King Zuhörern in Südwestengland von ihren Erfahrungen in Deutschland. Annie Esplin wurde nach Berlin und Paris gesandt, um Photographien und Daten zu erstellen, und bot eine »very popular« Laterna-magica-Vorführung über Haushaltung in protektionistischen Ländern an.[60] Viele dieser Vorträge waren Massenversammlungen – Baker sprach zu einer der größten Versammlungen unter freiem Himmel in der Geschichte East Dorsets – und brachten Eindrücke und Informationen aus Berlin und Frankfurt bis ins ferne Devon und Cardiff.[61]

In der Kampagne von 1910 ergänzten neue, sensationelle Wanderausstellungen des »German and British shop« die etablierten Technologien der viktorianischen Unterhaltungs- und Bildungskultur (wie die Laterna magica). Diese tourenden Geschäftsauslagen entwickelten sich aus anfangs verschiedenartigen, lokalen Versuchen, ein visuelles Gegenangebot zu den »Dumping Vans« zu schaffen. In North Shields öffneten Geschäftsleute eigene »anti-dump shops«. Die FTU stellte im Jahre 1910 eine Pferdewurst und Graubrot in ihrer Auslage aus, als »object-lesson in the matter of German food«.[62] In Brighton wurden britische Exporte ausgestellt, die Auskunft über die Relation zwischen Im- und Exporten gaben und Schwarzbrot und Pferdefleisch im Zentrum der Auslage einrahmten.[63] Woran es diesen lokalen Initiativen mangelte, war ein klares, wiederholbares Bild vom Leben in einer protektionistischen Gesellschaft. Die Wanderausstellung einer deutschen und britischen Geschäftsauslage war ein Versuch, den gesellschaftlichen Kontrast zu ordnen und zu standardisieren, um ein einheitliches Bild von politischer Ökonomie zu entwerfen. Es genügte nicht mehr, nur ein schwarzes Brot oder eine Pferdewurst zu zeigen. »[P]eople have heard enough of these things«, erkannte Carter.[64] Die im Brot eingefangene populistische Erzählweise der Befreiung vom Hunger wurde nun abgelöst von einer sozial weit gefächerten Darstellung von Konsum in Form eines Güterkorbes, der erheblich mehr enthielt als essentielle Nahrungsmittel für arme Schichten. Im »Free Trade Shop« fanden sich britische und deutsche Waren im Preisvergleich, zum Beispiel Kinderspielzeug und Schuhe, die Melone wie die Kappe des Arbeiters, Mehl sowie die internationale Marke Quaker Oats.

Wie sollen wir dieses sich ausweitende Repertoire von Ausstellungen, Laterna-magica-Aufführungen, Reden und Demonstrationen in Badeorten interpretieren? Die Ausstellungen bestärkten in erster Linie die zentrale Bedeutung des Verbrauchers. Das Freihandelsargument – mit dem Verbraucher als der wichtigsten Person in der Zivilgesellschaft – wurde nun mit dem Kommunikationsmittel verbunden, über welches Verbraucher kommerziell angesprochen werden: die Schaufensterauslage. Männer wie Frauen, Kinder wie Alte, wurden nun häufiger als »the consumer« dargestellt, eine entscheidende Entwicklung für die zunehmende Kraft dieser gesellschaftlichen Kategorie und politischen Identität.[65] Anhand der Quellen ist es nicht möglich, zu rekonstruieren, wie Teilnehmer und Zuschauer diese Veranstaltungen verstanden haben, aber neue Archivfunde erlauben Aussagen über Größe und Charakter dieser vergessenen Form von politisch-ökonomischer Massenkommunikation. Anhand der wenigen überlieferten Berichte lassen sich zudem neue Einblicke in die Mentalität und Sichtweise der politischen Akteure sowie in die soziale Praxis gewinnen, mit der gesellschaftliche Gruppen als aktive Teilnehmer (und nicht nur passive Zuschauer) mit politischer Ökonomie in Kontakt traten.

Der Verband der *National Free Trade Lectures Exhibition*, zu dem allein genaue lokale Daten überliefert sind, organisierte 5460 Reden und Demonstrationen zwischen Frühjahr und Herbst 1910 – das heißt, bevor es zur Wahl vom Dezember 1910 mit weiteren 2200 Versammlungen kam; die FTU veranstaltete 2151 zusätzliche Treffen zwischen den Wahlen im Januar und Dezember 1910. Laterna-magica-Vorführungen wurden in Schulräumen und auf Dorfplätzen sowie in Großstädten durchgeführt. Die sensationalistischen

Methoden und der flächendeckende Umfang der Kampagne (die zum Beispiel auch Küstenlandschaften und Nord Wales umfaßte) übertrafen bei weitem die regional konzentrierte und eher mittelständische Kampagne der 1840er Jahre. Ende 1910 gab es 50 standardisierte Ausstellungen. Gegen den ursprünglichen Wunsch des Sponsors, des Jutefabrikanten J. K. Caird, diese Läden im kommerziellen Herzen Londons, dem West End zu konzentrieren, setzte Carter eine nationale Strategie durch, die die Läden in kleinere sowie größere Provinzstädte einbettete, von Oxford bis S. Robarts Arnold mit 5000 Einwohnern. Etablierte Formen des Kleinhandels und kleine Ladenauslagen, nicht Repräsentationsformen der neuen Kaufhäuser, blieben maßgebend.[66]

Berichte der Agenten vor Ort geben Auskunft über die Anziehungskraft dieser Darstellungsformen. Der Laden in Glasgows Renfield Street bestach als die »most popular form of propaganda«. In Exeter, wo die Ladenausstellung eine Woche lang Halt machte, war die Auslage von 9 Uhr morgens bis Mitternacht umringt.[67] In Honiton lief der Lichtbildvortrag zehn Tage und »huge crowds watched them for hours in the rain«.[68] In Exeter wurde jedes Bild von Teilnehmern bejubelt, die, wie der Berichterstatter lobend bemerkte, weitere Erklärungen des gebuchten Redners unnötig machten.[69] Nicht selten jedoch beklagten Freihandelsredner das Unwissen der Zuhörer oder die elementare Natur der Fragen[70] – Berichte, die nicht nur vom Selbstverständnis der vielen Helfer als Wissende zeugen, sondern auch deutlich machen, dass die Freihändler gelernt hatten, Unterhaltung und Kommunikation wirkungsvoll miteinander zu verbinden. Es genügte nicht mehr, von vorgeformten Interessen auszugehen (wie es nicht nur Wirtschaftswissenschaftler, sondern auch viele Historiker getan haben).

Diese Kommunikationsformen zeichnete eine große Dynamik aus. Es bewegten sich nicht nur Posterträger und *Pantechnicon*-Wagen, sondern auch die verschiedenen Exponate, Redner und Teilnehmer. Der Versuch, Kommunikationsformen zu standardisieren – wie in den Freihandelsläden oder autorisierten Reden –, schloss kreativen Dialog und lokale Variation nie aus. Der Freihandelsladen bot die Möglichkeit, bei gegnerischer Kritik Auslagen und Preise (mit deutschem Amtsstempel) den Zuschauern fassbar zu machen – ein Spektakel, das zusammen mit der dramatischen und oft drohenden Form des »heckling« (organisiertes Stören) für Unterhaltung und Belehrung sorgte. Mustergüter, so Carter, boten Zuschauern zusätzlich Requisiten, um sich als Deutsche und Briten zu kleiden und die unterschiedlichen Lebensstandards zu verkörpern; eine Variante, die der liberale Kandidat Dr. Macnamara vor der Wahl vom Januar 1910 selbst ausprobierte.[71] Im Januar 1910 kam es zu Kinderdemonstrationen unter anderem in Liverpool, Aberdeen und Salisbury. In Peterborough stellte ein Tischler 800 Halter für Plakate zur Verfügung, mit denen Kinder durch die Stadt zogen. Sie trugen die Warnung »Don't let them tax our food, Don't let them tax our clothes«.[72]

Der Sensationscharakter der Ausstellungen ist schwer zu überschätzen. Hier ging es nicht nur um einen einfachen Preisvergleich, noch dominierte die Praxis und Perspektive des viel zitierten flanierenden Shoppers der Moderne. So pries in Sheffield der lokale Agent die Anziehungskraft des Freihandelsladens – »almost impossible to get near the window day or night« – und kritisierte nur, dass die Leute zu lange verweilten. Die symbolische Kraft des Gütervergleichs als Gesellschaftsvergleich ging somit einher mit einem langatmigen Sehen und Versammeln, das weit von dem schnellen, flüchtigen Blick des Flaneurs neuer Konsumformen entfernt war.[73] Es ist bemerkenswert, wie wenig sich die Freihändler am kommunikativen Angebot neuer Konsumtempel (Kaufhäuser) und an neuen Darstellungsformen der Güterwelt orientierten.

Überlieferte Postkarten deuten ferner darauf hin, in wie vielen Formen die politische Ökonomie in den Lebensalltag vor dem Ersten Weltkrieg eindrang. Ansichts- und Fotopostkarten wurden, zuerst in Deutschland und Japan, zur großen Modewelle in den 1880er und 1890er Jahren und vermittelten patriotische wie auch touristische und erotische Motive. In Großbritannien setzte sich die Begeisterung für »picture postcards« nach der Abschaffung des Postmonopols 1899 durch. Es war die Freihandelskontroverse nach 1903, die das goldene Zeitalter der politischen Postkarte einläutete. Kommerziell produzierte Karten konkurrierten hier mit den von Parteien verbreiteten; zur Wahl im Januar 1910 brachten die konservativen Protektionisten allein 2,8 Millionen Bildpostkarten und selbst »musical cards« in den Umlauf.[74] Während einige Absender Bilder und Karikaturen mit politischer Meinung – »poor old Joe! [Chamberlain]« – oder Wahlpropaganda versahen, besaßen die Kartenserien für andere die Attraktion des sich ausbreitenden Sammlerhobbys – »thought this was topical and typical for your collection«–, während die Karten Dritten als Kommunikationsmedium von Mitteilungen alltäglicher Art oder Glückwünschen dienten – »I know you are really longing for a moonlight stroll on the Esplanade, aren't you. You must think I am a horrid girl not to have sent you a card before.«[75] Kam es zu diesem Spaziergang der zwei ledigen Frauen? Wir wissen es nicht und auch nicht, ob sie bei ihrer Promenade über die abgebildete Figur des John Bull mit seiner historischen Vorliebe für den großen Laib sprachen. Jedoch wird deutlich, auf wie vielen Kanälen nun die politische Ökonomie die Menschen außer- und innerhalb des formalen politischen Lebens erreichte und wie sie bis in den intimen Bereich von Familie und Freundschaftsbeziehungen drang. Politische Ökonomie überwand nun die Grenzen eines von organisierten Parteien oder wirtschaftlichen Interessen gesteuerten Kommunikationsfeldes und wurde jenseits der organisierten Inszenierung und Vermittlung von wirtschaftlichem Wissen zu einem Element der Alltagskultur.

4. Politische Ökonomie am Strand

Während der Sommersaison 1910 schwoll die Freihandelskampagne zu einer historisch einzigartigen Welle von Kommunikation und Unterhaltung an, die nun auch zuvor »politisch unberührte« Landschaften und Jahreszeiten erreichte. Die Sommermonate waren bis dahin politikfrei gewesen. Fast alle Badeorte besaßen Statuten gegen politische Aktivitäten. Die Sommerkampagne von 1910 überwand auch diese letzten Dämme. Politische Ökonomie drang bis ins Herz kommerzialisierter Freizeitkultur, und Freihändler traten in offenen Wettbewerb mit Wahrsagern, Eiskremverkäufern und Minstrelsängern. Zwischen Juni und September 1910 fanden 1343 Rednerauftritte in 65 Seebädern statt. Die Frequenz variierte von 87 in Brighton und 85 in Westschottland bis zu über 100 in Devon and North Cornwall.

Die Strandkampagne der Freihändler bietet die einzigartige Möglichkeit, die Idee und soziale Praxis des Freihandels im Rahmen der häufig beschworenen »Massenkultur« zu beobachten. Dass die irrationale, unkontrollierbare »Masse« für die liberale Gesellschaft eine Gefahr darstelle, ist ein seit dem ausgehenden 19. Jahrhundert tradiertes Erzählmuster, in dem – paradigmatisch – verführbare Arbeiter und Kleinbürger den verantwortungsbewussten, autonomen Bürgern gegenübergestellt werden. Gewiss gab es auch in Großbritannien liberale Intellektuelle, wie Graham Wallas, die die Politiker davor warnten, im Massenzeitalter Probleme zu stark zu abstrahieren, und für eine Verbindung von Gefühl und Verstand warben.[76] Wie die Strandkampagne beweist, arbeiteten weder die Freihandelsaktivisten noch deren Sponsor mit einem klassenfundierten Modell von irrationaler »Masse«. Sie besaßen wenig Skrupel, Wirtschaftsprinzipien mit Hilfe der Freizeitkultur zu vermitteln. Die Kampagne schloss exklusivere Orte (Morecambe) ebenso ein wie das bei arbeitenden »day-trippers« beliebte Blackpool. Für Caird war es entscheidend, die zu Apathie oder heterodoxen Ideen neigenden »well to do Classes« zurückzugewinnen. Für Carter boten Badeorte die seltene Möglichkeit, politische Ökonomie dem bürgerlichen Wähler nahe zu bringen, an den in seinem eigenen Wahlbezirk immer schwerer heranzukommen war, weil zwischen geschäftlichen und häuslichen Verpflichtungen wenig Zeit und Interesse für Politik blieb. Ohne ständige Unruhe und Verpflichtungen werde, so Carter zu Churchill, der »average middle class man« schnell gelangweilt von den »usual sea shore attractions, and is very glad to listen to Free Trade speeches as a sort of intellectual exercise«.[77]

Die Strandkampagne verdeutlichte den Liberalen, wie oberflächlich wirtschaftliches Verständnis und wie entscheidend derartige Kampagnen waren, um politische Ökonomie zu vermitteln. Die 160 Treffen in Blackpool, Southport und auf der Isle of Man zogen insgesamt etwa 103 500 Zuhörer an. Fragen und Diskussionen bei Veranstaltungen in Badeorten wie Yarmouth und Morecambe illustrierten, wie mangelhaft wirtschaftliches Grundwissen häufig war. Gleichzeitig boten sie durch die vielzitierte »novelty« politischer Treffen in den Dünen, aber nicht zuletzt auch durch rituelle Kämpfe zwischen debattierenden Agitatoren und vermeintlichen Störenfrieden eine unterhaltsame Bühne, um Interesse an der Freihandelsfrage zu mobilisieren. Auf der Isle of Man schafften es Redner, das Publikum von anderen Unterhaltungsveranstaltungen und religiösen Bühnen abzuwerben und in Diskussionen zu verwikkeln, die bis zu drei Stunden dauern konnten. Liberale betonten ihre einzigartige Fähigkeit, alle Fragen beantworten zu können, während Konservative auswichen. In der sozialen Praxis sahen solche rhetorischen Muster allerdings anders aus, und liberales Räsonieren und körperliche Gewalt waren auch bei Freihändlern keine getrennten Welten. So machte es gerade die Attraktion dieser Treffen aus, dass immer auch etwas Gefahr und etwas Unvorhersehbares in der Luft lagen. Wo Orte auf ihre Statuten pochten, um Demonstrationen einzuschränken, marschierten Freihändler herausfordernd auf oder begannen laut zu singen. Andernorts, wo die Treffen erlaubt wurden, kam es zu Zusammenstößen. So musste ein Zwischenrufer, der zynisch zu drei Hurras für »Free Trade, the workhouse, and thieving« aufforderte, zu seinem Hotel eskortiert werden, sonst hätten Freihändler ihn ins Meer geworfen.[78]

Die Anziehungskraft dieser Treffen muss in Beziehung zu den organisatorischen Zwängen der Freihandelsbewegung gesetzt werden. Der innovative politische Einsatz in Badeorten signalisierte, wie Kampagnen die Begrenzungen von Wahlzeit und Wahldistrikten hinter sich ließen und an der Herstellung einer zeitlich und geographisch vielschichtigeren politischen Landschaft beteiligt waren. Badeorte dienten nicht nur als Bühnen, auf denen es möglich war, Urlauber aus verschiedenen Wahlbezirken zu erreichen. Hier wurde auch versucht, die nächste Generation politischer Helfer zu rekrutieren und zu schulen.[79] Einige machten sich Notizen, um im kleinen, privaten Kreis weiterzudiskutieren – eine Rolle, die vor allem Frauen der *Women's FTU* und der *National Liberal Association* zufiel –, oder wurden Mitglieder in den »study circles«, die Freihändler für junge Männer und Frauen einrichteten. Andere kauften hier Freihandelsliteratur und wieder andere wurden als Helfer für den eigenen Wahlbezirk rekrutiert oder gründeten eine Ortsgruppe. Die Liberale Partei entsandte »live agents« zu diesen Treffen »to spot the right man for recruitment«. Im Jahre 1911 finanzierte Caird 114 Studienkreise, in denen sich monatlich 20 bis 25 Teilnehmer trafen und sich mit Hilfe von Textbüchern und der Unterstützung eines professionellen Redners in der Hoffnung auf Preisgelder und Medaillen auf die abschließende Jahresprüfung vorbereiteten. Hier, in der historisch einzigartigen Kampagne der Freihändler vor dem Ersten Weltkrieg, lag der Höhepunkt eines allgemeinen und seitdem nicht mehr erreichten Interesses an politischer Ökonomie.[80]

5. Ökonomie, Kultur und Politik: Plädoyer für eine Wiedervereinigung

Die große britische Freihandelskampagne vor dem Ersten Weltkrieg trieb eine zunehmende Popularisierung politischer Ökonomie voran. Handelspolitische Fragen und Wissen über die politischen Grundlagen wirtschaftlicher Entwicklung im eigenen Land sowie im Ausland wurden mit einem sich ständig erweiternden Repertoire alter und neuer massenwirksamer Kommunikationsformen vermittelt. Diese Ausbreitung, Vermischung und Vervielfältigung erlaubt es, den langfristigen Prozess der Ausdifferenzierung von Wirtschaft und Politik zu hinterfragen. Denn das einzigartige Überleben des Freihandels in Großbritannien hing letztlich davon ab, diese Ausdifferenzierung durch eine in die Zivilgesellschaft eingebettete demokratische Praxis der Darstellung von Wirtschaft zu bremsen. Statt Sonderinteressen zu mobilisieren, wurde versucht, politische Ökonomie weitflächig mit verschiedenen Kommunikationsstilen unterhaltsam und zugänglich zu machen. Die zunehmende Komplexität und Professionalisierung wirtschaftlichen Wissens – die oft als symptomatisch für die Ausdifferenzierung der Wirtschaft als System angeführt wird – wurde somit überlagert von einer umfassenderen, symbolkräftigen Welt des populären Wissens, in der Ökonomie, Politik und Kultur in ein symbiotisches Verhältnis zueinander gerieten.

Die große »fiscal controversy« vor dem Ersten Weltkrieg brachte somit gegen die Verfestigung des Politischen – welches mit gedrucktem Text, Parteibürokratie und *governmentality* assoziiert wird – eine Dynamik in Gang, die die Kraft des Symbols und der Konsumkultur für die politische Ökonomie nutzte und mit Hilfe alter und neuer Techniken in der öffentlichen Debatte zirkulieren ließ. Gewiss, Freihändler wie Schutzzöllner benutzten kommerziell erprobte Kommunikationsmittel – das Poster, die Bühne und den Laden – und deren Künstler und Produzenten. Jedoch wäre es falsch, hier den Beginn einer kommerziellen Kolonialisierung des Politischen zu sehen, wie die konsumgeschichtliche Literatur häufig suggeriert.[81] Politische Poster und das Schauspiel nahmen zwar bestimmte Aspekte des Werbeplakats und des Theaters (Melodramatik oder Verkleidungsform) auf, behielten aber eine für die Politik eigenständige Logik der Darstellung und Werbung. Politische Poster unterschieden sich von der graphischen Welt der kommerziellen Werbung, in der einfache Bilder in starken bunten Farben mit wenig Schrift gepriesen wurden – »a huge splash of one colour [...] should dominate the whole picture« –,[82] obgleich viele Graphiker (wie John Hassall) in beiden Metiers tätig waren. Das mit 10000 Kopien 1910 am weitesten verbreitete, effektivste Poster T. B. Kenningtons (»Free Trade«) besticht durch die fast photographisch anmutende melodramatische Darstellung einer verzweifelten arbeitslosen Familie in braunen Farbtönen, während andere bunte Poster mit viel Text und Erklärung arbeiteten. Die etablierte Form der Ladenauslage in den Free Trade Shops, die große Zahl von lange davor stehenden Betrachtern und die Verbindung von Objekten, Text und Zahlen unterstreicht die verschiedenartige Bedeutung und Mentalität des Konsumenten im politischen Raum, die im Kontrast steht zu der Darstellung des Konsums im Kaufhaus oder der Annahme der »momentary glimpses« von Passanten, mit denen Graphikern in der Werbung arbeiteten. Wenn überhaupt, dann versuchten Gewerbe, Kaufhäuser und Theater von der politischen Aufregung um den Freihandel zu profitieren; durch Postkartenserien und Werbeposter, durch politische Stücke in Music Halls oder, wie bei Harrods, der Verkündung von Wahlresultaten während des Weihnachtsbummels.[83] In der Vor- und Darstellungskraft politischer Ökonomie als solcher besaßen Kaufhaus und Wirtschaftswerbung allerdings keine entscheidende Rolle. Lernen und Innovation in der politischen Kommunikation fand eher in der gegenseitigen Beobachtung, in der Adaption und im Austausch zwischen der Kampagne der Schutzzöllner und der Kampagne der Freihändler, also innerhalb des politischen Prozesses statt als zwischen Politik und kommerzieller Kultur. Dies hieß auch, dass neue Technologien verkannt oder vernachlässigt wurden. So gab es nur wenige Filmeinsätze, verglichen mit den vielen Wanderausstellungen, Seebadreden und Laterna-magica-Vorführungen.

Der Anspruch der Freihändler, gesellschaftliche Ideale und Interessen ganzheitlich darzustellen – und nicht als »single issue« oder »special interest« –, lief einer Segmentierung des politischen Marktes entgegen. Für die Wirtschaft hieß dies gleichermaßen, dass eine organisierte Interessenpolitik unmöglich wurde und wirtschaftspolitische Entscheidungen und deren Konsequenzen letztlich nicht von Staat oder Industrie, sondern von politischer Massenmobilisierung bestimmt wurden. Der Rahmen der britischen Wirtschaftspolitik und der wirtschaftlichen Entwicklung war bis zum Ersten Weltkrieg in der politischen Kultur Großbritanniens dogmatisch abgesteckt und ließ keinen Raum für echten Protektionismus, ja nicht einmal für gemäßigte Zölle, gezielte Subventionen oder andere Interventionen und Restriktionen, wie sie bei allen anderen liberalen Wirtschaftsmächten üblich waren. Das lange Überleben eines reinen Freihandelsregimes in Großbritannien und der für die erste Globalisierungsphase so wichtige offene britische Markt waren somit auch eine kulturelle Leistung. Die kulturelle Arbeit, die geleistet wurde, ließ die wirtschaftlichen Interessen nicht stillstehen. Vielmehr wurden im Lauf der Kampagne neue gesellschaftliche Identitäten und Interessen geprägt, insbesondere die der »Konsumenten«. Anders gesagt: Der Freihandel benutzte Kommunikationsmittel nicht nur zur Artikulation von Interessen, sondern auch dazu, ungeordnete, ambivalente oder unüberschaubare wirtschaftliche Beziehungen zu interpretieren, zugänglich zu machen, Interessen zu formen und den Zeitgenossen im Drama der politischen Ökonomie einen Platz zuzuweisen.

Anmerkungen

1 Der Autor dankt dem ESRC für die Unterstützung dieser Arbeit durch Research Grant no. 000–22–0172.
2 Free Trade Union, *A Message from the Forties: A Free Trade Masque*, o. O. o. J, ca. 1909.
3 Ein typisches ökonomistisches Modell vertritt Douglas Irwin, The Political Economy of Free Trade, in: *J. of Law and Econ.* 37, 1994, S. 75–108. Für die Probleme solcher Erklä-

rungen vgl. Frank Trentmann, Political Culture and Political Economy, in: *Rev. of International Political Econ.* 5, 1998, S. 217–251. Fallstudien: Anthony C. Howe, Free Trade and the City of London, c. 1820–1870, in: *Hist.* 77, 1992, S. 391–410; und Frank Trentmann, The Transformation of Fiscal Reform: Reciprocity, Modernization, and the Fiscal Debate in Early Twentieth-Century Britain, in: *Hist. J.* 39, 1996, S. 1005–1048.

4 Wegweisende Literatur: Boyd Hilton, *The Age of Atonement*, Oxford 1988; Albert O. Hirschman, *The Passions and the Interests*, Princeton 1977; Anthony C. Howe, *Free Trade and Liberal England*, Oxford 1998; und Frank Trentmann, National Identity and Consumer Politics, in: Patrick O'Brien u. a. (Hg.), *The Political Economy of British Historical Experience 1688–1914*, Oxford 2002, S. 187–214.

5 Vgl. Alexander Gerschenkron, *Bread and Democracy in Germany*, Berkeley 1943; und Peter Gourevitch, *Politics in Hard Times*, Ithaca 1986. Vgl. auch Robert G. Moeller, Peasants and Tariffs in the Kaiserreich, in: *Agricultural Hist.* 55, 1981, S. 370–384; Hans-Ulrich Wehler, *Deutsche Gesellschaftsgeschichte*. Bd. 3: *Von der »Deutschen Doppelrevolution« bis zum Beginn des Ersten Weltkrieges, 1849–1914*, München 1995, S. 637–661; und Suzanne Berger (Hg.), *Organizing Interests in Western Europe*, Cambridge 1981.

6 Donald Winch, *Riches and Poverty: An Intellectual History of Political Economy in Britain, 1750–1834*, Cambridge 1996.

7 Peter Burke, *A Social History of Knowledge*, Cambridge 2002.

8 Kritisch und weiterführend: Geoffrey M. Hodgson, Some Remarks on »Economic Imperialism« and International Political Economy, in: *Rev. of International Political Econ.* 1, 1994, S. 21–28; Mark Bevir u. a. (Hg.), *Markets in Historical Contexts*, Cambridge 2004; und Donald P. Green u. a., *Pathologies of Rational Choice Theory*, New Haven 1994.

9 Mosei Ostrogorski, *Democracy and the Organisation of Political Parties*, London 1902; und James Vernon, *Politics and the People*, Cambridge 1993.

10 W. W. W., »Free Trade«, *Anti-Bread Tax Circular*, 5. 5. 1841.

11 British Library of Political and Economic Science (BLPES), Coll Misc. 519, no. 85.

12 Alice Parsons u.a., *Saturday Night. A Dream of Tariff Reform*, London 1909; *Daily Chronicle*, 29. 10. 1909, S. 5.

13 BLPES, Coll. Misc. 519, no. 32.

14 *Daily Mail*, 4. Januar 1910; National Liberal Federation, *Annual Report 1910*, S. 17; *Annual Report 1911*, S. 21; *Standard*, 29. März 1910; Neal Blewett, *The Peers, the Parties, and the People*, London 1972, S. 312 f. Diese parteilichen Zahlen unterschätzen die Poster- und Literaturflut, zu der weitere Kampagnen und kommerzielle Verlage beisteuerten; siehe unten. Die Idee, dass Poster kaum auf die Gesellschaft wirkten und lediglich für Werbung von Haushaltswaren und Freizeit eingesetzt wurden – Harold Hutchinson, *The Poster: an Illustrated History from 1860*, London 1968, S. 70 – ist überholt.

15 *Daily Graphic*, 5. 12. 1910, S. 5. Vier Millionen Menschen wurden im Januar 1910 per Auto zu Wahlurnen chauffiert, Blewett, *Peers*, S. 293 f.

16 Reinhart Koselleck, *Zeitschichten*, Frankfurt am Main 2000, Teil II.

17 National Museum of Labour (Manchester), untitled collection of Tariff Reform pamphlets (1909–1910), S. 62.

18 Eine Ausnahme: der Laterna-magica-Vortrag von J. W. Welsford, *The Reign of Terror*,

1908, der den Horror der Französischen Revolution als unausweichliches Resultat des Freihandels darstellt.

19 Jane Cobden Unwin (Hg.), *The Hungry Forties*, London 1904; vgl. auch dies., *The Land Hunger*, London 1913.

20 T. Palmer Newbould, *Pages from a Life of Strife*, London 1910, S. 62. Vgl. Frank Trentmann (Hg.), *Paradoxes of Civil Society*, 2. A., Oxford 2003, S. 307–309.

21 Quelle: BLPES, Coll. Misc. 519, no. 82.

22 *Illustrated London News*, 22. Januar 1910, S. 135.

23 Die Abschaffung der Getreidezölle verringerte den Brotpreis nur marginal (um 4 %) in den zwei Jahrzehnten nach 1846 und führte auch nicht zu einer Stabilisierung der Preise – Punkte, die von Zeitgenossen aufgegriffen wurden, aber im Mythos der »Hungry Forties« untergingen; zum Beispiel Tom Neills Brief in *The Devon and Exeter Gazette*, 30. November 1910, S. 4; und Christian Peterson, *Bread and the British Economy, c. 1770–1870*, Aldershot 1995, S. 11 f., und Appendix 11.

24 Henry Colin Gray Matthew, Rhetoric and Politics in Great Britain, 1860–1950, in: Philip J. Waller (Hg.), *Politics and Social Change in Modern Britain. Essays presented to Alfred Frederick Thompson*, Brighton 1987, S. 34–58.

25 Churchill Archives Centre (Cambridge), Char 2/44, Wallace Carter to Winston Churchill, 4. 10. 1910.

26 Harry Graham, *Fiscal Ballads*, London 1905, S. 33 ff.; »Division of Labour« Karikatur, People's History Museum, Manchester, Tariff Reform League, pamphlet series (1908–1910), S. 23; A.W. Coats, Political Economy and the Tariff Reform Campaign of 1903, in: *J. of Law and Econ.* 11, 1968, S. 181–229.

27 British Library, Herbert Gladstone Nachlass, MS 46, 061, L. Hobhouse to H. Gladstone, 30. Oktober 1903.

28 *Free Trader*, 15. 2. 1910, S. 65; vgl. Kevin Grant, Christian Critics of Empire: Missionaries, Lantern Lectures and the Congo Reform Campaign in Britain, in: *J. of Imperial and Commonwealth Hist.* 29, 2001, S. 27–58; und Paul A. Pickering u. a., *The People's Bread: a History of the Anti-Corn Law League*, London 2000, S. 20 und 199.

29 *Stirling Saturday Observer*, 22. 1. 1910, S. 5b.; *Free Trader*, 15. 1. 1910, S. 34.

30 Diese Zahlen schließen nicht die Wahl vom Dezember 1910 ein, zu der keine vergleichbar detaillierten Informationen vorliegen.

31 *Daily Record and Mail*, 15. 1. 1910, S. 7; vgl. die Erinnerungen des 82-jährigen Ralph Ashton zu den »Hungry Forties«, in: *Daily Chronicle*, 6. 12. 1910, S. 6.

32 Edward P. Thompson, The Moral Economy of the English Crowd in the Eighteenth Century, in: *P&P* 50, 1971, S. 76–136; Derek J. Oddy, Working-Class Diets in Late Nineteenth-Century Britain, in: *EcHR* 23, 1970, S. 314–323; und Petersen, *Bread*, ch. 2.

33 Pickering, *People's Bread*, S. 201 f.; und Norman McCord, *The Anti-Corn Law League, 1838–1846*, London 1958, S. 91.

34 In der ursprünglichen Kopfzeile umschrieb der *Anti-Bread Tax Circular* das Bild einer betenden Familie mit Bibelsprüchen sowie Zitaten von Handelsministern, 21. 4. 1841, S. 1, zum Beispiel »The *bread of the needy* is his life; he that defraudeth him therof is a man of blood.« Eccles. XXIV. 21.

35 Quelle: Public Record Office, London, PRO, COPY 1/ 227 (2), Brixton Division of Lam-

beth, Flugblatt für »J. H. Seaverns and Free Trade«, um 1905. Der Autor dankt dem National Archives, London, für die Genehmigung zum Abdruck des Bildes.
36 *The Free Trader*, 15. 1. 1910, S. 34.
37 *The Free Trader*, Mai 1910, S. 120.
38 Public Record Office, London, PRO, COPY 1/ 227 (2), c.1905. Der Graphiker war William Sottle of Stroud Green; copyright registriert bei den Daily News am 3. 3. 1905. Ich danke Hugh Alexander, PRO.
39 Reproduziert in Ian McDonald, *Politics in Britain, 1898–1914: The Postcard Album*, Keyworth 1998, no. 27.
40 F. C. Gould, »Spectacular Deception«, Westminster Cartoon Series, no. 4.
41 Konservative Postkartenserien, Besitz des Autors.
42 National Film and Television Archive, London, 602401A, »The International Exchange«, director: Lewin Fitzhamon, für Hepworth, 1905.
43 *Tariff Reform Illustrated*, London 1904, S. 4 und 18.
44 Quelle: Harry Furniss (1854–1925), Topical Cartoons from The People, London 1905.
45 *Daily Graphic*, 30. 12. 1909, S. 12. Diese Posterbilder zirkulierten zudem als Postkarten.
46 Zu lokalen Wissenshorizonten Jonathan Rose, *The Intellectual Life of the British Working Classes*, New Haven 2001, S. 341–348.
47 Vernon, *Politics and the People*. Kritisch Jon Lawrence, *Speaking for the People. Party, Language, and Popular Politics in England, 1867–1914*, Cambridge 1998; und Lisa Tickner, *The Spectacle of Women: Imagery of the Suffrage Campaign, 1907–1914*, London 1987.
48 Zum Beispiel Victoria & Albert Museum, London, Collection E.176–1968, »Free Trade: Works Closed. Starvation. Emigration«, Konservatives Poster, 1906. Siehe auch den gekrümmten Vater in Kennington »Free Trade« Poster, und den Kontrast vieler Karikaturen zwischen aufrechter, energischer Mannesperson im gesunden Familienreich unter Tariff Reform und hilflosen, passiv sitzenden Arbeitslosen umringt vom familiären Elend; zum Beispiel *Tariff Reform at a Glance*, London 1905, »Free Trade Doctrine«. Zur männlichen Kultur des Konservatismus: Lawrence, *Speaking for the People*.
49 »Dear Cheapness«, in Tariff Reform League, pamphlet series, National Museum of Labour History, S. 10.
50 »A Lesson in Free Trade«, Reproduktion eines Fotos von amerikanischen Fertigtüren bei Ankunft in den West India Docks, National Museum of Labour History, 1909.
51 Kathryn Rix, »Go out into the Highways and the Hedges«: The Diary of Michael Sykes, in: *Parliamentary Hist.* 20, 2001, S. 209–231.
52 *Daily Graphic*, 5. 12. 1910, S. 13. Für ein Bild des *Dump Shops* in Staffords Main Street siehe *Illustrated London News*, 22. 1. 1910, S. 127.
53 *Illustrated London News*, 22. 1. 1910, S. 121 und 127.
54 Ein Foto eines *Dump Shops* in Coventry befindet sich im Besitz des Autors.
55 *Sheffield Daily Telegraph*, 8. 1. 1910, S. 12.
56 Trentmann, Erosion of Free Trade, S. 124–132.
57 Zum Beispiel *Free Trader*, 17. 11. 1910, S. 19. Vgl. Christoph Nonn, *Verbraucherprotest und Parteiensystem im wilhelminischen Deutschland*, Düsseldorf 1996.

58 Zum Beispiel die leidenschaftliche Rede Alfred Monds, National Liberal Federation, *Annual Report*, 1911, S. 82 f.

59 Bezahlte Redner erhielten zwischen 51 (Esplin) und 59 Pfund (Wendel) für vier Monate; Churchill Archives Centre [CAC], Cambridge, CHAR 2/54 Carter to Churchill, 19. 11. 1911.

60 CAC, Char 2/54, Carter, Final Report of the Work During the 2nd General Election, 1910, S. 30.

61 Zum Beispiel sprach Brownrigg in Cardiff, Somerset und North Wiltshire; Baker in North West Kent und East Dorset; Wendel und King in Dorset und Devon; Mr. Osborn berichtete: »What I saw in Protected Germany« in Saffron Walden und anderswo. CAC, Char 2/54, Char 2/44, Carter to Churchill, 2. 8. 1910; *Free Trader*, Juli 1910, S. 23.

62 *Stirling Saturday Observer*, 15. 1. 1910, S. 3. Zu Cardiff *Free Trader*, 15. 2. 1910, S. 76.

63 *Free Trader*, 15. 2. 1910, S. 80.

64 CAC, Char 2/44, Carter to Churchill, 21. 3. 1910.

65 Zum Beispiel »The Consumer: Where do I come in?« Mann im Zylinder vor einem Lederaustattungsschaufenster, 24. 11. 1909, FTU Special Election Leaflets, 1909, no. 328, University of Bristol, Special Collections, DM669. Vgl. Frank Trentmann, Synapses of Consumer Politics: A New Genealogy of the Consumer, in: Sheldon Garon u. a. (Hg.), *Consumer Culture and Its Discontents* (im Druck); und Patricia Maclachlan u. a., Civilising Markets, in: Bevir, *Markets in Historical Contexts*, S. 170–201.

66 Weiterführend Trentmann, *Food and Freedom*. Dieses neue Quellenmaterial zeigt auch, dass die historische Meinung zur relativen Prominenz der Free-Trade- und Tariff-Reform-Bewegungen umgekehrt werden muss. Die TRL organisierte nur 2127 Treffen zur Wahl im Dezember 1910. Zu der Entscheidung gegen das West End vgl. die Korrespondenz zwischen Caird, Carter und Churchill in CAC, Char 2/44, 28. 6. 1910 und 1. 7. 1910.

67 CAC, Char 2/54, S. 387 (Ernest J. Bunt).

68 CAC, Char 2/54, Lantern Lectures during the 2nd general election 1910, Bericht aus North Devon, S. 31.

69 CAC, Char 2/54, Lantern Lectures, Report, S. 31.

70 Zum Beispiel *Lancaster Guardian*, 27. 8. 1910, S. 5, und *Free Trader*, 15. 9. 1910, S. 28.

71 CAC, Char 2/44, Carter to Churchill, 21. 3. 1910.

72 *Free Trader*, 15. 2. 1910, S. 82.

73 Über den Blick des Flaneurs: Erika Rappaport, *Shopping for Pleasure*, Princeton 2000.

74 John Fraser, Propaganda on the Picture Postcard, in: *Oxford Art J.* 3, 1980, S. 39–54; und Richard Carline, *Pictures in the Post*, London 1971, S. 92 f. 1913 wurden insgesamt 903 Millionen Karten verschickt.

75 [Miss] »BB« to Miss S. C. Evans (Birmingham), Tenby 10. 5. 1906; »F. P.« to Miss Bellamy (London), Hove 28. 11. 1903, mit fotografischer Abbildung von Chamberlain mit den zwei Broten. Besitz des Autors.

76 Graham Wallas, *Human Nature in Politics*, London 1908.

77 CAC, Char 2/54, Caird to Churchill, 16. 2. 1910, 6. 1. 1911; Char 2/44, Carter to Churchill, 11. 4. 1910.

78 *Free Trader*, 15. 9. 1910, S. 28.

79 So benötigte das North West London Büro der FTU allein 29 Redner, 3 Boten, 1 Steno-

typistin, 2 Laufburschen sowie 32 freiwillige Redner, die zusammen im Januar 1910 190 Treffen organisierten; *Free Trader*, 15.2.1910, S. 74.

80 Vgl. Trentmann, *Food and Freedom*. Vor diesem Hintergrund erscheinen die Unterrichtszahlen der Workers Educational Association im Jahr 1913 weniger überraschend. 52 % der WEA-Klassen belegten Kurse in Wirtschaft oder Wirtschaftsgeschichte; vgl. Rose, *Intellectual Life*, S. 274.

81 Für Amerika jüngst die wichtige Studie von Lizabeth Cohen, *A Consumers' Republic*, New York 2003.

82 John Hassall in *Pearson's Magazine*, 16.3.1905, zitiert in: David Cuppleditch, *The John Hassall Lifestyle*, London 1979, S. 76 f.

83 Victoria & Albert Museum, Picture collection, E49–1973, PR 14R, »Who Said Bovril/ Bannerman«, Werbefirma S. H. Benson. Für Harrods s. *Daily Graphic*, 3. Dezember 1910, S. 13.

Jenseits von Knappheit und Gefälle

Technokratische Leitbilder gesellschaftlicher Ordnung

Dirk van Laak

Am Beginn des 21. Jahrhunderts scheint »Wirtschaft« als einer der bedeutsamsten Faktoren der menschlichen Entwicklung festzustehen. Im Rückblick auf die großen Antagonismen des 20. Jahrhunderts dominiert der Eindruck, als ob der »Markt« und seine Rationalität sich vor allem gegenüber politischen Gestaltungsabsichten und kulturellen Eigenheiten behauptet oder sogar durchgesetzt hat. Die Wirtschaft gilt als eines der wesentlichsten Integrationsmedien der Gesellschaft, und wirtschaftliche »Verflechtung« wird auch transnational als das wichtigste Mittel gehandelt, um divergente Gesellschaften politisch miteinander in Beziehung zu setzen.

Dass die Stellung der Wirtschaftsgeschichte dieser Bedeutung der Ökonomie für die gegenwärtige Lebenswelt nicht zu entsprechen scheint, ist eine der Ausgangshypothesen dieses Bandes. Hier wird aus unterschiedlichen Richtungen dafür plädiert, die kulturellen Dimensionen des Marktgeschehens stärker zu berücksichtigen. Dabei erweitert sich auch die Analyse des Spektrums der am Wirtschaftsprozess Beteiligten. Im Folgenden soll die Aufmerksamkeit auf ein Feld gelenkt werden, das für den Wirtschaftsprozess zwar substantiell ist, jedoch gegenüber der Sphäre der Ökonomie eine deutlich eigenständige Position einnimmt. Die Rede ist hier von der dem Wirtschaftsgeschehen vorgelagerten *Infrastruktur* und den sie planenden und gestaltenden Akteurgruppen. Gegenüber der allem Wirtschaften zugrunde liegenden Diagnose einer Knappheit an Raum und Ressourcen und gegenüber dem daraus resultierenden sozialen Gefälle lässt sich bei den Planern und Trägern dieser »Basisdienste« ein spezifisches Verhalten, lassen sich eigenständige Visionen und ein Set an Durchsetzungsstrategien feststellen, die ihrerseits historisch bislang unterrepräsentiert und in ihrer Bedeutung für die Lebenswelt stark unterschätzt gewesen sind.

Diese Visionen sind auch schwer zu bestimmen, weil sie gerade in den ambitionierteren Projekten des Infrastruktur-Ausbaus Koalitionen mit der Politik und der organisierten Wirtschaft eingehen und hier eine teilweise, manchmal weitgehende Interessenidentität entsteht. Zum anderen haben sie sich weniger in Texten oder Tabellen niedergeschlagen, die der Historiker zu lesen gewohnt ist, als vielmehr in Artefakten, zudem solchen, die man üblicherweise für selbstverständlich hält und über die man nicht weiter nachdenkt, also etwa die Straße oder das Telefon, die Müllabfuhr oder die Schulen. Doch scheint es erfolgversprechend, sich der spezifischen Rationalität technokratischer Infrastrukturvisionen über eine Analyse von Entwicklungsvorstellungen und von Problemhorizonten anzunähern. Das soll hier in einem ersten skizzierenden Überblick geschehen.

Seitdem die Wirtschaftstheorie die Komplexität der *Historischen Schule* hinter sich gelassen hatte und zu scheinbar »berechenbaren« Modellen vorgedrungen war, sind viele der kulturellen Dimensionen und Gebrauchswerterwägungen des Ökonomischen verdrängt und durch Modellannahmen sowie oft gescheiterte Prognosen und Strategien der Entwicklungspolitik ersetzt worden.[1] Die neue Kulturgeschichte mit ihrer erweiterten Analyse von Formensprachen dagegen ist geradezu dazu prädestiniert, auch eine solche »Deutungsgemeinschaft« und ihre technisch und architektonisch gebauten Kulturlandschaften zu untersuchen – ohne der Gefahr einer »Entmaterialisierung« der Geschichtsbetrachtung zu erliegen, die der Kulturgeschichte oft droht. Denn gerade die unspektakulären oder gar unsichtbaren Bauwerke der Infrastruktur sowie die Artefakte des täglichen Gebrauchs sind hier als Quellen zu lesen und zu deuten. Eine Wirtschaftsgeschichte, die danach fragt, wie ein ökonomisches Modell oder eine wirtschaftspolitische Entscheidung in der Wirklichkeit ankommt, wird sich mit unterschiedlichen Interessengruppen, aber auch mit je unterschiedlichen Rationalitäten zu befassen haben, die oft konträr zur Logik des Wirtschaftlichen liegen. Freilich gibt es unzählige Überschneidungsbereiche, die sich oft dadurch auszeichnen, dass sie mit sehr unterschiedlichen semantischen Konnotationen operieren. So liegt etwa zwischen der Sphäre der Ökonomie und derjenigen der Technik die Kategorie der »Wirtschaftlichkeit«. Hierunter verstehen der *Homo oeconomicus* und der *Homo technocraticus* zweifellos jeweils etwas anderes. Denn letzterer hat sich geradezu durch die Gegnerschaft zum »Preissystem« profiliert und in Kriegs- und Krisenzeiten oft weite Gestaltungsspielräume erhalten, um das Gegeneinander der liberalen Marktökonomie in eine geordnete Synergie zu überführen bzw. zu »rationalisieren«. Infrastrukturen eigneten sich hierzu in geradezu idealer Weise.

Um die Kraftfelder, in denen die modernen Infrastruktur-Netze der Versorgung und Entsorgung, der Kommunikation und des Verkehrs entstanden sind, näher bestimmen zu können, muss dabei etwas ausgeholt werden: Das 20. Jahrhundert war – ausgehend von der im 19. Jahrhundert entdeckten »Gleichzeitigkeit des Ungleichzeitigen« in scheinbar jeweils unterschiedlich »entwickelten« Räumen – geprägt von dem Bestreben, auf die räumliche Ungleichverteilung von Ressourcen sowie die Ungleichentwicklung von Gesellschaften (oder im jeweiligen Zeitjargon: von Völkern, Nationen, Rassen, Ethnien, Ländern etc.) zu reagieren und nach einem räumlichen oder zeitlichen Ausgleich zu suchen. Eine Wirtschaftsgeschichte in der kulturgeschichtlichen Erweiterung ist daher gut beraten, wenn sie nach meist implizit zugrunde liegenden Vorstellungen von »Geschichte« fragt. Denn solche Modelle von »Fortschritt« und »Entwicklung« weisen nicht nur der Gegenwart einen Ort zu, sondern sie zeigen auch einen Weg zu technokratischen Zukunftsvisionen, um die es im folgenden gehen soll und die bis heute appellative und mobilisierende Funktionen besitzen.

1. Öffentliche und unsichtbare Hand

In idealtypischer Weise lassen sich für das letzte Jahrhundert zwei beherrschende Entwicklungsideen ausmachen, für deren jeweils zugrunde liegendes Movens sich die Metaphern der *»öffentlichen«* und der *»unsichtbaren«* Hand durchgesetzt haben. Beide sind seit dem 18. Jahrhundert theoretisch grundgelegt worden, und bis heute ringen sie miteinander um Vorherrschaft.[2] Das zwanzigste wurde nicht zu Unrecht als das Jahrhundert der großen ökonomischen und staatlichen Feldversuche bezeichnet, die sich zwischen den Polen »Staat und Bürger, Kollektivismus und Individualismus, Plan und Markt, Gewalt und Recht, Zentralismus und Subsidiarität, zwischen Moral und Wirtschaft, Gerechtigkeit und Effizienz, Gemeinwohl und individueller Freiheit« abgespielt haben.[3]

Das Sinnbild der »öffentlichen Hand« steht dabei für das Steuern erhebende und damit *steuernde* wie auch *vorsorgende* Wirken der Kommunen oder des Staates, für diejenigen Tätigkeiten also, die den Interventions- und Wohlfahrtsstaat haben entstehen lassen, der sich auf die modernen Infrastrukturen stützt. Die Vorstellung einer »unsichtbaren Hand«, also das weniger offensichtliche und gesteuerte, aber ebenso sinn- wie segensreiche Wirken des

Marktes, wird dagegen meist auf Adam Smith zurückgeführt. Sie ist jedoch darüber hinaus als »eine grundlegende Denkfigur der modernen Gesellschaft« und als eine Übergangserscheinung des geschichtsphilosophischen Denkens bezeichnet worden. In dieser Annahme einer Selbststeuerung sei zwar kein Gott mehr enthalten, die völlige Autonomie des Menschen über seine Geschichte werde aber noch nicht gedacht.[4] Man findet ähnliches bei Vico als »Vorsehung«, bei Turgot als »Hand Gottes«, bei Kant als »Naturabsicht«, bei Fichte als »Weltplan« oder bei Hegel als »List der Vernunft«. Das Buch von Smith erschien 1776, gerade als sich jenseits des Atlantik das spätere Musterland des Kapitalismus gründete. Im selben Jahr wurde auch der »Laplace'sche Dämon« erfunden. Von dieser Gedankenfigur meinte ihr Erfinder, ein französischer Astronom, sie brauche nur zu einer gegebenen Zeit Ort und Geschwindigkeit aller Materieteilchen im Kosmos zu kennen, um – als allwissender Historiker und Prophet zugleich – Vergangenheit und Zukunft vollständig berechnen zu können. Damit hatte im selben Jahr auch der Gedanke der »Planung«, ja »Programmierung«, bereits seine mythologische Gestalt gefunden.

Obwohl sie nur selten unverfälscht realisiert worden sind, scheinen die zentrale »Planung« und ihr Gegenentwurf, den man seit François Quesnay auch unter den Ausruf »Laissez faire« fasst, ideell miteinander unvereinbar zu sein. Jedenfalls bekämpfen sie sich bis in die ökonomischen und gesellschaftlichen Debatten der Gegenwart hinein mit geradezu weltanschaulichem Eifer. Dabei unterstellen sie sich gegenseitig, in ihrer Konsequenz das Chaos herbeizuführen. Es genügt hier für die gegenwärtigen Diskussionen der Verweis auf die von Globalisierungsgegnern erhobene Anklage, der internationale Freihandel erinnere heute an den Hobbes'schen Urzustand des Kampfes aller gegen alle.[5] Der Streit zieht sich inzwischen sogar bis in die Wirtschaftsgeschichte hinein: So hat sich etwa Niall Ferguson jüngst gegen die drohende Übermacht des ökonomischen Denkens in der Geschichtsschreibung zu verwahren versucht und die Absicht kritisiert, nun die ganze Weltgeschichte gleichsam »siegesliberal« umzuschreiben und auf 1989/90 hin zu orientieren. Stattdessen hält er dafür, Geld sei in der Geschichte nicht (immer) das Wichtigste gewesen.[6] David S. Landes dagegen ging in seiner Darstellung *Reichtum und Armut der Nationen* noch einen Schritt über den Smith'schen Liberalismus hinaus und legte seiner Darstellung die These zugrunde, die Natur sei eben »ungerecht« in ihrer Verteilung, und geschichtlichen Erfolg habe immer nur der gehabt, der dies als Herausforderung zum Wettbewerb begriffen habe.[7]

Die Analyse solcher Ideologeme der historischen Entwicklung ist zweifellos eine ebenso lohnende wie notwendige Aufgabe. »Planung« – das vielleicht zeittypischere, wenn auch letztlich wohl nicht das »erfolgreichere« Theorem – macht die Gegenwart zu einer Vorgeschichte des Zukünftigen. Historisch gesehen wird sie dadurch zu einem Ausdruck vergangener Erwartungshorizonte. In der modernen Bedeutung als »rationale« Gestaltung des Kommenden ist der Begriff »Planung« erst seit der Aufklärung gebräuchlich, in der die Gegenwart als Phase des Übergangs zu Verhältnissen erschien, die man zunehmend für beeinflussbar, eben planbar, hielt. Erst jetzt konnte die Vorstellung von »Planlosigkeit« entstehen, konnte nicht nur die Gesellschaft, sondern die *Natur selbst* als chaotisch und der menschlichen Hege bedürftig wahrgenommen werden. Planung ist seitdem oft als »Geburtshilfe« oder Beschleunigung einer kommenden, oft als »neu« deklarierten Zeit verstanden worden.[8]

Adam Tooze hat darauf hingewiesen, wie seit der Zeit des Absolutismus der Staat zum Hauptakteur der aktiven Vorbereitung auf die Zukunft wurde und wie der Merkantilismus für Verwaltung und Wirtschaft bereits eine Reihe von dirigistischen Maßnahmen ausbildete, deren Zugriff man als »technokratisch« bezeichnen kann.[9] Von Neuerungen in Wissenschaft und Technik beeinflusst, waren Planungen zunehmend darauf aus, die »Lesbarkeit« nationaler Potentiale zu erhöhen, sie zu bündeln und in eine gewünschte Richtung zu lenken. Ziel war es dabei, der Natur wie auch den »naturwüchsigen« Prozessen der Gesellschaft ihre Unkalkulierbarkeit zu nehmen.[10] Wichtig ist jedoch zu betonen, dass Planungen in diesem Sinn meist aktiv gestaltend und abwehrend zugleich motiviert gewesen sind, gerade im Hinblick auf das Management von Raum und Ressourcen, deren Begrenztheit stets mitkalkuliert werden musste.[11]

Dem Regulierungswillen des Staates entgegen stand jedoch stets eine *Planungsgegnerschaft* aus Prinzip, besonders durch das liberale Bürgertum. Das sah in der staatlichen Planung seine private Initiative gefährdet und unterstellte, es werde damit das selbstregulative Gleichgewicht »gesunder« Egoismen gestört.[12] Liberale Marktorientierung und zentrale Planung rivalisierten fortan miteinander um gesellschaftliche Hegemonie und haben damit dem 19. und 20. Jahrhundert eine spezifische, gegenüber der Politik oft eigenständige Rhythmik eingezogen, die sich auch in der Entwicklung der jeweiligen Wirtschaftstheorien spiegelt. Dabei durchliefen sie ihre Extremphasen, das eine im »Manchestertum«, das andere in den national- und realsozialistischen Planungsstaaten. Beide wollten dabei dem Dilemma einer möglichst gerechten

Verteilung der knappen Güter ausweichen, indem sie so viel zu produzieren versuchten, dass die Überschüsse lediglich noch mehr oder weniger gerecht verteilt statt erkämpft werden müssen.[13]

Solche Vorstellungen von ewigem Wachstum und evolutionärem Fortschritt haben sich jedoch auch als eine Flucht in die Zukunft erwiesen, als fortgesetzter Versuch, drängende Gegenwartsprobleme und unliebsame Folgeerscheinungen entweder auf zukünftige Generationen oder in andere Räume zu verlagern. Und hier taten sich vor allem Technokraten und Sozialingenieure hervor, die glaubten, Gesellschaften müssten wie effiziente Maschinen funktionieren. Während die Strukturmodelle von »Staat« und »Markt« inzwischen als »Schlüsselfragen« des 20. Jahrhunderts analysiert worden sind, kann dies für die hier angeführten Vertreter einer dritten Ordnungsvorstellung noch lange nicht festgestellt werden.[14] Dabei hat Charles Maier bereits vor dreißig Jahren darauf hingewiesen, wie stark und wie international technokratische Verheißungen schon in der Zwischenkriegszeit verbreitet gewesen sind.[15]

2. Technokratie

Seit Edward P. Thompsons Untersuchungen zur »moral economy« der englischen Unterschichten ist deutlich geworden, wie wenig die Handlungslogik der am Wirtschaftsprozess Beteiligten in der Figur des *Homo oeconomicus* aufgeht, sondern durch Weltbilder, spezifische Problemhorizonte und Entwicklungsmodelle mitgesteuert wird.[16] Im Folgenden sollen der Eigensinn, die spezifische Rationalität und der Denkstil der technokratischen Akteurgruppe etwas näher skizziert werden. Denn deren Tun und deren Hintergrundideologie sind auf fast jeder historischen Ebene und in fast jedem politischen und Wirtschaftssystem ungemein einflussreich und äußerst nachhaltig gewesen. Sie lassen sich als eine häufig scheinbar neutrale, bisweilen als »sachgesetzlich« bezeichnete Ausweichposition skizzieren, die sich um die zentrale Kategorie der »Effizienz« dreht, aber zugleich wechselnde Anteile an der politischen Zentralkategorie der »Macht« wie der ökonomischen Zentralkategorie des »Gewinns« besessen hat. Besonders gut nachvollziehbar sind diese Ideologeme und ihren Schnittmengen in technischen Großprojekten. Denn solche »Gesamtkunstwerke« der Technik bringen den Anspruch, unter dem Primat des Technischen auch politische, wirtschaftliche und soziale Problemlagen lösen und eine umfassende Integration bewirken zu können, oft exemplarisch zum Ausdruck.[17]

Das Wort »Technokratie« soll 1919 von dem amerikanischen Ingenieur William Smith geprägt worden sein.[18] Man spricht davon, wenn sich Technologie mit dem Anspruch auf politische, wirtschaftliche und gesellschaftliche Führung verbindet, wenn Gesellschaftsmodelle überwiegend der Logik des Technischen und einer effizienten Verwaltung folgen sollen. Besonders in den 1920er Jahren und gleichsam als Überschuss aus den Rationalisierungsbestrebungen in den Betrieben sind »Taylorismus« und »Fordismus« – unter welchen Etiketten diese Bestrebungen zu dieser Zeit liefen – immer wieder gesellschaftspolitisch hochgerechnet worden. Technokratie ist seitdem als Vision wie als Pathologie diskutiert worden, als Verheißung wie als Schimpfwort, oft auch als Kritik an seelenloser Verwaltung oder an selbstläufigem Aktionismus, der sich etwa durch eingespielte Planungsrituale einstellt. In den 1960er Jahren wurden hinter der technokratischen Rede vom »Sachzwang« allenthalben verschleierte Herrschaftsansprüche gewittert.[19] Doch kommt man nicht umhin, in Architekten, Ingenieuren und ihresgleichen trotz aller an ihnen geübten Kritik tatsächlich Schlüsselfiguren des historischen Wandels zu sehen.

Der Erste Weltkrieg mit seinen Materialschlachten und der begleitenden kriegswirtschaftlichen Planung war zweifellos – und für fast alle beteiligten Kriegsparteien – eine Grunderfahrung für die Möglichkeiten synergetischer Effizienzsteigerungen gewesen.[20] Der Nationalökonom Otto Neurath meinte denn auch unmittelbar nach dem Krieg, die Zeit der freien Verkehrswirtschaft gehe zu Ende, die Zeit der Verwaltungswirtschaft beginne.[21] Neurath zufolge müsse man nun auch für die Friedenszeit eine Gesellschaftsordnung finden, in der Leistung, Gesundheit und Behagen zugleich gefördert würden. Dazu seien vor allem technische Vereinheitlichungen, Normungen und Typisierungen notwendig, die »schrittweise ins Gebiet der Gesellschaftstechnik hinüber« gingen.[22] »Wir werden unsere Lebensordnung wie eine Maschine umzukonstruieren suchen und daher durchaus rationalistisch vorgehen.« Das erste, was man brauche, sei ein Wirtschaftsplan, dann »eine klare Übersicht über die Bewegung der Rohstoffe und Energien«, ein Zentralwirtschaftsamt und schließlich eine Universalstatistik: »Warum entwerfen wir nicht schon längst einen Plan der Pläne?« fragte Neurath abschließend und antwortete selbst: »Weil wir nicht technisch denken.«[23]

Seit die Technik in der Alltagswelt für jeden spürbar von Erfolg zu Erfolg eilte, wurde die Ansicht vertreten, dass sie gesellschaftliche Problemlagen mitentscheiden oder gar lösen könne. Nicht nur auf den Markt, auch auf die Technik richteten sich daher säkulare Heilserwartungen.[24] Aus Sicht technischer Eliten erschien es begrüßenswert, wenn die Autonomie des Politischen wie des Wirtschaftlichen zugunsten einer Herrschaft der Sachlogik, wenn nicht des Sachzwangs beschnitten wurde.[25] Denn Politik – jedenfalls in ihrer professionellen Erscheinungsform – schien dabei dem Sachverstand ebenso entgegengesetzt wie das gewinnorientierte Streben des freien Unternehmertums.[26] Die kräfteverschleißende Politik des politischen Pluralismus und des Marktes waren hier Gegenbilder zu einer technokratischen Ordnung, weil in endlosen Abstimmungsprozeduren Energien angeblich vergeudet wurden, statt den einen besten Weg zu gehen. Seit der Soziologe Thorstein Veblen 1919 einen »Sowjet der Ingenieure« forderte, hegte die Technokratie Misstrauen in alles, was irrational, vieldeutig und unberechenbar erschien.[27] Die optimale Effizienz und der Wirkungsgrad dienten hier als Schlüsselkategorien des Sozialen, des Ökonomischen und des Politischen.[28]

Als Ziele einer technokratischen Ordnung wurden dagegen produktive Überschüsse und damit letztlich die Überwindung von Revolutionen und Kriegen in Aussicht gestellt. Denn Arbeit sollte den Kampf um begrenzte Güter ersetzen und die Verheißung eines unterschiedslosen Anschlusses an den gesellschaftlichen Wohlstand schien die klassenkämpferische Forderung nach mehr Verteilungsgerechtigkeit zu überwinden.[29] Jenseits von Knappheit und Gefälle – bewirkt durch ein intelligentes Energie-Management – sollte sich die soziale Integration wie von allein herstellen. Dazu fügte sich, wie Werner Sombart schon 1911 feststellte, die »technologische Geschichtsbetrachtung« des *Homo faber*, also des erschließenden und sich die Kräfte der Natur dienstbar machenden Menschen.[30] Sie sah in der Technik eine »Weiterführung der Schöpfung« (Friedrich Dessauer) und eine »werktätige Selbsterlösung« des Menschen (Carl Brinkmann).[31] Diese Autosuggestion des Ingenieurstandes, recht eigentlich für die wesentlichen Fortschritte des Menschengeschlechts verantwortlich zu sein, schob die Verantwortung für Fehlentwicklungen und unerwünschte Folgen regelmäßig auf »widrige Umstände« oder auf vermeintliche Saboteure der Effizienz.

3. Rückstand und Neugestaltung

Man geht kaum fehl, in diesen technokratischen Auffassungen eine tragende Hintergrundideologie nicht nur der technischen Berufe, sondern auch der modernen Leistungsverwaltung, der Expertengremien und der naturwissenschaftlichen Forschungs- und Entwicklungsagenturen zu sehen, die bis heute wirksam ist.[32] Unabhängig von der politischen und ökonomischen Klasse wurden hierbei eigene Ordnungsmodelle und Leitbilder sowie Strategien entworfen, um solche Ziele zusammen mit Wirtschaft und Politik, oft aber auch gegen sie durchzusetzen. So hat die anwendungsorientierte Wissenschaft zusammen mit den Medien gern Handlungszwänge suggeriert, um die Politik unter Druck zu setzen; man denke nur an den Umwelt- oder Verbraucherschutz. Ebenso wirksam war stets der Verweis auf einen vermeintlich drohenden Rückstand auf technologischem Gebiet, etwa in der *Technological-gap*-Debatte der frühen 1960er Jahre. Solche Warnrufe – gern mit Tabellen und Statistiken unterfüttert – gehören ebenso zum strategischen Arsenal technokratischer Politik wie die Visionen einer künftigen Gesellschaft des Überflusses.[33] Eine ganze Generation von Sachbuchautoren hat hierbei Vermittlerdienste geleistet und in den 1960er oder 1970er Jahren unter der Leitfrage »Wie werden wir in Zukunft leben?« die phantastischsten Szenarien ausgemalt.[34]

Es ist natürlich schwer auszumachen und nachzuweisen, wer an solche Prognosen geglaubt und inwieweit sie auf die Wirklichkeit zurückgewirkt haben. Seit der frühen Neuzeit haben uns jedoch utopische Entwürfe begleitet, denen oft ein unverkennbar technokratischer Zug innewohnt. Schon in Thomas Morus' *Utopia* von 1516, später in Edward Bulwer-Lyttons *The Coming Race* (1871) oder Edward Bellamys *Looking Backward 2000–1887* (1888) wurden oft vollständig »infrastrukturisierte«, das heißt materiell durchorganisierte Gesellschaften beschrieben, in denen es an nichts Lebensnotwendigem mehr mangelte und die in einen stabilen, oft geradezu posthistorischen Zustand der reibungslosen Verwaltung überführt zu sein scheinen. Auch realitätsnähere Projektemacher, wie etwa die Saint-Simonisten des frühen 19. Jahrhunderts oder auch Visionäre wie Friedrich List, haben sehr früh auf die politisch und sozial integrative Kraft von Großprojekten der Infrastruktur verwiesen und den Bau von gewaltigen Kanal- oder Eisenbahnsystemen empfohlen, um eine europäische Einigung herbeizuführen und die politische Zerstrittenheit unter den Primat der technischen Kooperation zu zwingen. Der französische Ingenieur Michel Chevalier entwarf bereits 1841 ein völkerverbindendes Eisenbahnsystem als Kern eines künftigen Vereinten Europa und wollte die bestehenden Heere in Arbeitsarmeen umwandeln.[35] Doch im »Bestreben, die Kampf- und Rivalitätsinstinkte des einzelnen wie der Völker auf wirtschaftlichen Wettbewerb abzuleiten und dem Betätigungsdrang großartige menschliche Aufgaben philantropischer und technischer Art zuzuweisen«, meinte Heinz Gollwitzer 1982, »haben die Vertreter des pazifistischen Internationalismus Ziele gesteckt, die in ihrer Zeit nicht erreichbar waren«.[36]

Dies war kein bloßes Wunschdenken. Auch realgeschichtlich sind schon im 19. Jahrhundert Infrastrukturen Medien der wirtschaftlichen und der kulturellen Begegnung gewesen. Ob die damit verbundene Integration nun auf eine freihändlerische Weltwirtschaft oder eine potentiell autarke »Großraumwirtschaft« hinauslief, stets wurde das Problem aufgeworfen, dass dabei auch Kulturen miteinander im Austausch stehen, dass gleichsam eine »interkulturelle Wirtschaftskommunikation« vonnöten ist, um einen solchen Austausch reibungsloser zu gestalten. Seit Mitte des 19. Jahrhunderts bemühte man sich auch um Prozesse der Normierung und Standardisierung, die idealerweise nicht konfrontativ verliefen, sondern »geplant« wurden, um sie nicht den Verdrängungs- und Selektionsprozessen des freien Marktes auszusetzen, weil eine bloße Orientierung an den »Marktführern« die kleineren und/oder schwächeren Marktteilnehmer ungebührlich benachteiligt hätte.[37]

Der deutsche Postminister Heinrich von Stephan, sicher einer der Heroen technokratischer Vereinheitlichung, hatte 1874 den *Allgemeinen Postverein* (seit 1878 *Weltpostverein*) als eine der ersten und in vielem vorbildlichen Einrichtungen zur internationalen Synchronisation unterschiedlicher Infrastruktursysteme angeregt. Ihm traten bis 1897 alle zivilisierten Staaten bei. Schon 1865 gab es einen Welttelegraphenvertrag, 1909 sollte der Weltfunkverein in Berlin gegründet werden. Seerechtskonventionen und Eisenbahnfrachtverträge folgten.[38] Dazu waren Standardisierungen und Normierungen notwendig. 1875 etwa legten sich die führenden Länder in Paris auf den Meter als Grundmaß fest, 1884 auf Greenwich als Nullmeridian zur Synchronisation der unterschiedlichen Zeitmaße. Nur selten konnten sich an das nationale Prestige geknüpfte Normen halten. Die wirtschaftlich-technische Internationalität wurde durch zahlreiche Vereinbarungen dokumentiert, die »Sachzwänge« nahe legten und den Krieg als veraltet erscheinen ließen. Weltausstellungen galten seit 1851 als Ausweis für den Wandel der Weltpolitik zu friedlicher weltweiter Kooperation. Ein *technisch-administrativer* und *juristischer Internationalismus* begleitete die »Globalisierung«. Namentlich im Bereich der

Wissenschaft und Technik schienen Nationalismen widersinnig, und kleinere Staaten sahen hier oft Chancen, sich über die Koordination solcher Absprachen auf der internationalen Bühne diplomatisch zu profilieren.[39] Dennoch gab es natürlich um die Geopolitik transnationaler Netzwerke weiterhin genügend Konflikte, denn Freihandel und imperiales Ausgreifen hatten etwa die Telegrafie oder die Unterseekabel zu strategischen Infrastrukturen von überragender Bedeutung gemacht.[40] In einer 1901 erschienenen Schrift meinte der Publizist Arthur Dix hierzu:

»Die *Weltmachtpolitik* ist eng gebunden an die Beherrschung der weltwirtschaftlichen Hochstraßen. [...] Eisenbahn und Telegraph, Dampfschiff und Kabel sind die Werkzeuge, durch die der moderne ›homo sapiens‹ sich alle Teile der Erde *erschlossen* und unterworfen hat – sie sind zugleich hervorragende Werkzeuge politischer Macht und die besten Waffen eines neuzeitlichen Staates im Kampfe um die Teilung der Welt. [...] Wer sie am besten zu benutzen weiß, dem fällt auf der neuen Weltkarte der günstigste Platz zu.«[41]

Dabei bildete sich ein nationaler Leistungswettbewerb sowie eine weltweite Rivalität um Ressourcen heraus, die für ein stetiges Wachstum der »jungen« und »kräftigen« Nationen notwendig schienen. Der modernen Technik kam bei dieser Übertragung des Wachstumsparadigmas auf den Raum eine zentrale Funktion zu. Denn mit Gewehren und Dampfbooten, Medizin und Telegrafie ermöglichte sie das Erschließen von Territorien auf relativ günstige und gefahrlose Weise und bestätigte dadurch dem Augenschein nach die Überlegenheit der »entwickelten« Völker und Nationen immer wieder. Im Spektrum der Missionsideen nahmen die »Segnungen« der Technik, die zu Hause als so grundstürzend erlebt wurden, daher einen beherrschenden Platz ein. Der wissenschaftlich-technische »Fortschritt« wurde zu einer *Erfolgsideologie*, und die Verkehrs- und Kommunikationsnetze mit den Nervenbahnen der Moderne gleichgesetzt.

Ein Architekt wie der Münchner Baumeister und Visionär Herman Sörgel, der seit 1927 den Plan verfolgte, Europa und Afrika infrastrukturell miteinander zu verschränken, indem das Mittelmeer bei Gibraltar abgeriegelt und das durch Verdunstung entstehende Niveaugefälle hydroelektrisch nutzbar gemacht werde, brachte seine dieser Großtat zugrunde liegende Überzeugung folgendermaßen auf den Punkt:

»Der Kampf der Völker um die Futterkrippen mit Gewaltmitteln, die Landwegnahme durch den Krieg, bringen keine Lösung. Hier steht die Technik vor einer ganz klaren, eindeutigen Aufgabe. Auf ein Jahrhundert technischer Erfindungen muss nun endlich ihre Anwendung zum Segen der Völker folgen. Aber nicht im technischen Kleinkram, in der Patentierung von unzähligen Apparaten und Maschinchen soll sich der ›Segen‹ der Technik äußern, sondern in Großunternehmungen der Energiewirtschaft, die die Erde wirklich erschließen, die die Erdoberfläche neugestalten, durch die eine bessere räumliche Verteilung und Entfaltungsmöglichkeit der Erdbewohner erzielt wird. Im Sinne der Technik als Energiewirtschaft – immer nur als Mittel zum Zweck, selbstverständlich nicht als Selbstzweck – hat der Ingenieur die Erdoberfläche neu zu gestalten.«[42]

4. Planung der Entwicklung

Solche ambitionierten, unter dem Primat des Technischen stehenden Projekte waren in der ersten Hälfte des 20. Jahrhunderts in der Ersten und Zweiten Welt keine Seltenheit, sondern ein spezifischer Ausdruck der autoritären Hochmoderne. In der zweiten Hälfte wurden sie charakteristisch für die entstehende Dritte Welt, die mit ihrer Hilfe beherzte Sprünge in die Moderne zu tun versuchte. Schon die Politik des spätkolonialen *colonial development* war ein Labor für das *social engineering* gewesen.[43] Der großen Probleme in den Entwicklungsländern schienen eine Zeitlang nur gewaltige Planungen angemessen zu sein: »Nichts sollte mehr ›in Jahrhunderten reifen‹ wie in der kolonialen Periode«, meint Wolfgang Sachs, »sondern nach dem Zweiten Weltkrieg war die ›Entwicklung‹ ganzer Gesellschaften zu einer Ingenieursaufgabe geworden, die sich, wenn schon nicht in einigen Jahren, so doch in ein paar Jahrzehnten erledigen lässt.«[44] Auch waren Infrastruktur-Einrichtungen leichter zu planen als etwa aufwendige und langwierige Sozialpläne.[45] Ihnen gegenüber schienen Erschließungspläne in vergleichsweise einfacher Art »programmierbar« zu sein. Mit den Mitteln der Statistik, der Bevölkerungslehre und Ähnlichem – also vermeintlich »neutralen« und unpolitischen Agenturen – wurde versucht, »wachstumsfördernde« Konditionen zu schaffen. Als Kriterium für das Aufstellen solcher *Input-output*-Modelle, die zum Schluss sogar bedauerten, das Problem der Entwicklung nicht überhaupt auf mathematische Formeln bringen zu können, diente das technokratische Argument, dass die Entwicklungsländer einen niedrigeren Lebensstandard als andere Länder aufwiesen, weil sie ihre Potentiale »unausgenutzt« ließen.[46]

Durch diese rechenhaften Zugriffe und den spätkolonialen Sozialstaat verstärkte sich freilich in den Entwicklungsländern selbst der Eindruck, Wirtschaft und Gesellschaft seien etwas voluntaristisch Organisierbares: »Für die Mehrzahl der Afrikaner«, bedauerte der Wirtschaftswissenschaftler Heiko Körner schon 1965, »ist also die moderne Wirtschaft eine von vorn hinein manipulierbare Angelegenheit. Die Wirtschaftspläne werden in ihren Augen nicht durch einen allgemeinen, neutralen Mechanismus koordiniert, sondern durch das Aufeinander-Reagieren der einzelnen handelnden Subjekte, deren jedes seine Interessen durchzusetzen sucht.« Dabei seien »die fortschrittlichen Gruppen in Afrika von einem egoistischen und rigorosen Modernismus ergriffen worden«.[47] Die staatlichen Pläne, die zum Teil, wie etwa in Kamerun, einem Zeitraum von 20 Jahren vorgriffen, reduzierten sich in der Folgezeit und nach frustrierenden Erfahrungen in ihrem zeitlichen und gegenständlichen Umfang jedoch immer stärker. Doch war die Fixierung vieler »Neuländer« auf den Interventionsstaat kaum noch umzukehren. Die autoritäre Hochmoderne mit ihrer Neigung zu technokratischen Lösungen griff in all denjenigen Ländern Platz, die forciert den »Anschluss« an die alten Kulturländer und die Integration in den Weltmarkt suchten. Für das Scheitern vieler solcher Zukunftsvisionen mag mitverantwortlich sein, was man »Technokraten« generell vorwirft, wenn man diesen Begriff als Schimpfwort gebraucht: eine mangelnde Berücksichtigung humaner oder sogenannter »weicher« Faktoren in die Berechnungen, eine zu optimistische Erwartung rationalen Verhaltens bzw. eine Vernachlässigung der individuellen Wünsche nach Wahlfreiheit, Alternativen und nicht-normierten Verhaltensweisen.

Es wäre jedoch falsch, sich als Europäer über die naiv-schematischen Modellversuche in den jungen Nationen zu erheben. Auch bei der EU-Vereinheitlichung war ein technokratischer Zug stets instrumentell und bisweilen sogar dominant, weil die Vielzahl der gewachsenen kulturellen Unterschiede hier einer scheinbar sachlichen und neutralen Vereinheitlichung unterzogen wurden. Vor allem der ökonomische Sockel strebte unter den Parolen der »Chancengleichheit« und des »fairen Wettbewerbs« seiner Unterschiedslosigkeit zu. Technokratische Agenturen haben hierbei über die Jahrzehnte hinweg enorme transnationale Synchronisationsleitungen vollbracht, indem sie kulturelle Differenzen in einer scheinbar sachgerechten Sprache miteinander kommunizierbar und harmonisierbar machten.[48] Dennoch gibt es gerade im Bereich der ambitionierten »Entwicklungs«-Politik im Zentrum und an der Peripherie zahlreiche Musterbeispiele für die Irrtümer, Fehlprognosen und Fehlplanungen, die sich über die Ausblendung des Kulturellen aus der Ökonomie bzw. deren zeit- und raumindifferentes Modelldenken ergeben.

5. Vernetzte Systeme

Doch haben weder Utopien, Großpläne noch Großprojekte – so klar sie oft technokratische Ideologie repräsentierten und so deutlich sie bisweilen nach »Endlösungen« strebten[49] – den Erfolg technisch inspirierter Entwürfe und Politikmodelle im Alltag des 20. Jahrhunderts bewirkt, sondern die zahllosen kleinen Beiträge, die Technokraten aus dem Hintergrund geleistet haben, um politischen und wirtschaftlichen Prozessen Impulse zu geben. Namentlich in Gestalt der modernen Infrastrukturnetze, die von Techniksoziologen als *Große Technische Systeme* untersucht werden, hat sich das Zusammenspiel zwischen Wirtschaft, Politik und Technik materialisiert und jede teleologische Deutung untergraben.[50] Doch wenn sie auch im Einzelnen – oder wenigstens in ihrer realisierten Form – sicher nicht intentional entstanden, sondern eher chaotisch gewachsen sind, lässt sich dennoch von Mal zu Mal die technokratische Absicht einer gezielten Steuerung von Bedürfnissen darin erkennen.[51] Denn das infrastrukturell-wirtschaftliche Angebot ist in mancherlei Hinsicht zu einem Surrogat politischer Herrschaft geworden, welche die Nachfrage nach knappen Ressourcen zu steuern versucht und mit Verheißungen des Überflusses wirbt.

Der technokratische Zugriff markiert zugleich den Wandel von einem »nehmenden« Kapitalismus, den die Sozialisten seit Marx zu Recht fortlaufend kritisiert hatte, hin zu einem »gebenden« Kapitalismus der vorleistenden und vornehmlich auf Infrastruktur abzielenden Hilfe zur »Entwicklung«. Diese Art des Kapitalismus hatte – nach der Beobachtung des französischen Sozialphilosophen Alexandre Kojève – gelernt, seine inneren »Widersprüche« selbst zu lösen, indem er sich gleichsam marxistisch umbaute und den erwirtschafteten Mehrwert nicht mehr monopolisierte, sondern – nach dem Modell etwa des »system builder« Henry Ford[52] – in eine ständige Steigerung der Lebensniveaus der arbeitenden Massen investierte, weil nur dies eine ständige Steigerung der Bedürfnisse und damit der Produktion nach sich zog.[53] Diese Strategie sah Kojève im Jahr 1957 auch auf die »Dritte Welt« angewandt, denn, so die Formel des »gebenden« Kolonialismus: »Arme Kunden sind schlechte Kunden«.[54]

Gerade im Infrastrukturausbau stimmten während des 20. Jahrhunderts die Interessen von Militär, Wirtschaft, Politik und Technik oft überein. Verkehrs- und Nachrichtentechnologien waren für sie von gleichermaßen zentraler Bedeutung. Für das Design einer solchen Einrichtung war es entscheidend, wer im konkret-historischen Moment die Planungshoheit besaß: Das Militär war vorrangig an Schnelligkeit und Sicherheit interessiert, Ökonomen eher an Wirtschaftlichkeit in der Auslastung, Politiker an ihrem Stabilisierungseffekt und bisweilen an ihrer prestigeverbürgenden Sichtbarkeit, Geographen an ihrer raumordnenden Schlüssigkeit und Techniker in aller Regel an der Reibungslosigkeit ihres Funktionierens. Daher müssen naturgemäß auch die einzelnen Trägerschichten technokratischer »Ideologie«, also Wissenschaftler, Architekten, Ingenieure, das technische Personal oder die Verwaltungsbeamten, differenzierter voneinander unterschieden werden, als es in dieser Skizze möglich sein kann.

Die »politische Ökonomie« der Infrastruktur jedenfalls – und von einer solchen kann man nach dem Gesagten durchaus sprechen – zielte stets auf die Integration peripherer Räume und Gesellschaftsteile, um einheitliche Territorien mit einheitlichen Anschlussniveaus zu schaffen und sie politisch und sozial zusammenzubinden. Die Verheißung eines potentiell nivellierten Anschlusses an einen gesellschaftlichen Wohlstand wiederum setzte sich an die Stelle eines (klassen-)kämpferischen Einforderns von mehr Verteilungsgerechtigkeit. Politische Leitmedien unter den Infrastrukturen waren zunächst die Eisenbahnen, danach der Straßen- und Autobahnbau. Vielleicht noch stärker modellbildend war jedoch die Stromversorgung, weil sie die stets und überall verfügbare Energie in all ihren gesellschaftlichen Konnotationen zwar unsichtbar, aber kraftvoll repräsentierte und zugleich das Erfordernis der umfassenden Vernetzung mit sich brachte.[55]

Heute ist – nicht von ungefähr – das »Netz« zu einer vorherrschenden Sozialmetapher geworden. Ihr Erfolgsgeheimnis scheint es zu sein, nicht das »Reine« und Homogene zu integrieren, wie etwa die politische Vorstellung vom »Volk« – dem Konvergenzpunkt des gesellschaftlichen Denkens der deutschen Zwischenkriegszeit –, sondern das Grenzüberschreitende und Heterogene, also gerade das räumlich und inhaltlich Indifferente. Die Konzentrations- und Kartellisierungsbestrebungen von Großkonzernen, aber auch und mehr noch die Organisationsstrukturen der Verbundwirtschaft im Versorgungs- und Elektrizitätsbereich wurden zu Vorbildern des »Managements« einer im Einzelnen unüberschaubar gewordenen, arbeitsteiligen, vielschichtigen und kaum noch homogenisierbaren Gesellschaft.

In den letzten Jahren wurde die Infrastruktur – als klassisches Artefakt einer technokratisch orientierten Leistungsverwaltung – wieder zunehmend unter den Primat der marktwirtschaftlichen Ökonomie gezwungen. Damit kehren auch »weiche« Standortfaktoren wie Partizipations- und Mitentscheidungsrechte der Betroffenen, Berücksichtigung von historischen und Umweltfaktoren usw. wieder verstärkt in die Planungen dieser Bereiche zurück. Die gebauten Netzwerke der »klassischen Periode« und ihre jeweiligen Geschichten bleiben jedoch als Überreste vergangener Erwartungshorizonte auch für die Wirtschaftsgeschichte gewinnbringend lesbar. In kulturgeschichtlicher Perspektive wird man dabei an zahlreiche Schnittflächen moderner, komplexer Gesellschaften geführt, in denen »öffentliche« und »unsichtbare« Hände zu gestalten versuchen.

Anmerkungen

1 Vgl. hierzu Geoffrey M. Hodgson, *How Economics Forgot History. The Problem of Historical Specificity in Social Science*, London 2001.

2 Wolfgang Reinhard, Öffentliche und andere Hände. Privatisierung und Deregulierung im Lichte historischer Erfahrung, in: Helga Breuninger u. a. (Hg.), *Markt und Macht in der Geschichte*, Stuttgart 1995, S. 265–296.

3 Karen Horn, Im Bann von Smith, Marx, Keynes und Hayek, in: *Frankfurter Allgemeine Zeitung* Nr. 286 vom 8. 12. 1999, S. 20.

4 Heinz-Dieter Kittsteiner, *Naturabsicht und Unsichtbare Hand. Zur Kritik des geschichtsphilosophischen Denkens*, Frankfurt am Main 1980, S. 34. Dass sich die Vorstellung einer Anonymisierung und Dezentralisierung von Macht schon vor Adam Smith anbahnte, hat Raimund Ottow nachgewiesen (vgl. ders., Modelle der unsichtbaren Hand vor Adam Smith, in: *Leviathan*, Heft 4, 1991, S. 558–574). Oft wird hier auch auf Bernard Mandeville verwiesen, der 1723 schrieb: »Jeder, der es unternimmt, Menschen zu zivilisieren und zu einem politischen Körper zu vereinigen, muss mit allen ihren Gefühlen und Wünschen, Stärken und Unzulänglichkeiten gründlich bekannt sein und wissen, wie ihre größten Schwächen zum Vorteil der Allgemeinheit zu verwandeln sind.« Ders., *Die Bienenfabel oder Private Laster, öffentliche Vorteile*, Frankfurt am Main 1980, S. 245.

5 Benjamin Barber, *Coca-Cola und Heiliger Krieg. Der grundlegende Konflikt unserer Zeit*, 2. A., Bern 2001.

6 Niall Ferguson, *Politik ohne Macht. Das fatale Vertrauen in die Wirtschaft*, München 2003.

7 David S. Landes, *Wohlstand und Armut der Nationen. Warum die einen reich und die anderen arm sind*, Berlin 2002 (Hervorhebung v. L).

8 Hierzu ausführlicher Dirk van Laak, Zwischen ›organisch‹ und ›organisatorisch‹: ›Planung‹ als politische Leitkategorie zwischen Weimar und Bonn, in: Burkhard Dietz u. a. (Hg.), *Griff nach dem Westen. Die »Westforschung« der völkisch-nationalen Wissenschaften zum nordwesteuropäischen Raum (1919–1960)*, Münster 2003, S. 67–90.

9 J. Adam Tooze, *Statistics and the German State, 1900–1945. The Making of Modern Economic Knowledge*, Cambridge 2001. Vgl. auch den Beitrag von Adam Tooze in diesem Band.

10 James C. Scott, *Seeing Like a State. How Certain Schemes to Improve the Human Condition Have Failed*, New Haven 1998.

11 Vgl. Rolf Peter Sieferle, *Der unterirdische Wald. Energiekrise und Industrielle Revolution*, München 1982.

12 Vgl. aus liberaler Sicht: Gerd Habermann, *Der Wohlfahrtsstaat. Die Geschichte eines Irrwegs*, Frankfurt am Main 1997. Neutraler: Abram de Swaan, *Der sorgende Staat. Wohlfahrt, Gesundheit und Bildung in Europa und den USA der Neuzeit*, Frankfurt am Main 1993; und François Ewald, *Der Vorsorgestaat*, Frankfurt am Main 1993.

13 Dies schon bei Adam Smith. Vgl. Kittsteiner, *Naturabsicht*, S. 202.

14 Daniel Yergin u. a., *Staat oder Markt. Die Schlüsselfrage unserer Zeit*, München 2001.

15 Charles Maier, Zwischen Taylorismus und Technokratie. Gesellschaftspolitik im Zeichen industrieller Rationalität in den zwanziger Jahren in Europa, in: Michael Stürmer (Hg.), *Die Weimarer Republik. Belagerte Civitas*, Königstein/Ts. 1980, S. 188–213.

16 Edward P. Thompson, *Die Entstehung der englischen Arbeiterklasse*, 2 Bde., Frankfurt am Main 1987.

17 Dirk van Laak, *Weiße Elefanten. Anspruch und Scheitern technischer Großprojekte im 20. Jahrhundert*, Stuttgart 1999.

18 John G. Gunnel, The Technocratic Image and the Theory of Technocracy, in: *Technology and Culture* 23, 1982, S. 392–416, hier S. 393. Zum Gesamten Stefan Willeke, *Die Technokratiebewegung in Nordamerika und Deutschland zwischen den Weltkriegen. Eine vergleichende Analyse*, Frankfurt am Main 1995.

19 Vgl. Jürgen Habermas, *Technik und Wissenschaft als »Ideologie«*, Frankfurt am Main 1969; Claus Koch u. a. (Hg.), *Texte zur Technokratiediskussion*, Frankfurt am Main 1970.

20 Friedrich Zunkel, Die Bedeutung des Gemeinwirtschaftsgedankens für die technisch-wissenschaftliche Gemeinschaftsarbeit im und nach dem Ersten Weltkrieg, in: *Technikgeschichte* 46, 1979, S. 212–226.

21 Otto Neurath, *Durch die Kriegswirtschaft zur Naturalwirtschaft*, München 1919, Geleitwort. Zu Neurath (1882–1945) vgl. Paul Neurath u. a. (Hg.), *Otto Neurath oder Die Einheit von Wissenschaft und Gesellschaft*, Wien 1994.

22 Otto Neurath, Technik und Wirtschaftsordnung (1919), in: ders., Kriegswirtschaft, 1919, S. 221–227, hier S. 225.

23 Ebd., S. 226.

24 Vgl. für das eine Alexander Rüstow, *Die Religion der Marktwirtschaft*, Münster 2001. Für das andere David F. Noble, *Eiskalte Träume. Die Erlösungsphantasien der Technologie*, Freiburg 1999.

25 Willibald Steinmetz, Anbetung und Dämonisierung des »Sachzwangs«. Zur Archäologie einer deutschen Redefigur, in: Michael Jeismann (Hg.), *Obsessionen. Beherrschende Gedanken im wissenschaftlichen Zeitalter*, Frankfurt am Main 1995, S. 293–333.

26 Hermann Lübbe, Zur politischen Theorie der Technokratie, in: *Der Staat* 1, 1961, S. 19–38.

27 Thorstein Veblen, *The Engineer and the Price System*, New York 1963 (zuerst 1919).

28 Vgl. Karin Zachmann, Wirkungsgrad contra Wertgrad. Zur Entstehung des Konflikts zwischen der technischen und der ökonomischen Auffassung vom Wirtschaften, in: *Technikgeschichte* 62, 1995, S. 103–131.

29 »Große Massen industrialisierter Völker hängen heute noch einer dumpfen Religion der Technizität an, weil sie, wie alle Massen, die radikale Konsequenz suchen und unbewusst glauben, dass hier die absolute Entpolitisierung gefunden ist, die man seit Jahrhunderten sucht und mit welcher der Krieg aufhört und der universale Friede beginnt.« Carl Schmitt, *Der Begriff des Politischen*, Berlin 1962, S. 94 (zuerst 1932).

30 Werner Sombart, Technik und Kultur, in: *Archiv für Socialwissenschaft und Socialpolitik* 33, 1911, S. 305–347, hier S. 314.

31 Zu den technokratischen Übersteigerungen in der Ingenieurliteratur und ihren Bemühungen, die »Geschichtsmacht« ihres Gegenstandes zu belegen, vgl. Wolfhard Weber/Lutz Engelskirchen, *Streit um die Technikgeschichte in Deutschland 1945–1975*, Münster 2000, passim. Vgl. auch die Debatte über den »Kulturwert der Technik«, die sich von der Mitte des 19. bis zur Mitte des 20. Jahrhunderts zieht, dazu Bilanzen in: Armin Hermann u. a., *Technik und Kultur*. Im Auftrage der Georg-Agricola-Gesellschaft, Bd. 1–10, Düsseldorf 1990–94.

32 Schon der Freiherr vom Stein empfahl, eine Körperschaft der wissenschaftlichen und technischen Deputationen zu bilden, »ein Parlament praktischer Arbeit, zusammengesetzt aus den berufensten Vertretern der Wissenschaft, Technik, Industrie, des Handels, der Land- und Forstwirtschaft und der Staatsverwaltung!« (Conrad Matschoß, Staat und Technik. Ein Beitrag zu den Studien über die wechselseitigen Beziehungen zwischen Staat und Technik mit besonderer Berücksichtigung der neueren Entwicklung, in: *VDI-Zs.* 55, 1911, S. 1185–1194, hier S. 1188).

33 Vgl. dazu den Exkurs »Der Rückstand. Geschichte und Bedeutung einer Problemwahrnehmung« in: Bernd-A. Rusinek, *Das Forschungszentrum. Eine Geschichte der KFA Jülich von ihrer Gründung bis 1980*, Frankfurt am Main 1996, S. 203–215.

34 Vgl. pars pro toto: *Wie werden wir morgen leben? Eine Vortragsreihe*, Stuttgart 1957. Vielen der Prognosen nach müssten wir heute längst auf dem Meeresboden leben und uns von Plankton ernähren oder aber Wochenendurlaub auf einem der Erdtrabanten machen.

35 Marlies Steinert, *Michel Chevalier*, Diss. Saarbrücken 1956.

36 Heinz Gollwitzer, *Geschichte des weltpolitischen Denkens*. Bd. 1: *Vom Zeitalter der Entdeckungen bis zum Beginn des Imperialismus*, Göttingen 1972, S. 445.

37 Peter J. Hugill, *Global Communications Since 1844. Geopolitics and Technology*, Baltimore 1999; Armand Mattelart, *Networking the World 1794–2000*, Minneapolis. 2000; und Stefan Kaufmann, *Kommunikationstechnik und Kriegführung 1815–1945. Stufen telemedialer Rüstung*, München 1996.

38 Armand Mattelart zählt, mit Bezug auf Werner Sombart, für die Zeit von 1850–1870 17 solcher internationalen Kooperationsvereinbarungen, zwischen 1870 und 1880 20, zwischen 1880 und 1890 31, zwischen 1890 und 1900 61 und zwischen 1900 und 1910 108 (ders., Networking, S. 7). Der Weltpostverein ist seit 1948 eine Sonderorganisation der UNO und noch heute tätig.

39 Vgl. Madeleine Herren, *Hintertüren zur Macht. Internationalismus und modernisierungsorientierte Außenpolitik in Belgien, der Schweiz und den USA 1865–1914*, München 2000; und Frank Greenaway, *Science International. A History of the International Council of Scientific Unions*, Cambridge 1996.

40 Paul M. Kennedy, Imperial Cable Communications and Strategy, 1870–1914, in: *English Hist. Rev.* 86, 1971, S. 728–752; und Daniel R. Headrick, *The Invisible Weapon. Telecommunications and International Politics 1851–1945*, New York 1991.

41 Arthur Dix, *Deutschland auf den Hochstraßen des Weltwirtschaftsverkehrs*, Jena 1901, S. 4 und 7.

42 Herman Sörgel, Neugestaltung der Erdoberfläche durch den Ingenieur, in: *Die Welt im Fortschritt*, 1. Reihe, 2. Buch, Berlin 1935, S. 26 f. Die Technik-Publizisten Botho und Hans von Römer unterstützten das Atlantropa-Projekt Sörgels, der zurück in die Zeit vor der Sintflut wollte, nachdrücklich. Die Gesundung der Weltwirtschaft sei nur durch Verwirklichung ganz großer Pläne zu erreichen (dies., *Technische Wunder von heute und morgen*, Minden 1935, S. 198).

43 Vgl. Scott, *Seeing Like a State*, S. 223–261. Hier auch eine Bestimmung des Begriffs »autoritäre Hochmoderne«. Henri Brunschwig, Note sur les technocrates de l'impérialisme français en Afrique noire, in: *Revue française d'histoire d'outre-mer* 54, 1967, S. 171–173.

44 Wolfgang Sachs, *Zur Archäologie der Entwicklungsidee. Acht Essays*, Frankfurt am Main 1992, S. 29. Vgl. auch ders. (Hg.), *Wie im Westen so auf Erden. Ein polemisches Handbuch zur Entwicklungspolitik*, Reinbek 1993.

45 So Heiko Körner, *Kolonialpolitik und Wirtschaftsentwicklung. Das Beispiel Französisch-Westafrikas*, Stuttgart 1965, S. 103.

46 Bruno Knall, Zur Programmierung von Erschließungsplänen in Entwicklungsländern, in: *Weltwirtschaftliches Archiv* 81, 1958, S. 277–315, hier S. 278 (die Nachfrage nach mathematischen Formeln ebd., S. 313).

47 Heiko Körner, Die Folgen kolonialer Herrschaft, in: *Zs. für die gesamte Staatswissenschaft* 119, 1963, S. 458–475, hier S. 474 und 472.

48 Einrichtungen mit schwacher politischer Führung wie die Europäische Gemeinschaft sind schon in den 1950er Jahren als Brutstätten der Entpolitisierung und zugleich der Technokratie identifiziert worden. Vgl. Alfred Frisch, *Großmacht Technokratie. Die Zukunft der Gesellschaft*, Frankfurt am Main 1955; und Francis Rosenstiel, *Supranationalität. Eine Politik des Unpolitischen*, Köln 1962.

49 Vgl. Zygmunt Bauman, *Dialektik der Ordnung. Die Moderne und der Holocaust*, 2. A. Hamburg 1992.

50 Renate Mayntz u. a. (Hg.), *The Development of Large Technical Systems*, Boulder 1988; Günter Ropohl, Allgemeine Technologie der Netzwerke, in: *Technikgeschichte* 56, 1988, S. 153–162; und Ingo Braun u. a. (Hg.), *Technik ohne Grenzen*, Frankfurt am Main 1994.

51 Wiebe E. Bijker u. a. (Hg.), *The Social Construction of Technological Systems. New Directions in the Sociology and History of Technology*, Cambridge 1987; Albert Carreras u. a. (Hg.), *European Networks, 19th–20th Centuries. New Approaches to the Formation of a Transnational Transport and Communications System*, Mailand 1994; und Michèle Merger u. a. (Hg.), *Les Réseaux Européens Transnationaux, XIXe–XXe Siècles*, Paris 1995.

52 Mit dem Begriff »system builder« hat der amerikanische Technikhistoriker Thomas P. Hughes Techniker wie Ford, Edison, Insull etc. bezeichnet, die alle ein Gespür für die politischen, rechtlichen, wirtschaftlichen und sozialen Rahmenbedingungen besaßen, die für die Akzeptanz und den Erfolg einer Technologie wesentlich sind. Vgl.

ders., *Die Erfindung Amerikas. Der technologische Aufstieg der USA seit 1870*, München 1991.

53 Alexandre Kojève, Kolonialismus in europäischer Sicht. Vortrag, gehalten vor dem Rhein-Ruhr-Klub e.V. am 16. Januar 1957, in: Piet Tommissen (Hg.), *Schmittiana VII*, Berlin 1999, S. 125–140, hier S. 128. Kojève zog daraus den Schluss, dass der Kapitalismus alten Stils, der die Arbeiter am unteren Limit des Lebensniveaus festhält, um in die technische Ausrüstung zu investieren, gegenwärtig nur noch in der Sowjetunion existiere (ebd., S. 129).

54 Ebd., S. 132.

55 Ausführlicher hierzu Dirk van Laak, Infra-Strukturgeschichte, in: *GG* 27, 2001, S. 367–393.

Visionen des Überflusses

Entwürfe künftiger Massenkonsumgesellschaften im 20. Jahrhundert

Martina Heßler

Richard Hamiltons Collage mit dem Titel »Just what is it that makes today's home so different, so appealing?« (Abb. 1) diente als Katalog- und Plakatentwurf für eine von der britischen Künstlervereinigung *Independent Group* 1956 in London veranstaltete Ausstellung *This is tomorrow*.[1] Hamiltons Bild »vom Morgen« zeigt eine moderne, offensichtlich amerikanische Wohnung, die auf engem (Bild-)Raum alle Insignien eines konsumistischen Lebensstils konzentriert: einen Fernseher, ein Tonbandgerät, Schinken in der Dose, einen besonders modernen Staubsauger, einen Wimpel des Automobilherstellers Ford und durchtrainierte Menschen mit übertrieben geformten Körpern. Der Blick aus dem Fenster wird von Leuchtreklame und einem Kino dominiert. Hamilton konstruiert damit einen Zukunftsentwurf der Konsumgesellschaft, der sich von den vielerorts zu findenden erwartungsvoll-euphorischen Visionen einer Welt im angenehmen Überfluss unterscheidet. Indem er die zur Zeit der Ausstellung begehrten Konsumgüter wie Staubsauger, Tonbandgerät oder Fernseher im Bild buchstäblich »verrückt« – das Markenzeichen von Ford befindet sich auf dem Lampenschirm, das Tonbandgerät am Boden, ein weiterer Lampenschirm auf dem Kopf der Frau –, führt er den konsumistischen Lebensstil mit bildnerischen Mitteln ad absurdum. Zudem überzeichnet er die Konsumgegenstände spöttisch – »ordinary cleaners reach only so far«. Das Wohnzimmer wird in ein grelles Interieur verwandelt, in dem ein Pin-upgirl und ein Bodybuilder zu sehen sind. Das Bild bietet als visualisiertes Konzentrat der Massenkultur eine kritische Vision der zukünftigen Welt. Sarkastisch verweist es den Betrachter auf das Potential eines zukünftigen, entfremdeten und technisierten Lebens.

Hamiltons Bild, eine Ikone der Pop Art, kann zweifellos als eine Konsumvision des 20. Jahrhunderts gelesen werden. Die Hinwendung von Pop-Art-Künstlern zu Gegenständen des Alltags, ihre Thematisierung der modernen Konsumgüter stellt eine Auseinandersetzung mit der Massenkultur des 20. Jahrhunderts und ihrer zukünftigen Entwicklung dar, wie der Titel der Ausstellung *This is tomorrow* anzeigt.

Im Folgenden werden Konsumvisionen des 20. Jahrhunderts in einer ganz spezifischen Weise in den Blick genommen, indem nämlich ihre Rolle und ihre Bedeutung für ökonomische und politische Prozesse betrachtet wird. Diese Perspektive begründet sich aus dem Anliegen, kulturgeschichtlichen Fragestellungen in der Wirtschaftsgeschichte mehr Beachtung zu schenken, darauf hinzuweisen, welche Rolle Visionen, Konzepte und Wahrnehmungen für wirtschaftliche Prozesse spielen. Denn Vorstellungen über zukünftige Markt- und Absatzentwicklungen, über bevorstehenden Konsum sowie Bilder und Entwürfe eines kommenden Lebensstils prägten das Handeln und die Entscheidungen sowohl von Unternehmen wie von Konsumenten.

Zweifellos beleuchtet dieser Aspekt nur einen kleinen Ausschnitt der vielen Facetten, die Konsumvisionen für die Geschichtswissenschaften bieten. Auffällig ist allerdings, wie wenig diese bislang in der historischen Forschung beachtet wurden. Weder sind solche Bilder wie das von Richard Hamilton noch andere Visionen einer Konsumgesellschaft, seien sie nun bildlicher Provenienz oder textlicher, systematisch und vergleichend untersucht worden. Technik-, Stadt- und Architekturvisionen wurden dagegen von der historischen, kulturwissenschaftlichen und soziologischen Forschung ausführlich behandelt.[2] Die Missachtung der Konsumvisionen ist vor allem deshalb überraschend, weil die Konsumgeschichte ein blühendes und mittlerweile fein ausdifferenziertes Forschungsfeld darstellt. Die Entstehung der Konsumgesellschaft, der Zugang verschiedener sozialer Schichten und Gruppen zum Konsum, ökonomische Fragen, Genderaspekte, Systeme der Warendistribution, Mediatisierungsprozesse, Werbung und schließlich diverse kulturgeschichtliche Aspekte des Konsums wie dessen symbolische Bedeutung, »Konsumkulturen«, Aneignungsprozesse neuer Konsumgüter durch die Konsumenten, die Konstruktion der Konsumenten, Diskurse um Konsum usw. erhielten reichlich Aufmerksamkeit.[3] Visionen blieben dagegen, wie bereits erwähnt, unbeachtet.

So ist, um einige wesentliche Desiderata zu benennen, beispielsweise in der Forschung bislang nicht diskutiert worden, ab wann wir überhaupt von Konsumvisionen sprechen können. Die Beantwortung dieser Frage hängt zuallererst von der Definition des Begriffs Konsum ab. Die naheliegende Assoziation an das Schlaraffenland, das heute zur Metapher für Konsumvisionen geronnen ist, verkennt dessen Ursprung in einer seit der Antike immer wieder auftau-

Abb. 1 Richard Hamilton: Just what is it that makes today's home so different, so appealing?[4]

chenden religiösen und gesellschaftskritischen Auseinandersetzung mit dem Mythos des verlorenen Paradieses, wie es beispielsweise in Sebastian Brants *Narrenschiff*[5] 1494 und auch in Hans Sachs' Dichtung *Das Schlaraffenland*[6] von 1530 auftauchte oder im bekannten Gemälde Pieter Bruegels des Älteren (1567) zu finden ist. Der Begriff des Schlaraffenlandes repräsentierte eine Kritik an Untugenden wie Faulenzen und Schlemmen; es entstand als eine Fabel, die mit Unvernunft und unmoralischen Lebensweisen ins Gericht geht.

Inwieweit man diese eher an der Frage des »richtigen Lebens« orientierte Fabel in eine Konsumgeschichte einordnen könnte, scheint demnach streitbar. Die Historiographie des Konsums ging zunächst davon aus, dass »vor allem moderne Gesellschafts- und Wirtschaftssysteme durch Konsum gekennzeichnet und beherrscht würden«[7], während mittlerweile Konsum als Kategorie gleichermaßen für die frühe Neuzeit verwandt wird. Daher müsste man fragen, ob sich beispielsweise Konsumvisionen im 18. Jahrhundert finden lassen und welcher Art diese – vor allem im Unterschied zum 20. Jahrhundert – waren.

Wenig wissen wir auch, um an diese Fragestellung anzuknüpfen, über die historischen Entstehungsbedingungen von Konsumvisionen. Weder ist erforscht, in welchen spezifischen historischen Situationen Konsumvisionen auftauchten, ob diese in besonderer Weise vom Mangel geprägt waren oder eher auf eine ökonomische, politische oder technische Aufbruchsstimmung hinweisen; noch sind die hinter den Konsumvisionen liegenden gesellschaftlichen Wertvorstellungen, ihre kulturellen Fundamente und Hintergründe untersucht. Gerade eine solche kulturgeschichtliche Betrachtung von Konsumvisionen würde allerdings Erkenntnisse über zeitgenössische Lebensentwürfe, über die Wünsche und Befürchtungen einer Gesellschaft vermitteln. Schließlich ist wenig über die »Produzenten« der Konsumvisionen bekannt. Offensichtlich ist, dass sich, wie eingangs an Richard Hamilton gezeigt, Künstler mit Konsum und auch Konsumvisionen auseinandersetzten.[8] Welche anderen sozialen Gruppen Zukunftsentwürfe des Konsums konstruierten, ist jedoch nicht systematisch untersucht. Im folgenden wird deutlich werden, dass beispielsweise Unternehmen wie auch staatliche Akteure zu den Visionären des Konsums gehörten. Hartmut Berghoff hat gezeigt, dass dies auch für Naturwissenschaftler und Techniker der Fall war.[9] Darüber hinaus wäre zu fragen, welche Medien die Konsumvisionen vermittelten, ob sie sich vor allem in populären Zeitschriften, in Romanen, in *Science-Fiction*, in Filmen, in der Kunst, in der Werbung zeigten.

Im Folgenden können diese offenen Fragen keineswegs umfassend beantwortet werden. Vor allem ist dieser Beitrag als Anfang einer Beschäftigung mit Konsumvisionen zu sehen, der über die bislang vorliegenden Studien, die sich zumeist mit einzelnen Konsumbereichen (Reisen, Autos, elektrische Haushaltsgeräte etc.) befassen, hinausgeht.[10] Der Beitrag konzentriert sich auf die systematische Frage nach der Rolle von Konsumvisionen für Politik und Ökonomie im 20. Jahrhundert, um zu eruieren, inwieweit kulturgeschichtliche Fragestellungen von Relevanz für die Wirtschaftsgeschichte sind. Während die wirtschaftliche und politische Bedeutung des Konsums im 20. Jahrhundert unbestritten ist und die Forschung gezeigt hat, dass Konsum eng verknüpft ist mit Fragen der politischen Stabilität, ökonomischer Prosperität, der Konjunktur und des Massenwohlstandes,[11] geht es hier darum, inwieweit auch Visionen des Konsums, Konsumerwartungen und Zukunftsversprechen für ökonomische und politische Prozesse eine Rolle spielen. In den Blick gerät damit nicht der Konsum selbst, sondern das Reden über zukünftigen Konsum. Visionen werden daher als *Diskurse* über die Zukunft des Konsums analysiert. Es geht um die öffentliche Form des Redens, die öffentlich ausgetragenen Debatten, um kollektive Denk- und Argumentationssysteme, die sowohl die gesellschaftlichen Gruppen in ihrer Wahrnehmung, Denkweise und Handlungen prägten als auch von verschiedenen gesellschaftlichen Gruppen zur Sinnstiftung und zur Bedeutungszuschreibung genutzt wurden. Nach Achim Landwehr geht die historische Diskursanalyse »von der Beobachtung aus, dass zu einem bestimmten historischen Zeitpunkt nur eine begrenzte Menge von Aussagen zu einem bestimmten Thema gemacht werden kann, obwohl rein sprachlich gesehen eine unendliche Menge von möglichen Aussagen existiert«. Vor diesem Hintergrund will die historische Diskursanalyse, so Landwehr, dessen »Möglichkeiten zur Wirklichkeitskonstruktion, seine gesellschaftliche Verankerung und seine historischen Veränderungen zum Inhalt der Untersuchung machen«.[12]

In diesem Sinne gilt es zu untersuchen, inwieweit einerseits der Diskurs über zukünftige Konsummöglichkeiten Wirkungen auf die Entscheidungen ökonomischer und politischer Akteure (Produzenten wie Konsumenten) zeitigte und inwieweit andererseits diese wiederum Konsumvisionen gezielt zur Erreichung ihrer Ziele einsetzten und sie damit zugleich fortschrieben. Dieser Blick auf die Wirkungsmächtigkeit des Diskurses erfordert, wie im Zitat gerade anklang, die Einbettung der Visionen in ihren jeweiligen gesellschaftlichen, politischen und ökonomischen Kontext, denn nur so kann seine Wirkung wie auch seine Instrumentalisierungen erklärt werden.

Konzentrieren wird sich der Beitrag auf Konsumvisionen in Deutschland im 20. Jahrhundert; das heißt, dass Visionen in den Blick geraten, die die heutige *Massenkonsumgesellschaft* vorbereiteten. Diese zeichnet sich vor allem durch die Nutzung technischer Konsumgüter – wie Auto, Unterhaltungselektronik (Fernsehen, Radio etc.), elektrische Haushaltsgeräte –, durch Reisen, materiellen Wohlstand im Sinne von Verfügbarkeit von Lebensmitteln, Möbeln und Kleidung, durch billige Massenproduktion und eine Mentalität des Verschwendens und Verbrauchens aus.[13] Zudem gibt es, wie zu sehen sein wird, eine Vielzahl von Visionen, die niemals über den Status von Ideen, Phantasien und Wunschvorstellungen hinausgingen. Auf diese wird abschließend kurz eingegangen.

1. Die Wirkungsmächtigkeit der Diskurse

Diskurse, die in einer Gesellschaft über deren Zukunft kursieren, stellen für Unternehmen einen Indikator zukünftiger Entwicklungen dar, der sie veranlassen kann, die Produktion neuer Waren aufzunehmen, bis hin zur heutigen Trendforschung, die versucht, neue Chancen, neue Märkte frühestmöglich zu erspüren. Dies impliziert immer auch die Gefahr der Fehleinschätzung. So zogen beispielsweise in jüngster Zeit Visionen, die die Chancen des Internets oder der Biotechnologie ausmalten, nicht wenige *Start-up*-Unternehmen und Anleger in einen Strudel enttäuschter Hoffnungen auf große finanzielle Gewinne. Hier zeigte sich die potentiell negative Dynamik eines Diskurses.

Im Hinblick auf wichtige Elemente der westlichen Massenkonsumgesellschaft, nämlich die neuen technischen Konsumgüter wie elektrische Haushaltsgeräte, Fernseher und Automobile, finden sich jedoch wirkungsmächtige Diskurse, die deren Massenverbreitung vorwegnahmen und begleiteten. Bereits gegen Ende des 19. Jahrhunderts entwarfen Naturwissenschaftler und Techniker verschiedentlich Visionen, die Massenkonsum prophezeiten: Reisen würden für eine weitaus größere Anzahl von Menschen als bisher selbstverständlich, von der Arbeitsbefreiung durch die Maschine werde jedermann profitieren, neueste Erkenntnisse der Chemie würden die Ernährung sichern.[14] Auch sozialistische Visionen träumten schon 1914 von einer Zukunft, in der das Telefon, Fernseher, Automobile, Schiffe und Flugzeuge zu den selbstverständlich genutzten Dingen auch der Arbeiter gehörten.[15] Gleichwohl war zu dieser Zeit noch kein breiter Diskurs über neue Konsumgüter und deren massenhafte Verwendung entstanden. Zudem existierten viele der versprochenen und angekündigten Güter noch gar nicht in einer funktionsfähigen Weise oder sie wurden noch sehr stark als Luxusgegenstände wahrgenommen.

Erst in den zwanziger Jahren, mit dem Auftauchen weitgehend funktionsfähiger elektrischer Haushaltsgeräte auf dem Markt, den ersten preiswerteren Automobilen und der ersten Fernsehübertragung in Deutschland 1929, entstand ein verschiedenste gesellschaftliche Gruppen umfassender Diskurs über die zukünftige Verwendung dieser Konsumgüter. In der Metallarbeiterzeitung hieß es 1924: »In Zukunft wird das Kleinauto in Deutschland sicher eine große Verbreitung finden.«[16] In Gewerkschaftskreisen wurde das Auto gar als »sozialer Reformer« gefeiert, denn es sei geeignet, die »körperliche und seelische Entfaltung der Arbeiterfamilie« zu fördern. Mit der Arbeiterfamilie als Zielgruppe wurde das Automobil hier als Symbol des Massenwohlstands konstruiert.[17]

Auch die erste Fernsehübertragung 1929, deren technische Qualität außerordentlich bescheiden war,[18] ging mit höchst euphorischen Diskursen über die Zukunft des Fernsehens einher. Ein Artikel über »Das Fernkino im Haus« in der Zeitschrift *Daheim* aus dem Jahr 1929 begann: »Dinge, denen man früher nachlaufen musste, kommen jetzt zu uns ins Haus.« Und Eduard Rhein stellte in der Zeitschrift *Die Sendung* fest: »Man wird uns die Welt in unser Zimmer tragen«. Der spätere Gründer der Zeitschrift *Hör zu* fuhr euphorisch fort: »Alles was uns interessiert, wird man uns auf der kleinen Leinwand in unserem Haus sichtbar machen. [...] was wir je in unseren kühnen Träumen uns gewünscht, jetzt wird es zauberhafte Wirklichkeit.«[19] Solche Visionen waren nun in populären Zeitschriften wie in Fachzeitschriften präsent und erreichten ein breites Publikum. Dies verweist auf den Zeitpunkt ihrer Entstehung: Sie treten in dem Moment breitenwirksam auf, in dem die ersten Elemente eines neuen Lebensstils sichtbar werden, obgleich diese noch nicht verfügbar sind und es für die Masse der Konsumenten auch noch unvorstellbar ist, daran eines Tages in selbstverständlicher Weise zu partizipieren. Auch ist zu dieser Zeit noch nicht sicher, ob sich das neue Phänomen massenhaft durchsetzen wird. Gleichwohl werden die im Keim existierenden Gegenstände, Techniken und Lebensformen als allen verfügbar in die Zukunft projiziert. Für diese positiven Erwartungen spielten in den zwanziger Jahren die USA eine nicht zu unterschätzende Rolle. Sie waren als Vorbild, das die Konsumvisionen in Deutschland anstiftete, außerordentlich präsent. Die Entwicklung dort verlieh vielen Visionen zusätzlichen Realitätsgehalt, auch wenn die sozialen, kulturellen und ökonomischen Bedingungen ganz andere waren.[20] Vor allem Henry Ford mit seiner Vision der Massenmotorisierung wurde breit rezipiert.[21]

Dabei war die Vorstellung der massenhaften Verbreitung der neuen Konsumgüter eng verknüpft mit der Durchsetzung eines als modern bezeichneten Lebensstils; dies bestimmte den Diskurs über die zukünftige Lebensform in den zwanziger Jahren. Die Vision, wie das zukünftige Leben der Menschen aussehen werde, betonte das Kommen einer Lebensweise, die sich durch eine rationalisierte, technisierte und funktionale Bewältigung des Alltags auszeichnete. Der Mensch wurde als mobiler, international orientierter Nomade konzipiert, dessen Alltag und Wohnung stark von der Nutzung moderner Technik geprägt sei.[22] So entwarfen während der Weimarer Republik Künstler, Literaten, Architekten, Politiker, aber auch Konsumentenverbände mit geradezu missionarischem Eifer die Vision einer zukünftigen Konsumgesellschaft, deren Hauptmerkmal ihre »Modernität« war, die wiederum in engem Konnex zu Konzepten des »neuen Menschen«[23] stand. »Müßiggang und Luxus« sollten keine dekadenten Züge aufweisen, sondern mit Rationalität, Sachlichkeit, Berechenbarkeit und großer Mobilität einhergehen.[24]

Der Blick in Firmenarchive und Zeitschriften zeigt, wie dieser Diskurs von Unternehmen aufgenommen wurde, wie sie ihn beobachteten – begeistert angesichts der neu sich abzeichnenden Optionen und zugleich besorgt, eine wegweisende Entwicklung zu verpassen. Das Reden über die Technisierung, die Erwartungen und Vorstellungen über die zukünftige Entwicklung wurden zu einem wirkungsmächtigen Faktor. So gründete sich angesichts der gerade erwähnten Zukunftshoffnungen aufgrund der ersten Bildübertragung sogleich die Fernseh AG – bestehend aus der Robert Bosch GmbH, der britischen Baird Television Ltd., Loewe und Zeiss-Ikon –, die nun versuchte, den Fernseher zu einem Massenkonsumgut zu machen.[25] Auch Produzenten elektrischer Haushaltsgeräte zogen in den zwanziger Jahren aus den zeitgenössischen Debatten direkte Schlussfolgerungen auf einen großen Absatzmarkt. Sie waren vom geradezu bedingungslosen Glauben an den »Siegeszug« und die Unaufhaltsamkeit der modernen Technik angetrieben. In Fachzeitschriften und in den produzierenden Unternehmen zeigte man sich ausgesprochen zuversichtlich, dass der Absatz in absehbarer Zeit steigen werde. Obwohl die Marktlage für die gerade neu entwickelten Konsumgüter aufgrund der schwachen Kaufkraft, der hohen Unterhaltskosten und vor allem der unausgereiften Technik selbst eher ungünstig war, begannen in der Weimarer Republik unzählige Hersteller mit deren Produktion, im Glauben, dass deren weite Verbreitung unmittelbar bevorstehe.[26]

Ein Großteil der optimistischen Erwartungen in Unternehmenskreisen resultierte zweifellos aus der zeitgenössischen Debatte, der Hoffnung auf die schnelle Verbreitung verschiedener technischer Konsumgüter, die sich sowohl in der Literatur, in der Kunst und bei Intellektuellen als auch in technischen Fachzeitschriften widerspiegelte. Man sprach vom »Anfang zu einer großen Entwicklung«.[27] Dementsprechend stellten Unternehmen mit dem Verweis auf die Visionen, die überall zu hören und zu lesen seien, die Weichen in

Richtung auf Massenproduktion, stimmten in den Diskurs ein und entwarfen gleichermaßen Visionen einer modernen, hygienischen, fortschrittlichen Welt, in der elektrische Haushaltsgeräte unentbehrlicher Bestandteil seien. Visionen sind mithin, wie Hans-Luidger Dienel und Helmuth Trischler formulierten, »an die Entdeckung der Zukunft als individuell beeinflussbare, auf das Diesseits gerichtete Dimension der Zeit geknüpft«.[28] Dennoch entbehrte diese Erwartung, die Zukunft beeinflussen zu können, lange Zeit jeder Grundlage. Es sollte über vierzig Jahre dauern, bis die neuen technischen Konsumgüter wie Fernsehen, Auto und elektrische Haushaltsgeräte tatsächlich zu Massenartikeln wurden.

2. Die Instrumentalisierung der Visionen: Konsumankurbelung in Krisen

Lenkten und forcierten die gerade beschriebenen visionären Diskurse, die eine erst viel später einsetzende Entwicklung vorwegnahmen und somit auch mitkonstituierten, die Produktionsentscheidungen von Unternehmen und spiegelten sie deren Glauben an die Gestaltbarkeit der Zukunft, so instrumentalisierten Unternehmen gleichzeitig diese Zukunftsentwürfe in ihrer Werbung und versuchten über deren permanente öffentliche Wiederholung sowie die Darstellung ihres neuen Produkts als unentbehrlichen Zukunftsgegenstands dessen Absatz in Gang zu bringen. Zukunftsvisionen verweisen nicht nur auf die Überzeugung der Visionäre, die Zukunft sei gestaltbar, sie wurden zugleich unmittelbar eingesetzt, um die Zukunft in die Gegenwart zu projizieren, sie wurden auch platziert, um Konjunkturkrisen zu überwinden. Der Erfolg dieser Maßnahmen stellte sich jedoch meist nicht so unmittelbar ein, wie es sich die Produzenten der Konsumvisionen erhofft hatten. Eine direkt folgende Erhöhung von Verkaufszahlen zeigte sich – zumindest in den hier betrachteten Beispielen – nur in bescheidenem Ausmaß. Die Wirkung war eher eine langfristige, mentale.

Wesentlich ist jedoch, dass Visionen gezielt von Unternehmen lanciert wurden, um ökonomische Krisen zu überwinden. Dabei gerät die Vision allerdings in eine paradoxe Situation: Sie muss einerseits große Zukunftseuphorie ausstrahlen, andererseits ihren visionären Charakter herunterspielen, um das Angekündigte in nicht zu weiter Ferne erscheinen zu lassen. Für die Zeit des Nationalsozialismus verwies Hartmut Berghoff mit dem Begriff des »virtuellen Konsums« darauf, dass das Regime das Wecken von Konsumerwartungen gezielt zum Bestandteil seiner Politik machte. Konsumvisionen dienten dabei nicht nur der Ankurbelung der Konjunktur, sondern zugleich, darauf wurde in der Forschung bereits öfter verwiesen, zur Legitimation des Nationalsozialismus sowie dazu, die aufgrund der Konsumhoffnungen angelegten Spareinlagen zur Kriegsfinanzierung nutzen zu können bzw. Ausgaben in rüstungswirtschaftlich funktionale Bahnen zu lenken.[29] In diesem Sinne wären hier auch die KdF-Reisen und der KdF-Wagen zu nennen. Im Folgenden soll der Blick jedoch vor allem auf die Instrumentalisierung von Konsumvisionen für einen spezifischen ökonomischen Zweck, nämlich zur Konsumankurbelung, gerichtet werden. Dies sei exemplarisch an zwei Beispielen aus den dreißiger Jahren belegt: am »Schweizer Hotelplan«[30] und an den sogenannten Werbewellen der »Elektrofront« im Nationalsozialismus.

Der »Schweizer Hotelplan«

Gottlieb Duttweiler, in der Schweiz als Gründer der Handelskette MIGROS bekannt, formulierte Mitte der dreißiger Jahre den sogenannten »Schweizer Hotelplan«, der den »Reisenden der Zukunft« entwarf und zum Ziel hatte, eine schwere Krise des Schweizer Hotelgewerbes zu überwinden. »Ferien für jedermann« versprachen daher die Plakate, die auch die Zielrichtung der Aktion offenbarten: Urlaubsreisen sollten ein Massenkonsumgut werden. »Die ›Ware‹ der Hotels, das Ferienmachen, gehört nun mit Rahm und Schokolade, mit Ananas und Grape-Fruit, mit Auto, Radio und Staubsauger zu denjenigen ›Genussartikeln‹, deren Verbrauch *außerordentlich steigerungsfähig* ist«, formulierte der Autor des »Plans zur Wiederingangsetzung der Hotellerie«. Diese Konsumsteigerung sollte erreicht werden, indem der Bevölkerung neue Konsumoptionen, neue Konsumbilder und vor allem deren Selbstverständlichkeit vermittelt wurden. Werbung war ein wesentliches Instrument, um diese Visionen möglichst rasch Realität werden zu lassen. Die Werbe- und Plakataktionen gingen zudem einher mit Angeboten für Ferienreisen, die weit unter den üblichen Preisen lagen. Trotzdem brachte der Hotelplan keineswegs die Masse der Reisenden hervor, die die Krise des Hotelgewerbes beseitigt hätte. Entscheidend war jedoch der Versuch, die Kunden zum Konsum eines bislang unbekannten Produkts, Ferien, zu bewegen. Ferien für jedermann waren zu diesem Zeitpunkt für das Gros der Bevölkerung undenkbar. Wie Beatrice Schumacher formuliert: »Das Versprechen – Ferien für jedermann –

klang in den dreißiger Jahren ebenso verlockend wie vermessen.«[31] Gerade diese Mischung zeichnen die Konsumvisionen aus, die in den dreißiger Jahren gezielt zur Konsumankurbelung eingesetzt wurden.

Die »Elektrofront«

Gleiches gilt für die »Elektrofront« zur Zeit des Nationalsozialismus. Auch das NS-Regime bediente sich der Visionen einer zukünftigen Konsumgesellschaft, um Arbeitsplätze zu schaffen und politische Loyalität zu sichern, wie mit einem Blick auf die »Werbewellen« für elektrische Haushaltsgeräte gezeigt werden soll.[32] Mit immensem propagandistischen Aufwand organisierten Elektroindustrie, Elektrizitätswerke, Elektroinstallateure und staatliche Stellen 1934/35 einen »Werbefeldzug« mit dem Ziel, den Bedarf nach elektrischen Haushaltsgeräten enorm zu steigern.[33] Waren die Konsumenten zu dieser Zeit aufgrund ihrer materiellen Situation und der hohen Preise der neuen technischen Konsumgüter weit davon entfernt, die beworbenen Geräte als selbstverständlichen Bestandteil des Alltags zu betrachten, vermittelte die Propaganda, dass die Konsumgesellschaft kurz bevorstehe und es am Verhalten der Konsumenten liege, ob sie mit ihren Insignien wie elektrischen Haushaltsgeräten bald Realität sein werde oder nicht: »Wir dürfen heute nicht mehr argumentieren: Das ist nicht schlimm! Früher haben wir das auch nicht gehabt! Ich habe dafür kein Geld! Dieser Standpunkt ist falsch.«[34] Den Konsumenten wurde somit eine unmittelbare Kaufaufforderung übermittelt und gleichzeitig wurden sie in die Verantwortung dafür genommen, ob die Konsumgesellschaft nun komme oder ob sie am falschen Sparwillen der Bevölkerung scheitern werde. Konkretes Ziel dieser Beschwörung und Ankündigung einer herannahenden Konsumgesellschaft, die faktisch noch in weiter Ferne lag, war es – neben einer legitimatorischen Funktion – aus Sicht des Regimes, über eine Konsumankurbelung zur Überwindung der Weltwirtschaftskrise beizutragen. Nicht zuletzt betonten die Werbewellen die Bedeutung, die der Kauf von elektrischen Geräten für die Arbeitsbeschaffung habe.[35] Der Konsum habe, so wurde vermittelt, zwei wichtige Funktionen: die Beseitigung der Arbeitslosigkeit und zugleich die Förderung der Massenkonsumgesellschaft.

Auch wenn dieser gezielte Einsatz von Konsumvisionen nicht ganz ohne konkrete Wirkung blieb und der Absatz elektrischer Haushaltsgeräte in bescheidenem Maße anstieg, so lag die Wirkung dieser Visionen, wie auch beim genannten Schweizer Hotelplan, viel eher auf anderer Ebene, nämlich der des Weckens von Erwartungen und Bedürfnissen.

3. Die Formierung des Konsumenten: die konsumvorbereitende Rolle von Visionen

Die Anstrengungen des NS-Regimes, die Konsumgesellschaft als unmittelbar bevorstehend zu konstruieren, so als müsse der Konsument nur zugreifen, um all die begehrten neuen Güter in Besitz zu nehmen, sowie das Schweizer Beispiel des »Hotelplans« verweisen somit auf eine weitere Wirkung von Visionen, nämlich die des Vertrautmachens der Konsumenten mit neuen Produkten, neuen Waren und Konsumoptionen, häufig gar mit einem neuen Lebensstil. Nicht nur Produzenten wurden in ihren Handlungsweisen und Entscheidungen von allgemein diskutierten Zukunftsentwürfen beeinflusst, sondern auch die Konsumenten. Visionen setzten Möglichkeiten des Konsums in die Welt, in die Köpfe, bevor diese realisierbar waren. Sie machten das derzeit noch Undenkbare denkbar und zumindest diskursiv und visuell erfahrbar. Der Sinn eines neuen Konsumgutes ist den Menschen oft nicht unmittelbar einsichtig; nicht nur müssen Umgang und Funktionsweisen neuer, vor allem technischer Konsumgüter praktisch erlernt werden;[36] zudem bedürfen neue Waren, neue Geräte und neue Freizeitoptionen auch einer mentalen Aneignung, sie erfordern die Gewöhnung an die Möglichkeit ihrer Nutzung, einer Antwort auf die Frage des Wozu ihres Gebrauchs und der damit häufig verbundenen Umstrukturierung von Lebensformen. Nicht zuletzt die stete Wiederholung der Visionen, ihre Omnipräsenz in populären Medien, hatte daran Anteil. Letzteres verweist auf einen weiteren wichtigen Punkt: Konsumvisionen unterstreichen die Legitimität des Konsumierens. Denn der freudig und ohne schlechtes Gewissen konsumierende Massenkonsument entstand erst im späten 20. Jahrhundert. Hedonismus und Genuss mussten erlernt und als legitim betrachtet werden. Konsumvisionen können mithin auf eine Veränderung der Mentalität hinwirken. Für die Ökonomie der Konsumgesellschaft war schließlich eine Mentalität des Verbrauchens, Kaufens, Verschwendens eine Voraussetzung, die in den Visionen als selbstverständlich beschworen wurde. Die Kritik der nationalsozialistischen Werbewellen an der Sparmentalität des Konsumenten verweist auf diesen Aspekt. Und auch Beatrice Schumacher betont die Konstruktion eines hedonistischen, genießenden Urlaubers im Kontext des Hotelplans: »Der Hotelplan […] leistete […] einen wichtigen Beitrag dazu, ein Deutungsmuster von Ferien zu portieren, das erstens jenseits moralisierender Verurteilung des Müßiggangs das reine Vergnügen in seine Rechte setzte […].«[37]

Die vorbereitende Rolle dieser Diskurse und Visionen einer Massenkonsumgesellschaft während der Weimarer Republik und des Nationalsozialismus im Hinblick auf die fünfziger und sechziger Jahre ist schon häufig betont worden. Beatrice Schumacher sprach von einer »wichtige[n] Formierungsphase für ein Verhalten [...], das quantitativ erst in der Nachkriegszeit zu Buche schlug.«[38] In diesem Sinne bezeichnete Karlheinz Wöhler im Hinblick auf das Reiseverhalten in Deutschland die Phase von der Ansteckung »reiseunerfahrener Schichten in der Weimarer und der nationalsozialistischen Zeit« bis zur massenhaften Realisierung eines »freien« Reisens während des ersten Jahrzehntes der BRD als »Latenzzeit«.[39] Heidrun Edelmann beschrieb dieses Phänomen im Hinblick auf den Volkswagen als einen »Umschlag von Träumen in Ansprüche«.[40] Auch das Interesse an neuen technischen Küchengeräten und Einbauküchen war nach 1945 in Westdeutschland immens. »Man hat das Gefühl, dass sie [die Hausfrauen] möglichst rasch mit den technischen Neuerungen vertraut werden möchten.«[41] Berghoff verwies ebenfalls auf die Wirkung der nationalsozialistischen Konsumvisionen: »The widening of consumer's horizons was an important step towards post-war patterns of mass consumption. [...] This among other reasons explains the relentless vigour with which post-war German society dedicated itself to material values and the catching up on consumption postponed before 1945.«[42]

Bevor die Massenkonsumgesellschaft tatsächlich für breite soziale Schichten Realität wurde, finden sich in den fünfziger Jahren – neben ersten materiell-konkreten Anzeichen für die Verwirklichung der Träume – wiederum ähnliche Visionen und Konsumversprechen, wie sie während der Weimarer Republik und schließlich vor allem im Nationalsozialismus kolportiert worden waren. Diese Zukunftsentwürfe und Konsumversprechen hatten nun einerseits wiederum stark die Funktion der Wirtschaftsankurbelung sowie andererseits die einer weiteren, BRD-spezifischen, die der Konsum und die wirtschaftliche Prosperität selbst bald weitaus besser übernehmen sollte, als es alle Visionen vermochten: die der Sinnstiftung.

4. Visionen werden zu Leitbildern: die frühe Bundesrepublik

In den fünfziger Jahren warf die Massenkonsumgesellschaft schließlich ihren deutlich sichtbaren Schatten voraus. Die in der Zwischenkriegszeit kolportierten Visionen schienen tatsächlich greifbar und nicht mehr nur Botschaften am weit entfernten und nur vage zu ahnenden Horizont. Visionen, die die Möglichkeiten des Konsums und eines konsumistischen Lebenstils ankündigten, verloren in der frühen Bundesrepublik zunehmend ihren visionären Charakter: Sie wurden zum politischen Programm. Parolen der frühen fünfziger Jahre, wie beispielsweise der »Kühlschranks für alle«, 1953 unter anderem von Erhard gefordert,[43] oder die Massenmotorisierung gehörten zum Wahlprogramm. Visionen avancierten zu Leitbildern. Diese Konsumversprechen, Visionen und Parolen, die den Deutschen – wenngleich unter anderen Vorzeichen – schon aus der Zeit des Nationalsozialismus bekannt waren, hatten nun allerdings vor allem die Funktion, den »schmerzhafte[n] ideelle[n] Orientierungsverlust«[44] nach 1945 zu kompensieren. Das Gefühl, erfolgreich an der sozialen Marktwirtschaft teilzuhaben, die Hoffnungen auf baldigen Wohlstand und Konsum boten die Möglichkeit des unpolitischen Rückzug ins Materielle, ins private Heim, um dessen Ausstattung man nun bemüht war. In den fünfziger Jahren vermischten sich diese Wohlstandsvisionen, die sich auf Besitzstände wie Auto, Essen, Reisen, Haushaltstechnik bezogen, bereits mit einer Konsumrealität, wie sie sich in Fress- oder Kleiderwelle auszuleben begann.[45] Der Traum vom guten Leben, der nun auf den Traum vom materiell guten Leben reduziert war, erfüllte sich schnell.

Visionengeschichtlich wäre daher eine Zäsur gegen Ende der fünfziger Jahre zu setzen: Während die frühen fünfziger Jahre noch viele Konsumvisionen der Zwischenkriegszeit wiederholten, wurden diese im Laufe der Dekade schnell Programm und Leitbild der Entwicklung der frühen Bundesrepublik, um schließlich in einer Realität des Wohlstands, der Massenkonsumgesellschaft zu münden. Die zuvor vor allem in den Visionen auftauchenden Konsumgegenstände wie Automobile, elektrische Haushaltsgeräte, Fernseher und auch das Reisen begannen in den sechziger und siebziger Jahren zu Selbstverständlichkeiten zu werden.[46]

Gleichwohl bedeutet dies natürlich nicht das Ende von Konsumvisionen. Auch in einer im gesättigten Wohlstand lebenden Gesellschaft finden sich immer neue, vereinzelte Visionen, die ein besseres, luxuriöseres und bequemeres Leben prophezeien. In den sechziger und siebziger Jahren, als zumindest in der Bundesrepublik die Massenkonsumgesellschaft schon Realität geworden war, traten Vorstellungen von der Arbeitsbefreiung der Menschen durch Automaten in den Vordergrund, die zugleich mit einer extrem positiven Konnotierung von Technik einhergingen.[47] Nicht nur malte man eine vollautomatisierte Welt aus, in der vom Warenhaus über den Haushalt und das Restaurant

Abb. 2 »Vielgängiges Dinner aus Flaschen«[48]

bis hin zum öffentlichen Nahverkehr alles automatisiert ablief und in der Roboter jegliche niedrige Arbeit verrichteten; zudem galten auch technisierte Lebensmittel – wie in Hamiltons Bild der Schinken in der Dose oder wie das vielgängige »Dinner aus Flaschen«, das die »Welt von morgen« in der DDR kennzeichnen sollte –, als erstrebenswert und wurden mit großer Euphorie für die Zukunft versprochen.

In heutigen Visionen präsentiert sich die zukünftige Konsumgesellschaft als eine völlig vernetzte Welt, in der alle Waren und Dienstleistungen online bestellbar sind, in der der Computer oder Fernseher zu einer Schaltzentrale der Wohnung wird und Computer gar selbsttätig Einkaufsbestellungen vornehmen, nachdem sie den Inhalt des Kühlschranks mit dem Sonderangebot des Supermarktes verglichen haben. Der Herd hat die Fähigkeit, Kochrezepte aus dem Internet herunterzuladen, während die Familie sich in ihrem Multimedia-Wohnzimmer ein Kinoprogramm zusammenstellt. Ray Kurzweil träumt gar davon, mittels Nanotechnologie »einen Stuhl oder einen Tisch zusammenzubauen, und zwar mit Software, die man sich vom Internet herunterholt«.[49]

5. Visionen zur Kompensation des Mangels: der Daueraufenthalt im Wartesaal der Gegenwart

Die DDR zeichnete sich vor allem in ihren ersten Jahrzehnten durch eine dauernde Kluft zwischen öffentlichen Prophezeiungen und Konsumversprechen einerseits sowie einer durch Mangel und Unzulänglichkeiten geprägten Realität andererseits aus. Dies machte die Präsenz von Visionen aber geradezu erforderlich und verweist damit auf eine weitere Wirkungsweise von Konsumvisionen im 20. Jahrhundert. Deren Bedeutung ist in zentralstaatlichen und planwirtschaftlichen Gesellschaften eine andere als in marktwirtschaftlichen. Während in Marktwirtschaften das Marktgeschehen durch Visionen mitkonstituiert wird, die Warenwelt, die Lebensform ausgehandelt wird und Visionen Teil eines Diskurses sind, so waren sie in der staatswirtschaftlichen und zentralstaatlichen Ökonomie des Nationalsozialismus und der DDR Kompensation für Mangel und dienten dem Aufschub des Konsums in die – angeblich immer wieder kurz bevorstehende – Zukunft. In dem Moment, in dem der Konsum und die wirtschaftliche Prosperität selbst eine Gesellschaftsordnung nicht legitimieren können, wird diese Aufgabe von Konsumvisionen übernommen. Visionen der Konsumgesellschaft erfüllen damit eine wichtige politische Funktion.

Diese legitimatorische Funktion von Konsumversprechen und Konsumpropaganda wurde für das nationalsozialistische Regime bereits mehrfach aufgezeigt.[50] Gleiches lässt sich für die DDR beobachten. Das System, das von permanentem Mangel[51] gekennzeichnet war, sparte nicht mit vollmundigen Konsumvisionen, die immer auch auf der Folie der in puncto Konsum und Wohlstand erfolgreicheren Bundesrepublik formuliert waren. Jahrzehntelang war die Partei- und Staatsführung der DDR bemüht, der Bevölkerung mit dem Versprechen auf eine glorreiche Zukunft den alltäglichen Verzicht erträglich zu machen.[52] Viele kleine Visionen, Versprechungen und Ankündigungen sollten die Unzufriedenheit der DDR-Bürger mildern. Die »Überflügelung des westdeutschen Versorgungsniveaus« wurde prophezeit oder beispielsweise versprochen, bis 1965 seien »hochwertige Fleisch- und Milchprodukte, Edelgemüse und beste Obstsorten, früheste Erdbeeren und Tomaten zu einer Zeit, da sie auf unseren Feldern noch nicht reifen«, genauso verfügbar wie mehrmonatige Weltreisen.[53]

Ein Ende der fünfziger und Anfang der sechziger Jahre weit verbreitetes Buch *Unsere Welt von morgen*[54] zeichnete eine umfassende, alle gesellschaftlichen Bereiche in den wunderbarsten Farben ausmalende Vision der künftigen sozialistischen Gesellschaft. Die Welt, die in Aussicht gestellt wurde, war die eines unglaublichen und unerschöpflichen Überflusses, ein »zauberhafter Garten voll Schönheit, Reichtum, Gesundheit und Sicherheit«.[55] Zwar verstand sich, wie Ina Merkel betonte, die DDR nach ihrem eigenen Selbstverständnis nicht als Konsumgesellschaft, sondern als eine Gesellschaft, die im Werden zu einer »Kulturgesellschaft« sei,[56] doch war die Vision dieser Gesellschaft gleichwohl von der Vorstellung der Verfügbarkeit der wunderbarsten Dinge, von Reichtum und Luxus geprägt. »Von der Ente bis zur Hühnerbrust in Aspik, von Ananas in Dosen bis zum Futterreis, vom Jutesack bis zum Seidenhemd, vom Fahrrad ›mit allen Schikanen‹ bis zum Traumwagen, vom Sportflugzeug bis zum Stratokreuzer, vom Kinderfilm zum wissenschaftlichen Buch« komme alles »schon in wenigen Jahren auf uns als Verbraucher und Benutzer zugewatschelt, -gerollt, -gefahren und -geflogen.«[57] Die Rede war von einer »immer mächtiger anschwellende Woge von Lebens- und Genussmitteln aus aller Herren Länder, von Kleidern und Schuhen, von wundervollen neuartigen Stoffen und praktischen Geräten aus der zaubermächtigen Retorte, von Küchen- und Waschmaschinen, Fernsehempfängern, großen und kleinen Autos, Büchern und Spielsachen, von Kunstgewerbe und Schmuck, von Fotoapparaten und Sportgeräten.«[58]

Grundlage dieses nahenden Garten Edens seien die Technik und Wissenschaft. Die zukünftige Konsumgesellschaft, die im eigentlichen Sinne keine sein wollte, wurde als eine hochtechnisierte beschrieben: Automatisierung in allen Bereichen, das meint sowohl in der Produktion wie im Freizeit- und Haushaltsbereich, sollte die Zukunft genauso auszeichnen wie »Chemie im Heim«, moderne Verkehrsmittel und Kommunikationsmittel wie Fernsehtelefone, die bald jedem Haushalt zur Verfügung stünden.[59] Das Bild, das hier entstand, war das einer völlig durchtechnisierten Lebenswelt, die allerdings kein Selbstzweck sein sollte, sondern die sorgenfreie Basis der Verwirklichung eines »gehaltvolleren Lebens« und »kultureller Genüsse« bilden sollte.

Solche Konsumvisionen dienten allerdings nicht nur der Legitimation des Systems. Sie unterstrichen dabei die Verantwortung jedes einzelnen, an der Verwirklichung der Zukunft mitzuarbeiten: »Arbeit heißt das Schlüsselwort. [...] Der paradiesische Garten, den wir bereits jetzt recht deutlich und recht nahe vor uns sehen, wird uns ja nicht geschenkt. Wir selbst sind es, die ihn schaffen.«[60] Mithin bezweckten es die Konsumvisionen, den einzelnen zur »Produktionssteigerung« zu motivieren, ihn anzutreiben, seine »Leistungsreserven« der Gesellschaft zur Verfügung zu stellen – um somit den beschriebenen Garten Eden Wirklichkeit werden zu lassen. Dies entsprach zugleich der offiziellen Parole: »So wie wir heute arbeiten, werden wir morgen leben.«[61]

Noch eine dritte Botschaft steckte schließlich in den Visionen. Das Kommen eines solch glanzvollen Morgen hing nämlich nicht nur von der Leistungsbereitschaft des Einzelnen ab; der Weg in das sozialistische Paradies führte gleichermaßen über die Planerfüllung. Konsumvisionen in der DDR legitimierten deshalb auch die Planwirtschaft. Nicht nur basierten die Zukunftsentwürfe auf Planung und Berechnung, wie betont wurde, sie würden auch, so das Versprechen, mittels der sozialistischen Wirtschaftspläne sukzessive und mit Sicherheit verwirklicht und umgesetzt werden. Die Vision war daher ein Versprechen, das sich nur einen geringen Zeithorizont gönnte: nämlich die Zeitspanne der Wirtschaftspläne. Dies ist schließlich nicht sehr überraschend, da die Vorstellung von der Planbarkeit gesellschaftlicher Prozesse einer der wichtigsten Bestandteile der kommunistischen Utopie war.[62]

Auch wenn sich die Lebensverhältnisse in den sechziger Jahren etwas verbessert hatten, gehörten Versorgungsprobleme doch bis zuletzt zum DDR-Alltag. Schließlich setzte die SED-Führung auch nicht mehr auf Konsumvisionen und -versprechen, die die Mangelsituation als vorübergehende erscheinen lassen sollten und diese damit um so deutlicher hervortreten ließ, sondern entschied sich für den »Abschied von der Utopie«, wie Ina Merkel betont.[63] An die Stelle visionärer Perspektiven trat nun der Begriff des »real existierenden Sozialismus«.[64] Dieser war schließlich von einigen Konsumoasen für wenige, wie den Intershops, geprägt. Nun fungierte der Westkonsum für Privilegierte anstelle des virtuellen Konsums für alle als Ventil.

6. Das Scheitern von Visionen: Grenzen der Technik, der Finanzierbarkeit und der Formbarkeit des Konsumenten

Die Beschreibung der Rolle von Konsumvisionen in der DDR führt schließlich auch zur Frage nach dem Scheitern von Visionen. In der DDR materialisierten sich die Visionen einer Gesellschaft im Überfluss nicht. Vielmehr büßten sie ihre prophetische und legitimatorische Kraft ein und wurden zur Farce. Gerade im Hinblick auf diese Funktion von Konsumvisionen kann das Wekken von Konsumerwartungen bei gleichzeitig dauernder Verschiebung eine

Sprengkraft entfalten, die auf das System zurückschlägt. Dies verweist auf die ambivalente Struktur von Konsumvisionen. Können sie einerseits einen neuen Erwartungshorizont eröffnen, konsumvorbereitend wirken und schließlich in Leitbilder transformiert werden, so enthalten sie auch immer die Möglichkeit des Scheiterns, des Sich-nicht-Erfüllens der erhofften und angekündigten Zukunft. So kann die positive Kraft der Vision in ihr Gegenteil umschlagen, wenn permanent geweckte Erwartungen systematisch aufgeschoben werden. Nicht zuletzt führen wirkungsmächtige Visionen auch zu Fehlinvestitionen. »Hätte, würde, wäre« beschrieb beispielsweise ein Zeitungsartikel die Präsentationen neuer Technologien und ihrer visionären Verwendungsweisen, wie sie auf der Cebit 2003 zu finden waren. Schon ein paar Wochen später, so der Artikel, sei der Großteil der umjubelten Innovationen bereits wieder still und leise in der Versenkung verschwunden.[65]

Während bisher im Wesentlichen »erfolgreiche« Visionen betrachtet wurden, die die Entstehung der heutigen Konsumgesellschaft vorwegnahmen und vorbereiteten, war die Massenkonsumgesellschaft auch von vielen kleinen und größeren gescheiterten Visionen begleitet. Dazu gehörten die Reise auf den Mond, das Lufthubschraubertaxi, das Familienflugzeug[66] oder auch automatisierte Transportsysteme in Kabinenform für den öffentlichen Nahverkehr.[67] Eine ausgesprochen langlebige Vision, die seit über 100 Jahren immer wieder beschworen wird, ist die Vorstellung des massenhaften und selbstverständlichen Gebrauchs eines Bildtelefons. Bereits 1879 findet sich in einer englischen Illustrierten die Ankündigung eines »Telephonoscopes«, das während des Gespräches mit dem Freund zugleich seinen Anblick ermögliche.[68] Seitdem wird das Bildtelefon immer wieder angekündigt; Anfänge seiner Verbreitung sowie der Aufbau eines Bildtelefonnetzes während des Nationalsozialismus suggerierten, seine Nutzung sei bald problemlos möglich. 1997 startete die Deutsche Telekom wiederum eine große Werbekampagne »Das Bildtelefon kommt«,[69] ohne dass wir es inzwischen massenweise nutzen würden.

Viele Visionen scheitern schlichtweg an technischen Schwierigkeiten. Oft sind die Ideen und Vorstellungen technisch nicht realisierbar; so war die schlechte Bildqualität eines der Hindernisse für die Einführung des Bildtelefons. Nicht selten basierten Visionen auf euphorischen Entwürfen von Potentialen der Naturwissenschaft und Technik, die kurze Zeit später korrigiert werden mussten. Die Atomphysik brachte Visionen der unbegrenzten Energiegewinnung, von atombetriebenen Flugzeugen oder Vorstellungen einer neuen Art der Frischhaltung von Nahrungsmitteln hervor, etwa die Idee, intensiver Atombeschuss von Fisch würde jegliches Wachstum im Bruchteil einer Sekunde beenden und damit auch allen Bakterien den Garaus machen.[70] Die Schattenseiten der Technologie, ihre Gefahren machten solche überbordenden Hoffnungen jedoch zunichte.

Auch die im Kontext der Raumfahrt geäußerten Hoffnungen auf Hotel-Satelliten im Weltraum[71] oder einen »regelmäßigen kommerziellen Verkehr nach Flugplan zu einer Mondkolonie«,[72] die Erwartung, daß es zu neuen Produktionsstätten auf anderen Planeten, zu Erzabbau auf dem Mond[73] oder zu »außerirdischer Landwirtschaft« kommen werde, erwiesen sich als unrealistisch. Gleiches gilt für die Vorstellung einer gesundheitsfördernden Wirkung von Höhensonnen[74] oder einer »radioaktiven Gesichtsmaske mit Namen Edina«, von der eine »natürliche, unschädliche Hautverjüngung«[75] erwartet wurde. In letzterem Fall verkehrte sich die Beschwörung einer positiven Zukunft in den Nachweis gesundheitlicher Gefahren, die damit verbunden waren und die schließlich diese Vision einer gesünderen, hygienischeren Zukunft in der Versenkung verschwinden ließen.

Nicht zuletzt erwies sich der Konsument häufig als widerspenstig und verweigerte die Annahme einer aufgezeigten Konsumoption. Soziologische und konsumhistorische Studien der letzten Jahre verweisen auf die Eigenwilligkeit der Konsumenten. Zwar formen Visionen durchaus die Mentalität von Konsumenten, rücken Güter in deren Erwartungshorizont, was in eine Forderungshaltung umschlagen kann, doch sind Konsumenten gleichwohl nicht beliebig formbar. Die Liste der vom Konsumenten abgelehnten Konsumgüter ist lang und reicht von Bildtelefon über Automatenrestaurants bis hin zum Elektroauto. Schließlich ändern sich zuweilen die Haltungen gegenüber dem zukünftig Erwünschten, bevor es die Chance gab, eine Vision zu verwirklichen. Dies war beispielsweise bei automatisierten Transportsystemen im öffentlichen Nahverkehr der Fall. Diese galten bereits kurze Zeit nachdem sie als Zukunftsbild diskutiert worden waren, als nicht mehr erstrebenswert.[76]

Visionen verwirklichen sich oder scheitern an einem komplexen Geflecht technischer, ökonomischer und mentaler Bedingungen sowie an dem, was gesellschaftlich als akzeptabel oder möglich betrachtet wird. Die Gründe für Scheitern oder Erfolg müssen daher jeweils im Einzelfall und im historischen Kontext analysiert werden.

7. Resümee und Ausblick

Deutlich geworden ist im Vorhergehenden zweierlei: erstens, dass im 20. Jahrhundert trotz vieler niemals realisierter Visionen wichtige Kennzeichen unserer heutigen Massenkonsumgesellschaft, nämlich die Verbilligung vieler Güter, deren Massenproduktion, der Massenkonsum technischer Konsumgüter, die Verfügbarkeit einer globalen Warenwelt, die Bedeutung von Kommunikations- und Unterhaltungsmedien und die Möglichkeit preiswerter Weltreisen visionär vorweggenommen wurden. Zweitens, dass die Zukunftsentwürfe, die das Entstehen der Konsumgesellschaft begleiteten, eine wesentliche Rolle für die Ökonomie, für Produktion und Absatz, für Konnotation und Symbolik der konsumgesellschaftlichen Warenwelt wie auch für die Haltung und Mentalität der Konsumenten spielten.

Die diskursgeschichtliche Perspektive, die von der Wirkungsmächtigkeit des Gesprochenen ausgeht, zeigt, dass das, was geredet wird, Einfluss auf die Handlungsweisen der historischen Akteure hat. Konsumvisionen sind wesentlich für Wahrnehmung, Handeln und Entscheidungen ökonomischer Akteure (Produzenten und Konsumenten). Zudem nutzen gerade Unternehmen und staatliche Instanzen gezielt Visionen als Instrumente der Politik, der Legitimation, des Aufschubs und der Konjunkturankurbelung. Damit wird allerdings nicht nur klar, dass Visionen in die Fragestellungen der Wirtschaftsgeschichte aufgenommen werden sollten, sondern auch, dass die Analyse von Visionen, seien es Konsum-, Technik- oder Architekturvisionen, gleichermaßen nach deren ökonomischem Stellenwert fragen sollte. Die Fiktionalität, die Visionen innewohnt, sollte nicht über deren mögliche konkrete ökonomische Bedeutung hinwegtäuschen.

Darüber hinaus lässt sich festhalten, um auf einige der eingangs formulierten Desiderata zurückzukommen, dass Visionen häufig, wenn auch nicht ausschließlich, in Mangelsituationen eine bedeutende Rolle spielen. Der Zeitpunkt der Verbreitung einer Vision korrelierte in den betrachteten Fällen zumeist mit einer defizitär beschriebenen Gegenwart. Auffällig ist, dass in Konsumvisionen die fiktiven und literarischen Elemente weniger ausgeprägt sind als beispielsweise in vielen genuinen Technik- oder Architekturvisionen; Konsumvisionen haben seltener utopischen Gehalt. Utopien implizieren immer auch ihre Nichtrealisierbarkeit. Sie hegen keinen Anspruch auf eine Umsetzung,[77] was sie von den hier betrachteten Konsumvisionen unterscheidet.

Aufgrund der Gegenwartsnähe vieler Konsumvisionen ist nicht zuletzt ihre Abgrenzung von Programmen oder Leitbildern[78] manchmal schwierig, wie sich an ihrem Übergang in die Politik der Bundesrepublik zeigte.

Ein weiteres markantes Kennzeichen der Konsumvisionen des 20. Jahrhunderts besteht darin, dass *Technik* in den Visionen der Massenkonsumgesellschaft eine entscheidende Rolle spielte: Konsumvisionen des 20. Jahrhunderts waren immer auch Technikvisionen für den Alltag. Technik sollte für Bequemlichkeit und Arbeitsfreiheit sorgen, eine neue Dimension des Reisens eröffnen, die Verfügbarkeit einer globalisierten Warenwelt garantieren. Ins Auge springt dabei, und dies ist bis heute zu beobachten, dass sich an neuen Technikschüben neue Visionen entzünden. Technik ist häufig der Ausgangspunkt wie auch der Garant der Erfüllung neuer Konsumvisionen. Anders als viele Technikvisionen zeichnen sich die meisten Konsumvisionen allerdings weniger durch Phantasien der Beherrschung, der Kontrolle, des Machens und der Hybris aus; sie greifen in der Regel weniger ins Utopische aus und sind weniger die Natur umgestaltend als Visionen wie das *Atlantropa*-Projekt, das die Absenkung des Mittelmeers zum Ziel hatte, um die Landflächen von Europa und Afrika zu vergrößern,[79] oder die Vision des sowjetischen Ingenieurs Pjotr Borisov, einen Damm durch die Beringstraße zu bauen.[80] Technik nimmt in den Konsumvisionen eher die Rolle eines Mediums ein, eines Medium, das den Wohlstand garantiert. Ziel des Technikeinsatzes sind Müßiggang, Freizeit, Bequemlichkeit, Luxus und die Verfügbarkeit von Dingen.

Gemeinsam ist den Konsumvisionen des 20. Jahrhunderts, dass sie ein gutes Leben im Sinne materieller Sorglosigkeit beschreiben. Die Konsumgesellschaft von morgen (oder übermorgen) präsentierte sich als eine Welt des Wohlstands, in der eine hedonistische Lebensform überwiegt, in der, ohne schlechtes Gewissen, luxuriös gelebt wird. Haben und Verfügen, Luxus und Müßiggang für *jedermann* dank und mittels *Technik*: so könnte man die Grundkategorien dieser Visionen nennen. Offensichtlich wird aber im Blick auf die Konsumvisionen des 20. Jahrhunderts auch, dass Genuss erst erlernt werden musste. Visionen dienten nicht zuletzt der Legitimation eines solchen Hedonismus.

Das gesamte 20. Jahrhundert in den Blick genommen, zeigen Konsumvisionen mithin einen typisch westlich-kulturellen Hintergrund: Es dominieren die Orientierung an materiellen Lebensformen, an Wohlstand, und ein zuweilen euphorischer Technikglaube. Die Konsumvisionen offenbaren den – scheinbar immerwährenden – Traum davon, dass eine technisierte Zukunft eine bessere sei.

Anmerkungen

1 Tilman Osterwold, *Pop Art*, Köln 1999, S. 71.

2 Vgl. zum Beispiel Dirk van Laak, *Weiße Elefanten. Anspruch und Scheitern technischer Großprojekte im 20. Jahrhundert*, Stuttgart 1999; Brigitte Felderer (Hg.), *Wunschmaschine Welterfindung. Eine Geschichte der Technikvisionen seit dem 18. Jahrhundert*, Wien 1996; Hans-Luidger Dienel/Helmuth Trischler (Hg.), *Geschichte der Zukunft des Verkehrs. Verkehrskonzepte von der Frühen Neuzeit bis zum 21. Jahrhundert*, Frankfurt am Main 1997; und Russel Ferguson (Hg.), *At the End of the Century. Hundert Jahre gebaute Visionen*, Ostfildern 1999.

3 Anstatt eine Fülle von Monographien zu nennen, sei auf den folgenden Sammelband verwiesen: Hannes Siegrist u. a. (Hg.), *Europäische Konsumgeschichte. Zur Gesellschafts- und Kulturgeschichte des Konsums (18. bis 20. Jahrhundert)*, Frankfurt am Main 1997.

4 Quelle: Tilman Osterwold, *Pop Art*, Köln 1999, S. 71.

5 Sebastian Brant, *Das Narrenschiff*, Stuttgart 1964, S. 408 ff.

6 Hans Sachs, *Das Schlaraffenland*, Frankfurt am Main 1976.

7 John Brewer, Was können wir aus der Geschichte der frühen Neuzeit für die moderne Konsumgeschichte lernen? in: Siegrist, *Konsumgeschichte*, S. 51–74, hier S. 51; und Neil McKendrick, Die Ursprünge der Konsumgesellschaft. Luxus, Neid und soziale Nachahmung in der englischen Literatur des 18. Jahrhunderts, in: ebd., S. 75–107.

8 Zur Auseinandersetzung von Künstlern mit Konsum vgl. den Katalog zur Ausstellung in der Schirn, Frankfurt: Christoph Grunenberg, *Shopping. Kunst und Konsum im 20. Jahrhundert*, Frankfurt am Main 2002.

9 Vgl. Hartmut Berghoff, »Dem Ziele der Menschheit entgegen«. Die Verheißungen der Technik an der Wende zum 20. Jahrhundert, in: Ute Frevert (Hg.), *Das Neue Jahrhundert. Europäische Zeitdiagnosen und Zukunftsentwürfe um 1900*, Göttingen 2000, S. 47–78, hier S. 60 f.

10 Die aufgezeigten Desiderata erklären sich sicherlich auch daraus, dass es nur wenige gesamtgesellschaftliche Entwürfe einer Konsumgesellschaft gab. Konsumvisionen offerieren nur selten ein ausgefeiltes, verschiedene Sphären wie Ernährung, Reisen, Freizeit, Wohnen, die verfügbaren Dinge etc. aufeinander beziehendes Gesamtbild. Vielmehr liefern sie gewissermaßen ein *fragmentiertes Bild* einer nahenden Konsumgesellschaft, indem sie sich in der Regel mit einzelnen gesellschaftlichen Teilbereichen befassen.

11 Zum Beispiel Hartmut Berghoff (Hg.), *Konsumpolitik. Die Regulierung des privaten Verbrauchs im 20. Jahrhundert*, Göttingen 1999; oder auch Ina Merkel, *Utopie und Bedürfnis. Die Geschichte der Konsumkultur in der DDR*, Köln 1999.

12 Achim Landwehr, *Geschichte des Sagbaren. Einführung in die Historische Diskursanalyse*, Tübingen 2001, S. 7.

13 Vgl. Brewer, Was können wir, S. 52 ff.

14 August Bebel, *Die Frau und der Sozialismus*, Berlin 1946, zitiert nach Berghoff, Menschheit, S. 60 f.

15 Berghoff, Menschheit, S. 61.

16 Heidrun Edelmann, Der Traum vom »Volkswagen«, in: Dienel/Trischler, *Geschichte der Zukunft*, S. 280–288, hier S. 281.

17 Ebd., S. 282.

18 Stefan Andriopoulos, Okkulte und technische Television, in: ders./Bernhard J. Dotzler (Hg.), *1929. Beiträge zur Archäologie der Medien*, Frankfurt am Main 2002, S. 31–53; und Peter Hoenisch/Triad Berlin (Hg.), *Der Traum vom Sehen. Zeitalter der Televisionen*, Amsterdam 1997, S. 31.

19 Andriopoulos, Televisionen, S. 32 f.

20 Vgl. dazu Victoria de Grazia, Amerikanisierung und wechselnde Leitbilder der Konsum-Moderne (consumer-modernity) in Europa, in: Siegrist, *Konsumgeschichte*, S. 109–137; und Wolfgang König, *Geschichte der Konsumgesellschaft*. Stuttgart 2000, S. 108 ff.

21 Vgl. dazu ders., *Auf dem Weg in die Konsumgesellschaft*, Tübingen 1993, S. 26 ff.

22 Vgl. Martina Heßler, *Mrs. Modern Woman. Zur Sozial- und Kulturgeschichte der Haushaltstechnisierung*, Frankfurt am Main 2001, S. 64 ff.

23 Zum Konzept des »neuen Menschen« Fritz Neumeyer, Der neue Mensch. Körperbau und Baukörper in der Moderne, in: Vittorio Magnago Lampugnani/Romana Schneider (Hg.), *Moderne Architektur in Deutschland 1900–1950. Expressionismus und Neue Sachlichkeit*, Stuttgart 1994, S. 15–31.

24 Vgl. dazu Heßler, *Modern Woman*, S. 64 ff.

25 Ebd., S. 31 f.

26 Vgl. Wolfgang Ruppert (Hg.), *Fahrrad, Auto, Fernsehschrank. Zur Geschichte der Alltagsdinge*, Frankfurt am Main 1993. S. 119; und Peter Hoenisch/Triad Berlin, *Traum vom Sehen*, S. 12 ff.

27 *Elektrotechnische Zs.*, Heft 17/1928, S. 650 f.

28 Dienel/Trischler, Einleitung, in: dies., *Geschichte der Zukunft*, S. 15.

29 Hartmut Berhoff, Enticement and Deprivation: The Regulation of Consumption in Pre-War Nazi Germany, in: Martin Dauntan/Matthew Hilton (Hg.), *The Politics of Consumption. Material Culture and Citizenship in Europe and America*, Oxford 2001, S. 165–184, hier vor allem S. 173 ff. und 183 f.

30 Vgl. Beatrice Schumacher: Ferien für alle: Konsumgut oder touristische Sozialpolitik? Die Ferienentwürfe von Hotelplan und Schweizer Reisekasse Ende der 30er Jahre, in: Jakob Tanner u. a. (Hg.), *Geschichte der Konsumgesellschaft. Märkte, Kultur und Identität (15.–20. Jahrhundert)*, Zürich 1998, S. 257–275. Die folgenden Ausführungen beziehen sich auf diesen Artikel.

31 Alle Zitate ebd., S. 258 und 257.

32 Vgl. Martina Heßler, Elektrische Helfer für Hausfrau, Volk und Vaterland. Technische Konsumgüter im »Dritten Reich«, in: *Technikgeschichte* 68, 2001, S. 203–229.

33 *Elektrotechnische Zs.*, Heft 38/1933, S. 925.

34 Arbeitsgemeinschaft zur Förderung der E-Wirtschaft, *Berlin an die Elektrogemeinschaften und die E-Werke*, o. O. o. J. (1934).

35 Ebd.

36 Vgl. Ulrich Wengenroth, Technischer Fortschritt, Deindustrialisierung und Konsum. Eine Herausforderung für die Technikgeschichte, in: *Technikgeschichte* 64, 1997, S. 1–18.

37 Schumacher, Ferien für alle, S. 258.

38 Ebd.
39 Karlheinz Wöhler, Endlich wieder urlauben. Urlaub in den fünfziger Jahren als ein Phänomen der Moderne, in: Werner Faulstich (Hg.), *Die Kultur der 50er Jahre,* München 2002, S. 263– 275, hier S. 263.
40 Edelmann, Volkswagen, S. 287.
41 Michael Wildt, Technik, Kompetenz, Modernität. Amerika als zwiespältiges Vorbild für die Arbeit in der Küche, 1920–1960, in: Alf Lüdtke u. a. (Hg.), *Amerikanisierung. Traum und Alptraum im Deutschland des 20. Jahrhunderts,* Stuttgart 1996, S. 78–95, hier S. 85.
42 Berghoff, Enticement and Deprivation, S. 175.
43 Arne Andersen, *Der Traum vom guten Leben,* Frankfurt am Main 1997, S. 12.
44 Dietmar Klenke, Die deutsche Katastrophe und das Automobil. Zur ›Heils‹geschichte eines nationalen Kultobjekts in den Jahren des Wiederaufstiegs, in: Michael Salewski/Ilona Stölken-Fitschgen (Hg.), *Moderne Zeiten: Technik und Zeitgeist im 19. und 20. Jahrhundert,* Stuttgart 1994, S. 157–173, hier S. 166.
45 Andersen, *Traum,* S. 21.
46 Vgl. ebd.
47 Vgl. zum Beispiel Olaf Helmer, *50 Jahre Zukunft,* Hamburg 1966, S. 94 f.; und Karl Böhm/Rolf Dörge, *Unsere Welt von morgen,* 3. A., Berlin 1960.
48 Quelle: Karl Böhm/Rolf Dörge, *Unsere Welt von morgen,* 3. A., Berlin 1960, S. 408.
49 Ray Kurzweil, Zu Besuch in fremden Köpfen. Gespräch, in: *Die Zeit,* 3. 1. 2002, S. 20.
50 Zum Beispiel Hans-Ulrich Thamer, *Verführung und Gewalt.* Deutschland 1933–1945, Berlin 1986, S. 339. Vgl. zur »Modernisierung des Konsumverhaltens« auch Reinhard Spree, Modernisierung des Konsumverhaltens deutscher Mittel- und Unterschichten während der Zwischenkriegszeit, in: *Zs. für Soziologie* 14, 1985, S. 400–410.
51 Zum Begriff des Mangels und dessen Relativität, der sich vor allem als Differenz zwischen Erwartung und Realität, zwischen Vorstellung und erfahrener Wirklichkeit definiert, siehe Merkel, *Utopie und Bedürfnis,* S. 87 ff.
52 Annette Kaminsky, *Wohlstand, Schönheit, Glück. Kleine Konsumgeschichte der DDR,* München 2001, S. 10.
53 Beide Zitate ebd. S. 48, und 51.
54 Böhm/Dörge, *Unsere Welt.*
55 Ebd., S. 478.
56 Merkel, *Utopie und Bedürfnis,* S. 12.
57 Böhm/Dörge, *Unsere Welt,* S. 370.
58 Ebd., S. 373.
59 Ebd., S. 362 f.
60 Ebd., S. 478.
61 Kaminsky, *Wohlstand, Schönheit, Glück,* S. 36.
62 Merkel, *Utopie und Bedürfnis,* S. 17.
63 Ebd., S. 15.
64 Ebd., S. 306.
65 Nina Bovensiepen, Messe der Realitäten, in: *Süddeutsche Zeitung,* 12. 3. 2003, S. 1.
66 Roland Marchand, *Creating the Corporate Soul: The Rise of Public Relation and Corporate Imagery in American Big Business,* Berkeley 2001, S. 344.

67 Barbara Schmucki, Individualisierte kollektive Verkehrssysteme und kollektivierte Verkehrssysteme. Die Visionen von Neuen Technologien zur Lösung der Verkehrsnot der Städte in den 1970er Jahren, in: Dienel/Trischler, *Geschichte der Zukunft*, S. 147–169, hier S. 163 ff.

68 Bernd Flessner, Fernsprechen als Fernsehen. Die Entwicklung des Bildtelefons und die Bildtelefonprojekte der Deutschen Reichspost, in: Jürgen Bräunlein/Bernd Flessner (Hg.), *Der sprechende Knochen: Perspektiven von Telefonkulturen,* Würzburg 2000, S. 29–45.

69 Ebd., S. 36 ff. und 29.

70 Michael Wildt, Technik, Kompetenz, Modernität, S. 87 f.

71 Mark Alpert, Große Projekte: Im Sande verlaufen, in: *Spektrum der Wissenschaft*, Spezial, 2/2000, Technik der Superlative, S. 84–87, hier S. 87.

72 Olaf Helmer, *50 Jahre Zukunft,* S. 66, und 68.

73 Mark Alpert, Große Projekte, S. 87.

74 Deutsches Technikmuseum, Berlin, III, 2, 01554 (Quarzlampen GmbH).

75 *Figaro*, 1951, S. 41. Ich danke Gwen Bingle, die mir diese Quellen zur Verfügung stellte. Zu ihrem Forschungsprojekt zu »Wellness« vgl. *http://www.lrz-muenchen.de/~Gwen_Bingle/*

76 Schmucki, Individualisierte Verkehrssysteme, S. 163.

77 Zum Utopiebegriff vor allem Ernst Bloch, *Geist der Utopie*, Bearbeitete Neuauflage der 2. A. von 1923, Frankfurt am Main 1990; und ders., *Prinzip Hoffnung*. Berlin 1959.

78 Zu Leitbildern vgl. die Zusammenfassung von Gerhard Lenz u. a., Chancen und Grenzen des Leitbildbegriffes für die technikhistorische Forschung. Einleitung, in: *Österreichische Zs. für Technikgesch.* 62, 2000, S. 131–141.

79 Alexander Gall, *Das Atlantropa-Projekt. Die Geschichte einer gescheiterten Vision. Herman Sörgel und die Absenkung des Mittelmeers,* Frankfurt am Main 1998.

80 Alpert, Große Projekte, S. 86.

Autorinnen- und Autorenverzeichnis

Hartmut Berghoff, Professor für Wirtschafts- und Sozialgeschichte an der Universität Göttingen. 2002/03 Fellow am Wissenschaftskolleg zu Berlin. Veröffentlichungen u. a.: *Zwischen Kleinstadt und Weltmarkt. Hohner und die Harmonika 1857 bis 1961* (1997); Hg.: *Konsumpolitik. Die Regulierung des privaten Verbrauchs im 20. Jahrhundert* (1999); Koautor: *Fritz K. Ein deutsches Leben im 20. Jahrhundert* (2000); Mithg.: *The Making of Modern Tourism* (2002); *Moderne Unternehmensgeschichte. Eine themen- und theorieorientierte Einführung* (2004).

Christoph Conrad, Professor für Neueste Geschichte an der Universität Genf. Veröffentlichungen u. a.: Mithg.: *Kultur & Geschichte. Neue Einblicke in eine alte Beziehung* (1998); Observer les consommateurs. Études de marché et histoire de la consommation en Allemagne, des années 1930 aux années 1960, in: *Le Mouvement Social* 206 (2004).

Sebastian Conrad, Professor für Neuere Geschichte an der Freien Universität Berlin. Veröffentlichungen u. a.: *Auf der Suche nach der verlorenen Nation. Geschichtsschreibung in Westdeutschland und Japan, 1945–1960*, Göttingen 1999; Mithg.: *Jenseits des Eurozentrismus. Postkoloniale Perspektiven in den Geschichts- und Kulturwissenschaften* (2002); Mithg.: *Die Nation schreiben. Geschichtswissenschaft im internationalen Vergleich* (2002).

Georg Elwert, Professor für Ethnologie und Soziologie an der Freien Universität Berlin und Leiter des Institut d'Études du Développement in Genf. Seit 1989 gehört er dem wissenschaftlichen Beirat der Bundesministerin für wirtschaftliche Zusammenarbeit und Entwicklung an und seit 1993 der Berlin-Brandenburgischen Akademie der Wissenschaften. Jüngste Buchpublikation: Mithg.: *Dynamics of Violence* (1999).

Friedrich Wilhelm Graf, Professor für Systematische Theologie mit Schwerpunkt Ethik an der Ludwig-Maximilians-Universität München. Werke

u. a.: *Die Wiederkehr der Götter. Religion in der modernen Kultur* (2004); Mithg.: *Soziales Kapital in der Bürgergesellschaft* (1999).

Rainer Gries, Vertragsprofessor für Kultur- und Kommunikationsgeschichte an der Universität Wien; Privatdozent an der Friedrich-Schiller-Universität Jena. Letzte Publikationen: *Produkte als Medien. Kulturgeschichte der Produktkommunikation in der Bundesrepublik und der DDR* (2003); *Die Mark der DDR. Eine Kommunikationsgeschichte der sozialistischen deutschen Währung* (2003).

Thomas Großbölting, Privatdozent am Historischen Seminar der Universität Münster. Veröffentlichungen u. a.: Mithg.: *Unternehmerwirtschaft zwischen Markt und Lenkung. Organisationsformen, politischer Einfluß und ökonomisches Verhalten 1930–1960* (2002).

Martina Heßler, Assistentin am Lehrstuhl für Neuere Geschichte der RWTH Aachen. Veröffentlichungen zur Konsum-, Technik-, Kultur- und Sozialgeschichte. Publikationen u. a.: *Mrs. Modern Woman. Zur Sozial-und Kulturgeschichte der Haushaltstechnisierung* (2001).

Dirk van Laak, Privatdozent an der Friedrich-Schiller-Universität Jena. Gast- bzw. Vertretungsprofessuren in Chicago, Tübingen und Freiburg. Veröffentlichungen u. a.: *Weiße Elefanten. Anspruch und Scheitern technischer Großprojekte im 20. Jahrhundert* (1999); *Imperiale Infrastruktur. Deutsche Planungen für eine Erschließung Afrikas, 1880 bis 1960* (2004).

Birger P. Priddat, Professor für Volkswirtschaft und Philosophie an der Privatuniversität Witten/Herdecke; seit 2004 Lehrstuhl für Politische Ökonomie an der Zeppelin-University in Friedrichshafen. Forschungsschwerpunkte: Wirtschaft und Politik, »institutional economics«, Theoriegeschichte der Ökonomie, Modernisierungsfragen. Hauptveröffentlichungen: *Hegel als Ökonom* (1991); Hg.: *Der bewegte Staat* (2000); *Arbeit an der Arbeit* (2001); *Nachlassende Bildung* (2002); *Theoriegeschichte der Ökonomie* (2002).

Uwe Spiekermann, Assistent an der Universität Göttingen. Arbeitsschwerpunkte Konsum-, Ernährungs-, Handels-, Werbungs- und Wissenschaftsgeschichte des 19. und 20. Jahrhunderts. Publikationen u. a.: *Basis der Konsumgesellschaft. Entstehung und Entwicklung des Kleinhandels in Deutschland 1850–1914* (1999); Mithg.: *Die Zukunft der Ernährungswissenschaft* (2000); Mithg.: *Ernährung in Grenzsituationen* (2002).

Jakob Tanner, Professor für Geschichte der Neuzeit an der Universität Zürich. Herausgeber verschiedener historischer Zeitschriften. Forschungsschwerpunkte: Geschichtstheorie, Schweizerische Zeitgeschichte, Wirtschafts- und Finanzgeschichte sowie Wissenschafts-, Körper- und Medizingeschichte. Eine Liste der Veröffentlichungen und Forschungsprojekte unter: *http://www.fsw.unizh.ch/site.html.*

J. Adam Tooze, Senior Lecturer für Wirtschaftsgeschichte an der University of Cambridge, England. Hauptveröffentlichung:, *Statistics and the German State, 1900–1945. The Making of Modern Economic Knowledge* (2001). Er schreibt zur Zeit eine Wirtschaftsgeschichte des Dritten Reiches, die 2005 unter dem Titel *Wages of Tyranny* erscheinen soll.

Frank Trentmann, Direktor des interdisziplinären *Cultures of Consumption Research Programme* und Hochschullehrer am Birkbeck College, University of London. Arbeiten zu Zivilgesellschaft, politischer Ökonomie und Konsumkultur. Publikationen u. a.: *Paradoxes of Civil Society* (2000); Mithg.: *Markets in Historical Contexts* (im Druck); Mithg.: *Worlds of Consumption*, (im Druck).

Jakob Vogel, Assistent an der Technischen Universität Berlin. Nach Forschungen zur Kulturgeschichte der Nation und des Militarismus arbeitet er derzeit an einer Habilitationsschrift, die am Beispiel des Salzes die Wissensgeschichte der natürlichen Rohstoffe im 18. und 19. Jahrhundert behandelt. Publikationen u. a.: Koautor: *Untertan in Uniform. Militär und Militarismus im Kaiserreich 1871–1914* (2001); Mithg.: *Wissenschaft und Nation in der europäischen Geschichte* (2002).

Thomas Welskopp, Privatdozent für Neuere Geschichte am Friedrich-Meinecke-Institut der Freien Universität Berlin, 2003/2004 Fellow am Center for Advanced Study in the Behavioral Sciences, Stanford. Veröffentlichungen: zuletzt Mithg.: *Der Migros-Kosmos. Zur Geschichte eines außergewöhnlichen Schweizer Unternehmens* (2003).

Malte Zierenberg, wissenschaftlicher Mitarbeiter und Doktorand an der Universität Köln. Bearbeiter eines von der Fritz Thyssen Stiftung finanzierten Forschungsprojekts zum Berliner Schwarzhandel (1939–1950). Letzte Publikation: The Trading City. Blackmarkets in Berlin during World War II, in: Roger Chickering/Marcus Funck (Hg.), *Endangered Cities. Military Power and Urban Societies in the Era of the World Wars* (im Druck).

Personenregister

Sachregister